唐詩體派論

文史哲大系㊈

許 總著

「唐五代傳奇小説夢的研究」
八六年度國科會補助專題計畫

文津出版社印行

內容簡介

本書是第一部對唐詩體派加以系統研究的專著。作者認爲，由特定體格風貌的標立而促成詩人群體聚合現象，在唐代甚爲突出。唐詩體派的形成，主要表現爲唐代詩人創新意識的高揚，而唐詩體派的確認，則主要顯示了後世文人宗派意識的強化。由於唐代詩人缺乏明確的宗派意識，造成唐詩體派表現出包含時代風尚、文人集團、詩人個性等多重因素的各種類型，在各種體派所指稱的時空界域、內部構成、風格體性等方面也形成界限模糊、互滲互含的特點。正是因此，唐詩體派沒有後世文學流派那樣的狹隘的門戶之見，顯現爲開放性格局，以其遞嬗漸進、轉折反撥、深層延續等多種聯繫方式，無所不在地充盈瀰漫於整個唐詩歷史結構與進程之中。本書在對唐詩體派加以宏觀概覽的基礎上，進而選擇有代表性的體派進行專題探析，由此既強化了唐詩體派的研究深度與力度，又掘發出超越體派自身的文學史價值與意義。

自序

歷來論唐詩，皆樂道其體制之大備，今予讀唐詩，則喜察其體派之紛呈。固然，在中國詩史上首次以宗派相標榜者始自宋代，唐人之自覺宗派意識尚未確立，但唐人創新精神之高揚，既向新徑而獨闢，更慕新體而趨歸，以相似體格構成趣味相投詩人群體或特定時期藝術風尚之現象，卻極爲普遍。且因尚無嚴格門戶之見，唐詩體派之形成既通達，又多樣，在藝術體格與文化因子體現與承傳意義上，幾乎就是整個唐詩歷史進程與存在方式之展示。

然而，在唐詩學界，除所謂邊塞詩派、山水田園詩派、新樂府運動之外，唐詩體派在總體上並未引起足夠之重視。近人梁崑早有《宋詩派別論》行世，而專論唐詩體派之著作至今未見。有鑒於此，故不揣譾陋，既綜論唐詩體派之形成確認、類型表徵及其本質特性，又遴取有唐一代具有代表性之詩歌體派加以專題論析，總體上以時間先後爲序，以期在把握眾多體派各自特色風貌之同時，進而由體派之興衰嬗遞從一個特定角度展示唐詩藝術發展之進程與軌跡。

本書所取體派以群體性爲據，既有狹義之文人集團，亦有較爲寬泛意義之時代風尚與詩學潮流。由個體作家構成一體者（如嚴羽所列「陳拾遺體」、「少陵體」之類）不取。因此，這種體派之含義實已接近現代意義之文學流派。作爲唐詩體派研究之首部專著，本書正希望由此而拓開一片唐詩研究之新領域。

予與邱鎮京先生，雖素昧生平，然此選題確立之初，即厚蒙嘉賞，並允爲列入「文史哲大系」予以出版。先生之古道照人，促進學術，嘉惠士林，曷勝欣慰。甲戌六月初一日溽暑之中

許總自序於古金陵抱一軒

目　錄

第一章　唐詩體派概論

在中國詩歌史上，首次以宗派相標榜的雖始自宋代的江西詩派，但以相似詩風構成趣味相投的詩人群體，卻起始甚早。比如，鍾嶸《詩品》分古今詩人爲上、中、下三品，本意固在辨優劣、分品第、敘源流，但在具體品列中，除去「其源出於國風」、「其源出於楚辭」之類純屬對某一作家所承受的文學傳統的說明者之外，還有以同代人爲源流者，如論漢婕妤班姬詩「其源出於李陵」，更多有將若干詩人並列同論者，如卷中並列郭泰機、顧愷之、謝世基、顧邁、戴凱，並云「觀此五子，文雖不多，氣調警拔」，卷下並列王濟、杜預、孫綽、許詢，並云「世稱孫許，彌善恬淡之詞」，顯然已著眼於對其相似的體格風貌與共同的審美趣味的把握。這種由特定體格風貌的標立而促成詩人群體聚合現象，在唐代尤見突出。如嚴羽《滄浪詩話．詩體》列述歷代詩體，在「以時而論」中共列十六體，唐代佔五體，在「以人而論」中共列三十六體，唐代多達二十四體。由此可見，唐代詩歌的繁榮，實與唐詩體派之繁盛密切相關。

第一節　唐詩體派的形成與確認

所謂詩體，本指詩歌體裁形式，如嚴羽《滄浪詩話．詩體》云「有古詩，有近體，有絕句，有雜言，有三五七言，有半五六言，有一字至七字，有三句之歌，有兩句之歌，有一句之歌，有口號，有歌行，有樂府，有楚辭，有琴操，有謠」之類，然而，各種詩歌體式在不同歷史階段往往表現出獨具的時代性特徵，因而論體式也就與辨體貌結合起來，如《滄浪詩話．詩體》開篇即云「風雅頌既亡，一變而爲離騷，再變而爲西漢五言，三變而爲歌行雜體，四變而爲沈宋律詩」，詩歌體式完全成爲文學時代性體貌之表徵。明人許學夷撰《詩源辯體》，於卷一開宗明義云「統而論之，以三百篇爲源，漢、魏、六朝、唐人爲流，至元和而其派各出。析而論之，古詩以漢、魏爲正，太康、元嘉、永明爲變，至梁、陳而古詩盡亡；律詩以初、盛唐爲正，大曆、元和、開成爲變，至唐末而律詩盡敝」，則進而在價值觀與正變論的角度，使詩體包容了詩歌體式、文學傳統、時代風尚、詩歌流派等多重意義與豐富內涵。

有唐一代詩歌，既表現爲中國古典詩歌各種體式發育齊全、各臻成熟之境，又顯示出詩歌表現方法、語言風格、藝術境界空前多樣的高峰狀態，因此，所謂唐代詩體，也就自然成爲包容量最爲豐富的概念。然而，細究起來，唐人對詩體的意識以及後世對唐代詩體的研究，明顯可見由詩歌體式向風格體貌一端偏注傾移的表現。如高仲武評大曆詩歌「體格新奇，理致清贍」❶，即著眼於「大抵厭薄開天舊藻，矯入省淨一途」之「大曆諸家風尚」❷。白居易自云「詩到元和體變新」❸，亦指「元和之風尚怪」❹的審美取向之新變。至若宋人嚴羽所論唐人詩體，則大多已接近文人集團或文學流派之意味。宋元以後，多有「唐體」❺之說，更是從總體上對整個唐詩體性之把握。

唐代詩人的詩體意識建基於創新意識之上，有唐一代之所以詩體空前繁多，可以說正是唐詩創新精神的重要表徵與結果。同時，每一詩體的確立，又與唐人對詩體建樹的自覺意識密不可分，在特定條件下，具有創新意味或獨具特徵的詩風一旦出現，往往引起許多詩人趨歸崇奉，隨即形成風行詩壇的「當時體」。比如，入唐之初的著名宮廷詩人上官儀「以詞彩自達，工於五言詩，好以綺錯婉媚爲本，儀既顯貴，故當時多有效其體者，時人謂爲上官體」❻，就是在當時衆多詩人的倣效中，成爲唐代詩壇上確立的第一個詩「體」。其後，盧照鄰、駱賓王、楊炯、王勃齊名當時，「海內稱焉，號爲四傑，亦云盧駱楊王四才子」❼，杜甫即明確稱之爲「王楊盧駱當時體」❽；崔融、李嶠、蘇味道、杜審言「爲文章四友，世號崔李蘇杜」❾；沈佺期「善屬文，尤長七言之作，與宋之問齊名，時人稱爲沈宋」❿；富嘉謨與吳少微「屬詞皆以經典爲本，時人欽慕之，文體一變，稱爲富吳體」⓫；包融、賀知章、張旭、張若虛「有名當時，號吳中四士」⓬；盧綸、吉中孚、韓翃、錢起、耿湋、司空曙、苗發、崔峒、夏侯審、李端等人「聯藻文林，銀黃相望，且同臭味，契分俱深，時號大曆十才子」⓭；元稹、白居易等人「擅名一時，天下稱爲元白」⓮，「當時輕薄之徒，摛章繪句，聱牙崛奇，譏諷時事，爾後鼓扇名聲，謂之元和體」⓯。如此之類以一種明確的風格導向或體貌特徵爲創作追求的詩人群體性聚合，並在當時就形成一定的規模與聲勢的情形，在整個唐詩發展歷程中爲數尚多，如早期的「方外十友」，中期的韓孟詩派、錢郎、韋柳、賈姚、劉白、張王、「三十六體」等，皆爲重要代表，即使到唐王朝行將潰亡之際，詩人群體的聚合仍不見少，甚至還形成相當的規模，如皮陸、三羅、「咸通十哲」、「芳林十哲」等，其中許多詩人皆歷唐亡之悲，詩作雖然「概乏風骨」⓰，但在藝術上卻仍不失專注之情，表現爲群體性的「思致清麗」，甚或「有時奇格獨創，亦戛戛可喜」⓱。

唐詩構體的自覺意識，更突出地表現在唐人對唐詩的評選方式與理論把握方面。唐人所選唐詩，今存僅十種，從這十種選本的具體情況看，其選錄方式與評價標準固各有不同，有的甚至明言旨在「自樂所好」[18]，視所選作品「等同於風月煙花」[19]，並不著意標舉某種理論或主張，但恰恰通過其中包含著的選錄者的主觀好尚，正可藉此窺見某一時期或某一類詩人的審美取向。如殷璠編選《河嶽英靈集》，以「風骨聲律始備」[20]爲標準，採王維、王昌齡、儲光羲等二十四位開天詩人作品，稱之爲「皆河嶽英靈也」[21]，實際上成爲所謂「盛唐之音」的集中展示，亦即宋人嚴羽所謂的「盛唐體」[22]的主要內容。又如，高仲武編《中興間氣集》，全選與其本人同時之詩人作品，起自肅宗至德初，迄代宗大曆末，作者二十六人，詩一百三十餘首，著眼於安史亂後、唐室中興之傑出人材，高氏最爲推重者爲錢起、郎士元兩家，分別將之置於上下兩卷之首，並稱「士林語曰：前有沈宋，後有錢郎」[23]，品評作品優劣大抵以清雅、婉麗爲標準。客觀地看，大曆年間，詩人崇尚清新秀雅，較之開天時期風氣大變，因此，高氏所選及其品評，實即代表了大曆詩風的主要傾向。其後，姚合編《極玄集》，選入二十一家詩，除以王維、祖詠開篇外，餘皆大曆詩人，所選詩基本上以五言律體爲主，多清雋之作，則進而在將大曆詩風主要傾向與開天詩歌清雅一路的聯結中顯出清雋詩派一脈流衍的軌跡來。在唐人選唐詩中，明確標舉選錄標準與詩論主張的，是元結的《篋中集》，其於序中批評當時詩歌「拘限聲病，喜尚形似，且以流易爲詞，不知喪於雅正」，可見編選此集，意在矯正不良詩風，所選沈千運等七人二十四首詩，大抵皆爲表現個人失意離別之悲或批判現實政治之弊，體式皆爲五言古體，風格質樸古雅。正如清人劉熙載評云「獨挺於流俗之中，強攘於已溺之後，元次山以此序沈千運詩，亦以自寓也」[24]，元結編選

《篋中集》完全是以自身的價值觀念與審美標準爲出發點的，客觀上促使這一詩人群聚合起來，形成一個極端復古主義創作流派。如果説，唐人編集的唐詩選本，基於各目的主觀好尚，僅僅使之成爲某一類型詩風的代表，且各自涵蓋的時限、範圍差異甚大，並不能構成嚴格意義上的詩體或詩派，那麼，「唐末江南詩人」[25]張爲撰《詩人主客圖》，則是試圖對詩壇加以總體把握，明確將衆多詩人分門別類，從而概括歸納出整個唐代中後期詩歌創作的幾大流派來。全書將唐代中後期詩人分爲六派，别以主客，所謂「主」者，乃白居易、孟雲卿、李益、鮑溶、孟郊、武元衡，餘皆爲「客」，其中復有「上入室」、「入室」、「昇堂」、「及門」之殊，共計八十九人，今闕落五人，實存八十四人。其間主、客關係排列及評詩標準之失當或費解處，雖多爲後人所詬病，但其主觀上「若主人門下處其客者，以法度一則也」[26]的明確意識及其以體格、趣味爲標準的分門別類方式，客觀上卻實在地成爲唐詩派別理論之雛型乃至後世詩派學說之濫觴。

唐以後，論詩體者日衆，詩歌體派理論亦漸臻成熟。南宋人嚴羽撰《滄浪詩話》，即單立「詩體」一章，嚴羽標舉以「盛唐爲師，不作開元天寶以下人物」[27]之論，所列舉詩體亦多屬唐代，可見其詩體理論建構正是以對唐代詩體的深入體味「熟參」爲根基的，儘管嚴氏所謂「詩體」，大至一時代之風尚，小至具體作家之個性，同時還明確包含詩歌體式、技巧手法等方面内容，實際上混體、格、法而爲一，然細味嚴氏貫穿全書的「悟入」宗旨，其論詩體顯然是以「以時而論」、「以人而論」等群體性體格風貌爲著重點的。所列「沈宋體」、「王楊盧駱體」、「大曆體」、「元和體」之類，實即對唐代詩壇實際存在的詩人群體與詩歌體派的確認。後人對唐詩體派的研究，理論視野固已遠較唐人開闊，但卻正是首先建築於對唐代實際存在的詩歌體派的確認基礎之上。除嚴羽《滄浪詩話》以外，明人胡應麟明確認爲「唐人品第最精，如楊、盧，沈、宋，王、孟，李、杜，錢、劉，元、白，即銖兩稍有低昂，大較相若，故不妨並稱也」㉘，清人王士禎亦云「唐人齊名如沈、宋，王、孟，錢、劉，元、白，皮、陸，皆約略相似」㉙。對此，賀貽孫指出「同時齊名者，往往同調，如沈、宋，高、岑，王、孟，錢、劉，元、白，溫、李之類，不獨習尚切劘使然，而氣運所致，亦有不期同而同者」㉚，進而分析了體派聚合中詩人個性與時代風尚兩方面的作用與致因。作爲第一部唐詩體派理論著作的張爲《詩人主客圖》，更對後世詩派的自覺建構產生積極的推動作用，清人李調元指出「宋人詩派之說實本於此」㉛，李懷民甚至直接倣效其例而作《中晚唐詩主客圖》，由此可以認爲，這也正是後人對張爲《詩人主客圖》作爲詩歌體派理論濫觴的價值與意義的確認的結果。

另一方面，文學史的原生狀態與後世的接受狀態往往形成巨大的反差，各種類型的詩人乃至詩人群的客觀存在、價值顯現與其在文學史上的存在方式、地位確立並不完全等同，在曠遠的歷史選汰與複雜的文壇浮沉之中表現出或沉淪、或浮現、或重組的各種遭遇與多樣景觀。從唐代詩人群體組合方式看，在當時因交往密切、趣味相投而自然聚合者，就既有以「往往同調」㉜而爲後人所確認，又有以體格風貌迥別而被後人指出其「音調相去遠甚」㉝的情形，更有甚者，當時並未形成群體，但因詩風詩體或實際地位的相似而在後世被確認爲文學史上影響深遠的詩歌體派。對此，明人胡震亨云「唐人一時齊名者，如富吳、蘇李、燕許、蕭李、韓柳、四傑、四友、三俊，皆兼以文筆爲稱。其專以詩稱，有沈宋、錢郎，又錢郎劉李、元白、劉白、溫李、賈喻、皮陸、吳中四士、廬山四友、三舍人、大曆十才子、咸通十哲等目。至李杜、王孟、高岑、韋孟、王韋、韋柳諸合稱，則出自後人，非當日所定」[34]，即明確指出這一現象的存在，而「出自後人」的王孟、高岑、韋柳等詩人群體組合，則顯然已成爲在唐以後文學史上影響最爲深遠的詩歌體派。

再者，隨著宋以後文人群體組合中宗派意識日益強化，具有共同的創作綱領、穩定的創作隊伍、相似的創作風格的文學流派層出不窮，後世論家對唐詩體派的研究與確認，也明顯地將之向規範的文學流派意義推衍。如楊慎《升庵詩話》云「晚唐之詩分爲二派：一派學張籍，則朱慶餘、陳標、任蕃、章孝標、司空圖、項斯其人也；一派學賈島，則李洞、姚合、方干、喻鳧、周賀、九僧其人也」，葉義昂《詩法》則云「詩有宗派者，李太白、杜子美、陶、韋、韓、柳、儲、孟、元、白、高達夫、郎士元、盧綸、李商隱，皆正派也；王、楊、盧、駱、段成式、司馬禮、張喬諸子，別派也」。甚至具體的某種體式，也被明確劃分宗派，如李栻《唐詩會選．辨體凡例》云「五言古詩舊無分別，自予觀之，實有二派。朱子嘗云：作詩不從陶、柳門中來，無以發沖淡蕭散之趣，蓋明言之矣，然未分也。予今以悲壯雄深者爲蘇、李、曹、劉一派，擇唐初及李、杜、高、岑以下諸公之作實之；以沖淡蕭散者爲淵明一派，擇張、儲、王、孟、韋、柳諸公之作實之」，方世舉《昌黎詩集編年箋註》亦云「按唐人五絕分派，王、李正宗以外，杜甫一派，錢起一派，裴、王一派，李賀一派，昌黎一派」。諸如此類的分別流派，實與唐詩創作實際不盡相符，然正如李栻所稱「舊無分別，自予觀之」云云，恰恰體現了唐詩體派建構中接受觀念的積極參與作用。

第二節 唐詩體派的類型與特點

如前所述，唐詩體派的形成，主要表現爲唐代詩人創新意識的高揚，也就是獨闢新徑、自創新體的詩人與群體或自立或聚合的結果；而唐詩體派的確認，則主要顯示了後世文人宗派意識的強化，也就是後世論家以自身的理論視野與方法對唐詩體派加以觀照與建構的結果。因此，就唐詩體派的本身——或曰原生態——而言，就並不能完全定位於規範的文學流派意義之上，而是表現出包含時代風尚、文人集團、詩人個性等多重意義的各種類型。因此，在各種詩體所指稱的時空界域、內部構成、風格體性等方面也就並不十分嚴密，往往表現出界限模糊、互滲互含的特點。

如果排除像「唐體」[35]那樣指稱一代詩風的過於寬泛的概念以及「陳拾遺體」、「少陵體」、「太白體」[36]之類專指個體作家詩風的過於狹窄的概念，將研究視野盡量貼近文人群體——或曰準流派——的意義，那麼，唐詩體派大抵可以分爲以下三種類型。

第一種類型是指某一特定時期帶有普遍性與傾向性的詩壇風氣與審美時尚。嚴羽《滄浪詩話．詩體》在「以時而論」中分唐詩爲「唐初體」、「盛唐體」、「大曆體」、「元和體」、「晚唐體」五體，實即概括五大階段之詩風特徵，而這種階段性詩風特徵之提挈，又同時成爲唐詩分期之濫觴。至明代高棅撰《唐詩品彙》，合嚴羽「大曆」、「元和」二體爲「中唐」，定唐詩爲初、盛、中、晚四期，遂有初唐體、盛唐體、中唐體、晚唐體之說。此一類型，因時間跨度長，故內涵極爲豐富而複雜，以「體」指稱，僅就其總體傾向概言而已。與唐詩四大階段詩風表徵相比，嚴羽所列「大曆體」、「元和體」之時間界域則較爲具體，「大曆體」主要指活躍於大曆年間的「十才子之詩」，「元和體」則主要指活躍於元和年間的「元白諸公」之詩。此外，正是由於這種階段性詩風包容著豐富的內涵，各階段在其傾向性表徵之外，又往往呈現交織或疊合的複雜狀態，明人王世懋所云「由初而盛，由盛而中，由中而晚，時代聲調，故自必不可同，然亦有初而逗盛，盛而逗中，中而逗晚者，何則?逗者，變之漸也，非逗，故無由變」[37]，正指出這種階段之間的過渡性特點，而這種過渡狀態的本身，實際上也可以視爲一種短時段的時代性詩風。比如，盛唐詩壇諸大家並集，總體特徵則是「既閑新聲，復曉古體，文質半取，風騷兩挾」[38]，深刻體現出南北文化交融構生的藝術新質，但是，這一盛況與新質並非一朝突現，作爲其直接的聯結與開啟，開元開端時期的三股詩潮特別引人注目：一是以王翰、王灣爲代表的北方詩人群，二是以吳中四士爲代表的吳越詩人群，三是崛起於嶺南的張九齡。從文人群體構成看，三股詩潮皆與張說聯繫緊密。從藝術表現特徵看，北方詩人主要傾向於追求豪壯的審美趣尚，吳越詩人主要傾向於追求清麗的審美趣尚，然而，隨著吳越詩人「名揚上京」，受到北方氣質的重鑄，北方詩人涉足江南，受到吳越詩風的陶冶，兩種詩風實際上互有滲融。特別是在主張「屬詞豐美，得中和之氣」的張說的兼融並納之中，無疑在客觀上加速了這一滲融進程。而作爲張說繼承者的張九齡，其詩歌創作便自然成爲這兩種審美趣尚的綜合體現。如此看來，包含著三股詩潮的開元開端詩壇，實際上正是作爲盛唐前奏與起點意義上的一段時代性風尚。

第二種類型是指若干趣味相投的個體詩人通過交遊酬唱等社交應酬性聯繫而聚合爲規模或大

或小的詩人群體。嚴羽《滄浪詩話．詩體》在「以人而論」中列唐代三十四體，除專指個體作家詩風者外，如「沈宋體」、「王楊盧駱體」、「韋柳體」、「元白體」、「張籍王建體」之類，大抵都是名聞當時的詩人群體。除嚴羽標舉者外，唐代此類詩人群體甚多，據初步統計，爲數當在六十以上，究其組合方式，約有三種情形。一曰並稱當世型，如「四傑」、「沈宋」、「大曆十才子」等，其中具體詩人皆一時「齊名，海內稱焉」[39]，或「工力悉敵」[40]，在詩體建設方面貢獻相同，或「聯藻文林，銀黃相望，且同臭味，契分俱深」[41]，表現爲個體詩人的平等組合關係。二曰盟主聚納型，如張說於開元初貶岳州，隨之有趙冬曦、尹懋、王琚、梁知微、陰行先等人匯聚湖湘，他們既於遊山覽水中使其創作「得江山助」[42]，又圍繞張說爲中心大事唱和，造成「時體稍變」[43]之盛況；又如「韓門詩派之衆且遠」，實因韓愈「以作人迪後擔子一身肩承，史稱其獎借後輩，稱薦公卿間，寒暑不避，而會其時，所曲成其業與其身名如孟郊、李賀、賈島其人者，又皆間出吟手，能偕公翻門新異，換奪一世心眼傳後，以故繼諸人而起者，復燈燈相繼續不衰，追頌公亦因不衰」[44]。皆表現爲文壇盟主對一般文士的招引聚納關係。三曰後進追捧型，如上官儀「工於五言詩，好以綺錯婉媚爲本」，「當時多有效其體者，時人謂爲上官體」[45]，正是在衆多宮廷文士的倣效追捧之中，「上官體」成爲唐初宮廷文風的代稱；又如元稹、白居易相與酬唱，流風所被，「江湘間多有新進小生，不知天下文有宗主，妄相倣效」，「皆自謂爲元和詩體」[46]，「元和體」遂成爲那一特定時代中內涵極爲繁雜的詩風之指稱。皆表現爲衆多文士對某一種新體的出現或規範的追倣關係。這三種情形，就核心詩人在群體中的作用與地位而言，或平等並列，或主次分明，或主動聚引，或被動流播，組合方式固然顯見差異，但其在當時即已形成一種自身已明白意識到的流行體派，則是完全一致的。

第三種類型是指某些詩人之間當時並未意識到在創作題材或藝術體性方面的類似而爲後人確認爲一種獨特的體格或流派。比如，唐前期國力強盛，文人功業之志常以投筆從戎的方式來實現，並逐漸形成「新及第人，例就辟外幕」的制度，至如「布衣流落之士，更多因緣幕府，躡級進身」[47]，在這種「一聞邊烽動，萬里忽爭先」[48]的時代風尚中，文人「一窺塞垣，說盡戎旅」[49]，邊塞軍戎生活及異域風光遂成爲唐代詩人創作中的一個重要題材。作爲普遍的時代風尚，此類創作在當時顯然並非一種狹義的體派，然而到了後世接受過程中，其中傑出作家則逐漸成爲這一創作風潮的標誌，所謂「高、岑之詩悲壯，讀之使人感慨」[50]，「勁骨奇翼，如霜天一鶚，故施之邊塞最宜」[51]，正是對高、岑作爲邊塞詩特徵集中體現的說明，其後，基於邊塞創作題材及其「風骨」、「悲壯」的風格特點，明人又將王昌齡、李頎與高、岑聯繫起來[52]，從而在文學史上確立了以高、岑、王、李爲代表的邊塞詩派。又如，與邊塞題材相比，山水田園顯然是唐詩創作中更爲多見的題材，作爲一種更爲普遍的時代藝術風會，其形成原因大要有三：一是富庶的社會經濟造成士人生活的山莊別業化，由這種兼有山水田園之美的日常生活環境轉化爲詩歌創作的背景因素；二是統治者在盛世氛圍中熱衷招納隱士高人，促成「終南捷徑」式入仕方式與普遍的隱居風尚，使廣大文人在從容幽雅的心境中欣賞自然之美，進行山水田園詩創作；三是在強盛的時代精神感召下，廣大士人既充滿積極進取之熱情，又保持高尚超俗之人格，形成「避世辭軒冕，逢時解薜蘿」[53]的通達觀念，因此，儘管大多士人仕途偃蹇、報國無門，但卻恰恰成爲其轉向山水田園之美的條件與契機。由此可見山水田園題材在唐代詩人創作中的普遍性。然而，從文學傳統角度看，由於唐代山水田園詩最典型地體現了由陶潛開創的田園詩與由謝靈運開創的山水詩藝術精神的融合，作爲繼承陶、謝藝術傳統成就最著的王維、孟浩然便逐漸被目爲這一創作潮流的代表，後人認爲，王、孟詩「假天籟爲宮商，寄至味於平淡，格調諧暢，意興自然，真有無跡可尋之妙」[54]，其關要正在「取神於陶、謝之間」[55]，唐代山水田園詩創作也就在這一意義上確立了自身的獨具體格，而王、孟則理所當然地成爲這一「體派」的核心人物。在藝術體性意義上被後人確立一派者，在唐代甚多，比如陶詩範式在宋以後影響日著，論家亦往往以學陶論唐詩，所謂「王、韋、孟、柳，均清深閑淡，了無塵俗，其派同出於陶」[56]，「陶詩胸次浩然，其中有一段淵深樸茂不可到處，唐人祖述者，王右丞有其清腴，孟山人有其閑遠，儲太祝有其樸質，韋左司有其沖和，柳儀曹有其峻潔，皆學焉而得其性之所近」[57]；又如張九齡詩在總體上顯然表現爲對陳子昂風骨興寄與張說通達觀念的繼承與推擴，但在明人眼中，卻被認爲「首開清淡之派，盛唐繼起，孟浩然、王維、儲光羲、常建、韋應物本曲江之清淡，而益以風神者也」[58]。在這裏，由於客觀上藝術體性相似而實際上甚或並無聯繫的若干詩人分明構成了文學史意義上體系嚴密的學陶之派與清淡之派。

唐詩體派的三大類型，實亦表現爲整個唐詩體派構成的三種方式與三個層面。正因唐詩體派構成的多樣性及其界域的模糊性，其總體上顯現的三種方式與三個層面實際上也並非嶄然分明，而是往往表現爲互滲互容乃至意指游移的狀態與特點。這樣的狀態與特點，大體有三種具體表現。一是包容性。表徵某一時代風尚的體派與表徵某一文人集團的體派，不僅二者的時空範圍差異甚大，而且前者總是表現爲對後者的包容。如嚴羽《滄浪詩話．詩體》在「以時而論」中所列

「初唐體」，高棅於《唐詩品彙》中加以申析云「貞觀、永徽之時，虞、魏諸公稍離舊習，王、楊、盧、駱因加美麗，劉希夷有閨幃之作，上官儀有婉媚之體，此初唐之始制也。神龍以還，洎開元初，陳子昂古風雅正，李巨山文章宿老，沈、宋之新聲，蘇、張之大手筆，此初唐之漸盛也」；對於嚴氏所列「盛唐體」，高氏亦云「開元、天寶間，則有李翰林之飄逸，杜工部之沉鬱，孟襄陽之清雅，王右丞之精緻，儲光羲之真率，王昌齡之聲俊，高適、岑參之悲壯，李頎、常建之超凡，此盛唐之盛者也」。極爲明顯，這其間眾多詩人群體及獨具體格，既是「初唐」、「盛唐」時域內的獨立體派，又是所謂「初唐體」、「盛唐體」的本體構成。二是交叉性。在唐詩體派構成中，具體詩人往往在多個詩人群體中同時扮演重要角色，從而造成不同體派之間的交叉滲透關係。如沈佺期、宋之問並稱，作爲「沈宋體」的確立，乃在於「研練精切，穩順聲勢」[59]的律詩精密化標誌，杜審言、李嶠、崔融、蘇味道爲「文章四友」，作爲富有個性的宮廷文人群，其主要特徵乃在於既「華婉典麗」、「富於才思」又「已開盛唐之風」[60]的宮廷文體新變，而這兩個詩人群中的重要人物宋之問、杜審言卻又同時與陳子昂、趙貞固、盧藏用、畢構、郭襲微、司馬承禎、釋懷一、陸餘慶結爲具有超塵脫俗意味的「方外十友」[61]，由此便使得活躍於武后、中宗朝宮廷內外的三個不同性質的詩人群形成交叉滲透關係，從一個側面展示了那一特定時期文人精神世界及其藝術風貌的多重性。另如張籍「居韓門弟子之列」[62]，爲韓門詩派之一員，又與元稹、白居易、王建並稱，「不襲前人樂府之貌而能得其神者」[63]，共同構成新樂府創作的盛況，賈島與孟郊以「郊寒島瘦」[64]並稱，與姚合則以皆好苦吟鍛煉而「號姚賈」[65]，與喻鳧又同以「清奇雅正」[66]而「專以詩稱」[67]，如此等等，皆屬此類。三是多義性。由於唐詩體派構成本身的模糊性以及觀察角度的不一致，對於同一個公認的具體體派的內涵、成員及範圍的認識，卻往往眾說紛紜、歧義迭見。在這方面，「元和體」可謂最爲典型的例證。關於「元和體」的內容與形式，元稹曾有多次說明，如云「寄與百韻律體及雜體，前後數十軸」，「洎長安中少年遞相倣效，競作新詞，自謂爲元和詩」[68]，似主要指雜律詩；或云「惟杯酒光景間屢爲小碎篇章，以自吟暢」，「謂爲元和詩體」[69]，又主要指「小碎篇章」的閑適之作；又云「戲排舊韻，別創新詞，名爲次韻相酬，蓋欲以難相挑耳，江湘間爲詩者復相效」，「亦自謂爲元和詩體」[70]，則復指次韻酬贈之作。後人之論，或曰「善狀詠風態物色」[71]，僅指閑適之作；或曰「擒章繪句，聱牙崛奇，譏諷時事」[72]，則又包括了韓、孟等人的險怪之作及元、白等人的諷諭之作。關於「元和體」成員構成，時人多以「元相國、白尚書擅名一時，天下稱爲元白，學者翕翕，號元和詩」[73]，僅指元、白二人；稍後有以張籍與「元丞相、白樂天、孟東野歌詞，天下宗匠，謂之元和體」[74]，則在元、白基礎上加上張籍、孟郊二人；又有在此四人外再加韓愈之「奇詭」、樊宗師之「苦澀」[75]；至明代，許學夷《詩源辯體》進而以韓愈、孟郊、賈島、姚合、周賀、李賀、盧仝、劉叉、馬異、張籍、王建、白居易、元稹等「十三子爲元和體」，幾乎包括了那一時代的所有重要詩人。除此之外，如「盛唐體」的範圍及杜甫的歸屬，「晚唐體」的體性定位，以及「大曆十才子」的具體成員等問題，皆存在截然不同的觀點與主張，有的甚至成爲文學史上難以定論的懸案。可以說，正是由於這樣複雜的類型與特點，造成唐詩體派與宋以後基於強烈的宗派意識的門戶分明的詩派顯出明顯而深刻的差異來。

第三節 唐詩體派與唐詩歷史進程

客觀地看，唐詩體派由於缺少明確的宗派意識而表現出包容、交叉、多義等模糊性特點，但卻正是因此，不僅促使各種類型的唐詩體派大量出現，形成數量空前的繁盛景觀，而且表現出一種無所不立、無時不有、無處不在的構生活力，瀰漫性地充實於三百年唐詩發生、衍展的整個歷史進程之中。總體而言，整個唐詩發展史的階段性轉折與演進，實際上都是某種體派新生、衰亡、遞嬗或延續的結果，具體而言，各種體派自身的產生與發展，也都在相互促進或制約的關係中構成歷史的聯繫與邏輯的進程。可以毫不誇張地說，唐詩發展的歷史正以體派為本體構成，其存在方式也是通過體派的嬗遞、反撥、延續諸種表現形式而實現。

以體派的遞嬗形式構成唐詩發展的歷史結構，主要體現在表徵某一時段詩壇總體風貌的體派之間的聯結關係上。嚴羽《滄浪詩話．詩體》首創「唐初體、盛唐體、大曆體、元和體、晚唐體」之說，即意在以階段性詩歌體格風貌為時代性詩風變遷之標舉。其後，元人楊士弘編《唐音》，明人高棅編《唐詩品彙》，合嚴氏「大曆」、「元和」二體為「中唐」，將整個唐詩發展史分為初、盛、中、晚四期，隨之即有將嚴氏五體之説改為初唐體、盛唐體、中唐體、晚唐體者，此四種詩體遂明確成為唐詩四大階段總體特徵之標誌。此四體既然作為唐詩史四期之標誌，則四體之間必然構成遞嬗演進之關係，如嚴羽於「初唐體」下註云「唐初猶襲陳、隋之體」，明人許學夷進而指出「武德、貞觀間，太宗及虞世南、魏徵諸公五言，聲盡入律，語多綺靡，即梁、陳舊習也」，「永徽以後，王、楊、盧、駱，則承其流而漸進矣，四子才氣既大，風氣復還，故雖律體未成，綺麗未革，而中多雄偉之語，唐人之氣象風格始見」[76]，承接梁、陳舊習，開啟唐人氣象，正揭示出「初唐體」的獨特地位，也是文學史階段性演進的典型方式。對唐詩四體（四期）的演進趨勢，高棅進一步概括出「初唐之始制」、「初唐之漸盛」、「盛唐之盛者」、「中唐之再盛」、「晚唐之變」、「晚唐變態之極」[77]諸般表現特徵，則既把握住其發展之大勢，又注意到其具體之軌跡。對於四體之間的這種具體的軌跡與相互的關係，明代論家頗多關注，如云「亦有初而逗盛，盛而逗中，中而逗晚者，何則？逗者，變之漸也」[78]，主要著眼於各體之間過渡性狀態的存在；又云「初、盛、中、晚之詩，雖各不同，然亦間有初而類盛，盛而類中，中而類晚者，亦間有晚而類中，中而類盛，盛而類初者」[79]，則又深刻地揭示出各階段體格演變或過渡中存在著複雜的多向的疊合滲透關係。很顯然，正是這種深刻的見解與辯證的觀念，使得四唐分期之說成爲垂範久遠的唐詩發展論，也使得唐詩四體的遞嬗形式與整個唐詩歷史結構的完全吻合成爲可能。

與遞嬗漸進相比，突變或革命在歷史的進程中似乎更爲重要，如果說前者推動歷史循序前行，那麼後者則往往激發歷史騰飛躍遷。這在唐詩發展的歷史結構中，即由體派之間的反撥形式表現出來。比如，入唐以來宮廷詩風的發展，到永徽、龍朔年間通過「工於五言詩，好以綺錯婉媚爲本」[80]的上官儀的規範化努力而達到高峰，「當時多有效其體者，時人謂爲上官體」[81]，「上官體」的出現，實即唐前期宮廷詩本質特徵與最終結局的一個標誌。與「上官體」確立幾乎同時，活躍於社會下層的少年四傑相繼登上詩壇，作爲當時新興的庶族階層文人的代表，四傑對宮廷貴族文風的強力衝擊，便揭開了唐代最初文學革命的序幕。楊炯《王子安集序》云「龍朔初載，文場變體，爭構纖微，競爲雕刻，揉之以金玉龍鳳，亂之以朱紫青黃，影帶以徇其功，假對以稱其美，骨氣都盡，剛健不聞，思革其弊，用光志業」，明顯可見，其「革弊」的對象，正是以「綺錯婉媚爲本」、倡「六對」「八對」之名爲標誌的「上官體」，其「革弊」的結果，則造成「長風一振，眾萌自偃」、「積年綺碎，一朝清廓」的文壇壯觀局面。這種由「四傑體」對「上官體」的反撥的形式，實即表明了詩壇中心由宮廷走向社會過程的完成以及唐詩特質初建雛型轉機的實現，標誌著唐詩歷史進程的一次重大躍遷。又如，開天年間爲唐王朝之鼎盛時期，詩歌亦充分體現盛世風貌，詩人以闊大的胸襟眼界融高昂的時代精神與豐厚的藝術傳統於一爐，徹底摒除稟承齊梁綺靡萎弱之弊的唐初宮廷詩風，形成「既閑新聲，復曉古體，文質半取，風騷兩挾，言氣骨則建安爲傳，論宮商則太康不逮」82之藝術盛觀，宋人嚴羽標舉「盛唐體」，並有「盛唐諸人唯在興趣，羚羊掛角，無蹟可求，故其妙處透徹玲瓏，不可湊泊，如空中之音，相中之色，水中之月，鏡中之象，言有盡而意無窮」83之闡釋，明人胡應麟亦云「盛唐氣象渾成，神韻軒舉」84，顯皆著眼於對詩歌理想美高峰狀態的概括。隨著安史之亂爆發，社會歷史發生重大轉折，詩人再也唱不出充滿浪漫情調的歡歌，走到峰巔極致的理想主義文學終於讓位於嚴酷的現實。作爲由理想向寫實轉變的鮮明標誌，當以杜甫與元結及《篋中集》詩人爲代表，但是，杜詩的集大成容量顯然同時包涵承受著開天詩壇的藝術精神與創作法則，而元結及《篋中集》詩人的批判鋒芒則直指開天詩壇本身，元結在《篋中集序》中云「近世作者，更相沿襲，拘限聲病，喜尚形似，且以流易爲詞，不知喪於雅正」，在《劉侍御月夜宴會序》中又云「時之作者，煩雜過多，歌兒舞女，且相喜愛，繫之風雅，誰道是耶」，皆明顯針對「近世作者」、「時之作者」而言，元結及《篋中集》詩人正是在這樣的思想觀念下聚合成爲一個旗幟鮮明的極端復古主義流派，其在文學主張與創作實踐上所表現出的「獨挺於流俗之中」85的鮮明印記，無疑具有更強烈的時代變革性效果。由此可見，由元結及《篋中集》詩人組成的復古流派對「盛唐體」的衝擊與反撥，顯然表現爲「八世紀下半到九世紀上半」唐詩歷史走向中「由浪漫回到平實，由天上回到人間，由華麗回到平淡」的「這一時代趨勢」86的最鮮明標記。

歷史的發展遠非單向或單線的聯結關係，而是表現爲一種多層面的複合過程。法國年鑒學派就把歷史運動的層次分爲長、中、短三類時段，並且「更關心中、長時段歷史現象的研究，他們認爲這是更具決定性的時段」87。這種對歷史運動層次屬性的認識，對文學史研究具有重要的啟示作用。首先，文學史與社會政治史具有一定聯繫，重大的政治事件與社會變動往往截斷或改變文學史進程，但比起社會政治變動，以語言、體式、主題、風格、意象諸端的沉積爲本體構成的文學形態、思潮、風習的演進與變移顯然緩慢得多，在這樣的意義上，文學史可以視作長時段歷史運動；其次，文學史本身的複雜構成造成多樣的演進方式，文學史各大階段之間除了明顯的漸進遞嬗方式與猛然的轉折反撥方式之外，還有更重要的深層的潛在的流動與接續方式，這往往能夠更爲典型地展示文學史自身的演進軌跡與獨具特性。就唐詩體派與唐詩歷史結構的關係而言，在遞嬗與反撥的形式之外，實亦存在著一種由表徵某種時代風尚與藝術體性的體派之間構成深層延續性的形式。比如，定制於「上官體」的唐前期宮廷詩風，最終固然走入虛內華外的程式化窮途，但作爲貴族的文學，則往往表現出對精雅的藝術形式與構思技巧的追求，顯然包含著一種高雅化審美取向。到武后時代，隨著詩壇中心由宮廷向社會轉移，精雅化程式化逐漸被個性化多樣化取代，宮廷詩作爲領袖詩壇的流行體格已趨消亡，然而到開天時代，詩壇中心重新向都城匯聚，形成以王維、崔顥等人爲代表的都城詩人群，他們頻繁出入王府官場，以詩爲社交應酬的工具，就在一定程度上顯示出貴族化精雅化文學在另一種層次與意義上的復活，因此，開天時期都城詩人群的審美趣味與藝術表現，也就在一定程度上體現出精雅的宮廷文學因子的深層延續。作爲開天都城詩人群中核心人物的王維，就留有多篇描寫宮闕景象、頌美皇子出遊之作，被稱爲「如宮商迭奏，音韻鏗鏘，真麟遊靈沼，鳳鳴朝陽也」[88]，與唐初宮廷應制之作幾出一轍。甚至在田園詩中，王維也有「雨中草色綠堪染，水上桃花紅欲燃」[89]這樣的直接承襲宮廷文學大師虞世南「隴麥霑逾翠，山花濕更燃」[90]那樣精巧修飾的詩句，至如王維詩再次啟發了杜甫「江碧鳥逾白，山青花欲燃」[91]的對比藝術，則更可見出一條深層延續著的修辭藝術系統。安史亂起，造成唐代歷史的盛衰巨變，文學隨之出現由理想而寫實的總體轉向，那種由唐初宮廷詩與開天都城詩表徵的精雅的審美趣尚與藝術體性，顯然也經歷著一次更爲巨大的斷裂。然而，到大亂初定的大曆年間，在「共賦瑤臺雪，同觀金谷箏」[92]的心理期盼中，「十才子」匯聚都城遊宴酬唱，寫出大量的太平盛世的頌歌，表現爲安史亂前太平盛世中積淀於應酬社交題材中的慣例在亂後思治的文人心理的回響與復現，其詩歌藝術體格則在相當程度上表現出唐初乃至齊梁文風的復興與流行，如王世懋《藝圃擷餘》評錢起詩「其源得之初唐，然從初唐竟落中唐，了不與盛唐相關，何者，愈巧則愈遠」，胡應麟《詩藪》評韓翃詩「直是梁陳妙語，行以唐調耳」，細味「初唐」、「齊梁」、「巧」、「妙」語義及其關聯，顯然正是指唐初宮廷詩精巧構思之特徵與蘊涵。當然，精雅體格的深層延續，表現在十才子創作中更多可見開天都城詩體格風貌，如錢起詩「清氣中時露工秀」[93]，深受王維影響，其他諸人亦「大率衍王、孟之餘」[94]。與十才子同時的大曆江南詩人群，雖然遠離京城，但其以華美詞藻描月露風雲，風調卻與宮廷遊宴應酬詩傳統一脈相承，所以皎然慨歎「吾知詩道初喪，正在於此，何得推過齊梁作者，迄今餘波尚浸，後生相效，沒溺者多」[95]，正著眼於對其華外虛內詩風的指責。對於開天都城精雅詩風的崇尚與倣習，大曆江南詩人也是「出王維之門」[96]、「涸右丞餘波」[97]，與十才子並無二致。可見大曆時期處在截然不同環境中的兩個詩人群表現出極爲相似的創作風貌，完全是由與同樣的詩歌體派之間的深層延續關係所決定，從而構成那一特定文學史時段的總趨向。到「元和詩變」，詩壇體派紛呈，在各種新變趨向被推向極端的多樣化局面之中，前述特定體格的延續再次被打斷。然而，迨至唐末，隨著政治情勢益趨動蕩險惡，士人中興之夢徹底破滅，「世衰而詩亦因之」，形成「氣萎語偷，聲繁調急」[98]的晚唐體貌，宋人嚴羽《滄浪詩話》即以「晚唐體」概之，今人郭紹虞《滄浪詩話校釋》於「晚唐體」註云「《詩史》云『晚唐人詩多小巧，無風騷氣味』，俞文豹《吹劍錄》亦謂晚唐體『局促於一題，拘攣於聲律，風容色澤，輕淺纖微，無復渾涵氣象』，滄浪所謂晚唐體，當同此意，故稱爲止入聲聞辟支之果」，所謂「詩多小巧」、「拘攣於聲律」、「輕淺纖微」的表現特徵，結合唐末文人多逃避現實、遊宴應酬、沉湎聲色的實際情形看，恰恰顯示了唐初宮廷詩體格的回光與復現。當然，所謂「晚唐體」構成尚較複雜，嚴羽《滄浪詩話．詩體》就同時列有「杜荀鶴體」、「西崑體」、「香奩體」，但是，在回避客觀現實、轉入自我封閉的心理作用下，詩人創作以沉湎聲色與淡漠世事爲主調，重新形成浮艷其外、虛靡其內的體格質態，甚至普遍崇尚齊梁文風，在創作中直接以「齊梁體」爲題，恰恰回復到「長風一振，眾萌自偃」[99]的唐代首次文學革命之前的狀態，則是「晚唐體」中各類詩人的共有特點。這種宮廷文學因子在唐末詩歌體派中的再度伸延，也就在折射著時代精神變遷的同時，更在文學傳統意義上明晰劃出唐詩歷史結構自身回環運動的進程與軌跡。除此之外，在唐詩歷史進程中，諸如表徵「風骨」、「興象」、「雄渾」、「飄逸」、「自然」、「清淡」、「奇險」、「通俗」等藝術體性的詩歌體派之間各種形式的承傳與延續關係，皆自有貫穿始終、蹤蹟分明的深層線索可尋。由此可見，在唐詩發展進程的多次巨大的轉折與斷裂之中，由詩歌體派攜帶著的特定藝術精神與文化因子的深層延續方式，對於其歷史的總體建構起著多麼重要的作用。

綜上所述，唐詩體派的形成與確認有著自身的獨特方式，其類型與特點更是豐富多樣。在大多情況下，唐詩體派表現爲詩人群體的有意識組合，但與後世相比，卻缺乏那種明確的自覺的宗派意識乃至具有排他性的創作綱領，因此其群體的構成只是一種準流派性質，或者乾脆就是某一特定時代的藝術風尚的表徵。從現代文學流派理論角度看，唐詩體派顯然缺乏準確性，而更多地表現出模糊性。然而，也正因此，使得唐詩體派完全沒有後世文學流派那樣的狹隘的門戶之見，而是表現爲一種與大唐文化精神正相符稱的通達襟懷與開放格局；它不像後世文學流派那樣封閉自足，在自身所處的文學史流程中僅僅作爲自身的標誌，而是既形成各體派之間相互包容與滲透之勢，又充盈瀰漫於整個唐詩歷史結構與進程之中。在這樣的視點上，進一步對唐詩體派加以專題的深入的研究，冀以掘發出超越其自身的文學史價值與意義，當是一件極爲重要的工作。

注釋

❶高仲武《中興間氣集》。
❷胡震亨《唐音癸籤》卷七。
❸白居易〈餘思未盡加爲六韻重寄微之〉。
❹李肇《唐國史補》卷下。
❺《宋史》卷二百九十五〈楊察傳〉：「及變文格，使爲放佚以襲唐體。」趙汝回〈雲泉詩序〉：「雲泉薛君仲止以詩名於時，本用唐體。」薩都剌〈寄馬昂夫總管〉：「人傳絕句工唐體，自恐前身是薛能。」
❻《舊唐書》卷八十〈上官儀傳〉。
❼郗雲卿〈駱賓王文集序〉。
❽杜甫〈戲爲六絕句〉之二。
❾《新唐書》卷二百零一〈杜審言傳〉。
❿《舊唐書》卷一百九十〈沈佺期傳〉。
⓫《舊唐書》卷一百九十〈富嘉謨傳〉。
⓬《新唐書》卷一百四十九〈劉晏傳〉附〈包佶傳〉。
⓭辛文房《唐才子傳》卷四。
⓮顧陶〈唐詩類選後序〉。

⑮王讜《唐語林》卷二。
⑯翁方綱《石洲詩話》卷二。
⑰丁儀《詩學淵源》卷八。
⑱韋縠〈才調集敘〉。
⑲韋莊〈又玄集敘〉。
⑳殷璠〈河嶽英靈集敘〉。
㉑同前。
㉒嚴羽《滄浪詩話．詩體》。
㉓高仲武《中興間氣集》卷上。
㉔劉熙載《藝概》卷二〈詩概〉。
㉕《唐詩紀事》卷六十五。
㉖張爲〈詩人主客圖序〉，見《全唐文》卷八百一十七。
㉗嚴羽《滄浪詩話．詩辨》。
㉘胡應麟《詩藪》外編卷二。
㉙劉大勤《師友詩傳續錄》述王士禎語。
㉚賀貽孫《詩筏》。
㉛李調元〈詩人主客圖序〉。
㉜賀貽孫《詩筏》。

㉝同前。
㉞胡震亨《唐音癸籤》卷二十八。
㉟參見《宋史》卷二百九十五〈楊察傳〉、趙汝回〈雲泉詩序〉、薩都剌〈寄馬昂夫總管〉。
㊱參見嚴羽《滄浪詩話．詩體》。
㊲王世懋《藝圃擷餘》。
㊳殷璠《河嶽英靈集集論》。
㊴郗雲卿〈駱賓王文集序〉。
㊵顧安《唐律消夏錄》。
㊶辛文房《唐才子傳》卷四。
㊷《新唐書》卷一百二十五〈張説傳〉。
㊸徐獻忠《唐詩品》。
㊹胡震亨《唐音癸籤》卷二十五。
㊺《舊唐書》卷八十〈上官儀傳〉。
㊻元稹〈白氏長慶集序〉。
㊼胡震亨《唐音癸籤》卷二十七。
㊽孟浩然〈送陳七赴西軍〉。
㊾殷璠《河嶽英靈集》卷中。
㊿嚴羽《滄浪詩話．詩評》

51 施補華《峴傭說詩》。
52 參見胡應麟《詩藪》內編卷五、胡震亨《唐音癸籤》卷十、沈德潛《說詩晬語》卷上。
53 張九齡〈商洛山行懷古〉。
54 劉大勤《師友詩傳續錄》述王士禎語。
55 田雯《古歡堂雜著》。
56 畢希卓《芳菲菲堂詩話》。
57 沈德潛《說詩晬語》卷上。
58 胡應麟《詩藪》內編卷二。
59 元稹〈唐故檢校工部員外郎杜君墓誌銘〉。
60 玄修《唐詩概說》。
61《新唐書》卷一百一十六〈陸餘慶傳〉、《唐詩紀事》卷八。
62 葛立方《韻語陽秋》卷六。
63 何世璂《然燈紀聞》述王士禎語。
64 蘇軾〈祭柳子玉文〉。
65 辛文房《唐才子傳》卷六。
66 張爲《詩人主客圖》。
67 胡震亨《唐音癸籤》卷二十八。
68 元稹〈白氏長慶集序〉。

69同前。
70元稹〈上令狐相公詩啟〉。
71《舊唐書》卷一百六十六〈元和傳〉。
72王讜《唐語林》卷二。
73顧陶〈唐詩類選後序〉。
74張洎〈張司業詩集序〉。
75李肇〈唐國史補〉卷下。
76許學夷《詩源辯體》卷十二。
77高棅〈唐詩品彙敘〉。
78王世懋《藝圃擷餘》。
79許學夷《詩源辯體》卷十四。
80《舊唐書》卷八十〈上官儀傳〉。
81同前。
82殷璠《河嶽英靈集集論》。
83嚴羽《滄浪詩話．詩辨》。
84胡應麟《詩藪》内編卷五。
85元結〈篋中集序〉。
86胡適《白話文學史》第一四章，新月書店一九二八年版。

❽❼雅克·勒戈夫等《史學研究的新問題、新方法、新對象》中譯本第二四頁，社會科學文獻出版社一九八八年版。

❽❽楊載《詩法家數》。

❽❾王維〈輞川別業〉。

❾⓿虞世南〈發營逢雨應詔〉。

❾❶杜甫〈絕句二首〉之二。

❾❷盧綸《綸與吉侍郎中孚司空郎中曙苗員外發崔補闕峒耿拾遺湋李校書端風塵追遊向三十載數公皆負當時盛稱榮耀未幾俱沉下泉暢博士當感懷前蹤有五十韻見寄輒有所酬以申悲舊兼寄夏侯侍御審侯倉曹釗》。

❾❸施補華《峴傭說詩》。

❾❹劉熙載《藝概》卷二〈詩概〉。

❾❺皎然《詩式》卷四。

❾❻辛文房《唐才子傳》卷三。

❾❼翁方綱《石洲詩話》卷二。

❾❽胡震亨《唐音癸籤》卷二十七。

❾❾楊炯〈王子安集序〉。

第二章　唐前期宮廷詩

唐前期宮廷詩是一個特定的文學史範疇。唐前期包括太宗時代（含高祖時期、高宗前半期）、武后時代（含高宗後半期、中宗時期）兩大階段，大致相當傳統的「初唐」時限；宮廷詩不同於「宮體」概念，係指作爲詩壇中心所在的宮廷範圍內的詩歌創作，以趣味相投的詩人群、大體穩定的題材内容以及幾乎一致的表現程式爲其基本構成因素。

宮廷詩盛於陳、隋偏安小朝廷時代。唐代立國，經貞觀治世，無論國力之強盛，還是社會之穩定、經濟之發展，都遠逸前朝。但在最初的半個世紀中，與政治上形成規模空前的大帝國的氣勢不同，尚未建構起體現強盛高昂時代精神的唐代文化。在文化傳統的強固性與文學規律的自足性之中，作爲一代文學之代表的「唐詩」之特質也遠未形成，詩歌創作只能是對隋代及南北朝詩風的並不均衡的承襲，詩壇中心仍然局限於宮廷範圍之内。

然而，新的時代精神畢竟不同以往，唐初宮廷詩也出現重要變化。一方面，宮廷創作程式慣例在唐初得到進一步強固與規範，而另一方面，胸懷大志的詩人開闊了宮廷詩視野，多種題材的創作豐富了宮廷詩風格，更爲重要的是，其自身發展的兩大階段之間表現出深刻的趣味潛移與内質趨變，從而以自身的改造形態與由宮廷走向社會的詩學主潮實現了統一匯融。

第一節　太宗時代的宮廷詩程式規範

宮廷詩的興盛，總是表現出以帝王爲中心的創作特點。聞一多在論「宮體詩」時曾云「宮體詩就是宮廷的，或以宮廷爲中心的艷情詩，它是個有歷史性的名詞，所以嚴格的講，宮體詩又當指以梁簡文帝爲太子時的東宮及陳後主、隋煬帝、唐太宗等幾個宮廷爲中心的艷情詩」❶，其將開國明君唐太宗及其宮廷詩與亡國昏君蕭綱、陳叔寶、楊廣及其宮廷詩一概而論，統歸「宮體」，固然失之籠統，但指出唐初宮廷創作以唐太宗爲中心，仍是符合實際的。太宗不僅「銳情經術」，而且「詩筆草隸，卓越前古，至於天文秀發，沈麗高朗，有唐三百年風雅之盛，帝實有以啟之焉」❷。當然，唐太宗主要是重實際事業的政治家，其倡導經術、風雅，實質是與政權建設相適應的文化建設的需要，因此，他不僅「追蹤百王之末，馳心千載之下」、「以堯舜之風，蕩秦漢之弊」❸，力倡儒家詩教，而且所作詩篇常以闊大襟懷表達出俯視千古的氣概，流露出雄渾、剛健的氣息，這些與「清辭巧製，止乎衽席之間，雕琢蔓藻，思極閨闈之內」❹的宮體詩顯然判若兩途。然而，唐太宗又與許多北方士人一樣，對南朝宮廷詩華美精緻的聲色形制極表傾慕，不僅本人詩作明顯受到南朝宮廷詩風的影響，而且直接延攬南朝宮廷詩人進入自己的宮廷。如虞世南與褚亮是梁代宮廷大詩人徐陵的弟子，並受到陳代宮廷詩大師江總的青睞，而兩人都屬作爲唐初文化建設核心的十八學士之列。太宗作詩，即常向虞世南請教，並云「虞世南於我，猶一體也」❺，虞世南去世後，更有「鍾子期死，伯牙不復鼓琴」❻之歎。太宗晚年，又讓最典型的宮廷文學家上官儀修訂其全部詩作❼，詩風亦更多顯出宮廷詩風的影響，可見其以政教用詩的初衷與歌舞昇平的宮廷詩功能的逐漸融合。因此，儘管太宗詩總體上與純粹的宮廷詩有別，但是南朝宮廷詩風卻是在其直接倡導與鼓勵之下得到延續與復興。唐初宮廷詩創作既以太宗爲中心而太宗本人創作又超逸出典範的宮廷詩風格與模式之外，這一方面體現了相同於南朝宮廷詩創作環境的一致性，另一方面又顯示出不同於南朝宮廷詩作家結構的獨特性，而這後一點實際上正是唐詩之所以終於超邁前古、大啟宏基的一個隱層的重要轉機。

奉帝王之命而作的應制詩、奉和詩，是宮廷詩中最常見題材。如唐初宮廷詩人許敬宗存詩二十七首，應制奉和詩多達二十首，在虞世南、楊師道、上官儀等人存世作品中，此類詩也達半數。這類作品，大多應皇帝之命，就某一題目，敷衍舊事，作頌美之詞。如太宗有〈正日臨朝〉詩，大致描寫了宮中朝典的富麗堂皇，侍臣據此奉和者甚多，岑文本〈奉和正日臨朝〉云：

時雍表昌運，日正葉靈符。德兼三代禮，功包四海圖。踰沙紛在列，執玉儼相趨。清蹕喧輦道，張樂駭天衢。拂蜺九旗映，儀鳳八音殊。佳氣浮僊掌，熏風繞帝梧。天文光七政，皇恩被九區。方陪瘞玉禮，珥筆岱山隅。

楊師道〈奉和正日臨朝應詔〉詩云：

皇猷被寰宇，端扆屬元辰。九重麗天邑，千門臨上春。

兩詩篇制懸殊甚大，但其中順應太宗原作，運用典麗詞藻對太宗功德作空泛贊頌的構思方式，卻是完全一致的。又如太宗有〈過舊宅〉詩二首，大體攄發了如同漢高祖成帝業之後還鄉的情懷，許敬宗〈奉和過舊宅應制〉詩云：

飛雲臨紫極，出震表青光。自爾家寰海，今茲返帝鄉。情深感代國，樂甚宴譙方。白水浮佳氣，黃星聚太常。岐鳳鳴層閣，酆雀賀雕梁。桂山猶總翠，蘅薄尚流芳。攀鱗有遺皓，沐德抃稱觴。

上官儀〈奉和過舊宅應制〉詩云：

石關清晚夏，璇輿御早秋。神麾颺珠雨，僊吹響飛流。沛水祥雲泛，宛郊瑞氣浮。大風迎漢筑，蘂煙入舜球。翠梧臨鳳邸，滋蘭帶鶴舟。偃柏歌玄化，扈蹕頌王遊。遺簪謬昭獎，珥筆荷恩休。

兩詩皆將太宗比作漢高祖而加以頌美，思路幾乎一樣，在具體的運用典故、雕琢詞藻方面，也大致無異。這類作品，與梁、陳、隋宮廷應制詩並無差別，由此可見南朝宮廷詩風直接延續的一個顯著標誌，也可見出宮廷詩的一個重要創作模式。

在豪奢逸樂的宮廷生活中，群臣宴集是一重要內容，而宴則賦詩，則又構成宮廷詩的一個重要題材。貞觀年間，于志寧常於朝罷宴請同僚，並作有〈冬日宴群公於宅各賦一字得杯〉詩，與會者皆有和作，令狐德棻作〈冬日宴于庶子宅各賦一字得趣〉，封行高作〈冬日宴于庶子宅各賦一字得色〉，杜正倫作〈冬日宴于庶子宅各賦一字得節〉，岑文本作〈冬日宴于庶子宅各賦一字得平〉，劉孝孫作〈冬日宴于庶子宅各賦一字得鮮〉，許敬宗作〈冬日宴于庶子宅各賦一字得歸〉。又如楊師道封安德郡公時，在宴集群臣的一次宴會上，李百藥、褚遂良、楊續、劉洎、岑文本、許敬宗、上官儀等都作有〈安德山池宴集〉詩。聚會之時同題賦詩，亦爲宮廷創作習見題材，如陸敬、沈叔安、何仲宣、許敬宗等人皆有〈七夕賦詠成篇〉，楊師道、虞世南、蕭德言等人皆有〈詠舞〉。這些作者大多是歷經征戰的開國功臣，但此類詩篇寫來卻皆雕飾纖弱，如封行高詩中所云「雅引發清音，麗藻窮雕飾」、褚遂良詩中所云「良朋比蘭蕙，雕藻邁瓊琚」，即不僅明確道出這類作品的主要特徵之所在，而且本身亦極盡麗藻雕飾之能事。此外，以華詞麗藻寫閨閣情態，更顯見南朝柔靡綺艷詩風的典型再現，如虞世南《詠舞》：

繁弦奏淥水，長袖轉回鸞。一雙俱應節，還似鏡中看。

楊師道〈初宵看婚〉：

洛城花燭動，戚里畫新蛾。隱扇羞應慣，含情愁已多。輕啼濕紅粉，微睇轉橫波。更笑巫山曲，空傳暮雨過。

這類艷情詩，已與梁、陳宮體詩無異。即連唐太宗本人亦「嘗作宮體詩，使虞世南賡和」❽，如其〈採芙蓉〉：

結伴戲芳塘，攜手上雕航。船移分細浪，風散動浮香。游鶯無定曲，驚鳧有亂行。蓮稀釧聲斷，水廣棹歌長。棲烏還密樹，泛流歸建章。

不過，客觀地看，以描寫艷情為中心的宮體詩，在建功立業的太宗朝宮廷詩人作品中畢竟為數甚少，其數量不僅遠遜於南朝，甚至比其後盛唐、中唐時期宮廷詩人所作還要少得多，只是其後詩壇中心已不屬宮廷而已。總之，唐初宮廷詩創作場合主要在於應詔奉和與群臣聚會宴集，體現出明顯的應酬性的特點。

唐初宮廷詩由題材範圍與語言表達所形成的一般性特徵，固然都可以在南朝宮廷詩中找到源頭，然而，隨著應酬性成份的加強，為了適應宮廷場合迅速製作的需要，唐初宮廷詩更逐漸形成一套程式化結構。除具體題材如應制、宴集、詠物等所具有的自身特定的傳統慣例外，宮廷詩創作一般程式可以概括爲點題、事物排比或詞藻堆砌、個人對主題的看法或反應三部份。如褚亮〈奉和詠日午〉：

曦車日亭午，浮箭未移暉。日光無落照，樹影正中圍。草萎看稍靡，葉燥望疑稀。晝寢慚經笥，暫解入朝衣。

首句即已點題，結尾寫個人感受，中間部份則是事物與詞語的排比與堆砌。又如上官儀〈安德山池宴集〉：

上路抵平津，後堂羅薦陳。締交開狎賞，麗席展芳辰。密樹風煙積，迴塘荷芰新。雨霽虹橋晚，花落鳳臺春。翠釵低舞席，文杏散歌塵。方惜流觴滿，夕鳥已城闉。

首聯寫明赴宴，尾聯寫出宴席將散之時的惜別之情，中間則以華麗詞藻之堆砌極寫宴集情形。上官儀詩在宮廷詩人作品中最爲精緻，因此其在運用宮廷創作程式以及將適應於某一主題的慣用詞語雅致化方面，也最具典型性。從這類作品看，詩中既無絲毫社會意識，又無內心真情實感，實質上是按照既定語言與程式在宮廷應酬場合迅速製作出來的一件工藝性作品。這種應酬性創作慣例，即使在與南方宮廷詩人詩風並不完全一致的李世民以及北方名臣詩人魏徵、李百藥的作品中也同樣顯示出來。試以李百藥〈奉和初春出遊應令〉爲例：

鳴笳出望苑，飛蓋下芝田。水光浮落照，霞彩淡輕煙。柳色迎三月，梅花隔二年。日斜歸騎動，餘興滿山川。

此詩首、尾及中間三個部份的程式化安排，以及頷聯、頸聯對景事的鋪排，與前引上官儀詩如出一轍。當然，李百藥詩特別是在其進入太宗宮廷之前的作品，顯然可見多樣的內容與自我表現的特點，但在進入太宗宮廷之後則又明顯可見其向宮廷詩風的轉變，由此也正說明了這種慣例與程式對宮廷應酬場合的適應性。

爲了便於宮廷詩人對應酬詩程式及典麗語言的掌握和運用，規定各種題材慣例、匯集各種典故詞藻的類書在唐初勃然興起。本來，類書的編纂，濫觴於魏文帝曹丕詔編的《皇覽》，但此書目的是爲了便於皇帝讀書覽古。南北朝之後，逐漸出現了供學或供作詩文之用的類書，如隋代杜公瞻《編珠序》云「皇帝在江都日，好爲雜詠及新體詩，偶緣屬思，顧謂侍讀學士曰『今經籍浩汗，子史恢博，朕每閱覽，欲其故實簡者，易爲比風』，爰命微臣編錄」，可見其時類書爲使「雜詠及新體詩」創作中「易爲比風」的目的甚明，不過尚僅爲皇帝一人作詩參考，亦甚明白。唐初類書數量大大超過前代，現存的《北堂書鈔》、《藝文類聚》在當時其實只佔極小部份，據《唐書》及《唐會要》等書所載，太宗朝還編有一千卷的《文思博要》，稍後又有官修的《累璧》六百三十卷、《瑤山玉彩》五百卷、《三教珠英》一千三百卷、《芳樹要覽》三百卷、《事類》一百三十卷、《初學記》三十卷、《文府》二十卷及私撰的《碧玉芳林》四百五十卷、《玉藻瓊林》一百卷、《筆海》十卷等，這其中僅《初學記》尚存。這些類書的編纂，皆「撰集要事並要文，以類相從，務取省便」[9]，並「欲使家富隋珠，人懷荊玉」、「俾夫覽者易爲功，作者資其用」[10]，由此不僅可見爲了便於迅速作詩的目的，而且可見已經明確面對一般「作者」的指向。類書的編纂體例大體是「事居其前，文列於後」，以較爲典型的《初學記》爲例，每一項題目下，首先是「敘事」，其次是「事對」，最後便是成篇的範文（包括詩、賦）。《初學記》雖爲開元年間所編成，然實爲唐初風尚之反映，其體例本身也是對太宗朝編成的《藝文類聚》和《北堂書鈔》的綜合，在其三部份內容中，若去除「事對」部份，即等同於《藝文類聚》，若去除範文部份，即等同於《北堂書鈔》。由此，不僅「看出了一部類書的進化史」，而且「一首初唐詩的構成程序也就完全暴露出來了」[11]。在六朝以來詩歌格律化進程中，除音韻規則之外，對偶是最重要的因素，也是詩人創作中頗費功夫的一環，劉勰《文心雕龍．麗辭》中提出四對，即認爲「言對爲易，事對爲難」。到「金箱玉印，比類相從」的類書大量出現的唐初，詩人們從分類羅列「事對」並構成「駢青妃白，排比對偶」的類書中，所謂「事對」已可隨手拈來。此外，爲了豐富詩中詞藻，唐初類書中有一種專輯古今秀句，如褚亮於「貞觀中奉敕與諸學士撰《古文章巧言語》以爲一卷」[12]，許敬宗等人「採摘古今文章英詞麗句，以類相從，號《瑤山玉彩》」[13]。由於宮廷應酬場合的需要，這些類書更被人隨時摘抄，隨身攜帶，以爲救急之用，《敦煌掇瑣》卷七十三有「《雜抄》一卷，一名《珠玉抄》，二名《益智文》，三名《隨身寶》」，這種「自抄古人詩語精妙之處」的「隨身卷子」，目的正在「以防苦思，作文興若不來，即須看隨身卷子」[14]。具備了這樣的條件，一首結構程式化的詞藻典麗華美的宮廷應酬詩自然就會被迅速製作出來。

類書與唐初宮廷詩的關係是顯明的，許多宮廷詩人就是類書的編者，如虞世南編《北堂書鈔》，褚亮等人編《古文章巧言語》，許敬宗、上官儀等人編《瑤山玉彩》。同時，從宮廷詩人作品中所表現出來的詞藻、對偶與主題關係的慣例，固然可見其來自南朝宮廷詩的傳統陳式，但從彙輯各種典故、事例與文詞的類書中，似乎更能見出其直接的素材來源。因此，從某種意義上說，唐初宮廷詩就是類書式的詩，宮廷詩人熟記各種陳意、範式，也就是類書家式的詩人。如太宗朝最早的宮廷詩代表人物虞世南，即被稱爲「篤行揚聲，雕文絕世，網羅百家，並包六藝」⑮，其與兄世基初入長安時，被人比作二陸，並具體評爲「世基辭章清勁過世南，而贍博不及也」⑯，可見虞世南過人之處在於「網羅」、「並包」、「贍博」，而這又恰恰是一部類書的特點所在。到太宗朝最後的宮廷詩代表人物上官儀，則進而對詩歌創作作出「六對」、「八對」的嚴格規定，其具體內容皆不出事物與語詞的以類相從，實際上是類書式的詩歌創作的理論總結與嚴格規範，宮廷詩程式也就走到了極致。這一極致局面的到來，一方面表現爲宮廷詩的規範與繁榮，前此尚存的政教文學價值觀念以及北朝剛健質樸遺風消泯幾盡，另一方面表現爲緣情言志的詩的生命力面臨窒息的險境，因而不可避免地引發出以「四傑」爲肇始的唐代第一次文學革命浪潮。

上官儀是太宗朝最後一位宮廷詩人，其精巧雅致、綺錯婉媚的詩歌創作，既顯示了對政教觀念及北朝遺風的徹底摒除，又體現出向純粹的南朝宮廷詩傳統的完全回復。也就是說，太宗朝宮廷詩作爲南朝宮廷詩傳統的完全復現，是在最後階段完成的，而就其整體來看，則以一種複雜性與過程性體現出與南朝宮廷詩並不完全一致的自身特點。首先，南朝綺靡詩風的餘波，固然在唐初宮廷詩壇佔據主要地位，但貞觀時期安定繁榮、國力強盛的開國氣象，反映在士人心態上形成爲一種高朗的情調，因此詩風雖綺靡，精神面貌卻並不頹靡。其次，南朝宮廷詩是奢靡淫樂生活的產物，因以宮體艷情詩爲主要代表，而唐初貞觀之治的一個重要特點正是在於「去奢省費，輕徭薄賦，選用廉吏」⑰，宮廷生活狀況的改變，自亦改變了宮廷詩傳統題材，唐初宮廷詩人所作艷情詩甚少，而代之以宮廷官場應酬詩爲主要題材，由於開國征戰的經歷，許多宮廷詩人還寫有征戰題材。再次，唐初詩學是作爲國家文化建設整體的一部份，因而儒家傳統政教觀念時時向宮廷詩人頭腦中灌輸與滲透，像虞世南那樣的宮廷代表詩人亦曾自覺地抵制宮體詩蔓延。此外，文學傳統的積累，造成唐初文學的學問化，大量的類書作爲詩歌創作的直接素材，使宮廷詩一定程度地脫離生活的直接感受，而成爲堆砌事典詞藻的工藝化製作，與南朝宮廷詩作爲宮廷生活的直接描述亦顯有區別。當然，唐初宮廷詩人群本身甚爲複雜，各種文學價值觀的影響，造成最初並不一致的追求方向，而每一具體詩人，在進入宮廷環境的前後，詩風亦有明顯差異。但是，在安定富庶的宮廷環境中，南朝宮廷詩聲色形制的華美精緻，無疑具有極大的吸引力，即使在理論上試圖排斥它的作者，在實踐中仍然無法避開它。可以說，唐初宮廷詩在努力表現出自身特點的同時，處處又都帶有南朝宮廷詩傳統慣例與程式規範的深刻影痕。因此，當最初帶有複雜思想成份的宮廷詩人如虞世南、褚亮等去世後，南朝宮廷詩風終於在上官儀手中得到真正的復興，作爲當時詩壇中心的太宗朝宮廷詩也就在復興的同時宣告了終結的來臨。

第二節　武后時代宮廷詩的興盛發展

從宮廷範圍內看，武后時代的重文程度實際上更甚前朝，《舊唐書·文苑傳序》云「貞觀之風，同乎三代，高宗天后，尤重詳延，天子賦橫汾之詩，臣下繼柏梁之奏，巍巍濟濟，輝爍古今」，武后廣延文士，根本目的固然在於尋找新興政治力量的支持，但同時也著意於搜求詩人詞客，賦詩吟詠，以集一時之盛。《大唐新語》記其「大搜遺逸，四方之士應制者向萬人」，可見當時盛況，這也就促成了歷高宗、武后、中宗諸朝宮廷詩創作更趨繁盛的局面。

武后時代宮廷詩創作之盛，主要是帝王大力提倡的結果，從今存有關資料看，當時幾乎所有重要詩人都被搜羅到宮廷內苑中來。《唐詩紀事》卷九記載了中宗景龍二年（七〇八）修文館學士的名單：

於修文館置大學士四員，學士八員，直學士十二員，像四時、八節、十二月。於是李嶠、宗楚客、趙彥昭、韋嗣立為大學士，適（李適）、劉憲、崔湜、鄭愔、盧藏用、李乂、岑羲、劉子玄為學士，薛稷、馬懷素、宋之問、武平一、杜審言、沈佺期、閻朝隱、韋安石為直學士，又召徐堅、韋元旦、徐彥伯、劉允濟等滿員，其後被選者不一。

修文館是朝中純粹的文學機構，其前身是弘文館，又稱崇文館。僅從這份名單看，其中李嶠、沈佺期、宋之問、杜審言等人無疑都是這一時代最重要的詩人。然而，這一保存完整的名單，並非在中宗朝突然出現，而是對高宗、武后朝舊制的沿承與確定，這些詩人在中宗復位之前就已是朝中活躍的詩人。此外，在此之前已經去世的活躍於高宗、武后朝的重要詩人還有崔融、蘇味道、楊炯、上官婉兒乃至一度與宮廷生活有過聯繫的陳子昂、盧照鄰、駱賓王、王勃等。由此可見，在武后時代的宮廷範圍內，不僅詩人數量之眾，蔚爲大觀，更重要的是詩人質量之高，實已遠逸前朝。

朝中招納的眾多文詞之士，除擁有顯赫的權力並應制賦詩之外，主要任務在於修書。如聖曆二年（六九九）武后令張昌宗、李嶠等人同修《三教珠英》，經二年修畢，成一千三百卷巨帙，超過太宗朝修撰的所有類書篇幅。此書針對修於北齊時的《修文殿御覽》及修於唐太宗時的《文思博要》兩書羅列事實不夠完備之弊，不僅補充內容，而且增加佛、道兩教及親屬、姓名、方域等部。這部書的修撰，雖然最初出於武后「以昌宗醜聲聞於外，欲以美事掩其跡」[18]的動機，且本身是一囊括儒、佛、道三教的大型文史類書，然而「一時秉筆」者皆爲「文學之士」，客觀上造成了一次「俾集群彥」[19]、詩賦唱酬的機會。因此，在《三教珠英》書成後，崔融乃編集參與修書之學士李嶠、沈佺期、宋之問、富嘉謨等四十七人所賦詩篇，各題爵里，以官班爲次，勒爲五卷，題名《珠英學士集》。入唐以來，編纂類書的目的本來在於爲詩文創作提供充足的材料與便捷的方法，然而在其自身的發展中，規模愈爲浩大，明顯帶有文化集成的意義，這種愈趨浩大的類書編纂工程，愈益集中了大量文詞之士，也就反過來促使應制唱酬的宮廷詩創作進一步繁盛與發展。除《三教珠英》外，高宗、武后朝編纂的大型類書還有《瑤山玉彩》五百卷，《玉海》卷五十四記云「龍朔元年，命賓客許敬宗、右庶子許圉師、中書侍郎上官儀、中書舍人楊思儉，即文思殿，採摘古今文章英詞麗句，以類相從，號《瑤山玉彩》」。龍朔元年（六六一），時在政歸武后之始，所謂「採摘古今文章英詞麗句，以類相從」的編纂方法，已明顯在於直接爲宮廷詩創作服務，而編纂文士許敬宗、上官儀等人作爲唐代初年宮廷詩代表人物，其時活動已至尾聲，因此，由他們編成的《瑤山玉彩》，與其看作太宗時代宮廷詩復興的結果，還不如視爲武后時代宮廷詩繁盛的起點。

同唐太宗賴上官儀爲其「視稿」，修飾其粗糙的詩作一樣，在武后朝，「大凡后之詩文，皆元萬頃、崔融輩爲之」，在中宗朝，「婉兒常代帝及后、長寧、安樂二公主，衆篇並作，而彩麗益新」[20]。武后、中宗本人文學修養固然並不深厚，但是其時朝中文士麕集，以帝王爲中心的游宴賦詩卻出現前所未有的盛況。自武后「大搜遺逸，四方應制者向萬人」之後，帝王出游，必命群臣應制賦詩，如「武后游龍門，命群官賦詩」㉑，「中宗正月晦日幸昆明池賦詩，群臣應制百餘篇」㉒。這種風氣，在中宗時達到極盛，《唐詩紀事》卷九記四時游宴情形云：

凡天子饗會游豫，唯宰相、直學士得從。春幸梨園並渭水祓除，則賜柳圈辟癘；夏宴蒲萄園，賜朱櫻；秋登慈恩浮圖，獻菊花酒稱壽；冬幸新豐，歷白鹿觀，上驪山，賜浴湯池，給香粉蘭澤。從行給翔麟馬、品官黃衣各一。帝有所感，即賦詩，學士皆屬和，當時人所欽慕。

緊接其後，《唐詩紀事》記述了自景龍二年七月至四年六月兩年間具體的宮廷游宴賦詩之事，竟多達四十一起，其繁密程度，超過唐代宮廷詩史上的任何時期。這一幸存的對中宗朝宮廷游宴詩創作情形的記載，自然也是武后朝宮廷風氣的延續與發展。同時，對於應制賦詩的群臣，不僅多予賞賜，且根據速度快慢與優劣評判再加獎賞，如武后游龍門，群臣賦詩，「先成者賜以錦袍」㉓，中宗游宴賦詩，屬和學士「以文華取幸」者有「韋元旦、劉允濟、沈佺期、宋之問、閻朝隱等」㉔。所謂「游宴以興其篇，獎賞以激其價」，實已不僅促使宮廷詩創作高度繁盛，而且由此造成一種價值取向，以其風氣的擴展爲契機，成爲唐詩繁榮發展的重要因素之一。

宮廷詩自南朝經唐代初年的發展，在題材、詞藻、偶對乃至結構方面都形成固定的規範與程式，這種以排斥儒家道德説教與個人懷抱抒發爲主要特點的創作程式的形成，是以應酬性爲主要內容的宮廷生活環境與創作需要的產物。特別是圍繞帝王爲中心的游宴詩，由於事先設置獎賞，應制創作實際上不啻於以成詩遲速爲主要標準的競賽，因而最有效的幫助莫過於在固定的題材慣例與創作程式中充填已熟練掌握了的類書中的事例與詞藻。這在武后、中宗朝，從宮廷詩創作環境看，以帝王爲中心的游宴賦詩更甚於前朝，存留下來的宮廷創作資料更爲豐富，因而由這些豐富的資料，也就更能使人清楚地了解宮廷創作程式的承續與發展。活動於一百多年以後的李商隱在評價這一時期詩壇時云「沈宋裁辭矜變體，王楊落筆得良朋，當時自謂宗師妙，今日惟觀對屬能」[25]，沈佺期、宋之問以及「四傑」等人，無疑是當時最出色的詩人，但在經過唐詩極盛期輝煌光彩洗禮的李商隱的眼中，這些詩人只不過是「對屬能」的程式化篇什的製作工匠。如此總體評價，固然忽視了沈、宋、四傑等人在唐音自立進程中的重要轉折意義，但從其大量應酬性作品與宮廷詩傳統程式慣例的完全符合的角度著眼，李商隱倒是極其精確地把握到了這一方面的重要特徵所在。也就是說，在這一時期加入宮廷游宴賦詩隊伍的已有不少出色的詩人，但由於處身於有著特定需要的創作環境，寫出來的詩篇也只能是傳統宮廷詩慣例、程式的再現。

比如，中宗於景龍三年二月十一日幸太平公主南莊，群臣應制賦詩，李嶠詩云：

> 主家山第接雲開，天子春游動地來。羽騎參差花外轉，霓旌搖曳日邊回。還將石溜調琴曲，更取峰霞入酒杯。鸞輅已辭烏鵲渚，簫聲猶繞鳳凰臺。

宋之問詩云：

> 青門路接鳳凰臺，素滻宸游龍騎來。澗草自迎香輦合，巖花應待御筵開。文移北斗成天象，酒近南山作壽杯。此日侍臣將石去，共歡明主賜金回。

這一組應制詩雖然僅存八首，且全爲七言律詩，顯示出在詩歌律化完成期宮廷詩形式與太宗朝宮廷詩以五言爲主的差別，然而從題材慣例、事典排偶、詞藻堆砌特別是結構程式方面看，則幾乎是完全一致的。在這一意義上，上舉李嶠、宋之問兩詩，其實與其他六詩並無不同，詩中詞句僅僅是模式化產品中的構件，各詩之間完全可以互相轉替與拼接。又如沈佺期〈興慶池侍宴應制〉：

碧水澄潭映遠空，紫雲香駕御微風。漢家城闕疑天上，秦地山川似鏡中。向浦回舟萍已綠，分林蔽殿槿初紅。古來徒羨橫汾賞，今日宸游聖藻雄。

這是一首尤爲典範的宮廷詩，首聯點題，尾聯以贊歎性頌詞回應主題，中二聯用於鋪敘描寫，不僅結構完全符合宮廷應酬程式，而且還運用了應制詩最流行的慣例，將帝王及朝臣比作天上群僊。除此之外，詩中的情景鋪敘全然從首句「碧水澄潭」中影映而出，顯示出精細的描寫技巧，又體現出與虞世南、上官儀宮廷詩創作技巧的相似。此詩之精巧雖然超過前舉二詩，但與前二詩一樣，完全看不出詩人的個性所在。再如受宮廷影響較小的四傑中的盧照鄰作有一首〈三月曲水宴得尊字〉：

風煙彭澤里，山水仲長園。由來棄銅墨，本自重琴尊。高情邈不嗣，雅道今復存。有美光時彥，養德坐山樊。門開芳杜徑，室拒桃花源。公子黃金勒，僊人紫氣軒。長懷去城市，高詠狎蘭蓀。連沙飛白鷺，孤嶼嘯玄猿。日影巖前落，雲花江上翻。興闌車馬散，林塘夕鳥喧。

由於這首宴集詩在遵循宮廷詩程式的同時，還運用了五言形制，所以與太宗朝宮廷宴集詩尤爲相近，特別是結尾部份描寫宴會結束時的傍晚景象以及即將離散時的心境，更是唐初宮廷詩同一題材最常用的慣例。如李百藥〈奉和初春出游應令〉詩結聯云「日斜歸騎動，餘興滿山川」、上官儀〈安德山池宴集〉詩結聯云「方惜流觴滿，夕鳥已城闉」，與盧照鄰此詩結聯「興闌車馬散，林塘夕鳥喧」相比照，三者構思方式乃至基本詞素都顯出完全的一致。即如陳子昂這樣的力主「以漢魏變齊梁」的大詩人，在宴會場合，也只能寫出略無個性的程式化的應酬之作，如其〈晦日宴高氏林亭〉詩：

尋春游上路，追宴入山家。主第簪纓滿，皇州景望華。玉池初吐溜，珠樹始開花。歡娛方未極，林閣散餘霞。

在這次二十一人聚會的場合，由陳子昂作序，可見陳氏實爲此次宴會賦詩中的重要人物。如若將這首詩尾聯與前述李百藥、上官儀、盧照鄰三詩尾聯相比較，則更可清楚地看出其對宮廷詩慣例的遵循與運用。

這裏僅就宮廷創作中的最典型題材略舉一斑，以見其時詩人涉足其間的廣泛性。當然，在這一時期，曾經有過成百上千次宮廷游宴賦詩，存留下來的作品已經只是「泰山一毫芒」了。此外，運用宮廷詩程式慣例的其他題材如詠物、題畫、酬贈、送別、旅行、哀輓等，就更難一一加以縷述了。

第三節 創作環境移位與宮廷趣味潛變

然而，透過武后時代宮廷詩創作更趨繁盛現象的表層，我們看到的是其內質正在發生著深刻的變化。也可以說，這一時期宮廷範圍內的詩歌創作，在表現出特定文學傳統因素的沉積與浮現的同時，又顯示出文學社會學因素的刺激與推移，從而呈現出與宮廷範圍之外的唐音自立的詩學主潮基本同步的演化特徵與行進軌跡。這一時期詩壇中心固然已表現出逐漸由宮廷移向社會之趨勢，但是由於重要詩人往往兼有二重身份，既是應制宮廷的代表者，又是走向社會的弄潮兒，因而宮廷內外的詩學進程其實處於互相引觸、互為牽動的狀態。而在這一層意義上，研究宮廷詩創作趣味的潛在變化，其意義也就顯然並不局限於宮廷範圍之內與宮廷詩創作本身了。總體看來，這一時期宮廷詩的趣味變移，在創作環境、表現內容乃至詩歌形制、內在氣質等諸多方面都顯現出來，而探究其原因、尋繹其蹤跡，則大致可以歸納為以下三個方面。

首先是社會因素的刺激與推移。在唐初太宗時代，文學人物多為六朝士族，他們的文學淵源甚至直接來自梁、陳，如太宗朝最重要的宮廷詩人虞世南、褚亮與南朝宮廷文學大師徐陵、江總的關係，就是直接的師承與延續。而在武后時代，隨著眾多出身寒微的庶族文人被擢拔充任朝廷要職，不僅舊有士族被擠出政治舞臺的中心，而且以直接師承關係為標誌的宮廷文學世系也由被冷落而至於斷裂。重要的文學之士在朝中的聲名大多是一朝獲取的，同時由於顯赫權力的吸引力，文詞之士一改過去的向文學世系的接續而為向政治權勢的依附。如其時重要詩人沈佺期、宋之問、崔融、李嶠、蘇味道等都依附張易之兄弟，杜審言、郭震等人更直接受到武后獎引，陳子昂則初不為人所知，由故意砸碎胡琴並遍贈會者文軸而「一日之內，聲華溢郡」㉖。這種新的詩人成份的構成與舊的文學世系的斷裂，自然促使創作趣味發生移變。

其次是非官方應酬的日漸增多。在武后、中宗朝，除帝王游宴頻繁，應制賦詩盛況空前外，「又其待臣下法禁頗寬，恩禮從厚，凡曹司休假，例得尋勝地宴樂，謂之旬假，每月有之。遇逢諸節，尤以晦日、上巳、重陽為重，後改晦日，立二月朔為中和節，並稱三大節。所游地推曲江最勝……朝士詞人有賦，翼日即留傳京師，當時倡酬之多，詩篇之盛，此亦其一助也」㉗，這樣也就促使宮廷文士之間的私人聚會大大增多。當然，私人應酬場合賦詩，與正規應制詩的程式慣例往往是通用的，但是其寫作環境與應酬對象畢竟有了很大的不同，因此造成這類詩逐漸散漫化，具體表現爲語言較爲樸素，典故大爲減少，結構亦不及應制詩那樣謹嚴精緻，從內容到風格都發生了很大的改變。至於由私人應酬交往而派生出的送別詩、寄贈詩乃至行旅詩，則將其中潛藏的新的趣味發揮出來，而這也就完全超出了宮廷範圍，已經是對宮廷文學的徹底改造與超越了。

再者是帝王獎賞評價取向的導引。胡震亨《唐音癸籤》卷二十七專章論說唐詩興盛之「導源」，五條中竟有四條歸之於人主「重詩人」、「重詩賦」並多予「獎賞」之緣故，所論雖有偏重，但有唐一代帝王之好詩，確爲自始至終的普遍現象。然而，武后之重詩，與太宗由正統儒家道德觀念轉入宮廷詩華美聲色的走向顯然不同，而是作爲新興庶族政治力量的代表，往往崇尚詩歌內質的蓬勃朝氣，因而其對群臣詩作的獎賞評價又反過來成爲一種新的導向。比如「武后游龍門，命群官賦詩，先成者賜以錦袍，左史東方虯詩成，拜賜坐未安，之問詩後成，文理兼美，左右莫不稱善，乃就奪錦袍衣之」㉘。這裏所說首先受到賞賜的東方虯之作雖已不存，但值得注意的是，東方虯詩曾被陳子昂作爲宮廷程式的對立面而贊賞爲「不圖正始之音，復睹於茲」㉙；而從今存的最終受賜的宋之問〈龍門應制〉詩看，雖然遵循了歌功頌德的慣例，但卻採用了長篇歌行的形式，詩中夾以曲折複雜的鋪敘以及諷諭、否定的語式，明顯溢露出流宕蓬勃的氣勢。武后直接贊賞的宋之問另一首詩〈明河篇〉，也是一首七言歌行，且結尾明顯寓含著懷才不遇的人生意氣。對此，《唐詩紀事》卷十一記云「之問求爲北門學士，天后不許，故此篇有乘槎訪卜之語。后見其詩，謂崔融曰：吾非不知其才，但以其有口過耳」，可見武后雖未用其人，但對這首寓含怨憤之作卻仍然是稱賞的。又如郭震（字元振，以字行）「任俠使氣，撥去小節，武后知所爲，召欲詰，既與語，奇之，索所爲文章，上〈寶劍篇〉，后覽嘉歎，詔示學士李嶠等」[30]，這首受到武后特別「嘉歎」的歌行，雖然所詠也是古劍沉埋的傳統故事，但其以「雖復塵埋無所用，猶能夜夜氣衝天」寓示人生豪情，極見朝氣與活力，武后並將其「詔示學士」，更明顯可見導引詩風的意向所在。到中宗復位後，對群臣應制之作的獎賞，進而確定由上官婉兒差第品評，如《唐詩紀事》卷三記云「中宗正月晦日幸昆明池賦詩，群臣應制百餘篇。帳殿前結綵樓，命昭容選一首爲新翻御製曲。從臣悉集其下，須臾紙落如飛，各認其名而懷之。既進，唯沈、宋二詩不下。又移時，一紙飛墜，競取而觀，乃沈詩也。及聞其評曰：二詩工力悉敵，沈詩落句云『微臣彫朽質，羞睹豫章材』，蓋詞氣已竭；宋詩云『不愁明月盡，自有夜珠來』，猶陟健舉。沈乃伏，不敢復爭」，由此可見，其時品評詩作優劣，已經以「健舉」爲主要標準，故而大量的程式規範而詞氣萎竭之作「紙落如飛」。正是在這樣的品評導引之下，「當時屬辭大抵浮靡，然皆有可觀，昭容力也」[31]，大量宮廷浮靡之辭中出現了健舉之氣，這也正是文學轉向的活力與生機的滲透與體現。

就這一時期詩壇風氣變化的具體表現而言，最直接而顯明的乃是創作環境的移位與表現內容的轉換。

在宮廷範圍內，以帝王爲中心的游宴應制，最主要的內容不外乎演繹帝王詩意或歌頌帝王功德，表達形式則或借前代典故以作比喻，或以華詞麗藻直接頌揚，至若有關個人生活情趣以及詩人創作個性，是被深深地壓制和掩沒著的。在這一場合中的作品，可以說既是宮廷詩的最典型代表，又是「骨氣都盡，剛健不聞」㉜的最高程度的體現。而在私人聚會的場合，情況則有所不同，一方面「地或幽偏，未睹皇居之盛」㉝，脫離了以帝王爲中心的創作環境，另一方面「淹留自樂，翫花鳥以忘歸，歡賞不疲，對林泉而獨得」㉞，在幾乎沒有約束與顧忌的情況下盡情游賞，也就較爲直接地表露出個人的慾望與內心的感受。在武后、中宗時期，由於這種私人聚會場合的增多，逐漸形成獨立於應詔宴集之外的另一種宮廷應酬環境，其間聚會者眾，詩作亦多，往往一次聚會就編成一部詩集。同時，這類作品在大體遵循宮廷詩程式的情況下，詩中表達的個人趣味以及風格特徵也就逐漸透露出與應制詩的差異來。據《唐詩紀事》卷七記載，在高正臣林亭接連於晦日、上元舉行三次私人聚會，共有三十五人次參加，他們都是一般文人與中層官吏，留下的作品也都符合宮廷宴集詩的傳統慣例，然而從總體上看卻遠不及宮廷應制詩那樣精巧典雅。如第一次聚會時高正臣所作〈晦日置酒林亭〉：

正月符嘉節，三春翫物華。忘懷寄樽酒，陶性狎山家。柳翠含煙葉，梅芳帶雪花。光陰不相借，遲遲落景斜。

這首詩不僅結構程式特別是結尾方式體現出典型的宮廷詩慣例，而且與同時其他人的作品中意象詞句相類，完全可以隨意抽取詞句拼接出另外一首亂真的作品來，然而其間卻幾乎不用典故，語言平實，似覺隨意寫來，全無華麗雕琢之嫌。再如第三次聚會時高瑾所作〈上元夜效小庾體〉：

初年三五夜，相知一兩人。連鑣出巷口，飛轂下池濱。燈光恰似月，人面並如春。遨遊終未已，相歡待日輪。

如果說，前詩僅僅表現出語言描寫的平實隨意，那麼，此詩則進而一定程度地表達出內心的真實感受，如「人面並如春」、「相知一兩人」，甚至已是內心隱秘的直接表白。

以創作環境的移位與內心感受的表白爲契機，詩歌表現範圍日漸擴大，其內蘊新意也逐步遞現，甚至使得在宮廷創作中固定化了的多種題材慣例皆出現程度不同的變化信息。比如詠物詩，本爲中國詩歌中最持久的傳統題材之一，在六朝之前，詩人借詠物以寓意的成份甚多，到六朝後期，詠物詩中寓意色彩逐漸淡褪，詩人集注意力於所詠事物本身，即使運用比喻、聯想，其目的也僅僅在於側筆渲染。唐代初年，由於詩人同題詠物成爲宮廷詩中的重要題材之一，因而以著意刻畫事物本身爲特徵的構思方式也就進而成爲一種慣例而固定下來。如李世民〈賦得臨池竹〉、虞世南〈蟬〉、褚亮〈詠燭〉之類，都是根據特定事物的特性以類比、比喻、襯托等修辭手法構成一種程式化的單純的寫物類型。在武后、中宗朝，詠物傳統出現了明顯的分化，一方面，構思精巧的詠物詩在即席賦詠的情況下是詩人炫耀才學的極好機會，作爲對宮廷詩傳統的繼承，詠物詩往往成爲詩歌修辭技巧的練習，《唐詩紀事》卷十載有一則蘇瓌、蘇頲父子軼事：

> 瓌初未知頲，一日有客詣瓌，候於客次，頲擁篲庭廡間，遺落一文字，客取視之，乃〈詠崑崙奴子〉詩，云：指如十挺墨，耳似兩張匙，異之。良久瓌出，與客淹留言詠，以其詩問瓌何人，豈非足下宗庶之孽也。瓌備言其事，客驚訝之，請瓌加禮收舉，必蘇氏之令子也，瓌稍稍親之。有人獻兔，懸於廊廡，瓌召令詠之。曰：兔子死蘭彈，將來掛竹竿，試將明鏡照，無異月中看。瓌覽詩異之。由是學問日新，文章蓋代。

可見，蘇瓌對蘇頲態度的改變，正是因其所寫詠物詩體現出精巧的修辭性與宮廷詠物慣例完全符合所致。當時著名詩人李嶠、駱賓王、董思恭的許多詠物之作，將典故、聯想、妙語、隱喻交織在一起，形成稠密矯飾的修辭特色的典型代表。另一方面，隨著詩人內心世界的漸趨豐富，詠物詩通過想像增強了寓義與象徵的成份，逐步打破了那種完全以寫物爲目的的程式慣例，比如宋之問〈題張老松樹〉：

> 歲晚東巖下，周顧何凄惻。日落西山陰，眾草起寒色。中有喬松樹，使我長歎息。百尺無寸枝，一生自孤直。

在這首詩中，前四句作環境渲染，第五句方點明所詠之物，第六句則緊接表明自己內心感受，尾聯卻又回到對樹的本身的象徵性描寫，這種結構本身已完全不能用宮廷詠物程式來加以規範。同時，詩中不僅語言風格平實樸素，而且明顯地以樹作人生品格的象徵，表現出向六朝之前的古典寓義傳統的回復。以樹爲興象抒發個人內心的情感，在盧照鄰〈行路難〉中表現尤爲突出而強烈，詩中對枯木昔盛今衰的描寫，完全歸結到「人生貴賤無終始，倏忽須臾難久恃」，不僅寓義略無隱蓄，而且詩的本身是長篇歌行，這就使其表達更爲暢快淋漓。詩歌體式的多樣化也造成詠物詩寓義表達方式的豐富多樣，與長篇歌行的暢快相比，短小的絕句則顯得凝練生動，如郭震擅長用七絕寫詠物詩，其〈螢〉詩寫道「秋風凛凛月依依，飛過高梧影裏時，暗處若教同眾類，世間爭得有人知」、〈蛩〉詩寫道「愁殺離家未達人，一聲聲到枕前聞，苦吟莫向朱門裏，滿耳笙歌不聽君」、〈野井〉詩寫道「縱無汲引味清澄，冷浸寒空月一輪，鑿處若教當要路，爲君常濟往來人」，這些作品或隱喻兼濟天下的襟懷抱負，或比擬賢人志士的高潔品格，或表達懷才不遇的幽怨意緒，皆以凝練的形制體現出象徵意蘊的複雜化趨向。至若陳子昂的詠物詩如〈修竹篇〉，則已是其所倡導的「風骨」、「興寄」的表達載體了。

隨著私人之間的應酬社交的日益增多，除較大範圍的宴集聚會賦詩之外，較小範圍的送別詩、寄贈詩也在數量日增的同時出現相應的變化跡象。如果說，私人聚會場合人數衆多，需要協調群體關係，賦詩尚容易流於一種程式與慣例，那麼，在送別、寄贈的場合，大多情況只有主、客二人，則無疑更便於發抒個人的情感。如楊炯〈送臨津房少府〉：

> 岐路三秋別，江津萬里長。煙霞駐征蓋，弦奏促飛觴。階樹含斜日，池風泛早涼。贈言未終竟，流涕忽霑裳。

楊炯在四傑中是與宮廷關係最爲密切的詩人，詩中亦多有「六朝錦色」的浮現，但在多篇送別詩中，卻明顯可見個人之間的真實情感的流露。再如王勃〈重別薛華〉：

> 明月沈珠浦，秋風濯錦川。樓臺臨絕岸，洲渚亙長天。旅泊成千里，棲遑共百年。窮途唯有淚，還望獨潸然。

如果說，這首詩與楊炯詩一樣重在以臨歧落淚的方式表達出內心的離愁別恨，那麼，王勃的另一首《別薛華》詩云「無論去與住，俱是夢中人」，則重在引發自身的人生思考，而其著名的送別詩《杜少府之任蜀川》云「無爲在歧路，兒女共霑巾」，又將臨歧落淚這一最常見的送別方式加以改造翻新，形成一種新的勸慰方式。這一創新，爲後來詩人所普遍採用[35]。他如駱賓王〈送郭少府探得憂字〉「還望青門外，空見白雲浮」，李嶠〈送李邕〉「慇懃御溝水，彼此各東西」，沈佺期〈送友人往括州〉「太息東流水，盈觴難再持」，楊炯〈夜送趙縱〉「送君還舊府，明月滿山川」等詩，進而將送別之意與浮雲、流水、月光等意象結合起來，形成更爲廣泛而多變的表達方式，使得送別詩中個人情緒感受的表達愈趨豐富而多樣。與送別詩往往需要即席而作的情況不同，寄贈詩的創作條件則從容得多，因此，優秀的寄贈詩表達的內容也就不同於送別詩重在抒發離愁別恨，而是往往重在發抒有關人生遇合的思考與感慨。如杜審言〈贈崔融二十韻〉開篇就寫道「十年俱薄宦，萬里各他方，雲天斷書札，風土異炎涼」，可見兩人的情感交流全然基於「十年薄宦」的相同經歷，其後又寫道「雅節君彌固，衰顏余自傷，人事盈虛改，交遊寵辱妨」，則是人生意氣的直接抒發了。又如郭震〈寄劉校書〉：

俗吏三年何足論，每將榮辱在朝昏。才微易向風塵老，身賤難酬知己恩。御苑殘鶯啼落日，黃山細雨濕歸軒。回望漢家丞相府，昨來誰得掃重門。

此詩是郭震落職後所作，雖爲寄贈知己，內容卻全無應酬之習，實際上是自己內心微妙複雜心理的表現與傾訴。當然，寄贈題材較少特性規定，表達內容範圍甚爲寬泛，其中自然不乏大量的有關交游、自訴、求官、干謁、贊頌等主題的平庸之作，但是這種題材一旦在具有強烈功業慾望而又未能遂願的詩人筆下出現，則往往與嚴肅的人生主題聯結起來，而其強烈的個人情感的充溢，在很大程度上又與詠懷題材疊合趨同。

在武后時代，新的政治力量的全面興起，固然促使唐帝國出現蓬勃向上的時代精神風貌，但各種政治力量的鬥爭較量卻一直未能平息，從武后打擊舊貴族宗室，到中宗復位時清除武后黨羽，許多捲入政治權力圈的傑出詩人也都隨之昇沉浮降，如盧照鄰、駱賓王、王勃、蘇味道、崔融、杜審言、宋之問、沈佺期等人皆曾有過被貶逐遠方的經歷。這對以建功立業爲懷抱的詩人固然是嚴重的挫折和殘酷的打擊，然而也正因此使得詩歌徹底地超越宮廷，走向廣闊的天地。作爲這種廣泛閱歷的紀錄與貶謫生涯的感受的行旅詩、貶謫詩的大量出現，就成爲了這樣的一個重要的標誌。

走出狹窄的宮廷與官場，展現在詩人面前的是無盡的征途與廣闊的世界，詩歌表現內容與方式也就徹底掙脫了宮廷詩的拘限，既豐富多樣又真實動人。四傑中的盧、王、駱都寫有多篇行旅詩，如盧照鄰〈早度分水嶺〉：

丁年游蜀道，斑鬢向長安。徒費周王粟，空彈漢吏冠。馬蹄穿欲盡，貂裘敝轉寒。層冰橫九折，積石凌七盤。重溪既下瀨，峻峰亦上干。隴頭聞戍鼓，嶺外咽飛湍。瑟瑟松風急，蒼蒼山月團。傳語後來者，斯路誠獨難。

這首詩雖然是詩人被貶逐四川途中所作，但其主要注意力仍在於旅途所見的紀實，展現出入蜀道中荒涼險峻的逼真圖景。又如王勃〈易陽早發〉：

飭裝侵曉月，奔策候殘星。危閣尋丹障，回梁屬翠屏。雲間迷樹影，霧裏失峰形。復此涼飆至，空山飛夜螢。

這首詩雖然採用了五律的形式，但仍然展現了大幅的自然畫面，而且從早發路途的濃霧瀰漫之中，微妙地傳導出複雜的旅途感受。與盧照鄰詩的直筆刻畫相比，王勃詩顯得含蘊而深沉。再如駱賓王〈晚泊江鎮〉：

四運移陰律，三翼泛陽侯。荷香銷晚夏，菊氣入新秋。夜烏喧粉堞，宿雁下蘆洲。海霧籠邊徼，江風繞戍樓。轉蓬驚別緒，徙橘愴離憂。魂飛灞陵岸，淚盡洞庭流。振影希鴻陸，逃名謝蟻邱。還嗟帝鄉遠，空望白雲浮。

旅途晚泊，是行旅詩中習見的情形，一般作品都以樸素自然爲特色，但駱賓王此詩卻將普通的習見情形加以複雜化，以雅致的用語與深奧的典故作爲描寫平常事物的手段和表現樸素情感的工具，顯見其一貫的稠密矯飾的詩風。與四傑各具特色的詩風都顯然不同，陳子昂的許多行旅詩則表現爲復古主張的實踐，如〈度荊門望楚〉、〈白帝城懷古〉、〈峴山懷古〉、〈晚次樂鄉縣〉等詩，不僅有意識地重現魏晉風度，而且盡量使各地古跡充實其間，在一定程度上與懷古題材相疊合，造成一種深沉的歷史意識以及向著古典文化的追懷意緒。值得注意的還有，一些平庸的宮廷詩人在漫長旅途中，有時卻能寫出出色的詩篇，典型的例子如薛稷〈秋日還京陝西十里作〉：

驅車越陝郊，北顧臨大河。隔河望鄉邑，秋風水增波。西登咸陽途，日暮憂思多。傅巖既紆鬱，首山亦嵯峨。操築無昔老，採薇有遺歌。客游節回換，人生能幾何。

薛稷是修文館直學士，現存詩僅十四首，大多爲宮廷應制、游宴詩，是一個典型的平庸的宮廷詩人，然而，他的這首行旅詩卻與其他作品截然不同，以樸素的語言與貞剛的風調在寫出蒼茫秋色的同時，引發出對自己政治前途的憂思和對人生問題的歎喟，這樣的表現內容與方式，實際上正是陳子昂倡導的「風骨」、「興寄」的基點所在。對此，以後的大詩人杜甫曾作〈觀薛稷少保書畫壁〉詩云「少保有古風，得之陝郊篇，惜哉功名忤，但見書畫傳」，就稱其爲「有古風」並大加贊賞。可以說，走出宮廷範圍的詩人們，拋掉的是應酬程式中內質的羸弱，替興的則是個人情感表現力的強健。

這時期的行旅詩固然大多是詩人遭貶出京期間所作，因而詩中憂思感歎在在可見，但是作爲行旅的紀實，這類作品仍著重在於對途中所見的寫實與刻畫。至若寫於僻遠蠻荒之地的貶謫詩，雖亦往往作於途中，但這類作品著重點則在於愁悶憂思與惶懼心態的表現。在這一時期被貶逐最遠的詩人是杜審言、沈佺期與宋之問，他們的貶謫詩也就最具代表性。杜審言兩次遭貶，一次在江西，另一次遠在峰州（今越南河西），作爲特別注意詩歌格律體式的詩人，杜審言所作貶謫詩數量不多，但其〈度石門山〉、〈南海亂石山作〉、〈旅寓安南〉、〈春日懷歸〉等詩在精心對偶修辭的同時，仍表露出遠謫殊方的心態。如〈渡湘江〉：

遲日園林悲昔游，今春花鳥作邊愁。獨憐京國人南竄，不似湘江水北流。

這首詩寫於湘江途中，卻略無對湘江景物的描寫，而以湘江「北流」與自身「南竄」作比照，充滿孤獨與悲傷之感。沈佺期被貶逐驩州（今越南榮市），比杜審言貶地更遠，他在途中及驩州寫下了一系列詩篇，與其早期在宮廷中所作風格截然不同，顯示出由幽怨到絕望再到憤恨的情感的演化乃至噴發。如〈入鬼門關〉寫道「問我投何地，西南盡百蠻」，〈初達驩州〉寫道「魂魄游鬼門，骸骨遺鯨口」、〈驩州廨宇移往山間水亭贈蘇使君〉寫道「棄置一身在，平生萬事休」，情感表現愈趨強烈，可見一斑。宋之問雖然沒有杜審言、沈佺期貶地那麼遠僻，但其遭遇更慘，他先貶瀧州（在今廣東），又貶越州（在今浙江），再貶欽州（在今廣西），最後至於被賜死。宋之問在貶謫期間寫有很多詩篇，有些重在寫景，有些重在抒懷，但無論哪一類型，均表現出境象闊大、意緒悲壯的特色，如〈至端州驛見杜五審言沈三佺期閻五朝隱王二無競題壁慨然成詠〉：

逐臣北地承嚴譴，謂到南中每相見。豈意南中歧路多，千山萬水分鄉縣。雲搖雨散各翻飛，海闊天長音信稀。處處山川同瘴癘，自憐能得幾人歸。

這首詩不僅借「雲搖雨散」、「海闊天長」的境象喻友人離散無聞，而且是在讀杜審言、沈佺期等人貶謫詩之後所作，因此其情感意緒的表達在貶謫詩人群中更具有相當的普遍意義與共通性質。

由於廣泛的閱歷，這些詩人在貶謫期間詩歌創作範圍亦甚爲廣泛，除旅途的紀實、內心的感受之外，還有相當數量的作品涉及對名山大川的刻畫，對殊方景物的描寫，與親友的交往寄贈以及與生活有關的雜詠等等，其中山水詩的成就比較明顯，某些作品甚至可以加入唐代最優秀的山水詩行列。如此這些，都集中表明了這樣的一個事實，即創作環境的移位改造了詩歌表現內容及其方式，從而使得自唐代立國以來一直局限於宮廷範圍的詩壇中心大踏步轉移出來。

第四節　宮廷詩改造與詩學主潮匯融

從走出宮廷的詩人創作狀況的前後對比看，固然可見後者對前者的全般超越，但是從這一時期詩史的整體看，除了這一股變化程度最高的創作潮流外，宮廷範圍之內仍然繼承著宮廷詩傳統題材，在呈現繁盛的創作狀態的同時，詩的外在形制得到了開拓，內在氣骨得到了充盈。另外，活躍於南方的下層文士由於遠離京洛，多寫自然山水及日常生活，由南朝樂府民歌情調幻化而出，逐漸形成清新鮮潤的風格與空靈澄澈的意境。這三種創作現象或替接或並存，表現特徵與方式各異，但作爲由宮廷詩時代變創而出的三股詩學潮流，則基本上是同步態的。然而，上述第一、第三兩種現象或是超越宮廷的結果，或者未曾與宮廷產生直接聯繫，因此，這裏僅以第二種現象即宮廷範圍內的創作爲主，通過對其外形與內質的變化的典型分析，略窺宮廷詩自身的改造與超越的又一個側面及其衍化軌跡。

唐初詩形制以五言爲主體，這是漢魏六朝以來五言詩自身的發展成熟並被尊爲詩體正宗的結果。如鍾嶸《詩品序》謂「五言居文詞之要」，蕭子顯《南齊書·文學傳論》亦云「五言之制，獨秀眾品」。甚至到唐詩眾體兼備的極盛時期，李白還有「興寄深微，五言不如四言，七言又其靡也，況使束於聲調俳優哉」[36]之論，代表了相當一部份唐代詩人的觀念。在唐代初年，貞觀君臣主觀上都是以「雅正」、「典則」爲追求，即使應制游宴之作，也是以比配先王的方式來表達頌聖之旨。因此，在宮廷範圍內，無論是歌功頌德，還是道德說教，都自然以五言詩爲首先選擇的對象。然而，由於宮廷題材各種慣例的限制以及應酬特性的需要，同時又處於「聲調俳優」的詩歌律化進程的背景之上，唐初宮廷詩便逐漸形成以事典排比與詞藻堆砌爲主要特徵的類書化、工藝化製作，大多作品篇制拘狹，了無生氣。

到了武后時代，宮廷詩形制發生的一個顯著變化，就是七言長篇的大量出現。值得注意的是，作爲詩賦兩體相互滲透影響的結果，七言長篇歌行在陳、隋時已蔚爲大觀，但進入唐初卻反而幾乎消聲匿跡，直至將近半個世紀之後才在四傑手中復盛起來。這固然由於四傑本身皆擅長駢文、駢賦，以賦體鋪張揚厲手法運用於詩歌創作，實爲極自然之事，然而，如果我們進一步擴大視野，在作爲新的政治力量蓬勃興起的廣大庶族文人的宏闊襟懷以及大唐帝國強盛的時代精神面貌的表現要求的層次上看，以融合賦體特徵的宏大篇幅打破拘狹僵化的舊制，也就使得這一體式成爲詩人們最易取資的範式。因此，七言長篇的復盛恰逢其時，與其說是文體自身的演化結果，還不如說是詩人審美趣味與時代精神風尚雙重選擇的作用。

四傑的歌行涉及到多種宮廷詩題材，如盧照鄰的〈長安古意〉、駱賓王的〈帝京篇〉、王勃的〈臨高臺〉等，詩中時時可見宮廷詩傳統慣例的運用，但其不僅篇制宏肆衍長，主題表現形成複雜多元的現象，而且「放開了粗豪而圓潤的嗓子」，「生龍活虎般騰踔」，「背面有著厚積的力量支撐著，這力量，前人謂之『氣勢』，其實就是感情」37。可見，四傑詩對宮廷詩的改造，正是基於個人感情抒發的需要，一方面開拓出宏大的篇制，一方面充之以強健的骨力。這種變化趨勢，在沈、宋手中得到進一步推擴，而沈、宋作爲武后朝的重要宮廷文人，七言長篇歌行也就由此進入了正規的宮廷應制詩的創作範圍。比如，武后游龍門，宋之問作〈龍門應制〉，受到武后的賞賜，其詩云：

宿雨霽氛埃，流雲度城闕。河堤柳新翠，苑樹花先發。洛陽花柳此時濃，山水樓臺映幾重。群公拂霧朝翔鳳，天子乘春幸鑿龍。鑿龍近出王城外，羽從琳瑯擁軒蓋，雲蹕才臨御水橋，天衣已入香山會。山壁嶄巖斷復連，清流澄澈俯伊川。雁塔遙遙綠波上，星龕奕奕翠微邊。層巒舊長千尋木，遠壑初飛百丈泉。彩仗霓旌繞香閣，下輦登高望河洛。東城宮闕擬昭回，南陌溝塍殊綺錯。林下天香七寶臺，山中春酒萬年杯。微風一起祥花落，僊樂初鳴瑞鳥來。鳥來花落紛無已，稱觴獻壽煙霞裏。歌舞淹留景欲斜，石間猶駐五雲車。鳥旗翼翼留芳草，龍騎駸駸映晚花。千乘萬騎鑾輿出，水靜山空嚴警蹕。郊外喧喧引看人，傾都南望屬車塵。囂聲引颺聞黃道，佳氣周迴入紫宸。先王定鼎山河固，寶命乘周萬物新。吾皇不事瑤池樂，時雨來觀農扈春。

這首應制之作對武后出游場面的贊美，對皇城壯麗景象的渲染，以及對君臣宴樂過程的描繪，包含了游幸、都城、宴會、應酬等多種宮廷創作內容及其表現方式，然而其篇制宏大、駢散間行並多次換韻，顯見賦體手法，又與太宗朝應制詩拘狹的形制、呆板的結構明顯不同，體現出宏闊流衍、極盡鋪張的特點。當其寫宴會結束時「歌舞淹留景欲斜」，全同唐初宮廷游宴詩結尾慣例，但問題在於宋之問詩到此並未收筆，反而繼續大段鋪寫，給人一種略無拘礙、暢達情懷的感受。武后直接贊賞的宋之問的另一首詩是〈明河篇〉：

八月涼風天氣晶，萬里無雲河漢明。昏見南樓清且淺，曉落西山縱復橫。洛陽城闕天中起，長河夜夜千門裏。複道連甍共蔽虧，畫堂瓊戶特相宜。雲母帳前初泛濫，水精簾外轉逶迤。倬彼昭回如練白，復出東城接南陌。南陌征人去不歸，誰家今夜擣寒衣。鴛鴦機上疏螢度，烏鵲橋邊一雁飛。雁飛螢度愁難歇，坐見明河漸微沒。已能舒捲任浮雲，不惜光輝讓流月。明河可望不可親，願得乘槎一問津。更將織女支機石，還訪成都賣卜人。

這首七言歌行以都城上空銀河景觀爲描寫對象，運用了大量的典故與傳統的隱喻，體現了宮廷詩慣用方式，然而從其篇制句勢看，不僅與前詩相似，而且採用樂府民歌「頂針格」句法，使開闔氣勢中又具流暢情韻，此外，作爲懷才不遇心態的隱曲表達，詩的結尾不是曲終奏雅似的歌頌或說教，而是一種功業的願望與期待的明顯寓含。由此可見，這一時期宮廷詩中出現的以形制開拓與氣骨充盈爲主要標誌的變化，乃是通過帝王嗜好導引與詩人心理表達需要的雙向作用這一具體途徑而完成的。

在武后朝廷，除沈、宋等人之外，富嘉謨與吳少微被認爲是獨特的宮廷詩人，《唐詩紀事》卷六云「時天下文章尚徐、庾，浮俚不競，嘉謨、少微本經術，雅厚雄邁，人爭慕之，號富吳體」，可見，富、吳一方面背離了「浮俚不競」的傳統宮廷風格，另一方面以「雅厚雄邁」、「人爭慕之」，引導著宮廷風尚的新變。富嘉謨原有十卷文集已佚，現僅存一首〈明冰篇〉：

> 北陸蒼茫河海凝，南山闌干晝夜冰，素彩峨峨明月昇。深山窮谷不自見，安知採斲備嘉薦，陰房涸沍掩寒扇。陽春二月朝始暾，春光潭沱度千門，明冰時出御至尊。彤庭赫赫九儀備，腰玉煌煌千官事，明冰畢賦周在位。憶昨沙漠寒風漲，崑崙長河冰始壯，漫汗崚嶒積亭障。噰噰鳴雁江上來，禁苑池臺冰復開，搖青涵綠映樓臺。豳歌七月王風始，鑿冰藏用昭物軌，四時不忒千萬祀。

這首詩表面上描繪的是宮廷中藏冰以備來年春夏之用的活動，似爲宮廷頌詞，然其中運用了《詩經·七月》中哀悼周故都之典，以「周在位」的模糊義指以及「昭物軌」的天命意識，又寓含著複雜的象徵意義與深層的諷諭內涵。此外，全篇三句一轉韻，在當時大量出現的七言歌行中更顯出獨特之處。張說評其詩云「如孤峰絕岸，壁立萬仞，濃雲鬱興，震雷俱發，誠可畏也，若施於廊廟，駭矣」[38]，恰恰指出其獨特詩風「施於廊廟」的不適宜性。吳少微尚存詩六首，其中有兩首七言歌行，甚富浪漫色調，如〈古意〉：

> 洛陽芳樹向春開，洛陽女兒平旦來。流車走馬紛相催，折芳瑤華向曲臺。曲臺自有千萬行，重花累葉間垂楊。北林朝日鏡明光，南國微風蘇合香。可憐窈窕女，不作邯鄲娼。妙舞輕迴拂長袖，高歌浩唱發清商。歌終舞罷歡無極，樂往悲來長歎息。陽春白日不少留，紅榮碧樹無顏色。碧樹風花先春度，珠簾粉澤無人顧。如何年少忽遲暮，坐見明月與白露。明月白露夜已寒，香衣錦帶空珊珊。今日陽春一妙曲，鳳凰樓上與君彈。

這首詩先寫洛陽遊春的歌舞歡極場面，後半突然轉入「樂往悲來」的人生感歎，這一主題在宮廷詩中極爲罕見，反倒顯示了與盧照鄰〈長安古意〉、劉希夷〈代悲白頭翁〉一類歌行的一致性，以及作爲兩者之間的過渡狀態的特徵。由此可見，「富吳體」對宮廷詩的改造，恰恰與四傑、沈、宋七言歌行意趣同一走向。對宮廷詩的改造，從李嶠的兩首同題詩的比較中可以看得更爲清晰，其早年所作詠物詩集中有一首〈劍〉詩：

> 我有昆吾劍，求趨夫子庭。白虹時切玉，紫氣夜干星。鍔上芙蓉動，匣中霜雪明。倚天持報國，畫地取雄名。

從結構程式與題材慣例看，實爲一首純粹的宮廷詠物詩。其後又有〈寶劍篇〉：

> 吳山開，越溪涸，三金合冶成寶鍔。淬綠水，鑒紅雲，五彩焰起光氛氳。背上銘為萬年字，胸前點作七星文。龜甲參差白虹色，轆轤宛轉黃金飾。駭犀中斷寧方利，駿馬群騑未擬直。風霜凜凜匣上清，精氣遙遙斗間明。避災朝穿晉帝屋，逃亂夜入楚王城。一朝運偶逢大僊，虎吼龍鳴騰上天。東皇提昇紫微座，西皇佩下赤城田。承平久息干戈事，僥倖得充文武備。除災闢患宜君王，益壽延齡後天地。

詩中雖亦運用了傳統的典故，且以頌諛帝王之詞作結，但其以歌行的形式，對寶劍的冶煉過程的描寫，極爲詳盡而自由，其語調之激烈、幻想之馳騁，通體充滿著正規宮廷詠物詩中無法容含的勃勃生氣。對比這兩首不同體式的同題作品，恰恰可以視爲宮廷詩自身趣味變移與形制開拓的過程的縮影。

作爲宮廷詩的主要範式，除應詔應酬之外，對樂府歌辭特別其中愛情題材的倣作是又一最重要內容。這在南朝宮廷，由蕭綱、陳叔寶、徐陵、庾信、吳均、江總等人傾重於艷情描寫而形成浮艷柔靡的「宮體」，如吳均〈鼓瑟曲有所思〉「知君亦蕩子，賤妾自娼家」、蕭綱〈烏棲曲〉「相看氣息望君憐，誰能含羞不肯前」，均是真正沉溺於淫靡生活中感受情態的記錄。然而，這一題材到了唐初，在改變了的宮廷生活環境中繼續垂伸著固定的表達方式，因而在很大程度上只是傳統慣例的倣製與詞藻聲調的練習，如李世民〈採芙蓉〉「結伴戲方塘，攜手上雕航，船移分細浪，風散動浮香」、上官儀〈八詠應制〉「羅薦已擘鴛鴦被，綺衣復有葡萄帶，殘紅艷粉映簾中，戲蝶流鶯聚窗外」，這類作品，與其說是真實生活的體驗，還不如說是對麗藻艷詞本身的迷戀，從李世民嘗戲作宮體艷詩，並命虞世南賡和㊴的記載看，更明確可見其時宮體艷詞與實際生活情感之間的距離。因此，唐代初年的宮體詩，其本質乃是一種缺乏實際的情愛乃至淫蕩生活基礎的虛僞的外形，詩人的真實情感在固定的程式慣例中被扭曲變形。如果說，宮體艷情詩在南朝尚有其存在的合理性與生命力，那麼，其在唐初則已實在地走入了窮途末路。

隨著武后時代庶族知識分子自我表現意識的增強，艷情詩也出現了重要的轉機。如駱賓王〈艷情代郭氏答盧照鄰〉，就是基於盧照鄰與蜀中女郭氏始亂終棄的真實事件，並代郭氏向盧照鄰訴說哀怨之情：「悲鳴五里無人問，腸斷三聲誰爲續。思君欲上望夫臺，端居懶聽將雛曲。沉沉落日向山低，檐前歸燕並頭棲。抱膝當窗看夕兔，側耳空房聽曉雞。舞蝶臨階只自舞，啼鳥逢人亦助啼。獨坐傷孤枕，春來悲更甚……傳聞織女對牽牛，相對銀河清淺流。誰分迢迢經兩歲，誰能脈脈待三秋。」詩中並不著意於艷麗詞藻的琢煉，而是以長篇形式唯求情懷表達流暢真切。從駱賓王曾作〈憶蜀地佳人〉詩及〈疇昔篇〉中「尋姝入酒肆」之句看，駱賓王本人大約也不乏此類真實的艷遇。一方面，這類作品篇制結構的宏大流蕩，顯然突破了「宮體」舊制；另一方面，其描寫內容與情感表現的真實特性，則又構成對虛內華外的唐初宮廷詩程式的充盈與改造。這一題材與表達方式，被盧照鄰的〈長安古意〉提高到一個新的層次：「長安大道連狹斜，青牛白馬七香車」、「俱邀俠客芙蓉劍，共宿娼家桃李蹊」，對都城生活的描寫，簡直是放蕩無忌；「得成比目何辭死，願作鴛鴦不羨僊」，對內心情感的剖白，更是震人心魄；「節物風光不相待，桑田碧海須臾改，昔日金階白玉堂，即今唯見青松在」，在放蕩生活的題材中，突然出現猛然的警醒，這又是一個新的創造。稍後王勃的〈臨高臺〉「娼家少婦不須顰，東園桃李片時春，君看舊日高臺處，柏梁銅雀生黃塵」、李嶠的〈汾陰行〉「昔時青樓對歌舞，今日黃埃聚荊棘」，皆顯見盧照鄰詩新創的表達方式。這在劉希夷〈代悲白頭翁〉中體現得更爲深刻，從開篇「洛陽城東桃李花，飛來飛去落誰家，洛陽女兒好顏色，坐見落花長歎息」到「年年歲歲花相似，歲歲年年人不同」再到結尾「但看舊來歌舞地，唯有黃昏鳥雀悲」，幾乎以全部的篇幅盡力發揮盧、王詩僅於結尾出現的主題蘊意。

如果說，這類作品以複雜的主題意蘊及其表達方式造成題材範圍的模糊性與複合性，已顯示了對宮廷題材慣例的超越，那麼，這裏再以兩首純粹的艷情詩爲例，庶可更清楚地看出在這一題材自身中出現的活力。一首是劉希夷的〈公子行〉：

天津橋下陽春水，天津橋上繁華子。馬聲迴合青雲外，人影動搖綠波裏。綠波蕩漾玉為砂，青雲離披錦作霞。可憐楊柳傷心樹，可憐桃李斷腸花。此日遨遊邀美女，此時歌舞入娼家。娼家美女郁金香，飛來飛去公子傍。的的珠簾白日映，娥娥玉顏紅粉妝。花際徘徊雙蛺蝶，池邊顧步兩鴛鴦。傾國傾城漢武帝，為雲為雨楚襄王。古來容光人所羨，況復今日遙相見。願作輕羅著細腰，願為明鏡分嬌面。與君相向轉相親，與君雙棲共一身。願作貞松千歲古，誰論芳槿一朝新。百年同謝西山日，千秋萬古北邙塵。

另一首是喬知之的〈娼女行〉：

石榴酒，葡萄漿。蘭桂芳，茱萸香。願君駐金鞍，暫此共年芳。願君解羅襦，一醉同匡床。文君正新寡，結念在歌倡。昨宵綺帳迎韓壽，今朝羅袖引潘郎。莫吹羌笛驚鄰里，不用琵琶喧洞房。且歌新夜曲，莫弄楚明光。此曲怨且艷，哀音斷人腸。

這兩首詩雖然風格不同，角度各異，但前者的執著癡迷，後者的略無顧忌，作爲內心情感與慾望的無限制的表現與發洩，則是完全一致的。當然，這種略去宮廷文學經驗成式，直入內心真情的表達方式，其實有著更早的來自漢、魏時代的文學傳統，然而，越過齊、梁，直接漢、魏，恰恰是唐代前期文學革命的目標與指向，而這又恰恰爲宮廷詩自身的變異展示了時代的潮流與背景。

綜覽唐前期近百年宮廷詩創作，可見其完整的發展過程與緜密的衍化軌跡。在其兩大階段——太宗時代、武后時代——之間，後者既是對前者的承沿與發展，又是對前者的變異與改造。同樣的題材、慣例與不同的內質、形制，便構成兩者之間既簡單又複雜的關係。要言之，如果說太宗時代的宮廷詩重在以慣例與程式寫宮廷題材，那麼武后時代的宮廷詩則重在以真情與骨力寫宮廷題材，同是宮廷題材，前者表現爲倣製性，後者則表現爲創造性。這樣的變異與改造，與由梁入周的庾信以及唐代初年的魏徵皆試圖以非宮廷化改造宮廷詩不同，而是以宮廷化本身改造宮廷詩，是以具有真情氣骨的宮廷詩替代虛僞萎靡的宮廷詩，因而其作用也就更爲有力而持久，並最終成功地與宮廷範圍外的詩學主潮實現了匯流，從而避免了庾信、魏徵時代的努力在宮廷詩華美聲色的巨大吸引力中很快淹沒無聞那樣的失敗。由此看來，作爲一種完整的文學現象與過程，唐代前期宮廷詩並不完全像一般文學史家所認爲的那樣——是以陳子昂爲最初標誌的唐代文學革命的對象㊵，而是以自身的發展及其改造形態參與了革命的進程。

注釋

❶聞一多《唐詩雜論·宮體詩的自贖》，《聞一多全集》第三卷，三聯書店一九八二年版。
❷《全唐詩》卷一。
❸李世民〈帝京篇序〉。
❹《隋書》卷三十五〈經籍志四〉。
❺《舊唐書》卷七十二〈虞世南傳〉。
❻同前。
❼參見《舊唐書》卷八十、《新唐書》卷一百零五〈上官儀傳〉。
❽《唐詩紀事》卷一。
❾《大唐新語》卷九。
❿歐陽詢〈藝文類聚序〉。
⓫聞一多《唐詩雜論·類書與詩》，《聞一多全集》第三卷，三聯書店一九八二年版。

⓬《文鏡秘府論》南卷引元兢〈古今詩人秀句序〉。
⓭《玉海》卷五十四。
⓮《文鏡秘府論》南卷〈論文意〉。
⓯褚亮〈十八學士贊〉。
⓰《新唐書》卷一百零二〈虞世南傳〉。
⓱《貞觀政要》卷一。
⓲《舊唐書》卷七十八〈張行成傳〉附〈張易之張昌宗傳〉。
⓳胡應麟《少室山房筆叢》卷二十九。
⓴《唐詩紀事》卷三。
㉑《唐詩紀事》卷十一。
㉒《唐詩紀事》卷三。
㉓《唐詩紀事》卷十一。
㉔《唐詩紀事》卷九。
㉕李商隱〈漫成〉之一。
㉖《唐詩紀事》卷八。
㉗胡震亨《唐音癸籤》卷二十七。
㉘《唐詩紀事》卷十一。
㉙陳子昂〈與東方左史虬修竹篇書〉。

30《唐詩紀事》卷八。

31《唐詩紀事》卷三。

32楊炯〈王子安集序〉。

33陳子昂〈晦日宴高氏林亭序〉。

34同前。

35如高適〈送韓九〉詩云：「良時正可用，行矣莫徒然。」韓愈〈北極贈李觀〉詩云：「無爲兒女態，憔悴悲賤貧。」

36孟棨《本事詩．高逸》。

37聞一多《唐詩雜論．宮體詩的自贖》，《聞一多全集》第三卷，三聯書店一九八二年版。

38《唐詩紀事》卷六。

39《唐詩紀事》卷一、《大唐新語》卷三。

40盧藏用〈陳伯玉文集序〉「道喪五百歲而得陳君」，韓愈〈薦士〉「國朝盛文章，子昂始高蹈」，《新唐書．陳子昂傳》「唐興，文章承徐、庾餘風，天下祖尚，子昂始變雅正」，向爲大多文學史家所認同。

第三章 四傑體

在七世紀下半葉的永徽、龍朔年間，詩壇呈現複雜的交疊與過渡狀態。一方面以許敬宗、上官儀於龍朔三年（六六三）編成《瑤山玉彩》爲標誌，宮廷應酬詩發展到一個新的高峰；另一方面，隨著士庶界限的打破，宮廷詩人構成成份的改變，宮廷詩創作趣味也出現重要變移；更爲重要的是，活躍於社會下層的少年四傑相繼登上詩壇，他們對「爭構纖微」、「骨氣都盡」的上官體痛加針砭，力圖廓清宮廷詩程式及其承沿的齊梁餘風，雖然其創作實踐仍有「時帶六朝錦色」❶的一面，但隨著他們創作生涯的發展與創作思想的成熟，無疑標誌著唐代最初的文學革新浪潮的到來。四傑的興起與上官體的極盛幾乎同時出現，這種鮮明的對比，尤其顯示出四傑文學思想的革命性，所以這一革新的開端被定在「龍朔初載」（六六一）❷。也就是說，這兩種同時出現的現象，其性質恰恰相反，四傑代表著新的思潮的蓬勃興起，上官則預示著舊的模式的回光返照。因此，三年後（六六四）上官儀伏誅，上官體也就壽終正寢了，而八年後（六六九）盧、駱、王等人離開長安，或入蜀，或戍西，詩壇中心也就開始脫離宮廷，而走向江山與塞漠了。

第一節 唐前期詩風變革的肇始與標誌

四傑中以盧照鄰年齡最長，駱賓王次之，王勃、楊炯同年出生。四人具體生卒年雖至今尚有多說，然大體上盧、駱長王、楊十餘歲，則是無疑的。四人經歷亦各不同，所謂「王也纔參卿於西陝，楊也終遠宰於東吳，盧則哀其棲山而臥疾，駱則不能保族而全軀」❸，但大體看來，四人性格、才稟及仕途遭遇卻大致相似。《唐詩紀事》卷七記云「李敬玄盛稱王勃、楊炯、盧照鄰、駱賓王。行儉曰：勃等雖有才，然浮躁衒露，豈享爵祿者，炯頗沈默，可至令長，餘皆不得其死」，除楊炯卒於官外，盧、駱、王三人都遭不測。四人之中，除駱賓王出身寒門，盧、王、楊皆出身望族，然官職卻皆同樣卑微，且迭遭坎坷。由其出身不同、遭遇相似，可見武后時代打破士庶界限的政治措施的直接影響；而由其露才浮躁的共同性格特徵，則又顯示了在新的政治環境中第一個胸懷強烈的建功立業理想的文人集團的出現。

四傑稱號出現甚早，當在四人登上文壇不久。四人並稱，始見宋之問〈祭杜學士審言文〉，其云「復有王、楊、盧、駱，繼之以子躍雲衢」，已以王、楊、盧、駱爲序。《新唐書．王勃傳》即據此云「勃與楊炯、盧照鄰、駱賓王皆以文章齊名，天下稱『王、楊、盧、駱』，號四傑」，王、楊、盧、駱遂成爲四傑的固定次序。如杜甫〈戲爲六絕句〉云「王楊盧駱當時體」，嚴羽《滄浪詩話．詩體》在「以人而論」中，亦標舉「王楊盧駱體」。然而，排在後面的盧、駱不僅年長王、楊十餘歲，且盧照鄰與宋之問之父宋令文同師孫思邈❹，宋之問則與楊炯爲同僚好友，可見盧照鄰實在比楊炯長了一輩，無怪楊炯自云「吾愧在盧前，恥居王後」❺，對此，歷來多從詩文優劣比較的角度著眼，終難通釋，若從年齒行輩的角度著眼，或可得一確解❻。因此，在當時就已有另一種次序排列，張說〈裴公神道碑〉「在選曹見駱賓王、盧照鄰、王勃、楊炯」，郗雲卿〈駱賓王文集序〉更詳述云，駱賓王「與盧照鄰、楊炯、王勃文詞齊名，海內稱焉，號為四傑，亦云盧、駱、楊、王四才子」。其後杜甫〈戲爲六絕句〉中亦有「縱使盧王操翰墨」句以盧、王概盧、駱、王、楊；到明代王世貞《藝苑卮言》中，則明確固定爲「盧、駱、王、楊，號稱四傑」了。固然，具體看來，四傑詩歌創作成就與貢獻並不完全一致，大體上説，盧、駱主要擅長歌行，貢獻在於對宮廷詩拘狹形制的開拓，王、楊則主要擅長五律，貢獻在於對近體詩成熟形制的構建。我們如果從以五言詩爲詩體正宗的傳統觀念的角度看，將王、楊排列於盧、駱之前，或許正是這種推尊五言的一種具體表現，然而在詩史實際上，構成唐詩璀璨星空的，精美成熟的近體與氣勢豪宕的古體恰是不可或缺的兩翼，詩體本身實在是無所謂尊卑的，因此，於對四傑的排列次序，應當排除人爲的強加觀念因素，以尊重詩史實際的態度恢復其自然的狀態，這就是上述第二種實際存在的卻幾被遺忘的排列次序——盧、駱、王、楊。

恢復了四傑排列的自然次序，也就展示了其變革詩風的符合事實的標誌與合乎邏輯的進程。楊炯在〈王子安集序〉中云：

> 龍朔初載，文場變體，爭構纖微，競為雕刻。揉之以金玉龍鳳，亂之以朱紫青黃，影帶以徇其功，假對以稱其美，骨氣都盡，剛健不聞。思革其弊，用光志業。薛令公朝右文宗，托末契而推一變，盧照鄰人間才傑，覽清規而輟九攻。

當時詩壇一方面是「爭構纖微，競爲雕刻」，另一方面則是「思革其弊，用光志業」，這正是對文學革命到來的自豪宣告，其以「假對以稱其美」爲「革弊」對象，則明確針對以倡「六對」、「八對」之名爲標誌的「上官體」。由序中可見，這一革新的最初倡導者是薛元超與盧照鄰，然薛元超是當時臺閣重臣，或爲文士趨奉諛美，且《全唐詩》僅存奉和詩一首，平平無足取，因此，龍朔年間的文學革命只能以盧照鄰爲最初標誌。楊炯在序中接著說「知音與之矣，知己從之矣」，於是「後進之士翕然景慕，久倦樊籠，咸思自擇。近則面受而心服，遠則言發而響應，教之者逾於激電，傳之者速於置郵」，正是以盧照鄰爲起始的風從響應。其結果則是：

長風一振，眾萌自偃。遂使繁綜淺術，無藩籬之固；紛繪小才，失金湯之險。積年綺碎，一朝清廓，翰苑豁如，詞林增峻。[7]

這種「長風一振」、「清廓綺碎」的壯觀局面的形成，無疑已經是四傑共同努力的結果，而這也就標誌著詩壇中心邁出宮廷的過程的完成，以及唐詩特質初建雛型的轉機的實現。

盧、駱二人年長王、楊十餘歲，當王、楊出生不久，盧照鄰即已初涉文壇。可以說，四傑體的興起與上官體的極盛在時間上的交疊，實際上主要體現於盧、駱的前期創作活動，因此，盧、駱詩中也就自然映帶著較多的宮廷詩題材與慣例的影響。在盧、駱二人詩中，應酬題材佔有較大比重，如盧照鄰的〈三月曲水宴得尊字〉、〈春晚山莊〉、〈宴梓州南亭得池字〉以及駱賓王的〈春夜韋明府宅宴得春字〉、〈冬日宴〉、〈初秋於竇六郎宅宴〉等詩，就顯示了最純粹的宮廷游宴詩的題材慣例與結構程式，盧照鄰游宴詩中「興闌車馬散，林塘夕鳥喧」[8]之類的結尾模式，駱賓王詠物詩中「鏡花搖芰日，夜麝入荷風」[9]之類的精密雕飾，甚至可與上官儀詩混然莫辨。即使在一些主觀上避開宮廷內容的作品中，也被塗飾上宮廷詩的色彩，如盧照鄰〈山莊休沐〉詩寫道「蘭署乘閑日，蓬扉狎遯棲。龍柯疏玉井，鳳葉下金堤。川光搖水箭，山氣上雲梯。亭幽聞唳鶴，窗曉聽鳴雞。玉軫臨風奏，瓊漿映月攜。田家自有樂，誰肯謝青溪」，此詩寫閑日山莊，意在表現對樸素的隱士生活與田園野趣的傾心嚮往，但全詩除「亭幽」一聯外，以「玉井」、「金堤」、「玉軫」、「瓊漿」滿佈豪華的珠光寶氣，與心目中「青溪千餘仞，中有一道士」⑩似的「田家」之樂構成極不和諧的組合。

然而，儘管如此，盧、駱在對宮廷題材的運用中所表現出的重要的轉變，卻是更為顯目的，而這也就是四傑變革詩風的最初信息。在這重要的轉變之中，最耀眼的閃光是盧照鄰的〈長安古意〉：

長安大道連狹斜，青牛白馬七香車。玉輦縱橫過主第，金鞭絡繹向侯家。龍銜寶蓋承朝日，鳳吐流蘇帶晚霞。百丈游絲爭繞樹，一群嬌鳥共啼花。啼花戲蝶千門側，碧樹銀臺萬種色。複道交窗作合歡，雙闕連甍垂鳳翼。梁家畫閣天中起，漢帝金莖雲外直。樓前相望不相知，陌上相逢詎相識。借問吹簫向紫煙，曾經學舞度芳年。得成比目何辭死，願作鴛鴦不羨僊。比目鴛鴦真可羨，雙去雙來君不見。生憎帳額繡孤鸞，好取門簾帖雙燕。雙燕雙飛繞畫梁，羅幃翠被鬱金香。片片行雲著蟬鬢，纖纖初月上鴉黃。鴉黃粉白車中出，含嬌含態情非一。妖童寶馬鐵連錢，娼婦盤龍金屈膝。御史府中烏夜啼，廷尉門前雀欲棲。隱隱朱城臨玉道，遙遙翠幰沒金堤。挾彈飛鷹杜陵北，探丸借客渭橋西。俱邀俠客芙蓉劍，共宿娼家桃李蹊。娼家日暮紫羅裙，清歌一囀口氛氳。北堂夜夜人如月，南陌朝朝騎似雲。南陌北堂連北里，五劇三條控三市。弱柳青槐拂地垂，佳氣紅塵暗天起。漢代金吾千騎來，翡翠屠蘇鸚鵡杯。羅襦寶帶為君解，燕歌趙舞為君開。別有豪華稱將相，轉日回天不相讓。意氣由來排灌夫，專權判不容蕭相。專權意氣本豪雄，青虬紫燕坐春風。自言歌舞長千載，自謂驕奢凌五公。節物風光不相待，桑田碧海須臾改。昔時金階白玉堂，即今唯見青松在。寂寂寥寥揚子居，年年歲歲一床書。獨有南山桂花發，飛來飛去襲人裾。

這首詩首先展示的是繁華的長安大道，這是一個貴族的社會，詩人由此集中描繪了貴族生活的豪奢淫蕩以及都城景象的喧鬧繁忙。從其描寫的主要內容看，此詩應當屬於都城題材。

都城題材源自東漢都城賦，起因在於漢室東遷引起的激烈爭論，如杜篤〈論都賦〉讚美舊都的宏偉壯麗及其悠久的歷史意義，意在主張建都長安，班固〈兩都賦〉則以長安作爲縱慾與擴張意義的代表，洛陽作爲節制與儉樸意義的象徵，意在主張建都洛陽。在東漢定鼎洛陽之後，政治的論爭已經消失，但對都城景觀的描繪卻作爲文學題材延續下來。這一題材到六朝鮑照的〈蕪城賦〉開始出現重要的變化，其中著重於對都城盛衰轉替的慨歎，表現出濃重的懷古意識，這就使得都城題材轉化爲懷古題材。縱觀這兩種文學傳統對唐詩的影響，以鮑照〈蕪城賦〉爲範式，唐代詩人創作了大量的詠懷古跡詩，並顯示出強盛的生命力，貫串唐詩史的始終；而以東漢都城賦爲範式，其影響則主要在於唐代立國之初，面對作爲大唐帝國強盛國力生動證明的壯偉的長安都城，詩人們發出由衷的驚歎與讚美，其中以李世民〈帝京篇〉爲代表，並成爲唐初宮廷詩中的一個重要題材。值得注意的是，隨著詩壇中心的轉移與宮廷詩本身的變化，這一意義上的都城題材卻幾乎消聲匿跡，由此也恰恰證明了都城題材與唐初宮廷詩的緊密關係。當然，唐初都城詩具體表現傾向各有不同，李世民〈帝京篇〉在讚美長安壯觀景象的同時，以「去茲鄭衞聲，雅音方可悅」的節制構成儒家道德的說教；虞世南〈賦得吳都〉、楊師道〈闕題〉分別借東吳與東漢故都以作唐都之借喻，意旨不外頌美；陸敬〈遊隋故都〉與王績〈過漢故城〉雖然寫出前朝故都的衰敗景象，表現出具有警世意味的盛衰主題，但是，這種當時甚爲稀見的盛衰主題在陸、王詩中並未代表普遍的時代意識，而是各有其特定的意旨，陸詩以對隋朝失德而致衰敗的認識作爲對唐朝興起的反襯，王詩則是通過盛衰的恐懼意識隱曲地表達自己的避世心態與隱逸趣尚。

盧照鄰的〈長安古意〉則顯示了與唐初都城題材慣例乃至具體特異表現傾向的本質的不同。首先，以遠遠超越唐初詩的長篇鉅制包容東漢都城賦與鮑照〈蕪城賦〉兩種文學傳統，將都城繁盛的描繪與衰敗的慨歎融爲一體，同時著力展示了貴族少年的豔情生活與遊俠行態，以懷古、豔情、遊俠等多種內容的兼具造成都城題材的擴大化與複雜化。其次，以激情的迸發替代宮廷詩題材慣例與詞藻堆砌，即如寫豔情，直至「得成比目何辭死，願作鴛鴦不羨僊」，真可謂刻骨銘心；又如面對繁華的都市，並不堆砌相應的詞藻與典實，而是生出「樓前相望不相知，陌上相逢詎相識」的感受，體現出打破舊的家族世系與社會關係後所表現出的新的時代氣息，以及對人際關係形成可以平等競爭的新意蘊的認識，從而激發出建功立業的人生意氣。再者，正是由於一方面對情愛意義及其生命價值的重新認識與深刻體悟，另一方面面對建功立業的人生之路的不懈追求，導致在對眼前時光的倍加珍惜之中猛然領悟美好時光的暫促性與人生願望的背反性，於是自然規律的無可抗拒的永恆力量及其圖式展現出來，長吟短唱的詩人也就在一剎那之間變成了徹悟靈智的哲人。在這樣的豐富意蘊與深刻變化的背景下，〈長安古意〉中許多事物的並存、比照、肯定、否定，在題材複雜化的同時更造成主題表現的多義化，因此，將其對都城生活由盛而衰的描寫與唐初都城題材中出現的盛衰主題相比較，也就既不同於陸敬借作頌美的反襯，更不同於王績以作遯世的借口，而是包含了個人的內心慾望與隱秘，向著功業與人生的總方向，投射出的具有積極入世意義的時不我予的慨歎的心靈之光。這裡出現的都城衰敗景象，體現在詩的意義中，實際上已經不僅在於對政治與人生的警醒意義，而是同時預告了由宮廷題材自身的變異催使宮廷詩世界的幻滅期的到來。

就都城題材而言，如果說，盧照鄰的〈長安古意〉以題材的複雜化構成對宮廷詩慣例的改造，那麼，駱賓王的〈帝京篇〉則以純粹的都城題材顯出對宮廷詩慣例的變異。如其開篇寫道：

山河千里國，城闕九重門。不睹皇居壯，安知天子尊。皇居帝里崤函谷，鶉野龍山侯甸服。五緯連影集星躔，八水分流橫地軸。秦塞重關一百二，漢家離宮三十六。桂殿嶔岑對玉樓，椒房窈窕連金屋。

對都城皇居壯麗景觀的讚美與描繪，幾乎是對李世民〈帝京篇〉開篇語意的套用與發揮，典型體現了對宮廷詩中都城題材慣例的運用。然而，駱賓王的〈帝京篇〉卻明顯以賦的手法，在長篇鉅制中極盡舖排之能事，形成如同漢大賦那樣的宏肆衍麗的特色，如：

三條九陌麗城隈，萬戶千門平旦開。複道斜通鳷鵲觀，交衢直指鳳凰臺。劍履南宮入，簪纓北闕來。聲名冠寰宇，文物象昭回。鉤陳肅蘭戺，璧沼浮槐市。銅羽應風回，金莖承露起。校文天祿閣，習戰昆明水。朱邸抗平臺，黃扉通戚里。平臺戚里帶崇墉，炊金饌玉待鳴鐘。小堂綺帳三千戶，大道青樓十二重。寶蓋雕鞍金絡馬，蘭窗繡柱玉盤龍。繡柱璇題粉壁映，鏘金鳴玉王侯盛。

這樣的大量鋪陳描繪，固然可見漢代都城賦的創作方式與審美標準，然而在都城題材至唐初宮廷詩時代形制氣骨日漸萎涸的情況下，重新引入賦的方式，實際上也不失爲開拓其形制、充盈其氣骨的有效途徑之一。不僅如此，駱詩在極盡繁盛描寫之後，突然展現出衰敗景象：

> 古來榮利若浮雲，人生倚伏信難分。始見田竇相移奪，俄聞衛霍有功勳。未厭金陵氣，先開石槨文。朱門無復張公子，灞亭誰畏李將軍。相顧百齡皆有待，居然萬化咸應改。桂枝芳氣已銷亡，柏梁高宴今何在。

在這一盛衰主題的展示中，幾乎看不到懷古意味，而是如同盧照鄰〈長安古意〉那樣在對自然規律的永恆性的認知之中，進而發爲人生慨歎。這從其結尾詞意可以看得更爲清晰：

> 已矣哉，歸去來。馬卿辭蜀多文藻，揚雄仕漢乏良媒。三冬自矜誠足用，十年不調幾邅回。汲黯薪逾積，孫弘閣未開。誰惜長沙傅，獨負洛陽才。

一面慨歎司馬相如、揚雄的懷才不遇，一面以流落長沙的賈誼自喻，已不啻是對內心懷抱的直接剖白，基於這樣心理內涵的「歸去來」，實已完全不同於其隱逸避世的原型意義，而成爲具有亟欲建功立業的積極入世精神的轉型。即使是純粹的豔情題材，駱賓王也寫得激情充溢，如〈豔情代郭氏答盧照鄰〉、〈代女道士王靈妃贈道士李榮〉等，不僅表情真切動人，一掃繁詞縟藻，語態淳真，聲調響亮，且全篇一氣呵成，又纏綿婉轉，於愛怨戀棄的複雜感受交織中，更可見執著追求意念的一脈貫穿。從盧、駱所受宮廷詩影響及其長篇歌行的創作實踐看，其主要成就與價值正是在於對宮廷題材本身的運用中改造了宮廷詩風格與形制。也就是說，他們在以鋪張揚厲的長篇巨制、開闔流宕的聲調節奏來進行內心懷抱與激情的表現的同時，承沿著的卻主要還是傳統的宮廷題材，一方面宮廷題材仍在延續，而另一方面宮廷題材的表現風格卻已面目全非。這種可以擬之爲「以毒攻毒」或曰「釜底抽薪」式的方法，也就構成對唐初宮廷詩從總體框架程式到具體語言慣例的最有力的破壞和最有效的改造。

經過盧、駱振長風、清綺碎的有力革新與改造，舊式宮廷詩已失去了佔據詩壇中心的力量，於是繼起的王勃、楊炯便得以集中精力於新的詩風（抒情風格）的規範與新的詩體（五言近體）的建構。當然，從形式上看，盧、駱也作五律，甚至五言還佔全部作品的大多數，但與其歌行相比不免粗糙，特別是缺少內質的建構；同樣，王、楊中的王勃也作有少量歌行，但除〈臨高臺〉一篇以及僅有八句的〈滕王閣〉外，餘實無足觀，而楊炯集中則不見七言歌行，五言中又以成型的五律居多，顯見其專擅所在。

王勃最優秀的五律是〈杜少府之任蜀川〉：

城闕輔三秦，風煙望五津。與君離別意，同是宦遊人。海內存知己，天涯若比鄰。無為在歧路，兒女共霑巾。

從總體上看，王勃詩對宮廷風格的背離與新的體貌的建構，更多地表現在其離開長安赴四川之後，然而這首作於尚未離開長安時的作品，卻已成爲其建構新體的傑出代表作，由此也可見出四傑作爲一個整體，繼盧、駱之後而起的王勃在創作生涯的早期即已具有了明確的建構意識。這首詩是一篇習見的送別之作，但卻消盡了宮廷詩時代送別題材的慣例。首聯以「城闕」與「五津」對舉，並非如同傳統的送別詩那樣意在點明離人旅途的起訖地點，而是對離別之後空間格局及其隔斷距離的預設，成爲詩意進一步豐實衍進的具有張力的構架。基於此，頷聯與頸聯即一改宮廷詩那樣的景事的羅列與詞藻的比類，而是全然以情、意充盈，由強調兩人的處境乃至感受的共通與一致，進而以心理的力量使得實在的「天涯」之遙縮短爲「比鄰」之邇，從而在心靈的深處與觀念的層次上透現出「四海之內皆兄弟」⓫的寬廣胸懷。這樣，詩的結尾也就順乎自然地做成了「臨歧灑淚」這一傳統慣例的反題，矚望於心靈的相通，互勉於前程的展望，真情的抒發又歸入建功立業的人生意氣這一時代性命題。由送別之事出發，引出內心真情，再上昇到觀念的層次，指向著人生命題，詩的結構精密，邏輯謹嚴，但卻是徹底擺脫了舊內容的新的質的和諧，從繁縟的描寫性改變爲樸素的表現性，是五言近體抒情詩成熟的標誌，所以這首詩能夠垂之後世而成爲唐代五律的一個範型。王勃入川後，所作詩絕大多數都是五言近體，除送別、酬贈題材外，更多的是行旅、寫景之作，而其以情、意充盈構成新的體格風貌的特點也就更爲普遍而多樣地表現出來。如果說，〈江亭夜月送別二首〉其二「亂煙籠碧砌，飛月向南端，寂寂離亭掩，江山此夜寒」、〈山中〉「長江悲已滯，萬里念將歸，況屬高風晚，山山黃葉飛」，以寒寂、飄落的意象較爲明顯地表現了詩人心理的孤獨與失落之感，那麼，〈易陽早發〉「雲間迷樹影，霧裡失峰形，復此涼飆至，空山飛夜螢」，則是以一種既朦朧又空冷的意象幽約地傳導出詩人在仕途的挫折與旅途的艱辛經歷中內心的複雜隱曲的情感意緒。在王勃詩中，最明顯的特點就是宮廷詩時代的那種寫景敘事與主觀感受的分裂狀已經消失，代之以的是景、事、情的混然融織，因此，王勃的各種題材的五言近體，實際上都已成爲情景交融的抒情詩。

與王勃詩中著重充盈情、意有所不同，楊炯詩更著力的是對律詩體格的完善。在王勃的五言近體中，失黏現象尚有不少，而在楊炯詩中，失黏只是極少數現象了。《全唐詩》存楊炯詩三十三首，全爲五言，其中近體竟多達二十九首，且大多完全合律，僅有少量失黏。如〈折楊柳〉：

邊地遙無極，征人去不還。秋容凋翠羽，別淚損紅顏。望斷流星驛，心馳明月關。藁砧何處在，楊柳自堪攀。

〈折楊柳〉本爲樂府舊題，楊炯在這裡卻已將其做成一首格律完全諧合的五律，且通過細膩的心理描繪，刻劃出一個生動的思婦形象，顯然已不同於一般的敷衍舊事的樂府詩。從格律的角度看，舊題樂府固亦處於詩歌律化進程的影響之中，但唐初以來此類作品並未達到完全諧律的地步。爲便於比照，試看盧照鄰的同類作品〈關山月〉：

塞垣通碣石，虜障抵祁連。相思在萬里，明月正孤懸。影移金岫北，光斷玉門前。寄信閨中婦，時看鴻雁天。

前引楊炯詩是寫少婦思夫，此詩則是寫征人思婦，內容及手法皆基本相同。但以五律的格律衡量，盧照鄰此詩頷聯、頸聯均失黏，且頷聯對仗欠工，遠不及楊炯詩在格律方面的無懈可擊。再如楊炯的〈途中〉詩：

悠悠辭鼎邑，去去指金墉。途路盈千里，山川亙百重。風行常有地，雲出本多峰。鬱鬱園中柳，亭亭山上松。客心殊不樂，鄉淚獨無從。

這首詩寫旅途的艱辛感受與思鄉的哀愁意緒，淳樸而自然，直似漢魏風致，但詩的形式則已是格律精嚴的五言近體。

從王、楊對五言近體的建設性作用看，其主要成就與價值不僅在於對律詩外在的體格形制方面的整飭與完善，更重要的在於對律詩內在的精神質素方面的豐實與充盈。這是一種情景交融、內外符稱的新的詩體規範的確立，是中國傳統抒情詩發展的一個新的階段的開始。因此，同樣作爲詩歌律化進程的重要階段，王、楊五律又與唐初宮廷詩僅在事類詞藻、音聲對仗等外在形制方面的精雕細琢顯出本質的區別。

具體地說，盧、駱與王、楊在詩體專擅及藝術成就方面有著明顯的差異與側重的不同，但是從文學史宏觀意義上看，盧、駱與王、楊共同處於唐詩質的成型階段，其詩歌創作的實際作用與價值的指向則又是協同與一致的。在詩體運用方面，他們各自專擅的歌行與近體，恰恰可以合成一個完整的詩的宇宙；面對詩壇中心的轉移，他們在破壞舊制與建立新體方面各有側重，但卻是詩潮轉向的一首完整的波峰；更重要的是，基於建功立業的人生意氣，將詩的外形化的分裂狀的事語雕飾改變爲內質化的融合狀的情意充盈，他們完全是一個整體。這是一個由變革詩風到建立唐音的不可分割的關捩點，是唐詩的質的成型階段的起點標誌。遺憾的是，大多唐詩論者皆將四傑歸入所謂的「初唐」，客觀上將其混入唐初宮廷詩時代，這不能不說是對四傑乃至唐詩發展史的極大誤解。其實，早在元代，楊士弘《唐音》就將四傑列爲唐詩「始音」，實際上已經是對這一重要標誌的樹立了。

第二節　昂揚壯大的情感基調及其審美形態

自唐代立國到四傑登上詩壇的半個多世紀中，經過「貞觀之治」的大唐已呈現出強盛的國力與炫赫的國容，而且其治政核心在於「去奢省費，輕傜薄賦，選用廉吏」⑫，貞觀重臣「虞、李、岑、許之儔，以文章進，王、魏、來、褚之輩，以才術顯，咸能起自布衣，蔚爲卿相」⑬，這樣清明的政治局面與任賢的政治措施，自然使得士人心理產生一種凝聚力與進取慾。這在文學上的表現，固然由於宮廷文學傳統的延承，貞觀君臣匡時濟世的懷抱只能囿納於頌聖與說教的刻板形式之中，然而作爲「循躬思勵己」、「提劍鬱匡時」這類帶有新的時代色彩的精神，卻在思想文化領域得到了一脈延承。比如太宗有意在道家哲學中灌輸「經邦致治，反樸還淳」的思想，而當時著名道士孫思邈則與之唱和，並以道「羽翼三聖」、「拯衰救危」⑭而受到讚賞，其後眾多文士如孟詵、宋令文以及四傑中的盧照鄰皆從孫思邈學，「執師資之禮以事焉」⑮。當然，四傑的功業慾望與進取精神的形成，除唐代立國的時代精神在思想領域的積淀承傳的因素之外，更重要的在於生逢徹底打破士庶界限的武后時代，其時朝廷用人「無隔士庶，具以名聞，若舉得其人，必當擢以不次」⑯，爲普通士人進入政權機構提供了可能的捷徑，必然更大地激發起廣大文士的進取熱情。

四傑正是生逢其時的一個趣味相投的文士集團。四傑出身儘管並非全自寒門，但正如出身望族的楊炯所云「吾少也賤」⑰那樣，略無蔭庇，處於社會下層，則是完全一致的。這樣，作爲年少才高、聰穎早慧的詩人，其胸中蘊聚的功業志向與進取精神也就更大量更直接地在其文學作品中表現出來。如果說，盧照鄰的〈劉生〉「劉生氣不平，抱劍欲專征。報恩爲豪俠，死難在橫行。翠羽裝刀鞘，黃金飾馬鈴。但令一顧重，不吝百身輕」、〈詠史四首〉之一「百金孰云重，一諾良匪輕。廷議斬樊噲，群公寂無聲。處身孤且直，遭時坦而平。丈夫當如此，唯唯何足榮」，善於在對歷史人物或他人形象的塑造中深入其心理內涵，從而寓托自己的胸襟懷抱，那麼，駱賓王的〈從軍行〉「平生一顧重，意氣溢三軍。野日分戈影，天星合劍文。弓弦抱漢月，馬足踐胡塵。不求生入塞，唯當死報君」、〈從軍中行路難二首〉之一「絳節朱旗分白羽，丹心白刃酬明主，但令一被君王知，誰憚三邊征戰苦」，則是在自身從軍邊塞的親歷中，對內心「重義輕生懷一顧」的建功慾望的直接剖白。與盧、駱相比，王勃較少將進取心志訴之於詩，而在各種書啟賦序之中反復表露「拾青紫於俯仰，取公卿於朝夕」⑱的嚮往，然而從其大量描繪春光的詩篇中，卻不難體味到那種對前途熱烈期望與追求的心理折光。這種入世精神與建功慾望的強烈表現，既與精外虛內、略無個性的宮廷詩分道殊途，也與貞觀君臣的頌美詩、說教詩截然不同。即使是四傑中與宮廷關係最爲密切的楊炯，這種強烈的個性表現也毫無掩飾地流露出來，如〈從軍行〉：

> 烽火照西京，心中自不平。牙璋辭鳳闕，鐵騎繞龍城。雪暗凋旗畫，風多雜鼓聲。寧為百夫長，勝作一書生。

又如〈出塞〉：

> 塞外欲紛紜，雌雄猶未分。明堂占氣色，華蓋辨星文。二月河魁將，三千太乙軍。丈夫皆有志，會見立功勳。

兩詩雖爲樂府舊題，但詩人在運用中卻不僅注入「丈夫皆有志，會見立功勳」的功業志向與昂揚氣勢，把未曾親歷的軍旅生活寫得聲勢壯偉，感受真切，而且從「心中自不平」、「寧爲百夫長，勝作一書生」看，完全從自身特定的處境身份及內心活動出發，因而這類以虛擬性描寫爲特徵的樂府詩實際上已經轉化爲以表露內在心志爲特徵的抒情詩了。

然而，四傑的仕途並不通達，四人都有在京城任職不久即被遣逐或貶謫外地的經歷，這或許正是他們過於負才任氣的結果，《新唐書．裴行儉傳》中即云「士之致遠，先器識而後文藝，勃等雖有文才，然浮躁炫露，豈享爵祿之器」。這一點從「天生一副俠骨，專喜歡管閒事，打抱不平，殺人報仇，革命，替癡心女子打負心漢」[19]的駱賓王生平更可得到典型的證明。抱負難伸，志業不就，盧、駱、王三人皆相繼去官，且或因遭意外而英年早逝，或不堪疾病之苦而投水自盡，或繫獄幽囚而至於被殺，唯楊炯得以善終於官任，然官職亦僅止於盈川縣令之卑位。基於這樣的人生經歷，四傑詩中更多地抒發了「天子未驅策，歲月幾沈淪」[20]的蹉跎悲慨，這其中雖然含有「有時無命」[21]的哀歎，但由於「但願堯年一百萬，長作巢由也不辭」[22]、「願得長如此」、「花舞大唐春」[23]那樣的對「時」的信念與希望，這種悲慨實際上是不甘心「憔悴於聖明之代」[24]的不平之氣的抒發。因此，他們在蹉跎憔悴之中卻從不譏時抨政或消極頹靡，而是表現爲一種對時命的幻想與期待。如駱賓王「怏怏不得志，棄官去」[25]之後，一遇徐敬業起兵，即附爲府屬，並爲其草討武后檄，試圖由此建功立業的用心甚明。王勃被逐出沛王府後，「客劍南，嘗登葛情山曠望，慨然思諸葛之功，賦詩見情」[26]，詩風亦因之大變。即如因病去官的盧照鄰，也是「著五悲文以自明」[27]，詩中的不平之氣與不甘之心的表現尤多。

特定的時代境遇與心理感受，使得四傑作品普遍生發出強烈的時間意識與嚴肅的人生主題。人生蹉跎則痛惜光陰之易逝，功業未成則倍感盛年之難再，「所以撫窮賤而惜光陰，懷功名而悲歲月也」[28]。由人生之暫促與時空之無限而構成的盛衰對比，也就走入了對人生與宇宙的不盡思索這一永恆的命題。比如盧照鄰的〈行路難〉：

君不見長安城北渭橋邊，枯木橫槎臥古田。昔日含紅復含紫，常時留霧亦留煙。春景春風花似雪，香車玉輿恆闐咽。若個游人不竟攀，若個娼家不來折。娼家寶襪蛟龍帔，公子銀鞍千萬騎。黃鶯一一向花嬌，青鳥雙雙將子戲。千尺長條百尺枝，月桂星榆相蔽虧。珊瑚葉上鴛鴦鳥，鳳凰巢裡雛鵷兒。巢傾枝折鳳歸去，條枯葉落任風吹。一朝零落無人問，萬古摧殘君詎知。人生貴賤無終始，倏忽須臾難久恃。誰家能駐西山日，誰家能堰東流水。漢家陵樹滿秦川，行來行去盡哀憐。自昔公卿二千石，咸擬榮華一萬年。不見朱脣將白貌，唯聞素棘與黃泉。金貂有時須換酒，玉麈恆搖莫計錢。寄言坐客神僊署，一生一死交情處。蒼龍闕下君不來，白鶴山前我應去。雲間海上邈難期，赤心會合在何時。但願堯年一百萬，長作巢由也不辭。

這首詩通篇描寫了「枯木」的昔盛今衰，並由此生發出直接的警世意味，題旨表達甚爲簡明，但其以「枯木」起興方式的本身，卻具有重要的文學史意義。一方面，作爲對比興傳統的恢復，其意旨正在針對略無興寄的宮廷詩萎靡之弊的改造，這在其後陳子昂詩中得到進一步發展；另一方面，作爲對庾信〈枯樹賦〉以枯樹起興方式的繼承，其意義則在將庾信賦中的諷諭作用轉化爲一種重要的象徵力量，其後枯樹即定向於「古來材大難爲用」[29]的偉大人格及其與世俗齟齬的象徵意義。再者，盧照鄰這首詩主題表達方式與其另一名篇〈長安古意〉一樣，以「一朝零落無人問，萬古摧殘君詎知。人生貴賤無終始，倏忽須臾難久恃」的強烈的盛衰對比明確地導入人生問題的思索。在這樣的多重層面上看，這首詩無疑又顯示出複雜的意蘊，而其根本則仍然是立足於人生不遇的慨歎這一出發點的。但由於詩中滲透著「但願堯年一百萬，長作巢由也不辭」的樂觀向上的精神，詩人的人生之歎卻並不頹靡消極，而是曲折地表達了對時代與機遇的信念與期待，因此在昔盛今衰的描寫中充滿著梗概深長的意氣，從而形成藝術表現的昂揚的基調。

與盧照鄰〈長安古意〉、〈行路難〉的主題表達及感情基調完全一致，駱賓王的歌行尤擅鴻篇巨制，且常間以雜言形式，充以思辨意識，因而氣勢尤顯宏偉豪宕。除〈帝京篇〉之外，〈疇昔篇〉是最爲傑出的作品，作爲自傳題材，無疑更易於進行內心情感的自我表現，而該詩長達兩百句，不僅是那一時期篇制最長的一首詩，而且也是最早的長篇自傳詩，成爲以後這一題材、形式的重要範型。詩由「少年重英俠，弱歲賤衣冠，既託寰中賞，方承膝下歡」寫到「蜀路何悠悠，岷峰阻且修，回腸隨九折，迸淚連雙流」直至「晝地終難入，書空自不安，吹毛未可待，搖尾且求餐」，已經基本劃出了自身坎坷多難的人生歷程，然而詩人並不滿足於此，而是在理性的思辨層次作人生問題的思索，如詩中寫道：

金丸玉饌盛繁華，自言輕侮季倫家。五霸爭馳千里馬，三條競騖七香車。掩映飛軒乘落照，參差步障引朝霞。池中舊水如懸鏡，屋裡新妝不讓花。意氣風雲倏如昨，歲月春秋屢回薄。上苑頻經柳絮飛，中園幾見梅花落。當時門客今何在，疇昔交朋已疏索。

這種昔盛今衰的情景，實際上處於詩人對「疇昔」風雲的回憶與對現實處境的省視的強烈對比之中，因而迅疾導入理性的層次：

判將運命賤窮通，從來奇舛任西東。不應永棄同芻狗，且復飄颻類轉蓬。容鬢年年異，春華歲歲同。

將仕途運命的奇舛窮通置放於人生暫促與時空無限的開闊背景，個人的命運感受也就超越了世俗的狹隘視野，而以縱覽歷史、籠括宇宙的意識顯出宏闊的襟懷與雄強的氣勢。與盧照鄰〈長安古意〉、〈行路難〉或借都城今昔或以枯木起興的方式表現盛衰主題不同，駱賓王〈疇昔篇〉直接採取自傳形式，所以情感表達更爲真切，也更具有自我表現特性。這種自敘經歷與自抒懷抱的特點，在駱賓王各種題材詩中有著甚爲普遍的表現，如其〈浮槎〉詩：

昔負千尋質，高臨九仞峰。真心凌晚桂，勁節掩寒松。忽值風飆折，坐為波浪衝。摧殘空有恨，擁腫遂無庸。渤海三千里，泥沙幾萬重。似舟飄不定，如梗泛何從。僊客終難托，良工豈易逢。徒懷萬乘器，誰為一先容。

這是一首寓言式的詠物詩，通過對一飄浮之木昔日「凌雲概日之姿」與眼前「一墜泉谷，萬里飄淪」之狀的對比描寫，意旨同樣在於揭明「基由壤括，勢以地危，豈盛衰之理繫乎時，封植之道存乎我」[30]的人生遇合盛衰之理。但由其序中「遇良工，逢僊客，牛磯可托，玉璜之路非遙，匠石先談，萬乘之器何遠，故材用與不用，時也，悲夫」的人生失意之歎，詩中「游目」所見，又分明是自身經歷的寫照。

這樣的盛衰主題，在王勃詩中也以幾乎同樣的方式表達出來。如其〈臨高臺〉：

臨高臺，高臺迢遞絕塵埃。瑤軒綺構何崔嵬，鸞歌鳳吹清且哀。俯瞰長安道，萋萋御溝草。斜對甘泉路，蒼蒼茂陵樹。高臺四望同，帝鄉佳氣鬱葱葱。紫閣丹樓紛照耀，璧房錦殿相玲瓏。東迷長樂觀，西指未央宮。赤城映朝日，綠樹搖春風。旗亭百隧開新市，甲第千甍分戚里。朱樓翠蓋不勝春，迭榭層楹相對起。復有青樓大道中，繡戶文窗雕綺櫳。錦衾晝不襞，羅帳夕未空。歌屏朝掩翠，妝鏡晚窺紅。為君安寶髻，蛾眉罷花叢。塵間狹路黯將暮，雲開月色明如素。鴛鴦池上兩兩飛，鳳凰樓下雙雙度。物色正如此，佳期那不顧。銀鞍繡轂盛繁華，可憐今夜宿娼家。娼家少婦不須顰，東園桃李片時春。君看舊日高臺處，柏梁銅雀生黃塵。

與盧、駱等人對樂府舊題的處理方式相似，王勃使這首樂府詩成爲一篇都城題材，充滿了對都城景觀與貴族生活的生動描繪，並在結尾處陡然展示舊日都城的衰敗結局，一方面將全篇描寫推進歷史的回響之中，一方面使主題歸入盛衰對比的範圍之內。又如其〈滕王閣〉詩：

滕王高閣臨江渚，珮玉鳴鸞罷歌舞。畫棟朝飛南浦雲，珠簾暮捲西山雨。閑雲潭影日悠悠，物換星移幾度秋。閣中帝子今何在，檻外長江空自流。

這首詩附於王勃最爲著名的駢文〈滕王閣序〉之後，其詩的聲譽的取得大約亦如陶淵明〈桃花源詩〉因記而知名的情形一樣，主要是因序而知名的。然而，此詩僅有八句，以精練的語句與悠長的韻味處理人世盛衰變換的深刻主題，卻是甚爲成功的。詩中以暫促的歌舞之地與亙古的長江之流相對照，展示了無限之空間與悠長之時間的背景，在感喟時光流逝、人世盛衰的不可抗易的同時，已經模糊觸及到一種宇宙意識的感悟。而結合其序中所云「盛會不長，盛筵難再」的具體環境的描寫與感歎，其對盛衰與久暫的喟歎與感悟，實乃根基於由時不我待、歲月蹉跎的自身經歷而生發的人生意氣。

在這類作品中，雖然感喟人生之短促與時命之不遇，但卻瀰漫一種昂揚的情調與壯大的氣概，內心意緒已不局限於個人生活的狹隘範圍，而是馳騁於宇宙的無限與歷史的亙古之中領悟思索人生哲理。這一受到四傑普遍關注的主題，實際上正是那一特定時期士人精神世界的時代性特徵。在這種深沈的歷史內涵與宇宙意識之中，詩人既面對功業之未就，又清醒地洞見人生之暫促，但表現出來的情感意緒卻既不悲觀厭世，又不消極頹靡，而是基於激憤梗概的人生意氣對青春長在、勳業不朽的強烈嚮往與不懈追求。這種包蘊著深刻哲理的盛衰主題，在其後劉希夷、張若虛、陳子昂等人詩中得到了程度不同、側重稍異的進一步發展，概言之，劉、張側重於人生暫促與歷史意識的聯結，陳子昂則側重於人生暫促與宇宙意識的溝通。而由此形成的宏闊氣勢與昂揚基調，實際上已經是所謂「盛唐之音」的一個重要側面與基本質素。試看李白的〈梁園吟〉「昔人豪富信陵君，今人耕種信陵墳。荒城虛照碧山月，古木盡入蒼梧雲。梁王宮闕今安在，枚馬先歸不相待。舞影歌聲散淥池，空餘汴水東流海」、〈金陵歌送別范宣〉「金陵昔時何壯哉，席捲英豪天下來。冠蓋散爲煙霧盡，金輿玉座成寒灰。扣劍悲吟空咄嗟，梁陳白骨如亂麻。天子龍沈景陽井，誰歌玉樹後庭花」，可見與盧照鄰〈長安古意〉、〈行路難〉完全一致的情感基調與表達方式；至若李白的〈贈從弟南平太守之遙〉「承恩初入銀臺門，著書獨在金鑾殿。龍駒雕鐙白玉鞍，象床綺席黃金盤。當時笑我微賤者，卻來請謁爲交歡。一朝謝病游江海，疇昔相知幾人在。前門長揖後門關，今日結交明日改」，則進而襲用了駱賓王〈疇昔篇〉自敘經歷、自我表現的模式。

正如近人聞一多《唐詩雜論．四傑》所云「宮體詩在盧、駱手裡是從宮廷走到市井，五律到王、楊的時代是從臺閣移至江山與塞漠」，被迫離開長安，或入川，或戍西，是四傑詩風大規模轉變的關鍵，也是詩壇中心由宮廷向社會外移的最初標誌。脫離宮廷的狹小範圍，走入江山與塞漠的廣闊天地，生活環境的改變，創作視野的開拓，造成四傑詩的題材進一步豐富，內容進一步充實。舉凡羈旅行役、山水景物、邊塞風情、傷懷贈別、托物言志、懷古詠史，幾乎充滿著四傑後期詩歌的整個世界。比如寫羈旅的苦辛與道路的險阻，盧照鄰〈西使兼送孟學士南游〉詩寫道：

地道巴陵北，天山弱水東。相看萬餘里，共倚一征蓬。零雨悲王粲，清樽別孔融。徘徊聞夜鶴，悵望待秋鴻。骨肉胡秦外，風塵關塞中。唯餘劍鋒在，耿耿氣如虹。

此詩既是行旅又是送別，己西行而彼南游，兩人在征蓬無定的感受與關塞風塵的境遇方面皆完全一致，這樣就構成一種遭遇與感受的共通心理，因此，詩中對內心耿耿不平之氣的抒發，實則具有了一定的時代性的普遍意義。駱賓王寫行旅生活尤爲真切，如〈早發諸暨〉「征夫懷遠路，夙駕上危巒。薄煙橫絕巘，輕凍澀回湍。野霧連空暗，山風入曙寒」，〈至分水戍〉「行役總離憂，復此愴分流。濺石回湍咽，縈叢曲澗幽。陰崖常結晦，宿莽競含秋。況乃霜晨早，寒風入戍樓」，皆於景物環境的描寫中顯出人生的苦辛與征途的峻險。駱賓王曾從軍戍邊，置身「晚風連朔氣，新月照邊秋。竈火通軍壁，烽煙上戍樓」[31]的邊關景色之中，固然感受到「風塵催白首，歲月損紅顏。落雁低秋塞，驚鳧起暝灣。胡霜如劍鍔，漢月似刀環」[32]的蒼涼煢獨，但卻更多地生發出「壯志凌蒼兕，精誠貫白虹」[33]、「投筆懷班業，臨戎想顧勳」[34]、「戈衣何日定，歌舞入長安」[35]那樣的宏大抱負與功業追求，顯出昂揚的氣勢與壯偉的精神，從而成爲唐代最早的邊塞佳作乃至其後興盛一時的邊塞詩派的最切近的範型。如其〈從軍中行路難〉二首之二：

君不見玉關塵色暗邊庭，銅鞮雜虜寇長城。天子按劍徵餘勇，將軍受脤事橫行。七德龍韜開玉帳，千重龜壘動金鉦。陰山苦霧埋高壘，交河孤月照連營。連營去去無窮極，擁旆遙遙過絕國。陣雲朝結晦天山，寒沙夕漲迷疏勒。龍鱗水上開魚貫，馬首山前振雕翼。長驅萬里讋祁連，分麾三命武功宣。百發烏號遙碎柳，七尺龍文迥照蓮。

這首詩雖然帶有駱賓王慣用的駢文式的修辭特點，但其展現出邊塞軍容的雄闊場面與壯偉氣勢，無疑已爲岑參、高適邊塞歌行開啟了先河。

走出宮苑園亭的游覽宴集，四傑在漫長的行役之中置身於廣袤的山川與自然的景色，他們的山水寫景之作也就脫離了宮廷池苑及其程式慣例，而是對大自然雄奇秀麗之美的驚喜發現與醉心沈迷。這種以行役寫山水的途徑，無疑擴大了山水詩的描繪視野。當然。四傑山水詩風格技巧並未完全脫出齊梁以迄唐初窠臼，如多有花鳥魚蝶、草樹澗泉等細景閒趣以及清淺鮮麗的色彩風調，然而，由於胸中蘊蓄著宏大的抱負與鬱抑的意氣，四傑山水詩在寫景中往往注入強烈的情感意緒，這就不僅體現爲對唐初宮廷山水詩的超越，而且實際上將晉宋山水詩傳統提高到一個新的層次。比如楊炯的三首寫三峽的詩，就兼有寫景、行旅、抒懷多重意蘊，其中〈巫峽〉詩云：

> 三峽七百里，唯言巫峽長。重巖窅不極，疊嶂凌蒼蒼。絕壁橫天險，莓苔爛錦章。入夜分明見，無風波浪狂。忠信吾所蹈，泛舟亦何傷。可以涉砥柱，可以浮呂梁。美人今何在，靈芝徒有芳。山空夜猿嘯，征客淚霑裳。

極爲明顯，這裡既是對巫峽壯偉景觀的描繪，又是對自身行旅情懷的抒發。另外兩首〈廣溪峽〉、〈西陵峽〉詩中對「喬林百丈偃，飛水千尋瀑，驚浪回高天，盤渦轉深谷」、「絕壁聳萬仞，長波射千里，盤薄荊之門，滔滔南國紀」的雄峻奇險景象的刻劃，也與其同時抒發的「天下有英雄」、「當無賈生哭」的宏闊襟懷志氣形成互融、互激與互化關係。尤其值得注意的是〈西陵峽〉的結尾四句：

> 及余踐斯地，瓌奇信為美。江山若有靈，千載伸知己。

由此可見，詩人對雄峻瓌奇景觀的欣賞角度與崇慕感受，在很大程度上是「信爲美」的主體審美趣味與選擇的結果，同時，作爲審美主體的詩人在與「若有靈」的「江山」的情感交流之中，既體現了大自然雄奇景象對詩人宏闊襟懷與昂揚情思的激發，又顯示了意氣風發的詩人對雄健壯大之美的自覺追求。

四傑中山水寫景詩成就最著的是王勃，這不僅體現在他的山水詩創作數量上，而且在於其善於通過對情思容量的擴展來開拓詩境的特點。在王勃筆下，山水景物的類型多種多樣，審美意象的構成豐富生動。比如，王勃詩中既有「綠齊山葉滿，紅洩片花銷」[36]、「芳郊花柳遍，何處不宜春」[37]之類的秀美春光，但卻不像梁、陳以至唐初宮廷詩人那樣局限於亭園之中觀物眼界愈趨狹小，而是在有限的景色中拓展出無限的春色生機，在對春光的陶醉讚美之中洋溢著詩人對美好前程的熱烈期待與追求；又有「野煙含夕渚，山月照秋林」[38]、「況屬高風晚，山山黃葉飛」[39]之類的淒寒秋色，但其氣象卻並不衰颯，而是在對澄澈秋景的提煉與淨化的同時，或以滿林月色臨照，或以遍野黃葉紛飛，在詩的境界無限推擴之中，促使旅愁鄉思變得如同萬里長江與連山秋色那樣的浩蕩無涯，這無疑也是開闊境界與壯大之美的一種表現方式。特別是那些描繪自然山川雄奇壯偉景象的作品，更直接傳導出其心理狀態與審美趣尚，如〈散關晨度〉「重門臨巨壑，連棟起崇隈」、〈重別薛華〉「樓臺臨絕岸，洲渚亙長天」，無論是旅途晨發，還是與人離別，入目之景皆爲崇偉險絕之山川，又如〈泥溪〉「弭櫂凌奔壑，低鞭躡峻岐。江濤出岸險，峰蹬入雲危」，在以「奔壑」、「峻岐」、「險岸」、「危雲」的組合所構成的對自然景色的獨特觀察與攝照之中，使險峻崇麗的山形水勢更顯出一種立體的狀貌與奔湧的動勢，而從結句「泛水雖云美，勞歌誰復知」看，這種山水態勢無疑也正是詩人心理動態圖式的外化與映現。尤其值得注意的是，王勃甚至在游宴場合，也著意於濃烈情感的抒發與壯美意象的構造。如〈上巳泛江宴序〉有云「尋曲渚，歷回溪，榜謳齊引，漁歌互起，飛沙濺石，湍流百勢，翠嶺丹崖，岡巒萬色」，這裡不僅脫去游宴場合的應酬描寫，而且突破亭臺池苑的拘狹範圍，以一種旁若無人的姿態全身心地投入雄奇激蕩的山水自然之中；至若「偃泊山水，遨游風月，樽酒於其外，文墨於其間，則造化之於我得矣，太平之縱我多矣」，則是對內心與造化相溝通的感受的展示，並「於其間」而發為「文墨」，這實際上已經道出了李白「陽春召我以煙景，大塊假我以文章」[40]那樣的豪壯襟懷了。

當然，四傑詩並非全為豪情壯美的表現，事實上在四傑詩中，清新鮮麗的風格似乎佔有更大的比例，然而，基於昂揚的情感基調，他們在創作中出現的壯美風貌，應該說代表了一種新的潮流與趨向，並且已經形成一種比較自覺的美學追求。如果說，楊炯在〈王子安集序〉中讚美「長風一振，眾萌自偃」，主要用意尚在對「骨氣都盡，剛健不聞」的文壇積弊的抨擊與廓清，那麼，王勃多次以「氣橫霜暑」[41]、「氣凌雲漢，字挾風霜」[42]為文學評價標準，則是對新的文學體貌的具體描述，其在〈山亭思友人序〉中進而云「至若開闢翰苑，掃蕩文場，得宮商之正律，受山川之傑氣，雖陸平原、曹子建足可以車載斗量，謝靈運、潘安仁足可以膝行肘步。思飛情逸，風雲坐宅於筆端；興洽神清，日月自安於調下」，更以凌駕前代典範的氣勢，生動地展示了這種新的思潮與理想。這些雖然僅為一些片言隻語，缺乏理論的系統性，在創作實踐上，其所達到的廣度與高度也顯見局限性，但是，作為一種昂揚的基調與壯大之美的初建，體現了新的時代精神通過士人心態的變化而在文學藝術的形式中轉現出來，這也就為唐詩的進一步發展奠定了一個高的起點，開創了一個新的局面。

第三節　唐詩基本體式的確立與規範

中國傳統詩歌至漢代爲一大轉關，其時不僅作爲漫長的八代詩史的開端，而且由此衍發構成了與唐詩史直接溝連的完整的藝術統系。特別是在文體方面，五言詩的盛行與賦體的確立，更顯示了漢代文學形式的劃時代特徵。當然，就五言詩而言，「夏歌曰『鬱陶乎予心』，楚謠曰『名余曰正則』，雖詩體未全，然是五言之濫觴也」㊸；就賦體而言，則最初由詩六義中作爲創作方法的「賦者，鋪也，鋪采摛文，體物寫志」的含義與楚辭的特殊形制結合而成，「受命於詩人，拓宇於楚辭」，於是「六義附庸，蔚爲大國」㊹。然而，在漢代之前，不僅五言詩「其體未備」，「逮漢……始以成篇」㊺，而且賦體也是雖「興楚」而實「盛漢」㊻。因此，從文學表現形式的角度看，漢代文學正是對先秦文體蒙昧狀態的分離與明晰，特別是詩、賦二體已形成明確的文體意識，在創作實踐的不斷推衍與固化之中，兩者分畛異域，日見分明。

然而，「賦者，古詩之流也」㊼，由於賦體的產生，本與詩有著解不斷的親緣關係，因而在其自身發展演進過程中，又與詩的發展形成一種互相滲透、互爲影響的狀況。比如魏代曹丕〈燕歌行〉與曹植〈秋思賦〉之間的驚人相似，即爲詩、賦兩體互爲影響的最早的顯例。其後，隨著駢賦的興起，詩、賦互滲現象在六朝時期更爲顯著，駢賦語句由鋪陳排比變爲排偶駢儷，詩句亦由質樸散行逐漸形成詞語密麗、對偶工整的表現形式。同時，爲了適應「清濁流通，口吻調利」㊽

的易於誦讀的原則，「聲依詠，律和聲，八音克諧，無相奪倫」㊾的朦朧的聲律意識衍化成自覺的永明聲律學說，遂使齊、梁文學出現一大新變。《梁書．庾肩吾傳》云「齊永明中，文士王融、謝朓、沈約文章始用四聲，以爲新變」，《南齊書．陸厥傳》云「永明末，盛爲文章，吳興沈約、陳郡謝朓、瑯琊王融以氣類相推轂，汝南周顒善識聲韻，約等文皆用宮商，以平上去入爲四聲，以此製韻，不可增減，世呼爲永明體」。值得注意的是，這種對聲律的掌握運用與駢化進程中的排偶語言形式結合了起來，所謂「齊、梁以來，多以對偶行之」㊿，便形成齊、梁新體詩對偶工整、聲調諧美的基本特點。如果說，在齊、梁時期，七言詩主要表現了駢化影響，那麼，五言詩則體現了駢化與聲律的雙重影響，而作爲詩壇主流的五言詩，也就構成漢、魏「五言古詩之變體」，實則「已爲五律之濫觴」51。其時，不僅五言八句詩體式大量出現，而且對句已極工切，何遜〈慈姥磯〉詩中有云「野岸平沙合，連山遠霧浮」，庾信〈高閣〉詩中有云「吹簫迎白鶴，照鏡舞山雞」，幾與唐代五律對句無異。然而，作爲由駢偶與聲律結合的開端到唐代五律定型成熟的中間階段，齊、梁詩又體現出形式的兩重性特徵，一方面，隨著律化進程的加快，漢魏古調漸趨衰歇，另一方面，從律化範式角度看，所謂「有句無篇」，又遠未達到律體的定型程度。

入唐之始，以宮廷爲中心的詩壇在承繼齊、梁新體的基礎上，詩體又有變化。貞觀君臣一方面要求「去茲鄭衞聲，雅音方可悅」52，力倡儒家正統道德規範，同時又因「已知隆至道，共歡區宇一」53的頌聖需要，除在郊廟歌辭中重現盛行於西晉的四言雅頌體之外，大部份作品囿於以頌美王政爲雅音，而雅音必須典麗的傳統觀念，又恰恰復歸於「麗藻窮雕飾」54的南朝宮廷詩的軀殼形制之中。典麗的頌聖詩與艷麗的宮廷詩的結合，固然最終走向浮靡婉媚的窮途，但由於其典重雅正的最初出發點，卻不自覺地排斥了在帶有哀怨的騷人基因、具有鋪張揚厲特點的賦體影響中產生的七言長篇，詩壇幾乎成爲五言詩體的一統天下。既追求雅音古調，又擺脫不了新體軀殼，這一時期五言詩也就形成古意與新聲的混雜狀態。從詩體嬗變的階段性特徵看，與齊、梁時期相比，唐初詩歌體式更顯單調，詩體觀念及實踐結果則尤爲典型地體現出過渡階段的模糊特性與混沌狀態。無論是五言八句的新體，還是意在復古的長篇述懷，都顯出語言密麗、對偶工切的共同特點，而五言新體在結構與音律方面又皆未達到成熟定型的程度，其間何爲古體，何爲近體，除極個別特殊現象外，實在難以明確分辨，從而形成「六朝至初唐，只可謂之半格」[55]這樣一種特殊的文學現象與詩體特徵。唐初宮廷詩最終走入形制拘狹、程式僵化特別是「氣骨都盡，剛健不聞」的末路，這種混沌的詩體觀念及其創作狀況不能不說也是重要的原因之一。

四傑登上詩壇，正處在這一詩體衍化的背景之上。他們針對「爭構纖微，競爲雕刻」的「變體」末流，以「長風一振」的氣勢發出唐代文學革命的最初信號，固然根基於建功立業的人生意氣的表達的需要，但其對表達形式的選擇與要求的本身，恰恰包含著一種文體意識。楊炯在〈王子安集序〉中集中抨擊「亂之以朱紫青黃」、「假對以稱其美」的現象，實際上也正是對濫施聲色偶對而造成詩體混沌、功能不分狀態的不滿。因此，四傑既反對「骨氣都盡，剛健不聞」，爲表達豪宕的人生意氣，大力恢復並發展了以鋪張揚厲的賦法構成的七言歌行；又讚賞「鄴中新體，共許音韻天成，江左諸人，咸好瓌姿豔發」[56]，在對詩歌律化進程的推動之中，成功地促使五言八句的齊、梁新體完成了向五律成熟體式的定型與規範。

四傑皆爲騈賦、騈文的高手，其七言歌行的創作[57]，也就天然地接續著南北朝時期詩、賦互滲的藝術淵源，馮班《鈍吟雜錄》云「於時南北詩集，盧思道有《從軍行》，江總持有《雜曲文》，皆純七言，似唐人歌行之體矣。徐、庾諸賦，其體亦大略相近。詩賦七言，自此盛也。迨及唐初，盧、駱、王、楊大篇詩賦，其文視陳、隋有加矣」，四傑詩、賦創作共進並盛，本身就是詩、賦兩體密切聯繫的體現。然而，七言歌行在唐初近半個世紀中消寂無聞，到四傑手中勃然興盛，則又明顯體現了四傑借助對這一淵源的承繼與推擴來打破唐初詩體混沌狀態的自覺意識。尤其值得注意的是，六朝時期的駢賦及其影響下的七言歌行，特重形式的諧美，長期以來多被作爲流連光景的工具，到四傑手中才形成情調壯偉、氣勢鼓蕩的特點。這在四傑的創作中，實爲一種自覺的追求，如楊炯云「六合殊材，並推心於意匠，八方好事，咸受氣於文樞」[58]，盧照鄰云「形骸寄文墨，意氣托神僊」[59]，王勃在〈春思賦序〉中表達得更爲充分：

> 竊稟宇宙獨用之心，受天地不平之氣，雖弱植一介，窮途千里，未嘗下情於公侯，屈色於流俗，凜然以金石自匹，猶不能忘情於春。則知春之所及遠矣，春之所感深矣，此僕所以撫窮賤而惜光陰，懷功名而悲歲月也。

可見，〈春思賦〉之作，實爲其胸中鬱勃不平之氣由感春而發，因此，這篇二百餘句的長賦，雖然極寫春景春情、風雲月露，且通篇句句偶對、詞藻濃豔，但其中以游子思婦的怨憤爲線索貫串始終，從而使都城的繁華與漠北的荒涼形成對比，情人的遙念與志士的壯心互相映照，構成氣勢磅礴的圖式與壯大昂揚的基調。王勃的長篇歌行〈臨高臺〉以及篇制較短的〈滕王閣〉，皆明顯受到賦法的影響，所表現的主題與基調，亦皆與〈春思賦〉相同。如果說，〈臨高臺〉的「君看舊日高臺處，柏梁銅雀生黃塵」、〈滕王閣〉的「閣中帝子今何在，檻外長江空自流」，著重以對衰敗圖景的展示來表現對時光流逝之感悟，那麼，〈春思賦〉的「長卿未達終須達，曲逆長貧豈剩貧，年年送春應未盡，一旦逢春自有人」，則是著重以對功業前途的熱烈期待來表達對美好時光之眷顧。這兩種具體的表現方式，雖然顯見其異，但在「撫窮賤而惜光陰，懷功名而悲歲月」的意旨歸途卻無疑是完全一致的。

對於這種詩、賦異體同歸現象，如果站在詩的立足點以及七言歌行發展流程的角度來觀察，恰恰可見四傑借助賦體的宏寬體格與揚厲特性以改造歌行的用心所在。宏寬的體格，便於展現開闊視野與無盡時空，揚厲的特性，便於抒發人生意氣與不平之鳴，其實踐結果與理想目標，就是在於創造一種「飛馳倏忽，倜儻紛綸，鼓動包四海之名，變化成一家之體」60的新型歌行。如盧照鄰歌行名篇〈長安古意〉、〈行路難〉，皆於全篇極事舖排，層層衍展，二三駢儷，至結尾處陡然轉折，另開一境，正是賦體前面大段舖陳而結尾婉然寓諷的結構特點，然而，在其舖陳排比、華豔流婉的外在表現形式的深層，卻流動著一種鬱勃鼓蕩的氣勢，與六朝時期歌行相較，在形制開拓的同時，更見氣格改造之功。駱賓王的歌行〈帝京篇〉、〈疇昔篇〉、〈豔情代郭氏答盧照鄰〉、〈代女道士王靈妃贈道士李榮〉等，篇制更爲宏大，在宏肆流衍的基本特色之中充以豪宕的風骨氣勢與濃鬱的人生意氣。如果說，作爲氣味相投的創作個體，四傑凝聚成一個重要的文學流派，那麼，其所創作的大量的特徵相似的七言歌行，則形成一種重要的文學史現象，這一現象在唐代立國近半個世紀之時勃然興起，便從詩壇整體格局上打破了詩歌律化進程中的特定階段的詩體混沌狀態。

從七言歌行體的發展衍化看，四傑對這一體式的改造與建設，除最重要的充盈以內在的氣骨精神之外，在句式聲調、佈局結構方面也有重要的創造性嘗試。六朝前期，歌行用韻無一定規律，且多一韻到底，偶見轉韻者，亦往往平與平、仄與仄互轉；到齊、梁以後，歌行逐漸形成平仄韻相間、數句一轉的體式，詩意轉折亦在轉韻處。四傑歌行就是對此一體式的固定與推擴，並形成更宏大的規模與更穩定的格式，這種流蕩轉接的韻律結構，無疑更便於豪宕氣勢的展露與昂揚情調的貫穿。此外，六朝時期駢儷的發展，在駢賦及歌行中包含著字面的虛實偶對及聲調的平仄相間，過份拘謹於此，全篇則堆垛板滯。四傑歌行則在此基礎上常於起、結或轉折處以散句行之，使大段的駢偶形成流動之勢而無板滯之嫌，這與平仄換韻、詩意轉折的格式結合起來，更顯出整體性的結構特點。如盧照鄰的〈長安古意〉按轉韻計全篇分爲十四節，其中一、二、七節八句一韻，餘皆四句一韻，篇中在絕大多數駢偶句中，間以散句如「比目鴛鴦真可羨，雙去雙來君不見」、「鴉黃粉白車中出，含嬌含態情非一」、「娼家日暮紫羅裙，清歌一囀口氛氳」等皆在轉韻處；又如駱賓王的〈疇昔篇〉長達二百句，而其平仄轉韻卻極見佈局用心，與〈長安古意〉一樣，轉韻處亦多以「金丸玉饌盛繁華，自言輕侮季倫家」、「文昌隱隱皇城裡，由來奕奕多才子」、「東南美箭稱吳會，名都隱軫三江外」等散句領起，形成整體佈局中的流動之勢。對此，胡應麟評云：

> 王楊諸子歌行，韻則平仄互換，句則三五錯綜，而又加以開合，傳以神情，宏以風藻，七言之體，至是大備。[61]

這裡不僅概括出四傑歌行的基本特徵，而且揭示了其作爲「七言之體，至是大備」的文學史價值和地位。而這一入唐後始成「大備」的詩體，在以後的發展中也就形成了一個重要的形式規範。

四傑之後，七言歌行代表作有劉希夷〈代悲白頭翁〉、張若虛〈春江花月夜〉、張說〈鄴都引〉諸篇，將其與四傑歌行相較，語言風格上的密麗流轉已逐漸演化爲疏宕發越，但在總體格局上仍然保留著四傑歌行的基本特徵，其「對仗工麗，上下蟬聯」，「猶是王、楊、盧、駱之體」❻❷。進入唐詩藝術高峰期以後，七言歌行也得到長足的發展，「至高、岑、王、李，馳騁有餘，安詳合度，爲一體」❻❸，與四傑歌行相較，顯然以一種骨力遒勁、氣勢雄渾的姿態巍然特立，但是，「唐初七古，節次多而情韻婉，詠歎取之，盛唐七古，節次少而魄力雄，鋪陳尚之」❻❹，也就是說，在表現風格上以「魄力雄」改變了「情韻婉」的狀況，而在總體格局上仍然是「鋪陳尚之」，變化僅以「節次」多少而已。比如高適的名篇〈燕歌行〉，全詩共二十八句，除首尾用散句外，中間大部份全用駢偶，聲調諧合相對者更多；又如杜甫的名篇〈洗兵馬〉，平仄換韻，節次齊整，有的節次以律體爲主，有的節次則以散體爲主。此類作品在諸大家集中皆不少見。當然，以其與四傑歌行相比，在佈局結構與語言句式方面都顯示出由駢趨散、由密趨疏的走向，但是其駢散間行的基本格式，卻仍然清晰可見四傑歌行建構的最初範式。至若李白〈蜀道難〉、〈夢游天姥吟留別〉及杜甫〈觀公孫大娘弟子舞劍器行〉、〈桃竹杖引〉等「鞭撻海嶽，驅走風霆」、「沈雄激壯，奔放險幻」❻❺之作的出現，實際上也正是在前一類作品基礎上的「大而化矣」❻❻的產物。

在四傑全部詩作中，除七言歌行體之外，其運用最多、貢獻尤著的是五言律體。當然，早在六朝時期，五言詩就完整地承受著促進詩歌律化的兩大動因——駢儷與聲律——的雙重影響，成爲詩歌律化進程中的主流詩體。在六朝後期，已偶有完全諧律的作品出現，如陳代張正見的〈秋晚還彭澤詩〉「遊人及丘壑，秋氣滿平皋。路積康成帶，門疏仲蔚蒿。山明雲氣畫，天靜鳥飛高。自有東籬菊，還持泛濁醪」，除首句三、四字聲調互拗外，全篇完全符合五律定式。從音律格式乃至詩意情調看，這首詩都顯然是曾被稱爲五律之創制[67]的王績〈野望〉詩所取資的範型。入唐之初，對五言詩律化進程作出積極推動的首推王績與李世民，王績除〈野望〉外，還有〈九月九日贈崔使君善爲〉亦全諧律，李世民的諧律五言則更多一些，有〈帝京篇〉之一、〈秋日二首〉之二、〈三層閣上置音聲〉、〈月晦〉等篇。他如虞世南、上官儀也寫出過大體諧律的作品，褚亮則又有一首諧律的五言排律。然而，從詩歌律化的完整進程看，這些作品的出現畢竟還只是一種過程性現象。首先，完全諧律者極少，在當時詩壇實爲吉光片羽似的非自覺性的偶然閃現；其次，大量的律化作品幾乎都是偶對有餘，諧聲不足，特別是入唐之初，詩語的堆垛與事類的排比實爲宮廷應酬詩類書化的結果，這種不完全的律化正是造成唐初詩體古近不分、混沌雜陳的原因；再者，除極個別情況外，所有諧律或基本諧律的作品在偶對技巧的熟練中幾乎都成爲一種僵化的排比模式，若以成熟化五律凝練含蘊的情韻內涵與美學結構爲標準來衡量，無疑相距更遠。

與上述情況相比，四傑創作的五言律詩，已發生了根本性的變化。首先是數量與比例的改變。四傑不僅大量運用五言近體，且完全合律者達三分之二以上，僅由這一比例看，就可見五律定型的格律規範在四傑的創作中已形成普遍而明確的詩體觀念與實踐法則，其間雖然還留有一些不完全諧律的作品，但卻正是在這一新的詩體初建時所殘存的過渡階段的影痕；其次是表現範圍與內容的改變，在唐初宮廷詩時代，五言新體之作主要局限於宮廷範圍內的奉詔、應酬、游宴等場合，到四傑手中，則隨著詩壇中心的轉移與詩人閱歷的廣泛而走向豐富的社會與廣袤的江山，幾乎包容了寫景抒懷、山水自然、羈旅行役、送別贈答、紀事詠物、邊塞軍戎等各種題材，由此使五律一體成爲唐代詩人最普遍運用的體式之一；尤爲重要的是內質的改變，四傑五律完全消去了宮廷五言詩虛浮的軀形，在簡潔的筆墨與凝練的語言中包容豐富的情思，展現廣闊的意境，以抒情性的內質、張彈性的結構顯示出唐代五律發展衍進的基本趨向。如王勃的五律名篇〈杜少府之任蜀川〉，不僅完全打破宮廷詩慣例程式，使送別、寫景之中貫串抒情的基本質素，而且以精切嚴整的格律定式、簡約凝練的篇制結構表現出闊大的境界與昂揚的情思，「終篇不著景物，而興象宛然，氣骨蒼然」[68]。這種以意脈的騰挪與結構的蓄練而形成的具有張力的美學功能，與以後的五律聖手相比，已初具王維、杜甫五律的基本雛型；與四傑自身的鋪張揚厲、流衍鼓蕩的歌行古體相較，則顯示出截然不同的形態特徵；與唐初描述堆砌性的五言新體詩相比，更見全面的徹底的改造、提煉與昇華。而四傑有意識地改造、分離詩體的混沌狀態並分別在藝術結構與美學功能上予以規範的用心與努力，由此也就可以窺見一斑了。

四傑對詩體雖各有偏擅，但就五律體式建構而言，則不獨創作量多、運用嫻熟的王、楊貢獻較著，偏擅歌行的盧、駱亦有毋庸忽略的作用。比如駱賓王的〈在獄詠蟬〉：

> 西陸蟬聲唱，南冠客思侵。那堪玄鬢影，來對白頭吟。露重飛難進，風多響易沈。無人信高潔，誰為表予心。

作爲五言律詩，此詩價值不只在於格律定式的完全成熟，更重要的是由其開創了五律抒情內質的又一範式。如果說，王勃的〈杜少府之任蜀川〉重在以開闊的眼界與馳動的神思構造一種情景交融的闊大境界，主要垂範於山水行旅題材的發展，那麼，駱賓王的〈在獄詠蟬〉則是重在以物之性與人之品的揉合，造成一種蒼涼悲壯的聲情，既一掃宮廷詠物詩的虛浮靡弱之風，又開創一種融漢魏興寄於詠物題材的五言律體之新類型，主要垂範於寫事詠物題材的發展。當然，作爲一種新的體貌的初建，在當時並未成爲普遍的創作現象，試舉駱賓王另一首詠蟬詩〈秋蟬〉爲例：

九秋行已暮，一枝聊暫安。隱榆非諫楚，噪柳異悲潘。分形妝薄鬢，鏤影飾危冠。自憐疏影斷，寒林夕吹寒。

同爲詠蟬，此詩卻與前詩大不相同，通篇均圍繞蟬的特性，或作環境渲染，或刻劃蟬的形貌，或堆垛蟬的典實，與虞世南等人的詠蟬詩甚爲接近，一定程度地復現出唐初類書化的詠物製作習慣。同時從律體角度看，詩雖對仗工切，但聲調卻多不諧，除首聯明顯平仄失調外，全詩四聯均失黏，這又顯然是律化進程中詩體混沌不明的痕跡的存留。而從這兩首詩的對比看，則恰恰表明了駱賓王對混沌狀態中的律體加以離析與規範的過程與軌跡。

正因爲四傑在初建五律定式的過程中，時有詩體混沌狀態的殘存，所以其在這一詩體建設中的重要作用亦往往被論家所忽略，向來論律詩的成立，大多歸功於沈、宋。唐代中期的元稹就說「沈、宋之流，研練精切，穩順聲勢，謂之爲律詩」69，《新唐書．宋之問傳》亦云「建安後迄江左，詩律屢變，至沈約、庾信以音韻相婉附，屬對精密，及之問、沈佺期又加靡麗，回忌聲病，約句準篇，如錦繡成文，學者宗之，號爲沈、宋」。至宋代，嚴羽在《滄浪詩話．詩體》中乾脆稱爲「沈、宋律詩」，作爲整個詩體發展史的重要界劃。其後，明人胡應麟云「五言律體兆自梁、陳，唐初四子靡縟相矜，時或拗澀，未堪正始，神龍以還，卓然成調，沈、宋、蘇、李，合軌於前，王、孟、高、岑，並馳於後，新制迭出，古體攸分，實詞章改革之大機，氣運推遷之一會也」70，清人馮班又云「沈、宋既裁新體，陳子昂崛起，於數百年後直追阮公，創闢古詩，唐詩遂有兩體」[71]，進而明確認爲只有沈、宋與陳子昂之時甚至直到王、孟、高、岑的階段才達到「新制迭出，古體攸分」、「唐詩遂有兩體」的古、近體明晰分離與規範的程度，完全抹煞了四傑的首創之功。相比之下，倒是王世貞在《藝苑卮言》中稱四傑「五言遂爲律家正始」，恢復了詩體衍化過程的本來面目，不過王世貞又說「五言至沈、宋始可稱律」，則又囿於陳見而爲續貂之言了。

還需說明的是，首先，四傑對律體的建設，尚局限於五言方面，到沈、宋時則不僅五律體式更爲精密，而且七律亦已成熟定型，在這一意義上，沈、宋可謂是律詩全面成熟定型的標誌。然而，這一全面成熟定型的出現，一方面是在四傑初建律體基礎上的精密化與全面化，與四傑相比，表現爲初建與發展的關係；另一方面，又是那一時代詩人共同努力的結果，所謂「沈、宋、蘇、李，合軌於前」、「蘇、李居前，沈、宋比肩」，與沈、宋同一時代且年歲均長於沈、宋的蘇味道、李嶠以及杜審言、崔融等人在律體建設方面都有重要作用。其次，四傑在建成五言八句的五律定式之外，五言絕句和五言排律體也已成型。五言絕句以王勃所作最多，今存多達三十餘首，內容多屬詠懷、寫景、贈別之作，如〈山中〉、〈江亭夜月送別〉、〈別人〉諸詩，皆一改六朝及唐初以來五言四句小詩所具有的樂府歌辭意味，以律化的形式與情景交融、餘韻遙深的特點已開王維、李白五絕之先河；五言排律以駱賓王所作最多，其〈幽縶書情通簡知己〉、〈久戍邊城有懷京邑〉兩詩分別長達十八韻、三十八韻，只是由於排律體式本身的鋪排特性，在結構方面與唐初混沌狀態的五言詩表現爲相近的承續性，而與具有新創意味的八句定式五律凝練其外、豐實其內的美學功能相比反而相距較遠。再者，從四傑詩體建設的總趨向看，固然是七言走向歌行，五言走向律詩，而僅就五言而言，也可見出其分離古近體的自覺意識與實踐。一方面提煉出精密凝練的五律定式，另一方面又努力恢復漢魏五言古體風調，如盧照鄰的〈詠史四首〉、駱賓王的〈詠懷古意上裴侍郎〉等詩皆不僅消去律化痕跡，而且表現古樸之風，即連五律創作量最多的楊炯，也有「三峽七百里，唯言巫峽長，重巖窅不極，疊嶂凌蒼蒼」[72]、「盤薄荊之門，滔滔南國紀……秦兵一旦侵，夷陵火潛起，四維不復設，關塞良難恃」[73]這樣的散化古體。就四傑創作的整體看，極爲清晰地表明了走向古、律兩端的截然分明的特徵與分野。

律體、古體、歌行的分離與定型，形成各自不同的藝術結構與美學功能。唯其結構與功能的特性的分別，則又與各種題材、思想、內容的表現乃至個性風格的形成產生一種特定的適應狀態，這就爲詩體與素材的結合方式以及美學功能的發揮效果提供了多樣化的途徑。唐詩的發展，正是順循著這樣的途徑，從而形成外形與內質的豐富化與多樣化。在四傑之後，詩人的詩體意識更爲明晰，在所表達的內容與體式的結合方式上也初具選擇意識，如陳子昂早期創作多律體，後期創作則多古體，沈、宋在宮廷生活中創作多律體，在貶放生活中創作則多古體，這顯然是基於四傑詩體意識之上的新發展。至於到李、杜時代，詩人們往往有意識地打破各種詩體逐漸形成的美學功能的局限性與穩固性，開拓出一種壯浪恣縱、變幻莫測的新局面，則是唐詩發展進程中更高層次的創新表現了。

第四節　文學思想的二重特性

歸納四傑在唐詩發展史上的主要貢獻，一是針對唐初詩壇浮靡綺碎的積弊的最初之革新，一是適應建功立業的人生意氣的表現的新體之建構。這兩方面在其最高意向上固然合歸於一，但其出發及過程畢竟基於兩個不同的起始點，一爲革命性，一爲建設性，而這兩點在當時又都處於創始階段，自然很難達到最高意願的圓融程度。因此，四傑在對一些具體問題的認識上以及對自身創作目標的選擇上，都還沒有達到圓滿融通的境界，在理論與實踐上，都還存在著一些無法解決的矛盾。今人論四傑的詩歌理論，或認爲其自覺地繼承了漢魏建安以來的重氣骨的傳統，或認爲其對屈宋乃至建安以降文學一概否定，皆各有證據並不無道理，然而，這種對同一研究對象形成如此截然不同的認識和評價的現象，正是忽略了四傑文學理論中並存的兩個出發點，以及這兩個出發點並未達到圓滿融通程度的事實，各自站在其中一個出發點上，也就自然成爲執一隅之見了。

我以爲，基於革除浮靡積弊的出發點，四傑採取了站在儒家正統詩教的立場對自屈、宋一直到建安以來的所有不屬「大雅正聲」範圍的文學一概否定的方式；而基於建構氣骨內質與規範新體的出發點，四傑又恰恰採取了對屈、宋精神與建安風骨加以承續並發揚的方式。正因其將這兩方面目的放置於不同的視域與範圍而沒有統一起來，所以從整體上看，四傑的文學理論乃至創作實踐陷入了不可自拔的矛盾之中。

四傑登上詩壇之時，宮廷詩風在經過南朝後期「尋虛逐微，競一韻之奇，爭一字之巧」[74]的積弊過程之後，入唐後又歷半個世紀的穩定承衍，詩歌體格愈益氣骨虛靡、形制僵化，詩壇之弊實已形成年深日久、積重彌固的局面。因此，作爲以新興寒士階層爲基礎的新的文學思潮的代表，四傑的除弊呼聲與革新主張自然形成具有矯枉過正傾向的偏激狀態。在這一出發點上，他們一方面站立於宗經雅正的儒家傳統立場，以政治教化文學觀爲思想武器，主張文章之道應當「甄明大義，矯正末流，俗化資以興衰，家國繇其輕重」[75]，完全退回到強調文章「移風易俗，還淳反素」[76]的以政教作用爲本的典正傳統，毫不顧及詩歌「嘉會寄詩以親，離群托詩以怨」[77]的感蕩心靈、抒發情志的自身特性。這與「屏黜輕浮，遏止華僞」[78]，倡導「文之爲用」在於「經緯天地」、「匡主和民」[79]的隋代前期以及貞觀初年的政治家文學觀念也正是一脈相承的。以此爲立場與武器而對浮靡詩風的革除與掃蕩，也就擴及被視爲浮靡詩風之源的歷史上的一切不符合儒家經典雅正標準的文學現象，因此，四傑在這一命題之內的另一方面，除著重反對風行於「龍朔初載」的「爭構纖微，競爲雕琢」的上官體之外，進而對屈宋、建安以來的文學傳統一概予以否定與批駁。楊炯在〈王子安集序〉中云「逮秦氏燔書，斯文天喪，漢皇改運，此道不還，賈、馬蔚興，已虧於雅頌，曹、王傑起，更失於風騷」，在他看來，除風、雅之外，秦、漢以還，全然是一個文風日益衰頹的過程。盧照鄰〈駙馬都尉喬君集序〉則明確指責「屈平、宋玉弄詞人之柔翰，禮樂之道已頹墜於斯文」，並認爲只有「玉帛謳歌」、「衣冠禮樂」才可稱之爲「大雅」，這實際上又走入了唐初宮廷詩人的頌聖範圍。王勃在〈上吏部裴侍郎啟〉中更對綺靡文風之危害作了一番危言聳聽的描述：

自微言既絕，斯文不振，屈、宋導澆源於前，枚、馬張淫風於後，談人主者以宮室苑囿為雄，敘名流者以沈酗驕奢為達。故魏文用之而中國衰，宋武貴之而江東亂，雖沈、謝爭鶩，適先兆齊、梁之危，徐、庾並馳，不能免陳、周之禍。

在這裡，政治與文學的關係完全結成了一體。自屈、宋直至建安、齊梁文學中的所謂的「澆源」、「淫風」，不僅全然是一脈相承的關係，而且竟成爲導致國家危亡的禍源。然而實際上，屈、宋文賦與建安詩歌以怨憤悱惻與梗概多氣爲主要表現特徵，明顯地重在內質建構與意氣抒發，而齊、梁末流與唐初宮廷詩風以浮豔描述與程式慣例爲主要表現特徵，明顯地重在外部雕琢與詞藻堆砌，兩者在本質上恰恰是分道揚鑣的。那麼，這兩者又是怎樣被混爲一談的呢？問題正是根源於儒家政教文學觀。

儒門論詩，以「樂而不淫，哀而不傷」[80]的溫柔敦厚爲原則與祈向，並認爲「治世之音安以樂，其政和，亂世之音怨以怒，其政乖，亡國之音哀以思，其民困」[81]，安樂中和與太平治世相聯繫而得到推宗，怨怒哀思則與亂世亡國相聯繫而遭到排斥。以此爲標準衡量，屈原恰恰是「露才揚己」、「愁神苦思」、「忿懟不容」，又多「虛無之語，皆非法度之政、經義所載」[82]，而「其後宋玉、唐勒，漢興枚乘、司馬相如，下及揚子雲，競爲侈麗閎衍之詞」，則更是「沒其風諭之義」[83]。延及魏、晉、六朝，這種以儒家經典雅正爲原則、以政治教化作用爲取向的狹隘的文學觀念一直維持著嚴肅的面目與正統的地位。

然而在這一漫長的歷史階段中，文學畢竟經歷了以擺脫漢代經學附庸地位爲標幟的自覺時代的洗禮，文論家雖然仍以「文章」爲「經國之大業，不朽之盛事」[84]來維護儒家政教文學觀的正統地位，但卻產生了「詩賦欲麗」85、「詩緣情而綺靡」86的重要認識。也就是說，站在宗經的立場，人們注重的仍是文學的正統性，而當站在文體的立場時，人們則已注意到了文學自身的特殊性，從而造成中古文論中長期存在的二重分裂狀態。這在集中古文論之大成的《文心雕龍》中，恰有清晰的體現。比如，同是對屈賦地位與價值的認識，劉勰在維護儒家詩教正統地位的宗經角度，指責「楚豔漢侈，流弊不還，正末歸本，不其懿歟」87，以楚辭、漢賦爲後世浮豔文風之本源，而在分析各種文體藝術特徵的辨體角度，則又稱楚辭雖爲「雅、頌之博徒」，然實乃「詞賦之英傑也」，「觀其骨鯁所樹，肌膚所附，雖取鎔經意，亦自鑄偉辭」88，在同屬辨析文體特性的〈詮賦〉、〈明詩〉等篇中，也對漢賦以至建安詩歌作出精闢的論述與高度的讚賞。這種於不同場合、角度對同一作家、作品的不同認識、評價，在其論建安文學時表現尤爲突出，如在〈明詩〉篇中讚賞建安詩歌「並憐風月，狎池苑，述恩榮，敘酣宴，慷慨以任氣，磊落以使才」，準確地把握住建安文學「梗概多氣」的精神實質；而同是對建安文學，因其產生於「世積亂離，風衰俗怨」89的亂世，所以在〈樂府〉篇中又指責魏之三祖「或述酣宴，或傷羈戍，志不出於淫蕩，辭不離於哀思，雖三調之正聲，實韶夏之鄭曲也」，明確地將其排斥於雅正的範圍之外。

這種截然不同的評價，並不能簡單地歸結爲觀點的自相矛盾，而應當從其各自不同的出發點分別觀之。所謂「明詩」，在於辨明詩之體格，站在「詩」的角度，承受「詩賦欲麗」的文化淵源，自然著重於對詩歌自身體格、特性的理悟與闡發；而所謂「樂府」者，則積淀著播於樂章形式的具有感人心、化風俗作用與「必歌九德」要求的文化淵源，站在教化觀的角度，對於以酣宴佯狂、羈旅傷情爲題材，重在抒發個人情志的作品，與以頌德爲主的「韶夏」相比，自然只能是不合風雅正聲的「鄭曲」了。當然，劉勰的創作論頗具辯證因素，他既以宗經雅正爲根本精神，又並不完全排斥文體的華豔與詞藻的彩麗，主張「憑軾以倚雅頌，懸轡以馭楚篇，酌奇而不失其真，翫華而不墜其實」[90]，這與「情理設位，文采行乎其中」[91]、「斟酌乎質文之間，而檃括乎雅俗之際」[92]的辯證折中思想都是完全一致的。然而，儘管如此，這種帶有實用性質的創作主張，並未改變其根本性的狹隘的風雅觀念本身。理解到這一層，也就不難認識到中古文論的二重分裂狀態，正是在脫離經學附庸地位的文學自覺時代的背景上，儒家政教文學觀仍然保持著正統地位以及文學自身特質個性日益發揮顯露的雙重作用的體現。

四傑文學理論的矛盾，固然包含著處於唐詩史除舊建新的初始階段所表現出的自身的不成熟性因素，但究其淵源與本質，也正是中古文學理論的自然延伸與承續。因此，當其爲了革除舊弊的目的，借助儒家政教文學觀爲武器，自然站在宗經的立場；而當其爲了建立新體的目的，則顯然離不開文學自覺時代以來的文學思想淵源，這又自然站到了辨體的立場。在這一意義範圍與認識角度，四傑對建安以來文學的藝術特徵及精神實質實有充分的認識與精確的把握。王勃〈感興奉送王少府序〉云「一談經史，亞比孔先生，再讀詞章，何如曹子建」，〈上許左丞啟〉又云「斂跡儒臺，同衞玠之虛羸，談非正始，愧劉楨之逸氣」，在這裡，不僅以曹、劉爲代表的建安氣骨被作爲文學批評與價值取向的標準，而且還明顯透露了將「經史」與「詞章」分別畛域的意向。又如駱賓王〈和道士閨情詩啟〉云「李都尉『鴛鴦』之辭，纏綿巧妙，班婕妤『霜雪』之句，發越清迴。平子桂林，理在文外，伯喈翠鳥，意盡行間。河朔詞人，王、劉爲稱首，洛陽才子，潘、左爲先覺。若乃子建之牢籠群彥，士衡之籍甚當時，並文苑之羽儀，詩人之龜鏡」，則通篇皆是對

「纏綿巧妙」、「發越清迴」、「理在文外」、「意盡行間」等文學自身的藝術特徵方面的認識與估價，並且將這一傳統由建安上推至漢代。至如盧照鄰〈南陽公集序〉中所云「自獲麟絕筆，一千三四百年，游、夏之門，時有荀卿、孟子；屈、宋之後，直至賈誼、相如。兩班敘事，得丘明之風骨；二陸裁詩，含公幹之奇偉。鄴中新體，共許音韻天成；江左諸人，咸好瓌姿豔發」，則進而將建安以來的文學淵源與先秦荀、孟及屈、宋乃至兩漢完全聯繫起來，在對「風骨奇偉」、「音韻天成」、「瓌姿豔發」的文學內質精神與聲色形制等藝術特徵的傾心崇賞之中，幾乎泯滆了儒家典則與哀怨騷人之間的界限。可見，四傑在認識文學自身藝術特性的辨體的立場，對屈、宋以來的文學傳統的評價，不僅與其自身在以革除浮靡僵化之弊爲目的的宗經的立場時的見解截然相反，而且因其目的在於自身的創作實踐與新體建構，所以「東山可望，林泉生謝公之文，南國多才，江山助屈平之氣」[93]往往成爲首先感動心靈、觸發靈感的契機。這從四傑的創作呈現一種「骨氣翩翩，意象老境」[94]的總體特徵看，其間包含著的建功立業的人生意氣與梗概怨憤的不平之鳴，實際上正是從屈、宋到建安文學精神實質的再現與發揚。其創作實踐的明顯傾向，恰恰說明了四傑基於建構新體目標的立場所在。

然而，在基於雙重目標的兩個出發點而造成的二重分裂狀態的文學思想之中，四傑不僅未能很好地解決對屈、宋及建安文學的價值、地位的認識矛盾，而且未能將屈、宋、建安與其後的齊、梁浮靡文風加以明確的區分。這種承自中古文論淵源的文學思想，在唐代前期有著相當廣泛的影響，表現了時代性的理論的薄弱與不成熟。如盧藏用認爲「孔子沒二百歲而騷人作，於是婉麗浮侈之法行焉」[95]，顯然與四傑一樣，將浮豔文風歸源於楚騷，並以「憲章禮樂」、歌功頌美作爲「大雅」的具體內容；張九齡進而指出「詩有怨刺之作，騷有愁思之文，求之微言，匪云大雅」96，固然，張九齡認爲詩歌功用不應只限於典雅美政之一端，對唐詩的多樣化發展有著重要的貢獻，但其將《詩經》中的怨刺之作及楚騷的愁思之辭統統排除於「大雅」的範圍之外，仍是十分明確的；即如大詩人李白，也是承襲「正聲何微茫，哀怨起騷人，揚馬激頹波，開流蕩無垠，廢興雖萬變，憲章亦已淪」97之陳詞，並明確認爲「自從建安來，綺麗不足珍」98，站在「變風變雅作而王澤竭」99的儒家政教文學觀角度，將楚騷、漢賦、建安與六朝綺靡文風完全等同並一概否定。

其實，這一理論問題，在緊接四傑之後的陳子昂手中已經得到較好的解決。一方面，陳子昂力倡「漢魏風骨」、「正始之音」100，聯繫其〈感遇〉諸詩可見，所謂「風骨」、「興寄」，主旨在於從歷史與宇宙的變化與永恆之中探索人生真諦，既有對時事政治的關心與諷諭，更有對建功立業的抱負和理想的寓托與抒發，而重要的是他認爲這就是「風雅」之作、「雅制」復現，這就突破了將「風雅」局限於頌美歌功的狹隘觀念，並且開創性地將風雅與風骨統一了起來；另一方面，陳子昂對「彩麗競繁，而興寄都絕」的「齊梁間詩」101予以嚴厲批判，著重汰洗積弊深固的華靡詞采文風，有力地改變了唐代前期詩壇的面貌，這又從精神實質上將建安與齊梁明確地區分了開來。固然，劃清建安文學精神實質與齊梁末流浮靡之弊的區別與界限，是陳子昂在理論上的重要發展，但偏激的復古主張又使他過份地忽略了齊梁文學所承受的歷史淵源特別是詩體的新變，從而造成其某些作品成爲向漢魏古調的簡單返退，這種「復多而變少」102的傾斜狀況，也就難以在復變關係度的把握上對文學發展進程構成總體的推動。

如果說，陳子昂之後的李白在創作實踐上既重「蓬萊文章建安骨」，又重「中間小謝又清發」[103]，已經糾正了陳子昂的偏頗，較好地將建安氣骨與六朝美文統一起來，但在理論上仍然承續著傳統的偏見與矛盾，那麼，在理論與實踐上徹底解決這一長期存在的問題，則是到杜甫才得以實現的。在杜甫的著名論詩詩〈戲爲六絕句〉中，我以爲最重要的莫過於「別裁僞體親風雅」這一命題的提出，也就是說，在繼續維護「風雅」的正統地位的同時，杜甫以「不薄今人愛古人」、「轉益多師是汝師」的兼容態度，將「屈宋」、「漢魏」、齊梁文學中的「清詞麗句」、庾信晚年的「凌雲健筆」直至「王楊盧駱當時體」的新體建構，統統納入「遞相祖述」的文學史通變規律與進程，其意義不僅在於對待文學傳統既不一概否定也不全盤承受，而是經過一番去僞存真的鑒別與汰蕪取菁的選擇的科學態度，而且在於建構了一個具有空前的內涵容量的「風雅」觀念，從而爲其創作實踐取得既集前代之大成又開後世之先河的價值地位提供了堅實的理論保證。

具有啟示意義的是，杜甫的〈戲爲六絕句〉正是主要針對四傑的評價問題而發，恰恰顯示了自四傑開端的對前代文學傳統認識過程的終結。也就是說，四傑文學思想中的深刻矛盾及二重分裂狀態，只有到杜甫才真正統一融合。而從唐代前期詩史演進的宏觀角度看，自四傑經陳子昂、李白到杜甫而構成的發展索鏈，無疑並不僅僅體現爲對文學傳統認識評價的理論問題，而是更多地表現爲唐詩創作理想走向的實際問題。理清了這一承續衍化的線索，實際上也就一方面概括地看出文學史的復變關係與軌跡，另一方面清晰地看出唐詩史的邏輯起點與演進趨向。

正因爲四傑構建新體立足於辨體的角度，所以在其創作實踐中絕少狹隘的風雅典正之作，而以氣骨充盈的精神實質與婉麗瀏亮的體格風調，顯示出對詩歌自身藝術價值及其體格新變的選擇取向與自覺實踐。魏晉六朝以來，對於文學的抒情特性的發現以及心物交感觀點的形成，無疑是作爲文學自覺時代的重要標誌之一。四傑在創作中對詩歌自身藝術特性的認識與實踐，正是在這一點上最突出地體現出來。如王勃自敘創作感受云「五際飛文，時動緣情之作」[104]、「志之所之，用清文而銷積恨，我之懷矣，能無情乎」[105]，顯然將文之作歸結於情之源。駱賓王對情的活動特點，更是體悟入微，他既原則性地認爲「情蓄於衷，事符則感；形潛於內，跡應斯通」[106]，又細緻地分析「夫心之悲矣，非關春秋之氣；聲之哀也，豈移金石之音。何則？事感則萬緒興端，情應則百憂交軫。是以宣尼舊館，流襟動激楚之悲，孟嘗高臺，承睫下聞琴之淚」[107]，將文學創作明確視爲情蓄於中、物感於外、心物交感、奔洩而出的產物；其自身的創作構思過程，即緣於「失路艱虞，遭時徽纆，不哀傷而自怨，未搖落而先衰。聞蟪蛄之流聲，悟平反之已奏；見螳螂之抱影，怯危機之未安。感而綴詩，貽諸知己。庶情沿物應，哀弱羽之飄零；道寄人知，憫餘聲之寂寞。非謂文墨，取代幽憂云耳」[108]，這種幽憂之聲的抒發，固然由「失路艱虞」的特定的現實處境所造成，但其以詩的形式表達出來，則是經由「情沿物應」的特定方式與途徑才得以實現的。聯繫四傑的實際作品看，可以說，以情爲本的文學本源論思想，促進了詩歌抒情內質的充實與構建，而心物交感的文學創作論思想，則催生了以情景交融爲特徵的審美範式的最初雛型。

以情爲本論的發現與確立，固然顯示了中國文學取得獨立品格並得以健康發展的重要轉折與標記，但是，「詩緣情而綺靡」所帶來的嚴重後果也是文學史上客觀存在的事實。也就是說，情的內質建構，積極方面激發出慷慨昂揚的建安氣骨，消極方面則誘發出綺豔浮靡的齊梁文風，最終形成「止乎衽席之間」、「思極閨闈之內」[109]的專寫男女豔情的宮體詩。對於這一延及唐初詩壇的積弊，自蘇綽、李諤直至唐初政治家們，皆以儒家正統教化道德觀念力糾其弊，但卻因過於忽視已經發育成熟的對文學自身特性的認識觀念，有悖於自立的文學本體發展規律，反而收效甚微。四傑在糾弊方面固亦承用了這樣的方法，但在創作實踐中卻能較爲深入地認識文學自身之特性，在以情爲本的構思過程中充盈強健的氣骨與壯大的氣勢，這種遵循文學自身規律的方法，也就在實際創作中一定程度地以情的積極因素改變了情的消極因素，較之非情化的方式明顯地前進了一大步，從而展現出逐步清除綺靡文風積弊的可行性途徑。

然而，由於四傑在理論上並未分清建安風骨與齊梁綺靡之間的明確界限，二者在其因革弊而站在宗經立場時，都是否定的對象，而在其因新建而站在辨體立場時，則又都成爲借鑑的對象。如此對以情爲本的積極方面與消極方面的實際上的混沌不清，也就造成四傑創作實踐上的矛盾現象。承接著情的積極因素，四傑詩以昂揚壯大的基調表現出新的詩學思潮與時代精神；承接著情的消極因素，四傑詩又以綺麗華靡的聲色顯露出齊梁文風乃至宮體文學因子的影響與遺存。當然，對於四傑詩，值得重視的是其新的趨向，但是，對於「調入初唐，時帶六朝錦色」[110]的舊有遺存以及其創作中的兩面性的全面了解，無疑更有利於對唐詩發展史上這一特定階段的準確把握與深入認識。對於四傑詩中這種新傾向與舊遺存的並存狀況，明人王世貞已曾指出：

盧、駱、王、楊，號稱四傑。詞旨華靡，固沿陳、隋之遺，骨氣翩翩，意象老境，超然勝之，五言遂為律家正始。內子安稍近樂府，楊、盧尚宗漢魏，賓王長歌，雖極浮靡，亦有微瑕，而綴錦貫珠，滔滔洪遠，故是千秋絕藝。[111]

「詞旨華靡」，是其消極的舊遺存，「骨氣翩翩」，則是其積極的新傾向，兩者的並存，恰恰表明了處於唐音自立的初始階段的四傑詩所包含的二重因素的構成與遞嬗新舊的地位。

就四傑詩的整體而言，並存交織的二重因素固然表徵了其創作意識與實踐的矛盾性態，然而，其兼具漢魏與齊梁的本身，卻爲唐詩的發展提供了重要的啟示，而對以情爲本的積極、消極因素認識的模糊性，作爲四傑在理論與實踐上的一個未竟課題，又恰恰爲後人的前行留下一個起點與契機。其後，經陳子昂「以漢魏變齊梁」的復古實踐，到李白、杜甫進而兼容齊梁文學中的「清詞麗句」與「清新」、「俊逸」之風，唐詩藝術也就發展到了峰巔狀態，呈現一種「既閑新聲，復曉古體，文質半取，風騷兩挾，言氣骨則建安爲傳，論宮商則太康不逮」[112]的盛況。而這種風骨聲律兼備的唐詩基本特徵，溯其淵源，則分明是建安風骨與齊梁新體兩重傳統的承融與演進。當然，唐詩藝術高峰期的詩人們對前代各種文學傳統皆非簡單地繼承，而是「變漢魏之古體爲唐體而能復其高雅，變六朝之綺麗爲渾成而能復其挺秀」[113]，至此，才徹底解決了四傑在理論與實踐上的雙重矛盾，真正完成了唐詩在觀念與體格上的雙重革新。

注釋

❶陸時雍《詩鏡總論》。

❷楊炯〈王子安集序〉。

❸宋之問〈祭杜學士審言文〉。

❹《唐會要》卷八十二：「顯慶二年，詔徵太白山人孫思邈入京，盧照鄰、宋令文、孟詵皆執師資之禮。」

❺《舊唐書》卷一百九十〈楊炯傳〉。

❻此從聞一多之說，見聞一多《唐詩雜論·四傑》，《聞一多全集》第三卷，三聯書店一九八二年版。

❼楊炯〈王子安集序〉。

❽盧照鄰〈三月曲水宴得尊字〉。

❾駱賓王〈棹歌行〉。

❿郭璞〈游僊詩〉之二。

⓫《論語·顏淵》。

⓬《貞觀政要》卷一。

⓭盧照鄰〈南陽公集序〉。

⓮李世民〈賜真人孫思邈頌〉。

⓯《舊唐書》卷一百九十一〈孫思邈傳〉。

⓰武則天〈求賢制〉。

⓱楊炯〈梓州官僚讚〉。

⓲王勃〈上絳州上官司馬書〉。

⓳聞一多《唐詩雜論·四傑》，《聞一多全集》第三卷，三聯書店一九八二年版。

⑳駱賓王〈詠懷古意上裴侍郎〉。
㉑盧照鄰〈釋疾文〉。
㉒盧照鄰〈行路難〉。
㉓盧照鄰〈元日述懷〉。
㉔王勃〈夏日諸公見尋訪詩序〉。
㉕《唐詩紀事》卷七。
㉖同前。
㉗同前。
㉘王勃〈春思賦序〉。
㉙杜甫〈古柏行〉。
㉚駱賓王〈浮槎序〉。
㉛駱賓王〈夕次蒲類津〉。
㉜駱賓王〈在軍中贈先還知己〉。
㉝駱賓王〈邊城落日〉。
㉞駱賓王〈宿溫城望軍營〉。
㉟駱賓王〈在軍登城樓〉。
㊱王勃〈上巳浮江宴韻得遙字〉。
㊲王勃〈登城春望〉。

㊳王勃〈夜興〉。
㊴王勃〈山中〉。
㊵李白〈春夜宴從弟桃李園序〉。
㊶王勃〈上從舅侍郎啟〉。
㊷王勃《平臺秘略讚·藝文》。
㊸鍾嶸〈詩品序〉。
㊹劉勰《文心雕龍·詮賦》。
㊺徐師曾〈文體明辨序說〉。
㊻劉勰《文心雕龍·詮賦》。
㊼班固〈兩都賦序〉。
㊽鍾嶸〈詩品序〉。
㊾《尚書·堯典》。
㊿沈德潛《說詩晬語》。
51黃節《詩學》。
52李世民〈帝京篇〉。
53李世民〈執契靜三邊〉。
54封行高〈冬日宴于庶子宅各賦一字得色〉。
55楊慎《升庵詩話》卷四。

56 盧照鄰〈南陽公集序〉。
57 四傑中，唯楊炯今存詩無七言歌行，但歷來論唐初七言歌行，皆四子並稱，或是楊炯七言詩未傳世，亦未可知。爲行文方便，今仍慣例。
58 楊炯〈王子安集序〉。
59 盧照鄰〈於時春也慨然有江湖之思〉。
60 楊炯〈王子安集序〉。
61 胡應麟《詩藪》內編卷三。
62 沈德潛《唐詩別裁集》卷五。
63 沈德潛《唐詩別裁集》凡例。
64 劉熙載《藝概》卷二〈詩概〉。
65 沈德潛《唐詩別裁集》凡例。
66 胡應麟《詩藪》內編卷三。
67 沈德潛《唐詩別裁集》卷九。
68 胡應麟《詩藪》內編卷四。
69 元稹〈唐檢校工部員外郎杜君墓誌銘序〉。
70 胡應麟《詩藪》內編卷四。
71 馮班《鈍吟雜錄》卷三。
72 楊炯〈巫峽〉。

73 楊炯〈西陵峽〉。

74 李諤〈上高祖革文華書〉。

75 王勃〈上吏部裴侍郎啟〉。

76 蘇綽〈奏行六條詔書〉。

77 鍾嶸〈詩品序〉。

78 《隋書》卷六十六〈李諤傳〉。

79 魏徵《隋書．文學傳論》。

80 《論語．八佾》。

81 〈毛詩序〉。

82 班固〈離騷序〉。

83 班固《漢書．藝文志》。

84 曹丕《典論．論文》。

85 同前。

86 陸機〈文賦〉。

87 劉勰《文心雕龍．宗經》。

88 劉勰《文心雕龍．辨騷》。

89 劉勰《文心雕龍．辨騷》。

90 同前。

91 劉勰《文心雕龍．鎔裁》。
92 劉勰《文心雕龍．通變》。
93 王勃〈越州秋日宴山亭序〉。
94 王世貞《藝苑卮言》。
95 盧藏用〈陳伯玉文集序〉。
96 張九齡〈陪王司馬宴王少府東閣序〉。
97 李白〈古風五十九首〉之一。
98 同前。
99 王通《中說》。
100 陳子昂〈與東方左史虬修竹篇書〉。
101 同前。
102 皎然《詩式》卷五。
103 李白〈陪侍御叔華登樓歌〉。
104 王勃〈越州秋日宴山亭序〉。
105 王勃〈秋日游蓮池序〉。
106 駱賓王〈上吏部裴侍郎啟〉。
107 駱賓王〈傷祝阿王明府序〉。
108 駱賓王〈在獄詠蟬序〉。

109《隋書》卷三十五〈經籍志四〉。

110 陸時雍《詩鏡總論》。

111 王世貞《藝苑卮言》

112 殷璠《河嶽英靈集·集論》。

113 吳喬《圍爐詩話》。

第四章　文章四友

從詩人出生年月看，「文章四友」與四傑基本同時，但四傑年少才高，文名早著，文學活動年代在七世紀下半葉中期，而文章四友的文學作品大多寫於七世紀下半葉末期到八世紀最初幾年之間，文學活動年代明顯遲於四傑。與沈、宋相比，文章四友則一方面年長於沈、宋，同時又與沈、宋趣味相投、交相酬唱。因此，從唐詩形制的發展進程看，沈、宋作爲律詩最後成熟與全面定型的標誌，自無疑義，但在自四傑至沈、宋之間，文章四友的創作實踐亦自有不可忽略的地位與作用，他們既稍早於沈、宋，予沈、宋以某種借鑑與啟迪，又與沈、宋一起，共同形成促進詩歌律化進程最後完成的合力。據《全唐詩》所存諸家作品統計，四傑近體詩合格率約在百分之七十左右，文章四友近體詩合格率約在百分之八十七左右，沈、宋近體詩合格率則達百分之九十以上。僅從這一比例變化看，由四傑——文章四友——沈、宋的延承與發展，恰恰劃出了唐代近體詩成熟、定型乃至精密化的完整過程與軌跡。

第一節　文章四友的生平與創作概貌

據《新唐書》卷二百零一〈杜審言傳〉載，杜審言「與李嶠、崔融、蘇味道爲文章四友，世號崔、李、蘇、杜」。這一文人集團的形成，在那一特定時代文化氛圍與藝術進程的推就之中，顯示出共同的審美趣尚與藝術貢獻，所謂「蘇、李居前、沈、宋比肩」[1]，就是對其啟迪沈、宋的作用的概括；而在那一特定時代政治環境與士人心態的作用之中，他們進取仕途，大多身居高位，政治地位顯赫，又顯示出幾乎相同的人生經歷與仕宦生涯。

由史載文章四友的具體經歷可見，四人皆以文學才能爲武后所招納，不僅在禁中文館主持修書、侍宴應制，而且處理百司章表、參議朝政，除杜審言終於直學士任外，李嶠、蘇味道、崔融三人甚至數度拜相，皆爲朝廷宰輔重臣，典型地體現了在武后時代打破士庶界限的社會效應與文化意義之中普通文詞之士與顯赫政治權力的結合方式與實例。作爲緊緊依附於武后權力中心的新興政治力量中的具體成員，四人的宦途榮辱也就與武后權力的昇沉變化緊密相關，雖然在武后執政期間，複雜的宮廷鬥爭與黨派傾軋在其仕途遷遞中自有一定影響，但總起來看，四人政治經歷皆以武后退位爲最明顯的界劃，或由位極人臣而外貶僻壤，或由宮廷寵倖而遠流蠻荒，李、杜、崔三人在中宗、睿宗朝雖被召還，但卻已失舊寵，蘇味道則死於貶所。因此，從政治角度看，四人是武后權力中心的重要基礎與組成成份，從文學角度看，他們則是已具新的時代精神與文化質素的宮廷文學的重要部份與典型體現。

處身於特定的政治環境與藝術氛圍，文章四友的文學創作突出體現著對時代藝術進程與宮廷文學傳統的雙重承受。這樣的特點，當然也可以說是那一時代文人創作的共同特性，但與稍前的四傑及稍後的沈、宋相比，文章四友又有自身的特殊性。四傑作爲那一特定時代首先登上文壇的詩人群，年少才高，意氣駿發，但卻位卑命舛，浪跡江山，因而其最初由宮廷文學孕育而出的文學生涯，最終的歸結與貢獻卻恰恰在於將文壇中心移出宮廷而推向社會；沈、宋作爲那一特定時代最後階段的詩人群，顯示出更爲成熟的文體才能與藝術個性，他們雖爲當時宮廷文學的代表人物，但官職僅爲純粹的侍從文人，且又迭遭貶放，因而其創作實踐更多地體現出宮廷文學內質趨變的特點。文章四友作爲介乎四傑與沈、宋之間的詩人群，在新的詩體建構方面自亦顯示出較多的共同點，但他們既具傑出文學才能，又大多仕途通達，躋身朝廷最高權力圈中，因而在其創作實踐中更多地體現出的則是宮廷文學的傳統特點。

文章四友以文章立身名世，不僅工詩善文，而且極富才思，「有所屬綴，人輒傳諷」❷，當時即被稱爲「才華乃天授」，特別是「新詩貫宇宙」❸，於詩用力最勤，創作亦多，可惜作品大部散佚。除李嶠今存詩尚有二百零九首之外，他如杜審言有集十卷，今存詩僅四十三首，崔融有文集六十卷，今存詩僅十八首，蘇味道有集二十卷，今存詩僅十六首，可見詩作散佚之多。不過，僅以這些僅存作品分析，作爲較長時期宮廷生活的反映，其詩歌創作中包含的大量的由特定題材、慣例構成的宮廷文學傳統，仍然可以得到清晰而突出的昭示。

在武后、中宗時期，宮廷詩的顯著特點仍然保持著以帝王活動爲中心的應制、奉和傳統，這類作品在文章四友現存作品中佔有相當大的比例。僅以李嶠爲例，其集中詩題直接標明「應制」、「奉詔」等字樣者即多達四十餘首，如其〈甘露殿侍宴應制〉：

月宇臨丹地，雲窗網碧紗。御筵陳桂醑，天酒酌榴花。水向浮橋直，城連禁苑斜。承恩恣歡賞，歸路滿煙霞。

此詩不僅用語華艷，而且採用了宮廷宴會詩最常用的結構程式與描寫慣例。又如杜審言的〈宿羽亭侍宴應制〉：

步輦千門出，離宮二月開。風光新柳報，宴賞落花催。碧水搖空閣，青山繞吹臺。聖情留晚興，歌管送餘盃。

將此詩與前詩相比，不難看出，全詩以宴會的環境與過程爲線索，首聯概括地表明宴會的地點，頷聯、頸聯分別描寫周圍環境中的花柳林木與山水臺閣，尾聯則以「歸路」、「晚興」之類詞語托出宴會結束時的心情與感受，完全可以置於同一模式之中。這在蘇味道、崔融詩中也是不乏其例的。從這種完全承自宮廷文學傳統的創作現象的大量出現看，可以說在四傑手中已經逐漸消褪了的唐初宮廷詩程式慣例到文章四友手中又得到某種程度的復興。但是，從文章四友此類作品的整體看，則又顯然不同於貞觀時期宮廷詩創作環境、題材的簡單化，而是隨著宮廷生活的變化與藝術發展的進程而逐漸顯示出豐富多樣的特點來。

首先，武后、中宗時期天子出游之風興盛，所游之地除傳統的「春幸梨園，並渭水祓除」、「夏宴蒲萄園」、「秋登慈恩浮圖」、「冬幸新豐，歷白鹿觀，上驪山」❹之外，更多的乃是長安、洛陽兩地山莊別業。爲了迎合天子出游的嗜好，王公大臣的山莊別業也就愈修愈大，築山引水，成爲游覽風景勝地。因此，在這樣情況下「帝有所感，即賦詩，學士皆屬和」❺的游宴應制之作，就往往對林泉山水投注更多的注意力，使應制詩題之中充塞著濃鬱的寫景內容色調，成爲晉宋以來山水詩傳統的別一種表現形態。如李嶠〈奉和幸韋嗣立山莊侍宴應制〉：

南洛師臣契，東巖王佐居。幽情遺紱冕，宸眷屬樵漁。制下峒山蹕，恩回灞水輿。松門駐旌蓋，薜幄引簪裾。石磴平黃陸，煙樓半紫虛。雲霞僊路近，琴酒俗塵疏。喬木千齡外，懸泉百丈餘。崖深經鍊藥，穴古舊藏書。樹宿摶風鳥，池潛縱壑魚。寧知天子貴，尚憶武侯廬。

除首、尾末脫應制詩套語外，詩的中間部份幾乎是純粹的寫景了，不僅由「石磴」、「煙樓」、「喬木」、「懸泉」、「崖深」、「穴古」勾劃出山莊的宏大規模與景觀層次，而且在「樹」、「池」的靜景中加入「摶風鳥」、「縱壑魚」，使人工營造的山莊透現出如同自然山水那樣的動趣生機。再看蘇味道〈嵩山石淙侍宴應制〉：

璵輿藻衛擁千官，僊洞靈谿訪九丹。隱曖源花迷近路，參差嶺竹掃危壇。重崖對聳霞文駁，瀑水交飛雨氣寒。天洛宸襟有餘興，裴回周矚駐歸鑾。

與前詩相比，這首詩寫於真正的自然山水之中，因而眼前「隱曖源花」、「參差嶺竹」、「重崖對聳」、「瀑水交飛」的景色更顯生動自然，詩風也益見輕快流利。這種由山水情趣的復現而造成的應制詩中對自然景物的鍾情注目與細緻描摹，也就與唐初游宴應制詩中虛浮的詞藻堆砌、呆板的程式慣例形成明顯的不同。

其次，除陪侍帝王的出游應制之外，宮廷文人的應酬詩更多的乃是作於日常應酬或私人聚會的非官方場合，在這樣情況下，詩人們不僅對山莊的游賞更爲盡興，對景物的描摹更爲細緻，而且往往更多地流露出個人內心的情緒感受。在這一方面，文章四友中以杜審言詩表現最爲突出，其〈和韋承慶過義陽公主山池五首〉連章五律，由「野興城中發，朝英物外求」寫到「青溪留別興，更與白雲期」，與正規的宮廷應制場合相比，情懷興趣明顯地表現爲一種放蕩不羈與超然脫俗的狀態，正是在這樣的創作心理條件下，山水自然之美才得以真正顯露出來。如其二：

徑轉危峰逼，橋回缺岸妨。玉泉移酒味，石髓換粳香。綰霧青絲弱，牽風紫蔓長。猶言宴樂少，別向後池塘。

詩中所寫，完全擺脫了應酬程式，而代之以游興與景致的融合，特別是一、三兩聯，如果說，徑轉於危峰之際，橋回於缺岸之旁，尚屬游人眼中對景物觀察的紀實，那麼，纖弱的青絲綰住宿霧，柔長的紫蔓牽動微風，則是詩人主觀情感向自然景物的外射了，這種沉湎陶醉於山水精神的藝術表現與審美愉悅，實際上已經是唐代山水詩成熟形態之先導。又如李嶠〈同賦山居七夕〉「明月青山夜，高天白露秋。花庭開粉席，雲岫敞針樓。石類支機影，池似泛槎流。暫驚河女鵲，終狎野人鷗」、〈和杜學士江南初霽羈懷〉「大江開宿雨，征櫂下春流。霧捲晴山出，風恬晚浪收。岸花明水樹，川鳥亂沙洲。羈眺傷千里，勞歌動四愁」、〈晚景悵然簡二三子〉「楚客秋悲動，梁臺夕望睽。梧桐稍下葉，山桂欲開花。氣引迎寒露，光收向晚霞。長歌白水曲，空對綠池華」諸篇，雖然都是酬贈之作，但詩中所寫卻全然是景致的摹繪與情懷的抒發，而從「傷千里」、「秋悲動」的基本情調看，則亦與其本人從遊應制之作顯然有別。

再者，適應著這種宮廷生活中非官方場合的增多，詩歌創作中個體性因素的增強，一些宮廷詩傳統題材出現了由群體應酬性向個體創作性的轉變。這一轉變，在文章四友詩中最突出表現在詠物詩方面。詠物是中國傳統詩歌中淵源悠久的題材之一，在六朝之前，詠物詩中物的外形特性與詩人的聯想寓意有著密切的聯繫，六朝後期，詠物詩的描寫性逐漸增強，寓意性則不斷減褪，到唐初宮廷詩中，詠物詩在形成一套固定描寫程式的同時，進而在宮廷詩人通過同題共賦的方式以炫耀才華學問爲目的的創作中體現出群體應酬性特點。在武后、中宗朝，詠物詩由群體應酬性向個體創作性的轉變，表現出兩種趨向，一是由四傑到陳子昂著重於恢復寓意傳統，使詠物詩成爲「興寄」的實踐成果；另一就是以文章四友爲代表的著重於對事物本身的刻劃，使詠物詩成爲個人有計劃的系統創作。如李嶠有一獨立的詠物詩集，題名《雜詠》❻，多達一百二十首，內容包括日月星辰、風雲月露、香草美樹、奇鳥吉獸、琴棋書畫等幾乎所有自然事物及人文器具，顯然是有計劃的個體創作，詩體全爲五言律詩，不僅音律諧協，而且煉句精警，如〈山〉「泉飛一道帶，峰出半天雲」、〈海〉「三山巨鼇湧，萬里大鵬飛」、〈星〉「將軍臨北塞，天子入西秦」、〈江〉「霞津錦浪動，月浦練花開」、〈雁〉「望月驚弦影，排雲結陣行」之類，皆見構意遣詞之匠心。在這一詠物詩集之外，李嶠還有數首此類作品，如〈風〉詩「解落三秋葉，能開二月花。過江千尺浪，入竹萬竿斜」，更成爲膾炙人口的詠物範例。在同時詩人中，不獨文章四友中的蘇味道、崔融，還有董思恭、郭震等人皆多有此類作品，由此正可見在時代風尚推致之中詠物詩創作趣味轉移的共通性與普遍性。

此外，作爲緊接四傑之後活躍於詩壇的詩人群，文章四友對於四傑在詩體方面將唐初以來的混沌狀態加以分離與規範的初建之功與實踐成果，也顯示出進一步鞏固與推進的態勢。從今存詩總體看，文章四友對詩體建設的主要貢獻當在近體方面（後節詳論），但他們也曾作有古體多篇，有些甚至寫於宮廷應酬場合，而且明顯可見其有意識地避免律化因素的滲透與影響的努力。如李嶠〈清明日龍門游泛〉「晴曉國門通，都門藹將發，紛紛洛陽道，南望伊川闕」、〈秋山望月酬李騎曹〉「愁客坐山限，懷抱自悠哉，況復高秋夕，明月正裴回」、杜審言〈送和西蕃使〉「使出鳳凰池，京師陽春晚，聖朝尚邊策，詔諭兵戈偃」等詩，就是作於應酬場合，卻一反宮廷詩慣例，以古調寫出，反而給人一新耳目之感。至如崔融所作〈關山月〉「月生西海上，氣逐邊風壯，萬里度關山，蒼茫非一狀」、〈擬古〉「飲馬臨濁河，濁河深不測，河水日東注，河源乃西極」、〈塞垣行〉「疾風捲溟海，萬里揚沙礫，仰望不見天，昏昏竟朝夕」等多篇舊題樂府詩，更顯然是有意識的擬古之作。當然，四傑對古體建設的主要貢獻在於七言歌行方面，文章四友在這一方面與四傑的直接聯繫，則以李嶠爲代表。李嶠作有三篇七言歌行，其中最值得重視的是〈汾陰行〉：

君不見昔日西京全盛時，汾陰后土親祭祠。齋宮宿寢設儲供，撞鐘鳴鼓樹羽旂。漢家五葉才且雄，賓延萬靈朝九戎。柏梁賦詩高宴罷，詔書法駕幸河東。河東太守親掃除，奉迎至尊導鑾輿。五營夾道列容衛，三河縱觀空里閭。回旌駐蹕降靈場，焚香奠醑邀百祥。金鼎發色正焜煌，靈祇煒燁攄景光。埋玉陳牲禮神畢，舉麾上馬乘輿出。彼汾之曲嘉可遊，木蘭為楫桂為舟。櫂歌微吟彩鷁浮，簫鼓哀鳴白雲秋。歡娛宴洽賜群后，家家復除戶牛酒。聲明動天樂無有，千秋萬歲南山壽。自從天子向秦關，玉輦金車不復還。珠簾羽扇長寂寞，鼎湖龍髯安可攀。千齡人事一朝空，四海為家此路窮。豪雄意氣今何在，壇場宮館盡蒿萊。路逢故老長歎息，世事回環不可測。昔時青樓對歌舞，今日黃埃聚荊棘。山川滿目淚霑衣，富貴榮華能幾時。不見只今汾水上，唯有年年秋雁飛。

汾陰在漢代因武帝祭祀后土而繁榮一時。李嶠此詩即通過對汾陰今昔的對比，以濃鬱的懷古情調與歷史意識構成盛衰主題的成功表現。從主題構想與表達方式看，顯然是盧照鄰〈長安古意〉、駱賓王〈帝京篇〉、王勃〈臨高臺〉的一脈相承。其詩中內容雖較涉及多樣題材的盧、駱、王詩簡單一些，但其集中於王朝盛衰的描寫，卻具有獨特的心靈感召力。如在安史之亂初起之時，處身於大唐帝國盛衰劇變轉折關頭的唐玄宗就對此詩慨歎再三，稱賞備至❼。其後，〈汾陰行〉不僅被《唐詩紀事》、《搜玉小集》、《文苑英華》等一般詩文總集收錄，而且還被收入標榜「止以古雅爲命，不以雕篆爲工」❽之宗旨的《唐文粹》中，可見其影響的廣泛性及其作爲古體歌行的時代價值。而李嶠作爲身居高位的宮廷文人，其承續四傑歌行的創作實踐，無疑又成爲沈、宋將七言歌行大量引入正規宮廷應酬場合並由此開拓宮廷詩形制、變移宮廷詩趣味的直接示範。

第二節 創作實踐的近體化趨向

當然，文章四友詩歌創作的總體趨向表明，無論是其對時代性藝術進程的參與推進，還是作爲宮廷文人對應酬場合的適應需要，聲調華美、形制整飭的近體詩都是其最先選擇的創作體式。因此，從詩體建設的角度看，文章四友對四傑初創之業的繼承與推進，顯然主要表現於近體一端，僅現存作品就明顯可見突出的近體化趨向。這首先表現在近體詩的創作數量之多與比例之大。文章四友今存於《全唐詩》中作品共二百八十六篇，其中李嶠、崔融、杜審言三人所作古體僅二十首，蘇味道無古體；其餘二百六十六首皆爲近體，近體比例高達百分之九十三。這樣高的比例，在當時詩人作品中實屬罕見。其次表現在近體詩合格率的大大提高。自唐初以來，在詩歌律化進程中造成半古半律的詩體現象至四傑而改觀，但四傑近體詩合格率僅在百分之七十左右，尚有相當部份近體詩未能諧協音律，留有較多的過渡階段痕跡。文章四友近體詩中音律不全諧合者，李嶠有十一首，蘇味道有四首，崔融、杜審言各有兩首，總共僅十九首，不諧律現象大大減少，根據四人各自近體詩諸律比例計算，平均合格率已達到百分之八十七。再次表現在近體詩各種類型的兼備。四傑對近體詩規範的初建，主要在於五言律詩，兼及五言排律與五言絕句，七言近體幾乎尚未涉足，僅王勃有少量七言絕句，但卻多不諧音律。而文章四友的近體詩，則幾乎已是眾體兼備了，除五言的律體二百零八首、排律五十六首、絕句五首外，七言的亦有律體九首、絕句八首，特別值得注意的是在崔融名下甚至還有一首七言排律，這不僅補足了近體詩的所有種類，而且這一在整個唐詩史上也不甚多見的體式在四傑、沈、宋乃至八世紀前半葉詩人的創作中都是絕無的，由此亦可見出文章四友在近體詩創作方面超時代的創造性表現。

唐初以來，近體詩創作的逐漸繁榮，主要表現在宮廷應酬場合及其固定程式之中，到四傑手中，近體詩才隨著詩壇中心的轉移而從宮廷程式中解脫出來，在詩人內心感受與個性特點的發展充實基礎上完成近體詩的抒情內質建構，標誌著唐代近體詩創作的基本的發展方向與最初的美學範型。

文章四友與四傑相比，雖然一生主要生活於宮廷之中，產生於宮廷生活基礎上的應酬之作數量也大大超過四傑，但由四傑初建的具有個性化趨向的近體詩創作特點，在他們的創作中仍然得到較多的體現。如蘇味道的五律〈正月十五夜〉：

火樹銀花合，星橋鐵鎖開。暗塵隨馬去，明月逐人來。遊伎皆穠李，行歌盡落梅。金吾不禁夜，玉漏莫相催。

此詩寫京城元宵節夜景，在嚴整的篇制格律之中，運用的卻是流麗生動的詞語，活畫出金吾不禁、人群狂歡的情形。從這首詩的內容看，詩人顯然已置身狂歡的人流，因而一掃宮廷應制陳詞，表現出喻象新穎、情感真摯的特點。同時，從延被唐宋以降的無數元宵詩詞的創作特點看，這首詩也顯然可以視爲一個重要的表現範式與主題原型。又如李嶠的五律〈又送別〉「岐路方爲客，芳樽暫解顏。人隨轉蓬去，春伴落梅還。白雲度汾水，黃河繞晉關。離心不可問，宿昔鬢成斑」、〈餞駱四二首〉之一「平生何以樂，斗酒夜相逢。曲中驚別緒，醉裏失愁容。星月懸秋漢，風霜入曙鐘。明日臨溝水，青山幾萬重」，二詩雖偶有失黏處，但作爲私人之間的送別之作，已不見繁縟虛浮的詞藻堆垛與呆板固定的程式規範，詩中無論是別時景況的描繪還是別後情境的懸想都以「離心」、「別緒」貫穿滲透其間，因而在抒情主調之中形成清麗流動的審美意味。若將這類送別詩與楊炯〈送臨津房少府〉「岐路三秋別，江津萬里長」、王勃〈送杜少府之任蜀川〉「無爲在岐路，兒女共霑巾」等詩相比照，其抒情內質基調與藝術表達方式顯然屬於同一類型。

文章四友的近體詩特別值得一提的是崔融的七言排律〈從軍行〉：

> 穹廬雜種亂金方，武將神兵下玉堂。天子旌旗過細柳，匈奴運數盡枯腸。關頭落月橫西嶺，塞下凝雲斷北荒。漠漠邊塵飛眾鳥，昏昏朔氣聚群羊。依稀蜀杖迷新竹，髣髴胡床識故桑。臨海舊來聞驃騎，尋河本自有中郎。坐看戰壁為平土，近待軍營作破羌。

首先從詩體角度看，這是一首完全成熟的七言排律，且長達十四句，每聯對仗工整精切，通篇聲韻略無違拗。在文章四友及其同時詩人的詩作中，成熟的七律已有多篇，但七言排律在整個唐代前期都無人涉筆，因而崔融此詩實際上是杜甫之前的僅有一例。在律詩發展史上，七言排律，「創自老杜」❾，已成古今文學史家之共識，完全忽略了崔融此詩的存在，因此，這首詩的重新發現，也就使得律詩發展史上七排一體出現的時代提前了半個多世紀。其次從七律緣起看，南朝末年庾信的〈烏夜啼〉、陳子良的〈於塞北春日思歸〉兩詩向被視爲七律之始作⑩，然音律皆多不諧，實際上是律化影響下樂府詩之變體，於律體未爲正格。至貞觀君臣李世民、許敬宗、上官儀的少量作品，方可視爲七律的正式源頭，但其寫作場合無一不是以宮廷生活爲背景、素材的應酬之作，因此說「七言近體，起自初唐應制」⑪，這直到文章四友創作中還能得到明確的驗證。在今存文章四友所作九首七律中，除杜審言的〈春日京中有懷〉一首外，其餘皆爲應制之作，這無疑限制了其七律藝術格調的提高。然而，崔融的這首七言排律不僅擺脫了宮廷應制的範圍，而且以嚴整的七排體式表現豪壯的邊塞題材，因此，與一般的五言排律體式易於顯得板重凝滯相比，反而體現出近乎雄厚流蕩的詩風體勢來。崔融的其他幾首五律如〈和宋之問寒食題黃梅臨江驛〉、〈留別杜審言並呈洛中舊遊〉、〈吳中好風景〉諸篇，也都脫去板滯之習，初顯清新灑脫的特點。

對於文章四友的近體詩創作，從群體性角度看，四人在繼承四傑初建之業、改造宮廷虛浮之風方面，體現出完全的共同性；而從個體性角度看，四人在對宮廷生活背景的依賴程度、對自身創作個性的確立方面，自又顯出相當的差異性。也就是說，以在四傑的基礎上對近體詩抒情內質的進一步充實及其美學格調的進一步提昇這樣的高層次標準來衡量，四人之中無疑應以杜審言爲最傑出的代表。

第三節 近體詩美學格調的提昇

與李嶠、崔融、蘇味道相比，杜審言在文章四友中官職最低，長期任地方下級官吏，所謂

「載筆下寮，三十餘載」[12]，雖曾兩度被召入京任職，但不過是文學詞臣，僅終於直學士，加以兩度貶放，甚至險遭不測，故常鬱鬱有懷才不遇之感。從其仕途之不甚得意，最終作爲純粹的文學詞臣的身份，以及在詩歌創作方面所達到的藝術境界與審美層次諸方面看，杜審言便與文章四友中的其他三人形成明顯的差異性，而反倒與稍後的沈佺期、宋之問表現出相當的一致性。

杜審言自恃極高，嘗自云「吾之文章，合得屈、宋作衙官，吾之書跡，合得王羲之北面」[13]，這種「恃才謇傲」的「矜誕」[14]性格，恰與其前「浮躁衒露」[15]的少年四傑完全相同，而處於武后爲普通士人廣開仕進之途的特定時代，這種恃才懷抱自然首先指向著政治之途，如審言在免遭周季重、郭若訥之害以後，「則天召見審言，將加擢用，問曰：卿歡喜否？審言蹈舞謝恩，因令作〈歡喜詩〉，甚見嘉賞，拜著作佐郎」[16]。由這種積極仕進的表現及其與四傑的一致性，不難看出建功立業的時代風尚對士人心態乃至性格模鑄方面所產生的共通影響與普遍意義。然而，終身仕途的坎壈，使得杜審言一方面與宋之問等人結成具有「朝隱」性質的「方外十友」，表現出與沈、宋幾乎相同的境遇與心態；另一方面又使其胸懷抱負中的政治因素完全轉向於文學方面，如其臨終病甚之時，「宋之問、武平一等省候何如，答曰：甚爲造化小兒相苦，尚何言？然吾在，久壓公等，今且死，固大慰，但恨不見替人云」[17]。這種在文學方面的高自稱許，雖有矜誕狂傲之嫌，但實際上已被包括宋之問在內的同時文人所認可。如宋之問〈祭杜學士審言文〉中云「惟靈昭昭，度越諸子，言必得俊，意常通理，其含潤也，若和風欲曙，搖露氣於春林，其秉艷也，似涼雨半晴，懸日光於秋水」，不僅描述了其詩風之魅力，更重要的在於肯定了其「度越諸子」的地位；又如陳子昂〈送吉州杜司戶審言序〉中云「杜司戶炳靈翰林，研機策府，有重名於天下，而獨秀於朝端，徐、陳、應、劉，不得劘其壘，何、王、沈、謝，適足靡其旗，而載筆下寮，三十餘載，秉不羈之操，物莫同塵，合絕唱之音，人皆寡合」，則在肯定其獨秀當時的價值的基礎之上，進而揭示其抗行前古的歷史地位。從這樣的角度觀察，也就不難發現，杜審言在文學生涯中高自稱許的志氣與畢生精力的投入的結果，造成了其詩歌創作既顯現出四傑那樣的任氣騁才的特點，又涵蓋了沈、宋那樣的整飭精密的貢獻，這就是杜審言在作爲沈、宋之前導的同時而實際上又發揮了與沈、宋幾乎相同的作用的藝術價值的核心所在。

杜審言在宮廷任職時間不長，奉和應制之作在今存作品中僅佔五分之一左右。除此之外，則大多是自抒懷抱之作，即使是在朝廷任職期間的酬唱贈答，由於處在非官方的私人交往場合，也往往成爲個人的內在心態與普遍的時代精神的生動表現與真實反映的優秀詩篇。如〈送和西蕃使〉：

> 使出鳳凰池，京師陽春晚。聖朝尚邊策，詔諭兵戈偃。拜手明光殿，搖心上林苑。種落逾青羌，關山度赤坂。疆場及無事，雅歌而餐飯。寧獨錫和戎，更當封定遠。

這首送別之作，不僅摒除了宮廷送別之陳式舊套，且盡力避免華美詞彩之影響，以樸質厚重的古調表達出一種身負軍國大任的沉重感。此外，詩中在寄寓「偃兵戈」、「寧疆場」的爲國效力的責任感的同時，又特別提出和蕃使婁師德此行必將建立功業、封侯萬里，而詩人對此表達出的祝願之意與欽羨之情，顯然正是唐代士人由從戎邊塞、建立戰功之途徑以求仕途進取的時代風尚的體現。這種精神風貌的表現，在嚴整的律體中則顯得尤爲集中凝練，如〈送崔融〉：

> 君王行出將，書記遠從征。祖帳連河闕，軍麾動洛城。旌旗朝朔氣，笳吹夜邊聲。坐覺

煙塵掃，秋風古北平。

如果說，前一首詩描寫送別的內容尚多，那麼，此詩除首聯點送別之題外，以下六句全爲軍容戰況的描寫，因此幾乎可以視爲一首邊塞題材之作。再從詩的氣勢、格調看，則一方面聯結著四傑詩中「烽火照西京，心中自不平」⓲、「況乃霜晨早，寒風入戍樓」⓳的邊塞詩風，另一方面又與陳子昂的同時之作「海氣侵南郡，邊風掃北平」⓴共同構成唐帝國強盛國力與將士必勝信心的藝術表現。再如〈贈蘇味道〉：

北地寒應苦，南庭戍未歸。邊聲亂羌笛，朔氣捲戎衣。雨雪關山暗，風霜草木稀。胡兵戰欲盡，虜騎獵猶肥。雁塞何時入，龍城幾度圍。據鞍雄劍動，插筆羽書飛。輿駕還京邑，朋遊滿帝畿。方期來獻凱，歌舞共春輝。

因這首詩是寄贈之作，所以描寫重點與前兩首送別之作自有不同；又因所贈對象蘇味道其時已在北地軍中，所以詩人逕由「北地」、「邊聲」落筆，全以虛想對方處境與征戰情形的方式表達自己的懷想與繫念。這樣一來，寄贈之題實際上變成了一首純粹的邊塞之作。同時，作爲一首完全諧律的排律體式，由於風調氣勢的沉雄勁健，所以體式雖整飭而格調卻並不靡弱。而從其結尾「方期來獻凱，歌舞共春輝」的熱烈預期恰與四傑詩中「戎衣何日定，歌舞入長安」㉑、「願得長如此」、「花舞大唐春」㉒的樂觀精神完全一致看，此類對軍戎生活的描繪與嚮往的詩章，實際上正是積極進取的人生意氣以及昂揚壯大的情感基調的時代性合奏。

當然，杜審言詩中感情含量最爲濃郁的部份，主要在於兩次被貶特別是第二次遠流安南峰州期間。這期間的作品，或寫羈旅情懷，或狀險山異水，但由於其時詩人抱負志氣處於被壓抑狀態，所以懷才不遇的憤懣幽怨便形成一種濃厚的情感色調貫穿其間，詩風表現也較少雕飾，情感表達更顯出真切自然的實感。如杜審言在遠流峰州途中經湖南湘江時所作〈渡湘江〉：

遲日園林悲昔游，今春花鳥作邊愁。獨憐京國人南竄，不似湘江水北流。

這首七言絕句，從格律體式看，四句皆對偶，似有早期絕句「半律」㉓之嫌，但從整體效果看，由於詩人主觀情感的強烈外射，眼前景色皆成「悲」、「愁」之載體，特別是對湘江流向的多義性聯想，使全詩充滿了濃郁的抒情韻味與流宕的動態之美，在審美意味的層次上突破了對偶形式本身的局限與束縛。又如〈南海亂石山作〉：

漲海積稽天，群山高業地。相傳稱亂石，圖典失其事。懸危悉可驚，大小都不類。乍將雲島極，還與星河次。上聳忽如飛，下臨仍欲墜。朝暾赩丹紫，夜魄炯青翠。穹崇霧雨蓄，幽隱靈僊閟。萬尋掛鶴巢，千丈垂猿臂。昔去景風涉，今來姑洗至。觀此得詠歌，長時想精異。

這首詩同樣是流放峰州途中之作，但由於南海又遠過湘江，所以詩人得到的奇異感受就更爲強烈。從題材看，這可以說是一首道地的山水詩，但詩中所寫卻險怪絕倫，略無游賞之意趣，而是以此表露自身的險惡心境，隱然包含著非人可行的憤呼怨喊。以這首詩爲代表的杜審言的行旅山水詩，最顯著的特點在於以純粹的感性盡力誇張險怪的自然現象，與同時詩人相比，也就既不同於陳子昂的山水詩常由自然景況引出抽象化哲理，又不同於宮廷詩人別業山水之作著意於精巧的構思與典麗的詞藻，而與其後詩人相比，則顯然導啟了杜甫、韓愈山水紀行詩之先河。再如〈旅寓安南〉：

交趾殊風候，寒遲暖復催。仲冬山果熟，正月野花開。積雨生昏霧，輕霜下震雷。故鄉逾萬里，客思倍從來。

這首詩是詩人到達流放地後感殊方節候迥異之作，詩的首聯概述寒暖風候之殊，頷聯與頸聯則以具體事例細緻描繪風候殊異之況，從這六句看，單純的具體描述的疊加已使詩體顯得板滯，然而由於最後兩句內心真實情感的生動表露，便使得全詩藝術效果頓然改觀。詩人其時已處在「故鄉逾萬里」的境地，自已鬱積著濃重的鄉思離愁，在這樣的情況下，殊異風候的不相適應，作爲故鄉萬里的最突出的表徵與最驚心的醒示，也就構成了詩人渴望北返的最重要的促進因素。因此，這種對「殊風候」的詳細描述，主觀上使詩人內心鄉思增倍噴發，客觀上則大大濃化了詩的本身的情感性含量。此外，長期的貶逐生活也使其一定程度地認識到社會現實的某些弊端，較爲深刻地揭示出「人事盈虛改，交遊寵辱妨。雀羅爭去翟，鶴氅競尋王」[24]的世態炎涼，相比之下，對自身及同好的遭遇，則發出「十年俱薄宦，萬里各他鄉。雲天斷書札，風土異炎涼。太息幽蘭紫，勞歌奇樹黃」[25]的慷慨幽憤的不平之鳴。

作爲沈、宋之前導，杜審言在近體詩體格形制的精密化方面的作用與貢獻是顯著的。僅從現象上看，首先，杜審言創作近體在其存詩總數中比例極高，四十三首詩中近體爲四十一首，比例高達百分之九十五，將其與文章四友中的李嶠、崔融（蘇味道因存詩較少，無古體）以及沈佺期、宋之問相比，既高於李、崔分別爲百分之九十三、百分之七十二，又遠過沈、宋分別爲百分之八十、百分之七十三。再者，杜審言近體詩合格率在同時詩人中亦雄踞榜首，在四十一首近體中，僅二首不盡諧協，合格率高達百分之九十五，也同樣超過李嶠的百分之九十四、崔融的百分之八十四、蘇味道的百分之七十五、沈佺期的百分之九十二、宋之問的百分之八十六。無怪宋人陳振孫在《直齋書錄解題》中云「唐初沈、宋以來，律詩始盛行，然未以平側失眼爲忌，審言詩雖不多，句律極嚴，無一失黏者」，其以沈、宋「未以平側失眼爲忌」，獨以審言「無一失黏」，固然言過其實，但若由此表明杜審言近體詩合格率高於沈、宋，則是符合實際情況的。至明清時期，王夫之更明確認爲「近體梁、陳已有，至杜審言始協於度」㉖，逕將杜審言詩作爲律體定型的標誌。

杜審言近體詩創作不僅在格律的精密化方面達到了當時的最高水平，而且在體勢的嚴整化方面顯示出自身的獨特風貌，所謂「初唐詩至必簡整矣，暢矣」，「開詩家齊整平密一派門戶」㉗，就明確指出了其在文體風格方面的獨創性藝術造詣。這在杜審言的五律中體現得最爲突出。天寶年間芮挺章編《國秀集》，以著重選錄「自開元以來，維天寶三載」㉘期間盛唐諸家之近體詩爲宗旨，卻選入杜審言五首詩，其中四首爲五律；明人胡應麟論「初唐五言律」，列舉「杜審言〈早春游望〉、〈秋宴臨津〉、〈登襄陽城〉、〈詠終南山〉，陳子昂〈次樂鄉〉，沈佺期〈宿七盤嶺〉，宋之問〈扈從登封〉，李嶠〈侍宴甘露殿〉，蘇頲〈驪山應制〉，孫逖〈宿雲門寺〉」諸詩，稱爲「皆氣象冠裳，句格鴻麗，初學必從此入門，庶不落小家窠臼」㉙，於諸家詩僅列例一篇，獨於杜審言詩標舉四篇。由此可見，杜審言五律的藝術造就，已成爲歷代選家與批評家之共識。

茲舉數例，試加探析。比如〈夏日過鄭七山齋〉：

共有樽中好，言尋谷口來。薜蘿山徑入，荷芰水亭開。日氣含殘雨，雲陰送晚雷。洛陽鐘鼓至，車馬繫遲回。

這首詩雖爲山莊游宴題材，且於開篇運用漢代隱士鄭璞躬耕谷口之典，於結尾又運用了日暮惜別的宮廷宴會詩慣例，但從詩中具體描寫看，詩人基本上避略了宴會情形的應酬性，而是以敏銳的感受與真率的情懷投身於山水自然景色之中，因此，結尾處的惜別慣例也就擺脫了應酬陳式，體現出對山水自然美的愉悅與依戀的抒情性的回味。又如〈秋夜宴臨津鄭明府宅〉：

行止皆無地，招尋獨有君。酒中堪累月，身外即浮雲。露白宵鐘徹，風清曉漏聞。坐攜餘興往，還似未離群。

這也是一首游宴之作，若與宮廷宴會詩相比，則較前一首變異更大。在這首詩中，甚至像前一首中那樣的純粹的對景物的描寫也全然不見，而是顯出純粹的抒情性。首聯寫自身的潦倒與故人的厚誼，頷聯則進而暢發幽憤之懷抱，頸聯以視覺與聽覺感受象徵時光之流逝，尾聯雖寫惜別，卻翻出新意，謂別後僅攜此餘興，即猶如未嘗離群，可見故人情誼之厚重。全詩雖然略無實在的記敘與具體的描述，但在前四句的直抒懷抱與後四句的微妙感受的結合之中，一方面仍然保持著一個敘事性的完整的過程，另一方面又形成一種抒情性的奇異縹緲的夢幻般的情調。僅從以上兩例，便可看出杜審言五律藝術的基本特色。首先是句律精嚴，對仗工切，在整體的結構中著重講求煉字設色；其次是不注重具體事件的描述，在抒情性的貫融中形成詩意的逐層遞進與細密；更值得注意的是句勢構造的動態化範式的形成，體現出明顯的個性化特點。正是這些基本因素的組合，構成杜審言五律工緻細密的體勢與清新流麗的風格，而其於工整凝練的形制中內蘊濃郁的抒情情調，又造成言不盡意、「風味可掬」[30]的審美韻味。

從這樣的角度看，素稱「初唐五言律，『獨有宦游人』第一」[31]的〈和晉陵陸丞早春游望〉實爲其中最傑出的代表作：

> 獨有宦游人，偏驚物候新。雲霞出海曙，梅柳渡江春。淑氣催黃鳥，晴光轉綠蘋。忽聞歌古調，歸思欲霑巾。

此詩是詩人「載筆下寮」於地方卑職三十餘載期間，於永昌元年（六八九）前後在江陰縣任職時所作，因而詩中流露出的濃郁的抒情情調，實際上是詩人在仕途潦倒與鄉關遠隔的情況下，表現出的對時光流逝、節候推移的驚心與敏感。詩的首聯概述對物候變移之驚心，頷聯、頸聯分別細寫節候新的具體景象，尾聯則由「古調」引出「歸思」，使情景的變化歸入宦情鄉思的索鏈，構成詩意與結構的統一的情調與整體。這種以節候驚心表現鄉思的方式，體現了杜審言在宦途失意時意緒表達的一貫特點，如〈經行嵐州〉云「北地春光晚，邊城氣候寒。往來花不發，新舊雪仍殘。水作琴中聽，山疑畫裏看。自驚牽遠役，艱險促征鞍」，〈重九日宴江陰〉云「蟋蟀期歸晚，茱萸節候新。降霜青女月，送酒白衣人。高興要長壽，卑棲隔近臣。龍沙即此地，舊俗坐爲鄰」等，從詩的藝術造就方面看，雖不及前篇之精警凝練、韻味雋永，但其中遠役他鄉的心理感受與驚心節候的表達方式卻顯然是完全一致的。在杜審言五律句勢構造形成動態化範式方面，〈和晉陵陸丞早春游望〉詩也堪稱代表之作。如果說，「雲霞出海曙，梅柳渡江春」一聯，以「出」、「渡」二動詞使曙光、春色分別與雲霞、梅柳聯結起來並形成活化態勢，那麼，「淑氣催黃鳥，晴光轉綠蘋」一聯，則是以動詞作用關係的倒置使「催」、「轉」的動態力量進一步強化。這種句勢的構造，固然有承自唐初宮廷詩人精巧構思的技巧性積累與經驗性淵源[32]，但從其對宮廷詩彩麗繁縟、詞藻堆砌的擺脫以及對濃厚的抒情情調、流利的表現風格的追求看，顯然更多的在於對自然光色的敏銳感受以及對這種心理感受的細密體驗與藝術把握。

作爲這種感受的反復體驗與把握的結果，這類句勢在杜審言詩中爲數極多，除前引〈夏日過鄭七山齋〉、〈秋夜宴臨津鄭明府宅〉兩詩中的「薜蘿山徑入，荷芰水亭開」、「露白宵鐘徹，風清曉漏聞」等句外，如〈和康五庭芝望月有懷〉的「霧濯清輝苦，風飄素影寒」、〈登襄陽城〉的「楚山橫地出，漢水接天回」、〈旅寓安南〉的「積雨生昏霧，輕霜下震雷」、〈代張侍御傷美人〉的「淚痕消夜燭，愁緒亂春風」、〈經行嵐州〉的「水作琴中聽，山疑畫裏看」、〈七夕〉的「袨服鏘環珮，香筵拂綺羅」、〈泛舟送鄭卿入京〉的「行舟縈淥水，列戟滿紅塵」、〈春日江津遊望〉的「煙銷垂柳弱，霧捲落花輕」等等，幾乎形成杜審言五律句勢構造的特定模式。更有甚者，在〈和韋承慶過義陽公主山池五首〉之二中，除結尾二句外，前六句「徑轉危峰逼，橋回缺岸妨。玉泉移酒味，石髓換粳香。綰霧青條弱，牽風紫蔓長」，句句如此，成爲這種句勢的集中薈集，正是因此，這首詩被後世列爲對句句法的一種典範㉝。當然，此類句勢在整個唐詩中極多，但最早大量運用者無疑非杜審言莫屬，因而由此一點也正可看出杜審言詩歌藝術個性及其對後世影響之一斑。

確定了杜審言以節候驚心爲標誌的意緒表達方式以及動態化句勢構造的個性化特點，也就可以更有力地解決有關作品歸屬方面的問題。如其代表作〈和晉陵陸丞早春游望〉一詩，《全唐詩》注云「一作韋應物詩」，並在卷一百九十五同時收入韋應物名下，亦注「一作杜審言詩」。所據當爲宋人吳曾《能改齋漫錄》卷十一將此詩收入韋應物逸詩中，並云「韋集逸去，余家有顧陶所編唐詩有之」。今人即有據此定爲韋應物之作者。然而，傳世的《韋蘇州集》十卷未收此詩，而宋本、明本《杜審言集》均載此詩，且永昌元年前後，杜審言曾在毘陵郡的江陰縣任縣丞、縣尉一類官職，據此，將其定爲杜審言之作已較可信。而更重要的還可以從前述詩人藝術創造個性特徵的角度進行考察，將此詩與杜審言其他作品相較，無論在意緒表達方式與句勢構造特點方面還是整體藝術風格與基本抒情情調方面加以比較，都可以看出完全的一致。同時，試選擇韋應物詩中選材造句與此詩較爲接近者加以比較，如〈立夏日憶京師諸弟〉「改序念芳辰，煩襟倦日永。夏木已成陰，公門晝恒靜。長風始飄閣，疊雲才吐嶺。坐想離居人，還當惜光景」，〈始夏南園思舊里〉「夏首雲物變，雨餘草木繁。池荷初帖水，林花已掃園。縈叢蝶尚亂，依閣鳥猶喧。對此殘芳月，憶在漢陵原」，除由節候變移引發鄉思的抒情方式以及「長風始飄閣，疊雲才吐嶺」、「縈叢蝶尚亂，依閣鳥猶喧」二聯句勢特點略相髣髴外，在由二者融合而成的具有鮮明藝術個性的整體風格與基本情調方面卻是相距甚遠的。前者以「驚心」、「忽聞」等詞語的配合顯出緊張、凝練、急促的情緒節奏，後者則以「日永」、「恒靜」、「還當」、「對此」等詞語的貫穿構成舒緩、閑靜、悠遠的心態特徵；而前者恰恰表徵了處於唐詩藝術高峰期之前的杜審言近體詩向著凝練緊湊追求的精密化趨向，後者則恰恰表徵了處於唐詩藝術高峰期之後的韋應物近體詩向著閑遠淡樸返歸的自然化趨向。由此看來，這兩種創作趨向代表了兩種完全不同的審美趣尚與時代特徵，因而，在這裏，不僅〈和晉陵陸丞早春游望〉一詩作者歸屬問題判然自明，而且爲解決此類問題提供了一種具有普遍意義的科學的文學批評觀念與方法。

在濃郁的抒情情調中，由於交融著高自稱許的人生意氣與仕途失意的憤懣情懷，杜審言近體詩又往往表現出雄渾遒勁的筆力氣勢。如〈送高郎中北使〉「馬銜邊地雪，衣染異方塵」、〈送崔融〉「旌旗朝朔氣，笳吹夜邊聲」，寫出雄偉蒼莽的邊塞風光；〈春日懷歸〉「河山鑒魏闕，桑梓憶秦川」、〈旅寓安南〉「故鄉逾萬里，客思倍從來」，展現出廣闊的時空視界，流露出濃重的羈旅愁思。這種雄渾氣勢的表現，在杜審言五律中以〈登襄陽城〉爲傑出代表：

> 旅客三秋至，層城四望開。楚山橫地出，漢水接天回。冠蓋非新里，章華即舊臺。習池風景異，歸路滿塵埃。

此詩前半由登城四望而展開廣闊視野，後半即景生情，抒發羈旅愁懷，結合詩人正處流放峰州途中的特定環境與心態看，則又於雄厚渾闊、蒼莽激蕩的詩風中透出一股寥廓淒清的悲壯之感。這種心態特點與風格表現，極類以後的杜甫名作〈登岳陽樓〉，特別是兩詩頷聯分別爲「楚山橫地出，漢水接天回」、「吳楚東南坼，乾坤日夜浮」，皆是一句寫楚之地貌特點，一句寫水之浩瀚氣勢，比較而言，後者的境界顯然超過前者，但從觀察角度與構思方式看，前者則顯然是後者直接取資借鑑的範式。對此，明人胡應麟已曾指出「審言『楚山橫地出，漢水接天回』、『飛霜遙渡海，殘月迥臨邊』等句，閎逸渾雄，少陵家法婉然」[34]，可謂一語中的。而其所舉另一例句，出自杜審言〈和李大夫嗣真奉使存撫河東〉，作爲一首格律精嚴的長達四十韻的五言排律，這首詩不僅也以「沈雄老健，開闔排蕩，壁壘與諸家不同」[35]顯出自身的獨特價值，而且在當時排律體制尚在漸趨完善的過程之中，成爲篇制最長、格律最嚴的一篇創紀錄作品，其後「子美承之，遂爾旌旗整肅，開疆拓土，故是家法」[36]。杜甫對乃祖審言「吾祖詩冠古」[37]的直接讚譽，具體可徵的恰恰在於這篇四十韻排律，其於〈八哀詩〉中借李邕之評云「例及吾家詩，曠懷掃氛翳，慷慨嗣真作，諮嗟玉山桂，鐘律儼高懸，鯤鯨噴迢遞」，可見對審言此詩評價之高，「曠懷」、「慷慨」狀其雄渾詩風，「鐘律高懸」言其精嚴詩律，而「鯤鯨噴迢遞」的整體神貌的形象把握，則儼然已與杜甫本人畢生追求的「鯨魚掣海」般的「壯浪恣縱」的審美境界匯同吻合了。因此，杜甫晚年所作特多排律，並且以一百韻鉅制又一次創下排律一體之紀錄，正或可於此窺見一個重要的「遺傳」因素。此外，杜審言還作有三首七律，其中完全諧律的〈守歲侍宴應制〉、〈大酺〉兩詩雖然都寫於宮廷應制場合，但詩卻寫得雄渾壯麗，如「宮闕星河低拂樹，殿廷燈燭上薰天」、「毘陵震澤九州通，士女歡娛萬國同」諸語，就極類杜甫〈奉和賈至舍人早朝大明宮〉「旌旗日暖龍蛇動，宮殿風微燕雀高」、王維〈和賈至舍人早期大明宮之作〉「九天閶闔開宮殿，萬國衣冠拜冕旒」的句法氣勢，因此，杜審言的這兩首七律也被稱爲「皆極高華雄整，少陵繼起，百代楷模，有自來矣」[38]。

對於杜審言與杜甫之間的詩學淵源關係，應當說是一個值得進一步研究的專門課題。前人對這方面的論述，除明人胡應麟《詩藪》外，早在宋代，楊萬里在〈杜必簡詩集序〉中就曾比照過二者的相似處，如云「今觀必簡之詩，若『牽風紫蔓長』，即『水荇牽風翠帶長』之句也；若『鶴子曳童衣』，即『儒衣山鳥怪』之句也；若『雲陰送晚雷』，即『雷聲忽送千峰雨』之句也；若『風光新柳報宴賞落花催』，即『星霜玄鳥變，身世白駒催』之句也。予不知祖孫之相似其有意乎，抑亦偶然乎」；近人易孺在〈杜審言集跋〉中又云「楊誠齋序舉出句法爲少陵所似者，已甚詳盡，今予讀其〈和康五望月有懷〉一首，有『霧濯清輝苦，風飄素影寒』之語，尤於工部『香霧雲鬟』、『清輝玉臂』一聯有消息相通之妙，其餘氣韻胎息，恍若符合者，開篇皆然，而彌以〈夏日過鄭七山齋〉一章之足以爲『落日放船好』一詩之祖範也」。這類句式氣韻的相似，固然是二杜關係中的重要方面，但我以爲兩者在雄厚遒勁的風格氣勢方面的相似，是一種更高的價值體現。也就是說，杜審言詩中數量最多的細密工緻的抒情寫景之作，固然構成其創作個性的最突出體現，但其表現出的清新流麗詩風，實際上正是四傑詩已經形成的風格特徵，因此在這方面，杜審言詩在很大程度上仍然體現出與四傑詩的繼承與發展的關係；而在其詩中數量較少的或抒發羈旅失意之愁懷或描寫壯麗高華之景象的作品，卻以其透現出的雄渾遒勁的風格氣勢，一定程度地成爲杜甫詩風之預現。因此，從近體詩風格表現及其美學格調的演進角度看，杜審言詩中「渾厚有餘」㊴的一面恰恰體現出一種面向未來的躍遷與提昇。

注釋

❶《新唐書》卷二百零二〈宋之問傳〉。

❷《新唐書》卷一百二十三〈李嶠傳〉。

❸張說〈五君詠〉。

❹《唐詩紀事》卷九。

❺同前。

❻李嶠《雜詠》，計一百二十首詠物詩，在《全唐詩》中編爲兩卷。

❼見《唐詩紀事》卷十、《全唐詩》卷五十七引《明皇傳信記》。

❽姚鉉〈唐文粹序〉。

❾王世貞《藝苑卮言》卷四。
❿參見胡應麟《詩藪》。
⓫謝榛《四溟詩話》卷四。
⓬陳子昂〈送吉州杜司戶審言序〉。
⓭《舊唐書》卷一百九十〈杜審言傳〉。
⓮同前。
⓯《唐詩紀事》卷七。
⓰《舊唐書》卷一百九十〈杜審言傳〉。
⓱《新唐書》卷二百零一〈杜審言傳〉。
⓲楊炯〈從軍行〉。
⓳駱賓王〈至分水戍〉。
⓴陳子昂〈送著作佐郎崔融等從梁王東征〉。
㉑駱賓王〈在軍登城樓〉。
㉒盧照鄰〈元日述懷〉。
㉓楊慎《升庵詩話》卷十四：「初唐絕句多爲對偶所累，成半律詩。」
㉔杜審言〈贈崔融二十韻〉。
㉕同前。
㉖王夫之《薑齋詩話》。

㉗鍾惺《唐詩歸》卷二。
㉘樓穎〈國秀集序〉。
㉙胡應麟《詩藪》內編卷四。
㉚同前。
㉛同前。
㉜如虞世南〈侍宴歸雁堂〉「竹開霜後翠，梅動雪前香」、上官儀〈入朝洛堤步月〉「鵲飛山月曙，蟬噪野風秋」之類。
㉝魏慶之《詩人玉屑》卷三。
㉞胡應麟《詩藪》內編卷四。
㉟施閏章《蠖齋詩話》。
㊱同前。
㊲杜甫〈贈蜀僧閭邱師兄〉。
㊳胡應麟《詩藪》內編卷四。
㊴陸時雍《詩鏡總論》。

第五章　沈宋體

以四傑的出現爲標誌，唐詩已初具向高峰期發展的基本條件，即風骨意氣的內質與聲律詞彩的外形的兼備，其後衆多詩人的努力，實際上正是在四傑初建基礎上的深入與發展。如果說，陳子昂的主要貢獻在於將四傑詩學思想中革除舊弊的一端推向極致，從而徹底清汰浮靡積習，使風骨興寄的內質精神在詩中得到空前強烈的體現，那麼，從文章四友到沈佺期、宋之問的主要貢獻則是在於將四傑詩歌實踐中建立新體的一端加以發展，從而進一步明晰古近體之分，使聲律精切的律詩形制得到完全的成熟與全面的定型。

第一節　沈宋體與時代藝術進程

在中國文學史上，沈佺期與宋之問並稱，主要標誌了唐詩藝術由自立向高峰邁進的關鍵階段在某一重要方面所發揮的定型化作用與精密化貢獻。然而，在唐代政治史上，那是一個既蓬勃向上又權變複雜的特殊的時代，由武周代唐到中宗復位所形成的一個政治權力鬥爭的巨大漩渦，牽進了衆多依附不同權力中心的文人學士，沈、宋正是共同作爲依附武后權力中心的宮廷文士而經受著相同的宦海昇沈。因此，沈、宋二人在人生經歷、仕宦生涯乃至文學創作的幾乎所有重要方面，都走在一條驚人相似的道路上。

從二人具體經歷看，自出生之年、登第之時乃至所任之職、被貶之因，都是完全一致的，同時，其與文章四友仕途榮辱的同步性，則又顯示出那一時代知識分子的共同命運。當然，沈、宋終其一生僅任文辭之職，作爲純粹的宮廷文辭之士，與文章四友中的李嶠、崔融、蘇味道之位極人臣的地位相比，自是不可同日而語，但與文章四友中杜審言的遭遇相比，則是極其相似的。因而，作爲位居下僚的文辭之士，沈、宋自亦集更多注意力於文學創作的實踐與探索方面，在與文章四友共同形成促進唐詩藝術精密化進程的合力的同時，更與杜審言詩的藝術價值及時代作用顯出尤爲緊密的關聯性與共通性。

與文章四友一樣，由於身爲宮廷文人的生活環境及其所承受的時代性藝術氛圍的陶染，沈、宋著力於文學藝術的創作實踐，最主要的也表現在對四傑初建古近詩體規範的繼承與發展方面，並且特別是在促進律體的成熟化、定型化與精密化方面，較之文章四友又有進一步的發展與推進。因此，把沈、宋的名字與律體的定型構合成一種特別緊密的關係，幾乎成了後世文學史家的一個固定不移的接受觀念。如唐代中期的元稹在〈唐檢校工部員外郎杜君墓誌銘〉中已云：「唐興，學官大振，歷世之文，能者互出，而又沈、宋之流，研練精切，穩順聲勢，謂之爲律詩。」首次將「沈、宋」之名與「研練精切，穩順聲勢」意義上的「律詩」之體聯繫起來。其後，北宋宋祁撰《新唐書》，在〈宋之問傳〉中云：「漢建安後迄江左，詩律屢變，至沈約、庾信以音韻相婉附，屬對精密，及之問、沈佺期又加靡麗，回忌聲病，約句準篇，如錦繡成文，學者宗之，號爲沈、宋。」進而在詩歌律化進程的文學史意義上標明沈、宋與律詩形制的關係及其地位。張表臣

《珊瑚鉤詩話》亦云：「蘇、李而上，高潔古淡，謂之古；沈、宋而下，法律精切，謂之律。」則將沈、宋比配創製漢代五言古詩的蘇、李而爲唐代律詩精切定制的表徵。至南宋，嚴羽撰《滄浪詩話》，在論詩體時，不僅於「以人而論」中明標「沈、宋體」，而且在〈詩體〉開篇即云「風雅頌既亡，一變而爲離騷，再變而爲西漢五言，三變而爲歌行雜體，四變而爲沈、宋律詩」，在這裡，「沈、宋」與「律詩」已合爲一詞，並進而被作爲整個中國詩史上詩體嬗革過程中的第四大變，亦即囊括自發軔於六朝、極盛於唐代、淵被於宋世的一個漫長的詩體演進階段的標誌。滄浪詩論，在明清時期影響至大，因而將沈、宋與律詩關係的構合定格，也就一直延承下來，諸如「唐興，沈、宋變爲近體」❶、「五言至沈、宋始可稱律」❷、「沈、宋既裁新體」❸之類，在明清詩論中實在不勝枚舉。

然而，宏觀中國傳統詩歌律化進程，特別是入唐以來詩體演變之實況，將律體簡單地歸結爲沈、宋的專利這一具體的文學史接受觀念，顯然是並不確切的。從文學史整體發展的角度看，作爲一種時代性藝術形式的標誌，詩歌律化進程幾乎包容了自南朝後期經隋代直至唐代前期的數百年漫長時間，表現爲一種漸變演進的過程性特點。從詩體規範的具體特點看，促進唐代律詩形式成熟的最重要因素是聲調的簡化與諧協，因爲作爲律詩兩個基本因素之一的對偶方式是一個極古老的傳統，至六朝駢賦已達極致，而作爲另一個基本因素的聲調規定則是在齊梁時期剛剛興起。然而，齊梁聲律既講「四聲」，又忌「八病」，在「一簡之內，音韻盡殊，兩句之中，輕重悉異」❹的苛細規則與禁忌之中，往往造成「文多拘忌，傷其真美」❺、「酷裁八病，碎用四聲」❻之弊，以致「四聲八病」的理論在創作實踐中始終未能真正貫徹推行；同時，齊梁新體大多嚴於一句一聯之內的聲調配置，於全篇整體聲調諧協並不顧及，以致造成句律體古的所謂「半律」的詩體混沌狀態的長期流行。與此相比，唐代律詩的聲律要求已發生重要變化，首先是合平、上、去、入四調爲平、仄兩類，在一般情況下，上、去、入三調統作仄聲處理，對「四聲」理論的實踐運用方式進行了合理的改造與簡化，從而爲超避各種煩瑣苛細的病犯禁忌提供了充分的可能，並利用平、仄相間的原理，構造出一套簡便可行的聲律規則；再者是將一句一聯中的聲律規則推擴至於全篇，注重整體的黏合與諧協，從而構成完全有別於古體的規範化的近體詩聲律定式。以這樣的標準來衡量，完全合格的近體詩在南朝末期與入唐之初就有出現，但在大量的「半體」作品中只是吉光片羽似的偶一閃現，這種偶然性特點，固然可以認爲是在詩歌律化進程中的一種非自覺的過程性現象。不過，到四傑之時，情形就完全不同了，他們不僅大量創作五言近體，且合格率大幅度上昇，達百分之七十左右，這顯然表現了對律詩定式的自覺認識與嫻熟運用，因此，明人王世貞在《藝苑卮言》中說「五言至沈、宋始可稱律」，含有以沈、宋爲律體定制之意，但同時又不得不承認四傑「五言遂爲律家正始」。與沈、宋基本同時的文章四友，在四傑的基礎上將近體詩合格率又作了一次大幅的提高，對律詩體式定型的促進作用，幾乎與沈、宋難分軒輊，不僅在五言律體方面表現爲「蘇、李居前，沈、宋比肩」❼、「沈、宋、蘇、李，合軌於前」❽的狀況，而且在七言律體方面也形成「迄唐世工不數人」，「初則必簡、雲卿、廷碩、巨山、延清、道濟」，「自杜審言、沈佺期首創工密」❾的共同作用。因此，沈、宋律詩的成功實踐及其合格率在文章四友的基礎上進一步有所提高，既離不開詩歌律化進程的歷史延續性，又離不開同時眾多詩人藝術實踐的共同作用力，正是在這一意義上，沈、宋律詩概念的形成，應當理解爲那一特定藝術時代亦即詩歌律化進程的定型階段的一個表徵、標誌和符號。只有在這一基本性的意義上來認識、判定沈、宋律詩的性質和意義，才是符合文學史實際情況的。

第二節 律體精密化的標誌

當然，具體地看，沈、宋律詩自有其度越前人與流輩之處。首先，沈、宋近體詩合格率由文章四友的百分之八十七左右提高到百分之九十以上，表現了對律詩定式的完全性的掌握與運用，少量的聲調違拗現象完全可以認爲是一種懷舊性的自然表露或有意爲之；其次，沈、宋近體詩創作除七言排律以外基本上具備了各種類型，即五律、五排、七律、五絕、七絕等體式齊全，將文章四友合爲一個整體看，固亦具備了這些體式，崔融甚至還有一首七言排律成爲一個獨特的現象，但將四人分開看，每一個人的作品中皆不兼備各種體式，而沈、宋二人則恰恰是分別兼備諸體的；再者，沈、宋近體詩創作數量亦大大超過前人（唯一例外是文章四友中的李嶠今存近體詩一百九十餘首，但其中有一百二十首五律是其詠物專集《雜詠》中的單純詠物之作），兩人現存近體詩分別皆超過一百二十首，並且與四傑或文章四友大多偏擅某一體式不同，而是對近體詩各種體式都有較多的實踐，這種熟練運用各種體式的全面性，也正是近體詩完全定型乃至精密化的一個重要標誌。除了這些現象方面的因素外，沈、宋律詩的成就，我以爲更重要的在於其內在的藝術修養及其創作個性的進一步增強，使得生活環境與文學作風的緊密關係逐漸淡化、分離，更多地表現出文學創作本身的獨立化、專門化與深入化。也就是說，沈、宋作爲純粹的宮廷文辭之士，有著較多的宮廷生活經歷，但卻並未像唐初宮廷文人那樣被宮廷文學程式所框囿，甚至比文章四友宮廷氣味還要淡薄，而是使身處宮廷的文學創作個性化，在主體品格與風格表現方面顯出相當的自由與靈活。在沈、宋的作品中，可以說，既有朝官似的雍容華貴，又有田園詩人那樣的閒逸蕭灑，既有嚴肅的道德觀念，又有邊塞的激烈場面，題材的選擇與風格的表現都是豐富而多樣的。這種根源於創作主體藝術素養因素的特點，表現在沈、宋律詩中，無疑成爲近體詩在內在的品格與功能方面進一步走向成熟的標誌。

作爲長期生活在朝中的宮廷文人，沈、宋都作有數量可觀的宮廷侍宴應制之作，但由於他們內在的藝術修養與顯明的創作個性，使得這類作品大多擺脫了早期宮廷詩那樣的矯飾堆垛、虛浮靡弱之弊，在豐富的想像力與敏銳的感受力的運用之中，形成清新流暢的表現風格，更接近於個人寫景抒懷之作。如沈佺期〈奉和春日幸望春宮應制〉：

芳郊綠野散春晴，複道離宮煙霧生。楊柳千條花欲綻，蒲萄百丈蔓初縈。林香酒氣元相入，鳥囀歌聲各自成。定是風光牽宿醉，來晨復得幸昆明。

此詩雖亦不出宮廷游宴詩由點題、描寫、結束三部份構成的敘述程式，但從其具體描寫看，除最後一句顯見這一題材中常用的應酬性語言外，其他部份則體現出對自然景物的細緻觀察以及詩人置身其間的愉悅感受，若將此詩與《文苑英華》卷一百七十六所收同組詩中其他作品相較，更可以明顯看出沈佺期宮廷應制之作表現出的特有的流暢風格。再看宋之問〈夏日僊萼亭應制〉：

高嶺逼星河，乘輿此日過。野含時雨潤，山雜夏雲多。睿藻光巖穴，宸襟洽薛蘿。悠然小天下，歸路滿笙歌。

身在宮廷應制場合，視野卻投向「野潤時雨」、「山多夏雲」的樸素的自然景象，既有「光巖穴」、「洽薜蘿」的細密之景，又有「逼星河」、「小天下」的雄闊之景，特別是詩人內在的「悠然」情趣，與「滿路笙歌」的環境的不協和性，恰恰表現出個性化的寫景抒懷之作的品格的逐漸自立，同時也可見詩人內在情趣由「欲知陪賞處」進而向「空外有飛煙」❿的超俗境界的轉移與飛昇。

另一方面，作爲當時對近體詩體制建構作出傑出貢獻的文體家，沈、宋又自然常常將在宮廷生活氛圍中承受的文學傳統及其鍛就的熟練的修辭藝術技巧運之於其他場合，在表面的程式化的描述慣例中造成一種新的審美意蘊與藝術效果。如沈佺期〈游少林寺〉：

長歌遊寶地，徙倚對珠林。雁塔風霜古，龍池歲月深。紺園澄夕霽，碧殿下秋陰。歸路煙霞晚，山蟬處處吟。

這首詩是詩人獨自遊訪山寺之作，卻完全運用了宮廷遊宴詩的慣用程式，如開篇以「寶地」、「珠林」等有關佛教典故，表明所遊之地，結尾以「歸路」、「煙霞」的展示，表明日暮欲歸時的留戀心境。然而，由於所遊之地已與宮廷宴集場所、氛圍迥然不同，內心情懷的觸發也一改宴會結束時的那種對繁華絢麗的依戀，而是通過一種孤獨沈寂的感受，導入一種清靜澄澈的悟道般的境界，因而，詩人獨立於「夕霽」、「秋陰」籠罩著的「山蟬」吟唱的歸途，也就顯然不同於宮廷遊宴場合的虛矯俗套，表現出濃郁的情感內涵與澄淡的精神境界。又如其〈樂城白鶴寺〉：

碧海開龍藏，青雲起雁堂。潮聲迎法鼓，雨氣濕天香。樹接前山暗，溪承瀑水涼。無言謫居遠，清淨得空王。

在正規的宮廷游宴詩中，除一套固定語言慣例與結構程式外，將人間事物與自然景象加以聯繫與混合，也是一個已成傳統習慣的修辭方式，如天河流輝與宮池倒影、林木清馨與美酒醇香、啼鳥傳情與歌喉婉轉之類，皆借以襯托宮廷生活的華美高貴。沈佺期在這首詩中，也特別運用了這一修辭技巧，將「潮聲」與「法鼓」、「雨氣」與「天香」之間構成互相聯繫與襯托的關係，但由於此詩作於詩人貶謫之時，這種聯繫性描寫已與華貴生活氛圍相距甚遠，在將其引入僻遠的佛寺景象之中，便使得那一環境中的清寂荒古的感受與氛圍愈益增強、瀰漫開來，詩人置身其間，一面幻覺出「雁堂」欲飛的動勢，一面品味著「清淨」境界的理趣，也就在精神上得到一種超脫的享受與自然的補償。再看宋之問的〈江亭晚望〉：

浩渺浸雲根，煙嵐出遠村。鳥歸沙有蹟，帆過浪無痕。望水知柔性，看山欲斷魂。縱情猶未已，回馬欲黃昏。

這首詩的結尾也顯見宮廷詩慣例，但由於詩人獨自處在遠離塵俗的具有原生態意味的自然環境氛圍之中，詩的描寫一方面著重於對「沙有蹟」、「浪無痕」的略無矯飾的自然狀態的切近與把握，另一方面又在「望月」、「看山」的覽眺之中有意識地投入自身的主觀意緒，造成人的思理與自然生機的互爲感發與滲融，因此，在這樣的意旨流程的推導下，結尾處詩人「縱情未已」、「回馬黃昏」的依戀性情緒反應的表達，實際上也與沈佺期〈游少林寺〉詩一樣，不僅超脫了宮廷程式本身的意義，而且在與全詩構成整體性的審美意味的同時，在某種意義上還體現出對人生問題的深刻思索。同樣類型的結尾如〈秋晚遊普耀寺〉的「平生厭塵事，過此忽悠悠」、〈漢江宴別〉的「嬉遊不可極，留恨此山川」、〈春日山家〉的「丘中無俗事，身世兩相違」等等，皆明顯可見其處於仕途不得意情況下欲進不得、欲退不能的矛盾心態，而由宋之問詩中這種心態的大量的普遍的表現，也正可見其作爲宮廷侍臣之時即與司馬承禎等人結成「方外十友」，形成半仕半隱的「朝隱」一般的精神風貌的主觀因素所在。

以上兩個方面，一是著重於在表現情調上將宮廷應酬場合改變爲個人寫景抒懷，造成一種似乎脫離宮廷環境的悠然趣味；二是著重於在表現範圍上將宮廷詩技巧慣例移用於其他環境場合，造成一種超脫於這種慣例本身意義的審美意味與人生思索。這兩點雖已充分表現出沈、宋詩歌創作的藝術修養與馭用能力，但從根本看仍是拘泥於對宮廷詩的改造的起點的，而作爲沈、宋律詩藝術的較高層次的表現，無疑更在那些徹底擺脫宮廷範疇的完全個性化的作品上。如沈佺期寫征戍題材的〈隴頭水〉：

隴山飛落葉，隴雁度寒天。愁見三秋水，分為兩地泉。西流入羌郡，東下向秦川。征客重回首，肝腸空自憐。

又如〈雜詩三首〉之三：

聞道黃龍戍，頻年不解兵。可憐閨裡月，長在漢家營。少婦今春意，良人昨夜情。誰能將旗鼓，一為取龍城。

兩詩題材相同，在場景的描寫與意象的構造上，也顯示出同樣的激烈悽厲的氛圍與矯健生動的氣勢。然而，在具體構思上，兩詩又各具特色。前一首詩由征人眼中寫出，借助水的分、流意象，以作兩地別離的象徵與心路溝通的渠道，情感流程的方向是「東下秦川」；後一首詩由閨婦眼中寫出，借助月的異地同明意象，化爲意動神馳的載體，抒發今春昨夜的怨歎，情感流程的方向則是「西取龍城」。在詩的結構上，兩詩都以意象的統一性代替了舊有表現形式的零散性與瑣碎性。在早期宮廷詩乃至更早一些的六朝新體詩中，一首詩中的一句或一聯往往分別構成一個個互不關涉的描寫場景與表意單元，而在這裡，一首詩中的每句或每聯都是下一句一聯的前提，每聯之間緊密依倚著的因果關係，使得全詩形成一個嚴密的統一的表意整體。這顯然也是沈、宋近體詩藝術結構精密化的重要特點之一。再看宋之問寫隱居題材的〈陸渾山莊〉：

歸來物外情，負杖閱巖耕。源水看花入，幽林採藥行。野人相問姓，山鳥自呼名。去去獨吾樂，無然愧此生。

又如〈藍田山莊〉：

宦遊非吏隱，心事好幽偏。考室先依地，為農且用天。輞川朝伐木，藍水暮澆田。獨與秦山老，相歡春酒前。

在南朝宮廷詩興起之時，盛行於晉、宋的隱士詩就遭到嚴厲的排斥，直到唐代前期，隱逸題材的創作除極個別游離於時代特徵之外的詩人如王績以外，在詩壇的中心範圍內幾乎是沈寂無聞的。而宋之問作為純粹的宮廷文士以及活躍於詩壇中心的重要詩人，寫出這樣典型意義上的隱士詩，無疑正是在文學品格上擺脫宮廷風習以及其自身創作個性獨立成熟的標誌。在這兩首詩中，前一首著重描繪「歸情物外」的身姿形態，後一首著重表達「獨好幽偏」的心神嚮往，將這種純粹的恬淡無為的隱士情調及其悠然閒逸的風格表現與前引宋之問詩中「平生厭塵事」、「身世兩相違」那樣徘徊於仕隱之間的矛盾心境相較，恰恰可見其心靈解脫的指向與歸宿。這種心理指向與精神追求，在宋之問詩中有著較為普遍的表現，如〈春日山家〉「悠然紫芝曲，晝掩白雲扉」、

〈登禪定寺閣〉「開襟坐霄漢，揮手拂雲煙」、〈寄天臺司馬道士〉「不寄西山藥，何由東海期」等，形成一種帶有傾向性的隱逸色彩與避世情調，從唐詩的發展進程看，作爲與王維、孟浩然等人最爲接近的隱逸題材的近體化藝術範式，這種傾向對王、孟詩風的形成顯然也有不可忽略的影響。宋之問集中〈冬夜寓直麟閣〉一詩，《全唐詩》注云「一作王維詩」，即使從考證角度辨明了作者歸屬，詩的本身卻仍然表明了二人詩風在某些方面與某種程度上的類似混同。通過沈佺期的兩首征戍詩與宋之問的兩首隱士詩的典型例舉與分析，兩者分別由激烈矯健與閑淡悠遠構成情調風格的兩極體現（這兩方面在沈、宋二人詩中亦各自兼備），也恰恰表明了沈、宋成熟化了的藝術修養與創作個性對多種題材的包容與多面風格的展示。

沈、宋詩作既經散佚，現存作品又包容多樣題材與風格，因此其具體作品大多較難準確繫年。不過，從總體上看，以公元七〇五年的貶逐爲界劃，沈、宋詩前後階段的差異卻是甚爲明顯的。也就是說，無論從近體詩抒情內質建構方面，還是從詩人創作個性的進一步成熟發展方面看，沈、宋貶逐南方時期詩歌創作的藝術價值與成就，都不僅遠勝前期，而且表現出與即將到來的唐詩藝術高峰期的律詩體格風貌極爲接近的特點。如宋之問最著名的五律〈度大庾嶺〉：

度嶺方辭國，停軺一望家。魂隨南翥鳥，淚盡北枝花。山雨初含霽，江雲欲變霞。但令歸有日，不敢恨長沙。

這是詩人南貶途中即將「度嶺辭國」、涉足蠻荒時所作，表達了內心對北地中原的強烈依戀之情，同時也抑制不住對不得不繼續南行的深重恐懼之感。前四句分別以「度嶺」、「停軺」的自身行態與「南翥鳥」、「北枝花」的相反標向，構成痛楚的矛盾的心理狀態的生動體現；後半則轉出對回歸時日的渺茫期望，這明確表現於尾聯的直接剖白之中。從表象上看，頸聯似乎是純粹的寫景之筆，但從沈、宋律詩已經形成的整體性表意結構看，這裡的「初含霽」、「欲變霞」實際上包含了希冀人生命運否極泰來的隱約的複雜的象徵意義，從而成爲頷聯心態矛盾化的接轉與尾聯期望明確化的前提。這樣，全詩不僅形成一個具有嚴密邏輯的統一體，而且具體的「鳥」、「花」、「霽」、「霞」諸多意象亦皆成爲寫景與表意相互滲融交織的複合與疊現。又如其同時所作五律〈題大庾嶺北驛〉：

陽月南飛雁，傳聞至此回。我行殊未已，何日復歸來。江靜潮初落，林昏瘴不開。明朝望鄉處，應見隴頭梅。

此詩以歸期渺茫的憂懷開篇，與前詩意緒首尾相接，似乎是詩人於嶺上停軺不進、惆悵徘徊，發爲歸期渺茫之慨歎，意猶未盡，再成此章。因此，這首詩全篇皆圍繞歸期何日爲中心而構意。詩的前半以南雁北歸有日反襯自身南行無已，四句擺脫拘礙，一氣流轉，純爲情懷心緒之暢發；五、六兩句紓緩一筆，以「潮初落」、「瘴不開」象徵前程之晦暗，於即目之景渟蘊深沈愁思；尾聯則進而發出過嶺望鄉、折梅以寄親故之想，暗用南朝陸凱以梅花一枝寄懷范曄之典，在自身真切情感體驗之中，更富含不盡之餘意。全詩既精切渾成，又靈動灑脫，與前詩相比，似更勝之。

如果說，宋之問在五律方面稍勝沈佺期，那麼，沈佺期在七律方面則遠過宋之問。在當時，與五律相比，七律的成熟化尚處於較低的水平。這一體式的創作數量更是大大少於五律。文章四友總共只有九首七律；宋之問也僅有四首，且多爲應酬之作，藝術成就與其五律不可同日而語；

而沈佺期的七律則多達十六首，且已形成獨有的沈厚而流暢的藝術風格。因此，將沈佺期視爲唐前期對七律定型化、精密化貢獻最著的詩人，大概是不錯的。如沈佺期同樣是在南貶途中，同樣表達那種去國離家、歸期無望的憂懼心境，卻寫下了一首優秀的七律名篇〈遙同杜員外審言過嶺〉：

天長地闊嶺頭分，去國離家見白雲。洛浦風光何所似，崇山瘴癘不堪聞。南浮漲海人何處，北望衡陽雁幾群。兩地江山萬餘里，何時重謁聖明君。

與宋之問相比，沈佺期貶逐題材的五言律詩怨憤之情的表達大多更爲尖利而激切，如〈早發昌平島〉「積氣衝長島，浮光溢大川」、〈入鬼門關〉「問我投何地，西南盡百蠻」、〈從驩州廨宅移住山間水亭贈蘇使君〉「棄置一身在，平生萬事休」等，皆直陳懷抱，似乎缺少宋之問貶逐五律中那樣著意於情景交融的複合意象的構造，然而，這首貶逐題材的七言律詩卻顯出意象融鑄的構思方式與雄渾厚重的風格特徵。首聯將「天長地闊」的廣闊視界與「去國離家」的深切愁懷凝聚於分界點的「嶺頭」與象徵性的「白雲」，這樣，無數的激切呼號便已涵化爲一種蘊意深厚濃郁的表達方式了；中二聯進而以「洛浦風光」與「崇山瘴癘」、「浮海之人」與「衡陽之雁」的意象對舉，使得立足於臨界點的詩人矛盾心態步步深入地展露出來；尾聯一面以「兩地江山」總括全篇諸多意象，一面又以「何時」倒貫頷聯的「何所似」與頸聯的「人何處」，在通常情況下，一首律詩中同一個字三度重複當爲大忌，但在這裡，由「何」字的重複體現出前程何處、歸期何日的渺茫心緒，卻恰恰構成全詩意緒流程與整體結構的軸心。較沈佺期稍前的杜審言的七言律詩，固亦體現「高華雄整」的特點，但其兩首合格者皆寫於應制場合，雄渾的句法氣勢根源於對偉麗宮廷場景的描繪，因而，以七言律詩的抒情內質建構及其審美品格層次爲標準來衡量，杜審言的應制七律與根源於濃烈真情的沈佺期的貶逐七律顯然還有相當的距離。於嚴整的格律體制中充盈濃烈真情，正是沈佺期七律度越流輩的最重要的特點，而作爲一種創作個性的體現，自非一朝一夕突現的產物，實際上是其創作中較爲普遍的現象。即使在其貶逐嶺南之前，也不乏此類佳作，如〈古意呈喬補闕知之〉，就是沈佺期最著名的七律佳篇，詩云：

盧家少婦郁金堂，海燕雙棲玳瑁梁。九月寒砧催木葉，十年征戍憶遼陽。白狼河北音書斷，丹鳳城南秋夜長。誰謂含愁獨不見，更教明月照流黃。

喬知之於萬歲通天元年（六九六）以左補闕隨武攸宜北征契丹，次年得勝回朝，稍後即因愛妾碧玉事爲武承嗣所殺，再從這首詩中所言征戍地點看，此詩當爲喬知之征契丹期間所作，下距沈佺期本人南貶尚有九年。詩贈喬知之，以思婦口吻出之，或即擬知之愛妾代贈，一如駱賓王〈代王靈妃贈道士李榮〉之先例，雖未可遽定，但其作爲一首明顯的擬代之作，情思實已完全浸入所擬代主體之情懷深處，並將之真切地生動地表達出來，則無疑顯示出尤爲獨到的構思特點與藝術成就。詩以「海燕雙棲」起興，反襯少婦獨處之情，中二聯即著力寫情，由思婦「寒砧」到征人「征戍」，再由「白狼河北」之望斷音書到「丹鳳城南」之秋夜獨守，情意流動，回環往復，益見其深摯真切，而由此歸結到空對明月孤幃，更形成難解之情結。此詩題一作樂府舊題〈獨不見〉，又逕作〈古意〉，其意旨明在擬古，故此詩一方面格律嚴整，另一方面又顯見樂府風調，由此固可約略窺見唐人七律由六朝駢儷化歌行整飭蛻變而出的跡象，同時也造成這首詩既密致又流動的藝術特點。從整體風格上看，這首詩的清麗流暢與前舉〈遙同杜員外審言過嶺〉詩的雄渾厚重固有明顯的區別，但在充盈濃烈真情的角度上卻又是完全一致的，也正因此，此詩甚至被明代崇尚唐音的何景明、薛蕙等人推爲「唐人七言律第一」⓫。

由上可見，沈、宋律詩藝術成就與審美品格的進展與提昇，恰與其中情意充盈的程度同步前行，也就是說，沈、宋律詩的真正價值體現，除格律體制的精密化之外，還與抒情內質及其表達方式密切相關。前人所謂「其詩意匠縱出，種種合度，神情所契，在在成聲」⓬，實際上已隱約道出了其「種種合度」、「在在成聲」與「意匠縱出」、「神情所契」之間的密不可分的整體關係。然而，由於囿於「回忌聲病，約句成篇」、「研練精切，穩順聲勢」之定論，歷來對沈、宋文學成就的認識，就僅僅局限於對唐代律詩形制的定型方面，並且片面地誇大了沈、宋在這方面的作用，而對於另一方面即沈、宋詩歌中濃郁的抒情性特點及其豐富的情感世界，則基本上處於被忽略的狀態。

第三節　貶謫生涯中的情感世界

濃烈真情的充盈，對於沈、宋律詩創作來說，無疑是強化內質建構、提高審美品格的最重要因素，然而，其情感性的表現範圍，卻並不僅僅局限於律體一端。事實上，沈、宋除律體創作之外，還作有數量可觀的五、七言古體詩，在這一點上將其與文章四友相比，也可看出明顯的差異，文章四友在近三百首詩中，古體僅有二十首，而沈、宋在三百餘首詩中，古體卻多達八十餘首。因此，將沈、宋詩歌創作視爲一個整體，也可見其並未完全局限於律體一端，而是體現出對當時已有的各種詩體的全般的探索與實踐。而其濃郁的情感性表現及其所構成的豐富的情感世界，也只有在對沈、宋詩歌創作的諸多體式的整體觀照之中，才能得到生動而完整的說明與復現。

與律詩抒情內質的強化相一致，沈、宋詩整體的情感性表現也以貶逐時期最爲集中、濃郁。在南貶途中，沈、宋都作有一系列作品，其中自有觸景生情、寄贈親友、直抒懷抱等多方面內容，但從情感抒發的角度看，則明顯可見愈益濃化的趨向和特點。如沈佺期的〈早發昌平島〉：

解纜春風後，鳴榔曉漲前。陽烏出海樹，雲雁下江煙。積氣衝長島，浮光溢大川。不能懷魏闕，心賞獨泠然。

又如宋之問的〈初至崖口〉：

崖口衆山斷，嶔崟聳天壁。氣衝落日紅，影入春潭碧。錦績織苔蘚，丹青畫松石。水禽泛容與，巖花飛的皪。微路從此深，我來限於役。惆悵情未已，群峰暗將夕。

這兩首詩皆爲流貶途中所作，他們或以「不能懷魏闕」式的尖利激憤，或以「惆悵情未已」式的深沈幽怨，能動地滲染著全詩的環境氛圍，但由於畢竟尚處身於「春風」「錦績」的山水自然之中，不能不受到優美景致的感染，因而詩中描繪風景之筆反倒佔據了大部篇幅，這種對山水自然的注目與欣賞，在藝術表現上與山水詩特徵的接近，便在一定程度上沖淡了怨憤之情的表達。隨著接近、到達貶所的蠻荒之地，詩中山水成份的愈趨減少，愁怨惶懼的情調便益見增強起來。如沈佺期的〈初達驩州〉：

流子一十八，命予偏不偶。配遠天遂窮，到遲日最後。水行儋耳國，陸行雕題藪。魂魄遊鬼門，骸骨遺鯨口。夜則忍饑臥，朝則抱病走。搔首向南荒，拭淚看北斗。何年赦書來，重飲洛陽酒。

又如宋之問的〈晚泊湘江〉：

五嶺悽惶客，三湘憔悴顏。況復秋雨霽，表裡見衡山。路逐鵬南轉，心依雁北還。唯餘望鄉淚，更染竹成斑。

這兩首詩，雖皆爲詩人初至一地之作，卻已略無對殊方風物的新奇之感與描繪之筆，全篇都是內心情懷的直接表白。即使提到一些地名，如「五嶺」、「三湘」、「鬼門」、「鯨口」之類，也是與「悽惶」、「憔悴」、「魂魄」、「骸骨」等詞語聯繫在一起，成爲惶懼驚駭心理的外化形態。不過，從這兩首詩的結尾看，詩人對遇赦北還的強烈期望，恰恰體現了對自身命運的信念並未泯滅，因而表達出「重飲洛陽酒」、「心依雁北還」那樣的對宮廷生活的懷戀之情，透現出一種朦朧的樂觀情調。到長期滯留流貶之地，處在「洛陽音信絕」[13]、「蹭蹬守南荒」[14]的境況，詩人對北返幾乎絕望，因而使得怨憤之情進一步增生，並在詩中得到淋漓盡致的發洩。

在這樣的生活環境與心理狀態下，作爲中國流貶文學的最早範型的屈原、賈誼的作品，自然最容易引起詩人的心靈共鳴，而借助屈、賈的文學構思與藝術形式，也就往往成爲自身情感的最激切的表達方式。如沈佺期的〈答魑魅代書寄家人〉詩以與魑魅問答的特殊形式，構成自身貶逐生涯的回顧與悽惶心境的展現，就完全是對賈誼〈鵩鴞賦〉中向鵩鴞詢問命運昇沈的構思方式的模倣與套用。其詩開篇寫道：

魑魅來相問，君何失帝鄉。龍鍾辭北闕，蹭蹬守南荒。覽鏡憐雙鬢，霑衣惜萬行。抱愁那去國，將老更垂裳。

此詩全篇長達百句，全爲自身親歷的細緻紀實與摹繪，因而，這種採自賈賦的表達方式雖非沈詩新創，但由於詩人真切的人生經歷、心理感受與這種方式本身所具有的流貶原型意義的結合，反而造就更大的情感流量與更強的表達效果。宋之問在流貶期間所作〈高山引〉、〈冬宵引贈司馬承禎〉等多篇騷體詩更是對屈原辭賦的直接倣作，如〈高山引〉寫道：

攀雲窈窕兮上躋懸峰，長路浩浩兮此去何從。水一曲兮腸一曲，山一重兮悲一重。松檟邈已遠，友于何日逢。況滿室兮童稚，攢眾慮於心胸。天高難訴兮遠負明德，卻望咸京兮揮涕龍鍾。

詩寫高山，卻並未著意於物色摹繪，而是在「水」與「腸」、「山」與「悲」的聯結中構成「心胸眾慮」的洩發，其「攀雲窈窕」、「長路浩浩」、「天高難訴」、「揮涕龍鍾」的自我形象塑造，與行吟澤畔、問天求索的屈子又何其相似！無怪杜甫晚年流落湖湘之時作〈岳麓山道林二寺行〉，就特別注意到「宋公放逐曾題壁，物色分留待老夫」，並由宋之問詩中「山一重兮悲一重」、「友于何日逢」等句脫化出「一重一掩吾肺腑，山鳥山花吾友于」之名句。再如宋之問〈冬宵引贈司馬承禎〉：

河有冰兮山有雪，北戶墐兮行人絕。獨坐山中兮對松月，懷美人兮屢盈缺。明月的的寒潭中，青松幽幽吟勁風。此情不向俗人說，愛而不見恨無窮。

此詩既用騷體形式，又沿楚騷「懷美人」的托意方式，這種在體式與構思方面皆直接承沿楚騷原型的特點，恰恰體現了宋之問在與屈原心靈通感情況下著意找尋一種不假雕琢、直抒胸臆的表達方式及其心理需求的滿足與平衡。宋之問在返京後，還作有一首同樣是贈司馬承禎的絕句〈送司馬道士遊天台〉，其詩云「羽客笙歌此地違，離筵數處白雲飛。蓬萊闕下長相憶，桐柏山頭去不歸」，極爲明顯，這是一首典型的宮廷應酬之作，詩中以繁複華美的詞藻堆砌，所表達的僅僅是離別一語而已。將其與前詩相比，恰成鮮明對照，一是著意雕飾而蘊意貧弱，一則不假雕飾而寓托深厚，在情感表達的質與量兩方面都顯出的巨大差異，是不言而自明的。由此不僅可見中國早期貶逐文學形成的藝術原型與價值觀念在沈、宋詩中的重演，而且也正表明了沈、宋貶逐題材作品的情感內蘊容量及其價值所在。

沈、宋在貶逐期間，除愁怨激憤的情懷抒發之外，情感表現還明顯地流向懷舊與悟道兩端。懷舊情調主要表現於回憶往昔時光與自述人生經歷的作品。沈佺期此類詩除前已述及的〈答魑魅代書寄家人〉外，還有〈三日獨坐驩州思憶舊遊〉，詩中先寫「兩京多節物，三日最遨遊。麗日風徐捲，香塵雨暫收」、「無亭不駐馬，何浦不橫舟。舞籥千門度，帷屏百道流」的京城遊春盛景，然後轉筆寫出「誰念招魂節，翻爲御魅囚。朋從天外盡，心賞日南求」、「炎蒸連曉夕，瘴癘滿冬秋。西水何時貸，南方詎可留」的自身困厄處境，在今昔榮辱殊異的強烈對比中，抒發出濃重的嗟怨與感傷。宋之問此類詩有〈桂州三月三日〉，與沈佺期同樣是因春感懷舊遊而作，但在具體表現方式上又略有不同，其詩先寫「代業京華里，遠投魑魅鄉。登高望不極，雲海四茫茫」的當時處境，接著轉入對「伊昔承休盼，曾爲人所羨。兩朝賜顏色，二紀陪歡宴」的榮寵生涯的回憶，最後再回到「主人絲管清且悲，客子肝腸斷還續。荔浦衡皋萬里餘，洛陽書信絕能疏。故園今日應愁思，曲水何能更祓除」的眼前現實，在這樣的今昔情形的反復對比與交織之中，詩人的情感表達也就顯得更爲曲折而深致。將這種今昔榮辱的對比方式與四傑詩中的都城題材、陳子昂詩中的懷古題材著眼於整個歷史時代盛衰相比較，固然缺乏那樣廣遠的時空視界與深邃的宇宙意識，但其完全著眼於個人身世的功利性與感觸性特點，卻顯然是一種更爲純粹的個人情感的表達方式。

與純粹的個人身世之感不同的另一方面，是沈、宋在貶逐期間所表現出的理性的悟道境界，這主要體現爲對人生命運的冷靜思索以及對釋道精神的領悟認同。如宋之問〈景龍四年春祠海〉：

肅事祠春溟，宵齋洗蒙慮。雞鳴見日出，鷺下驚濤騖。地闊八荒近，天回百川澍。筵端接空曲，目外唯雰霧。暖氣物象來，周遊晦明互。致牲匪玄享，禋滌期靈煦。的的波際禽，澐澐島間樹。安期今何在，方丈蔑尋路。僊事與世隔，冥搜徒已屢。四明背群山，遺老莫辨處。撫中良自慨，弱齡忝恩遇。三入文史林，兩拜神僊署。雖歎出關遠，始知臨海趣。賞來空自多，理勝孰能喩。留檝竟何待，徙倚忽云暮。

詩寫貶逐期間的一次祭祀活動，由象徵中的神靈，引起神秘的冥想，而宮廷詩中僊境與宮廷的聯繫慣例，又促發詩人對往事的回想。這種在現實與往昔影象的複雜的聯繫與交疊之中構成的模糊不定的境界，也就一定程度地體現爲身處厄境的詩人的心理補償與精神超脫。如果說，宋之問此詩表現出的對精神超脫的企望，寄托於複雜的思理與模糊的境界，那麼，沈佺期的〈紹隆寺〉詩則表現出純粹的澄澈心境與悟道精神，其詩云：

吾從釋迦久，無上師涅槃。探道三十載，得道天南端。非勝適殊方，起諠歸理難。放棄乃良緣，世慮不曾干。香界縈北渚，花龕隱南巒。危昂階下石，演漾窗中瀾。雲蓋看木秀，天空見藤盤。處俗勒宴坐，居貧業行壇。試將有漏軀，聊作無生觀。了然究諸品，彌覺靜者安。

此詩因「江嶺最奇」的寺院景觀引發「探道」宿願，得到「得道天南端」的頓悟般的感受，並由此而摒棄「世慮」，遊心於「香界」、「花龕」之間，騁目於「雲蓋」、「天空」之外，這種以心理力量消解現實磨難爲特徵的一種獨特的貶謫文學主題表現方式，顯然成爲後世文人取資借鑑的範型⓯。

　　此外，由於貶謫生涯中的豐富複雜的情感世界與嫻練純熟的藝術技巧的結合，沈、宋貶謫詩的情感表現往往顯出更爲精巧的構思方式與更爲微妙的心理活動。如沈佺期〈入鬼門關〉詩：

　　昔傳瘴江路，今到鬼門關。土地無人老，流移幾客還。自從別京洛，頹鬢與衰顏。夕宿含沙裡，晨行岡路間。馬危千仞谷，舟險萬重灣。問我投何地，西南盡百蠻。

這是詩人南貶途中接近貶所時所作，由於「鬼門關」既是現實的地名，又具生死大限的含義，因而「死生離骨肉，榮辱間朋游」⓰的憤怨之情在景地的觸發中自應尤爲激切，然而，詩人卻恰恰抓住這一地名與身世結合中的雙重意蘊，將同是「無人老」現象的上昇僊境與進入地獄這兩種截然相反的途徑與結果有意識地加以混融，從而使尖利的怨情化爲一種幽默的表達方式。再看宋之問的〈渡漢江〉：

　　嶺外音書斷，經冬復歷春。近鄉情更怯，不敢問來人。

此詩雖僅短短二十字，卻包蘊了豐富的情感容量與精微的心理活動。寫作此詩時，詩人正在由貶所逃歸途中，在流竄蠻荒、音書久絕的經歷之後，對家人的繫念之情在近鄉之際自然尤爲強烈，但詩人在這裡卻採取了期望倒置的手法，將極急切的慾望表現爲極不敢探知，以看似反常的表達方式涵蘊最爲普遍的人類心理活動。因而這種極具心理涵蓋力的表現方式對於後世詩人來說，顯然具有重要的啟發意義。如賀知章的〈回鄉偶書二首〉之一云「少小離家老大回，鄉音無改鬢毛衰。兒童相見不相識，笑問客從何處來」，岑參的〈逢入京使〉詩云「故園東望路漫漫，雙袖龍鍾淚不乾。馬上相逢無紙筆，憑君傳語報平安」，雖然具體的心理活動描寫並不完全相同，但其著意於通過異常現象與感受構成具有普遍意義的情感心理表現的構思特點卻是全然一致的。至若杜甫的〈述懷〉詩中「反畏消息來，寸心亦何有」以及唐代後期以表現心理活動著名的詩人李商隱的〈無題〉詩中「樓響將登怯，簾烘欲過難」，則在構思方式與具體心理活動方面皆與宋之問詩顯示出完全的同一了。

注釋

❶吳訥〈晦庵詩鈔序〉。

❷王世貞《藝苑卮言》。

❸馮班《鈍吟雜錄》。

❹沈約《宋書·謝靈運傳論》。

❺鍾嶸〈詩品序〉。

❻皎然《詩式》。

❼《新唐書》卷二百零二〈宋之問傳〉。關於蘇、李所指，原文下有云：「謂蘇武、李陵也。」對此，胡應麟《詩藪》外編卷四已加辨正：「蘇、李謂蘇味道、李嶠，與佺期、之問同輩而年行差前。」

❽胡應麟《詩藪》內編卷四。

❾同前。

❿宋之問〈麟趾殿侍宴應制〉。

⓫楊慎《升庵詩話》卷十。

⓬徐獻忠《唐詩品》。

⓭宋之問〈桂州三月三日〉。

⓮沈佺期〈答魑魅代書寄家人〉。

⓯最典型的體現如宋代蘇軾、黃庭堅的貶謫文學創作。

⓰沈佺期〈從驩州廨宅移住山間水亭贈蘇使君〉。

第六章 盛唐開端三派

概括地看，盛唐詩壇以高、岑的邊塞詩創作高峰，王、孟的山水田園詩創作高峰，以及作爲唐前期詩史順向發展最高體現的李白詩歌創作構成三大核心，此外，還有眾多自成一體的傑出詩人，共同形成群星璀璨的繁盛局面。其總體特徵則是「既閑新聲，復曉古體，文質半取，風騷兩挾」❶，深刻地體現出南北文化交融構生的藝術新質。不過，這一盛況與新質並非一朝突現，除詩史進程的長期積聚與自然推衍的因素之外，作爲其直接的聯結與開啟，開元開端時期的三股詩潮特別引人注目：一是以王翰、王灣爲代表的北方詩人群，二是以吳中四士爲代表的吳越詩人群，三是崛起於嶺南的張九齡。從文人群體的構成看，三股詩潮皆與作爲「當朝師表，一代詞宗」的張說聯繫緊密，或受到張說的提攜與引薦，或直接出自張說之門下。從藝術表現特徵看，王翰、王灣詩多寫邊塞豪情與闊大境界，主要傾向於追求豪壯的審美趣尚，吳越詩人多寫山水情趣與秀媚風光，主要傾向於追求清麗的審美趣尚。然而，隨著吳越詩人「名揚上京」，受到北方氣質的重鑄，北方詩人涉足江南，受到吳越詩風的陶冶，兩種詩風實際上互有滲融，豪壯氣勢往往流溢於秀美境象之中，清麗情趣亦往往具有深廣的內蘊力，特別是在主張「奇情新拔」、「天然壯麗」❷、「屬詞豐美，得中和之氣」❸的張說的兼融並納之中，無疑在客觀上加速了這一滲融進程。而作爲張說繼承者的張九齡，同樣是開元前期的名相與文宗，其詩歌創作便自然成爲這兩種審美趣尚的綜合體現。這樣，壯麗宏偉與清新俊美的結合，也就構成開天詩壇殊途同歸的開端與高層次的起點。

第一節　王翰、王灣等北方詩人

唐朝立國之初，在文化方面固然深受南朝華美文風的影響，但其政權實質作爲崛起於關隴的北方軍事集團，本身就爲北方文化的振興創造了極爲有利的條件。因此，隨著唐初宮廷詩時代的結束，南方文化特別是南朝故地的江南一帶文風漸趨消歇，活躍於武后時代的重要詩人除極個別者外，幾乎全都出自北方或中原地帶。正因其禀承著強健的北方文化因子，從而造成唐音自立的一個重要特徵就是對風骨高峯的審美傾向的揚起，而作爲開天詩壇開端的一個重要因素，也就是對這一趨向的承接與推展，這其中的代表詩人是王翰、王灣。

王翰、王灣同樣受到張說的提攜、獎掖，才性禀賦亦皆大體相同。如王翰嘗「自比王侯，頤指儕類」[4]，王灣亦被人評爲「非張、蔡之未曾見也，覺顏、謝之彌遠乎」[5]，以張衡、蔡邕、顏延之、謝靈運與之相比。兩人詩作雖然大部散佚，王翰今存詩僅十四首，王灣亦僅存十首，但在創作中仍然可以見出對壯美詩境的共同追求。如王翰〈賦得明星玉女壇送廉察尉華陰〉詩云「洪河之南曰秦鎮，發地削成五千仞。三峰離地皆倚天，唯獨中峰特修峻」，王灣〈奉使登終南山〉詩云「常愛南山遊，因而盡原隰。數朝至林嶺，百仞登嵬岌。石壯馬徑窮，苔色步緣入。物奇春貌改，氣遠天香集」，皆由對峻拔山勢的描寫體現出勁健的風骨與壯偉的氣勢。當然，作爲開元時期的北方詩人，與貞觀時期的北方詩人對質樸勁健詩風的一味追求已有根本的不同，在經過唐音自立的藝術進程之後，他們往往注重詩境的融造，也就是盡力使勁健氣骨融衍於豐美境象。如王翰〈子夜春歌〉：

> 春氣滿林香，春遊不可忘。落花吹欲盡，垂柳折還長。桑女淮南曲，金鞍塞北裝。行行小垂手，日暮渭川陽。

王翰善於描寫「胡沙獵獵吹人面，漢虜相逢不相見」❻的邊塞生活與「登朝身許國，出閫將辭家」❼的出塞豪情，但這首詩卻不僅通過「渭川桑女」在春遊之時油然而生對「塞北金鞍」的懷想，形成一種與邊塞生活內容緊相聯繫的新的體驗方式與觀照角度，而且將這種異地相思情調深深地隱藏於人物與春光之中，從而由「落花」、「垂柳」與「日暮渭川」構成一種具有象徵意義的生動可感的審美境界。又如王灣〈奉和賀監林月清酌〉：

> 華月當秋滿，朝英假興同。淨林新霽入，規院小涼通。碎影行筵裡，搖花落酒中。清宵凝爽意，並此助文雄。

王灣雖爲北方詩人，但其「往來吳楚間，多有著述」❽，所作詩顯然受到江南清麗山水景致的陶冶以及在開元初興起的吳越俊秀詩風的影響，其著名的〈次北固山下〉（一作〈江南意〉）詩就是作於遊江南之時，上引這首詩雖然並非作於江南，但卻是與吳越文士賀知章的唱和之作，詩寫秋夜清酌，以「華月」、「清宵」與「碎影」、「搖花」構成一幅清麗優美的圖景，亦顯然可見與景象明麗、情韻悠長的賀知章寫景詩風的相似，只是結句「並此助文雄」才露出其雄豪的本色來。

王翰、王灣詩中足以作爲開天詩壇開端的最傑出作品分別是〈涼州詞二首〉、〈次北固山下〉。

先看王翰的〈涼州詞二首〉：

葡萄美酒夜光杯，欲飲琵琶馬上催。醉臥沙場君莫笑，古來征戰幾人回。
秦中花鳥已應闌，塞外風沙猶自寒。夜聽胡笳折楊柳，教人意氣憶長安。

〈涼州〉本爲「開元中西涼府都督郭知運進」[9]之新興樂章。在這裡，詩人雖然運用的是樂府曲調，同時採用了作爲邊塞題材傳統物象要素的「葡萄」、「琵琶」、「胡笳」、「折柳」等慣用詞語，但卻與唐初乃至陳、隋時期以樂府寫邊塞生活的作品大多僅僅是慣例詞語的類從堆砌有著本質的不同，全詩充滿著鬱勃的生氣與豪壯的情調。特別是第一首，「作豪飲之詞」，既見「悲感已極」[10]之心慨，又具「作悲傷語讀便淺，作諧謔語讀便妙」[11]之意味，在於悲壯之情中見諧謔之趣的同時，也就造成了一種絕望與超脫互見的複雜的情緒混合體。而且，這種情感意緒並不是以抒情的方式直接表白出來，而是具象化於邊塞的場景與士兵的行爲之中，其意蘊的含量顯然比直接的抒情更爲豐富深廣，從而促使傳統邊塞題材中慣用的詞語物象在這首詩中凝聚成爲一種具有深廣概括力的意境，其情感基調與風格特徵也昭示了唐詩藝術高峰期邊塞題材的基本走向與審美追求。再看王灣的〈次北固山下〉：

客路青山外，行舟綠水前。潮平兩岸闊，風正一帆懸。海日生殘夜，江春入舊年。鄉書何處達，歸雁洛陽邊。

這首詩是詩人「往來吳楚」期間的作品，從詩中描寫情景與方位看，當是由楚入吳的沿江東行途中舟次鎮江北固山時所作。其時正值冬盡春來，旭日初昇，詩人面對江南景色，置身水路孤舟，感受時光流逝，油然而生別緒鄉思。但是，由於詩人情感內容完全融納於特定時空的生動可感的自然境象之中，因而詩的情感基調不僅略無哀傷凄婉，反而表現出在晝夜轉接、時序交替之際對獨特的江南景致與蓬勃的自然生機的發現的喜悅，並且形成高朗壯闊的審美境界。特別是「海日生殘夜，江春入舊年」一聯，殷璠《河嶽英靈集》卷下即譽爲「詩人以來，少有此句」，並首次記載了「張燕公手題政事堂，每示能文，令爲楷式」以其導引詩風的事實。晚唐詩人鄭谷亦云「何如海日生殘夜，一句能令萬古傳」⑫，表達出極度的欽羡之情。明人胡應麟進而指出「盛唐句如『海日生殘夜，江春入舊年』，中唐句如『風兼殘雪起，河帶斷冰流』，晚唐句如『雞聲茅店月，人跡板橋霜』，皆形容景物，妙絕千古，而盛、中、晚界限斬然，故知文章關氣運，非人力」⑬，在截然分明的例舉中，將其作爲整個盛唐氣象的標誌。即如在這首詩中處於較次地位的「潮平兩岸闊，風正一帆懸」一聯，其闊大的境界實際上也不失爲「星垂平野闊，月湧大江流」⑭的審美範型。這種融情思於境象的藝術追求與心理祈向，我們從這首詩在記載過程中的異文情況似可約略窺探一般。如上所引題作〈次北固山下〉的這一較爲流行的文本，最早見於成書於天寶三載的芮挺章編選的《國秀集》，而在同是成書於天寶年間的殷璠編選的《河嶽英靈集》中則題爲〈江南意〉，詩的全文是：

南國多新意，東行伺早天。潮平兩岸失，風正一帆懸。海日生殘夜，江春入舊年。從來觀氣象，唯向此中偏。

兩相比較，除首、尾兩聯兩集所載完全不同外，頷聯亦有「闊」、「失」之異。芮、殷二氏皆與王灣活動時間相距不遠，所據當有所本，從成書時間皆在王灣尚在人世的天寶年間看，或許此詩在王灣在世時即有兩個相異的文本。其後，宋人計有功撰《唐詩紀事》，趙師秀編選《眾妙集》，在收錄此詩時，皆採用《國秀集》文本，只是《唐詩紀事》中雖然詩題仍《河嶽英靈集》作〈江南意〉，僅於題下注云「一作〈次北固山下〉」，但從整首詩看，其傾向仍是明顯的。到明清時期的一些有影響的選本如高棅的《唐詩品彙》、沈德潛的《唐詩別裁集》、姚鼐的《今體詩鈔》等收錄此詩時，則全然以《國秀集》爲本了，遂使其成爲普遍流傳的一個文本。從這兩個相異文本的流傳情形看，顯然可見後人在接受過程中的審美選擇與普遍認同之所在。而從這兩個相異文本本身的藝術特點看，「《河嶽英靈集》所載較爲古樸，《唐詩紀事》所載（總按：即《國秀集》文本）則風華秀麗」⓯，由此聯繫兩個相異文本在王灣在世時就已出現的可能性以及王灣本人融豪壯氣勢於豐美境象的藝術追求的祈向性，我以爲，「較爲古樸」的文本當是王灣初至江南時所作，較多地體現出作爲北方文人的本色，而「風華秀麗」的文本則是王灣在江南游歷期間受到吳越清麗山水與俊秀文風的陶染之後對前者加以修潤之作，更多地體現出南北文風融合的特徵。因此，後人對這兩個相異文本的接受與選擇，恰恰顯示了與王灣自身的審美追求的通感契合，也正是在這一意義上，一篇作品才可能成爲千古流傳的不朽之作。

在開元前期，秀美的江南山水與新起的吳越詩風對北方詩人的吸引是甚爲普遍的，除王灣遊江南並與賀知章等人唱和外，孫逖也在開元初任山陰尉，與萬齊融、賀朝等吳越文士交遊酬唱。其〈夜宿浙江〉、〈揚子江樓〉、〈淮陰夜宿二首〉、〈下京口埭夜行〉、〈山行遇雨〉、〈夜到潤州〉、〈登越州城〉、〈江行有懷〉等寫景詩，幾乎全都作於任職吳越時期，具體寫景也大多著眼於春山夜月、秋江煙雨之類秀媚風光。從其在〈夜宿浙江〉詩中寫道「煙水茫茫多苦辛，更聞江上越人吟」以及〈下京口埭夜行〉詩中寫道「江樹朝來出，吳歌夜漸聞」的情形看，更可見吳越歌吟對詩人的直接影響。又如，在開元中期拜相的蕭嵩及其子蕭華，雖然一生大多時間在朝中任職，卻善寫江山風月，被人稱爲「江山清謝朓，花木媚丘遲」⑯，二人詩作雖大部散佚，今存僅應制詩三首，但從這樣的評價看，其當日作品的總體面貌當爲賦詠山水的清秀詩風。當然，其時北方詩人對吳越山水與詩風的傾慕，並未回返到南朝謝朓、丘遲那樣的純然秀媚的境地，而是在對由山水表徵的豐美境象的傾心之中，顯示出爲風骨情思尋求一種意象化表現方式的努力。仍以上引遜逖〈夜宿浙江〉、〈下京口埭夜行〉二詩爲例，其在吳越歌吟與煙雲水月氛圍中流連忘返的結果，仍然在於借此營造那種「富春渚上潮未還，天姥岑邊月初落」、「南溟接潮水，北斗近鄉雲」的闊大境象。從這樣的角度看，其與王灣同樣是作於江南山水之間的〈次北固山下〉詩中「海日生殘夜」、「潮平兩岸闊」的闊大境象所呈示的心理祈向與藝術真諦也恰恰是完全一致的。

與孤逖、王灣等北方文人走向吳越地區形成犄角之勢的，是隨著張說被貶岳州而走向湖湘一帶的另一批北方文人，主要有趙冬曦、尹懋、王琚、梁知微、陰行先等人。他們匯聚於湖湘，雖然有著仕途受挫的政治背景，但卻皆如張說被貶岳州後詩歌創作反而「得江山助」⑰一樣，在以山光水色著稱的新的自然環境中，他們流連於名山大川之間，寫下了數量可觀的游山覽水、描摹景物之作，並且大事唱和，推波助瀾，使湖湘一帶成爲與吳越地區東西相應的當時山水詩興盛的一個重要中心。如王琚〈遊灉湖上寺〉云「春山臨遠壑，水木自幽清。夙昔懷微尚，茲焉一放情。雲間聽弄鳥，煙上摘初英。地僻方無悶，逾知道思精」，又如趙冬曦〈和尹懋秋夜遊灉湖二首〉之二「煙靄夕微蒙，幽灣賞未窮。艤舟待初月，褰幌招遠風。鶴聲聒前浦，漁火明暗叢。東山雲壑意，不謂爾來同」。即如贈別之作，也全然寄情於山水之間，如梁知微〈入朝別張燕公〉詩後半寫道「孤嶼早煙薄，長波晚氣清。辛勤方遠騖，勝賞屢難並。迴瞻洞庭浦，日暮愁雲生」，在對孤嶼長波、雲煙清遠的如畫境界的忘情陶醉之中，僅於結尾洞庭日暮逗出一絲淡淡的離別愁緒。由於這一人數甚多的詩人群圍繞張説為核心，作品亦大多是與張説的唱和之作，因而從總體上看，詩歌風格正恰恰體現了與張説湖湘詩風的大體一致。將前引詩作與張説〈遊洞庭湖〉「平湖曉望分，僊嶠氣氛氳。鼓枻乘清渚，尋峰弄白雲」、〈和尹懋秋夜遊㴩湖〉「雁飛江月冷，猿嘯野風秋」、〈和朱使欣〉「霜空極天靜，寒月帶江流」、〈贈趙侍御〉「虛聲萬籟分，水色千里辨」諸詩相較，顯然可見融清麗之景於遼廓之境的共同特徵。

作為這一詩人群的核心，張説實際上正是開元初期貶謫湖湘的北方詩人中的代表人物，其後期創作的「得中和之氣」也顯然體現了開天詩壇「天然壯麗」的時代性特徵。不過從張説詩歌創作的整體看，其主流又自然應當歸屬唐音自立期的時代性特徵。正是由於這種創作活動及其藝術風神的跨時代性，造成張説詩本身及其影響的複雜性與多向性，既表現為唐音自立期向詩史新紀元演進的直接推動力量，又實在是開天詩壇開端的重要組成部份。

第二節　吳中四士等吳越詩人

與「盛唐之音」體現出的「文質半取，風騷兩挾」的特徵相一致，開天詩壇也出現南北並盛的局面。如果説，隨著政治中心的轉移，唐前期主要體現為北方文化的振興與發展，那麼，經過一個世紀的休養生息，隨著繁榮富庶的江南地區經濟的迅速發展，開元時期則出現了南方文化復興的高潮。開元時期，江南地區不僅生產高度發展，如吳中「嘉禾一穰，江淮爲之康，嘉禾一歉，江淮爲之儉」[18]，在全國經濟生活中佔有極重要地位，而且都市繁榮興盛，如揚州地當運河、長江會合處，「商賈如織，故諺稱揚一益二，謂天下之盛，揚爲一而蜀次之也」[19]，成爲與北方京洛及西南成都鼎足而三的商業中心。正是這樣安定的環境、富庶的經濟以及秀美的山川、淳樸的民風，造成南方文化發展的豐沃土壤，而在開元之初吳越詩人群的勃然興起，也正是這一文化背景中的必然產物。

新興的吳越詩人不僅以其清新鮮麗的詩風名揚上京，對北方詩人產生重要影響，而且以其衆多的人數與相似的情趣，客觀上形成一個頗具規模的創作流派。據《舊唐書》卷一百九十〈賀知章傳〉載「神龍中，知章與越州賀朝、萬齊融，揚州張若虛、邢巨，潤州包融，俱以吳越之士，文詞俊秀，名揚於上京」，又有「吳郡張旭，亦與知章相善」，「數子人間往往傳其文」，可見當時詩名流佈甚廣。又據《新唐書》卷一百四十九〈劉晏傳〉後附〈包佶傳〉載「佶字幼正，潤州延陵人，父融，集賢院學士，與賀知章、張旭、張若虛有名當時，號『吳中四士』」，可見賀知章、包融、張旭、張若虛當時即以「吳中四士」之名結爲一個文人集團。此外，于休烈「善屬文，與會稽賀朝、萬齊融，延陵包融爲文詞之友，齊名一時」[20]；包融「二子何、佶齊名，世稱『二包』」[21]；天寶時「丹陽進士」殷璠「既輯《河嶽》之集，又褒其鄉人歌詠，別爲一集」[22]，收包融等十八位丹陽詩人作品彙爲《丹陽集》，此書雖久已不存，但其中十五人尚有作品傳世。從這些衆多詩人的生平看，多爲八、九品小官或處士，從詩的內容看，多爲優游於吳越山水間的登臨賞翫之作，從詩的藝術特徵看，則表現爲清麗俊秀的風格與悠遠朗暢的境界。作爲這一詩人群的核心，無疑是以賀知章爲首的「吳中四士」。不過，「吳中四士」中的張若虛活動年代較早，以其作品所體現出的主要的時代性特徵爲根據，應當歸屬開天之前的唐音自立階段，當然，由於跨時段的過渡性特點，張若虛詩的內蘊意義亦如張說一樣具有多向性，因此，張若虛作爲「吳中四士」中的一員，自然也體現出與這一體派的一致性與相融性。另外，《丹陽集》中收錄的儲光羲，活動年代顯較包融等人晚得多，已屬開天中後期王孟詩派中的重要詩人。這裡則以「吳中四士」中的賀知章、包融、張旭爲中心兼及其他，略窺吳越詩人群的創作風貌。

從人生經歷與仕途遭遇看，除賀知章仕宦五十年並得玄宗殊寵之外，吳越詩人皆官職卑小、沉淪下僚，有的甚至布衣終生，《國史補》、《詩藪》等書就將張旭、張若虛等人歸入「位卑而名著者」或「盛唐詩人窮者」之列。這一人數衆多的詩人群所經歷的社會背景的本身，最清晰地表明了具有新的時代性特徵的文學創作所產生的環境與基礎。也就是說，在唐音自立的文學史時代，詩壇中心已由宮廷移至社會，隨著程式化創作模式的打破，詩人個性得到充分發揮，詩歌風格也得到多樣化發展，但是，由於這一時期重要詩人都有自宮廷走出的親身經歷，因此宮廷詩風作爲一個次要的因素仍然有著大量的存留與體現；而在唐詩藝術高峰期到來的開天時代，情形則發生了根本的變化，龐大的詩人群體及一定規模的詩壇直接於民間形成，雖然由宮廷詩人在長期創作中摸索出的某種類型的精巧構思與表現範式已轉化爲詩歌藝術自身的技巧而被接受下來，但是作爲一種時代性特徵的宮廷詩風則被徹底地摒拒於詩壇大門之外。於是，詩歌在功能上從少數貴族階層的社交、應酬、娛樂的工具轉變爲個人的、社會的文化價值觀念的全面體現，這一轉變本身，也正是開天詩壇開端的最值得重視的價值所在。

大約正是由於身世卑微的緣故，吳越詩人作品散佚甚多，僅以吳中四士而論，包融存詩八首，張旭存詩六首，張若虛存詩二首，存詩最多的賀知章亦僅有十九首㉓。其他較重要詩人如賀朝、萬齊融、邢巨、殷遙、張潮等人存詩亦皆不過數首。僅由這些殘存作品來論述吳越詩人群，自然不免有以偏概全之弊，然而，在這些少量作品中，卻又實實在在地不僅擁有若干千古傳誦的名篇，而且在相當程度上可以窺見新的時代藝術特徵與文化價值觀念的趨向與體現。這大體表現在以下幾個方面。

首先是日常生活場景的描寫與個人心理感受的表現。吳越詩人或薄宦仕途，或隱處山林，生活環境與人生經歷既大體相似，又交遊甚密，因此詩中多有迥異於宮廷貴族生活環境的樸素的民間情味與日常的生活場景。如賀朝〈宿香山閣〉詩：

暝上春山閣，梯雲宿半空。軒窗閉潮海，枕席拂煙虹。朱網防棲鴿，紗燈護夕蟲。一聞雞唱曉，已見日曈曈。

此詩通過夜宿山閣的所見所感及其過程的展示，在對極平常的景境與極細微的事物的觀察之中，觸目自成詩興，幾乎平白道來，一掃雕飾刻劃，於樸素風格中見玲瓏幽致。又如殷遙〈友人山亭〉詩：

故人雖薄宦，往往涉清溪。鑿牖對山月，褰裳拂澗霓。游魚逆水上，宿鳥向風棲。一見桃花發，能令秦漢迷。

與前詩一樣，這也是一首寄宿友人山亭之作，雖然詩人對「山月」、「澗霓」、「游魚」、「宿鳥」等具體景物的著眼點與前詩有所不同，但在借日常情事以抒發嚮往自然的樸質的山野情趣這一點上，兩詩則是完全一致的。此外，詩中對「薄宦」的「故人」往往遊心於「清溪」、「山月」之間的情態的描繪，無疑也正是詩人自身心理的寫照。再如賀知章〈題袁氏別業〉詩：

主人不相識，偶坐為林泉。莫謾愁沽酒，囊中自有錢。

詩人擷取與別業主人偶然相遇的一個瞬間片斷，既顯現出其豪蕩不羈的個性，又可見其對幽雅的林泉生活的嚮往，全詩僅寥寥二十字，卻充滿濃郁的生活情趣。

這類作品雖然皆取材於日常情事，但正是由此使詩歌表現內容由宮廷徹底地轉向民間，審美趣味由貴族化的典雅轉向平民化的通俗，表現特徵由拘整雕飾轉向樸素自由，同時，詩人個性的發展又與唐音自立期詩人側重於理想化有所不同，而是在理想化的時代氛圍中明顯流露出一種寫實化趨向。這種對日常情事的寫實與通俗、樸素、自由的藝術表現的結合，也就往往呈示一種更具個性特徵的獨特視角與感受。如包融〈送國子張主簿〉：

湖岸纜初解，鶯啼別離處。遙見舟中人，時時一回顧。坐悲芳歲晚，花落青軒樹。春夢隨我心，悠揚逐君去。

友人之間的送別，本為社會交往的最普遍形式之一，這在傳統詩歌中也形成一種最常見的題材，特別是經過唐初宮廷詩人的大量寫作，更形成一種由離別之地、離別之景與離別之情組合而成的固定套式。包融這首送別詩則顯然不同陳式，表現出一種獨具匠心的藝術創造，詩人以纜繩初解、輕舟漸去為背景，在逐漸拉開的距離中並不明說惜別之意，而是攝取舟中友人「時時一回顧」的鏡頭，使雙方難捨難分的內心感受通過這一獨特的視角既含蓄又深沉地表現出來。不僅如此，結尾又以「春夢隨我心，悠揚逐君去」，在寫實的情景中展開想像的翅羽，成為李白名句

「狂風吹我心，西掛咸陽樹」[24]之濫觴。又如張旭〈山行留客〉：

山光物態弄春輝，莫為輕陰便擬歸。縱使晴明無雨色，入雲深處亦霑衣。

此詩主旨在於留客，但詩中卻著重表現了對山間春色的點染描繪，並且以高度的藝術概括力，寫出春山深處縱然晴明無雨但浮嵐飛霧亦足可「霑衣」的環境特點，從而以一種幽默風趣的情調與新穎別致的角度表達出慇懃留客的真誠而纏密的情意。從藝術表現特徵看，這無疑是一種獨特新穎的構思方式，而從實際生活內容看，這又顯然是一種真實常見的交往情景。這種基於民間生活的真實內容的獨特新穎的藝術構思方式，在賀知章膾炙人口的〈回鄉偶書二首〉中得到最典型的體現，其詩云：

少小離家老大回，鄉音無改鬢毛衰。兒童相見不相識，笑問客從何處來。

離別家鄉歲月多，近來人事半銷磨。唯有門前鏡湖水，春風不改舊時波。

久宦歸田，在傳統詩歌表現中往往有孤獨淒涼之感，賀知章於證聖元年（六九五）登進士第步入仕途，直至天寶三載（七四四）歸隱鏡湖，離別故鄉長達五十年之久，由「少小」而至於「鬢毛衰」，但其於衰朽之年回歸鄉里，卻不僅略無淒涼孤獨之感，反而用一「笑」字將全詩氣氛激活起來，表露出對田園山水依舊、新人代代而起的獨特感受與喜悅之情。特別是第一首的後兩句，以詼諧的語調逗現出真切的境遇，而這種境遇無疑是在久別回鄉的情況下人人都會遭逢的情景，因此賀知章的巧妙構思不僅具有高度的概括力與現實的普遍性，而且展現出一種人人心中所有、人人筆下所無的情感世界。正是這種以人類普遍情感與藝術構思個性的結合方式，爲吳越詩人群詩歌創作內蘊境界的擴大與深入提供了充分的可能與進展的契機。

其二是自然景物的描繪與山水精神的感興。生長於江南地區的吳越詩人，與生俱來就承受著明麗秀媚的山水景致的陶染，同時又生當繁榮昌盛的太平之世，優游林泉已成一時社會風尚，因此，在吳越詩人存世作品中，除數量不多的送別、酬贈之作外，絕大多數是對自然山水景物的描繪之作。吳越詩人大多生性曠達清狂，適應著放蕩自由的精神追求與個性表現，其山水之詠也就表現爲橫放的才情、浪漫的氣質與俊逸的風格的綜合體。從這一角度著眼，張旭的寫景之作堪稱傑出代表，如其〈清溪泛舟〉：

旅人倚征櫂，薄暮起勞歌。笑攬清溪月，清輝不厭多。

又如〈春游値雨〉：

欲尋軒檻列清樽，江上煙雲向晚昏。須倩東風吹散雨，明朝卻待入華園。

張旭存詩僅六首，且均爲絕句短篇，但卻以其對自然景物觀察的精細與描摹的生動，構成一幅幅形象鮮明、有聲有色、充溢著動態的風景畫面，其中有月下清溪泛舟、山間隱隱煙霧，有桃花流水、江上煙雲，還有薄暮勞歌、漁舟問答，同時，在這些生動的景面之中，又無不可見詩人的瀟灑神情與豐富想像。可以說，正是這種自然神韻與詩人脈搏的跳蕩通融，造就了張旭山水詩的獨到的特色與成就。再看賀知章的〈採蓮曲〉：

稽山雲霧鬱嵯峨，鏡水無風也自波。莫言春度芳菲盡，別有中流採芰荷。

〈採蓮曲〉本爲樂府舊題，相傳爲梁武帝蕭衍所創製，陳、隋至唐初用此曲者頗多，但均爲五言或少量雜言，內容亦皆據舊詞意旨稍加演繹，不外寫蓮女採蓮或男女情思之類。賀知章此詩則一反舊套，不僅首創七絕體式，而且結合江南山水景物加以寫實化處理，使其成爲真實的寫景之作，在「雲霧」、「水波」與「芰荷」的構圖之中，形成如同水墨畫般的生動描繪，並且於字裡行間充溢著詩人自身對故園山水的欣愉熱愛之深情。他如殷遙〈春晚山行〉中的春江暮色、山行野趣，包融〈登翅頭山題儼公石壁〉中的太湖山水、森然萬象，邢巨〈游春〉中的綠潭紅樹、弱蔓飛花，萬齊融〈送陳七還廣陵〉中的被落花染成馥郁芬芳的河道以及朝夕伴隨旅人的海潮與春夢，無不以實在的自然景物、主觀的豐富想像以及輕揚疏朗的筆致、滋潤鮮麗的色彩，給人以含蘊無窮的審美感受。從這一意義上看，張若虛〈春江花月夜〉中夢幻般優美空靈、清明澄澈的詩境的融造，正是作爲吳越詩人群中的一員，在對江南山水景物的大量描寫的基礎之上產生的「詩中的詩，頂峰上的頂峰」[25]。值得注意的是，山水景物詩自四傑手中走出宮廷苑囿，到陳子昂、沈佺期、宋之問等人的創作中，已進入真實的自然山水，並且打破景、情截分兩橛的模式，以多樣的觀察角度使情景穿插交替爲藝術整體，但是，這種情景交替的方式，在總體上仍然可見兩種因素自身的自足性，主、客體之間具有相對的距離性。而在吳越詩人的山水景物詩中，則基本上消弭了這種靜態觀景的相對距離，賦予景物以新鮮活跳的生命，使自然景物與人的情致感受渾成一片。比如張旭的「縱使晴明無雨色，入雲深處亦霑衣」，既非模山範水，又非借山水寓意寄興，而是將人的情趣感興本身與自然景致渾融等一，二者互爲自身本體，這顯然已是所謂「興象玲瓏」[26]的審美特徵了。其後王維名句「山路元無雨，空翠濕人衣」[27]，即以此爲本。吳越山水詩的更深層的價值，正可以說是爲即將到來的中國古典山水詩藝術高峰的出現以及「詩中有畫」的審美建構揭開了序幕。

然而，自然山水詩的興起之初，就伴隨著士人隱逸趣尚的流行，晉宋之際的嵇、阮、陶、謝自不待言，即使到南朝宮廷詩時代，在宮廷之中談及山水，也往往抑制不住隱士的狂傲性態，如陶弘景在回答皇帝詢問時寫道「山中何所有，嶺上多白雲，只可自怡悅，不堪持寄君」㉘，就是對山水精神與隱逸趣尚關係的最典型的概括與說明。當然，吳越詩人生當開元盛世，這是一個社會精神蓬勃向上、士人嚮往建功立業的時代，從士風總體上看表現了一種由隱逸時代向進取時代全面轉移的特徵，然而，由於吳越詩人生活的特定的地理環境及其曠達清狂的生性對放蕩生活與精神自由的心理追求，又恰恰與積淀著隱逸趣尚的山水詩傳統精神實現了交合。因此，在吳越詩人的繪景如畫的作品中，就往往流露出對隱逸生活的仰慕之情。這在吳中四士之一的包融作品中體現得最爲突出，如〈登翅頭山題儼公石壁〉詩云「北巖千餘仞，結廬誰家子，願陪中峰游，朝暮白雲裡」、〈賦得岸花臨水發〉詩云「春來武陵道，幾樹落偎家」之類，皆顯見主體情趣構成的景態氛圍，〈阮公嘯臺〉則直接表達對古代狂逸之士阮籍的「千載知仰慕」，〈武陵桃源送人〉又全然演繹陶潛〈桃花源記〉中「武陵川徑入幽遐，中有雞犬秦人家」的虛幻境界，而〈酬忠公林亭〉之「江外有真隱，寂居歲已侵，結廬近西朮，種樹久成陰，人跡乍及戶，車聲遙隔林，自言解塵事，咫尺能輜塵，爲道豈廬霍，會靜由吾心」，更與陶潛〈歸田園居〉之類作品情詞如出一轍。他如丁仙芝〈和薦福寺英公新構禪堂〉云「一枕西山外，虛舟常浩然」、張翬〈遊棲霞寺〉云「一從方外遊，頓覺塵心變」、談戭〈清谿館作〉云「何必滄浪水，庶茲浣塵襟」等等，滄浪情趣的泛溢，幾乎已成爲吳越詩人山水情懷的構成因素。當然，呈示於吳越詩人作品表象的隱逸趣尚，與以魏晉時期爲表徵的隱士時代的避世思想已有本質變化，也就是說，這時的避世思想決非那種在荒亂的時代氛圍中避禍全身的機因與內涵，而首先是積淀於自然萬象中的山水精神的自然感發，其次是對放蕩生活與精神自由追求的適應結果，更重要的則是當時優游林泉、流連山水的社會風尚的感召體現。開元盛世的安定繁榮爲廣大士人提供了盡情享受人生的物質基礎，不僅朝廷百官多有郊館山池作爲「休沐」之所，而且一般士人亦多有「且復樂生事」㉙的山莊別業，國家每逢大典，必賜大酺，允許全國上下遊宴狂歡，玄宗甚至「命侍臣及百僚每旬暇日尋勝地宴樂」㉚，況且當時南北交通發達，差不多無一著名詩人不曾作過長途旅行，文人遊覽之地幾乎「到處有逢迎」㉛。在這樣的時代風氣之中，下層文人優游山水的表現，往往著眼於對朝廷達官嗜好的迎合，實質上是一種企求躋身仕途的「終南捷徑」。因此，吳越詩人山水之詠的精神風貌就顯然既不同於魏晉士人佯狂矯情的名士風度又不同於南朝士人庸俗空虛的情感內容，而是體現爲帶有濃郁入世色彩的積極進取的精神指向與昂揚向上的情感基調。這就不僅從本質上顯現出與傳統山水詩截然不同的建基於強盛國力的時代精神，而且從內涵上規定了稍後出現的中國山水詩藝術高峰的根本特徵。

其三是強盛繁富的國力與豪放朗闊的士人心態的體現。吳越詩人生平雖多優游林泉山水之間，存詩亦多爲秀媚俊美的摹景繪色之作，但在進取仕途的過程甚或入京仕宦的期間，他們又顯然不能不爲大唐帝國一百餘年來的赫然國容而驚歎，因此，那種對強盛國力與堂皇氣象的直接頌美或展示，在吳越詩人筆下也有明顯的反映，在這方面，以其中官職最高的賀知章詩體現最爲突出。如《奉和御製春臺望》「青陽佈王道，玄覽陶真性。欣若天下春，高逾域中聖。神皐類觀賞，帝里如懸鏡。繚繞八川浮，岧嶢雙闕映。曉色遍昭陽，晴雲捲建章」，〈奉和聖製送張説上集賢學士賜宴賦得謨字〉「西學垂玄覽，東堂發聖謨。天光燭武殿，時宰集鴻都」，兩詩雖爲應制之作，但與唐初宮廷應制顯然有別，這不僅在於其真實再現了都城長安巍峨壯麗的萬千氣象與唐玄宗延集人才修書理典的欣榮繁盛的人文景觀，而且在於其以雄闊的氣勢表露出內心真切的自信心與自豪感。再如〈送人之軍〉詩云「隴雲晴半雨，邊草夏先秋。萬里長城寄，無貽漢國憂」，〈奉和聖製送張說巡邊〉詩云「九攻雖不戰，五月尚持戎。遣戍徵周牒，恢邊重漢功」，則又在強盛國力感召下的自豪感的基礎上借送人從戎巡邊以表達安定邊疆甚欲建立功勳的強烈願望。他如殷遙〈塞上〉詩云「萬里隤城在，三邊虜氣衰。沙塡孤嶂角，燒斷故關碑」，孫處玄失題詩云「漢家輕壯士，無狀殺彭王。一遇風塵起，令誰守四方」，萬齊融〈仗劍行〉詩云「昨夜星官動紫微，今年天子用武威。登車一呼風雷動，遙震陰山撼巍巍」等，顯然皆與賀詩同一旨趣。

與這種表象化的時代精神面貌的映現相比較，對於吳越詩人來說，更值得注意的是時代精神對其性格——心理建構的滲透與模鑄。開元前期，玄宗既放手從社會下層選拔任用人才，又基於求賢而治的需要而對儒家傳統經義作出新的解釋，這就一方面促成一代士人以天下爲己任的抱負與信念，同時也減弱了封建政教與思想禁忌的束縛，爲人們爭取精神自由與個性解放提供了充分的條件。開元時期詩人的一個顯著的共同特點，就是善於廣納諸子衆流，不爲一家思想所框囿，尤其蔑視拘泥於經籍章句之徒。從這一意義上看，吳越詩人正是這種思想活躍、個性突出的文人類型的早期代表。僅以吳中四士而論，如包融與「長者」常爲竹林之遊，張旭因不拘禮法而有「張顛」之號，賀知章更自號「四明狂客」常「遨遊里巷」，最終竟至辭官爲道。唐代三教並盛而特重道教，從道教與當時文人精神追求、個性發展特徵最爲接近這一層面看，正可見出其興盛一時的內在動因與社會基礎所在，因此，吳越詩人嚮往隱逸趣尚甚至皈依道門，既由自身個性所致，亦係時代風氣使然。也正因此，他們雖身處盛世而「不見抽擢，棲遲卑冗」，但卻能將其「壯猷偉氣，一寓於毫牘間」，「浩然自得，以終其身」[32]。四士的個性特徵的形成，還與其廣泛的交遊有關。如前所述，吳越詩人「名揚於上京」，既表現爲清俊之風對北方文人的影響與吸引，又表現爲南方文人對北方文化的接受與認同，這在其性格建構層次上的具體表現，就是與北方文人的廣泛而密切的交遊酬唱。如賀知章、張旭曾參與著名的「飲中八僊」之遊[33]，賀知章還與著名北方詩人王灣交遊唱和，與李白氣味相投，張旭又與李頎、高適常相酬唱，包融則與蘇晉、孟浩然等人過從甚密。正是這樣的南北文化因子的交融互滲，形成了一代文人共同的雄豪曠放的性格特徵，而處於那一特定時代的繁盛濃郁的文化藝術氛圍之中，這種人的性格與精神風貌顯然極易轉衍爲藝術的性格與精神特徵。吳中四士中的賀知章、包融、張旭就是既善詩文，又精書法，賀知章「醉後屬詞，動成卷軸，文不加點，咸有可觀，又善草隸書，好事者供其箋翰，每紙不過數十字，共傳寶之」[34]，張旭更是「每大醉，呼叫狂走，乃下筆，或以頭濡墨而書，既醒自視，以爲神，不可復得也，世呼張顛」[35]。正是由於這種表現爲時代的、文化的、藝術的乃至個性的曠放的浪漫的性格與精神，滲透於吳越詩人的創作實踐，所以在其直接表現強盛國力一類詩篇之外的幾乎所有作品之中，都可體味出以這種性格與精神構成的內在氣質與基本情調。

日常生活的樸素寫實、如畫山水的動態描繪以及曠放精神的內質建構，共同構成吳越詩人詩歌創作整體的三大板塊。當然，這三大板塊並非互相分離、割裂，而是基於精神內質的充盈，特別是經過南北文化因子的互滲交融，使其作品形成一種豐厚的審美內蘊。具體地看，即使是那些單純的寫實摹景之作，在吳越詩人筆下也絕無庸瑣纖弱之弊，而是在樸素通俗的語言與俊美清秀的風格中充以骨力情思，著意於對清遠朗闊的意境的構建與拓進。比如張旭的〈桃花溪〉：

隱隱飛橋隔野煙，石磯西畔問漁船。桃花盡日隨流水，洞在清溪何處邊。

以陶潛的〈桃花源記〉故事爲描寫素材的作品極多，但大多不外是一種簡單的演繹或陳詞的套用，而張旭這首同樣是以桃源故事爲本的作品，卻顯然不同凡響。首先，詩人以極其樸素質實的詞語一掃這一題材本身的玄幻感與宮廷詩風的雕飾性，其次，又在實在的「飛橋」、「石磯」、「漁船」之間罩上一層朦朧的「野煙」，再者，以「問」與「何處」的互映關係構成一種不確定性。這樣一來，奇特的景象便呈現了出來，眼前的「桃花溪」是現實存在的，而其所表徵的「桃花源」則是無從尋覓的，隨著「流水」流向不知「何處」的歸宿——「洞」，滿溪「桃花」也被引向無盡的旅程，在這裡，神僊世界與現實世界形成了一種疊現，而現實世界又被融煉到藝術世界之中，這就是一種典型的審美境界。又如包融〈登翅頭山題儼公石壁〉：

晨登翅頭山，山曛黃霧起。卻瞻迷向背，直下失城市。暾日銜東郊，朝光生邑里。掃除諸煙氛，照出衆樓雉。青為洞庭山，白是太湖水。蒼茫遠郊樹，倏忽不相似。萬象以區別，森然共盈几。坐令開心胸，漸覺落塵滓。北巖千餘仞，結廬誰家子。願陪中峰遊，朝暮白雲裡。

這是一首登臨觀覽之作，詩人著重描寫了太湖山水與湖畔城邑在日出前後從大霧迷茫之中漸漸顯現的過程，展示了萬象森然、倏忽變異的自然景觀。然而，這裡衆多景物的展示並非簡單的呈列，而是處於「坐令開心胸」的闊大襟懷與寬廣視野的共容之中，因而，迷霧消散的過程亦即「漸覺落塵滓」的主觀感受的體驗，由此，衆多的景物才形成一個整體，從而組織成悠遠闊大的詩的境界。再如賀知章的〈詠柳〉：

碧玉妝成一樹高，萬條垂下綠絲縧。不知細葉誰裁出，二月春風似剪刀。

這雖然是一首詠物短制，卻顯出獨特的藝術構思與表現特點，全詩全在寫柳這一具體物象，但卻採用通篇設喻的方式，在充滿張力的豐富奇特的想像之中，使人如睹生機勃勃的盎然春意，而其出自身處盛世、性情曠放的詩人筆下，無疑又帶有更爲廣闊深厚的時代性背景襯色，因此這一具體的物象凝結點，實際上已成爲一種內蘊無限、韻味無窮的審美意境。其後杜甫「焉得并州快剪刀」[36]、李賀「欲剪湘中一尺天」[37]等詩，皆以剪取的方式構造特定的詩境，顯然源自賀知章的創造性藝術範式。

客觀地看，吳越詩人與北方詩人的審美趣味在總體傾向上是顯有區別的，前者著重於繪景如畫的山水林泉之中表現出清新俊秀的風格，後者著重於豪情闊境的廣袤山川之中表現出剛朗勁健的氣骨。然而，順循著兩類詩人的藝術追尋之路的延展與軌轍，卻可以看出兩條不同的起點與路線顯然走向同一的終極目標。如果說，北方詩人以剛朗勁健的風骨特徵爲本，吸取豐美秀媚的山水詩風以尋求一種境象化的表現方式，那麼，吳越詩人則是以清新俊秀的風格特徵爲本，充以雄豪曠放的內質精神以尋求一種情思化的表現方式。正是這兩種帶有深厚的地域文化因素的審美流向的融合與互補，促使作爲同一的時代性特徵體現的具有深廣內蘊力的清遠弘闊的詩境呈現出來。

第三節　崛起於嶺南的張九齡

在中國早期文化史上，嶺南地區向爲蠻荒之域，直到唐代，那裡還是失意士人被流貶的處所，因此，張九齡作爲嶺南人氏崛起於開天詩壇，從地域文化的角度看，實在是一件劃時代的大事。當然，從文化傳統的層積與交融的規律看，文化巨星的產生，不可能在毫無基礎的情況下瞬間出現，張九齡成爲開天詩壇開端期的重要詩人，也自有其生成的條件與機遇。嶺南地區遠離中原，處於五嶺的巨大屏障之外，對先進的中原文化的接受條件與過程顯然是艱難而遲緩的，然而，正因其遠離中原逐鹿的地域範圍，自魏晉南北朝以來，就沒有出現大的戰爭禍亂，自身在文化上的醞釀涵育以及對中原文化的吸收接受，反而得到一個長期穩定的環境，到了唐代，隨著嶺南經濟的進一步開發，南北交通的開通與便利，特別是許多著名文人的流貶，無疑成爲激發嶺南文化起飛的重要的因素與直接的契機。甚爲遺憾的是，當日嶺南文化繁榮發展的情形已隨著歷史時光的流駛而消逝，在今天的史籍中已難以尋覓或再現那逝去的一幕，但值得慶幸的是嶺南文化巨星張九齡已成爲不朽的存在，我們正是在一睹張九齡的風采之中，可以約略窺見並明確感受到隱藏在他身後的文化氛圍乃至詩人群體的存在。

當然，儘管在邏輯推想中存在著一個嶺南文人群體，但是在由北方文人與吳越文人兩大集團構成的開元前期文壇上，其顯然不可能取得主流性的地位。然而，從唐詩藝術高峰期的南北文化因子的交融、藝術表現風格的多樣化的需要看，對於處身於這兩大文化圈之外的嶺南詩人張九齡來說，恰恰具有一種與生俱來的突破某一地域文化傳統積淀的局限性的超脫感與優越感，這也就爲張九齡文學自身的發展以及作爲南北文化性格的綜合體現提供了一個天然而重要的條件。

張九齡在開天詩壇的地位與影響，還在於其遠遠超過上述兩大文化圈中任何一位文人的顯赫的政治地位。張九齡出自張說之門，在政治上成爲繼張說之後的開元賢相，在文壇上也是繼張說之後的一代文宗，他不僅在對王霸之業、風雅之道的追求與力振中與張說志同道合，而且在獎掖、提拔衆多出類拔萃的人才這一具體方面亦與張說所爲略無二致。據《舊唐書．文苑傳》載「孟浩然隱鹿門山，以詩自適」，「應進士不第，還襄陽，張九齡鎮荊州，署爲從事，與之唱和」，《新唐書．文藝傳》亦載「王維，字摩詰」，「開元初擢進士，調太樂丞，坐累爲濟州司倉參軍，張九齡執政，擢右拾遺，歷監察御史」，又云「李泌以神童召見，賦〈方圓動靜〉，帝大悅曰：是子精神要大於身。張九齡尤所獎愛，常引至臥內」，另據劉禹錫〈唐故尚書主客員外郎盧公集紀〉云「尚書郎盧公諱象，字緯卿，始以章句振起於開元中，與王維、崔顥比肩驤首，鼓行於時，妍詞一發，樂府傳貴」，「丞相曲江公方執文衡，揣摩後進，得公，深器之，擢爲左補闕、河南府司錄、司勳員外郎」，獨孤及〈左補闕安定皇甫公集序〉云「補闕諱冉，字茂政」，「十歲能屬文，十五而老成，右丞相曲江張公深所歎異，謂清穎秀拔，有江徐之風」，僅由這些一鱗片爪的記載，已不難看出張九齡獎掖後學之衆及其主持文壇的領袖地位。不過，張九齡作爲張說的後繼者，執掌文衡於開元後期，其在所提拔的具體對象方面與張說的不同，也就顯示出在對唐詩發展史的具體環節上的作用與性質方面與張說的不盡相同處。張說主要活動於神龍至開元前期，其所提拔的文士如王翰、王灣、賀知章乃至張九齡等人皆爲開天詩壇的開端人物，對唐詩發展的作用與性質主要表現爲在兩大階段之間的過渡性；張九齡主要活動於開元年間，其所提拔的文士如孟浩然、王維、崔顥等人已是開天詩壇的主要人物，在唐詩發展中的作用與性質主要表現爲對藝術峰巔出現的直接推致。極爲明顯，張九齡作爲開天詩壇的重要一員，正是包括其本人在內的衆多詩人的互爲影響與聯繫，構成唐詩藝術高峰期的璀璨星空，然而，從歷史承傳關係的角度看，張九齡與張說的關係又顯然是極爲緊密的，正是這樣的緊密關聯，體現爲唐詩史上兩大階段之間的兩個重要的關節點與一條通前貫後的索鏈。

張九齡作爲開天詩壇的傑出詩人之一，當然最主要的還在於其自身的詩歌創作實踐的藝術成就。也就是說，張九齡對唐詩進程的貢獻，在以時哲與文宗的地位提拔衆多傑出詩人、催現詩壇繁榮局面這一方面之外，還不僅使自身的王霸襟懷與風雅觀念在詩歌創作實踐中得到完美的藝術體現，而且以一種超脫的氣度與卓越的才能促使作爲當時詩壇主流的北方詩人與吳越詩人創作中的各自帶有不同文化因子的體性風貌成爲一種綜合的體現。

張九齡對王霸之業與風雅之道的追求與崇慕，最顯明地體現出與陳子昂、張說文學觀念的一脈相承。張九齡在〈答陳拾遺贈竹簪〉詩中云「與君嘗此志，因物復知心。遺我龍鍾節，非無玳瑁簪。幽素宜相重，雕華豈所任。爲君安首飾，懷此代兼金」，表明了與陳子昂重「幽素」輕「雕華」的文學主張的志趣相投；在〈故開府儀同三司行尚書左丞相燕國公贈太師墓誌銘〉中云「時多吏議，擯落文人，庸引雕蟲，沮我勝氣，邱明有恥，子雲不爲，乃未知宗匠所作，王霸盡在，及公大用，激昂後來」，又對張說「激昂後來」的「王霸」氣度加以極度贊頌。

這樣的基本的文學觀念融化於藝術實踐之中，便在張九齡存世作品中佔有了極大的比重。這首先表現爲匡時濟世的胸襟抱負與建功立業的人生意氣。如〈和黃門盧監望秦始皇陵〉詩先揭露「秦皇始求僊，驪山何遽卜。中年既無效，茲地所宜復」的荒誕行爲，接著展示出「人怨神亦怒，身死宗遂覆。土崩失天下，龍門入函谷。國爲項籍屠，君同華元戮」的覆亡下場，最後發出「一聞過秦論，載懷空杼軸」的深沉感歎，從表面上看，這是一首詠史之作，但從詩的結尾借賈誼〈過秦論〉對秦皇加以政治評價看，顯然流露出作者自身的勵精圖治的治國方略與抱負來。又如〈登古陽雲臺〉詩云「方此全盛時，豈無嬋娟子。色荒神女至，魂蕩宮觀啟。蔓草今如積，朝雲爲誰起」，極爲明顯，這裡的盛衰對比的主旨並不同於四傑詩中那樣的感歎時光，而是著意於表達一種借古鑒時的勸誡之意。這類作品表現的無疑是一種著眼全局的治國理政思想，大大超越了從四傑到陳子昂的那種僅僅著眼於個人功業的功利性視域，從而形成甚至超過張說的宏通寬大的政治襟懷。正是因此，張九齡特別喜好選擇登高俯視的視點，在其今存作品中，登高賦詠也就成爲最常見的題材之一，如〈登南嶽事畢謁司馬道士〉、〈九月九日登龍山〉、〈登郡城南樓〉、〈歲初巡屬縣登高安南樓言懷〉、〈秋晚登樓望南江入始興郡路〉、〈登古陽雲臺〉、〈登城樓望西山作〉、〈登襄陽峴山〉、〈登荊州城樓〉等等，皆於廣闊的視域中囊括浩茫山川、萬千氣象，顯示出闊大的襟懷與氣度。尤其在晚年貶謫南方時的一些登高詩，將眼前景物與內心思緒緊密聯繫起來，便具有了更爲深層的喻意，如〈秋晚登樓望南江入始興郡路〉詩：

潦收沙衍出，霜降天宇晶。伏檻一長眺，津途多遠情。思來江山外，望盡煙雲生。滔滔不自辨，役役且何成。我來衰颯鬢，孰云飄華纓。櫪馬苦踡跼，籠禽念遐征。歲陰向晼晚，日夕空屏營。物生貴得性，身累由近名。內顧覺今是，追歎何時平。

在這首詩中，詩人眼前的「望盡」其外，實際上伴隨著心中的「思來」其內，因此，視野中的每一種景物要素都轉化成或隱喻著一種心理因素，「煙雲」瀰漫，遮斷其眺望嚮往的遠方，「滔滔」洪流，勾想起一生飄流宦海的沉浮，隱約展現的「津途」則成爲導引思緒歸返京城的線索，這樣，在仕途失意的煩憂心境中又顯現出一線樂觀與希望的思緒。從這一意義上看，張九齡立足於登高望遠視點的寫景詩，在心理內蘊的層次上恰恰可以視爲其自身闊大襟抱的抒寫。

張九齡是開元時期的著名賢相，正是由於其執政剛直不阿，終至觸迕權貴，晚年受李林甫排擠而貶放南方。從其一生創作經歷看，也正是在晚年被貶之後，政治意識才表現得尤爲強烈，建基於功業理想的壯志難酬的人生意氣與賢人失志的文學主題才更爲集中而普遍地表現出來。如〈初發道中寄遠〉詩云：

> 日夜鄉山遠，秋風復此時。舊聞胡馬思，今聽楚猿悲。念別朝昏苦，懷歸歲月遲。壯圖空不息，常恐髮如絲。

這首詩在歲月蹉跎、秋夜懷遠的情思之中，通過昔日馳騁疆場聞胡馬之長嘶與當時流落荊湘聽楚猿之悲鳴的強烈對比，構成「壯圖不息」、「髮已如絲」的憂憤情懷的直接抒發。再如〈登荊州城樓〉詩云：

> 天宇何其曠，江城坐自拘。層樓百餘尺，迢遞在西隅。暇日時登眺，荒郊臨故都。纍纍見陳跡，寂寂想雄圖。古往山川在，今來郡邑殊……自罷金門籍，來參竹使符。端居向林藪，微尚在桑榆。直似王陵戇，非如寧武愚。今茲對南浦，乘雁與雙鳧。

詩人面對的荊州地域，乃千古雄圖霸業留下「纍纍陳跡」之處，而自身「今來郡邑」，卻只能

「端居林藪」類同「戇愚」之徒，身陷如此巨大的古今反差之中，也就使得詠懷古跡的表面言詞實際上湧動著詩人內心的強烈的不平之氣。他如〈敘懷二首〉中的「已矣直躬者，平生壯圖失」、〈南還湘水言懷〉中的「拙宦今何有，勞歌念不成，十年乖夙志，一別悔前行」、〈送趙都護赴安西〉中的「封侯自有處，征馬去嘽嘽」之類的內心志趣及其矛盾狀態的表白，真是俯拾即是。

與陳子昂一樣，張九齡在仕途失意後圍繞賢人失志主題的表現，大量採取了興寄的方式。這種方式與其坦蕩的心胸品格、獨具的創作個性的結合，便形成既「以風雅之道，興寄爲主，一句一詠，莫非興寄」㊳、又「結體簡貴，選言清冷，如玉磬含風，晶盤承露，故當於塵外置賞」㊴的豐厚的思想內蘊與獨特的藝術特徵。這一表現特點在張九齡集中爲數甚多，特別是「五言以興寄爲主」，其中當以〈感遇十二首〉與〈雜詩五首〉爲代表。如〈感遇〉之一云：

蘭葉春葳蕤，桂華秋皎潔。欣欣此生意，自爾為佳節。誰知林棲者，聞風坐相悅。草木有本心，何求美人折。

〈感遇〉之四云：

孤鴻海上來，池潢不敢顧。側見雙翠鳥，巢在三珠樹。矯矯珍木巔，得無金丸懼。美服患人指，高明逼神惡。今我遊冥冥，弋者何所慕。

〈感遇〉之七云：

江南有丹橘，經冬猶綠林。豈伊地氣暖，自有歲寒心。可以薦嘉客，奈何阻重深。運命唯所遇，循環不可尋。徒言樹桃李，此木豈無陰。

張九齡的〈感遇〉組詩十二篇，本非一時一地之作，但斷爲遭讒罷相後所作，則是大體不錯的。即如上引三詩，第一篇承《楚辭》美人香草的傳統喻義，以「蘭葉」、「桂華」爲比，顯然寄寓但以美德自勵、不求世俗聞知之意；第二篇喻義較爲複雜，以「孤鴻」爲比的自身，由海上而來又復作冥冥之遊，象徵著被排擠落職，以「雙翠鳥」爲比的李林甫、牛仙客之流，雖佔據「珠樹」而必有「金丸」之險，象徵著對小人得意的憎惡，這樣，詩中既充滿自身遭讒的憂憤與對姦佞之徒的憎惡，又交織著去官身輕的慶幸與對仕途險惡的警示，從而構成詩人在特定環境下充滿矛盾的複雜的心理狀態的真實再現；第三篇通體比類，以橘喻人，這一具體喻比範式，最早見於屈原〈橘頌〉，其云「受命不遷」、「蘇世獨立」，意在讚其持節自守，不與汚濁同流，後又見於古詩〈橘柚垂華實〉，其云「委身玉盤中，歷年冀見食」，意在慨歎懷才不遇，希冀爲時所用，張九齡詩則合此二意，既見乘時而起、積極進取的功業追求，又見不同流俗、高節自守的人格建構。而這種興寄方式及其賢人失志的主題表現，又顯然源自陳子昂〈感遇詩〉範式，如將上引三詩與陳子昂《感遇詩》之二「蘭若生春夏，芊蔚何青青」、之二十三「翡翠巢南海，雄雌珠樹林」、之三十四「朔風吹海樹，蕭條邊已秋」相比，甚至在具體的喻比物象與構思方式上也是極其相似的。再看張九齡〈雜詩五首〉之一：

> 孤桐亦胡為，百尺傍無枝。疏陰不自覆，修幹欲何施。高岡地復迥，弱植風屢吹。凡鳥已相噪，鳳凰安得知。

〈雜詩五首〉是與〈感遇十二首〉題旨相同的組詩，從其中的這一首詩看，具體喻象雖與〈感遇〉不同，但從表現類型看，卻與陳子昂詩旨趣更爲接近，因爲「孤桐」這一獨特的喻象，在東方虬已失傳的〈孤桐篇〉中曾被陳子昂以之作爲「風骨」、「興寄」的表徵加以激賞而聞名，從陳子昂的評價及其據之而作的〈修竹篇〉看，張九齡詩中的「孤桐」所表徵的意蘊與價值，顯然正是陳子昂心目中的那一類型。此外，以〈雜詩〉爲題，又顯見取資於張說〈雜詩五首〉的意味。這樣，由陳子昂、張說到張九齡，也就構成了一個以「興寄」爲方式的表現人生主題的藝術統系。

在唐代前期，以陳子昂〈感遇詩〉類型爲標誌的「興寄」傳統的重現，其含有的「奪魏晉之風骨，變齊梁之俳優」㊵的價值取向最明顯地形成一股強烈的復古主義潮流與傾向。這在唐詩發展的流程中，也就體現爲對四傑振長風、清綺碎的文學主張的推擴與發展以及對四傑倡揚的偏狹的風雅正統觀念的改造與開拓。張九齡創作中的復古傾向及其對風雅觀念的認識，也恰恰在與陳子昂、張說的聯繫中形成一個緊相承續的統系。唐代詩僧皎然〈讀張曲江集〉詩云「體正力已全，理精識何妙」，即以張九齡詩爲大雅正聲；明人高棅編《唐詩品彙》，在〈五言律詩敍目〉中云「唐初王、楊、盧、駱四君子，以儷句相尚，美麗相矜，終未脫陳、隋之氣習，神龍以後，陳、杜、沈、宋、蘇頲、李嶠、二張說、九齡之流，相與繼述，而體始盛」，如果排除其因著眼於律體成熟的角度而將陳子昂與沈、宋、蘇、李等一視之的因素，則其努力在詩史發展的流程中把握張九齡承續陳子昂、張說等人在清除延被唐初詩壇的陳、隋遺習過程中的作用，還是不失爲準確的。清人施補華《峴傭說詩》論唐初以來詩，就更明確指出「唯陳子昂、張九齡直接漢魏，骨峻神竦，思深力遒，復古之功大矣」。

張九齡不僅在創作實踐中以「風骨」、「興寄」的特點表現出復振風雅的傾向與追求，而且在理論上對「詩有怨刺之作，騷有愁思之文，求之微言，匪云大雅」的排除哀怨之文的傳統風雅觀念有著明確的認識與辨析，他認爲司馬公「謫居之心」、賈生「窮愁」之情、虞卿之「風月在懷，江山爲事」，無不可「賦詩以揚其美」41。這樣的風雅觀明確體現了對四傑認爲賈、馬、曹、王有虧於風雅的狹隘觀念的拓展與糾偏，顯然與陳子昂、張說的主張一脈相承。不僅如此，張九齡進而淡褪了陳子昂標舉風雅的「興寄」實踐中的玄奧的哲理思辨成份，更多地吸取張說那樣的雍容氣度與豁達襟懷，從而將人生與時代的關係調整爲「避世辭軒冕，逢時解薜蘿」42、「當須報恩已，終爾謝塵緇」43，也就是說，當人生與時代處於順向的遇合狀態時，即應「逢時」而起，建功立業，而當人生與時代處於逆向的不遇狀態時，則應及時「避世」而退，恬淡自守，使功業理想與人格建構形成統一的整體。這樣的通達觀念，也就徹底消解了陳子昂那樣始終執著於懷才不遇的無可解脫的深刻的創痛感，形成一種更具盛世精神的開朗豁達的襟懷氣度。而張九齡作爲開元盛世的賢相與文宗，這樣的文學觀念及其實踐成果，顯然正是所謂「盛唐之音」的特徵所在，高棅在〈唐詩品彙敘目〉中即云「張曲江〈感遇〉等作，雅正沖淡，體合風騷，駸駸乎盛唐矣」。張九齡在政治上以正直的人品道德垂範世人，在文學上也以通達的觀念對開天詩壇影響最爲直接，李白曾多次表示「功成然後拂衣去」，王維也說「理齊小狎隱」，並以此建立起以開朗通達、超逸不凡爲主要標誌的開天詩壇的精神核心，不能不說與張九齡關係極爲密切，李白的著名組詩〈古風五十九首〉也顯然是沿承陳子昂、張九齡的〈感遇〉這一統系的直接產物。

從張九齡由陳子昂風雅觀發展而來的文學觀念及其以文壇領袖地位對眾多傑出詩人加以獎掖提拔的作用看，其文學生涯顯然與作爲其前任的開元名相張說最爲接近。然而，張九齡又不同於張說那樣因純粹的藝術修養的不足而在創作上多有「率意多拙」的現象，而是體現出「含清拔於綺繪之中，寓神俊於莊嚴之內」44的獨特的藝術成就，甚至在創作路數上能夠「超出一格，爲李杜開先」45。即如以陳子昂那樣的「興寄」特點爲表現範式的〈感遇〉類型的作品，在藝術風貌上亦能別開生面。從主題表現看，張九齡〈感遇〉詩與陳子昂一樣，著重於探求群化之跡的角度思考人生的理想與時命的遇合問題，但是在具體構撰中，卻一方面特別強調「直道」與「高節」，將人生與時代的遭際遇合關係簡化通豁爲乘時而出、功成身退，另一方面又消解了陳子昂詩中那樣的玄虛艱澀的哲思與玄理，大量運用蘭、竹、菊、橘等具體的可感的意象，構成清高孤潔的自我形象，並且將深刻的人生思考融衍於深長的情思意蘊之中。正如清人沈德潛所云「〈感遇〉詩，正字古奧，曲江蘊藉，本原同出嗣宗，而精神面目各別，所以千古」46，而且亦正是由於張九齡對陳子昂〈感遇〉範式的改造與擴展，才形成「太白又繼之，〈感遇〉、〈古風〉詩篇，可追嗣宗〈詠懷〉、景陽〈雜詩〉」47之盛況。

張九齡詩獨具的藝術特徵更多地體現於借山水景物表現襟懷內蘊的作品中，如其寫景名篇〈湖口望廬山瀑布泉〉：

萬丈洪泉落，迢迢半紫氛。奔流飛雜樹，灑落出重雲。日照虹蜺似，天清風雨聞。靈山多秀色，空水共氤氳。

此詩描繪在嵐光紫氣中從山頂飛落的廬山瀑布，寫出其穿過雜樹猶如出自重重雲層、映照日光幻變爲七彩虹蜺的奇妙景觀，並且在縱然是清天朗照之時亦如風雨驟至的獨特感受中展現出以此爲集中體現的靈山秀色乃至在更廣的空間範圍融生的氤氳氣息、萬千氣象。這種雄闊的氣魄與典重的風格對壯偉景觀的概括與描繪，顯然與前舉那些登高望遠類型的寫景詩趣旨相同，處處可以感受到其闊大襟抱的宣洩與展示。

然而，由於張九齡的豁達襟懷不同於陳子昂那樣一味執著於功業願望的激烈表達方式，在借登臨山水展開襟抱之際，亦同時多有「雖然經濟日，不忘幽棲時」[48]、「時哉苟不達，取樂遂吾情」[49]的心理內涵，因而在雄奇激蕩的景氛中又常常流溢出「簷際千峰出，雲中一鳥閑」[50]的清逸趣尚。正是由此，張九齡詩在總體上體現爲對陳子昂的風骨興寄與張説的通達襟懷的繼承推擴的同時，又「首開清淡之派，盛唐繼起，孟浩然、王維、儲光羲、常建、韋應物本曲江之清淡，而益以風神者也」[51]。因而，張九齡的寫景詩雖然大多風格典重密實，卻又別具一種清高脫俗的氣質，在襟懷與氣格的融匯之中往往形成既孤清又遠曠的藝術境界。如〈西江夜行〉：

遙夜人何在，澄潭月裡行。悠悠天宇曠，切切故鄉情。外物寂無擾，中流淡自清。念歸林葉換，愁坐露華生。猶有汀洲鶴，宵分乍一鳴

在這首詩裡，遙夜的鄉情瀰漫於「悠曠天宇」與「澄潭月色」之中，「寂無擾」的物外之想與「淡自清」的月夜中流融溶透現，鄉思別緒因循著露華滋生、林葉暗換的節候潛移而悄然引發，而這萬籟俱寂的靜夜之思突然被一聲鶴唳驚醒，使全詩又帶上一層玄冥思緒的色彩，從而形成一種融玄冥哲思、悠長情韻與遠曠空間爲一體的審美境界。

即使是著重抒發情懷之作，也體現出這一特點。如〈望月懷遠〉：

海上生明月，天涯共此時。情人怨遙夜，竟夕起相思。滅燭憐光滿，披衣覺露滋。不堪盈手贈，還寢夢佳期。

此詩抒寫懷念遠人之情，雖然所懷之人究爲友人或戀人已不得而知，按詩人慣用香草美人爲喻的托興方式看，亦或另有深意，然而從詩的藝術構造看，也正是略去懷遠情事的具體內容，才使詩

的境界具有了深廣的概括力。全詩寫徹夜望月、竟夕相思，復突生奇想，欲以月光持贈遠人，末又寄望於夢中相晤，委婉深摯，情韻悠長，特別是首聯以海上明月、天涯與共的廣袤時空背景垂罩全篇，使悠長密緻的情韻又昇華出一派闊大氣象與曠遠境界。既體現出與王灣「海日生殘夜，江春入舊年」㊷所表徵的盛世氣象的一致性，又顯示出對李白「海風吹不斷，江月照還空」㊸那樣的雄闊詩境的啟示性。

由上所述，可見在當時詩壇上，張九齡詩獨具的藝術特徵，就其總體趨向看，既不同於吳越詩人的清俊秀媚，又不同於北方詩人的雄健開闊，而是以一種自成一格的獨立風貌，形成對由南北兩種文化氛圍所表徵的不同審美特徵的超越，又以一種綜合性的藝術整體，使兩種文化品性與審美風範無處不在地體現出來。

注釋

❶殷璠〈河嶽英靈集集論〉。
❷張説〈洛州張司馬集序〉。
❸《舊唐書》卷一百九十〈許景先傳〉。
❹《舊唐書》卷一百九十〈王翰傳〉。
❺殷璠《河嶽英靈集》卷下。
❻王翰〈飲馬長城窟行〉。

❼王翰〈奉和聖製送張尚書巡邊〉。

❽辛文房《唐才子傳》卷一。

❾郭茂倩《樂府詩集》卷七十九引《樂苑》。

❿沈德潛《唐詩別裁集》卷十九。

⓫施補華《峴傭説詩》。

⓬鄭谷〈偶題〉。

⓭胡應麟《詩藪》內編卷四。

⓮杜甫〈旅夜書懷〉。

⓯傅璇琮《唐代詩人叢考》第五〇頁，中華書局一九八〇年版。

⓰張子容〈贈司勳蕭郎中〉。

⓱《新唐書》卷一百二十五〈張説傳〉。

⓲李翰〈蘇州嘉興屯田紀績頌並序〉。

⓳洪邁《容齋隨筆》卷九。

⓴《舊唐書》卷一百四十九〈于休烈傳〉。

㉑《新唐書》卷六十〈藝文志〉。

㉒岑仲勉〈唐集質疑〉。

㉓此據《全唐詩》統計，今人纂輯之《全唐詩外編》、《全唐詩續拾》諸書中零星增補未計入。

㉔李白〈金鄉送韋八之西京〉。

25 聞一多《唐詩雜論·宮體詩的自贖》，《聞一多全集》第三卷，三聯書店一九八二年版。

26 胡應麟《詩藪》內編卷六。

27 王維〈山中〉。

28 陶弘景〈詔問山中何所有賦詩以答〉。

29 李頎〈不調歸東川別業〉。

30 《舊唐書》卷八〈玄宗本紀〉。

31 高適〈夜別韋司士得城字〉。

32 朱長文〈續書斷〉。

33 見杜甫〈飲中八僊歌〉。

34 《舊唐書》卷一百九十〈賀知章傳〉。

35 《舊唐書》卷二百零二〈張旭傳〉。

36 杜甫〈戲題王宰畫山水圖歌〉。

37 李賀〈羅浮山人與葛篇〉。

38 《唐詩紀事》卷十五。

39 胡震亨《唐音癸籤》卷五。

40 王士禎《帶經堂詩話》卷四。

41 張九齡〈陪王司馬宴王少府東閣序〉。

42 張九齡〈商洛山行懷古〉。

㊸張九齡〈使還都湘東作〉。
㊹胡震亨《唐音癸籤》卷五。
㊺劉熙載《藝概》卷二〈詩概〉。
㊻沈德潛《唐詩別裁集》卷一。
㊼王士禎《古詩選》凡例。
㊽張九齡〈驪山下逍遙公舊居遊集〉。
㊾張九齡〈南還湘水言懷〉。
㊿張九齡〈登城樓望西山作〉。
51胡應麟《詩藪》內編卷二。
52王灣〈次北固山下〉。
53李白〈望廬山瀑布〉。

第七章 盛唐體

玄宗開元、天寶年間，唐代國力臻於極盛，詩歌創作亦被稱爲「盛唐」。南宋人嚴羽《滄浪詩話．詩體》即有「盛唐體」之說，並註云「景雲以後，開元、天寶諸公之詩」。當然，開天詩壇群星璀璨，不僅詩人數量衆多，而且多能自成一體，如嚴羽《滄浪詩話．詩體》「以人而論」中即列有「張曲江體、少陵體、太白體、高達夫體、孟浩然體、岑嘉州體、王右丞體」諸體，高棅《唐詩品彙序》亦云「開元、天寶間，則有李翰林之飄逸，杜工部之沈鬱，孟襄陽之清雅，王右丞之精緻，儲光羲之真率，王昌齡之聲俊，高適、岑參之悲壯，李頎、常建之超凡」。然而，這些衆多自成一體的詩人創作，原本於一種統一的時代精神、文化氛圍之中，顯然具有一種共通的審美理想與藝術品性，所謂「既多興象，復備風骨」❶、「氣象渾成，神韻軒舉」❷、「言有盡而意無窮」❸，即其主要特徵所在。因此，這裏所論「盛唐體」，實爲就開天時期詩壇構成、詩風流向及其與詩人的個性特徵、審美理想之間的諸般現象與關係而作的一種概略性描述。

第一節 以都城為中心的開放式詩壇

在開天時期出現的唐詩藝術高峰，與其前的太宗時代、武后時代兩大時期相比，無論是表面的繁榮還是內在的變化都是不可同日而語的。然而，文學史的演進是漸進的，正如開天盛世絕非一朝出現那樣，「盛唐之音」也不可能突然形成，而恰恰應當是在對前期詩歌包含的各種因素的繼承的基礎上，在以其藝術成就的終點爲自身的起點的演進過程中，通過一系列突發事件推激輻輳而成。比如，在唐初宮廷詩時代，詩歌處於各種固定慣例之中，成爲以宮廷應酬性爲中心的程式化製作，這在武后時代經過四傑、陳子昂及沈、宋等人的努力，從內質充盈與形制開拓兩方面打破其僵化的程式，然而，其應酬性因素卻一直延承下來，到開天時期進而擴展爲廣泛的社交活動，從而在這一特定的側面促進了詩歌的繁榮。武后時代與開天詩壇關係更爲密切，如隨著士庶界限的打破，以庶族階層爲主體的新興政治力量的崛起，由廣大士人建功立業的政治熱情與人生意氣被勃然激發所形成的具有顯著的時代性特徵的積極進取的精神風貌與昂揚壯大的審美追求，實際上正是開天詩人崇尚風骨的藝術實踐與詩化形態的理想法則與直接根據；又如在七世紀末期固定下來的進士試詩制度，以及由此造成的行卷之風，也是開天時期形成以圍繞詩爲中心的研習、投贈、干謁、交友等諸多活動的展開爲標誌的一代社會風尚的自然延續狀的促進因素。如果說，上述分屬社會的、心理的及政治的因素，以一種歷史性的進程，呈現出自然遞進的狀態，那麼，在唐音自立期的武后時代與藝術高峰期的開天時代兩大階段的演進過程中，張說與張九齡的出現，則可以說是一種人爲的因素，以一種突現性的現象，發揮出推激促動的作用，對於開天詩壇繁榮局面的出現而言，實際上是一種重要的催產因素與促變契機。

然而，張說與張九齡作爲這一詩史進程中兩個前後銜接的關節點，各自發揮的具體作用與客觀效果又顯有不同。如果說，張說主要活動於武后時代後期，作爲走向新的時代的過渡性人物，以當朝師表的地位提拔人才，本人創作往往「率意多拙」，在爲文壇倡立一種表徵新的時代氣象的藝術理想的同時，主要作用尚體現在政治與人事方面，那麼，張九齡主要活動於開元年間，作爲開天詩壇開端的重要作家，不僅以一代詞宗的地位提拔一大批傑出詩人，本人創作也以樸重淡遠的風格特徵構成當時南北兩大詩人群創作傾向的綜合體現，在政治與人事方面成爲張說的繼承者的同時，主要作用更傾重於文學自身。在張說的時代，唐音自立的結果，是由宮廷詩自身趣味變移而來，詩壇尚多宮廷餘習，張說本人作爲重要的宮廷詩人，在大量的宮廷應酬作品中顯見濃重的宮廷詩風，而在張九齡的時代，唐詩藝術高峰的出現，除文學傳統淵源因素之外，更多新起的藝術精神與審美趣味，大興於江南的吳越清俊詩風以及崛起於嶺南的張九齡本人，都顯然是唐初以來宮廷文學淵源之外的新興詩學潮流，形成具有未來指向的藝術法則與淵源。因此，從張說與張九齡的創作本身看，前者尚帶有較多的宮廷文學遺傳，後者則幾乎褪盡宮廷傳統習尚；從二人的歷史作用看，前者對人才的提拔似多著眼於政治性，雖然在文學上也似乎形成一個志同道合的鬆散群體，但在時勢動蕩中更體現爲榮辱與共的政治集團，後者對人才的提拔則似多著眼於文學性，雖然在政治上也表現一定的依附關係，但這些人才不僅大多仕途偃蹇，而且從未形成一個政治性集團，倒是在張九齡罷相、去世之後，完全脫略了政治性因素，反而在文學的意義上更加密切地聯繫起來，形成一個活躍於都城下層的審美情趣大體相似的文人群體。如此看來，作爲唐詩史兩大階段過渡的一條漸進線索的兩端，從張說到張九齡之間雖然時距極短，但其立足基點乃至內涵意味卻已發生了重要的實質性的變化，張說促現了開天詩壇非同凡響的開端，但其立足仍在相府宮廷，張九齡身居朝廷相府，但在文學意義上卻已立足都城社會，這就不僅劃出唐詩史階段性演進中由宮廷中心到宮廷變移再到都城社會這樣一條爲人忽視的軌迹，而且由此展示出一個新的文學史時代的社會背景、結構狀況乃至文化特性的全般風貌來。

當然，有唐一代吟業之盛，貫串始終，所謂風動於上，聲震於下，詩壇繁榮遠逸朝，實與帝王親自倡好有關，自太宗、高宗、中宗、睿宗至玄宗、肅宗直至德宗、文宗、宣宗，歷朝帝王皆不僅多有詩作，而且有意聚納文人儒士唱酬應制，使得宮廷之內形成濃郁的詩歌創作風氣，終唐之世延緜不絕，然而，作爲一種具有特定涵義的文學傳統的宮廷詩風，在唐代前期即已發生數度變異。入唐之始，太宗及其重臣以闊大的政治襟懷試圖表現出新的時代精神，但由於南朝宮廷文學傳統的強固性及其華美聲色的吸引力，不僅使闊大襟抱只能以讚美頌聖的形式表達出來，而且太宗本人最終完全爲宮廷風格所傾倒，成爲「綺錯婉媚」的上官體興盛一時的直接推助因素。在武后、中宗時代，由於打破士庶界限的文化效應，一方面造成詩壇中心由宮廷移向社會，同時也促使宮廷詩本身出現以內質充盈、形制開拓爲主要特徵的趣味變移，然而，傳統宮廷詩的基本法則仍然被完整地保留在一些具體的宮廷詩人如上官婉兒、蘇頲、李乂、閻朝隱、薛稷等人的作品之中，武后、中宗本人的詩作也大多沉溺於這方面的文化氛圍。這種情形在玄宗時代出現了更大規模與更高層次的變化，促成這一變化的最重要的根源，自然在於玄宗本人度越其前輩的在政治及文學方面都堪稱傑出的才能。如果排除玄宗晚年的昏聵，就其治國業績的主流看，在唐代歷史之上，玄宗實爲比肩太宗的唯一明主，史稱「廟堂之上，無非經濟之才，表著之中，皆得論思之士，而又旁求宏碩，講道藝文，昌言嘉謨，日聞於獻納，長轡遠馭，志在於昇平，貞觀之風，一朝復振於斯時也」[4]，經濟、藝文並重，正是開天時代政治、文化全面強盛的重要原因。當然，若對個人才稟作全面衡量，玄宗並不能超過太宗，但是，太宗治國，尚在百廢待興的創業時期，而玄宗理政，則已承受著大唐立國百年來的豐厚滋養，處在新的時代條件下，「開元全盛日」遂成爲唐代乃至整個中國封建社會的極盛標誌，玄宗也由此而成爲較太宗更爲輝煌業績的創治者。

這種個人的與時代的因素的綜合效應，對玄宗宮廷範圍內的文學創作風貌顯然有著深刻的影響。

首先是玄宗本人詩風的個性化。傳統的以帝王爲中心的宮廷詩就其本質而言，可以說是一種缺乏主體個性的以事典詞藻的堆砌爲外形的頌美應酬的工藝化製作，以此來衡量，玄宗詩作顯然不屬此類，而是更多地體現出基於勵精圖治的政治思想的襟懷抒發與個性發展，如其〈野次喜雪〉詩云「拂曙闢行宮，寒皐野望通。繁雲低遠岫，飛雪舞長空。賦象恒依物，縈迴屢逐風。爲知勤恤意，先此示年豐」，通篇顯見一種樸素的風格與高朗的氣勢，不僅略無宮廷詠物雕琢習尚，而且由此展現出「勤恤意」、「示年豐」的宏博襟懷；又如〈經鄒魯祭孔子而歎之〉詩云「夫子何爲者，棲棲一代中。地猶鄹氏邑，宅即魯王宮。歎鳳嗟身否，傷麟怨道窮。今看兩楹奠，當與夢時同」，此爲祭孔子之作，卻略無歷代帝王祭祀文學之陳詞，而是開篇以發問領起，通篇以歎息貫之，既慨歎其生前之不遇，復讚歎其身後之殊榮，由此構成對孔子一生的高度概括，正如沈德潛評云「孔子之道，從何處讚歎，只就不遇立言，此即運意高處」❺，紀昀亦云「孔子更何讚，只以喟歎取神，最妙」❻，同時，在這一獨特的藝術表達形式中無處不在地充溢著作者的真摯情感與角色意識，因此，又顯然可見其以繼孔子之道爲己任的襟懷抱負。就題材而言，玄宗極少遊宴群臣賦詠之作，是其與前輩帝王又一顯著不同之處。在玄宗今存六十餘首詩作中，除抒寫懷抱、登臨覽眺、即景寓目以及記敘特定事件之類作品外，多爲送別之作，如果說前一類作品的主題傾向大多根植其政治理想與抱負，那麼後一類作品則顯然源自宮廷文學的應酬特性。然而，細究起來，作爲帝王之尊，玄宗送別詩的客體對象並非皆爲王公重臣，除少量幾首送外臣赴任者外，大多是送道士、禪師歸山或雲游。正是由於客體對象類屬的規定性，造成玄宗這類作品中不僅消褪了帝王的華貴與尊嚴，反而屢屢逗露出「話離情未已，煙水萬重山」❼、「道家奠靈簡，自昔仰神僊」❽、「採藥逢三秀，餐霞臥九霄」❾那樣的逸趣玄想來。顯然，這一類型的送別詩的功能屬性已由其前輩的宮廷貴族化應酬特性轉變爲開天時期的一般社會化交往性質。由此可見，即使是作爲朝廷核心的玄宗本人的創作，也一定程度地體現了由宮廷化向社會化的轉遞。

其次是宮廷範圍內創作環境與背景的改變。宮廷詩在唐前期演爲一代風氣，除帝王居住的宮廷外，諸王府也是重要的根源之地，入唐以來，許多詩人就是通過在王府獲得聲譽進而得到皇帝的賞識，在王府之內，也無不做效宮廷方式，招納大量門客文士，遊宴賦詩，以一種典型的宮廷文學傳統的應酬方式與程式慣例，共同構成宮廷詩風的大規模演熾。這其中，在大量的平庸詩匠之中，甚至混雜著一些傑出詩人，如武后時代的王勃、盧照鄰就分別任職沛王府、鄧王府。特別是在武后時代末期，隨著激烈的宮廷鬥爭，帝王更迭頻繁，造成士人寄望於某一皇子以求飛黃騰達的心理，也就進一步促使依附王府風氣的興盛，這樣的風氣一直延續到開元初期。比如在開元初期規模最大、文風最盛的岐王李範府中，聚集著許多文士藝人，除當時已經聲名顯赫的音樂家李龜年以及中宗朝寵倖的重要宮廷詩人閻朝隱等人外，還有像王維、崔顥這樣一些日後成爲唐詩藝術高峰的代表人物的年輕詩人。然而在宮廷化的氛圍中，幾乎消泯了傑出詩人與平庸詩人的區別，如王維在十幾歲時已顯示出高度個性化的創作才能，在進入岐王府後，則寫出與典型的宮廷風格略無差別的遊宴詩，脫離王府之後，才又恢復了個性生機。將王府的情形與玄宗本人詩作已出現個性化趨向相比，可以說，在開元初期，就文學宮廷化而言，承襲舊有傳統的王府實在比玄宗宮廷更爲嚴重。對此，在治國方略與文化觀念上「務崇敦本，克慎明德」⑩的玄宗自然不會長期視若無睹，而是在政權穩固之後，於開元十年（七二二）下詔「自今以後，諸王、公主、駙馬、外戚家，除非至親，以外不得出入門庭，妄說言語。所以共存至公之道，永協和平之義，克固藩翰，以保厥休，貴戚懿親，宜書座右」⑪，明令禁止諸王貴戚遊宴賓客，從而消除了已趨式微的宮廷詩風的一個重要根源，改變了士人由宮廷應酬以求進身的舊有方式，這樣也就「不僅改變了產生詩人的社會階層，而且改變了大部份詩歌的寫作背景」⑫。

再者是宮廷範圍內文人性質及其活動方式的改變。在玄宗之前，特別是高宗、武后、中宗數朝宮廷，受到帝王寵倖的詩人多爲純粹的文學侍從，其主要活動不外修書或應制，由此也就成爲延續宮廷詩風的代表人物。而玄宗朝廷的重要詩人則顯然與此不同，如開元時期的張說、賀知章、張九齡等人，特別是二張，實爲宰輔重臣，他們的主要活動也就擺脫了純粹的文學侍從性質，而是表現出參與最高權力圈中重大決策的濃厚的政治色彩。即使著眼於其純粹的文學活動，也可見顯目的特點，一是從張說到賀知章再到張九齡，創作個性化日趨突出，藝術成就益見成熟，而宮廷遊宴應制等應酬性作品則顯然減少，這就與宮廷化創作形成鮮明對照；二是他們本人在作爲具有成熟藝術風格的重要詩人之外，還以其卓傑的眼光提拔大批優秀詩人，如張說提拔賀知章、張九齡成爲開天詩壇開端的重要詩人，而經賀知章、張九齡分別揄揚提拔的李白、王維、孟浩然等人則已成爲開天時代詩壇巨擘，這樣也就形成一個優化的選擇機制，催使真正的傑出詩人不斷增生湧現。從李白曾供職玄宗專門設立的作爲純粹文學機構的翰林院這一事實看，也就不難想見當時宮廷之中詩人的構成及其性質了。正是這些以宮廷爲中心的諸多變化因素的綜合作用，爲詩壇新風格、新氣象的全面呈現創造了最具權威力量的條件，而宮廷範圍內諸多變化的本身，實際上不啻宣告了文學宮廷化時代的徹底結束，並且以其自身匯入作爲開天詩壇時代性特徵的體現的都城社會化洪流之中。

開天詩壇都城社會化結構特徵的形成，最重要的原因當然是作爲詩壇有機構成中最主要的和最富活力的部份——創作主體的思想境界與藝術水準的深刻變化及全面提昇的結果。其具體表現，大體可以歸納爲如下幾個方面：第一，體現爲開天時代精神風貌的廣大士人乘時而起的政治理想與積極進取的精神狀態，造成詩人競相匯聚都城的普遍的心理的與行爲的指向性與歸宿感；同時，作爲當時政治經濟的中心，都城無疑是大唐帝國經過一百多年的發展壯大而形成的赫然國容的集中體現，長安城中濃厚的政治氛圍與偉麗的市容景觀本身便成爲對廣大詩人極具魅力的吸引力量。這樣雙向的歸趨與吸引，也就使得當時幾乎所有的傑出詩人皆集聚都城的壯麗景觀呈現出來。第二，由安定富庶的社會環境與豐厚緜長的文學傳統的滲融而構成的濃郁的人文文化氛圍，促使廣大文人藝術修養形成深厚的積聚，審美情趣形成高朗的建構，而當時的都城文化，恰恰是這種時代性的文化精神與藝術氛圍的凝集。如玄宗本人既定大唐樂制又博好胡樂、法曲、散樂，繪事既普及民間又顯示出大唐強盛國力與威容的堂皇色彩與宏大氣派，書法體現出既富厚端莊又雄放豪宕的風格祈向。因此，詩歌創作領域呈示的昂揚壯大的審美趣味，正是以其與都城文化總體趨向的一致性，在與都城文化滲融吸附的同時，進而成爲都城文化的最重要組成部份。第三，開天詩人積極的功業追求與通達的處世原則的結合，造成一種超脫的人生態度與寬容的心理涵量，在功名順遂時「明光殿前論九疇」⑬，當仕途坎壈時則「明朝散髮弄扁舟」⑭，既表現出強烈的功業理想，又著重於獨立的人格建構。因此，在極其普遍的政治失意的人生道路上，便顯然不同於將人生哀樂執著地繫附於仕途順逆而不可自拔的境地，而是能夠及時地淡化政治意識，更多地投入藝術氛圍，這樣一來，詩歌創作在意蘊内質上形成特定時代的個體的詩人理想與人格精神的體現，在功能形式上則成爲都城社會中群體的詩人交往與心靈溝通的媒介。同時，放蕩不羈的豪爽性格，使得開天詩人幾乎無不曾有長途漫遊的經歷，因此，詩歌作爲一種特殊的文學性的社會交往工具，實際上遠不僅僅局限在都城範圍，而是通過詩人的漫遊（或官職外放）爲契機，在以長安爲基點的匯聚與外流的放射狀的多向線索的聯結中，展示出以都城爲中心的以社會交往爲聯結標誌的開放式詩壇的全般景貌來。

從開天詩人存留作品及其可考行事看，除南北互融的開端期三股詩潮之外，足以作爲開天詩壇極盛狀態代表的眾多詩人匯聚都城的過程早在開元十年之前即已開始。王維在開元九年中進士第，釋褐爲太樂丞，並以「文章得名，妙能琵琶」⑮出入岐王府，成爲當時岐王府中宮廷貴族化詩風興盛一時的重要推助力量，如其〈敕借岐王九成宮避暑應教〉詩云「帝子遠辭丹鳳闕，天書遙借翠微宮。隔窗雲霧生衣上，捲幔山泉入鏡中。林下水聲喧語笑，巖間樹色隱房櫳。僊家未必能勝此，何事吹笙向碧空」，對宮闕景象的刻劃，對皇子出遊的頌美，以及以天宮僊境的比附方式，皆與入唐以來的宮廷風格特別是中宗朝宮廷遊宴詩幾乎難以分辨。在岐王府中，王維遇見崔顥，不僅相與唱和，成爲終生友好，並在當時詩壇產生巨大影響。王維「染翰之後，人皆諷誦」，被稱爲「獨步於當時」⑯，崔顥亦被與王昌齡、高適、孟浩然並稱爲「開元、天寶間，文士知名者」⑰。在此同時及稍後，薛據亦於開元九年中進士第，祖詠於開元十二年中進士第，儲光羲、崔國輔、綦毋潛同時於開元十四年中進士第，王昌齡、常建同時於開元十五年中進士第，陶翰於開元十八年中進士第，劉眘虛於開元二十一年中進士第，李頎於開元二十三年中進士第，崔曙於開元二十六年中進士第，孟浩然雖未及第，亦在開元十六年赴京應試，李白於開元十二年出蜀漫遊，亦在後數年中西入長安。由此可見，開元年間已形成衆多傑出詩人雲集都城之勢，而從其或出入王府、或應試科舉的行踪與目的看，顯然無不處於意欲乘時而起、建功立業的政治理想與抱負的驅使之中。這種文人匯聚都城現象的政治性內涵動因，經過執掌朝政文衡的張九齡的扶植、提拔與促進，更直接而充分地顯露出來，如王維在開元二十三年直接向張九齡求職，由張九齡薦，「擢右拾遺，歷監察御史」⑱，又如李泌「以神童召見」，「張九齡尤所獎愛，常引至臥內」⑲，再如盧象「始以章句振起於開元中」，也因張九齡「深器之，擢爲左補闕、河南府司錄、司勳員外郎」⑳。然而，人數衆多且個性各異的開天詩人畢竟大多「名位不振」㉑，「雖有文章盛名，皆流落不偶」㉒，隨著開元二十四年張九齡的罷相，更陷入貶官或外放之困境，這樣一來，也就使得匯聚都城的衆多文人將注意力的著重點由政治圖進逐漸轉移到文學交往上來。因此，在開天時期文人匯聚都城的過程中，如果說，作爲這一過程前段的開元中前期主要體現爲政治圖進的性質，那麼，作爲這一過程的後段的開元末年至天寶年間則主要呈示爲文學交往的面貌。在這種以詩歌酬贈爲主要方式的文學性的交往中，不僅形成以王、孟與高、岑爲標誌的兩大具有核心意義的詩歌體派，而且衆多詩人形成交叉、廣泛的交遊關係，一時蔚爲壯觀，如李頎與高適、岑參、王維並稱㉓，陶翰與王昌齡、綦毋潛媲美㉔，盧象不僅與王維、李頎、李白、綦毋潛、祖詠廣爲交遊，且被人稱爲「與王維、崔顥比肩驤首」㉕，其他的交遊關係如劉昚虛與王昌齡、孟浩然，儲光羲與崔國輔、綦毋潛，賈至與李白、王維、岑參、杜甫，綦毋潛與張九齡、王維、李頎、盧象等等，實有不勝枚舉之勢。在這其中，最負盛名的文人群體交遊賦詩當爲王之渙、王昌齡、高適、崔國輔的「旗亭畫壁」㉖與高適、岑參、儲光羲、薛據、杜甫同登慈恩寺塔㉗，前者通過詩人作品在普遍的坊間酒肆被諸管絃的情形，顯示了詩人群體優秀作品流傳之日益廣泛，後者通過詩人們對盛世表面隱伏危機的憂患意識與模糊預感，體現了詩人群體社會思想之漸趨深邃。這樣的以詩爲媒的都城文人的交往，不僅造成詩壇的日益繁榮，而且促使堪稱文學史上一流水準的傑出作品不斷湧現出來。因此，同是社交形式，開天詩人的交往卻以其社會化性質與高質量結果，劃明了與宮廷貴族化應酬的天壤之別。

這種由開天詩壇特有的大規模動態化詩人群體形成的社會化交往方式，其實並未局限於都城之內，而是以功名不遂爲契機，造成詩人心理由政治圖進向文學交往的傾斜，在落第還鄉、貶官外放以及長途漫遊等具體事件的進展過程中，將這種交往方式延向四方。比如張九齡於開元二十五年貶爲荊州長史，不僅自身以文史自娛，且署孟浩然爲從事，以之相隨巡視各地，或祭祀山川，或遊覽從獵，皆相與吟詩唱和，這就與其居相位時對於王維等人側重於政治性提拔形成鮮明的對照；張子容開元中任晉陵尉，貶爲樂城尉後棄官歸舊業，正與落第還鄉的孟浩然趣味相投，酬唱甚多；王維在開元末年仕途受挫，天寶初隱居藍田輞川別業，日與裴迪、崔興宗遊覽賦詩，琴酒自樂；王昌齡於開元後期因事謫貶嶺南，二十八年北返漫遊，經襄陽與孟浩然飲酒賦詩；高適、李頎、李白、吳筠等人更是生性喜好漫遊，並於漫遊之中結識詩友，相與吟唱，笑傲王侯。可以說，具有鮮明時代性特徵的開天時期以都城爲中心的開放式詩壇，正是在這種社交方式與範圍愈趨頻繁與擴大之中，而日益發育成熟並達到高峰狀態的。

第二節 廣闊的背景與多樣的風格

在宮廷詩時代，詩歌不僅有著穩固的題材慣例與嚴格的結構程式，而且創作環境被限制於宮廷官場的狹小範圍。這在武后時代，由庶族政治力量的興起激發出廣大士人建功立業的願望、仕途偃蹇而被貶逐遠方的遭遇以及文人之間日常性應酬的大量增加等因素的綜合影響，使宮廷詩在觀念與形制上都出現根本的變化，同時，隨著詩壇中心由宮廷移向江山與塞漠，詩歌在由貴族化向社會化轉移的過程中，已經日益展現出豐富的生活內容與廣闊的社會背景。然而，武后時代詩歌創作中心的移位，還明顯可見先天的不足與缺憾：一是文人之間日常性應酬雖然增多，但山莊別業一如宮廷之內遊宴之風盛熾，帶有濃厚的宮廷詩風遺傳習尚；二是由於士人功業願望的強烈而執著，一旦仕途失意則或怨歎賢人失志或苦思人生哲理而難以自拔，因而雖已走出狹小的宮廷範圍卻並不能全身心地投入豐富多彩的社會生活；三是其時吟風雖已漸盛，但進士試詩在武后時代後期定制，以此爲契機促成的詩風極盛尚待來日，因而這一階段詩人作品普遍不多，況且其中混有相當比例的平庸應酬之作，就個體詩人而言，也就罕能形成較大的獨具個性的創作規模。

開天詩壇恰恰以其自身發育的成熟狀態克服了武后時代的不足與缺憾。就詩歌與社會的聯繫面而言，顯然改變了那種由宮廷應酬與貶逐抒憤構成的兩極狀態，而是通過普遍的社會化的交往方式，形成以都城爲中心聯結四面八方的網絡。同時，從這種聯繫的性質看，可以表現爲個人性的交往，或者是特定事件的反映，也可以表現爲心理性的感受，或者是社會化的共識。當然，開天詩人的創作總體上以一種共通的精神性因素構成詩壇的核心與靈魂，但是絕大多數作品又恰恰皆以社會性背景構成環境化、場合化的表現特徵，這或許正是開天詩壇理想與寫實高度統一的特徵形成原因的一個獨特角度的觀察。就詩歌與社會的聯繫深度而言，開天詩人也正是以其曠達的人生態度與處世原則，並不執著於狹隘功利性的功名利祿的追求，對於仕途失意亦能泰然處之，無論是貶官外放，還是落第還鄉，實際上都成爲詩人社會閱歷的積累與豐富，在各種社會環境與背景中，也大多能夠排除心理因素的干擾而全身心地投入生活角色之中，這也就構成開天詩壇濃郁的生活氣息與藝術生機的一個重要根源。若就個體詩人的創作數量而言，則與前期比較更見顯著差異，開天時期不僅詩人多能自立一體，而且詩作宏富，形成空前的個性化的創作規模，這也正是開天詩壇之所以湧現如此衆多的一流作家並在文學史的長流洗汰中得以存留確立的一個基本保證。

開天詩壇與社會生活的聯繫首先在於其時詩歌作爲社會交往媒介的性質，因此這一聯繫也就最廣泛地體現在人際交往、日常應景之類作品中。當然，交往形式的本身，可以追溯到宮廷詩的應酬性傳統，然而，開天時期文人以詩爲媒的大規模交往，不僅改變了宮廷詩拘狹的美學標準與價值觀念，而且使詩歌由宮廷王府真正走向社會生活，在生動活潑、豐富多彩的現實生活之中，即使是文人之間的交遊酬贈，也往往能夠自由充分地發揮自己獨有的創作個性，真實地反映社會生活的原生狀貌，並且深刻地揭示出凝結於個體心態中的普遍的社會心理。正是由於廣闊的社會背景與深摯的心靈之光的映現，使得這一時期爲數眾多的投贈、干謁、送別、酬唱以及同題賦詠等日常應景題材中，出現數量可觀的堪稱文學史上一流水準的傑出作品。比如孟浩然的〈臨洞庭湖贈張丞相〉「八月湖水平，涵虛混太清。氣蒸雲夢澤，波撼岳陽城。欲濟無舟檝，端居恥聖明。坐觀垂釣者，徒有羨漁情」，就是投贈張說之作。詩中希望張說援引一登仕途以圖建功立業的迫切心情流溢於字裏行間，由於處身在當時社會的極度繁盛時期，這種心理實際上正是普遍的士人心理與社會行爲的一種典型的體現，同時，詩人借洞庭湖闊大境象以表達開闊的襟懷與壯偉的氣勢，更促成此詩達到極高的藝術境界。又如儲光羲的〈洛陽道五首獻呂四郎中〉之三「大道直如髮，春日佳氣多。五陵貴公子，雙雙鳴玉珂」，作爲一首呈獻之作，詩意寓含固然可作深層的理解，但這首詩即目應景的本身，卻寫得極爲真切而生動，全詩雖僅寥寥二十字，卻如同一幅速寫圖畫，以明暢的筆觸勾勒出繁榮富庶的城市面貌與五陵公子的放蕩生活，使後世讀者仍能感受到那種真實的社會生活景氛。在爲數更多的送別一類作品中，由於進而消解了投贈、干謁詩尚存的政治功利意識的羈絆，因而情感的表達往往更爲強烈、真摯而自如，同時，由於詩人的交遊日趨廣泛，送別的場合幾乎遍及各方地域與各種環境，也就使得送別詩不僅個性色調更爲濃郁，而且環境色彩與表現特徵更爲斑斕眩目。如果說，李白的〈黃鶴樓送孟浩然之廣陵〉「孤帆遠影碧空盡，唯見長江天際流」與〈贈汪倫〉「桃花潭水深千尺，不及汪倫送我情」分別從送人與被送的角度，借「江」、「潭」之水的深遠背景著重表達臨歧繾綣惜別之情，那麼，高適的〈送李少府貶峽中王少府貶長沙〉「聖代即今多雨露，暫時分手莫躊躇」與王維的〈送綦毋潛落第還鄉〉「吾謀適不用，勿謂知音稀」所送爲貶謫與落第之友人，則在對天子聖明、英才盡歸的時代氣象的展示中著重以樂觀開朗的信念表達臨歧勸慰之情，「反復曲折，使落第人絕無怨尤」[28]。岑參的著名詩篇〈走馬川行奉送出師西征〉、〈白雪歌送武判官歸京〉等，在特定的邊塞環境中送別，已略無繾綣惜別之情調，展現的全然是嚴寒荒漠的蒼莽背景與鐵馬金戈的豪壯情懷。與此形成鮮明對比的是王維的幾首〈送別〉詩如「山中相送罷，日暮掩柴扉」、「但去莫復問，白雲無盡時」等，筆下流溢的顯然是一派靜謐的田園風光與超然物外的隱逸趣尚。而以送別詩著名的李頎，其筆下則又是另一番景象，如其〈贈別高三十五〉、〈別梁鍠〉、〈送陳章甫〉等詩，皆著重刻劃被送者的音容形象、生平遭際乃至性格情懷，這種以「人」爲中心的觀察角度與把握方式，所表達的顯然已不僅僅是對某一特定對象的惜別之情的深化，而是體現出對士人生活方式與精神風貌的展示。如果說，在送別的場合，情感的交流尚局限於雙方的單線溝連，那麼，在聚飲或漫遊的場合，則進而在群體共通的意義上構成特定時代氛圍中士人生活狀貌與精神氣質的典型體現。如杜甫〈飲中八僊歌〉所記，雖非一時一地之具體聚飲，然聚飲賦詩，實在是當時文人交往的一種普遍方式，李白、王維、陶翰等人所作送人序文，就幾乎篇篇都有「群公賦詩以光榮餞」之類話語，而在這種「醉後樂無極」的環境之中「出語總成詩」[29]，也就不僅體現出具體詩人的曠放氣質乃至繁盛之世的時代精神，而且往往以奔放流逸的品格風神鑄成文學史上的藝術珍奇。至於同遊賦詠，除前述高適、岑參、薛據、儲光羲、杜甫同登慈恩寺塔之類發生於都城範圍內的交往活動外，聚會於漫遊途中的情形，詩人個性的表達則更爲突出，如杜甫〈遺懷〉詩中回憶「昔我遊宋中，惟梁孝王都。名今陳留亞，劇則貝魏俱。邑中九萬家，高棟照通衢。舟車半天下，主客多歡娛。白刃讎不義，黃金傾有無。殺人紅塵裏，報答在須臾。憶與高李輩，論交入酒壚。兩公壯藻思，得我色敷腴。氣酣登吹臺，懷古視平蕪。芒碭雲一去，雁鶩空相呼」，〈昔遊〉詩中亦云「昔與高李輩，晚登單父臺。寒蕪際碣石，萬里風雲來。桑柘葉如雨，飛藿去徘徊。清霜大澤凍，禽獸有餘哀」，可見當時詩人在聚會覽眺時那種任俠縱遊的豪雄風概。當然，在長達四十餘年的開天盛世中，酬唱賦詩已蔚爲一時風氣，文人以詩爲媒的社會交往亦極頻繁，遠非這裏數言所可概括，然而，僅從這樣簡略的勾劃，也已完全可以看出其時詩人日常交往應景詩創作數量之多、質量之高，而這種頻繁的交往與優秀的作品，顯然正是促成開天詩壇群星璀璨局面的一個重要因素與組成內容。

繁榮強盛的國力對士人功業熱情的鼓舞與激發，大事邊功的國策對士人建功途徑的開闢與導引，促使廣大士人形成「一聞邊烽動，萬里忽爭先」[30]的從戎報國的普遍心理，同時，「唐制，新及第人，例就辟外幕，而布衣流落之士，更多因緣幕府，躡級進身」[31]，又從制度上使從軍外幕成爲躡級進身的捷徑。這樣，一代知識分子在功業慾望的驅使下將自身投向邊塞戰場，也就造成開天詩壇社會背景的大規模開拓。當然，自入唐之始，文人從戎邊塞即已不乏其例，但是在開元之前，由於「雲閣薄邊功」[32]，從戎邊塞並未給士人展示光明的前程，直到開元初，宋璟還「以天子好武功，恐好事者競生心僥倖，痛抑其賞」[33]。至開元中期，這種情形則發生了根本的變化，自張嘉貞始，「王晙、張說、蕭嵩、杜暹皆以節度使入知政事」[34]，朝廷內外很快形成以從戎征戰爲榮的風氣，甚至「一從受命常在邊，未年三十已高位」[35]，可見昇遷之迅捷。在這樣的客觀現實的刺激與文化氛圍的感染下，衆多科場失意或干謁無成的文人便紛紛轉向「天子不召見，揮鞭遂從戎」[36]的新途，即使是未能親歷邊塞，那神奇而陌生的塞外、烽火刀兵的戰場也時時牽動著他們建功立業的夢想。李白〈答王十二寒夜獨酌有懷〉詩云「吟詩作賦北窗裏，萬言不值一杯水」，岑參〈送李副使赴磧西〉詩云「功名只向馬上取，真是英雄一丈夫」，雖然包含著一種故作憤激或豪壯的成份，但亦不能不承認其中透現著一代士人由科場向戰場的人生價值取向的重要轉換的信息。這種價值取向的具體表現，顯然是那一代文人所共有，而絕非僅僅屬於大多文學史家主觀判定的所謂「邊塞派」詩人，如所謂的「田園」詩人王維〈送趙都督赴代州〉即寫道「豈學書生輩，窗間老一經」，即使是終生布衣的孟浩然也分明感受著「一聞邊烽動，萬里忽爭先」的時代氣息，而開天詩壇邊塞題材創作的極度繁榮，從本質上講，也正是對這種由強盛國力、文人心態、社會背景、邊塞環境等諸多因素組構而成的特定的時代氣息的英雄主義式的謳歌。當然，促使邊塞詩創作繁榮的多種社會因素也造成了邊塞詩本身性質的複雜化，在玄宗後期由安定邊疆走向黷武開邊的背景下，確有一些邊塞詩表現出對不義戰爭的頌揚與狹隘的民族主義情緒，詩人們報國疆場的進取精神往往混雜著個人主義的利祿圖謀，然而，從邊塞詩的總體看，應當說，絕大多數高亢樂觀的傑出作品所體現的是一種爲重振國威所激發的愛國熱情與民族自強精神㊲。如李白〈塞下曲〉展示了高祖時「大漢無中策，匈奴犯渭橋」到玄宗時「蕭條清萬里，瀚海寂無波」的形勢變化，王昌齡〈代扶風主人答〉以前朝「將軍降匈奴，國使沒桑乾」與當時「幸逢休明代，環宇靜波瀾」構成今盛昔衰的鮮明對比，皆顯見士人目睹大唐國力由衰而盛的歡欣鼓舞之情及其意欲乘時而起的壯志雄心。高適〈送李侍御赴安西〉詩云「離魂莫惆悵，看取寶刀雄」、崔顥〈贈王威古〉詩云「報國行赴難，古來皆共然」，就是對這種豪情壯志的直接抒寫。正是因此，在具體出征場景的描寫中，詩人筆下展示的也就不僅是「畫戟雕戈白日寒，連旗大旆黃塵沒。疊鼓遙翻瀚海波，鳴笳亂動天山月」[38]的雄武壯觀的軍容氣勢，而且透現著「上將擁旌西出征，平明吹笛大軍行。四邊伐鼓雪海湧，三軍大呼陰山動」[39]的樂觀高昂的必勝信念。然而，開元中期以後，隨著唐朝國力的不斷增強，邊疆戰事並不慘烈，在武后時代尚是「亭堠空崔嵬」、「邊人塗草萊」[40]的戰爭廢墟，到開天時代已成爲「燕臺一望客心驚，簫鼓喧喧漢將營。萬里寒光生積雪，三邊曙色動危旌」[41]的威武軍營，因此，在大量的邊塞題材中，詩人的注意力逐漸由戰爭的慘酷景象轉移到粗獷豪放的邊塞情調與壯麗新奇的異域風光。如王維〈使至塞上〉描繪的是「大漠孤煙直，長河落日圓」的遼闊圖畫，〈出塞作〉溢露的是「暮雲空磧時驅馬，秋日平原好射鵰」的逸情豪興；崔顥〈古遊俠贈軍中諸將〉「地迴鷹犬疾，草深狐兔肥。腰間帶兩綬，轉盼生光輝」、〈贈王威古〉「春風吹淺草，獵騎何翩翩。插羽兩相顧，鳴弓新上弦」等詩中總是躍動著豪俠的英雄形象與蓬勃的自然生機；李頎〈塞下曲〉「黃雲雁門郡，日暮風沙裏。千騎黑貂裘，皆稱羽林子。金笳吹朔雪，鐵馬嘶雲水。帳下飲葡萄，平生寸心是」，以濃墨重彩的色調構成對邊塞風光及其生活情調的抽象把握與摹繪。在這方面最爲顯目的代表詩人是岑參，他以長期豐富的邊塞生活體驗，刻畫出一幅幅邊塞生活生動圖景，幾乎涉及軍中生活、塞外風光以及西域少數民族生活習俗、風土人情的所有方面，如〈走馬川行奉送出師西征〉「輪臺九月風夜吼，一川碎石大如斗，隨風滿地石亂走」、〈熱海行送崔侍御還京〉「蒸沙爍石燃虜雲，沸浪炎波煎漢月。陰火潛燒天地爐，何事偏烘西一隅」、〈火山雲歌送別〉「火山突兀赤亭口，火山五月火雲厚。火雲滿山凝未開，飛鳥千里不敢來」、〈白雪歌送武判官歸京〉「北風捲地百草折，胡天八月即飛雪。忽如一夜春風來，千樹萬樹梨花開」等等，既是軍中生活的經歷與感受，又是一幅幅驚心動魄的奇異景觀；至如〈田使君美人如蓮花舞北鋋歌〉、〈趙將軍歌〉、〈酒泉太守席上醉後作〉、〈玉門關蓋將軍歌〉、〈與獨孤漸道別長句〉等詩中，或描寫色彩繽紛的邊地盛筵，或摹狀羌兒胡姬的婀娜舞姿，或渲染胡漢將軍的暢飲同歌，不僅充滿著濃郁的異域情調，而且形同多彩的民俗畫卷。在唐代經濟文化發展到極盛的開天時代，詩壇自然形成以雄偉壯麗的都城爲中心的同時，又在自古所謂「聲教所不及」的戎蠻之域綻發出一枝邊塞詩的瑰奇偉麗之葩，於中顯然可見那一特定時代由政治文化多重因素所構成的一種特殊的催進機因，而其高亢雄奇的主調與昂揚奮進的士人精神風貌的契合，也就進一步造成這一特定題材的藝術表現成爲全社會的共鳴與嚮往，如岑參的邊塞詩在當時便「每一篇絕筆，則人人傳寫，雖閭里士庶，戎夷蠻貊，莫不諷誦吟習」[42]。這樣的結果，不僅展示了以都城爲中心的開放式詩壇所涵具的最遼遠的背景，而且形成作爲促進唐代文學空前繁榮的重要生機之一的民族文化大規模交流融合的一個直接的途徑。

從創作環境的氛圍與性質看，與邊塞疆場形成鮮明對照的另一極端無疑是山水田園。值得翫味的是，與邊塞詩一樣，山水田園也恰恰在開天時期達到文學史上的峰巔狀態，而這種峰巔狀態的形成，也就一如前述的邊塞詩繁盛原因一樣，絕非僅僅是如同某些文學史家主觀判定的以王、孟爲代表的所謂「山水田園派」詩人創作實踐的結果，而是體現爲由複雜的社會因素與催激基因促成的文人心理祈向與時代藝術風會的衍漫。舉其大者，略有三端。第一，唐代富庶的社會經濟爲士人提供了優裕的生活條件，形成山莊別業化的生活環境。入唐之始，「自王公以下，皆有永業田」[43]，在朝京官多置田園別業，遍佈長安、洛陽一帶，到開天時代，別業進而普及到下層士人，其構築或如幽靜田家，或依傍山水勝迹，大多兼有山水田園之美。正是這種性質的山莊別業成爲廣大文人的日常生活環境，才使山水田園形成詩壇的重要的背景因素，促使山水田園詩在開天時代匯爲大宗。第二，爲了適應開天時代的太平盛世氛圍，玄宗熱衷於招納隱士高人，造成一種普遍的隱居風尚，積極仕進的文人往往通過「終南捷徑」以博取功名，已登仕途者以「公府傳休沐，私庭效陸沉。方知從大隱，非復在幽林」[44]的心理構成「休澣」之日的亦官亦隱生活方式，罷官或致仕後則「歸山買薄田」[45]。正是這種普遍的「且復樂生事」[46]的生活方式，使廣大文人始終保持著從容幽雅的心境以欣賞田園山水的自然之趣，形成無論仕隱皆加入田園山水詩創作行列的繁盛景象。第三，在開天時期強盛的時代精神的感召下，廣大士人既充滿建功立業的熱情與理想，又努力保持高尚超俗的道德──人格建構，在入仕時「雖登洛陽殿，不屈巢由身」[47]，不達時則「時哉苟不達，取樂遂吾情」[48]，形成一種「避世辭軒冕，逢時解薜蘿」[49]那樣的通達的處世原則與人生觀念。因此，儘管開天詩人大多仕途偃蹇、屢經挫折，卻絕無陳子昂那樣的因賢人失志、報國無門而生的無可消解的幽憤鬱結，而是恰恰促使文人們對山水田園自然之美的發現與追求。這樣的深層的心理因素，顯然正是開天時期山水田園之詠既出現一空前古的極度繁盛局面，又形成後無繼踵的巨大藝術成就的重要原因。由此可見，在這一題材創作的興盛之中，有著多種的社會的心理的因素，也正因此，造成山水田園詩創作環境的廣袤性及其內質構成的多重性。從創作環境看，這一時期大量的山水田園詩的產生，除對應著尚未入仕與已任官職的不同身份的詩人分別創作於各自的家鄉居所及仕所附近者外，大多寫於著名的風光優美之地，如終南山、嵩山、廬山以及吳越、齊魯、巴蜀等，幾乎遍及當時除邊疆塞外及蠻荒之域的所有地區。從內質構成看，開天時期的山水田園詩首先體現了對晉宋以來畛域分明的山水詩與田園詩傳統的融合。開創田園詩的陶潛由長期隱處村居而形成創作中的田園題材與意趣，開創山水詩的謝靈運則在登山歷水中構成創作中的山水精神與特徵，正是二人創作環境的不同，造成山水與田園的截分兩橛。這兩種藝術淵源在唐代的融合，最初的契機當是作爲文人常見的生活環境的兼具山水田園風貌的山莊別業的興起。當然，入唐之始至武后時代，大批別業的興建已爲此提供了現實的條件，但由於其時文人的心理祈向大多局限在宮廷王府，獨立的人格建構與通達的出處觀念尚未成熟，因此山莊別業形貌大多僅於帶有濃重宮廷文學傳統的應制游宴詩中略現一斑。到開天時代，一方面別業進而普及到下層文士，另一方面文人形成寬闊化與通達化的心理涵量與特徵，這就不僅促使詩人擺脫俗套與功利的束縛，得以真正進入自然之美的境界，而且以曠放的精神與行止突破具體別業的範圍，從而將山水田園詩的自然的與社會的背景推向無限廣闊。其次，開闊化了的山水田園詩以其追求人格的獨立與心靈的自由的基本精神以及大多作品與歷代著名高士隱居之地有著密切聯繫的創作環境，在與歷史上的隱士詩傳統構成明顯的聯結與溝通之中，體現出濃重的隱逸趣尚。當然，開天盛世的政治環境與大量產生隱士的魏晉時期已有本質的不同，開天詩人在仕進途中儘管多有挫折，在「出處兩不合」的處境中時常發出對現實的不滿與懷疑，但從本質上看，他們的隱處是等待更好的出仕機遇，對時代與「明主」始終抱有積極的幻想，幾乎沒有一個開天詩人真正堅持終身隱遁避世，然而在具體的人生階段與創作環境中，適應著人格獨立與心靈自由的需求，他們又幾乎無不受到作爲「古今隱逸詩人之宗」㊿的陶潛詩歌藝術範式的深刻影響。如孟浩然〈過故人莊〉、王維〈渭川田家〉以及高適的〈淇上別業〉、蕭穎士的〈山莊月夜作〉、丘爲的〈泛若耶溪〉、祖詠的〈歸汝墳山莊留別盧象〉、萬楚的〈題江潮莊壁〉等著名的山水田園之作，固然大多體現了這些詩人親身經歷中的真實感受，但從其多有雞黍桑麻、雞鳴犬吠、墟里炊煙、窮巷柴扉等意象，即使是山水景色亦多靜穆悠淡的特點看，顯然承沿著陶潛詩中那些作爲安貧樂道精神體現的理想化意象模式。同時，開天詩人心理深層的積極入世的樂觀因素，又造成其筆下的靜穆意象與陶潛詩中透現出那種寒餒辛勞以及對社會現實的抗爭意味截然不同，而是作爲一種精神的愉悅與心理的調節，依倚著「且共太平歌，勿嗟名宦薄」的盛世氛圍。因此，開天時期的山水田園詩對陶潛範式的承續及其隱逸趣尚的溢露，實際上正是在盛世氛圍與心靈奧區的滲融之中表現出的濃重的理想化色彩。再者，長期的或多次的隱居生活經歷與通達的或雍容的人生處世觀念，使廣大士人得以在對「物情趨勢利」[51]的消解之中全身心地投入山水田園的懷抱。正是因此，雖然每個具體詩人的生活環境與藝術個性各有差異，但其筆下的山水田園之作則大多體現出刻劃細緻、感受真切的共同特點。如丘爲的〈泛若耶溪〉寫道「結廬若耶裏，左右若耶水。無日不釣魚，有時向城市……日暮鳥雀稀，稚子呼牛歸。住處無鄰里，柴門獨掩扉」，詩人對眼前山水田園景色的攝取，全然立足於自身日常生活場景的真實感受；崔國輔的〈長干曲〉「月暗送湖風，相尋路不通。菱歌唱不徹，知在此塘中」、裴迪輞川絕句中的〈華子岡〉「落日松風起，還家草露稀。雲光侵履迹，山翠拂人衣」，則於「落日」、「月暗」之中通過對菱歌之聲與山嵐之氣的獨特感受，敏銳而細膩地顯現出自然環境的明淨氣息與流動生機。儲光羲筆下的山水自然，也以自身的細密體味見長，如〈幽人居〉「幽人下山徑，去去夾青林。滑處莓苔濕，暗中蘿薜深。春朝煙雨散，猶帶浮雲陰」，詩人在這裏雖然首先選取的是旁觀的角度，但在對「滑處」、「暗中」景物地貌的刻劃中，卻仍然將自身的感受投入其間，顯示出由旁觀者到景中人的角色轉換。這一角色意識在儲光羲的田園詩中表現得甚爲突出，如其代表作〈田家雜興〉八首與〈同王維偶然作〉十首，對所謂田家的描寫實乃自身的喻象，詩人自身已成爲田家中心角色，因此，其所描繪的田園景觀，就不僅從生活細節的再現角度顯示出真切感與實在感，而且由生活實際的甘苦出發表現出田家特有的情感意趣。在開天時期山水田園詩的極爲廣泛的創作中，最傑出的代表無疑是孟浩然與王維。孟浩然山水田園詩大多取材於日常生活，表現出樸素自然的生活情調，其代表作如〈夜歸鹿門山歌〉、〈過故人莊〉、〈夏日南亭懷辛大〉、〈秋登蘭山寄張五〉、〈山中逢道士雲公〉等，無論是高士形象的塑造、山中登覽的意趣，還是鄉村風光的勾勒、偕隱過從的情誼，都既見淡遠清曠、超然脫俗的詩境，又不失樸素真誠、生動活脫的生機。王維的山水田園詩則主要體現爲畫家的取景方式，並經藝術的提煉與純化，構成一幅幅既清新明淨又悠淡靜謐的水墨畫卷，其代表作如〈渭川田家〉、〈輞川閒居贈裴秀才迪〉、〈終南山〉、〈山居即事〉、〈山居秋暝〉等，皆在人與自然的依戀、溝通乃至融合之中展現出氣韻生動的繪畫美與詩境美，將這一題材的藝術成就推到了前所未有的高度。很顯然，王、孟山水田園詩藝術建構的具體途徑與特徵各異，但在對山水田園具體形態與環境氛圍的全身心投入這一點上，卻顯示出完全一致的寫實化傾向。由此可見，如果說，多重的社會的與心理的因素促成了開天時期山水田園詩的極度繁盛，那麼，山水田園詩內質構成的本身，則在一方面以晉宋山水詩與田園詩兩大統系爲標誌的文學傳統在歷時性意義上的匯流，另一方面又以理想化與寫實化爲標誌的審美心理與創作法則在共時性意義上的融合之中，體現出自身的峰巔狀態與巨大成功。

如果說，在詩歌的創作環境與生活背景之中，日常應景、邊塞疆場、山水田園詩的創作各自具有較爲明晰、相對固定的場合範圍，那麼，羈旅行役詩的創作場合則顯出一種流動的滲透的特性。也就是說，羈旅行役詩的創作既有自身的題材屬性與文學傳統，又往往形成與其他題材創作場合交叉融合的環境特點與表現方式。比如說，離鄉別友之旅，常常與送別酬贈的日常應景詩莫辨，征戍從戎之行，恰恰與氣勢豪壯的邊塞征戍詩相合，漫遊、遷謫或歸隱之途，則既投身山水田園之境，又時見日常應景之情。當然，在開天時期，純粹的羈旅行役題材範圍的創作數量並不甚多，但其聯繫乃至包容面卻異常廣闊，以致於嚴羽在《滄浪詩話．詩評》中認爲「唐人好詩，多是征戍、遷謫、行旅、別離之作，往往能感動激發人意」，不僅明標「行旅」爲「好詩」之列，而且所列其他幾項「征戍」、「遷謫」、「別離」亦皆莫不是「行旅」的具體形態。因此，羈旅行役一類作品，也就在開天詩壇上佔有了重要的地位。假如除去分別與邊塞詩、日常交往詩更爲接近的征戍、別離題材，開天詩壇行旅詩最主要的成份顯然產生於遷謫與漫遊的場合與背景。對應著仕途不遇的諸多因素，開天詩人幾乎無一沒有應試不第、求官不得、遷謫外放之類經歷，然而正是因此，既造成以都城爲中心的開天詩壇呈向四域的放射狀擴展，又促使行旅詩創作的繁榮。如綦毋潛〈早發上東門〉「十五能行西入秦，三十無家作路人。時命不將明主合，布衣空染洛陽塵」，即以簡練的筆觸概括出因「時命不合」而「作路人」的感受與行狀。從文學傳統角度看，武后時代貶謫詩已經興盛，如盧照鄰、王勃的西蜀之貶，宋之問、沈佺期的南荒之逐，皆爲其作品中增添了最爲閃光的部份，而在那宮廷詩風尚濃的時代，正是這些貶逐紀行之作最有力地推進了藝術個性化的發展。開天時期的貶逐紀行詩顯然以此爲直接源頭，並且也正是通過對其個性化趨向的大力發揚而使自身臻於極致，著名詩人如王昌齡、儲光羲貶嶺南，王維貶濟州，張子容貶樂城，崔國輔貶竟陵，以及孟浩然應試不第，高適求仕不果，李白賜金放還，都成就了他們的傑出詩篇。這一傳統的發展，在稍後進而演育出「漂泊西南天地間」的杜甫的驚天動地的歌吟。對應著當時文人普遍具有的傲岸生性與通達觀念，開天詩人又幾乎無一沒有漫遊的經歷。當然，從本質上看，文人漫遊的動因與深意自不免帶有或仕途失意或希企功名的政治功利因素，但其精神狀態畢竟與貶謫有所不同，如儲光羲〈遊茅山五首〉之二寫道「巾車雲路入，理櫂瑤溪行。天地朝光滿，江山春色明。王庭有軒冕，此日方知輕」，在對明秀景色的投入之中顯露出超然脫俗的心態，王昌齡〈九江口作〉寫道「漭漭江勢闊，雨開潯陽秋。驛門是高岸，望盡黃蘆洲。水與五谿合，心期萬里遊」，則在對蒼莽壯闊的旅途景觀的渲染之中表達自身「心期萬里」的襟懷。

在競相漫遊的開天詩人群中，最引人注目的無疑是詩僊李白。其自「十五學神僊，僊遊未曾歇」[52]到「仗劍去國，辭親遠遊」[53]，足跡遍及洞庭、廬山、襄陽、金陵、揚州、蘇州、越中、梁宋、齊魯、邯鄲、薊門、幽州、太原、宣城、涇縣、當塗等地，正如他自己所云「士生則桑弧蓬矢，射乎四方」[54]。值得注意的是，李白許多最傑出作品如「夜發清溪向三峽」的〈峨嵋山月歌〉、「輕舟已過萬重山」的〈早發白帝城〉、「自愛名山入剡中」的〈初下荊門〉、「明朝散髮弄扁舟」的〈陪侍御叔華登樓歌〉、「兩岸青山相對出」的〈望天門山〉、「疑是銀河落九天」的〈望廬山瀑布〉等等，皆作於漫遊途中，其間無數自然奇觀與天外奇想奔湧筆端，既體現爲其四方漫遊經歷的紀行與實錄，又顯然是其理想化精神風貌的凝聚與縮影。開天時期文人的大規模漫遊，本身就是那一特定時代所產生的獨特的社會現象，而由此造成的行旅詩、寫景詩的繁榮，也就成爲了文學史上空前絕後的一段奇觀。

就文學傳統的角度而言，以上幾種類型的創作環境與背景，並非開天詩壇的全新開拓，而是在文學史上有著久遠的源頭與傳統。比如，日常交往的場合映帶著「詩可以群」的文學觀念幾乎與詩的出現俱生；邊塞疆場的環境在多民族的中國本來就是與民族矛盾共存的現象，早在三百篇、漢樂府中即多有征戰之題；山水田園的景觀即使從其作爲獨立的詩歌體派的確立看，也是肇始於晉宋之時；至於羈旅行役，更是自古文人多有的經歷，其作爲一種文學題材的確立亦源遠流長，正如白居易所云「自風騷之後，蘇李以還，次及鮑謝徒，迄於李杜輩，其間詞人聞知者累百，詩章流傳者鉅萬，觀其所自，多因讒冤、譴逐、征戍、行旅……情動於中，文形於外」55。然而，開天詩壇的貢獻卻在於將這些類型的創作推達空前廣大的規模，形成文學史上詩歌創作環境化、場合化的最高程度的體現。同時，由於新的時代精神風貌與獨具的詩人創作個性的滲融，傳統的題材顯然煥發出新的生機，展現出新的風貌，其獨具的時代性特徵與悠長的文學史傳統在具體創作環境與題材範圍的構合，也正是開天詩壇極盛狀態出現的一個重要原因。

除此而外，大規模的廣闊的創作背景與各種詩歌體式、風格的交融組合，更形成的絢爛多彩的景觀。入唐之始，隨著詩歌律化的進程與宮廷詩風的影響，詩歌體式多爲受律化影響的五言「半體」形式，到武后時代，經四傑、沈、宋等人的努力，詩體意識漸趨強化，古、律遂逐漸畛域分明，雖然各種詩體的運用已較前期自如，但從總體上看，詩歌體式與寫作場合仍有相對固定的聯繫，比如在正規的官場或應酬場合，最普遍運用的是五言近體，在個人抒發情懷的場合，才較多地運用古體或長篇歌行。這種情形在開天時代已出現根本的變化，不僅各種詩歌體式全面成熟，皆爲詩人廣泛地大量地運用，而且打破了詩體與場合的習慣聯繫，各種詩體皆可運用於某一場合或題材。比如，在日常交往的創作場合，除近體之外，古體、歌行已得到廣泛運用；在對邊塞疆場壯偉場景的描繪中，固然多有氣勢豪宕的長篇古體、歌行，但五、七言近體甚至短小絕句也絕不少見。與詩體的多樣化運用一樣，開天時期的詩風亦呈顯多樣化流向。本來，在武后時代，隨著詩壇中心移出宮廷，個體性創作傾向愈趨普遍，各種類型詩人的藝術個性已走向成熟，但是，就具體詩人及其創作環境而言，其詩風表現顯然尚較單一。這在開天詩壇，則尤見顯著變化。固然，處於開天盛世的文化背景與藝術氛圍之中，眾多詩人的創作普遍體現出一種共通的足以作爲時代精神主旋律的表徵的高亢昂揚的情感基調與審美風範，但一方面就具體詩人看，由於開放的社會環境、活躍的學術思想、通達的士人心態，促使文人精神追求的多面發展與審美世界的豐富建構，從而形成詩歌創作風格的多樣流向。比如，孟浩然以寫樸素的田園生活見長，成功地構成一種淡遠詩風，但在寧靜淡遠之中又時時湧現壯逸之氣，表現出「氣蒸雲夢澤，波撼岳陽城」[56]、「大江分九派，漫漫成水鄉」[57]那樣的磅礴風勢甚至「人事有代謝，往來成古今」、「羊公碑尚在，讀罷淚霑襟」[58]那樣的慷慨豪情。在王維詩中，也是「風勁角弓鳴，將軍獵渭城。草枯鷹眼疾，雪盡馬蹄輕」[59]的勁健與「空山新雨後，天氣晚來秋。明月松間照，清泉石上流」[60]的幽寂並存。再如王昌齡〈從軍行〉之類的雄豪激蕩，〈採蓮曲〉之類的清新明快，〈長信秋詞〉之類的幽怨哀婉，更形成鮮明的對比。這種情形，在開天詩人中實在不勝枚舉，可以說，每一具體詩人創作風格的多向化，正是開天詩壇璀璨星空構成的重要特徵。另一方面就創作環境看，即使是在同一場合對同一題材的描寫，由於包容著眾多各具個性及多向風格的創作主體，所以呈現出來的往往是殊異的風調。比如同是邊塞疆場，在岑參筆下是由「一川碎石大如斗，隨風滿地石亂走」那樣的奇異偉壯的動態呈現粗獷瑰麗的風格，在王維筆下是由「大漠孤煙直，長河落日圓」那樣的曠遠遼闊的靜景呈現明淨高朗的風格，在王之渙、祖詠的筆下則由「羌笛何須怨楊柳，春風不度玉門關」、「燕臺一望客心驚，簫鼓喧喧漢將營」的開闊視野與鬱重情思呈現蒼莽沉厚的風格，即使是向被並列爲邊塞詩人之首的高適、岑參，詩風亦以「岑超高實」[61]顯出相當的差異。在優游山水或隱處田園的場合，也明顯可以感受到孟浩然的樸素生動、王維的虛靜淡遠、常建的興僻旨幽、劉昚虛的幽婉清新、李頎的奔湧朗暢、崔國輔的悠靜婉變、儲光羲的樸雅遠逸、綦毋潛的清秀跨俗等具體風格的自具特徵與不同指向。此外開天時期大量存在的詩人聚會場合的同題賦詠，也一改其前宮廷詩及其影響下的同題應酬諸作皆可隨意拼接重組的程式化與通用性特點，而是仍然成爲各自獨具個性的藝術風格的凝結與體現。

由上可見，開天詩壇廣闊的環境背景、宏大的創作規模、多樣的體式風格，並未局限在各自意義域的範圍內，而是在時代精神偉力與詩人個性特徵的深層因素的湧動、交織與疊現之中，構成一種多層次的、全方位的、立體化的廣闊性與多樣性，這也可以說是開天詩壇繁盛局面的全般展示。當然，以上所述，著重在於從創作背景環境及其風格特徵表現的角度來論述，至於創作主體豐富的審美心理結構及藝術理想追求方面的因素與特徵，尚未深入掘發；同時，所謂個性的多向發展，並非毫無中心意義的紛亂狀態，特定的時代文化氛圍實際上具有極大的凝聚力與規範性；再者，這裏的概括性把握與描述，亦不可能對所有問題包羅得巨細無遺。因此，以下即擬從詩人創作心理的角度，通過對時代性特徵與詩人審美理想範式的綜合把握，試圖以高搴的風骨、自然的趣味、玲瓏的興象爲中心，著重將這種在開天詩壇既是普遍現象又具核心價值的審美建構方式展示出來。

第三節　壯偉襟抱的藝術體現

在唐詩發展史上，明確以「風骨」作爲文學革新的核心內容加以倡導與標舉，早在武后時代即已出現。最初由四傑提出時，所謂「骨氣都盡，剛健不聞」[62]，旨在以內質充盈的剛健骨力改變綺碎浮靡的宮廷詩風，著重點似乎尚在反面的批判性；到了陳子昂倡「漢魏風骨」，既歎「文章道弊五百年」，復讚「不圖正始之音，復睹於茲，可使建安作者，相視而笑」[63]，明確以復振建安風骨、正始之音爲己任，著重點顯然已在正面的建設性。從對宮廷詩風的批判到對建安文學的承傳，風骨概念已增加了文學傳統的內涵；再從武后時代庶族政治力量勃然興起的社會背景看，四傑「重義輕生懷一顧」的人生意氣、陳子昂「拔劍起蒿萊」的慷慨豪情，也正與建安文人「建永世之業，流金石之功」[64]的意欲建功業於亂世、求聲名於不朽的人生理想聯結起來，這就爲唐詩中「風骨」理想的發展奠定了積極入世的精神內涵與基本走向。

然而，武后時代的文人在執著地追求功業理想的同時，又多有賢人失志的哀怨與時不我待的傷感，形成一種久暫盛衰對比的時代性文學主題，從而也帶上了建安文學中那種慷慨悲涼的色調。到開天時代，強盛的時代精神一方面進一步激發士人乘時而起的雄心壯志，另一方面又造成一代文人開闊的胸襟與通達的觀念，使其既積極追求功業，又注重人格建構，乘時而起，激流勇退，這在文學上的反映，也就既發揚了建安文學傳統中積極入世的精神，又消解了其中悲涼消極的哀吟。因此，由四傑、陳子昂構劃出的「氣淩雲漢，字挾風霜」、「骨氣端翔，音情頓挫，光英朗練，有金石聲」那樣的作爲風骨表徵的理想化的文學樣態，恰恰在開天詩壇得到了最高層次、最大規模的實現。

如前所述，開天詩人既普遍追求不朽功業，又大多仕途並不順遂，同時，創作環境與背景的廣闊化，也造成詩歌題材與風格的多樣化。但是，縱觀開天詩壇，從詩人遭際看，無論是上昇朝列的得意之際，還是落第遷謫的失意之時，從具體的創作場合看，無論是在邊塞疆場，還是在山水田園，抑或是日常交往、縱酒挾妓，從詩人的風格個性看，無論是飛動豪縱，還是清新勁健，抑或是幽寂深婉，卻都能透現出一種共性的精神狀態，這就是深厚高朗的情感基調與闊遠壯大的氣度力量。可以說，這種精神性特徵的形成，正是開天詩壇繁盛景象的核心與靈魂，也是開天詩人壯偉襟抱的體現與展示。活躍於其時的重要詩人幾乎無一不具申管晏之談、謀帝王之術的理想與抱負，並且在詩歌中大量地加以直接的抒寫。如果說，崔顥〈長安道〉詩云「莫言貧賤即可欺，人生富貴自有時」、王昌齡〈酬鴻臚裴主簿雨後北樓見贈〉詩云「不歎攜手稀，常思著鞭速。終當拂羽翰，輕舉隨鴻鵠」，表達了出身貧寒的士人參與政治的普遍願望，那麼，高適〈和崔二少府登楚丘城作〉詩云「公侯皆我輩，動用在謀略」、李白〈鄴中贈王大〉詩云「富貴吾自取，建功及春榮」，則描繪了一代文人壯偉襟抱與強烈自信的理想圖景。除了這一類直接的抒寫，開天文人襟抱更多地體現在各種創作環境與社會交往中的隨時感發，如崔顥〈古遊俠呈軍中諸將〉「少年負膽氣，好勇復知機。仗劍出門去，孤城逢合圍。殺人遼水上，走馬漁陽歸……腰間帶兩綬，轉盼生光輝。顧謂今日戰，何如隨建威」、李頎〈崔五六圖屏風各賦一物得烏孫佩刀〉「烏孫腰間佩兩刀，刃可吹毛錦爲帶。握中枕宿穹廬室，馬上割飛翳螉塞。執之魍魎誰能前，氣凜清風沙漠邊。磨用陰山一片玉，洗將胡地獨流泉」，雖爲寄贈或詠畫，仍借「軍中」與「刀」的具體情事與對象，構成自身內心世界的剖白。這種心態，在高適、岑參詩中表現得更爲強烈，如高適〈淇上酬薛三據兼寄郭少府微〉「十年守章句，萬事空寥落。北上登薊門，茫茫見沙漠。倚劍對風塵，慨然思衛霍」、岑參〈武威送劉單判官赴安西行營便呈高開府〉「中歲學兵符，不能守文章。功業須及時，立身有行藏。男兒感忠義，萬里忘越鄉」，真有點反思人生歷程，決志投筆從戎的味道。這種人生志趣即使在「晚年唯好靜，萬事不關心」[65]的王維、孟浩然詩中也有明確的表白，如王維早年所作〈老將行〉云「少年十五二十時，步行奪得胡馬騎。射殺山中白額虎，肯數鄴下黃鬚兒」、〈燕支行〉云「麒麟錦帶佩吳鈎，颯踏青驪躍紫騮。拔劍已斷天驕臂，歸鞍共飲月支頭」，壯偉襟抱與豪邁氣概躍然紙上，再如孟浩然〈田園作〉「衝天羨鴻鵠，爭食羞雞鶩。望斷金馬門，勞歌採樵路」、〈洗然弟竹亭〉「吾與二三子，平生結交深。俱懷鴻鵠志，共有鶺鴒心」，雲天之志甚至在掛牌的田園之作中迸溢出來。這在李白詩中得到最高程度的體現，如〈梁甫吟〉「張公兩龍劍，神物合有時。風雲感會起屠釣，大人峴屼當安之」、〈將進酒〉「天生我材必有用，千金散盡還復來」、〈行路難〉「長風破浪會有時，直掛雲帆濟滄海」等，其濃烈壯大的情感力量與咄咄逼人的風神氣勢，幾乎充溢於李白的所有詩篇之中。這種基於壯偉的人生襟抱的高朗情調與雄闊氣勢，正是詩中風骨的集中體現與典型特徵，而其在開天時期構成的廣闊的覆蓋面與深厚的滲融力，也正是那一時代性藝術精神出現的條件與基礎。

如果說，開天詩人對一朝風雲際會、建不朽之功業的強烈渴望與理想，在廣泛的範圍內得到普遍的激發，那麼，在親身馳騁疆場、具有直接建立功勳條件的邊塞環境，顯然爲這種情懷的抒發造就了更爲合適的氛圍，所謂「倚馬見雄筆，隨身唯寶刀」，生活環境與文學創作的聯結，壯偉襟懷向藝術風格的轉化，也就使得邊塞詩自然成爲唐詩風骨特徵的最集中的凝聚點。如開天詩人以〈塞下曲〉爲題創作極爲普遍，此雖爲樂府舊題，但詩人所作卻無不顯示出自身嚮往邊功的情懷，如李頎詩云「少年學騎射，勇冠并州兒。直愛出身早，邊功沙漠垂。戎鞭腰下插，羌笛雪中吹。膂力今應盡，將軍猶未知」，高適詩云「萬里不惜死，一朝得成功。畫圖麒麟閣，入朝明光宮。大笑向文士，一經何足窮。古人昧此道，往往成老翁」，李白詩云「五月天山雪，無花只有寒。笛中聞折柳，春色未曾看。曉戰隨金鼓，宵眠抱玉鞍。願將腰下劍，直爲斬樓蘭」，在這裏，不僅可見詩人建立邊功的慾望空前高漲，而且以「古人昧此道」一語道破嶄新的時代精神。從唐代的實際情況看，立功邊塞既是士人追求功名事業的一條極重要途徑，威武雄壯的邊塞軍旅生活自然成爲廣大文人自覺而熱烈的嚮往，雄奇壯闊的邊塞異域風光也最能激蕩其情感意緒的波瀾，因此，邊塞詩中那種充滿豪雄氣勢與偉力的風骨特徵，實際上正是由建功立業的士人理想、威武雄壯的軍旅生活以及雄奇壯闊的異域風光組構而成的審美綜合體。如王昌齡〈從軍行七首〉之四「青海長雲暗雪山，孤城遙望玉門關。黃沙百戰穿金甲，不破樓蘭終不還」，如果說，「黃沙百戰」的經歷正是「不破樓蘭終不還」的決心的實踐，那麼，「青海長雲」的壯闊場景也顯然是壯偉襟抱的外化與展延；又如祖詠〈望薊門〉「燕臺一望客心驚，簫鼓喧喧漢將營。萬里寒光生積雪，三邊曙色動危旌。沙場烽火連胡月，海畔雲山擁薊城。少小雖非投筆吏，論功還欲請長纓」，極爲顯明，此詩著重描寫的「簫鼓喧喧」、「沙場烽火」的整肅軍威，正是在「萬里寒光」、「海畔雲山」的壯闊場景中展列出來，但若離開尾聯「投筆」、「請纓」的主體心態的顯露，即使是互爲依倚的這兩大因素也無疑會頓然晦黯減色許多。這種表現方式，在岑參詩中不僅更爲多見，而且更爲靈妙，比如〈走馬川行奉送出師西征〉「君不見走馬川，雪海邊，平沙莽莽黃入天……虜騎聞之應膽懾，料知短兵不敢接，車師西門竚獻捷」，〈獻封大夫破播僊凱歌六章〉之六「暮雨旌旗濕未乾，胡煙白草月光寒。昨夜將軍連曉戰，蕃軍只見馬空鞍」，〈武威送劉判官赴磧西行軍〉「火山五月人行少，看君馬去疾如鳥。都護行營太白西，角聲一動胡天曉」，這裏的「平沙莽莽」、「胡煙白草」、「太白胡天」以及〈熱海行送崔侍御還京〉中「蒸炒爍石燃虜雲，沸浪炎波煎漢月」的「熱海」、〈火山雲歌送別〉中「繚繞斜吞鐵關樹，氛氳半掩交河戍」的「火山雲」之類奇偉景觀各種角度的觀察與表示，實際上本身就是「虜騎膽懾」、「蕃軍馬空」的慘烈場景或「馬疾如鳥」的飛騰氣勢的投影與疊現，自然景觀與軍戎活動處於意象構織的不可分創的整體之中。這在其〈輪臺歌奉送封大夫出師西征〉詩中表現得尤爲典型，那就是「四邊伐鼓雪海湧，三軍大呼陰山動」，人爲的伐鼓、大呼既與地域的雪海、陰山同時湧動互應，自然的雪海、陰山又與行進的四邊、三軍形成空間同構，這樣的景境也就突出體現出既雄闊蒼莽又生動矯健的特色，正如施補華所云「勁骨奇翼，如霜天一鶚，故施之邊塞最宜」[66]，「勁骨」與「霜天」的疊合，正是岑參詩中風骨表現方式的形象描畫，而「施之邊塞最宜」，也就道出了邊塞詩成爲唐詩風骨最集中突出體現的根本原因所在。

當然，「施之邊塞最宜」並不意味著環境決定論，風骨的體現實際上也並不排斥其他的創作場合。從前文概述的開天詩壇風骨特徵的極爲廣泛的體現看，開天詩人對詩中風骨的態度，顯然已在循沿著文學傳統範式與創作實踐感受兩條線索的探尋、體味乃至糅合之中，形成一種相當明確的審美意識與甚爲自覺的藝術追求。如岑參讚揚魏昇卿兄弟「雄詞健筆皆若飛」[67]，讚賞杜華「得君江湖詩，骨氣凌謝公」[68]，皆以風骨爲評價標準；高適不僅以「性靈出萬象，風骨超常倫」[69]爲創作理想，而且在〈淇上酬薛三據兼寄郭少府微〉、〈宋中別周梁李三子〉等詩中讚揚薛據等人詩「縱橫建安作」、「感激建安時」，將當時詩人創作中的風骨體現與建安文學傳統聯繫起來，在〈答侯少府〉、〈送渾將軍出塞〉等詩中，又多次寫道「吾黨謝王粲，群賢推郗詵」、「遠別無輕繞朝策，平戎早寄仲宣詩」，進而以建安七子中的王粲詩爲其理想範式；李白詩的藝術成就固然表現在多種方面，但在總體上以「風雨爭飛，魚龍百變」、「白雲從空，隨風變滅」[70]的特色構成的「縱逸」詩風，正是「風骨」所包含的主要的精神實質，如果聯繫其「蓬萊文章建安骨，中間小謝又清發。俱懷逸興壯思飛，欲上青天攬明月」[71]的著名詩句，則顯然更可見出其審美心態與藝術理想的明確剖示了。當然，在詩歌創作空前繁盛的開天詩壇，文學理論處於相對沈寂的狀態，對這種繁盛的創作及其藝術追求，當時並無系統的理論總結與指導，詩人的藝術理想主要是通過其創作風貌體徵的本身以及一些零散的片言隻語表達出來。作爲旨在對當時詩壇精華加以概括、提挈的稍具理論意識的體現，僅有一部殷璠編選的《河嶽英靈集》。此書成於天寶十三載，選錄李白、王維、常建等二十四位開天時期代表詩人作品二百餘篇，殷璠以爲李白等人皆爲錦繡河山誕育之英俊人才，故以「河嶽英靈」名之。書前〈敘〉云「自蕭氏以還，尤增矯飾，武德初，微波尚在，貞觀末，標格漸高，景雲中，頗通遠調，開元十五年後，聲律風骨始備矣」，〈集論〉又云「言氣骨則建安爲傳，論宮商則太康不逮」，皆可見出對開天詩壇藝術成就的總體把握及其以風骨作爲作品入選的重要衡重標準。在對入選詩人的具體評價中，也顯然貫穿著這一精神與標準，如評王昌齡「饒有風骨，與儲光羲氣同體別，而王稍聲峻，多驚耳駭目之句」，評陶翰「既多興象，復備風骨」，評崔顥「晚節忽變常體，風骨凜然」，評高適「詩多胸臆語，兼有骨氣，故朝野通賞其文」，評薛據「爲人骨鯁有氣魄，其文亦爾」，予以高度推崇；而對聲律宛媚的劉沓虛詩則指出「唯氣骨不逮諸公」，對剪刻省淨的祖詠詩亦云「氣雖不高，調頗淩俗」，對好古博學的賀蘭進明又云「有古詩八十首，大體符於阮公」，甚至對文彩芊茸、經緯緜密的孟浩然詩亦僅云「半遵雅調」，皆似有微詞。《河嶽英靈集》雖然僅僅是一部選錄並不完備的選本，但由於殷璠所持「風骨」價值觀念與批評標準的鮮明性，這一詩選實際上也就成爲從風骨角度對開天詩壇藝術追求及其時代性特徵的最早的集中展示。

從文學思想的傳統與遞進的角度看，開天詩壇的風骨表徵既是四傑、陳子昂文學革新主張的全面實現，又具建安風骨的悠長淵源。然而，從文學審美的時代性特徵看，開天詩壇的風骨精神特質與傳統的風骨內涵又顯然有著重要的變化。關於風骨的確切義指，固然歷來歧議甚多，但「其爲文用，譬征鳥之使翼也，故練於骨者，析辭必精，深乎風者，述情必顯」[72]，將其視爲充溢於完美藝術整體中昂揚激越的情感氣勢，大體是不錯的。然而，在劉勰《文心雕龍》與鍾嶸《詩品》中得到詳密論述的所謂「建安風骨」，因其內含著士人建功業於亂世的人生意氣以及企功名而不遇的哀怨情懷的最初動因，所以明顯映帶著動蕩之世的荒亂氛圍，典型的如王粲〈七哀詩三首〉之一云「西京亂無象，豺虎方遘患。復棄中國去，遠身適荊蠻……南登灞陵岸，回首望長安。悟彼泉下人，喟然傷心肝」。因此，鍾嶸評論曹植、劉楨、王粲等建安代表作家時，既稱賞其「骨氣奇高」、「真骨淩霜，高風跨俗」，又指出其「發愁愴之詞」、「甚有悲涼之句」[73]，建安風骨在很大程度上便成爲一種人生悲涼意緒的藝術表現範式。這在入唐以後的武后時代，由於與廣大士人一面積極追求功業理想、一面又多處於報國無門的尷尬境遇的情形恰相遇合，也就衍發出以陳子昂爲最高體現的圍繞賢人失志主題而形成的由慷慨蒼涼的情志抒發、盛衰對比的感悟喟歎、生命暫促的人生思考綜合而成的時代性文學思潮與表現特徵來。到了開天時代，文人追求功業的理想更爲強烈，英雄失路的境遇亦甚爲普遍，但由於通達的觀念與開闊的情懷的鑄就，詩中昂揚激越的情感氣勢的表現，恰恰消解了愁愴悲涼的情調氛圍，即使處於哀怨淒涼的環境之中，詩人筆下也多以壯偉高昂的情調瀰漫其上，從而促使一種帶有鮮明的時代性特徵的藝術表現範式得到全面構建。比如高適〈登壟〉詩云「壟頭遠行客，壟上分流水。流水無盡期，行人未云已。淺才登一命，孤劍通萬里。豈不思故鄉，從來感知己」，陶翰〈送朱大出關〉詩云「丈夫多別離，各有四方事。拔劍因高歌，蕭蕭北風至。故人有斗酒，是夜共君醉。努力強加餐，當年莫相棄」，前者思戀故鄉，後者送人遠別，但傳統的離愁別緒卻全然消溶於強烈的自信與慷慨的豪情之中。再如王昌齡的〈從軍行〉之二「琵琶起舞換新聲，總是關山舊別情。撩亂邊愁聽不盡，高高秋月照長城」、之三「關城榆葉早疏黃，日暮雲沙古戰場。表請回軍掩塵骨，莫教兵士哭龍荒」，兩詩雖一寫遠戍邊愁，一寫戰場塵骨，但其著重點卻既無哀怨，又非慘寂，而是歸結於「高高秋月照長城」的壯闊景觀與「莫教兵士哭龍荒」的積極精神。要之，作爲風骨的基本含義與表現特徵，開天詩壇的風骨與傳統意義上的風骨一樣，都是一種深厚強烈的情感氣勢力量，但是隨著時代精神與詩人心態的組構方式的不同，這種情感氣勢中蘊含的時代色調與精神風貌卻發生了根本的變移，從而也就造成自建安迄唐前期的文學傳統意義上的風骨內涵的延續發展出現一個重大的轉向與躍遷。

第四節 任性自然的心理狀態

開天詩壇的繁榮興盛，除文學淵源的承傳與時代精神的感召的因素之外，文人心理世界的豐富多彩則是最直接的因素。因此，其繁榮就不僅表現在題材與風格的多樣性，而且更重要地表現在藝術理想追求及審美建構方式的多向化。如果說，適應著建功立業的宏大抱負與壯偉襟懷，文人普遍追求一種雄厚激昂的氣勢力量的表達方式，由此而形成崇尚高搴風骨的審美建構，那麼，適應著豁朗通達的人生觀念與處世原則，文人普遍形成一種任性自然的隱逸趣尚的心理選擇，則由此又造成追求自然天真的審美建構。

從表面上看，植根於入世精神的功業理想與表現爲出世心態的隱逸趣尚出現於同一時段、同一文人群體甚至同一具體作家筆下，似乎是不可思議，但是，開天時期的壯偉的時代精神力量以及優裕安定的社會生活環境，促使文人形成寬闊的襟懷與樂觀的心理，則恰恰體現爲這種審美轉換的契機。也就是說，在同一具體作家身上，值得重視的不僅在於「避世辭軒冕，逢時解薜蘿」的逢時出處、適意行藏的人生態度，而且更重要的在於其「達士志寥廓，所在能忘機」[74]的超脫世俗、忘機大化的真淳心境。這樣的心境固然主要根源於「雖登洛陽殿，不屈巢由身」[75]、「義不游濁水，志士多苦言」[76]的正直品性與獨立人格的建構，顯然具有社會內涵，然而也正因對世俗流污的有意識的疏離，促使其與自然真趣的下意識的親和。在開天詩人存世的大量作品中，雖然風格、題材豐富多樣，但在描寫景物或借景抒懷之際，以一種投身大化的姿態體現出與自然萬象的融澈親和，則幾乎顯出完全同一的心理祈向。如崔國輔〈小長干曲〉「月暗送湖風，相尋路不通，菱歌唱不徹，知在此塘中」，在觸景生情的作品中，此詩並不算出色，但詩人在「月暗」、「湖風」之中的「相尋」行態，以及由「菱歌」之聲而至於心神沉浸「此塘中」的思緒心迹卻異常明晰。又如張子容〈泛永嘉江日暮回舟〉「無雲天欲暮，輕鷁大江清。歸路煙中遠，回舟月上行」，「歸路」消溶於「煙中」，「回舟」疊現於「月上」，可見詩人主體對自然客體投入之深。再如儲光羲〈同武平一員外游湖五首〉之四「朦朧竹影蔽巖扉，淡蕩荷風飄舞衣。舟尋綠水宵將半，月隱青林人未歸」，詩中「竹影」、「巖扉」、「綠水」、「青林」已構成一幅優美彩繪，而由「舟尋」、「人未歸」的動態，則進而將詩人自身構織景中，揉化爲夢幻般的詩境。明人胡應麟《詩藪》云「儲光羲清而適」，以清新閑適評儲光羲詩風，固然頗具概括性，但若將這一「適」字理解爲詩人與自然的愜意相適，顯然更見妙用。

顯而易見，開天詩人對自然景色的態度，遠未局限於靜觀的描摹，而是普遍表現爲將自身投入其間的審美的追求與享受。他們欣賞山水風光、親和自然大化，也並未完全在於仕途受挫或隱居山林期間，而是失意時以自然美爲精神慰藉，得意時以自然美爲襟懷外化，自然之美，幾乎成爲開天詩人精神生活中不可分割的重要內容。因此，即使是仕途不遇或逃避世俗的最初起因，一旦其進入自然之境，便發生了由社會性因素向審美性內涵的轉化。這樣一來，開天詩人山林之作也就顯然改變了傳統隱逸主題的消極的避世色彩，而是主要表現出對自然之美的發現。如儲光羲

〈終南幽居獻蘇侍郎三首時拜太祝未上〉之三描寫自己的幽居環境與感受云「深林開一道，青嶂成四鄰。平明去採薇，日入行刈薪。雲歸萬壑暗，雪罷千崖春。始看玄鳥來，已見瑤華新」，經過隱埋深林之間的幽曲小徑，出現在眼前的是四面層巒疊翠迴環擁簇的絕佳之境，而在「平明採薇」、「日入刈薪」的日常生活之中，更是著意於「雲歸壑暗」、「雪罷崖春」的光色變幻與時節推移，從而得到美景疊現、萬象紛呈的感受與愉悅。這種心態，顯然已不同於陶潛「採菊東籬下，悠然見南山」那樣的悠遠淡漠，而表現出對自然之美的努力發現。又如常建的〈宿王昌齡隱居〉詩云「清溪深不測，隱處唯孤雲。松際露微月，清光猶爲君。茅亭宿花影，藥院滋苔紋。余亦謝時去，西山鸞鶴群」，從這首詩整體看，尾聯「余亦謝時去」的隱逸趣尚的頓生，顯非政治的或人生的原因，而恰恰是在偶宿王昌齡隱居的情況下，由自然美的感染而形成的心理吸引力所致，同時，松際微月故灑清輝，正可視爲人對自然投入所得到的回報，這樣，人與自然之間似已形成雙向的交流關係。這種通過賦予自然景物人格化的方式造成人與自然的交流，最終實質仍然表現爲人對自然投入進一步深化。如孟浩然〈夏日浮舟過陳大水亭〉中的「野童扶醉舞，山鳥助酣歌」、〈游鳳林寺西嶺〉中的「莫愁歸路暝，招月伴人還」之類，不僅「山鳥」解助酣歌，而且明月應招而來，較之常建詩中故灑清輝的微月，其活化程度更進一層。孟浩然筆下的田園生活與隱逸趣尚，不同於傳統隱士詩的那種寂寞孤獨，總是在幽靜的環境中充滿蓬勃生機與活潑情趣，這種構思方式或許正是一個重要的原因。再看李白的〈花間獨酌〉詩云「花間一壺酒，獨酌無相親。舉杯邀明月，對影成三人……我歌月徘徊，我舞影凌亂」、〈友人會宿〉詩云「良宵宜清談，皓月未能寢。醉來臥空山，天地即衾枕」、〈獨坐敬亭山〉詩云「眾鳥高飛盡，孤雲獨去閒。相看兩不厭，只有敬亭山」，由此可見，在「獨酌無相親」甚至「眾鳥」亦「高飛盡」之時，詩人可以邀明月爲伴，以天地爲衾枕，與敬亭山相看不厭，詩人內心的不孤獨正是決定於對自然的親和態度與投入方式。從人對自然的投入構成詩的表現看，如果說在李白的筆下表現爲投入範圍的極爲廣泛，那麼，在王維筆下則表現爲投入程度的極度深入。比如王維的〈酬張少府〉「晚年唯好靜，萬事不關心。自顧無長策，空知返舊林。松風吹解帶，山月照彈琴。君問窮通理，漁歌入浦深」、〈竹裏館〉「獨坐幽篁裏，彈琴復長嘯。深林人不知，明月來相照」、〈歸嵩山作〉「流水如有意，暮禽相與還。荒城臨古渡，落日滿秋山」，在這類作品中，呈現出來的是寧靜的人的心境與寧靜的自然之美的融抱，人與自然不僅表現爲異質性的互爲依存，而且顯示出同構性的整體融織。

開天詩人在廣闊的範圍對真實的自然之美的追求與投入，就藝術表現性質而言，正是對唐初宮廷詩中擬自然的寫景特點的徹底改觀。通過這種由虛擬到真實的改變，也就促成了藝術表現方式由矯飾到自然的轉化。也就是說，開天詩人不僅積極投入天文地理的自然實境，努力發現自然之美的奧秘，而且不懈追求一種與自然美相適應的藝術表達方式，有意識地進行自然天真的形式建構。這突出體現爲詩歌語言的質樸無華、清新自然的特點，由「麗藻窮雕飾」到「天然去雕飾」，既可見出以「雕飾」爲中心的兩個時代的審美心理的截然不同以及後者對前者有意識的徹底反撥，又集中概括了開天詩人在建構藝術形式美方面的最高理想與崇尚。通觀開天詩壇，大量的描寫自然景物以及日常生活的作品，基本上都是以明白曉暢與樸實清新的語言形式表現出來，如丘爲〈題農父廬舍〉詩云「東風何時至，已綠湖上山。湖上春已早，田家日不閒。溝塍流水處，耒耜平蕪間。薄暮飯牛罷，歸來還閉關」，儲光羲〈過新豐道中〉詩云「西下長樂坂，東入新豐道。雨多車馬稀，道上生秋草。太陰蔽皐陸，莫知晚與早。雷雨杳冥冥，川谷漫浩浩」，孟浩然〈秋登蘭山寄張五〉詩云「北山白雲裏，隱者自怡悅。相望試登高，心隨雁飛滅。愁因薄暮起，興是清秋發。時見歸村人，沙行渡頭歇。天邊樹若芥，江畔舟如月。何當載酒來，共醉重陽節」，顯然皆如同其生活內容本身一樣的恬淡自然、明白如話。即使是在從戎邊塞的生活經歷之中，詩語的表達也有質樸無華、平淡自然的一面，如王維〈隴西行〉詩云「十里一走馬，五里一揚鞭。都護軍書至，匈奴圍酒泉。關山正飛雪，烽火斷無煙」，王昌齡〈從軍行〉「大將軍出戰，白日暗榆關。三面黃金甲，單于破膽還」、「玉門山嶂幾千重，山北山南總是烽。人依遠戍須看火，馬踏深山不見蹤」；就連以「語奇體俊」[77]著稱的岑參詩，實際上亦顯見口語化傾向，如〈敦煌太守後庭歌〉「敦煌太守才且賢，郡中無事高枕眠。太守來到山出泉，黃河磧裏人種田……醉坐藏鉤紅燭前，不知鉤在若個邊。爲君手把珊瑚鞭，射得半段黃金錢，此中樂事亦已徧」、〈滅胡曲〉「都護新滅胡，士兵氣亦粗。蕭條虜塵淨，突兀天山孤」、〈送郭乂雜言〉「去年四月初，我正在河朔。曾上君家縣北樓，樓上分明見恒嶽。中山明府待君來，須計行程及早回。到家速覓長安使，待汝書封我自開」等等，詩的藝術風格、情感氣勢儘管奇譎壯偉，但語言卻不妨平易自然，可以說，正是平易暢達的語言與奇偉壯麗的景色、豪縱奔逸的氣勢的合爲一體，才構成岑參詩的基本藝術特徵。這種口語化傾向，在「以氣爲主，以自然爲宗，以俊逸高暢爲貴」[78]的李白詩中，也就得到最爲自如的表現，寫景的如〈橫江詞六首〉之一「人道橫江好，儂道橫江惡。一風三日吹倒山，白浪高於瓦官閣」，抒懷的如〈扶風豪士歌〉「脫吾帽，向君笑，飲君酒，爲君吟，張良未逐赤松去，橋邊黃石知我心」，詠物的如〈古朗月行〉「小時不識月，呼作白玉盤。又疑瑤臺鏡，飛在青雲端」，詠人的如〈俠客行〉「十步殺一人，千里不留行。事了拂衣去，深藏身與名」，寫於一般應酬場合的如〈金陵酒肆留別〉「風吹柳花滿店香，吳姬壓酒勸客嘗。金陵弟子來相送，欲行不行各盡觴。請君試問東流水，別意與之誰短長」，顯然都如同在「斗酒詩百篇」的豪爽意態中衝口而出，既明白如話，卻又縱逸橫放、氣勢非凡，事實上，整個一部李白詩集，從語言角度看，也完全可以視爲多樣的自如的口語表現形式。

對自然流暢、樸實無華的語言形式的追求，在開天詩壇形成一種普遍現象，顯然並非一朝出現。比如稱賞李白爲「謫仙人」的前輩賀知章，進入開元已是年過半百的老詩人了，其存世作品卻顯示出突出的口語化傾向，除幾首祭祀樂章及應制詩外，幾乎首首都明白曉暢、樸素自然，像〈題袁氏別業〉「主人不相識，偶坐爲林泉。莫謾愁沽酒，囊中自有錢」、〈採蓮曲〉「莫言春度芳菲盡，別有中流採芰荷」以及其膾炙人口的名篇〈詠柳〉「不知細葉誰裁出，二月春風似剪刀」、〈回鄉偶書二首〉「兒童相見不相識，笑問客從何處來」、「離別家鄉歲月多，近來人事半銷磨」等等，無不彷彿口語或對話。稍稍擴大視野，在與賀知章一起構成吳越詩人群的詩人筆下，清新朗暢的語言形式實在是一種共同的表現趨向。再向前推溯，欲以「長風一振」替革「積年綺碎」的四傑詩，在藝術表現上追求流暢宛轉，實際上正是以自然的語言形式改造雕琢之風的起點。如果說，宮廷詩的表現形式特徵主要就是語言的堆砌雕飾，那麼，以對宮廷詩衝擊爲標誌的出現於武后時代的文學革新本身，在藝術形式上也就意味著詩歌口語化進程的開始。這一進程在開天時期，隨著最初的文學革新精神被推向高峰，詩歌的口語化便在詩人的廣泛的閱歷背景與理想化的精神狀態中發展到一個新的高度。及至唐後期，由於社會的動蕩與盛世的不返，造成文人心態由理想轉向現實，詩歌也在真正的民間化的基礎上進一步形成通俗化的語言表現。正如胡適所說：「我斷定唐朝一代的詩史，由初唐到晚唐，乃是一段逐漸白話化的歷史。」⑲當然，就唐代文人詩而言，真正算得上口語化詩人當以唐中期的顧況、白居易以及唐後期的羅隱、杜荀鶴等人爲代表，然而，從整個唐代詩史語言表現形式以及追求自然流暢的審美建構的演進角度看，崇尚自然之美的開天詩壇無疑爲其積累了大量的創作經驗，構成唐詩語言通俗化進程中的一個重要階段。

從審美的角度看，詩歌語言的通俗化並不一定構成自然之美，開天詩人正是在對自然之美的追求之中運用自然樸實的語言，因此，其口語化語言的形式，本身就體現著深厚的情感力量與無窮的詩意韻味，這就不僅表現出開天詩壇口語化的獨具特色，而且明確劃出與往後通俗詩人的清晰界限。這種語言表現特徵的形成，實際上包含著作爲表達中介與載體的語言形式對其所表達內容的無限性的選擇過程，也就是對構成一首詩的最主要因素如情感思緒、客觀景物、觀察角度都進行一番擇取、定向、提煉與純化，使這些因素原生的紛繁性、雜亂性與多面性得到恰到好處的選取、配合與凝聚，從而造成平易語言的無窮含蘊。經過這樣的提煉而達到自然美的作品，在開天詩壇實在枚不勝數，比如岑參〈逢入京使〉「故園東望路漫漫，雙袖龍鍾淚不乾。馬上相逢無紙筆，憑君傳語報平安」，離家遠行，不說思家而從家人思己構想，並抓取倉卒相遇之時僅傳一語的行態，以念想中最關切處的平安爲核心，這幾個關鍵之點的組合，也就造成一種語極平易、情極純粹、景極簡明而內容無限、韻味無窮的藝術效果。另如王之渙〈登鸛鵲樓〉「白日依山盡，黃河入海流。欲窮千里目，更上一層樓」、王維〈雜詩〉「君自故鄉來，應知故鄉事。來日綺窗前，寒梅著花未」、孟浩然〈春曉〉「春眠不覺曉，處處聞啼鳥。夜來風雨聲，花落知多少」、王昌齡

〈閨怨〉「閨中少婦不知愁，春日凝妝上翠樓。忽見陌頭楊柳色，悔教夫婿覓封侯」等等，各人的創作個性及藝術風格自然互有差異，但其通過獨特的構思方式，在場景的選取與情思的淨化之中表現出一種自然天真的藝術追求與審美建構，則是完全一致的。這在狂放不羈、任性自然的李白詩中，表現得更爲突出，如〈早發白帝城〉「朝辭白帝彩雲間，千里江陵一日還。兩岸猿聲啼不住，輕舟已過萬重山」，全詩明暢如話，卻又抓取猿啼的獨特角度，突出一種舟行如飛的快感，從而造成強烈的藝術效果，對此，明人楊慎曾云「盛弘之〈荊州記〉云：『白帝至江陵一千二百里，春水盛時，行舟朝發夕至，雲飛鳥逝，不是過也。』太白述之爲韻語，驚風雨而泣鬼神矣」(80)，已經認識到其以現實景觀的提煉達至更爲逼真的自然之美的奧秘所在。又如〈峨眉山月歌〉「峨眉山月半輪秋，影入平羌江水流。夜發清溪向三峽，思君不見下渝州」，時詩人初離蜀地，擬東下漫遊，詩紀其事，卻以月映清江之美，暗點秋夜行舟之樂，且詩中嵌入五地名，如白話述來，渾無斧鑿之迹，在唐人絕句中僅見，對此，明人王世貞云「此是太白佳境，然二十八字中，有峨眉山、平羌江、清溪、三峽、渝州，使人爲之，不勝痕迹矣，益見此老爐錘之妙」(81)。由此可見，李白詩之所以達到渾然天真的自然之美，實在是藝術錘煉之工的結果，但這一結果的過程，卻並非個別的煉字煉句功夫，而是一種整體的構思方式，因而，雖經錘煉，卻不僅略無雕飾，而且以更深透地逼入自然神髓的態勢展現出具有原生態意味的自然天真之美。

在開天詩壇，對於清新自然之美的追求，並未僅僅局限於詩人的創作實踐，實際上已經形成一種初具理論形態的自覺的價值觀念與批評標準。如岑參在〈送張獻心副使歸河西雜句〉中稱讚張獻心的詩「愛君詞句皆清新，澄湖萬頃深見底，清水一片光照人」，這一「清水一片光照人」的生動意象，顯然正是詩人理想中的自然之美的寫照；李白在〈贈孟浩然〉詩中稱讚孟浩然「高山安可仰，徒此揖清芬」，杜甫在〈解悶十二首〉中也說「復憶襄陽孟浩然，清詩句句盡堪傳」，可見孟浩然詩在當時正是以其自然清新的審美風範而廣承盛譽；甚至素負氣骨勁實之譽的高適詩，杜甫亦曾從「清新」的角度加以稱賞[82]。這種自然之美的理論意識，在李白詩論中表現得最爲典型、集中，如其著名〈古風五十九首〉開篇就是一首論詩詩，其「統論前古詩源，志在刪詩垂後，以此發端，自負不淺」[83]，歷述戰國後「王風」淪喪、騷人哀怨、揚馬頹波直至建安以來六朝詩風的「綺麗不足珍」，在此基礎上對唐代清真、自然詩風予以熱情頌揚，顯見自身審美理想所在，詩中對「自從建安來」一概予以否定，固然有失偏激，但從其緊接著的「聖代復元古，垂衣貴清真」看，著重點實際上是以「清真」自然與「綺麗」雕飾構成鮮明的對比，「清真」顯然是其思想核心所在，而這也就是「大雅久不作」以及「我志在刪述」的實質內容。〈古風五十九首〉之三十五，就是圍繞自然天真思想的集中論述，詩云「丑女來效顰，還家驚四鄰。壽陵失本步，笑殺邯鄲人。一曲斐然子，雕蟲喪天真。棘刺造沐猴，三年費精神。功成無所用，楚楚且華身。大雅思文王，頌聲久崩淪。安得郢中質，一揮成風斤」，以多種事例爲喻，主旨皆歸於對模擬「雕蟲」的譏嘲與抨擊，對自然「天真」的提倡與推崇，由此也可說明，李白所反復強調的「大雅」、「頌聲」以及「梁陳以來，艷薄斯極，沈休文又尚以聲律，將復古道，非吾而誰歟」[84]的自負，著重點似在表現方式的層次上，因此歸根結底也就是對自然天真的審美建構。李白在〈經亂離後天恩流夜郎憶舊遊書懷贈江夏韋太守良宰〉詩中寫道「覽君荊山作，江鮑堪動色。清水出芙蓉，天然去雕飾」，以「清水芙蓉」的形象把自然天真之美表述得更爲生動可感，這就不僅表徵了李白以及開天詩人對美的共同追求，而且引起後世詩人普遍的心理共鳴，從而成爲一種永恒的美學標準的標誌。

作爲一種具有鮮明的民族思維方式的審美命題，對自然天真的崇尚最早來自以老、莊爲肇始的道家思想，對唐代而言，可謂淵源久遠。老子論宇宙本原云「域中有四大，而人居其一焉，人法地，地法天，天法道，道法自然」❽❺，以「自然」爲人倫、社會、天地之道的最高法則與終極依據，王弼《老子注》云「道不違自然，乃得其勝，法自然者，在方而法方，在圓而法圓，於自然無所違也，自然者，無稱之言，窮極之辭也」，已提出順乎自然的表述要求的闡釋，莊子云「真者，所以受於天也，自然不可易也，故聖人法天貴真，不拘於俗」❽❻，進而將自然與天真揉爲一體，使天地社會之道與人的精神情感通融起來，這也就爲「自然」成爲主體觀照自然方式的審美範疇提供了轉化契機。魏晉時期，在社會生活狀況與文學自覺思潮的綜合作用下，「法自然」遂成爲一個根本的美學命題，士人既由政壇仕途轉向田園山林，與人力罕至的自然山水朝夕相處，又渴求人的精神超然解脫，保持心性的天真狀態，由是，道論之「玄」理便轉換爲審美之「真」趣。這在文學上的體現，最顯著的就是隨著「莊老告退」的「山水方滋」❽❼，在玄言理趣的包蘊刺激之中，對山水自然之美的描繪一時蔚爲詩壇大宗。分別由陶潛、謝靈運開創的田園詩與山水詩，就是由玄言詩孕育、蛻變進而獨立出來變附庸爲大觀的。隨著會通心性與天道自然的詩歌創作的繁榮，法自然的文學理論也逐步成熟，劉勰《文心雕龍．明詩》云「人禀七情，應物斯感，感物吟志，莫非自然」，鍾嶸《詩品》亦主張「自然英旨」，在批評品第中明確以「直尋」爲「真美」的衡量標尺。如果進一步聯繫當時的書論、畫論，「自然」觀念顯然已瀰漫於所有的藝術領域，因此，崇尚自然思想的實際影響，也就不僅在於促使文學史上山水田園詩的迅速崛起，而且成爲中國美學史上的一個重要轉折與起點。但是，魏晉時期的自然思想與文學實踐，實乃脫胎於玄學的思辨與玄言詩的機理，因此縱然是在心物、情景交融中力圖傳達出投歸自然意願的山水田園詩，雖已消褪了「理過其辭」的玄奧色彩，但仍暗含「縱身大化」、「得意忘言」之玄理意味。另外從文學發展的自身看，魏晉以降，在漸次顯現的文學貴族化趨向中，從西晉詩壇的典則頌聖漸入南朝宮廷的華美雕飾，自然趣味喪失殆盡，田園山水之制也長時間地闃寂無聞。

入唐以後，文壇經過百年涵養，至開天時期山水田園詩勃然興起，不僅將這一文學體派推至高峰，而且成爲自然美學觀念的集中印證，從文化的美學的角度看，也就顯然並非僅僅根源於士人處世觀念、人生理想等心理因素，而是包含著深厚的歷史文化內涵。道教文化在唐代通過統治者大力提倡而復興極盛，自太宗就以道教始祖李耳爲其祖先，明詔「朕之本系，起自柱下」，「道士女冠，可在僧尼之前」[88]，高宗時又尊老子爲太上玄元皇帝，後武則天改唐爲周，一度規定佛教居道教之上，至睿宗復令「僧尼道士女冠，共宜齊行並集」[89]，到玄宗開天時期，對道教提倡尤力，開元二十九年（七四一）令兩京及諸州各置玄元皇帝廟與崇玄學，置生徒令習老子、莊子、列子、文子，並於每年依明經例考試[90]。可以說，道教文化在開天時代的極盛，正是刺激自然天真美學思想及其建構方式重新確立振興的根本的思想文化淵源，同時從文學發展的自身看，唐前期詩史正體現爲由宮廷貴族化向民間社會化逐步演進的過程，這也就爲客觀的自然的創作實踐大規模展開提供了充分的可能與現實的條件。正是因此，自然天真的審美理想並未局限於山水田園之詠，而是形成一種普遍的價值觀念與鮮明的批評標準，不僅導引著當時的詩壇走向，而且對後代文學思想與實踐產生深遠的影響。

第五節　情景交融的審美範式

概括地看，開天詩人的理想與追求最突出地體現爲風骨勁健之美與自然天真之美，從審美形態、特徵及其建構方式看，兩者顯然是截分兩橛的，作爲各自最典型的表現題材的邊塞詩與山水田園詩，也呈現出差異巨大的環境氛圍。然而，從風骨勁健之美與自然天真之美的衍發機因及其內質特性看，前者決定於主體情感心志的力的體現，後者決定於客體自然萬物的形的存在，當然前者的情志乃借特定場景而體現，後者的自然亦賴主體投入而存在，這兩種機因特性的本身及其交構方式，恰恰爲一種新的審美建構——意境的成熟提供了最有效的途徑與方法。可以說，主體與客體、心與物、情與景的融爲一體並且在大規模的藝術實踐中形成一種自覺意識與理論雛型，是在開天詩壇首次實現的，其審美範式的確立，不僅成爲作爲一代文學代表形態意義上的唐詩藝術成就的最典型徵象，而且也無疑算得上整個文學史上的一大創獲。

中國早期詩歌，多以抒情爲主，兼及敘事，抒情遂成中國詩歌的最久遠傳統。以客觀真實爲依據的景物描寫起步甚晚，如《詩經》中所描寫的景物多是因物起興，景物的選擇決定於情感抒發的需要，像〈關雎〉「關關雎鳩，在河之洲，窈窕淑女，君子好逑」中的「雎鳩」、〈泉水〉「毖彼泉水，亦流於淇，有懷於衞，靡日不思」中的「泉水」，只是借以引發男女情愛與離別鄉思，並不在於對景物本身的描寫或通過寫景以抒情。《楚辭》中的景物，更是以神儒奇幻的環境，純然表現出詩人「上下求索」的意中之想。魏晉以降，隨著莊玄哲學的融匯與興盛，由言意之辨的哲學認識論生發的觀物取象、得意忘象成爲審美思維的基本方式，如宗炳〈畫山水序〉中的「含道應物」、「澄懷味象」，姚最《續畫品》中的「立萬象入胸懷」，固以「道」、「懷」爲根基，但作爲「象」的自然物象的本身也得到重視，山水畫中的模山範水，詩歌中的寫物圖貌，藝術家顯然已注目於真實的自然景物的摹繪，劉勰對「神與物遊」[91]的藝術構思方式的概括，進而使創作中心物對應關係確定下來，這也就成爲藝術意境理論與實踐的最初形態。不過，在漢魏以來的詩歌中景物描寫成份雖已日趨增多，但仍然處於抒情言志的從屬地位，如玄言詩中的山水物象，就顯然是玄理的依附，即使像真實地走入隱居生活的陶潛的田園詩，固多日常生活實有之景，如「摘出作景語，自是佳勝，然此又非景語」[92]，其用以興寄意趣之旨甚明，但值得注意的是，在陶潛筆下，對景況的描繪已與情性的表達形成對應協調的關係，遠非《詩經》中那種純然的借物起興情形所可比。其後作爲心物對應關係準則下以自然景物本身爲審美對象的最集中的實踐活動，當以脫胎於玄言詩的山水詩創作爲代表，如謝靈運「於漢魏外別開蹊徑，舒情綴景，暢達理旨，三者兼長，洵堪睥睨一世」[93]，其在文學史上的貢獻，不僅在於將寫景提到與抒情、言理的同等位置，形成一種景、情、理的協調對應關係，爲後世山水詩創造融情於景的意境提供了重要的啟示，而且在於感受著體現於詩畫美學中以「寓目輒書」、「坐究四荒」[94]的全景式空間透視的審美觀照方式爲標誌的藝術精神，形成描繪山水景物力求詳盡真實的特點。然而，從心物交融的意境整體建構要求看，謝靈運及南朝山水寫景詩的共同弱點又是顯明的：一是情景的分離狀，在一首具體作品中，最常見的是前半描繪景物，後半抒情言志，情與景的性質雖已達到調協對應，有的作品在結構上也造成錯綜穿插，但寫景與言懷的本身並未融爲一體；二是寫景的瑣碎感，在「寓目輒書」的思維方式的影響下，南北朝詩人大多胸懷「撫化心無厭，覽物眷彌重」95之心寄情山水，造成對自然景物「大必籠天海，細不遺草樹」96的不厭其煩的觀賞態度與巨細不遺的鋪寫特點，而在這些具體景物之上，由於缺少情感氛圍的滲透與擇取，景物本身往往成爲互不關聯的散亂堆積，甚而形成「池塘生春草」那樣的有句無篇的現象。

從詩史演進歷程與審美心理特徵的角度看，唐代詩人對藝術意境的成功創造，正是一方面對南北朝時代形成的心物對應關係以及對真實自然空間的審美發現的繼承與發展，另一方面又克服並彌合了其情景截分兩橛以及繪景寫物散亂瑣碎的弱點的結果。當然，僅就唐代而論，以情景交融爲主要標誌的意境審美範式的確立，也經歷過複雜的歷程，如武后時代後期的劉希夷、張若虛、張說，以及開天時代開端的北方詩人、吳越詩人、張九齡等衆多詩人對詩境的追求與營造，顯然是這一進程中最重要的連鎖環節，然而，綜觀這些詩人的創作實踐，或缺乏真實的自然景物依據，或停留在對藝術祈向的倡導層面，或表現爲片斷性的特點，即使產生了一些具有完美詩境的作品，也都顯然達不到較大的實踐規模，難以構成具有時代性普遍意義的審美範式。這一高層次的美學課題，也只有待到呈現群星璀璨局面、文學創作極度繁榮、唐詩藝術達到高峰的開天詩壇才得以完成。

在開天詩人筆下，於景物的真實描寫之中融入情思，創造出情景交融的完美詩境，已經成爲一種極其普遍的藝術現象。在這樣的藝術境界中，不僅消解了客觀描寫與主觀抒情的分界，既使處於並置狀的心物關係變爲疊合交融，又使處於分離狀的情景因素轉向互爲映發，，而且形成一種玲瓏湊泊、無可句摘的整體美，使局部的或片斷的情景融合體擴散溶凝爲無工可見、無迹可求的完美的整體。從詩歌意境的具體建構方式及其審美特徵的角度加以分析，大體可以從以下三個方面加以觀察與把握。

首先是繪畫的色彩構圖與整體的意境氛圍。在開天時期，一方面，詩人大多以寬鬆從容的心態投入自然山水，真實細緻地覽攝著自然之美，另一方面，在一片濃郁的藝術氛圍之中繪畫藝術得到長足的發展，詩人兼爲畫家已爲常事，同時，自南北朝以來在詩與畫交融發展的歷程中顯見一種共通的藝術精神，更促使詩畫藝術家在兩種不同的藝術創造方式中表現出有意識的借移現象，繪畫的詩化與詩的繪畫化，集中體現在文人山水畫與自然寫景詩中。因此，就詩而論，開天詩人的寫景詩，往往就是一幅捨線條色彩而用文字語言構成的特殊的繪畫。如祖詠的〈終南望餘雪〉「終南陰嶺秀，積雪浮雲端。林表明霽色，城中增暮寒」，此詩本爲祖詠應進士試時所作試帖詩，按例應爲六韻十二句，然其僅作「四句即納於有司，或詰之，詠曰：意盡」97，可見詩人正是以真實的觀察與體驗爲據，以極其準確的筆觸寫出天晴雪融後唯山陰高處尚存積雪的特殊景象，詩雖四句，卻寫盡夕陽與餘雪映照中終南山色彩的微妙變化，且與周圍的景物構成一幅完整的畫面，其所以被稱爲古今詠雪最佳作品98，顯然正是由於這種畫意的色彩構圖所造成。又如儲光羲〈釣魚灣〉「垂釣綠灣春，春深杏花亂。潭清疑水淺，荷動知魚散。日暮待情人，維舟綠楊岸」，此不僅以「綠灣」與「紅杏」、「綠楊岸」與「清潭水」塗染出濃鬱的「春深」圖景色調，而且以「花亂」、「荷動」、「魚散」、「維舟」等動態構成自然的蓬勃生機與詩人的無限情思的通融滲合。這種動、靜不同類型的畫面，在李白詩中尤爲多見，如其〈夜下征虜亭〉「船下廣陵去，月明征虜亭。山花如繡頰，江火似流螢」、〈望廬山五老峰〉「廬山東南五老峰，青天削出金芙蓉。九江秀色可攬結，吾將此地巢雲松」，前詩著重描繪的是月光下江火、山花如繡頰、流螢般的光色，後詩著重描繪的則是在晴空朗照、雲海虛浮背景上猶如金芙蓉般挺立的五座山峰的「削出」之形，兩詩雖然皆有詩人主體的參與，但主要的特徵顯然是對瞬間景態的凝定式攝照。再看其〈黃鶴樓送孟浩然之廣陵〉「故人西辭黃鶴樓，煙花三月下揚州。孤帆遠影碧空盡，唯見長江天際流」、〈望天門〉「天門中斷楚江開，碧水東流至此回。兩岸青山相對出，孤帆一片日邊來」，前詩是在江邊送人，目送孤帆由離岸、漸遠直至融入碧空而盡，再唯見江水向水天極際滾滾流走，由眼光的不斷延伸造成景象的動感；後詩是在江中行舟，面對紆迴曲折的江流與遮光蔽目的山峰，詩人順循緣江而進的舟行採取移動的觀景視點，不斷接納每一重山水迴折之外的新鮮感受，並且將移動視點囊收的景物展現在同一個畫面上。這種或由遠而近、或由近而遠的表現特點，也就造成一種層深重疊的藝術效果，產生「咫尺應須論萬里」的特殊的寫意性的審美感受，而這恰恰正是傳統山水畫中特有的散點透視技法的語言化運用。不僅如此，在這些作品呈示的畫面中，具體景物已明顯由散亂瑣碎變爲有序整體，形成一種協調的環境化氛圍，這是詩人在進入境界的創作狀態下使情思與物境交融的體現與結果。因此，有些詩篇即使並未細緻描寫景物情態，倒反而更爲逼真傳神地展現出自然環境及其在與人的調協之中產生的整體氛圍。比如王昌齡的〈聽流人水調子〉「孤舟微月對楓林，分付鳴箏與客心。嶺色千重萬重雨，斷弦收與淚痕深」，詩中先寫出「孤舟」、「微月」與「楓林」等具體景物，旋即又將其拌和著鳴箏之響與客愁心緒混合於迷朦嶺色之中，這就在造成具體物態模糊化的同時，促使這些本身帶有孤舟旅泊意味的物象幻化爲一種氛圍瀰漫於特定空間環境，正是由於這種整體氛圍的形成，其給人的感受也就遠非孤舟微月之景與旅泊哀傷之情所可窮盡，而是在深蘊的心理感受與迷幻的自然景境的融疊中透溢無限的審美意味。相比而言，以繪畫美建構詩境的聖手王維在這方面的藝術創造無疑更爲傑出，他的詩篇，不僅可以說幾乎無不入畫，而且表現出多種的畫境與多樣的畫法。如〈輞川別業〉「雨中草色綠堪染，水上桃花紅欲燃」、〈積雨輞川莊作〉「漠漠水田飛白鷺，陰陰夏木囀黃鸝」，以紅、綠、黃、白的亮色構成清新明麗的畫面；〈漢江臨泛〉「江流天地外，山色有無中」、〈使至塞上〉「大漠孤煙直，長河落日圓」，則以江河、山色置放於天地、大漠的背景之上構成曠遠雄闊的畫面。又如〈觀獵〉「草枯鷹眼疾，雪盡馬蹄輕」、〈出塞〉「暮雲空磧時驅馬，秋日平原好射鵰」的雄強勁健的畫面，可見重墨線條的勾劃筆法；〈終南山〉「白雲回望合，青靄入看無」、〈敧湖〉「湖上一回首，青山捲白雲」的雲靄瀰漫的畫面，則又顯見水墨渲染的效果。此外，王維詩中的畫境氛圍亦尤爲純淨而傳神，如〈山居秋暝〉中的「空山新雨後，天氣晚來秋。明月松間照，清泉石上流」，山中雨後，復值新秋，天地之間似乎已被淨化至於一塵不染，而在這樣的環境中，由「竹喧」、「蓮動」其間，又於淨靜的深層透視出大自然的無限生機，這就使得詩的重點由具體景物的描寫轉向了整體氛圍的創造。再看其〈書事〉「輕陰閣小雨，深院畫慵開。坐看蒼苔色，欲上人衣來」，詩僅四句二十字，卻通過微雨初住、深院閉門的簡略交待展示出消去世俗塵囂的環境與心境的特徵，而在這萬籟俱寂之中突然活化「蒼苔」之「色」以之「欲上人衣」，這與「空翠濕人衣」的寫法有異曲同工之妙，由此造成詩中唯一的實景幻入虛實之間，既是一種眼前的物象，又是一種情思的托現，詩的意旨也就在對單純的寫景與抒情的超脫中進而昇騰爲一種整體的意境氛圍。

其二是情思的主調純化與景境的提煉選擇。開天詩人作品中對意境的整體氛圍的創造，並不意味著對某一特定環境中所有的客觀景象及主觀感受作巨細不遺的全般描繪或概括，而是著意於情思主調的突出與純化，並相應地選取物象空間的某一角度或部份大力提煉，使之成爲一種具有深廣概括力與濃郁感染力的審美融合體。在這一點上，不僅可以看出具有鮮明時代性特徵的開天詩人普遍的理想化與寫實化結合的審美趣尚的縮影，而且明顯可見對其前詩壇藝術構思方式的直接改變。這種情形，在王維詩中表現得最爲突出，他的山水田園詩幾乎首首如此，爲便於比照，僅以其〈雜詩〉爲例，詩云「君自故鄉來，應知故鄉事。來日綺窗前，寒梅著花未」，通過偶逢故鄉來人，引起對故鄉的無限懷念，按照常情，久別故鄉，對「故鄉事」的縈懷自極廣泛，但在這首詩中，詩人僅以「寒梅著花未」一句相詢，語雖簡略，但在實際上卻是對懷念故鄉的複雜情感中的急切的第一問情緒的突現，而以之集中於一枝梅花之上，也就進而形成包蘊著無窮意味的徵象，情思與景境的提煉與純化，可謂已臻極境。與之相比，呈現情景分離以及寫景瑣碎狀態的謝靈運等南北朝詩人作品固不可同日而語，即以入唐之初以寫田園隱逸獨標一格的王績詩相較，亦可截分殊異，如其題旨與王維詩完全相同的〈在京思故園見鄉人問〉，先寫旅泊多年忽逢故鄉來客「斂眉俱握手，破涕共銜杯」的情形，接著便以一連串的詢問通貫全篇，除朋舊、童孩、弟侄等親友的生活情況外，還包括了對池臺、舊園、栽樹、柳行、茅齋、徑竹、種梅、渠水、石苔、院果、林花等故居的幾乎所有景物的傾心關注，在這樣細緻的描寫中，詩人的鄉思固然真摯、細膩而動人，但卻是對當時情思與故鄉景物的如實紀錄，略無剪裁，並未形成情思的純化與景境的凝煉，因此，其詩中雖寫出如此真摯的情感與大量的實景，卻反而遠不及王維詩中一問句、一枝梅那樣具有動人心魄的審美感染力量。再看李白〈陪族叔刑部侍郎曄及中書賈舍人至遊洞庭湖五首〉之五「帝子瀟湘去不還，空餘洞庭秋草間。淡掃明湖開玉鏡，丹青畫出是君山」，詩寫洞庭景象，僅以湖邊秋草、如鏡湖面、如畫君山的極簡略佈景與帝子瀟湘留下的優美傳說，就已構成一幅琉璃般玲瓏剔透的明麗景色，足見詩境提煉之功。其〈靜夜思〉「床前看月光，疑是地上霜。舉頭望山月，低頭思故鄉」[99]，寫遊子思鄉之情，詩中僅有如霜月色以及自身「舉頭」、「低頭」的兩個動作，但卻以寄情明月爲中心傳導出豐富的內心世界，推展出無限的自然天地，雖然省略刪汰了許多常理中的具體描寫，卻收到「百千旅情，雖說明卻不說盡」[100]的藝術效果。他如王之渙〈涼州詞〉「黃河遠上白雲間，一片孤城萬仞山。羌笛何須怨楊柳，春風不度玉門關」、王昌齡〈長信秋詞〉「奉帚平明金殿開，且將團扇共徘徊。玉顏不及寒鴉色，猶帶昭陽日影來」、崔顥〈長干曲〉「君家何處住，妾住在橫塘。停船暫相問，或恐是同鄉」、常建〈三日尋李九莊〉「雨歇楊林東渡頭，永和三日蕩輕舟。故人家在桃花岸，直到門前溪水流」等等，題材、風格雖各相殊異，但在特定環境中，通過主觀情思主調的集中純化與自然景境物態的擇取提煉的通融整合而構成的獨特的審美觀照角度與建構方式，卻顯然是完全一致的。

其三是在藝術意境整體氛圍中多重意蘊的融織與豐厚韻味的追求。在意境的建構過程中，開天詩人對自身情思與觀察空間作有意識的擇取或刪汰，且往往將之納入數語短制之中，即便如此，其內蘊涵量卻絕無單薄之感，而是益顯豐厚之勢。王維寫田園幽寂情趣的小詩特多，大多都屬此類，如〈辛夷塢〉「木末芙蓉花，山中發紅萼。澗戶寂無人，紛紛開且落」，此詩通過對情思與景境的提煉，表現寧靜的生活環境與內在心態，這本身就是一個整體意境氛圍，但詩的結句在空寂無人的環境中以花的開落代謝紛紛不息，又深藏著一個喧鬧勃鬱、生機無限的自然世界，透現出詩人內心隱奧處對生命價值的深刻體悟與熱烈嚮往，構成另一個深層的意蘊世界，只有完整地立體地把握住這兩重意蘊，才能夠體味其味外之味的藝術魅力之所在。這在王昌齡詩中表現得亦甚爲明顯，如果說，〈閨怨〉「閨中少婦不知愁，春日凝妝上翠樓。忽見陌頭楊柳色，悔教夫婿覓封侯」，由「不知愁」經「忽見」一轉而爲「悔」的前後兩種截然不同的心態，尚有矛盾轉化的邏輯推衍線索貫穿其間，那麼，〈從軍行〉「大漠風塵日色昏，紅旗半捲出轅門。前軍夜過洮河北，已報生擒吐谷渾」，前後所寫則是發生於不同時地的兩組獨立景事的並列，而通過這種類似鏡頭拼接似的意象並置，本身就是一種跳躍式的張力結構，具有尤爲豐厚的意蘊容量，〈送魏二〉「醉別江樓橘柚香，江風引雨入船涼。憶君遙在瀟湘上，愁聽清猿夢裏長」，更是在寫出當筵餞別情景之後，突然推開，寫出別後異時異地情形，爲離人另造一境，同時，風雨秋涼透現出宦途失意之感，而來日之瀟湘清夢又預現出曠遠闊大之境。可見其「優柔婉麗，意味無窮，風骨內含，精芒外隱，如清廟朱弦，一唱三歎」[101]的審美意味的形成，正是多重意蘊鋪疊融織的意境建構方式的結果。對於這種藝術現象，稍後於開天時代的詩僧皎然已有察覺，他在《詩式》中明確提出「兩重意以上，皆文外之旨」的理論，並進而認爲「文外之旨」有「三重意」、「四重意」等多層次內涵。當然，在成功的審美建構中，多重意蘊的關係並非互爲分離，而是要求統一與融合，這也就是司空圖所總結的「象外之象，景外之景」[102]、「韻外之致」、「味外之旨」[103]，通過內外景象、虛實形神的融合，方可「超以象外，得其環中」，取得「不著一字，盡得風流」[104]

的具有深廣涵蓋力的雋遠韻味。這些理論概括，顯然是以開天詩人的創作實踐爲典範依據的，正如嚴羽所說「盛唐詩人惟在興趣，羚羊掛角，無迹可求，故其妙處透徹玲瓏，不可湊泊，如空中之音，相中之色，水中之月，鏡中之象，言有盡而意無窮」[105]。通觀開天詩壇，由多重意旨的融織體現含蘊無窮韻味的獨特藝術造就，確實已非個別現象，而是一種顯示出鮮明時代性特徵的普遍現象，如李白的〈春夜洛城聞笛〉「誰家玉笛暗飛聲，散入春風滿洛城。此夜曲中聞折柳，何人不起故園情」、王昌齡〈芙蓉樓送辛漸〉「寒雨連江夜入吳，平明送客楚山孤。洛陽親友如相問，一片冰心在玉壺」、王之渙〈涼州詞〉「黃河遠上白雲間，一片孤城萬仞山。羌笛何須怨楊柳，春風不度玉門關」，無不皆爲含意多重、構思曲折、韻味無窮之傑作。他如常建詩「其旨遠，其興僻」，儲光義詩「趣遠情深」，劉昚虛詩「情幽興遠」[106]，也都顯然是這種藝術特徵的具體體現。以嚴羽的「興趣」說爲啟迪，清代人王士禎進而以「神韻」論詩，如云「或問『不著一字，盡得風流』之說，答曰：太白詩『牛渚西江夜，青天無片雲。登高望秋月，空憶謝將軍。余亦能高詠，斯人不可聞。明朝掛帆去，楓葉落紛紛』，襄陽詩『掛席幾千里，名山都未逢。泊舟潯陽郭，始見香爐峰。嘗讀遠公傳，永懷塵外踪。東林不可見，日暮但聞鐘』，詩至此，色相俱空，正如羚羊掛角，無迹可求，畫家所謂逸品也」[107]，所舉例證皆爲開天詩人作品，顯見其心目中理想範式之所在。由此可見，從皎然的「兩重意」到司空圖的「味外味」，從嚴羽的「興趣」說到王士禎的「神韻」論，理論表述方式及其概括角度、把握層次自有不同，但皆以同一的實踐成果爲基礎構建自身的理論範疇與體系，卻是甚爲顯明的。因此，開天詩人對意境美的建構方式及其實踐經驗，不僅體現了中國傳統詩歌情景交融歷程首次達到的一個高峰狀態，以其具有普遍意義的大規模創作與時代性特徵，形成一個集前代之大成、垂後世之遠範的明晰可見的詩歌美學範式，而且早在數百年之前，就爲明清時期藝術意境理論體系的成熟與縝密，提供了充分的實踐證明與典型的審美形態。

中國美學意境論的成熟完型，當然有賴於明清時代的理論深入與體系構建，但是，在意境美創作的繁榮時代，詩人在大力實踐的同時，實際上已具一定的自覺意識，可以認爲，後代的理論構建也正是開天時代意境理論雛型不斷發展的結果。比如成書於天寶年間的殷璠《河嶽英靈集》即以「興象」爲選評標準，其批評齊梁詩「都無興象，但貴輕艷」，評開天詩人則多有「既多興象，復備風骨」、「無論興象，兼復故實」之語，將「興」與「象」結合爲一個完整概念，顯然包含了對情感興發與應物象形的融合統一的要求。如果說，殷璠的「興象」尚在對開天詩人意境創造的經驗性感受，缺少明確的表述與闡釋，那麼，本身就是開天詩壇意境創造聖手的王昌齡《詩格》云「搜求於象，心入於境，神會於物，因心而得」，又云「興於自然，感激而成，都無飾練，發言以當，應物便是」[108]，則已是對心物關係以及藝術構思方式的明確描述了。

這種初步的自覺意識應當說主要是基於當時大規模實踐成果的經驗總結，然而意境建構方式與思維特點何以在開天詩壇形成普遍的風尚，如果站在更廣的文化層面上，則又可以看到佛學思維方式的影響與刺激及其向審美思維方式轉化的迹象。兩晉南北朝時期，佛教佛性論繁榮起來，而佛性所論最重要的便是境界[109]，在衆多的漢譯佛經中即屢屢出現「境界」、「法境」等專用術語與概念。入唐以後，佛教不僅由於統治者的提倡，在宗教形式上進一步興盛，甚至一度昇到道教的地位之上[110]，而且由於玄奘譯出《瑜伽師地論》、《成唯識論》、《雜集論》、《大毗婆沙論》、

《俱舍論》等大量佛教經典，更形成一種傳佈廣遠的佛教學術風氣，因而其所大談的境界理論及其意旨內涵，以這種學術風氣的傳播爲契機，也就必然滲透到文學理論的範疇。如佛教「境界」，概言之，即「心之所游履攀緣者，謂之境，如色爲眼識所游履，謂之色境，乃至法爲意識所游履，謂之法境」⑪，排除其中佛法的具體內容，「境」的構成就是心識之對象，也就是心與物的相緣相生。王昌齡論詩境，正與此義相同，除前引者外，其於《詩格》中屢屢涉及，如「目擊其物，便以心擊之，深穿其境」、「目睹其物，即入於心，心通其物，物通其言」、「思若不來，即須放情卻寬之，令境生，然後以境照之，思則便來，來即作文」等等，皆在心物關係意義上討論詩境的生成。但作爲具有豐富實踐經驗的大詩人，王昌齡所論之境又包含有具體實踐過程的複雜性，即如此引三段話，實已包含三重意義：第一段中的境，明指客觀物境，要求「心擊之」，也就類同主觀情感外射的移情作用；第二段中第一個物，爲客觀之物境，而當其「入於心」後，第二個物便是心物通融的意境了，由此再「通其言」，亦即意境生成之後以語言表達構成的藝術形式；第三段中的境又具有心境的意味，表明在藝術構思過程中除主觀情感與客觀物境的交融之外，還須調動沉積於內心深處的各種藝術境象以觸發詩情、驅動心物的要求。如果說，王昌齡論詩境，較多執著於詩的創作構思的本身，雖然運用「境」的概念，並未表明其與佛教之「境」的關係，那麼，在稍後的皎然詩論中則明確表明了這一點。如其《詩式》有云「夫詩人之思初發，取境偏高，則一首舉體便高，取境偏逸，則一首舉體便逸」，〈奉應顏尚書真卿觀玄真子置酒張樂舞破陣畫洞庭三山歌〉云「晒睞方知造境難，象忘神遇非筆端」，〈秋日遙和盧使君游何山寺宿揚上人房論涅槃義〉云「詩情緣境發，法性寄筌空」等，不僅直接借用佛典「取境」、「造境」、

「緣境」等現成概念，而且有的論點本身就是論佛性而以詩情爲比配，可見其詩境與佛境的意蘊及其構成方式是完全相通的。

如前所述，開天時代意境理論尚處雛型階段，且具實踐經驗的隨所總結性質，因此作爲理論形態本身並未達到成熟境地；然而，正是因其作爲創作實踐的總結，實質上也就成爲創作實際中的藝術思維方式以及意境美學內涵的標記與表徵，因而，由此爲出發點窺探開天詩壇意境創造方式、特徵與佛學境界內涵及其思維方式的關係，意義顯然重要得多。從開天詩歌意境構成看，既是心物的相緣相生、融合統一，又並非簡單的心物相加，而是注重於多重意蘊的包容與提煉，從而構成心靈與自然二重世界中情與景、意與境、心與物等諸多因素的虛實綜合體。這正如佛教理論所謂「外境隨情而施設，故非有如識，內識必依因緣生，故非無如境」[112]，境既是明晰可睹，又無實體可得，亦即介融於內外、虛實之間。《大毗婆沙論》云「境，通色，非色，有見，無見，有對，無對，有爲，無爲，相應，不相應，有所依，無所依，有所緣，無所緣，有行相，無行相」，更是對「心物互爲緣生，刹那刹那，新新頓起，都不暫住，都無定實」[113]的虛實二重性的詳細闡明。最早對開天詩壇意境的這一特徵加以概述的，是詩僧皎然，其於《詩議》中云「夫境象非一，虛實難明，有可睹而不可取，景也，可聞而不可見，風也，雖繫乎我形，而妙用無體，心也，義貫眾象，而無定質，色也。凡此等，可以偶虛，亦可以偶實」，如此全般移用佛教境界說論詩，正可以視爲詩境創造與佛境構成密切相關的證明。在皎然看來，詩境正因「妙用無體」的虛實結合，所以形成含蘊無窮的審美意味，他進而指出「取象曰比，取義曰興，義即象下之意，凡禽魚草木，人物名數，萬象之中，義類同者，盡入比興」[114]，創造性地將「境象」與詩歌創作方法的「比興」結合起來，這就不僅使虛實之境完全過渡到詩歌創作論層次，而且以「興者，立象於前」[115]的明確表述，闡明了殷璠所概括的開天詩壇的「興象」內涵。然而這種以虛實效果引發無窮聯想的本身，仍然是典型的佛學思維方式，如《說無垢稱經．聲聞品》云「一切法性皆虛妄見，如夢如焰，所起影象，如水中月，如鏡中象」，「水中月」、「鏡中象」之喻，包涵著境象背後的豐富聯想。在禪宗語錄中，即常以這種象喻作爲對語言文字之外的真義悟解，如雪峰義存禪師云「我若東道西道，汝則尋言逐句，我若羚羊掛角，汝向甚麼處捫摸」[116]，「羚羊掛角」與「水中月」、「鏡中象」一樣，都在於形象地描畫無迹可求之境及其「言有盡而意無窮」的韻味。而開天詩壇的創作實際，如嚴羽《滄浪詩話》所概括的，正是以「羚羊掛角，無迹可求」、「如空中之音，相中之色，水中之月，鏡中之象」的藝術特徵體現出佛學思維方式向詩歌創作領域的轉換，表明了詩歌意境所具有的審美特性與佛學真義的神髓相通。

如果說，以上對詩境與佛境相通的討論，仍處在比照的層次，那麼，以王維的生活經歷與創作特點爲典例，則可爲詩、佛關係提供直接的證明。據《神會語錄》載：「於南陽郡見侍御史王維，在臨湍驛中，屈神會和尚及同寺僧惠澄禪師，語經數日。於時王侍御問和尚言：『若爲修道得解脫？』答曰：『眾生本自心淨，若更欲起心有修，即是妄心，不可解脫。』王侍御驚愕云：『大奇！曾聞諸大德言說，皆未有作如此說。』乃爲寇太守、張別駕、袁司馬等曰：『此南陽郡有好大德，有佛法是不可思議。』」王維與神會相遇於南陽，約在開元二十八、九年中歲之時[117]，其與神會「語輕數日」領悟南宗禪旨之後，不僅立即驚歎「好大德」，並應神會之請撰寫了爲南宗禪影響的擴大起到重要作用的《能禪師碑》，而且「中歲頗好道，晚家南山陲」[118]，表現出整個人生歷程的一大轉折。尤爲重要的是，王維後期作品一改早期雄豪氣勢爲恬淡自守、靜寂無爲，且充滿禪趣，顯然是接受佛教南宗禪思想的結果。如〈終南別業〉的「行到水窮處，坐看雲起時」、〈鹿柴〉的「空山不見人，但聞人語響」、〈木蘭柴〉的「彩翠時分明，夕嵐無處所」等等，皆以虛實妙用、含蘊無窮的藝術構思體現出內在的清靜本性以及超越時空的澄明境界。這種任運自然、直覺觀照的體悟方式，正與特別強調於自然山水中悟道的南宗禪思維方式完全一致，如馬祖語云「只今行住坐臥，應機接物盡是道」[119]，裴湑從馬祖學禪，就是「每至海霞斂空，山月凝照，心與境寂，道隨悟深」[120]。在悟道過程中，南宗禪反對理性知解而強調直觀領悟，便將禪悟引向意境的體驗，如「問『如何是祖師西來意』，師曰『庭前柏樹子』」[121]、「僧問『如何是佛法大意』，師曰『春來草自青』」[122]，若將王維〈酬張少府〉「君問窮通理，漁歌入浦深」、〈送別〉「但去莫復問，白雲無盡時」等詩中的悟道境界與之相較，顯已如出一轍。更有甚者，王維詩句還被原封不動地搬入佛理禪悟的問答之中，如「有僧問觀音從顯『忽遇恁麼人出頭來，又作麼生』，答曰『行到水窮處，坐看雲起時』」[123]。日人鈴木大拙認爲「比起理性來，禪更願意親近感性，所以就難免出現這種詩化傾向」[124]，可以說，禪學的詩化與詩學的禪化，恰是情同一理的互釋關係。

王維在當時處於集聚都城的詩人群體的核心地位，「染翰之後，人皆諷誦」[125]，甚至「最傳秀句寰區滿」[126]，對開天詩壇風尚的影響不容低估。事實上，通過佛學境界的轉換，對以情景交融爲主要標誌的詩歌意境美的追求與創造，已經形成一種普遍的現象。因此，王維所頂戴的「詩佛」光環，從某種意義上說，正是開天詩壇時代性特徵的一個特定側面的集中表述。當然，王維及其他許多詩人任性自然的生活態度與審美觀照方式，還明顯帶有老莊自然主義哲學的濃厚成份甚至儒家「獨善」人格精神色彩，然而，中國古代儒、佛、道哲學的發展，本身就呈現一種滲透與趨融的現象，因此，當歷史發展到三教並極興盛的唐代，實際上也就爲其達到極盛狀態的詩歌創作及其意境建構提供了深廣豐厚的思想養料與文化沃壤，佛境與詩境的關係正是其中的一個重要方面。

注釋

❶殷璠《河嶽英靈集》卷上。
❷胡應麟《詩藪》内編卷五。
❸嚴羽《滄浪詩話．詩辨》。
❹《舊唐書》卷九〈玄宗紀下〉。
❺沈德潛《唐詩別裁集》卷九。
❻紀昀《瀛奎律髓刊誤》卷二十八。
❼李隆基〈送胡真師還西山〉。
❽李隆基〈送趙法師還蜀因名山奠簡〉。
❾李隆基〈送玄同真人李抱樸謁灊山僊祠〉。
❿《舊唐書》卷八〈玄宗紀上〉。
⓫同前。

⑫參閱斯蒂芬·歐文《中國詩歌的偉大時代——盛唐》第一部份，耶魯大學出版社一九八一年版。
⑬王昌齡〈箜篌引〉。
⑭李白〈陪侍御叔華登樓歌〉。
⑮《唐詩紀事》卷十六引《集異記》。
⑯《册府元龜》卷八百四十。
⑰《舊唐書》卷一百九十〈文苑傳〉。
⑱《新唐書》卷二百零二〈文藝傳〉。
⑲《新唐書》卷一百三十九〈李泌傳〉。
⑳劉禹錫〈唐故尚書主客員外郎盧公集紀〉。
㉑《舊唐書》卷一百九十〈文苑傳〉。
㉒《唐詩紀事》卷二十五。
㉓胡應麟《詩藪》内編卷三。
㉔顧況〈禮部員外郎陶氏集序〉。
㉕劉禹錫〈唐故尚書主客員外郎盧公集紀〉。
㉖見薛用弱《集異記》。
㉗見諸人同題詩作。
㉘沈德潛《唐詩別裁集》卷一。
㉙張說〈醉中作〉。

㉚孟浩然〈送陳七赴西軍〉。
㉛胡震亨《唐音癸籤》卷二十七。
㉜陳子昂〈題祀山烽樹贈喬十二侍御〉。
㉝《資治通鑑》卷二百一十一。
㉞《舊唐書》卷一百零六〈李林甫傳〉。
㉟岑參〈送張獻心充副使歸河西雜句〉。
㊱岑參〈送祁樂歸河東〉。
㊲關於邊塞詩的性質與評價，學界討論甚多，且意見紛紜不一，最近階段的集中性成果，可參閱《唐代邊塞詩研究論文選粹》（甘肅教育出版社一九八八年版）。本書對於這一專題性問題，則不擬詳加討論。
㊳王維〈燕支行〉。
㊴岑參〈輪臺歌奉送封大夫出師西征〉。
㊵陳子昂〈感遇詩〉之三十七。
㊶祖詠〈望薊門〉。
㊷杜確〈岑嘉州集序〉。
㊸《新唐書》卷五十一〈食貨志一〉。
㊹儲光羲〈同張侍御鼎和京兆蕭兵曹華歲晚南園〉。
㊺杜甫〈重過何氏〉。

46 李頎〈不調歸東川別業〉。
47 李白〈送岑徵君歸鳴皐山〉。
48 張九齡〈南還湘水言懷〉。
49 張九齡〈商洛山行懷古〉。
50 鍾嶸《詩品》卷中。
51 孟浩然〈山中逢道士雲公〉。
52 李白〈感興八首〉之五。
53 李白〈上安州裴長史書〉。
54 同前。
55 白居易〈序洛詩〉。
56 孟浩然〈臨洞庭湖贈張丞相〉。
57 孟浩然〈自潯陽泛舟經明海〉。
58 孟浩然〈與諸子登峴山〉。
59 王維〈觀獵〉。
60 王維〈山居秋暝〉。
61 劉熙載《藝概》卷二《詩概》。
62 楊炯〈王子安集序〉。
63 陳子昂〈與東方左史虬修竹篇書〉。

64曹植〈與楊德祖書〉。
65王維〈酬張少府〉。
66施補華《峴傭説詩》。
67岑參〈送魏昇卿擢第歸東都因懷魏校書陸渾喬潭〉。
68岑參〈敬酬杜華淇上見贈兼呈熊耀〉。
69高適〈答侯少府〉。
70《唐宋詩醇》卷六。
71李白〈陪侍御叔華登樓歌〉。
72劉勰《文心雕龍·風骨》。
73鍾嶸《詩品》。
74儲光羲〈雜詩二首〉之一。
75李白〈送岑徵君歸鳴皐山〉。
76儲光羲〈採菱詞〉。
77殷璠《河嶽英靈集》。
78王世貞《藝苑卮言》卷四。
79胡適《白話文學史》第十四章，新月書店一九二八年版。
80楊慎《絕句衍義》。
81王世貞《藝苑卮言》卷四。

82 杜甫〈追酬故高蜀州人日見寄〉云：「自枉蜀州人日作，不意清詩久零落。」

83 胡震亨《李詩通》卷六。

84 孟棨《本事詩・高逸》。

85 《老子》第二十五章。

86 《莊子・漁父》。

87 劉勰《文心雕龍・明詩》。

88 《唐大詔令集》卷一百一十三〈道士女冠在僧尼之上詔〉。

89 《唐會要》卷四十九〈僧道立位〉。

90 《舊唐書》卷九〈玄宗紀〉。

91 劉勰《文心雕龍・神思》。

92 王夫之《古詩評選》。

93 黃子雲《野鴻詩的》。

94 宗炳〈畫山水序〉。

95 謝靈運〈於南山往北山經湖中瞻眺〉。

96 白居易〈讀謝靈運詩〉。

97 《唐詩紀事》卷二十。

98 見《漁洋詩話》卷上。

99 此詩現通行本首句作「床前明月光」，三句作「舉頭望明月」，乃刊刻過程中訛誤所致。詳見拙文

《李白〈靜夜思〉刊刻之誤》（署心言），載《江海學刊》一九八九年第四期。

100 沈德潛《唐詩別裁集》卷十九。

101 胡應麟《詩藪》內編卷六。

102 司空圖〈與極浦書〉。

103 司空圖〈與李生論詩書〉。

104 司空圖《二十四詩品》。

105 嚴羽《滄浪詩話．詩辨》。

106 殷璠《河嶽英靈集》。

107 王士禛《帶經堂詩話》卷三。

108 王昌齡《詩格》有宋蔡傳編《吟窗雜錄》本，陳振孫《直齋書錄解題》斥爲僞書，今人亦多以爲後人僞託。但《詩格》最早見引於皎然《詩式》、空海《文鏡秘府論》，皎然生於開元八年，且在詩壇交遊甚廣，空海生於大曆九年，距王昌齡辭世亦僅十八年，故二人所錄，似較可信。至於後世雜有增補僞託成份，自又另當別論。

109 參閱呂澂《中國佛學源流略講》，中華書局一九七九年版。

110 參閱《唐大詔令集》卷一百一十三〈釋教在道教之上制〉。

111 丁福保《佛學大辭典》第一二四七頁，文物出版社一九八四年版。

112 《成唯識論》卷一。

113 熊十力《佛家名相通釋》第六頁，中國大百科全書出版社一九八五年版。

114 皎然《詩式》。
115 皎然《詩議》。
116《五燈會元》卷七。
117 參閱陳允吉《唐音佛教辨思錄．王維與南北宗禪僧關係考略》，上海古籍出版社一九八八年版。
118 王維〈終南別業〉。
119《景德傳燈錄》卷二十八。
120《宋高僧傳．道一傳》。
121《五燈會元》卷四。
122《景德傳燈錄》卷十九。
123《五燈會元》卷十。
124 鈴木大拙《通向禪學之路》中譯本，上海古籍出版社一九八九年版。
125《册府元龜》卷八百四十。
126 杜甫〈解悶十二首〉之八。

第八章　高岑體

開天詩壇的繁榮，主要表現在自立一體的一流大家聚集一時，以及詩歌藝術風格流向、審美理想追求及其建構方式的多樣化。從當時詩人頻繁交往的實際情形看，當以王維、崔顥、王昌齡等都城詩人及其精緻典雅的都城詩風爲核心。然而，文學史本身的建構，在很大程度上依賴於審美接受的效應與層積，因此，文學史的價值取向與中心構成，便以一種遺留態與評價態的結合狀顯示出與原生態的各種差異。諸種差異綜合作用的結果，從詩人——創作環境——審美祈向的相應關係看，便顯然積淀成爲兩大核心意義的關係鏈。即：以高適、岑參爲代表的詩人——從戎邊塞的創作環境——風骨高搴的審美祈向；以王維、孟浩然爲代表的詩人——山水田園的創作環境——自然天真的審美祈向。當然，圍繞兩大創作環境與審美祈向自有更多的具體詩人，高、岑與王、孟在廣泛的生活經歷與多向的詩風流向中亦並不局限於從戎邊塞、山水田園的創作環境與風骨高搴、自然天真的審美追求，對此，前章已作概述。本章及下章則擬對以高、岑與王、孟爲代表的兩大核心本身及其詩歌體格特徵作一集中探討。

第一節 邊功理想的實現過程

在熱烈追求功名勳業理想特別是在「聖主賞勳業，邊城最輝光」[1]的時代風氣中形成以從戎邊塞爲榮耀與進階的開天文人中，高適的人生經歷顯然是頗具典型性的。首先，高適以「常懷感激心，願效縱橫謨」[2]的內心剖白，表達出其功業理想超乎常人之強烈；其次，詩人又以「倚劍對風塵，慨然思衞霍」[3]的慷慨豪情，將建功理想的實現途徑明確地直接指向邊塞疆場，體現出強烈的時代化色彩；再者，也是更爲重要的，在大多或「出處兩不合」或「大小百餘戰，封侯竟蹉跎」的開天詩人中，高適「公侯皆我輩，動用在謀略」[4]的期待最終成爲事實，由從軍邊塞到充掌幕府書記再到擔任一方重鎮的節度使，正劃出了立功塞外疆場的一條輝煌的成功之路。在這一意義上，所謂「有唐以來，詩人之達者，唯適而已」[5]，也就一方面爲當時積極進取的普通士人標示了一個成功的楷範，另一方面又成爲具有時代性意義的文人進身道路的典型性證明。當然，高適的功業成就，並非一蹴而就，自二十歲求取功名，直至五十餘歲才得以遂志，其間經歷了三十餘年的漫長歷程，而從文學的角度看，其具有傑出成就與獨特建樹的詩歌創作，卻正是在這段漫長的時間索鏈上鋪展開來。

高適生性豪爽落拓，「不拘小節，恥預常科，隱跡博徒，才名自遠」[6]，爲人既以節義相尚，又以功名自許。胸中素懷大志，二十歲時即辭家進京求仕，其〈別韋參軍〉詩云「二十解書劍，西游長安城。舉頭望君門，屈指取公卿」，正是對這一時期行跡與心態的自我寫照。然而，詩人早年的這次充滿信心的求仕卻以不遇告終，其「能使勳業高，動令氛霧屏」❼的雄心壯志也就自然衍化爲一種失落心態與憂鬱情懷。其或游騁於梁宋之間，或躬耕於兔苑之上，雖「抱瑜握瑾，浮沉閭巷之間」❽，行跡放縱，猶如俠徒，但眼中所見，筆下所寫，畢竟塗抹了一層牢落清冷的色彩。如「梁苑白日暮，梁山秋草時。君王不可見，修竹令人悲。九月桑葉盡，寒風鳴樹枝」、「登高臨舊國，懷古對窮秋。落日鴻雁度，寒城碪杵愁。昔賢不復有，行矣莫淹留」❾，不僅全然籠罩一片「窮秋」氣象，且多「落日」、「寒風」之類清冷具象，顯然可見其落寞心態的外化，只是在清冷景象之中展現空遠闊大的境界，則仍然可以感受到開天詩人所共有的開闊雄偉的襟懷氣度。

開元十八年五月，契丹叛唐降突厥，東北邊塞局勢頓時緊張起來，唐王朝「制幽州長史趙含章討之，又命中書舍人裴寬、給事中薛侃等於關內、河東、河南北分道募勇士」❿，這實際上爲求仕不成的士人創造了一個由立功邊塞以求進身的絕好機會，高適亦正在是年北游燕趙，並於燕地從軍。這一段親身經歷，造成了高適文學生涯的重要轉折，促使其第一次集中寫出大量邊塞題材詩作，而其鬱積心中的功業雄圖與遠大抱負，也正是在這類詩中集中體現出來。如〈塞上〉詩云：

> 東出盧龍塞，浩然客思孤。亭堠列萬里，漢兵猶備胡。邊塵漲北溟，虜騎正南驅。轉斗豈長策，和親非遠圖。惟昔李將軍，按節出皇都。總戎掃大漠，一戰擒單于。常懷感激心，願效縱橫謨。倚劍欲誰語，關河空鬱紆。

詩人置身「亭堠列萬里，漢兵猶備胡」的壯觀軍陣，既激發出「常懷感激心，願效縱橫謨」的一己之雄心壯志，又明確提出「轉斗豈長策，和親非遠圖」的著眼於全局的見解策略，可見其功業願望亟欲付諸實施的心理企盼。〈塞下曲〉更是對激昂慷慨的豪情的直接抒發：

> 結束浮雲駿，翩翩出從戎。且憑天子怒，復倚將軍雄。萬鼓雷殷地，千旗火生風。日輪駐霜戈，月魄懸琱弓。青海陣雲匝，黑山兵氣衝。戰酣太白高，戰罷旄頭空。萬里不惜死，一朝得成功。畫圖麒麟閣，入朝明光宮。大笑向文士，一經何足窮。古人昧此道，往往成老翁。

〈塞下曲〉本爲樂府舊題，但高適此詩顯然並非敷衍古意，而是基於自己的親身經歷，在正面表抒不惜戰死以求取功名勳業的壯偉襟懷與雄豪氣概的同時，進而以古人皓首窮經的人生道路爲反面陪襯，表現出強烈的時代色彩與自覺的時代意識。由於這樣的主體意識的強烈投射，詩人即目所見，筆下所寫，亦一掃蟄居宋中時「縱使登高只斷腸，不如獨坐空搔首」[11]那樣的空寂牢落之感，而是充滿一種雄奇豪爽、生機勃勃的生活情調與精神風貌。如〈薊門五首〉不僅寫出「元戎號令嚴，人馬亦輕肥」的壯偉軍威以及征戰將士「紛紛獵秋草，相向角弓鳴」的勇武豪情，而且展現出「邊城十一月，雨雪亂霏霏」、「黯黯長城外，日沒更煙塵」的邊塞風光，具體的景物適應著「漢兵不顧身」的精神氣勢也全然呈現一派「開拓窮異域」的雄渾壯闊的氣象。再如〈邯鄲少年行〉「邯鄲城南游俠子，自矜生長邯鄲里。千場縱博家仍富，幾度報讎身不死。宅中歌笑日紛紛，門外車馬常如雲。未知肝膽向誰是，令人卻憶平原君。君不見今人交態薄，黃金用盡還疏索。以茲感歎辭舊遊，更於時事無所求。且與少年飲美酒，往來射獵西山頭」、〈營州歌〉「營州少年厭原野，皮裘蒙茸獵城下。虜酒千鍾不醉人，胡兒十歲能騎馬」等詩，寫邊地少年獨有的豪俠行爲，不僅詩的表達顯得粗獷豪壯，而且從詩人本人「且與少年飲美酒」的直接參與看，這實際上正體現了高適自身「不拘小節」、「隱跡博徒」的內在情懷與豪爽性格。即使是在表達離別之情或託寓鄉關之思的場合，高適詩表現出來的氣度也非同凡響，如〈送別〉：

昨夜離心正鬱陶，三更白露西風高。螢飛木落何淅瀝，此時夢見西歸客。曙鐘寥亮三四聲，東鄰嘶馬使人驚。攬衣出戶一相送，唯見歸雲縱復橫。

詩寫離別，亦借以託寓鄉思，但卻略無臨歧灑淚、兒女情長之態，全然是一副爽曠襟懷，「離心鬱陶」僅略略帶過，離別場面亦非執手無語，而是以「曙鐘寥亮」、「東鄰嘶馬」構成雄壯的交響，結句借「歸雲」帶出鄉思，卻又以「縱復橫」加以推擴鋪展，這樣，主觀的情思與客觀的實景便在完全的對應疊合之中形成一種壯闊而生動的詩境。甚至日常應酬題材，也往往成爲詩人心態最集中表達的傑出詩篇，如〈淇上酬薛三據兼寄郭少府微〉詩云：

自從別京華，我心乃蕭索。十年守章句，萬事空寥落。北上登薊門，茫茫見沙漠。倚劍對風塵，慨然思衛霍。

此詩雖然寫於因志業未果而「拂衣去燕趙，驅馬悵不樂」之時，但所追求的則是「自從別京華」、「十年守章句」之後「北上登薊門」之事，其云「倚劍對風塵，慨然思衛霍」顯然正是詩人在那一特定階段中人生理想追求的核心所在。

高適從軍燕趙大約三年左右，雖抱著立功邊塞的強烈願望，但卻一無所獲，終於在開元二十一年（七三三）冬末離開軍隊，寄寓薊門，並在翌年返宋州。其〈薊門不遇王之渙郭密之因以留贈〉詩云：

適遠登薊丘，茲晨獨搔屑。賢交不可見，吾願終難說。迢遞千里遊，羈離十年別。才華仰清興，功業嗟芳節。曠蕩阻雲海，蕭條帶風雪。逢時事多謬，失路心彌折。行矣勿重陳，懷君但愁絕。

借「賢交不見」引發功業未遂的感歎，使得從征前「畫圖麒麟閣，入朝明光宮」的熱烈期待與積極追求一下子轉入「逢時事多謬，失路心彌折」的賢人失志的傳統主題。這就一方面在人生意義上成爲其仕途轉折與心理逆變的表徵，另一方面又在文學意義上與陳子昂詩中賢人失志主題聯結起來。如將高適的〈薊門行五首〉與陳子昂的〈薊丘覽古〉相比照，不僅在於兩者處於完全同樣的遍佈歷代征戰故跡的創作環境，從而形成以軍戎征戰爲核心內容的聯繫古今的相同的構思方式，而且在於兩人處在幾乎一樣的理想與現實出現巨大反差的人生階段，從而造成以賢人失志爲根本主題的慷慨激烈的相同的表現特徵。聯繫高適在這一階段中的其他作品，這一主題的表現實已相當普遍，如描寫景物云「風飆生慘烈，雨雪暗天地」⑫、「古樹滿空塞，黃雲愁殺人」⑬，寄贈親朋云「君負縱橫才，如何尚憔悴」⑭，表達不平之氣云「誰謂縱橫策，翻爲權勢干。將軍既坎壈，使者亦辛酸。耿介挹三事，羈離從一官」⑮，這種報國無門、英雄失路的內在心緒在壓抑中迸發外化，不僅籠罩了所有的自然景觀與人事交往，而且構成充溢流湧於詩歌內質的強烈的不平之氣與厚積的情感力量。然而，感受著開天時期雄闊高朗的時代氛圍，高適畢竟不同於陳子昂那樣由執著的功名慾望衍化爲無從排遣的幽憤鬱結，而是一方面始終抱有堅定的信念與樂觀的期望，如云「知君不得意，他日會鵬摶」⑯、「君若登青雲，余當投魏闕」⑰，就是對自身心跡的直接剖白，另一方面又積極追求獨立的人格與高尚的節操，如云「平生感千里，相望在貞堅」

[18]、「今日逢明聖，吾爲陶隱居」[19]，更可見其出處自如的通達觀念。因此，當其於開元二十三年（七三五）再赴長安應制科試不中，卻並未消沉哀怨，而是在與聚集都城的衆多文人的廣泛交遊之中，反而進一步激發出具有時代性特徵的昂揚壯大的情思內蘊，表現出豪蕩風發的精神風貌，並由此開始了長達十餘年的漫遊生涯。開元二十六年高適返宋，遊相州，寓居淇上，天寶初年，往來睢陽陳留間，與李白、杜甫同登吹臺，慷慨懷古，又登單父琴臺，獵於孟諸澤，由杜甫〈遣懷〉「憶與高李輩，論交入酒壚。兩公壯藻思，得我色敷腴」、〈昔遊〉「昔者與高李，晚登單父臺。寒蕪際碣石，萬里風雲來」詩中所記，可以想見他們氣味相投、縱遊放蕩的行態與豪情。

在兩度求仕不得，「年過四十尚躬耕」[20]的蹉跎歲月中，高適實際上並未忘懷對功業的追求。至天寶八載（七四九），高適年居五十，終因睢陽太守張九皋薦，登有道科，得一封丘尉之低職。但這對於胸懷大志的高適來說，仍然表現爲理想與現實之間的強烈矛盾，在客觀上反而成爲重新激起其胸中鬱勃不平之氣的契機。如〈初至封丘作〉：

> 可憐薄暮宦遊子，獨卧虛齋思無已。去家百里不得歸，到官數日秋風至。

如果說，此詩尚著重於在遊宦處境與秋風時節的渲染中透現一種失意的淒涼心緒，那麼，〈封丘作〉則是對其時心態的直接表白：

> 州縣才難適，雲山道欲窮。揣摩慚黠吏，棲隱謝愚公。

此詩雖僅二十字，但卻使人強烈地感受到其中充溢著的對自身抱負難伸的深刻感慨以及對庸官黠吏的鄙薄憎惡，這就在失意之中仍然保持著高尚的品格與堅定的自信。次年秋，高適送兵青夷軍，就是在這樣的心態中形成第二次邊塞題材的創作高峰，如〈使青夷軍入居庸三首〉既描狀出

「匹馬行將久，征途去轉難。不知邊地別，只訝客衣單。谿冷泉聲苦，山空木葉乾。莫言關塞極，雲雪尚漫漫」的邊地軍行之艱難困苦，又表露出「登頓驅征騎，棲遲愧寶刀。遠行今若此，微祿果徒勞。絕坂水連下，群峰雲共高。自堪成白首，何事一青袍」的微祿徒勞之棲遲自愧，更流溢出「出塞應無策，還家賴有期。東山足松桂，歸去結茅茨」的出處不合的矛盾心態。在這樣的心理狀態的支配下的詩歌創作，雖然仍不失其渾樸老健的風格氣勢，但與第一次北遊燕趙時充滿封侯萬里、立建邊功的熱烈憧憬與壯偉情思已顯然不同，顯示出藝術觀察的層次由理想世界向現實社會的深層轉化。如〈自薊北歸〉：

> 驅馬薊門北，北風邊馬哀。蒼茫遠山口，豁達胡天開。五將已深入，前軍止半迴。誰憐不得意，長劍獨歸來。

詩寫邊疆主帥逗留不進，自己從軍空抱壯志，既是寫實之筆，又透露出對現實的不滿與對時局的關注。這種觀察視點，甚至超越軍事政治範圍而直達民間，如〈東平路中遇大水〉詩云：

> 傍沿巨野澤，大水縱橫流。蟲蛇擁獨樹，麋麈奔行舟。稼穡隨波瀾，西成不可求。室居相枕藉，蛙黽聲啾啾。仍憐穴蟻漂，益羨雲禽游。農夫無倚著，野老生殷憂。聖主當深仁，廟堂運良籌。倉廩終爾給，田租應罷收。我心胡鬱陶，征旅亦悲愁。縱懷濟時策，誰肯論吾謀。

詩的前半描畫出「霖霪濟川原，澒洞涵田疇」的水患泛溢情狀，由「蟲蛇」、「麋鹿」、「蛙黽」、「穴蟻」無所安身引出「農夫」、「野老」生計之憂，不僅表達出對以稼穡爲生的農民生活的深切同情與關注，而且在詩的後半著重提出救災賑濟的具體措施，詩的結尾以「縱懷濟時策，誰肯論吾謀」陡然一折，主旨則又顯然凝集於抱負難伸、仕途失意的內心結穴之處。再看〈送兵到薊北〉詩：

積雪與天迥，屯軍連塞愁。誰知此行邁，不為覓封侯。

遠行邊塞軍中，卻並不爲建功業、覓封侯，這顯然已是以反語抒激憤之情了。此詩前兩句寫積雪鋪天、軍陣連雲的壯觀景象，後兩句抒建功不得之激憤情懷，若將這樣的結構方式與其第一次從軍燕趙時所作〈塞上〉、〈塞下曲〉等篇以「亭堠列萬里，漢兵猶備胡」、「青海陣雲匝，黑山兵氣衝」的壯闊景觀與「常懷感激心，願效縱橫謨」、「畫圖麒麟閣，入朝明光宮」的樂觀情調映照聯結的方式相比較，正可見出詩人在景氛情調的不協調之中透露內心矛盾的構思特點與藝術效果。高適在這一階段的心理狀態，在其〈封丘縣〉詩中表現得較爲充分：

我本漁樵孟諸野，一生自是悠悠者。乍可狂歌草澤中，寧堪作吏風塵下。只言小邑無所為，公門百事皆有期。拜迎官長心欲碎，鞭撻黎庶令人悲。歸來向家問妻子，舉家盡笑今如此。生事應須南畝田，世情付與東流水。夢想舊山安在哉，為銜君命且遲迴。乃知梅福徒為爾，轉憶陶潛歸去來。

在這首詩中，首先感受到的是詩人那種乘時而起的強烈願望與匡世濟民的宏大抱負，然而緊接著的卻是與這種願望抱負同等強烈的「作吏風塵下」、「小邑無所爲」的慨歎失望。在這樣的境遇中，詩人不得不奔忙於繁冗吏務，但卻實在忍受不了「拜迎官長」的卑屈生活，更不忍心作「鞭撻黎庶」的苛酷之舉。因此，年居五十才得一低職的高適，此時卻反而「轉憶陶潛歸去來」，在天寶十一載（七五二）秋便真的去官歸隱了。

當然，高適的主動去官是由於抱負難伸的不得已之舉，並非意志消沈的表現，也可以說，其對不遂意的仕宦的拋棄的實質乃在於對更適合的出仕機會的等待與尋求，這從其去職期間的詩作中可以清楚看出。高適去官後，在長安逗留一年左右，這期間與長安文人交遊甚爲廣泛，寫下了許多游宴、酬贈、送別之作，但在這類作品中，不僅沒有宮廷式的應酬習尚，而且明顯流露出自身的情懷心緒。如其在長安與杜甫、薛據、岑參、儲光義等人同遊慈恩寺，作有〈同諸公登慈恩寺浮圖〉詩：

香界泯群有，浮圖豈諸相。登臨駭孤高，披拂欣大壯。言是羽翼生，迥出虛空上。頓疑身世別，乃覺形神王。宮闕皆戶前，山河盡簷向。秋風昨夜至，秦塞多清曠。千里何蒼蒼，五陵鬱相望。盛時慚阮步，末宦知周防。輸效獨無因，斯焉可遊放。

詩人遊於慈恩淨域，雖然在清靜泯慾的環境氛圍中生發深刻的人生思索，但仍不免注目於作爲政治權力標誌的「宮闕」、「五陵」，馳心於作爲國家安危標誌的「秦塞」、「江山」，結尾更以「盛時慚阮步，末宦知周防」直陳胸臆，使得開篇的玄思冥想實質上又帶有了入世的色彩意味。在送別詩中，高適更是借以表抒懷抱，如〈送董判官〉「逢君說行邁，倚劍別交親。幕府爲才子，將軍作主人。近關多雨雪，出塞有風塵。長策須當用，男兒莫顧身」、〈送李侍御赴安西〉「行子對飛蓬，金鞭指鐵驄。功名萬里外，心事一杯中。虜障燕支北，秦城太白東。離魂莫惆悵，看取寶刀雄」以及〈送蹇秀才赴臨洮〉、〈送劉評事充朔方判官賦得征馬嘶〉、〈獨孤判官部送兵〉、〈別馮判官〉等眾多詩篇，由於所送友人或赴任邊塞，或與軍戎有關，極易引發自己曾有的邊塞經歷之回想與封侯萬里之宿願，因而所謂「料君終自致，勳業在臨洮」[21]、「贈君從此去，何日大刀頭」㉒以及前引詩中「長策須當用，男兒莫顧身」、「離魂莫惆悵，看取寶刀雄」云云，就既是勖勉友人，又是內心自期。

高適政治命運的轉折點當在天寶十三載（七五四）。是年，高適赴河西、隴右謁河西節度使哥舒翰，受到哥舒翰的賞識，引入幕府，任左驍衛兵曹，充掌書記，事實上便成爲其實現邊功理想、仕途飛黃騰達的起點。正是這樣的人生經歷，促使高適邊塞詩創作第三次高潮的出現。當時，高適雖已年過半百，但其壯心宿志卻猶如少年時代，杜甫在爲其送行的〈送高三十五書記十五韻〉詩中寫道「高生跨鞍馬，有似幽并兒」，可以想見其意氣風神。當然，高適此時畢竟已不同於早年那樣的一味懷抱理想化的光明憧憬，而是經過多次仕途挫折，較爲深刻地認識到軍事、政治形勢中的弊病及不利因素，如在第二次出塞時就曾寫下「邊兵若芻狗，戰骨成埃塵。行矣勿復言，歸歟傷我神」㉓、「戍卒厭糠覈，降胡飽衣食。關亭試一望，吾欲淚霑臆」㉔這樣的詩句，因此，高適在赴河西哥舒翰幕府之初，仍表現出對邊事的深沉憂慮。如〈部落曲〉詩云「蕃軍傍塞遊，代馬噴風秋。老將垂金甲，閼支著錦裘。琱戈蒙豹尾，紅旆插狼頭。日暮天山下，鳴笳漢使愁」，寫「蕃軍」之強壯，實即寓「漢使」之憂愁；〈登百丈峰二首〉之二云「朝登百丈峰，遙望燕支道。漢壘青冥間，胡天白如掃。憶昔霍將軍，連年此征討。匈奴終不滅，寒山徒草草。唯見鴻雁飛，令人傷懷抱」，詩人由登高極目所見，聯想到「匈奴不滅」的緜長歷史，從而使得一己之「懷抱」演化推展到整個漢民族心理的層次。然而，隨著邊塞形勢的轉變，以及其自身仕途的漸趨順遂，高適詩中深含的憂傷意緒亦顯然漸趨淡褪，並重新煥發出昂揚壯大的情感基調與積極奮發的人生意氣。如哥舒翰破九曲之後，高適作有多篇作品，其〈同李員外賀哥舒大夫破九曲之作〉詩云：

遙傳副丞相，昨日破西蕃。作氣群山動，揚軍大旆翻。奇兵邀轉戰，連弩絕歸奔。泉噴諸戎血，風驅死虜魂。頭飛攢萬戟，面縛聚轅門。鬼哭黃埃暮，天愁白日昏。石城與巖險，鐵騎皆雲屯。長策一言決，高蹤百代存。威稜懾沙漠，忠義感乾坤。老將黯無色，儒生安敢論。解圍憑廟算，止殺報君恩。唯有關河渺，蒼茫空樹墩。

在另一首〈同呂判官從哥舒大夫破洪濟城迴登積石軍多福寺七級浮圖〉詩中，在以「拔城陣雲合，轉旆胡星墜。大將何英靈，官軍動天地」對哥舒翰的安邊功業與雄武英姿作極力頌揚之後，又以「常懷生羽翼，本欲附騏驥。款段苦不前，青冥信難致。一歌陽春後，三歎終自愧」聯繫到自身，表達出以哥舒翰功業爲楷範的急切願望與心理。在〈九曲詞三首〉中，高適更是在對哥舒翰作「將軍天上封侯印，御史臺中異姓王」的欽羨與讚頌的同時，展示出一派「到處盡逢歡洽事，相看總是太平人」、「青海只今將飲馬，黃河不用更防秋」的安邊定國的光明前景。通觀高適詩集，除寓居宋中時期外，大體以隴右時期作品數量較爲集中，除與哥舒翰功業有關作品外，這一時期代表作尚有〈送渾將軍出塞〉、〈登隴〉、〈河西送李十七〉、〈和竇侍御登涼州七級浮圖之作〉、〈酬河南節度使賀蘭大夫見贈之作〉、〈送柴司戶充劉卿判官之嶺外〉、〈塞上聽吹笛〉等，或送別友人或自抒懷抱，構思角度、表現方式固各有不同，但其中給人感受最深的，顯然是一種凝聚匯同的情調，其所描狀的不外乎出塞者壓倒敵人的氣勢、破敵立功的豪情、奮不顧身的氣概、戰爭勝利的歡欣以及個人博取功名的飽滿信心，無不豪蕩激越，扣人心弦。

天寶十四載，高適出任絳郡長史。安史之亂爆發後，高適以諫議大夫出任淮南節度使，由於對永王璘起兵的出色預見以及其後成功的軍事鎮壓，高適得到肅宗的信任，於是被委以一系列的重任要職。乾元二年（七五九），高適改任彭州刺史，翌年轉蜀州刺史，後又陞任劍南西川節度使、攝東川節度使。這期間，高適以實際的行動顯示出傑出的軍事才能，兩次平定地方叛亂，一次迎戰吐蕃入侵。至廣德二年（七六四）被召回京，任刑部侍郎、左散騎常侍，進封渤海縣侯，次年卒於長安，又贈禮部尚書，謚忠。至此，高適走完了在對功名勳業的不懈追求之中終於達到輝煌頂點的人生道路，實際上成爲開天詩人由邊功求進取的普遍風尚中的一個成功範例。然而，理想的實現意味著追求的終結，而作爲開天詩壇時代性特徵重要組成部份的高適詩歌藝術特色與創作個性，正在於以人生理想追求爲動力而衍化出來的藝術表現中的壯偉氣勢與雄強力度。從這樣的角度看，高適自二十歲開始追求功業直至五十餘歲才得以遂願，其間三十多年的不懈的追求過程，恰恰是其詩歌藝術之所以取得如此傑出成就的極其重要的條件與因素。因此，就藝術成就而言，高適在仕途上的飛黃騰達，在政治上的最終成功，便不得不在詩歌創作方面付出巨大的代價。這具體表現爲自天寶末年以後，高適詩歌創作不僅數量大爲減少，而且明顯地消泯了自身獨具的藝術特色與創作個性，甚至表現出某種平庸化、靡弱化的構思方式與情調色彩。如任彭州刺史時所作〈赴彭州山行之作〉「峭壁連崆峒，攢峰疊翠微。鳥聲堪駐馬，林色可忘機。怪石時侵徑，輕蘿乍拂衣。路長愁作客，年老更思歸。且悅巖巒勝，寧嗟意緒違。山行應未盡，誰與翫芳菲」，就基本上是以描寫山行的慣用詞語鋪疊堆砌而成，不僅其前詩中那種雄強偉力消失殆盡，而且就篇章藝術本身看，亦缺少提煉之功。即使像因與杜甫互贈而享有一定聲譽的〈人日寄杜二拾遺〉，實際上也是一首平庸之作，其中「龍鍾還忝二千石，愧爾東西南北人」所表現出的已在高位卻流露庸碌無爲的情調更與早年「舉頭望君門，屈指取公卿」那樣的未得功名而積極進取的精神判若天壤。

從高適生平經歷及其創作生涯的實際情形看，這裏不得不涉及到文學史上流傳甚廣的「高適五十始學爲詩」的說法。在成書於天寶年間的芮挺章編《國秀集》與殷璠編《河嶽英靈集》中，皆選有高適詩，但卻隻字未提五十學詩之事。至成書於五代時期的《舊唐書．高適傳》始有「適年過五十，始留意詩什」云云，其後《新唐書．高適傳》則進而云「年五十始爲詩，即工，以氣質自高，每一篇已，好事者輒傳佈」，這是「五十始爲詩」的最早的明確表述。南宋計有功撰《唐詩紀事》，即完全襲用《新唐書》的說法，元辛文房撰《唐才子傳》，則雜抄《河嶽英靈集》及兩《唐書》，以致多有錯謬，甚至將高適與高仲武混爲一人，在高適爲詩年齡問題上又進而將《新唐書》的「年五十始爲詩」發展爲「年五十始學爲詩」。由於《唐詩紀事》、《唐才子傳》在文學界的重要影響，便使得此說廣泛地流行起來，明清多種詩話皆沿襲其說，《全唐詩》高適小傳也明確寫道「年過五十，始學爲詩」。如此以訛傳訛，顯然源自對《舊唐書》「年過五十，始留意詩什」的片面理解，而《舊唐書》的說法，大約又是對李頎〈贈別高三十五〉詩中「五十無產業」、「狂歌兼詠詩」這兩句並不連接的詩句的主觀捏合所致㉕。其實，從今存高適詩作的實際情況看，其第一次北遊燕趙時的作品作於三十一歲時，寓居梁宋時期的大量詩作皆作於四十歲之前。高適集中還有多篇作品註明寫作年代的，如〈燕歌行〉序稱「開元二十六年」、〈信安王幕府詩〉序稱「開元二十年」、〈三君詠〉序稱「開元中」，這一段時期高適皆在三十至四十歲之間。又芮挺章《國秀集》編成於天寶三載（七四四），未選李白詩卻選有高適詩，更可見高適詩名之早著。而在高適五十歲以後的晚年，卻恰與仕途的通達、官運的亨通形成鮮明的反比，隨著其內心理想追求的休止，詩歌創作的黃金時代也就一去不返了。

如果說，高適詩歌藝術的核心價值在於由立功報國的強烈願望、安邊定遠的宏大理想以及對邊塞生活的親身經歷融鑄出一種激昂獷放的藝術性格與健實渾厚的風格表現，那麼，最足以成爲鼓蕩其胸臆、催塑其詩風的決定因素的，無疑是邊塞疆場的雄闊場景與邊塞詩歌的文學傳統。因此，在高適現存二百四十餘篇詩作中，雖然邊塞詩僅有四十餘篇，但卻顯然是最傑出的部份。同時，其激昂健實的藝術個性與表現風格的形成，有賴於充實的心理涵量及其對理想追求過程的延續，因此，高適三次出塞的人生經歷、三次邊塞詩創作高潮及其實際成果即現存的四十餘篇邊塞題材作品，也就完全可以視爲其全部創作的核心構成。徐獻忠在《唐詩品》中云「常侍朔氣縱橫，壯心落落，抱瑜握瑾，浮沉閭巷之間，殆俠徒也，故其爲詩，直舉胸臆，摹畫景象，氣骨琅然，而詞鋒華潤，感賞之情，殆出常表」，正是從心理與性格的角度探討其詩歌風格的形成。其實早在與高適同時的李頎就說過「五十無產業，心輕百萬資。屠沽亦與群，不問君是誰。飲酒或垂釣，狂歌兼詠詩」[26]，即已著眼於高適仕途未達時在對功業追求的過程中的「狂歌詠詩」的藝術成就。

當然，高適邊塞詩的具體內容與反映面甚爲豐富而廣闊，除以抒情的筆調，對自身建功邊塞、博取功名的宏大抱負與慷慨豪情作直接的抒發之外，還以寫實的方式，對邊塞生活、軍事場面作廣泛的紀錄。就戰爭場面而言，其中既有軍事的勝利與邊防的安定，又有征戰的殘酷與激烈；就人物行態而言，既有士卒艱難困苦的生活處境，又有將士捨身衞國的壯烈言行；就邊塞風光而言，既有塞外荒涼枯寂的面貌，更有粗獷壯闊的場景。然而，其間透露的顯然都是一種豪邁雄壯的情感基調與沉實渾厚的藝術風格。如其最傑出的代表作〈燕歌行〉，以七言歌行的形式，在篇章體制上首先形成「蒼放音多，排奡聘妍，自然沉鬱，駢語中獨能頓宕」㉗的氣勢風格，同時作爲對自身邊塞多年經歷的所見、所聞、所感的綜合回憶的藝術凝結，融合了極爲深廣複雜的內容，構成一幅唐代邊塞戰爭生活的全方位立體圖景，因此，具有極強的思想性與概括力，這樣的思想深度與概括力度，顯然將高適固有的豪雄個性推向更高的層次，使其健實詩風更加渾厚深沉。即使是一些絕句短制，也同樣體現出這一特點，如〈塞上聽吹笛〉：

雪淨胡天牧馬還，月明羌笛戍樓間。借問梅花何處落，風吹一夜滿關山。

詩寫塞上聞笛，首先展現冰雪鋪凝的廣漠胡天，然後再在明月與戍樓之間托出羌笛之聲，而笛聲乃〈梅花落〉之曲，這樣就在荒漠塞外與故鄉春色的鮮明反差之中透露出縷縷鄉思，但這鄉思卻略無哀怨，而是隨一夜風吹滲滿整個關山，以可見的壯偉景觀的實態體現出巨大的內在顯現力與藝術包容力。再如〈別董大二首〉之一：

千里黃雲白日曛，北風吹雁雪紛紛。莫愁前路無知己，天下誰人不識君。

這是一首送別詩，但從景物描寫看，卻無異於一首邊塞詩，詩寫惜別之情，首先展現的卻是一幅蒼莽壯闊的塞外風光畫卷，在這樣的壯偉景觀氛圍中托出心緒，表面上是以懷才挾技無往不適相勸慰，內質中則是一種豪壯氣勢偉力的體現，在藝術表現上以「妙在粗豪」㉘成爲千古名篇。

從邊塞題材的藝術原型看，高適的邊塞詩在寫實因素之外，還顯然與六朝邊塞詩傳統直接相關。如鮑照寫邊塞戰爭生活的〈代出自薊北門行〉、〈代東武吟〉、〈代苦熱行〉等篇，既描狀胡兵勇悍情形，又顯示漢將報國豪情，還有對塞外景象的再現，皆初具高適〈燕歌行〉、〈薊門行五首〉之雛型；曾爲建安王蕭偉記室的吳均，作有〈從軍行〉、〈渡易水歌〉、〈邊城將四首〉等詩，其中多寫慷慨從戎的沙場鬥士，亦顯然影響了高適邊塞詩構思方式與藝術特色的成型。從創作個性的總體特徵看，高適詩風更與太康詩人左思詩歌淵源緊密相關，左思出身寒微，渴望建功立業卻仕途坎壈，這樣的遭遇及由此形成的曠放性格正與高適早年相一致，其被稱爲「左思風力」㉙的詩歌表現特色，亦與被稱爲「多胸臆語，兼有氣骨」㉚的高適詩十分相似，高適詩亦正因此而被歸結爲「其源出於左太沖，才力縱橫，意態雄傑」㉛。然而，一方面，高適生活於國勢強盛的開天時期，不同於魏晉六朝時期的荒亂時代氛圍，因而詩中更見壯偉氣勢與昂揚情調，另一方面，高適感受著儒學復盛的文化精神，不同於魏晉六朝時期儒學衰頹的歷史趨向，因而其詩作既重氣骨，又「尚質主理」㉜，也就是說，在高適詩中雖多有激烈的戰爭描寫，但往往更以儒家道德觀念爲準則，如對李宓征討南蠻之戰，就著眼於「聖人赫斯怒，詔伐西南戎。肅穆廟堂上，深沉節制雄」㉝的頌聖原則。這樣不同的主客觀條件的交匯，正是高適詩的風骨表現有別於建安以降風骨傳統的重要原因，映帶著王道崩壞的荒亂時代氛圍的魏晉詩中風骨，在對人生前途近乎絕望的心理基礎上往往表現爲極端的幽憤慘烈狀，而感受著儒學復振的強盛時代精神的高適詩中風骨，則在儒家道德觀念及其中和美精神原則作用下以「濃纖修短得衷合度」的體格表現出「意調高遠」、「深婉有致」㉞的特點，使其豪雄健實的詩歌總體風格尤顯深沉渾厚。正是在這樣的意義上看，「高之渾樸老成，亦杜陵之先鞭也」㉟，高適詩在某種程度上被視爲自詡奉儒守官並以沉鬱頓挫風格爲標誌的杜甫詩的同流與先導。杜甫本人曾以「方駕曹劉不啻過」㊱對高適詩加以熱情讚賞與高度評價，就不僅清楚地證明了高、杜之間的溝連關係，而且爲高適詩接受效應的增殖奠定了最初的基點。

第二節　邊塞生活的獨特體驗

在開天時期的著名詩人中，岑參是年齡最輕的一位，他比年長的王之渙、孟浩然、李頎、王昌齡分別小二十七歲、二十六歲、二十五歲、十七歲，比王維、高適小十五歲，比李白小十四歲。從年齡上看，可以說岑參比開天主要詩人似已整整晚了一輩，但從其創作生涯及藝術風貌看，卻顯然屬於典型的開天詩歌的時代性特徵。究其原因，大約是由其世代簪纓的家世與已陷貧寒的家境的巨大反差對功名富貴心志的有力激發、自身的詩名早著、理想尚奇的性格氣質以及獨特的人生經歷等諸多因素綜合作用的結果。

首先，與開天時期大多數詩人一樣，岑參早年即胸懷乘時而起、匡世濟民的宏大抱負，並以此在詩中表現出高朗壯大的氣勢與情調，如〈送郭乂雜言〉詩中有云「功名須及早，歲月莫虛擲。早年已工詩，近日兼註易」，詩雖爲送人而作，此語卻顯有自表之意，強烈的功業慾望在早年已工的詩歌創作中的藝術體現，正是開天詩歌時代性特徵的核心內涵。而與大多開天詩人有所不同的是，岑參出生時家境雖已漸貧寒，但其畢竟是世代簪纓之家族，在追求功業的動機與過程中，實際上帶有濃厚的「國家六葉，吾門三相」的家族觀念與復舊思想。因此，岑參詩中的心志抒發與場景描寫，就缺少高適、李頎、王昌齡等人功業理想中含有的對下層士卒的關注成份，更多地表現爲純粹的對自身功名富貴的企盼與追求。如〈送張獻心充副使歸河西雜句〉「將門子弟君獨賢，一從受命常在邊。未至三十已高位，腰間金印色赭然」、〈衛節度赤驃馬歌〉「憶昨看君朝未央，鳴珂擁蓋滿路香。始知邊將真富貴，可憐人馬相輝光。男兒稱意得如此，駿馬長鳴北風起」，對描寫對象讚頌與艷羨，顯然以其「三十高位」、「富貴得意」的功名早著爲著眼點；〈初授官題高冠草堂〉「三十始一命，宦情都閑卻」、〈北庭作〉「可知年四十，猶自未封侯」，對自己人生遭遇的感歎，亦正是由於「三十閑卻」、「猶未封侯」與功名早著理想的強烈反差。這樣的實際遭遇，客觀上也就促使岑參形成對功名追求更加急切的心態。從其最初的「志學集其荼蓼，弱冠干於王侯……幸逢聖主之好文，不學滄浪之垂鈎，強學以待知音，不無思達之人惠顧，庶有望於亨衢」[37]，到終於「天子不召見，揮鞭遂從戎」[38]，都可見出對功名利祿的急切追求。當然，岑參走上邊塞之途後，眼界頓然開豁，襟懷亦更壯偉，但從其作品中表露的思想內容看，其赴邊從戎的根本目的仍是極爲明晰的，如果說，岑參在赴安西途中作〈銀山磧西館〉詩云「丈夫三十未富貴，安能終日守筆硯」的內心表白，與「銀山磧口風似箭，鐵門關西月如練。雙雙愁淚霑馬毛，颯颯胡沙迸人面」的場景描寫聯繫在一起，還主要體現出壯偉的襟懷氣勢，那麼，其〈優鉢羅花歌〉慨歎「此花不遭小吏，終委諾山谷，亦何異懷才之士不會明主擯於林藪邪」[39]，以優鉢羅花自喻，表明盼望得到引薦的心情，則全然類乎急功近利式的干謁投贈了。其在〈石上藤〉詩中寫道「不逢高枝引，未得淩空上。何處堪託身，爲君長萬丈」，正是這種心態的形象表述。

其二，岑參雖然在開天詩人中年齡最輕，但卻詩名早著，如專門選錄開元二年（七一四）至天寶十二載（七五三）四十年間兼備聲律風骨之作的《河嶽英靈集》，就選入岑參詩作七首，以其與李白、王維、王昌齡、高適、孟浩然、李頎、儲光羲等人並爲開天時代的「河嶽英靈」。而年長於岑參的杜甫及錢起、劉長卿等人詩一首未選，固然與殷璠的選評標準有一定關係，但岑參本人在當時詩壇的影響，顯然是更重要的因素。岑參十五歲隱居嵩山少室，即透露出企慕「終南捷徑」之意向，二十歲時至洛陽，獻書闕下，雖然未獲結果，實已開始涉足宦海文壇。二十五歲時北游河朔，到過邯鄲、冀州、定州、井陘等地，更與當時著名文人多有交遊。其後，岑參分別於天寶八載、十三載兩度出塞，寫下了一生中最光輝的詩章。至德以後，岑參創作生涯雖然一直持續到大曆年間，但其精華階段及名噪詩壇顯然在於開天時代之「佳名早立，時輩所仰」[40]、「每一篇出，人競傳寫」[41]。同時，岑參作爲開天時期後輩詩人的身份，客觀上又促使他主動學習那些年輩較長、詩風成熟的詩人，從而形成向開天詩壇時代性特徵的自覺歸附與趨融。對當時處於都城詩人中心地位的王維，岑參詩作中就有較爲明顯的倣習情形。如其入長安，本意在積極求仕，但見到終南秀色，卻生出「曩爲世人誤，遂負平生愛」[42]、「巖壑歸去來，公卿是何物」[43]的隱逸之想，從岑參一生對功業的不懈追求看，這種逸想顯然並非其內心真實，而是一種藝術氛圍的感染。從對自然的觀照方式看，岑參更是直接取資於王維，如〈春半與群公同遊元處士別業〉「草色帶朝雨，灘聲兼夜鐘」與王維的「草色綠堪染」[44]、「深山何處鐘」[45]，皆以聲、色渲染如畫景境；〈送許子擢第歸江寧拜親因寄王大昌齡〉「心與湖水清」與王維〈登河北城樓作〉「心與廣川閑」，皆致力於主觀情感向客觀景物的投射與滲融之中鑄就清靜閑遠的心理狀態與審美感受；〈自潘陵尖還少室居止秋夕憑眺〉「勝愜只自知，佳趣爲誰濃」亦與王維〈終南別業〉「興來每獨往，勝事只自知」同一方式地寫出「與造物相表裏」[46]的無法明述的自然體驗。至若「月出蒼山空」[47]與王維的「夜靜春山空」[48]、「王孫去未還」[49]與王維的「王孫自可留」[50]之類，更不僅在於句法的相似，而且在於「山空」、「王孫」這兩個自然性與人物性的意象在某種程度上乃是王維詩獨有的標誌。在這樣的藝術氛圍的感染中，岑參「夕與人群疏，轉愛丘壑中。心淡水木會，興幽魚鳥通」的心理亦同時受到孟浩然藝術構思的影響，如其寫嵩山少室之景的「谿雲淡秋容」[51]實際上就是對孟浩然早已出名的詩句「微雲淡河漢」[52]的倣效。此外，以開元末年崛起於詩壇的李白爲標誌的曠放豪俠的藝術情調，也對岑參產生了深刻的感染，如李白詩中多有「風吹柳花滿店香，吳姬壓酒勸客嘗」[53]、「清風朗月不用一錢買，玉山自倒非人推」[54]之類豪飲場景與形象，岑參〈邯鄲客舍歌〉「邯鄲女兒夜沽酒，對客挑燈誇數錢。酩酊醉時日正午，一曲狂歌壚上眠」，正與李白詩中情形逼肖；又如李白以「掛流三百丈，噴壑數十里」[55]描狀出廬山瀑布的壯觀氣勢，岑參亦以「崖口懸瀑流，半空白皚皚。噴壁四時雨，傍村終日雷」[56]渲染出終南飛泉的眩目景觀。總之，以王、孟爲代表的自然情趣與以李白爲代表的奇特想像在岑參接受視界中的融合，便爲其詩歌創作實踐灌注了充實濃厚的開天藝術精神。

其三，岑參理想尚奇的性格氣質，造成其詩歌藝術表現的理想化、奇創化傾向，也正體現了對開天詩壇昂揚高朗的主體情調的奇幻般的推擴與發展。早在與其同時的詩人及評論家眼中，就已發現了岑參的奇異稟性與特點，如杜甫〈渼陂行〉詩云「岑參兄弟皆好奇」，殷璠在《河嶽英靈集》中以「語奇體峻，意亦造奇」作爲岑詩特色所在，其後杜確編《岑嘉州詩集》亦稱「其有所得，多入佳境，迴拔孤秀，出於常情」，可見「出於常情」的岑詩之「奇」，已爲人所共識。這在岑參創作實踐中，主要表現爲奇異的構思方式，如〈宿關西客舍寄東山嚴許二山人時天寶初七月初三日在內學見有高道舉徵〉詩中「孤燈燃客夢，寒杵搗鄉愁」，夢中幻象如同在客舍孤燈中燃現，催人思家的杵聲如同直接搗動了鄉愁，這是在特定條件下通過通感的心理學作用造成的奇特感受。又如〈春尋河陽陶處士別業〉詩云「藥碗搖山影，魚竿帶水痕」，所寫本爲生活常景，但其省略了兩類物象之間的聯繫中介，就如同李白詩「犬吠水聲中」57那樣的樸素感受的奇特表達了。同時，這類奇特表達顯然在總體上打破了當時雅致平穩的都城詩表現的審美要求，造成一種蓬勃的生氣與活力。這種特色在岑參與其他詩人的同題賦詠詩的比較中看得更爲明顯，如天寶十一載秋，岑參與儲光羲、高適、薛據、杜甫同登長安慈恩寺塔，五人各賦一詩（其中薛據詩今已不存），岑參詩寫道：

> 塔勢如湧出，孤高聳天宮。登臨出世界，磴道盤虛空。突兀壓神州，崢嶸如鬼工。四角礙白日，七層摩蒼穹。下窺指高鳥，俯聽聞驚風。連山若波濤，奔湊似朝東。

顯然著眼於登高望遠時的奇幻景觀與奇特感受的新奇表達，顯示出豐富奇想與衍放詩風。將之與其他幾篇作品相較，明顯存在著饒有趣味的不同，儲光羲與高適作爲開天時期年輩較長的詩人，更多地體現出雅致平穩的都城詩風，儲詩「金祠起真宇，直上青雲垂。地靜我亦閑，登之秋清時」、高詩「香界泯群有，浮圖豈諸相。登臨駭孤高，披拂欣大壯」，雖然各自表露出清遠與壯大的胸懷情趣，卻略無岑詩那樣的出世奇想。相比之下，杜甫詩中「秦山忽破碎，涇渭不可求」的奇特感受倒與岑參詩表現方式甚爲相似，但是究其精神實質，杜詩在於「盱衡今古之識，感慨身世之懷」58，表現爲對社會現實認識的理性深化，與岑參詩著意於馳想天外的奇特想像又有根本的不同，並由此劃出與岑詩分屬兩大時代性特徵的一條重要界限。通過這一比較，岑參詩的獨特位置即已可見一斑，那就是在開天時代總特徵的範圍內較為集中地體現出理想化活力的一個重要組成部份。

其四，岑參一生最重要的經歷無疑是兩度從戎邊塞共達五年多的西北塞外生涯，這期間，無疑也正是其詩歌創作的最重要階段。岑參今存詩共計四百餘篇，有關邊塞題材近八十首，比例雖然並不太大，但卻不僅代表了其本人的最高藝術成就，而且成為整個文學史上邊塞文學中最為燦爛之花，岑參也因而被稱為最傑出的邊塞詩人。然而，對於岑參邊塞詩何以取得如此傑出成就的問題，歷代論家多從其藝術技巧方面著眼，未能加以深究。依我看來，根本原因乃在於從戎邊塞的人生經歷恰恰為其建立邊功的心理追求與好尚新奇的性格氣質提供了最佳的發揮場所與結合條件。當然，岑參早年即懷有「功名須及早，歲月莫虛擲」的功業志向與「天子不召見，揮鞭遂從戎」的邊功理想，但顯然尚屬心理願望的層次，只有到其真正踏上邊塞征途，才形成「功名只向馬上取，真是英雄一丈夫」[59]、「古來青史誰不見，今見功名勝古人」[60]的明晰途徑目標以及「男兒感忠義，萬里忘越鄉」[61]、「小來思報國，不是愛封侯」[62]的壯偉胸襟氣度。同時，岑參好奇的性格固然在詩歌創作中體現為一種普遍的現象，但其早年詩作顯然在於奇巧的構思技巧，也只有到其真正走向塞外，才全身心地被奇異的塞外風光所吸引，以整體的奇異感受衍射為詩歌創作的奇異表現。如詩人初次出塞時所作〈磧中作〉詩云：

走馬西來欲到天，辭家見月兩回圓。今夜不知何處宿，平沙萬里絕人煙。

置身與內地完全不同的環境，面對極為蒼莽遼闊的「萬里平沙」，詩人頓生「欲到天」的幻覺，看似異想天開，實際上卻是極為真實的感受。其沿途所見的「燕支山西酒泉道，北風吹沙捲白草」[63]、「火山今始見，突兀蒲昌東。赤焰燒虜雲，炎氣蒸塞空」[64]，皆以真實性感受改變了出塞前所作「胡笳怨兮將送君，秦山遙望隴山雲」[65]那樣借助有關邊塞典故的藝術性聯想。在岑參邊塞詩篇中，既有黃沙莽莽、狂風怒吼、大雪漫天、冰川百丈，又有熾熱的火山、沸騰的熱海，展現出一幅幅瑰奇偉麗的塞外畫卷。然而，值得注意的是，岑參描寫塞外風光並非純粹的客觀寫實，而是將奇偉的異域景觀與亢奮的爭戰情緒結合起來，在「匈奴草黃馬正肥，金山西見煙塵飛」[66]的緊張氣氛的刺激下，造成「四邊伐鼓雪海湧，三軍大呼陰山動」[67]的自然景觀的誇張與變形。正是因此，岑參詩歌藝術特色才得到最集中的體現，如施補華《峴傭說詩》稱其「勁骨奇翼，如霜天一鶚，故施之邊塞最宜」，翁方綱《石洲詩話》更認爲「嘉州之奇峭，入唐以來所未有，又加以邊塞之作，奇氣愈出」。這種奇氣的藝術個性與邊功的亢奮情緒的交融，也就既有別於純粹的邊塞紀實，又不同於一味的壯志抒發，而是在兩者的疊合之中體現出其邊塞詩的獨特價值乃至開天藝術精神的典型特徵。

正是以上諸種因素，不僅使得岑參躋身於作爲唐詩藝術高峰期的開天時代，而且以其創作實踐體現出最典型的開天詩壇時代性特徵。而從岑參現存作品的整體構成及其與開天詩壇時代性特徵的對應溝通關係的角度看，其中邊塞題材的創作無疑具有尤爲鮮明突出的價值與意義。

從藝術表現方式看，岑參邊塞詩固然以奇壯的描寫與奇異的想像爲最顯著的特徵，但從創作環境角度看，岑參邊塞詩又顯然具有最真實而豐富的生活基礎。也就是說，岑參邊塞詩中大量的奇譎描寫與誇張色彩，實際上正是邊塞真實生活的特異性與詩人真實感受的特異性的碰撞、構合所造成的藝術變形。岑參邊塞生活時間的長期性（前後近六年之久）與出塞地域範圍的遼遠性

（東起隴右西至中亞伊塞克湖附近），其間豐富而神奇的經歷，都是其前與當時其他邊塞詩人所不具備的生活真實。正如鄭振鐸所云「唐詩人詠邊塞詩頗多，類皆捕風捉影。他卻自句句從體驗中來，從閱歷裏出」68。通觀唐代詩壇，邊塞詩的成因與內容甚爲廣泛，大多詩人並無實際邊塞經歷，所作〈從軍行〉、〈出塞〉之類作品純屬沿襲樂府舊題，詩中涉及有關「玉門」、「樓蘭」、「交河」、「陰山」、「條支」、「天山」之類亦爲借用邊塞題材傳統事典的虛擬想像之詞。當然，像陳子昂、高適等少數詩人自有邊塞生活的真實經歷，但一方面他們出塞時間甚爲短暫，另一方面涉足範圍亦僅在幽并或隴右一帶，雖然「一窺塞垣，說盡戎旅」69，邊塞生活環境造成其「風骨凜然」的創作風貌，但在入唐以來的詩人中，可以說，從來沒有任何一個詩人像岑參那樣深入西域，直抵中亞，不僅萬里行軍，長途跋涉，而且親歷了生與死、血與火的戰爭磨鍊。這就構成岑參邊塞詩的真實的生活基礎，由此也就體現出紀實的表現傾向。無論是寫自身行軍旅程的「一驛過一驛，驛騎如星流。平明發咸陽，暮及隴山頭。隴水不可聽，嗚咽令人愁。沙塵撲馬汗，霧露凝貂裘」70、「奉使按胡俗，平明發輪臺。暮投交河城，火山赤崔巍。九月尚流汗，炎風吹沙埃」71，還是寫異域奇麗風光的「孤城倚大磧，海氣迎邊空。四月猶自寒，天山雪濛濛」72、「沙上見日出，沙上見日沒」73、「黃沙西際海，白草北連天」74，抑或是寫激烈戰爭場面的「日落轅門鼓角鳴，千群面縛出蕃城。洗兵魚海雲迎陣，秣馬龍堆月照營」75、「蕃軍遙見漢家營，滿谷連山遍哭聲。萬箭千刀一夜殺，平明流血浸空城」76，都顯然可見真切生動的直觀感受。同時，岑參邊塞詩的紀實傾向還表現在描寫的具體性上，這就進一步強化了生動性與真實感。在唐代詩人的邊塞詩中，雖然不乏爲具體戰事而發的作品，但大多或爲祝捷，或爲感慨，或爲對某一戰爭階段的總體回顧，往往著重表達詩人的態度，而並不著重於戰鬥過程的描述。相比之下，岑參的一些作品所寫則完全是某一具體的真實事件的本身，如〈輪臺歌奉送封大夫出師西征〉與〈走馬川行奉送出師西征〉兩首著名詩篇就是對「天寶中，匈奴回紇寇邊，踰花門，略金山，煙塵相連，侵軼海濱，天子於是授鉞常清，出師征之」[77]這一具體戰事的全面紀實。前詩由「輪臺城頭夜吹角」六句交待戰事的引發以及邊境兩軍對壘的陣勢，接著以「上將擁旄西出征」四句正面描寫唐軍雄壯聲威，「虜塞兵氣連雲屯」四句又刻畫出戰地環境的艱難困苦；後詩進一步渲染出莽莽的黃沙、呼嘯的狂風、祁寒的天氣以及半夜行軍兵戈相擊的整肅氣氛、敵方懾於唐朝軍威最終潰敗的情形。如果再聯繫〈北庭西郊候封大夫受降回軍獻上〉詩中唐軍得勝而歸的場面，則成爲這一戰事起因、過程、結局的完整敘述了。再者，爲適應對豐富充實的邊塞生活內容作詳密鋪寫的需要，岑參傑出的邊塞詩篇往往選擇的是七言歌行的形式。當然，這一形式在邊塞題材中並不稀見，然而，幾乎所有的魏晉六朝邊塞詩以及大部份唐代邊塞詩都是沿用樂府舊題之作，其間雖有一定的生活基礎，但依題敷衍古義的本身不能不限制表達的程度。在岑參的邊塞詩中，卻沒有一首沿用樂府舊題之作，而是根據不同的表現內容，另擬新題，即事名篇，像其最出色的歌行除〈輪臺歌奉送封大夫出師西征〉、〈走馬川行奉送出師西征〉之外，還有〈白雪歌送武判官歸京〉、〈天山雪歌送蕭治歸京〉、〈熱海行送崔待御還京〉、〈火山雲歌送別〉等，這些作品，皆與其所擬之題名副其實地構成對眼前所見與心中所感的直接表述。值得注意的是，從岑參這些具有創新精神的作品的寫作時間看，顯然與杜甫、元結的樂府詩一樣成爲元、白新樂府之先河。

然而，岑參邊塞詩的藝術特色恰恰在於以詩人的豐富想像與藝術敏感對真實的邊塞生活的特殊體驗與感受，使真實的場景在詩人筆下充滿誇張色彩，呈顯變形體貌。如〈火山雲歌送別〉：

火山突兀赤亭口，火山五月火雲厚。火雲滿山凝未開，飛鳥千里不敢來。平明乍逐胡風斷，薄暮渾隨塞雨回。繚繞斜吞鐵關樹，氛氳半掩交河戍。迢迢征路火山東，山上孤雲隨馬去。

在詩人的藝術想像中，火山雲完全具有了靈動的生命活力，其不僅於遼闊空間凝火來雲，而且似乎有意識地「斜吞鐵關樹」、「半掩交河戍」，這樣一來，火山雲奇麗變幻的真實存在也就更爲生動逼真地展現出來。又如〈白雪歌送武判官歸京〉：

北風捲地白草折，胡天八月即飛雪。忽如一夜春風來，千樹萬樹梨花開。散入珠簾濕羅幕，狐裘不暖錦衾薄。將軍角弓不得控，都護鐵衣冷難著。瀚海闌干百丈冰，愁雲黲淡萬里凝。中軍置酒飲歸客，胡琴琵琶與羌笛。紛紛暮雪下轅門，風掣紅旗凍不翻。輪臺東門送君去，去時雪滿天山路。山迴路轉不見君，雪上空留馬行處。

在遼遠的西北邊塞，本來是「春風不度玉門關」[78]，但在岑參筆下，「朔方寒氣重，胡關繞苦霧。白雪晝凝山，黃雲宿埋樹」[79]的環境卻在一夜之間如同開滿萬樹梨花，同時，在一片白皚皚的冰雪世界與「隨風滿地石亂走」的狂勁北風中一杆鮮紅軍旗竟然挺立不動，這就在奇異的感受中造成一種新奇強烈的藝術效果，正如方東樹所云「忽如六句，奇才奇氣，奇情逸發，令人心神一快，須日誦一過，心摹而力追之」[80]。他如〈過磧〉「黃沙磧裏客行迷，四望雲天直下低」、〈磧西頭送李判官入京〉「尋河愁地盡，過磧覺天低」，寫處在曠闊無垠的蒼莽沙海之中似乎天幕低垂直下地面的特殊感覺，〈武威送劉判官赴磧西行軍〉「火山五月行人少，看君馬去疾如鳥」、

〈武威送劉單判官赴安西行營便呈高開府〉「馬疾過飛鳥，天窮超夕陽」，寫駿馬飛馳愈遠愈小如同一隻飛翔的小鳥的奇特幻象，無不顯示出神奇的藝術表現力。當然，將本來是極其荒涼、艱苦、恐懼的邊塞環境加以神奇化的藝術表現，並不能單純地從創作技巧的角度來說明，這實際上是與岑參壯偉的胸襟抱負、樂觀的精神信念密不可分的。說到底，他是抱著建功立業的強烈願望踏上邊塞的土地的，「功名只向馬上取，真是英雄一丈夫」是其從戎邊塞的人生目標的自我表白，因此，「長安不可見，喜見長安日」、「風從帝鄉來，不異家信通」，詩人身形面對塞外風日，心靈卻無異立業京師。正是這樣一種強大的精神內驅力，造成了自然與人、環境與情感的相互推移，人既是大自然的組成部份又是其主宰，自然環境便在人的精神力量作用下對象化、人格化、藝術化了。如艱難的行軍征途，詩人卻昂揚風發地「走馬西來欲到天」，荒涼的廣漠絕塞，詩人卻饒有興味地欣賞「沙上見日出，沙上見日沒」，慘烈的狂風沙暴，詩人看到的卻是「一川碎石大如斗，隨風滿地石亂走」的奇異景觀，肅殺的戰爭場面，也是「四邊伐鼓雪海湧，三軍大呼陰山動」那樣的壯麗神奇。從這類作品的特質看，顯然已經超越了通常意義上的構思技巧與表現手法的層次，而是體現爲「主體和對象的兩方面融匯在一起，使得這兩方面不再互相外在和對立」[81]的典型的審美的方式。

如果從地域文化學的角度來觀察，岑參邊塞詩的獨特價值與地位則尤爲明顯。當然，邊塞詩本身就是特定地域文化的產物，但其涉及的範圍甚爲寬泛，由東部的「幽并」、「遼陽」、「榆關」，北部的「陰山」、「燕然」、「幽陵」，西部的「隴頭」、「玉門」、「涼州」等共同構成邊塞詩地域的整體。從唐代邊塞詩實際情況看，除大多利用樂府舊題在典實意義上運用的地名外，所反映的地域範圍大體局限在東起幽并西至隴右一帶。岑參的邊塞詩正是首先在這裏顯示出與衆不同的獨特之處，他長期生活的邊塞地區由隴右直至中亞伊塞克湖附近，深入到充滿異國情調的西域腹地；同時，岑參近八十首邊塞詩篇幾乎全部寫於西部地域，超過當時主要邊塞詩人的邊塞詩的總和，成爲對西部邊塞生活、風光習俗的大規模的全面反映。正是因其「以秀挺的筆調，介紹整個西陲、熱海給我們」[82]，所以岑參當之無愧地成爲「開天時代最富於異國情調的詩人」[83]。

岑參邊塞詩的地域文化學價值，大體表現在三個方面。首先是將舊題樂府中虛擬的西域地名改變爲對真實的西部邊塞的再現，使既蒼莽遼闊又神奇詭麗的西域地理環境與自然風光首次大規模地進入文學世界，成爲開天詩壇的重要組成部份。其次是在詩人自身亟欲建立邊功的強烈願望與西部邊塞極度蒼莽壯闊的自然環境的精神性吻合與通融之中，形成以昂揚奮發爲基調的主體精神的高揚與心靈世界的擴展，從而構成開天詩壇本質精神的最充分飽滿的體現。再者是詩人對迥異於內地的西域地區的社會習尚與風俗民情表現出極大興趣，並以之大量入詩，形成濃郁的西域生活氣息與鮮明的西域文化色彩。當然，岑參生活的時代，唐王朝正處峰巔狀態，政治、經濟以及軍事力量空前強大，岑參之所以得以長時間地深入西域腹地，從這一角度看正可視爲唐朝國力的一個縮影與表徵。但是，在衆多的開天時期詩人中，唯有岑參不僅深入唐朝國力所達的極西之地，而且在審美情趣上表現出由中原向西域的轉移態勢，這就從根本上決定了岑參邊塞詩的特異色彩與獨具地位的確立形成。如其〈使院中新栽柏樹子呈李十五棲筠〉詩云「愛爾青青色，移根此地來。不曾臺上種，留向磧中栽」，在對「移根」邊疆沙漠的柏樹寄予的愛憐情感之中，實亦包含了詩人自身由中原移向西域的身世之感。如果說，這還屬於象徵性的喻義層次，那麼，其〈田使君美人舞如蓮花北鋋歌〉云「忽作出塞入塞聲，白草胡沙寒颯颯。翻身入破如有神，前見後見回回新。始知諸曲不可比，採蓮落梅徒聒耳」，則在粗獷雄健的西域舞曲與盛行中原的〈採蓮〉、〈落梅〉之類流麗柔婉曲調之間作出明確的價值判斷。可以說，岑參詩中客觀存在的異域情調正是在這樣的主體心態的開放式條件下大量湧入的，除特殊的自然景觀之外，像「暖屋繡簾紅地爐，織成壁衣花氍毹」[84]的居住條件，「渾炙犁牛烹野駝，交河美酒金叵羅」[85]的飲食習慣，「琵琶長笛曲相和，羌兒胡雛齊唱歌」[86]的齊唱歌聲，「美人舞如蓮花旋，世人有眼應未見」[87]的健勁舞姿，以及「白山南，赤山北，其間有花人不識，綠莖碧葉好顏色。葉六瓣，花九房，夜掩朝開多異香，何不生彼中國兮生西方」[88]的奇花異木等，無論巨細，皆成爲其邊塞詩中的重要成份。

作爲唐朝國力處於峰巔狀態的開天時代的詩人，岑參對西域地區奇風異俗的描寫當然不是純粹的被動式的，就其本身的藝術形態而言就是中原文化植根西域的產物，更何況在強大的唐朝國力影響下中原文化對西域的客觀影響與滲透，同時，唐代文化的豐盛繁榮，也是以胸懷闊大的開放態勢廣納異域文化的結果。從這一角度看，既突出體現開天詩壇時代性特徵又帶有濃郁的異域情調的岑參的邊塞詩，可以說是中國封建時代鼎盛期中原文化與西域文化撞擊、交織、融合的一個特定側面的縮影與證明。比如在作爲絲綢之路要衝的武威一帶，由於經濟、文化的長期交流，成爲中原文化與西域文化融匯的一個中心地區，漢代以西域樂器雜以秦聲爲特徵的「秦漢樂」就首先在這一帶形成，所以又叫「西涼樂」，其後以此爲重要來源的隋唐「燕樂」更在其地廣泛流行，岑參〈涼州館中與諸判官夜集〉詩「彎彎月出掛城頭，城頭月出照涼州。涼州七里十萬家，胡人半解彈琵琶」，正反映了當時涼州音樂繁盛的具體情形。對於另一個中原文化與西域文化交匯中心的敦煌，岑參也有〈敦煌太守後庭歌〉、〈玉門關蓋將軍歌〉、〈酒泉太守席上醉後作〉等多篇詩作詳細紀述其地歌舞的特色與盛況。在唐代的西域，異族文化的交融並不僅僅在於歷史遺產的延續，更重要的是當時就在大規模的進行之中，如本來表現爲「蕃書文字別，胡俗語音殊」[89]的語言交流隔膜狀態，逐漸出現「座參殊俗語，樂雜異方聲」[90]的情形，甚至達到「花門將軍善胡歌，葉河蕃王能漢語」[91]的境地。在當時，由於唐朝國力的強大，邊疆大多時間相對較爲平靜，呈現一派「聞道遼西無戰鬥，時時醉向酒家眠」[92]的和平閑逸景象，在這樣的情況下，廣泛而頻繁的文化交流更產生一種奇特的效果，即促使原本處於敵對狀態的民族之間形成一種共同娛樂、友好往來的親近關係。如從岑參〈趙將軍歌〉「九月天山風似刀，城南獵馬縮寒毛。將軍縱博場場勝，賭得單于貂鼠袍」看，就清晰可見胡、漢將軍縱博暢飲的豪爽情興；再看其〈敦煌太守後庭歌〉云「敦煌太守才且賢，郡中無事高枕眠。太守到來山出泉，黃沙磧裏人種田。敦煌耆舊鬢皓然，願留太守更五年」，漢族官員帶來先進的農業技術，興修水利，變沙漠爲良田，因而出現當地少數民族懇請太守繼續留任的動人場面。究其根本，這類事件的產生，顯然都是文化交融的積極效應與具體體現。

總之，尚奇的性格氣質與親身的邊塞經歷，決定了岑參詩歌基本的個性特徵與表現方式，那就是映帶著濃郁的異域情調與誇張色彩的真實的生活內容與自然景貌的紀實與變形，在創作主體的敏銳的獨特的感覺之中顯示出神奇的藝術表現力。透過藝術表現能力與技巧的層次，岑參詩歌進而顯現出處於中原文化與西域文化交匯點與結合部的深層的文化意蘊，並以其對西部地域極境的獨佔性的大規模的容納與展現，從而具有了作爲詩歌領域中對大唐文化整體中一個重要方面的集中體現的無可取代的價值與地位。

第三節 高岑詩之異同

唐朝國力的空前強盛與開天文人追求邊功的時代風尚，催使眾多文人競相加入邊塞題材的創作行列，高適、岑參顯然是其中最突出的代表。首先，高、岑二人邊塞詩創作皆以自身從戎邊塞的親歷爲基礎，體現出濃郁的生活氣息與鮮明的紀實傾向；其次，在開天詩人中，高、岑二人邊塞詩創作數量最多，超過其他詩人邊塞題材作品之總和，成爲對當時邊塞戰爭生活與自然風光的大規模集中展現；再者，高、岑二人胸懷強烈的進取精神與功業願望，固不出開天時代風尚與士人心態範圍，但他們卻有其他詩人多不具備的真實的長期的邊塞生活經歷，威嚴激烈的戰爭場景、粗獷遼闊的塞外風光與宏大壯偉的胸懷襟抱、積極進取的心理追求恰恰在精神內質上吻合、通融，這就使得高、岑邊塞詩呈現雄闊的境界與壯偉的氣勢，成爲開天詩壇對強勁風骨之美的追求的最典型表徵。正是由於這樣相似的創作特徵與藝術風貌，儘管二人年齡相差較大，但在當時仍即有人在藝術表現特徵的意義上將其並稱高、岑，如杜甫〈寄彭州高三十五使君適虢州岑二十七長史參三十韻〉詩中寫道「海內知名士，雲端各異方。高岑殊緩步，沈鮑得同行」，高適任彭州刺史、岑參任虢州長史同在乾元二年（七五九），杜甫此詩當亦作於是年，其時上距天寶僅三年，且正值兵荒馬亂的安史亂中，由此可知高適、岑參享譽海內、並稱名士當始自天寶年間，同時，杜甫詩中既將其與沈約、鮑照相比類，又云「意愜關飛動，篇終接混茫」，顯然著眼於文學創作生涯與詩歌藝術成就方面。後人將高、岑合而論之，更爲普遍，如宋人嚴羽《滄浪詩話．詩評》云「高、岑之詩悲壯，讀之使人感慨」，就通過「悲壯」的審美感受，將高適、岑參詩體格風貌完全等同起來。

然而，通過對高適、岑參邊塞詩的細緻分析與比較，則不難發現兩者在具體的創作環境、構思方式乃至表現體貌等方面都存在顯著的差異。對這種差異的發現，明清時期已露端倪，王世貞《藝苑卮言》卷四云「高、岑一時不易上下，岑氣骨不如達夫遒上，而婉縟過之」，王士禎《師友詩傳續錄》則云「高悲壯而厚，岑奇逸而峭」，劉熙載《藝概》卷二〈詩概〉進而以「岑超高實」概括兩者之異點。所論雖皆含糊，但已明確可見對高適詩重實渾厚、岑參詩奇峭超逸的基本特色的初步認識。對於高、岑詩不同的基本特色的形成，大體可以從以下幾個方面加以把握。

其一是創作環境的不同。高適兩度出塞，一爲燕趙薊北，一爲河西隴右，基本上不出前此親歷邊塞的詩人所涉足的範圍，此外，高適赴河西哥舒翰幕府後，隨著仕途的漸趨通達，藝術個性則漸趨平庸，代表其個性特色的邊塞詩創作主要在於燕趙薊北時期。岑參亦兩度出塞，具體地點自隴右以西，直至窮盡唐朝國力所能達到的西部極境，其邊塞詩幾乎全部作於西部地區。在由社會性背景的擴展造成詩歌表現場合化基點的開天詩壇，這樣的實際創作環境的不同，自然也就決定了高適、岑參邊塞詩在各自的表現內容方面的差異。比如寫邊塞風光，從高適〈塞下曲〉「青海陣雲匝，黑山兵氣衝」、〈登百丈峰二首〉之二「漢壘青冥間，胡天白如掃」、〈同李員外賀哥舒大夫破九曲之作〉「鬼哭黃埃暮，天愁白日昏」、〈別董大二首〉之一「十里黃雲白日曛，北風吹雁雪紛紛」、〈塞上聽吹笛〉「雪盡胡天牧馬還，月明羌笛戍樓間」等詩的具體描寫看，其中「青海」、「黑山」、「胡天」、「黃埃」、「北風」、「牧馬」、「羌笛」、「雪」、「雁」之類，正是傳統邊塞詩中常見意象與慣用詞語，由此展現出的地域特徵也就是最普泛意義上的邊塞風光。在岑參邊塞詩中，除了普泛意義上的塞外景象描寫外，由於他深入「孤城天北畔，絕域海西頭」[93]的特殊經歷，所以更多有「輪臺風物異，地是古單于」[94]的極西之地的罕見景觀，像〈磧中作〉「平沙萬里絕人煙」、〈過酒泉憶杜陵別業〉「黃沙西際海，白草北連天」、〈經火山〉「赤焰燒虜雲，炎氛蒸塞空」等，顯然都是詩人在西部塞外所親見，至於既祁寒如「晻靄寒氛萬里凝，闌干陰崖千丈冰。將軍狐裘臥不暖，都護寶刀凍欲斷」[95]，又酷熱如「蒸沙爍石燃虜雲，沸浪炎波煎漢月。陰火潛燒天地爐，何事偏烘西一隅」[96]，則更是對特定地域中的奇特的環境、氣候特點的最典型生動的把握與反映。

其二是表現體式的不同。高適詩以五言爲主，七言詩不足五分之一；岑參詩雖亦多有五言，但七言詩比例大大增多，且傑出詩篇幾乎皆是七言。高適以儒家道德觀念與中和美精神爲準則，在藝術表現上追求一種渾樸厚實的體格風貌，五言詩恰恰適應著這種需要，如其寫不遇之感云「出門望終古，獨立悲且歌。憶昔魯仲尼，悽悽此經過」[97]，人生理想則是「縱橫負才智，顧盼安社稷」[98]，甚至寫戰爭場景也是「解圍憑廟算，止殺報君恩」[99]，皆明顯可見情感背後的深沉的道德力量，即使在一些便於暢發情愫的七言詩中也帶有這一特點，如〈送李少府貶峽中王少府貶長沙〉，詩本爲流落傷懷而作，卻出以「聖代即今多雨露，暫時分手莫躊躇」的勸慰之語，顯出深婉敦厚之致。岑參以尚奇的性格氣質爲基點，結合西域奇異經歷，在藝術表現上追求一種激越暢達的體格風貌，七言詩亦正適應著這種需要，如寫內心懷抱云「古來青史誰不見，今見功名勝古人」[100]、「功名只向馬上取，真是英雄一丈夫」[101]，暢達無遺，寫戰爭場面則是「虜塞兵氣連雲屯，戰場白骨纏草根」[102]、「萬箭千刀一夜殺，平明流血浸空城」[103]，描寫惟恐不夠緊張激烈，從而形成一種「違反或背離那些一般的均衡、對稱、比例、調和等規律，以造成對感官知覺的強烈的刺激」[104]的藝術效果。再者，高適有關邊塞題材創作中多有樂府舊題，有限的幾篇七言歌行也概莫能外，如〈古大梁行〉、〈邯鄲少年行〉、〈古歌行〉、〈塞下曲〉等，皆難免諸如「魏王宮觀盡禾黍，信陵賓客隨灰塵」、「邯鄲城南游俠子，自矜生長邯鄲里」之類敷衍古意的成份。岑參邊塞歌行則多爲自創新題，採取以真實的生活經歷及眼前所見直接命題的方式，如〈輪臺歌〉、〈走馬川行〉、〈白雪歌〉、〈天山雪歌〉、〈熱海行〉、〈火山雲歌〉等即爲傑出代表作，這種即事命題的方式，也就決定了其詩中描寫對象的集中充實，固然，岑參此類作品大多爲送行贈別之作，但全詩內容卻是圍繞所命之題的描繪鋪染，直到結尾才點出送別之意，且往往與全詩內容並不協調吻合，由此可見，就題材而言，與其說是在環境渲染中表達送別之意，倒不如說是對真實具體的異域風光的著意描摹。

其三是著眼角度的不同。高適、岑參同樣懷著建功立業的宏大抱負踏上塞外邊疆，但在實際的邊塞生活中，由於個性氣質、創作環境等方面的差異，使得二人的邊塞詩在對邊塞生活環境的著眼角度亦即內在的主體精神與心靈世界的對象化方式上表現出明顯的不同。高適出塞，著眼點主要在於遼遠曠闊的自然景觀與威武雄壯的兵陣軍威，如其「策馬自沙漠，長驅登塞垣。邊城何蕭條，白日黃雲昏」[105]，展列眼前的一方面是「北望太行山，峨峨半天色」[106]、「北上登薊門，茫茫見沙漠」[107]的蒼莽風光，另一方面則是「亭堠列萬里，漢兵猶備胡」[108]、「城頭畫角三四聲，匣裏寶刀晝夜鳴」[109]的嚴整軍容，而這兩方面的壯闊景象，從根本上看，顯然都是詩人「常懷感激心，願效縱橫謨」[110]、「倚劍對風塵，慨然思衞霍」[111]的壯偉襟抱的外化與表徵。岑參出塞，著眼點則主要在於對神奇豪壯的異域風光情調的奇特感受，比如置身廣袤無垠的大漠群山之間，詩人並未直接描繪這樣的闊大景境，而是寫出「窮荒絕漠鳥不飛，萬磧千山夢猶懶」[112]的奇特感受，不僅善飛之鳥無力飛出，連神游無際之夢也倦怠難成，這樣一來，大漠本身之蒼莽遼闊則不言而給人以極深印象；又如大雪是邊塞氣候的主要特點，在歷代詩人筆下，已多有「濛濛九天暗，霏霏千里深」[113]之狀，至高適詩中亦同樣是「積雪與天迥」[114]、「雨雪暗天地」[115]的一片迷濛混沌景象，岑參寫雪則別出心裁，如〈白雪歌送武判官歸京〉「忽如一夜春風來，千樹萬樹梨花開」、〈天山雪歌送蕭治歸京〉「能兼漢月照銀山，復逐胡風過鐵關」，既以忽如春風的奇特感受又賦予雪以共月逐風的生命力量，也就更爲縱恣靈動地寫出塞外大雪突降的奇異性以及無比廣闊的覆蓋面。他如以「四邊伐鼓雪海湧，三軍大呼陰山動」[116]寫大軍出征的威容，似「一川碎石大如斗，隨風滿地石亂走」[117]狀塞外氣候之惡劣，無不顯示出奇絕的感受特點與激越的表達方式。而這樣的感受與表達，從根本上看，顯然正是岑參尚奇性格氣質與特殊生活環境互爲激發的結果。

其四是構思方式的不同。高適、岑參邊塞詩皆以真實的邊塞生活經歷爲基礎，因此共同體現出紀實化傾向，然而，在具體的創作過程中，由於作用於創作主體的諸種因素的差異，高、岑二人同屬紀實性的邊塞詩卻表現出甚爲不同的構思方式。概言之，高適詩著重於紀實背景上的階段性概括，岑參詩則著重於紀實背景上的細節性誇張。只要對兩人的代表作略加比較，就不難看出這一點。先看高適的〈燕歌行〉：

漢家煙塵在東北，漢將辭家破殘賊。男兒本自重橫行，天子非常賜顏色。摐金伐鼓下榆關，旌旆逶迤碣石間。校尉羽書飛瀚海，單于獵火照狼山。山川蕭條極邊土，胡騎憑陵雜風雨。戰士軍前半死生，美人帳下猶歌舞。大漠窮秋塞草腓，孤城落日鬥兵稀。身當恩遇恆輕敵，力盡關山未解圍。鐵衣遠戍辛勤久，玉箸應啼別離後。少婦城南欲斷腸，征人薊北空回首。邊庭飄颻那可度，絕域蒼茫更何有。殺氣三時作陣雲，寒聲一夜傳刁斗。相看白刃血紛紛，死節從來豈顧勳。君不見沙場征戰苦，至今猶憶李將軍。

根據詩前小序可知此詩作於開元二十六年，因此，大多論家都將其與「開元二十六年，守珪裨將趙堪、白真陀羅等假以守珪之命，逼平盧軍使烏知義令率騎邀叛奚餘燼於潢水之北，將踐其禾稼……及逢賊，初勝後敗，守珪隱其敗狀而妄奏克獲之功」[118]的潢水之敗史事聯繫起來，認爲詩乃針對張守珪而作。然而，高適在開元十八年北游燕趙，且於燕地從軍，至開元二十一年末返宋中，其後在開元年間一直未再出塞；其次，詩序明言「客有從御史大夫張公出塞而還者，作〈燕歌行〉以示適，感征戍之事，因而和焉」；再者，高適在燕地從軍的開元十八年到二十一年間，東北邊塞局勢甚爲緊張，自開元二十二年張守珪大破契丹後，局勢即基本平定，與高適詩中所寫激烈戰爭場面並不吻合。綜此看來，可以認爲〈燕歌行〉並非具體的針對某一事件的作品，而是在離開邊塞之後「感征戍之事」時對自身邊塞經歷的回顧。詩中充分展示了詩人複雜的心理狀態，既表達出自身立功邊塞的豪情壯志，又對邊塞局勢與用兵情狀提出自己的見解，因此，詩中一方面對戰士忠勇報國的精神予以熱情頌揚，一方面又對將領奢靡腐敗的生活表示強烈不滿，並由此生發出對蒙受戰爭痛苦的家庭的深切同情，乃至於對邊將用非其人的譏諷嘲弄。極爲明顯，在這豐富的內容中，既有具體事件的引發，又不局限於某一具體事件，而是包含著對邊塞情勢的較長時期的所見、所聞、所感。就其表現性而言，具有相當的思想深度，就其紀實性而言，則又具有極強的概括力度。再看岑參的〈走馬川行奉送出師西征〉：

君不見走馬川行雪海邊，平沙莽莽黃入天。輪臺九月風怒吼，一川碎石大如斗，隨風滿地石亂走。匈奴草黃馬正肥，金山西見煙塵飛，漢家大將西出師。將軍金甲夜不脫，半夜軍行戈相撥，風頭如刀面如割。馬毛帶雪汗氣蒸，五花連錢旋作冰，幕中草檄硯水凝。虜騎聞之應膽慴，料知短兵不敢接，車師西門竚獻捷。

從紀實性背景的角度看，岑參此詩完全是對天寶十三載九月封常清出師西征這一事件的記敍，較之高適〈燕歌行〉，紀實性、針對性尤爲具體而明確。然而，在具體描寫中，岑參詩卻並不注重對事件本身的完整概括，而是特別注重對事件過程中的某些細節的著力摹繪，使一些往往爲人忽視或在一般邊塞詩中僅僅一筆帶過的細節在詩人有意識的推擴放大之中得到充分的展現與渲染，如以「一川碎石大如斗，隨風滿地石亂走」狀怒吼的狂風，以「五花連錢旋作冰，幕中草檄硯水凝」寫祁寒的天氣，不僅刻畫精彩生動，而且充滿誇張色彩。正是這樣一些細節的渲染誇張，使得詩中對事件的主要人物、情節雖未正面描寫，卻造成邊塞戰爭環境、唐軍強大聲勢以及將士英勇氣概等邊塞題材中最關鍵內容與精神風貌更爲完整、生動、典型地凸現出來。除此之外，高適的〈塞上〉、〈塞下曲〉、〈薊門行五首〉、〈自淇涉黃河途中作十三首〉、〈九曲詞三首〉等，岑參的

〈輪臺歌奉送封大夫出師西征〉、〈白雪歌送武判官歸京〉、〈熱海行送崔侍御還京〉、〈天山雪歌送蕭治歸京〉、〈火山雲歌送別〉、〈獻封大夫破播僊凱歌六首〉等，皆無不以各自的創作個性顯示出構思方式的明顯不同。

通過以上諸方面的比較，可以看出，高、岑邊塞詩的不同，不僅表現在具體的創作過程與方法上，而且由此造成整體性的詩歌風格、藝術境界的差異，從審美感受的角度看，高適詩的渾厚之美與岑參詩的奇麗之美的形成，亦正可於此找到基始的根源。

注釋

❶岑參〈東歸留題太常徐卿草堂〉。
❷高適〈塞上〉。
❸高適〈淇上酬薛三據兼寄郭少府微〉。
❹高適〈和崔二少府楚丘城作〉。
❺《舊唐書》卷一百一十一〈高適傳〉。
❻殷璠《河嶽英靈集》。
❼高適〈同呂員外酬田著作幕門軍西宿盤山秋夜作〉。
❽徐獻忠《唐詩品》。
❾高適〈宋中十首〉之四、五。

❿《資治通鑑》卷二百一十三。
⓫高適〈九月九日酬顏少府〉。
⓬高適〈效古贈崔二〉。
⓭高適〈薊門行五首〉之五。
⓮高適〈效古贈崔二〉
⓯高適〈東平留贈狄司馬〉。
⓰同前。
⓱高適〈酬李少府〉。
⓲高適〈寄孟五少府〉。
⓳高適〈送虞城劉明府謁魏郡苗太守〉。
⓴高適〈留別鄭三韋九兼洛下諸公〉。
㉑高適〈送蹇秀才赴臨洮〉。
㉒高適〈送劉評事充朔方判官賦得征馬嘶〉。
㉓高適〈答侯少府〉。
㉔高適〈薊門行五首〉之二。
㉕此說採用周本淳〈高適「五十始學爲詩」謬說探源〉之觀點，該文載《江海學刊》一九八八年第四期。
㉖李頎〈贈別高三十五〉。
㉗宋育仁《三唐詩品》。

㉘徐增《而庵說唐詩》卷十一。
㉙鍾嶸《詩品》卷上。
㉚殷璠《河嶽英靈集》。
㉛宋育仁《三唐詩品》。
㉜胡震亨《唐音癸籤》。
㉝高適〈李雲南征蠻詩〉。
㉞胡應麟《詩藪》內編卷三。
㉟翁方綱《石洲詩話》。
㊱杜甫〈奉寄高常侍〉。
㊲岑參〈感舊賦〉。
㊳岑參〈送祁樂歸河東〉。
㊴岑參〈優鉢羅花歌序〉。
㊵《唐詩紀事》卷二十三。
㊶《全唐詩》卷一百九十八。
㊷岑參〈終南山雙峰草堂作〉。
㊸岑參〈下外江舟懷終南舊居〉。
㊹王維〈輞川別業〉。
㊺王維〈過香積寺〉。

㊻胡仔《苕溪漁隱叢話》前集卷十五。

㊼岑參〈冬夜宿僊遊寺南涼堂呈謙道人〉。

㊽王維〈鳥鳴澗〉。

㊾岑參〈丘中春臥寄王子〉。

㊿王維〈山居秋暝〉。

51 岑參〈自潘陵尖還少室居止秋夕憑眺〉。

52 見《唐詩紀事》卷二十三：「閑游秘省，秋月新霽，諸英聯詩，次當浩然，句曰：『微雲淡河漢，疏雨滴梧桐。』舉座嗟其清絕，咸以閣筆，不復爲繼。」

53 李白〈金陵酒肆留別〉。

54 李白〈襄陽歌〉。

55 李白〈望廬山瀑布二首〉之一。

56 岑參〈終南雲際精舍尋法澄上人不遇歸高冠東潭石淙望秦嶺微雨作貽友人〉。

57 李白〈訪戴天山道士不遇〉。

58 仇兆鼇《杜少陵集詳註》卷二。

59 岑參〈送李副使赴磧西官軍〉。

60 岑參〈輪臺歌奉送封大夫出師西征〉。

61 岑參〈武威送劉單判官赴安西行營便呈高開府〉。

62 岑參〈送人赴安西〉。

63岑參〈過燕支寄杜位〉。
64岑參〈經火山〉。
65岑參〈胡笳歌送顏真卿使赴河隴〉。
66岑參〈走馬川行奉送出師西征〉。
67岑參〈輪臺歌奉送封大夫出師西征〉。
68鄭振鐸《插圖本中國文學史》第二册第三二四—三二五頁，人民文學出版社一九五七年版。
69殷璠《河嶽英靈集》。
70岑參〈初過隴山途中呈宇文判官〉。
71岑參〈使交河郡郡在火山腳其地苦熱無雨雪獻封大夫〉。
72岑參〈北庭貽宗學士道別〉。
73岑參〈日沒賀延磧作〉。
74岑參〈過酒泉憶杜陵別業〉。
75岑參〈獻封大夫破播僊凱歌六首〉之四。
76同前之五。
77郭茂倩《樂府詩集》卷二十引岑參〈送封大夫出師西征序〉。
78王之渙〈涼州詞二首〉之一。
79梁元常〈驄馬驅〉。
80方東樹《昭昧詹言》卷十二。

81黑格爾《美學》中譯本第一卷，人民文學出版社一九五八年版。
82鄭振鐸《插圖本中國文學史》第二冊第三二四頁，人民文學出版社一九五七年版。
83同前。
84岑參〈玉門關蓋將軍歌〉。
85岑參〈酒泉太守席上醉後歌〉。
86同前。
87岑參〈田使君美人舞如蓮花北鋋歌〉。
88岑參〈優鉢羅花歌〉。
89岑參〈輪臺即事〉。
90岑參〈奉陪封大夫宴得征字時封公兼鴻臚卿〉。
91岑參〈與獨孤漸道別長句兼呈嚴八侍御〉。
92崔顥〈雁門胡人歌〉。
93岑參〈北庭作〉。
94岑參〈輪臺即事〉。
95岑參〈天山雪歌送蕭治歸京〉。
96岑參〈熱海行送崔侍御還京〉。
97高適〈宋中十首〉之六。
98高適〈三君詠〉之二。

99 高適〈同李員外賀哥舒大夫破九曲之作〉。
100 岑參〈輪臺歌奉送封大夫出師西征〉。
101 岑參〈送李副使赴磧西官軍〉。
102 岑參〈輪臺歌奉送封大夫出師西征〉。
103 岑參〈獻封大夫破播僊凱歌六首〉之五。
104 李澤厚《美學論集》第一九七頁，上海文藝出版社一九八〇年版。
105 高適〈薊中作〉。
106 高適〈自淇涉黃河途中作十三首〉之五。
107 高適〈淇上酬薛三據兼寄郭少府微〉。
108 高適〈塞上〉。
109 高適〈送渾將軍出塞〉。
110 高適〈塞上〉。
111 高適〈淇上酬薛三據兼寄郭少府微〉。
112 岑參〈與獨孤漸道別長句兼呈嚴八侍御〉。
113 陳叔寶〈雨雪〉。
114 高適〈送兵至薊北〉。
115 高適〈效古贈崔二〉。
116 岑參〈輪臺歌奉送封大夫出師西征〉。

117 岑參〈走馬川行奉送出師西征〉。

118 《舊唐書》卷一百零三〈張守珪傳〉。

第九章 王孟體

無論是從文學的時代價值還是從文學史上的實際地位與影響看，在開天時期足以與以高適、岑參爲代表的以風骨高搴爲主要審美祈向的邊塞詩成就形成並峙關係的另一核心，顯然是以王維、孟浩然爲代表的以自然天真爲主要審美祈向的山水田園詩。當然，與高、岑之於邊塞詩的關係一樣，王、孟的藝術成就並非僅僅局限於山水田園詩的創作之中。從某種意義上看，王、孟比之高、岑，詩歌藝術滲蓋面似更爲廣闊寬泛，思想文化植根地亦更爲豐沃深厚，但是作爲體現於主要的創作環境中的集中化的審美形態，山水田園詩仍然可以視爲這一核心詩人的最高成就。而由於這一審美形態與藝術成就的表現，凝生於尤爲廣泛深厚的藝術文化沃壤，因此也就使得特定的時代文化精神的深層氣質更爲典型、更爲剔透地含蘊其間。

第一節 王維的詩境及其音聲繪畫之美

在文學史的接受視域中，王維比不上李、杜那樣的烜赫地位與深遠影響，但在當時以都城爲中心的開天詩壇，王維卻是最爲重要的核心人物。同時人殷璠在〈河嶽英靈集敘〉中就以王維與王昌齡、儲光羲爲開天詩壇代表人物，稍後獨孤及在〈左補闕安定皇甫公集序〉中則認爲沈、宋之後的大詩人當首推王維與崔顥，唐代宗李豫在對王縉〈進王右丞集表〉的〈批答手敕〉中進而云「卿之伯氏，天下文宗，位歷先朝，名高希代，抗行周雅，長揖楚辭，調六氣於終篇，正五音於逸韻，泉飛藻思，雲散襟情，詩家者流，時論歸美，誦於人口，久鬱文房，歌以國風，宜登樂府」，不僅從文學淵源、藝術特徵、社會價值等方面對王維詩加以全面的高度評價，而且明確指出其「位歷先朝，名高希代」，作爲開天時期「天下文宗」的實際地位。唐後期至宋代，李白、杜甫聲譽如日中天，王維自已退出「天下文宗」的地位，但是王維詩所特有的淵雅風貌，仍然深深吸引著廣大文人。雖然在大多情況下，人們認爲李、杜而下，王維「當爲第一」[1]，但在某些特定場合，文人味十足的王維似乎更具藝術魅力。如陸時雍《詩鏡總論》就對「世以李、杜爲大家，王、孟、高、岑爲傍戶」頗有微詞，特別指出王維「寫色清微，已望陶、謝之藩」；徐增《而庵詩話》亦對「俎豆杜陵者比比，而皈依摩詰者甚鮮」的現象表示不滿，並暗以「天子」、「妙悟」喻王維，以「宰相」、「師承」比杜甫。尤其在崇尚「唐音」的時代風氣中，「唐之詩家稱正宗者，必推王右丞」[2]，王維詩往往被視爲最典型的「唐音」表徵。

細察歷代論家對王維詩特徵的把握與評價，其間亦似有微妙的變化。先看當時人對王維詩的推崇，如殷璠《河嶽英靈集》云「維詩詞秀調雅，意新理愜」，著重點顯然在於「秀」、「雅」二字；代宗在對王縉〈進王右丞集表〉的〈批答手敕〉中更明確認爲王維之所以取得「天下文宗」的地位，一方面在於「抗行周雅，長揖楚辭」的騷雅傳統的承接特點，另一方面在於「泉飛藻思，雲散襟情」的秀藻逸韻的表現方式；杜甫〈解悶〉詩亦云「最傳秀句寰區滿，未絕風流相國能」，同樣著眼於其風流秀雅的情味特徵。再看後世人對王維詩的評說，如唐末人司空圖〈與李生論詩書〉

云「王右丞、韋蘇州澄淡精緻，格在其中」，「近而不浮，遠而不盡，然後可以言韻外之致」，已拈出「澄淡精緻」、「韻外之致」爲其主要特徵；其後殷最在〈王右丞集箋註序〉中進而云「唐之詩家稱正宗者，必推王右丞，同時比肩接武如孟襄陽、韋蘇州、柳柳州，未能或之先也，孟格清而薄，韋體淡而平，柳致幽而激，唯右丞通於禪理，故語無背觸，甜徹中邊，空外之音也，水中之影也，香之於沉實也，果之於木瓜也，酒之於建康也，使人索之於離即之間，驟欲去之而不可得，蓋空諸所有，而獨契其宗」，在對同一體派眾多詩人的比較中，突出王維詩「如秋水芙蕖，倚風自笑」[3]的天籟自然的極高境界；顧起經〈題王右丞詩箋小引〉亦稱其「尤長於佛理，故其摛藻奇逸，措思沖曠，馳邁前矩，雄視名俊」，從佛禪境界與藝術境界通融轉換的角度揭示出王維詩的曠逸心理與沖淡風致。由此可見，隨著時間的推移，王維詩在當時人與後世人的接受觀念中實際上存在著相當的差異。究其根源，如果說，當時人著重於其秀雅的語言表達方式，乃在於以都城爲中心的詩壇形成在濃郁淵雅的文化氛圍中對雄整高華的藝術情趣的普遍追求的總體趨向，也就是說，王維詩作爲都城文化的集中體現，其秀雅的表達方式恰恰得到共時性文化精神的認同，那麼，後世人著重於其閑淡的藝術精神風範，則在於隨著藝術意境理論的漸趨成熟促使以情景交融爲主要標誌的審美範式的確立，也就是說，王維詩作爲情景交融的典型體現，其淡遠的詩境蘊含恰恰造成歷時性審美心理的溝通。從王維詩歌創作的本身看，這種接受觀念的兩個方面，實際上也正是詩人基於處世心態的變化、審美趣味的轉移而造成的創作過程中的階段性特點的實際存在，也就是說，對應著當時人對其詞秀調雅的著重點，是王維前期創作中作爲都城文化的集中體現，對應著後世人對其閑淡詩風的著重點，是王維後期創作中作爲意境範式的審美建構。當時人注重的是普遍性的時代氛圍，後世人注重的則是創造性的藝術成就。由普遍性的時代氛圍到創造性的藝術成就，固然可見王維在其詩歌創作全過程中的探索軌跡、最終追求乃至歷史價值，然而，就其存世作品的整體看，這兩大方面卻並不能互相替代。也就是說，如果缺少了前期部份，王維則失去了其一代文宗的實際依據，如果缺少了後期部份，王維詩則失去了其歷史價值的根本特徵。而從文學史研究角度看，垂範後世的歷史價值顯然有著接受增殖效應，對把握文學史嬗遞進程實有重要意義，但一代文宗的實際地位無疑又具激蕩風會作用，更是復現文學史原生狀態的直接依據。因此，對於王維作品的研究，也就不能完全局限於後世論家那樣以「淳古淡泊」、「清深閑淡」之類並不完整的印象來概括王維詩的總體的舊有藩垣與思維定勢，而是應當以上述兩大方面爲依據，對王維詩加以動態的完整的把握。

王維成爲開天時期以都城爲中心的詩壇的核心人物，除前已述及的其早年入岐王府聲名「獨步於當時」的實際經歷以及眾多文士以其爲中心的交遊關係外，其詩歌創作本身作爲時代風會與文化氛圍的最典型表徵，應當是更爲重要的因素。概括地看，這大體表現在盛世時代精神的體現、都城審美趣味的取向、文學傳統淵源的綜融等三個方面。

第一，晚年給人留下閉門寂處的深刻印象的王維，在其早年實際上與開天時代任何一位懷抱功業願望的詩人一樣，充滿著追求不朽功業的理想與抱負，在其早期作品中也同樣充滿著昂揚奮發的情調與宏大壯偉的氣勢。試看其二十一歲時所作〈燕支行〉：

> 漢家大將才且雄，來時謁帝明光宮。萬乘親推雙闕下，千官出餞五陵東。誓辭甲第金門裏，身作長城玉塞中。衛霍才堪一騎將，朝廷不數貳師功。趙魏燕韓多勁卒，關西俠少何咆

勃。報讎只是聞嘗膽，飲酒不曾妨刮骨。畫戟雕戈白日寒，連旗大旆黃塵沒。疊鼓遙翻瀚海波，鳴笳亂動天山月。麒麟錦帶佩吳鉤，颯沓青驪躍紫騮。拔劍已斷天驕臂，歸鞍共飲月支頭。漢兵大呼一當百，虜騎相看哭且愁。教戰雖令赴湯火，終知上將先伐謀。

此詩作於王維進士及第初入仕途之時，因而其在此前雖未曾有過出塞經歷，詩中卻充滿著追求邊功的慷慨豪情，描繪出壯偉激烈的戰爭場景，這顯然是其內在襟懷意氣的迸發與外化。聯繫其大體同時作品〈老將行〉「少年十五二十時，步行奪得胡馬騎。射殺山中白額虎，肯數鄴下黃鬚兒。一身轉戰三千里，一劍曾當百萬師」、〈少年行〉「新豐美酒斗十千，咸陽遊俠多少年。相逢意氣爲君飲，繫馬高樓垂柳邊」、「一身能擘兩雕弧，虜騎千重只似無。偏坐金鞍調白羽，紛紛射殺五單于」等詩看，則更爲全面地展示出詩人既任俠豪爽又積極進取的少年意氣與壯偉豪情。雖然，亟欲建功立業的少年王維在入仕之初旋即遭貶濟州，在初嘗宦途艱險的同時油然而生「閉門成隱居」[4]的避世之念，但是「聖代無隱者，英靈盡來歸。遂令東山客，不得顧採薇」[5]的社會風氣與時代精神，又無疑在詩人的切身感受中產生強烈的心靈吸引力。因此，當王維在開元二十三年由張九齡薦舉任右拾遺之後，心中重又燃起對功業追求的希望之火，那種昂揚的精神風貌與壯闊的襟懷抱負也在其詩歌作品中又一次強烈地體現出來，這在其於開元二十五年至二十六年間以監察御史出使涼州爲河西節度使幕府判官期間表現最爲突出。在這期間，王維寫下了數量可觀的邊塞題材作品，像〈隴西行〉、〈從軍行〉、〈隴頭吟〉、〈涼州郊外遊望〉、〈使至塞上〉、〈涼州賽神〉、〈出塞〉之類，無論是從創作環境、表現內容，還是從風格情調看，都算得上可與高、岑詩媲美的典型的邊塞詩。其中最著名的是〈使至塞上〉：

單車欲問邊，屬國過居延。征蓬出漢塞，歸雁入胡天。大漠孤煙直，長河落日圓。蕭關逢候騎，都護在燕然。

此詩即是王維出使河西途經居延時所作，詩以中二聯的傑出寫景而成爲千古名篇，但是這裏的寫景卻與其筆下閑淡幽寂的山水田園之景截然不同，而是以最具塞外地理特徵與環境氛圍的大漠、秋天爲背景，以長河、孤煙、歸雁、征蓬爲空間實體，在整體氛圍與具體景物的融揉之中，通過「出」、「入」、「直」、「圓」四字的傳神妙用，使人如歷其境。同時，在這樣的生動組合之中，一掃「孤煙」、「落日」本來具有的荒漠之感，而是通過將「直」的煙與「圓」的日置放於具有無限廣度的大漠與具有無限長度的長河之中所形成的特殊的幾何圖形式的視覺效果，顯現出一幅既簡潔朗曠又雄渾粗獷的塞外風光圖景。這一畫面本身，無疑恰到好處地構成與詩人其時懷抱情思的互激互釋關係。又如〈涼州郊外遊望〉：

野老才三戶，邊村少四鄰。婆娑依里社，簫鼓賽田神。灑酒澆芻狗，焚香拜木人。女巫紛屢舞，羅襪自生塵。

如果說，前詩對雄闊的塞外風光的全景般展示，表現了詩人初至塞上之時對置身環境的全新視野與感受，那麼，此詩對奇特的異域情調的細膩的描繪，則顯示了詩人居留邊塞期間對民情風俗的深入體察與了解。同樣是邊塞題材中的重要內容，細察起來兩者卻又有著層次上的不同與區別，前者作爲現象的感受，在一些未曾真正出塞僅以慣用事典詞語構撰邊塞題材的詩人筆下亦有想像式描繪，而後者作爲民俗的體察，則非真正身臨其境者而不可到。對此，除了王維此詩及〈涼州賽神〉「涼州城外少行人，百尺峰頭望虜塵。健兒擊鼓吹羌笛，共賽城東越騎神」之外，開天詩人中只有岑參描寫得最爲豐富而生動。再看王維〈出塞〉詩：

> 居延城外獵天驕，白草連山野火燒。暮雲空磧時驅馬，秋日平原好射鵰。護羌校尉朝乘障，破虜將軍夜渡遼。玉靶角弓珠勒馬，漢家將賜霍嫖姚。

從詩題下原註「時爲御史監察塞上作」看，此詩亦正作於出使河西期間。但從表現內容看，又與前引兩詩有所不同，其以出征將士奮勇豪情與邊塞戰場曠闊肅殺氛圍爲直接描寫對象，也正是邊塞題材中最激動人心的場景展示與最激昂奮發的精神內容。詩中盛讚邊將戰功，期待封侯萬里，充分顯示出一代士人以邊功爲追求的精神與信念。在藝術表現上「前四句目驗天驕之盛，後四句侈陳中國之武，寫得興高彩烈，如火如錦，乃稱題，收賜有功得體，渾顥流轉，一氣噴薄，而自然有首尾起結章法，其氣若江海水之浮天」[6]，而究其根源，乃因「其中年才氣極盛之時，此作聲出金石，有麾斥八極之概矣」[7]，由此可見，建基於壯偉襟抱的邊塞題材的創作，正典型體現出以強勁風骨爲崇尚的審美祈向。作爲以山水田園詩垂範後世的詩人王維作品中實際存在的重要組成部份，這本身就有力說明了開天時代並不存在一個所謂的邊塞詩派，邊塞題材創作與風骨審美表現乃是開天詩壇的普遍藝術現象與鮮明時代特徵。王維正是在其政治、文學生涯的一開始就走在這一時代潮流的前列，才有可能取得一代「天下文宗」的地位。

第二，開天時期由於文人思想的活躍與交往的廣泛，固然促使詩壇呈現多樣的姿采與全面的繁榮，然而，作爲政治文化中心的長安的吸引力以及廣大文人競相匯聚都城的趨附性的雙向作用，都城又顯然成爲詩壇的真正中心，以濃郁的人文文化氛圍與深厚的藝術修養積聚爲標誌的都城文化品格情調也就自然成爲詩歌藝術崇尚的重要內容。開天時期的都城文化，一方面固然體現著積極向上、高朗闊大的時代精神風貌，另一方面隨著文化修養的積聚與提昇，同時也顯然包含著一種高雅化趨向，這在詩歌審美上的反映，就表現爲對精雅的藝術形式的追求與崇尚。王維早期作品所顯示出的雄整高華、精密雅致的特點，正是這一藝術趨向中的突出代表。唐詩中的精雅表現，首先在於貴族化的宮廷文學，到武后時代隨著詩壇中心由宮廷向社會的轉移，精雅化程式化逐漸被個性化多樣化取代，而開天時代詩壇中心向都城的重新匯聚，就在一定程度上顯示出貴族化精雅化文學的另一種層次與意義上的復歸，因此，開天時期都城詩審美趣味與藝術表現，也就在一定程度上帶有了精雅的宮廷文學遺傳因子。王維的許多作品就表現出這一特點，如其〈敕借岐王九成宮避暑應教〉：

帝子遠辭丹鳳闕，天書遙借翠微宮。隔窗雲霧生衣上，捲幔山泉入鏡中。林下水聲喧語笑，巖間樹色隱房櫳。仙家未必能勝此，何事吹笙向碧空。

此詩作爲宮廷文學的遺承，不僅在於應制題材的本身，而且在於對宮闕景象、皇子出遊的頌美以及以天宮仙鏡的比附方式。試比較蘇頲〈奉和初春幸太平公主南莊應制〉「主第山門起灞川，宸遊風景入初年。鳳凰樓下交天仗，烏鵲橋頭敞御筵。往往花間逢彩石，時時竹裏見紅泉。今朝扈蹕平陽館，不羨乘槎雲漢邊」，可見構思遣詞皆如出一轍。楊載《詩法家數》評王維朝中應酬之作「如宮商迭奏，音韻鏗鏘，真麟游靈沼，鳳鳴朝陽也」，實際上正可作爲比類作品之通評。當然，作爲開天都城詩風中的代表人物，王維對宮廷游宴詩表現方式的承續畢竟是不多見的，而較多的現象乃在於對貴族化文學的精巧雅致的構思方式的運用，如其著名的少作〈九月九日憶山東兄弟〉：

獨在異鄉為異客，每逢佳節倍思親。遙知兄弟登高處，遍插茱萸少一人。

客居異鄉之孤獨感受，每逢佳節時鄉思之倍增，此詩成功之處固然在於以簡略語言寫盡人人心中皆有之體驗，但其更顯獨特之處卻又不能不歸之於設筆兄弟登高思念自己的巧妙構思，從而構成一種抒情詩的表現範型。杜甫〈月夜〉「今夜鄜州月，閨中只獨看。遙憐小兒女，未解憶長安」，其中亂離沉痛之感自與王維詩情調迥異，但設筆家人念己的構思方式卻顯然源自王維。此外，王維此詩在句法的修辭性方面也能找到更早的淵源，試看善於吸收宮廷詩修飾方式寫送別詩的王勃所作「早是他鄉值早秋，江亭明月帶江流。已覺逝川傷別念，復看津樹隱離舟」❽，此詩著重於眼前景物的變化抒傷別之情，與王維詩構思方式不盡相同，但首句以兩「早」字重複的句法以增加氛圍感，卻與王維詩首句以兩「異」字重複的句法及其效果完全相同。再看王維的〈渭城曲〉：

渭城朝雨浥輕塵，客舍青青柳色新。勸君更盡一杯酒，西出陽關無故人。

詩題一作〈送元二使安西〉，是王維任職京城時的著名送別詩，此詩特色全在情感隨末句的地域層次而展開，「陽關在中國外，安西更在陽關外，言陽關已無故人矣，況安西乎」❾，以分別為契機，由渭城至安西不再是一塊完整的地域，而是以有無故人為標誌劃分為兩個不同的世界，這就以預設之想的方式濃化了現實之情。試比較王勃〈秋江送別二首〉之二「歸舟歸騎儼成行，江南江北互相望。誰謂波瀾才一水，已覺山川是兩鄉」，王勃此詩運用了宮廷詩中慣用的「誰謂」之類巧妙的問答方式，通過與友人的離別，得到「江水」、「山川」已分為兩個不同世界的感覺。如果說，前一例中，王維主要承襲了王勃詩的句法，那麼，後一例中，王維則主要沿用了王勃詩的構思方式。可以說，王維的〈渭城曲〉正是因為這種精巧構思的運用，造成「此辭一出，一時傳誦不足，至爲三疊歌之」[10]的盛況。甚至在田園詩中，王維也有「雨中草色綠堪染，水上桃花紅欲燃」[11]這樣的直接承襲宮廷文學大師虞世南「隴麥霑逾翠，山花濕更燃」[12]那樣精巧修飾的詩句，至如王維詩再次啟發了杜甫「江碧鳥逾白，山青花欲燃」[13]的對比表現藝術，則更可見出一條修辭藝術的統系已經形成。當然，胸懷宏大抱負的王維詩作，雖然在表面上表現出修飾傾向，但顯然並非那種虛內華外的宮廷式雕飾方式，而是往往充滿強勁的內質與雄闊的意境，如〈觀獵〉：

　　風勁角弓鳴，將軍獵渭城。草枯鷹眼疾，雪盡馬蹄輕。忽過新豐市，還歸細柳營。回看射鵰處，千里暮雲平。

詩中體物精細，詩味雋永，當是王維早年作品，全詩在整密體格中充滿豪壯的情懷，寫長安之事卻表現出如同邊塞題材那樣的強勁風骨氣勢。不過，作爲在當時詩壇的主要影響，此類作品中「章法、句法、字法俱臻絕頂」[14]的整密精雅的體格特徵與表現方式的本身仍然是最重要的因素。即使像〈老將行〉、〈出塞〉之類真正的邊塞之作，爲人稱頌的原因在很大程度上也是在於其「最有法度」[15]、「自然有首尾起結章法」[16]的藝術表現形式的本身。由此看來，王維詩爲何在當時僅以雄整高華、詞秀調雅而爲人稱頌並由此成爲眾多詩人崇附的中心，似已可見一個重要原因。

　　第三，入唐以來，由於南北文化的長期並存與互滲，特別是開元初年以北方詩人群、吳越詩人群及張九齡爲代表的三股詩潮表現出南北文化精神與審美趣尚的融合趨向的推激，促使開天詩壇形成以綜融南北爲顯著標誌的包含文學傳統與文化精神因素的審美主調。如殷璠編《河嶽英靈集》，就是意在薈萃開天詩壇精華，對於其所體現出的時代性藝術特徵，除以「聲律風骨始備」作抽象概括之外，進而認爲「既閑新聲，復曉古體，文質半取，風騷兩挾，言氣骨則建安爲傳，論宮商則太康不逮」[17]，這就已不僅僅局限在「聲律」、「風骨」的表現特點層次，而是進而涵括了新聲古體、風騷淵源以及表徵爲北方文化遺傳的建安氣骨與表徵爲南方藝術趣味的齊梁詞彩的兩種文學傳統的交融等多層次內容，從文學傳統、審美趣味及地域文化的對應關係看，建安氣骨與齊梁詞彩自然成爲最具概括意義的概念，開天詩人綜融南北文化的審美理想也就往往以此爲標舉。固然，入唐之始，魏徵就明確提出兼取南北文學之長的主張，他在《隋書．文學傳序》中云，對於江左清綺之辭與河朔貞剛之義，若能「掇彼清音，簡茲累句，各去所短，合其兩長，則文質彬彬，盡善盡美矣」，但其所謂的「貞剛之義」，在當時主要是就風雅政教意義而言的，直至四傑之時建安文學仍在「曹王傑起，更失於風騷」的認識中處於受到正統文學排斥的地位。其後，經過陳子昂對風雅比興與建安氣骨的統一，張說、張九齡進而分別以「奇情新拔」與「屬詞豐美」的結合而「得中和之氣」的理論主張、「含清拔於綺繪之中，寓神俊於莊嚴之內」的創作實踐，客觀上爲開天詩壇建安風骨與齊梁詞彩的全面融合打開寬廣通途，但在其實際的索求中，卻並未有意識地抓住「建安」、「齊梁」這兩個最具典型意義的概念。縱觀唐詩發展的歷史以及開天詩壇的實況，在這兩大文學傳統匯融的必然進程之中，最早明確提出融合建安、齊梁文學風骨體貌並形成自覺的理論批評意識的是王維。他在〈別綦毋潛〉詩中寫道：

盛得江左風，彌工建安體。

這首詩全篇雖爲送別綦毋潛之作，但王維與綦毋潛是親密文友，這兩句由論文觸發而出，顯然並不僅僅局限於對綦毋潛的讚賞，而是包含著王維自己的文學思想與主張。所謂「建安體」，就是建安文學的強勁風骨，所謂「江左風」，就是齊梁文學的秀美風華。在這裏，王維明確地以「建安」、「江左」為標舉，正是意在展示通過這兩者的融合而形成文質半取、風騷兩挾的藝術理想境界。這種文質並重的藝術理想，在王維文學理論中，既包含甚為廣泛的內容，又具有實踐性批評的意義。如其〈送高道弟耽歸臨淮作〉云「頗學毛公詩」，〈送李補闕充河西支度營田判官序〉又云「五經在笥，一言蔽詩」，強調宗經學詩，將質的內涵與傳統政教文學觀聯繫起來。在更多的情況下，質文被用於藝術表現的丰姿神采的標舉，如〈戲贈張五弟諲三首〉之二稱讚張諲詩書「染翰過草聖，賦詩輕子虛」，〈大唐故臨汝郡太守贈秘書監京兆韋公神道碑銘〉亦讚揚韋斌詩書「文言蔚於興表，筆態姹於力外，子虛、上林，敢云雄似，黃庭、團扇，方議雁行，動翔鳳之詠，啟迪古詩，下流水之書，敦崇雅誥」，顯見對並重雄強骨力與秀媚詞彩的理想境界的崇尚。與王維同時詩人固亦多有自覺意識，如王昌齡云「凡作詩之體，意是格，聲是律，意高則格高，聲辨則律清，格律全，然後始有調」⑱，僅及意格聲律關係的普遍性理論問題；高適云「性靈出萬象，風骨超常倫」⑲，則基於內在真情的充溢而偏重於風骨一端的追求；李白曾明確提出「蓬萊文章建安骨，中間小謝又清發」⑳的並重建安風骨與齊梁詞彩的藝術主張，但他又曾對「自從建安來，綺麗不足珍」㉑的文學傳統一概加以否定，帶有四傑、陳子昂以來或否定建安或排斥齊梁的狹隘風雅觀的遺存色彩。再者，這些詩人年輩雖皆基本相仿，相似的理論主張正體現了時代風氣之共成互激，但從具體行年及影響看，顯以王維最為重要，王維十五、六歲時即遊兩京，二十歲前已名噪詩壇，成為都城詩人群中的核心人物，而李白二十五歲始出蜀，四十二歲才被召入京城，他提出成熟詩學理論的作品都作於五十多歲的晚年，對開天詩壇的影響，顯然與王維不可同日而語。其後，杜甫在〈戲爲六絕句〉、〈解悶十二首〉等組詩中，形成較爲完整的詩學觀點與審美理想的表達，對各種文學傳統與前輩詩人都採取轉益多師、兼融並蓄的態度，顯示出在與王維詩學觀的一致趨向中的發展與深化，但是杜甫年齡不僅小於王維十多歲，而且主要作品皆寫於天寶以後的晚年，因此，杜甫詩學觀的形成乃至影響，都已是開天時代之後的事了。正是由於王維所具有的這種超越同儕的鮮明的理論意識，造成其少年之作即已顯出健拔豐實的情感內質與優美秀雅的文辭形式完美結合的特點，如十九歲時所作〈桃源行〉，就被認爲「古今詠桃源事者，至右丞而造極」㉒，王士禎《池北偶談》進而將其與韓愈、王安石二人所作相比，「觀退之、介甫二詩，筆力意思甚可喜，及讀摩詰詩，多少自在，二公便如努力挽強，不免面赤耳熱，此盛唐所以高不可及」，正著眼於一味筆力意思努力挽強與骨力文辭融揉自如的區別。再如其二十歲時所作五絕〈息夫人〉，雖僅二十字，竟成千古絕唱，十八歲時所作〈哭祖六自虛〉，則以三十二韻排律的長篇構成章法嚴飭、藻贍情長的藝術整體。他如〈贈裴十迪〉、〈瓜園詩〉、〈納涼〉、〈濟上四賢詠〉、〈洛陽女兒行〉、〈題友人雲母障子〉等早年詩作，亦皆無不可見「格調既高，而寄興復遠」㉓的表現特點。由此看來，王維既詩名早著，又具自覺的理論意識，且詩學主張與創作實踐的具體內涵恰恰適應推激著融匯建安風骨與齊梁詞彩的詩史進程與審美祈向，正是其超越同儕而率先成爲繼張說、張九齡之後的開天詩壇核心人物的重要原因。

以上三方面特點及其原因，可以說正是王維之所以成爲開天時期以都城爲中心的詩壇的核心人物的最基本因素，然而，這種與流行當時的都城文化藝術氛圍高度一致的特點，卻並不能在長期的文學接受史的淘洗選汰中保持恒固的價值，也就是說，在文學史接受視域及價值構成中，奠定王維詩獨創性藝術成就與歷史地位的卻恰恰是上述之外的內容與特徵。簡言之，正是以仕途挫折、遭貶出京從而在一定程度上疏離都城文化爲契機，王維的詩歌創作在自心理狀態、創作環境到觀察角度、構思方式的一系列衍變轉化之中，形成更具個性化的意境創造方式與審美建構特徵，從而在唐以後藝術意境理論的發展、成熟、精密的歷史進程中不斷得到審美再發現，並在實際上成爲其中一個重要的實證性的審美範型，才奠定了作爲正宗唐音的崇高的文學史價值與地位。

王維二十歲之前在京城度過出入王府、交遊詞客的生涯之後，於開元九年二十一歲時中進士第，釋褐授太樂丞，但不久即因伶人舞黃獅子事受到牽連謫貶爲濟州司倉參軍，這就是說，王維正式踏上仕途之始，也就是其初嘗宦海浮沉之時。雖然這一初次挫折，並未折銷其「今人作人多自私，我心不說君應知。濟人然後拂衣去，肯作徒爾一男兒」[24]、「側聞大君子，安問黨與讎。所不賣公器，動爲蒼生謀」[25]的闊大襟懷與濟世抱負，然而謫官出貶的本身，使其猛然脫離了優雅安逸的都城文化氛圍與生活環境，置身於流離失意的旅途與異鄉，客觀上已成爲創作心理與表現內容的變化與轉折。這一轉折的最重要表現，首先在於其創作重心由都城詩規範向貶逐詩傳統的移轉，如果說，都城詩表現重在雄整高華的體格與秀雅溫潤的詞章，那麼，貶逐詩表現則重在個人內心的感受與旅途景物的觀摹，這也就如同武后時代的著名詩人沈佺期、宋之問從宮廷走向貶途一樣，從審美趣味與表現方式看，前一種環境構成群體性表現，後一種環境則催使個性化發展。試看王維貶濟州途中所作〈宿鄭州〉：

朝與周人辭，暮投鄭人宿。他鄉絕儔侶，孤客親僮僕。宛洛望不見，秋霖晦平陸。田父草際歸，村童雨中牧。主人東皐上，時稼遶茅屋。蟲鳴機杼悲，雀噪禾黍熟。明當渡京水，昨夜猶金谷。此去欲何言，窮邊徇微祿。

將此詩與王維遭貶之前在京中所作詩相較，不僅在表現內容上已截然不同，而且在藝術風貌上也顯見差異。詩寫遭貶出京孤獨失落之感，以樸素明暢的語言構成對內心真實情態感受的抒發，特別是「他鄉絕儔侶，孤客親僮僕」，從一個獨特新穎的角度，表達出一種在離別熟悉的環境與親友之後的旅途生活中人類所共有的普遍心理，對此，明人楊慎曾云「崔塗旅中詩『漸與骨肉遠，轉於僮僕親』，詩話亟稱之，然王維鄭州詩『他鄉絕儔侶，孤客親僮僕』，已先道之矣」㉖。另一方面，仕途上的挫折與失落，往往造成詩人注意力向自身處境的轉移，因而在發抒失落之感的同時，王維又集中描繪了即目所見的旅途景象與農家生活，在細密的觀察中透溢出濃郁的日常生活情調。這種觀察角度與特點，在〈早入滎陽界〉中表現更爲明顯：

泛舟入滎澤，茲邑乃雄藩。河曲閭閻隘，川中煙火繁。因人見風俗，入境聞方言。秋野田疇盛，朝光市井喧。漁商波上客，雞犬岸傍村。前路白雲外，孤帆安可論。

泛舟滎澤，城邑雄藩，詩人完全被新鮮的環境所吸引，對山光水色與方言民俗的興趣幾乎熔盡了流貶異鄉的孤獨與惆悵之感，其主要注意力乃在於對「河曲閭閻」、「川中煙火」、「秋野田疇」、「朝光市井」、「波上漁商」、「岸傍雞犬」的觀察與欣賞，僅於末聯略帶傷感情調，但「前路白雲外」同時也隱含著對迷茫前路中的另一番新奇天地的期待。又如〈渡河到清河作〉：

泛舟大河裏，積水窮天涯。天波忽開拆，郡邑千萬家。行復見城市，宛然有桑麻。回瞻舊鄉國，淼漫連雲霞。

在這首詩中，詩人對景物環境的著意觀察進而推衍爲客觀景象的動態與主觀感受的過程的調適與疊現。詩的開篇展現的是水天一色的混茫一片，隨著舟行的動態與視覺的延伸，客觀的自然猶如充滿生命活力般地頓然開豁，毫無保留地展露出一片生機勃勃的嶄新天地，使得主觀的視覺與興致得到愉悅與滿足。一般地看，舟行詩寫至此，題意已盡，然而，王維卻並不滿足於此，而是在尾聯以「回瞻」一折，逼使大自然作出二度展露，但這一次展露的內容與結果卻恰恰相反，以逆向與消失造成感官的感受向心理的感受的深入。可以說，這種客觀景物動態與主觀感覺過程、嶄新天地的展現與具體地域的消失、感官的感受與心理的感受等諸多因素的融織，其結果實際上正是一種藝術境界的層深的創構。將此詩與代表王維詩成熟境界的〈南垞〉「輕舟南垞去，北垞淼難即。隔浦望人家，遙遙不相識」相較，其中景物的動態與感覺的過程，以及在兩個地域的展現與隱失之中造成一種朦朧性感受的特點，顯然已經十分相似。由此可見，王維在首次出貶的旅途之中，由於創作環境的改變、抒發內心感受的需求、注意力重心的轉移等諸種因素的綜合作用，詩人對閑逸的農家生活情趣與清妙的山川自然生機的發現與欣賞，從而在較爲集中的描寫之中顯示出獨特的觀察角度與濃郁的生活情調，實際上已經成爲其後成熟的在文學史上具有創造性價值與意義的山水田園詩創作的序幕與前奏了。

開元二十三年，王維因張九齡薦舉，其後數年仕途比較順利，詩歌創作中亦重新煥發出意氣風發的情調。然而，開元後期政治局勢的變化，卻對其心理深層的變移構成更大的刺激性與推轉力。開元二十四年，張九齡遭奸臣李林甫構陷罷相，次年貶爲荊州長史，這一事件，實爲當時政治的轉捩點，開明政治宣告結束，從此奸相專權，朝政漸趨腐敗，「九齡既得罪，自是朝廷之士，皆容身保位，無復直言」㉗。王維對此，感受自較常人更爲深刻，其〈寄荊州張丞相〉詩云「所思竟何在，悵望深荊門。舉世無相識，終身思舊恩。方將與農圃，藝植老丘園。日盡南飛雁，何由寄一言」，在對薦拔自己的恩相張九齡的失勢深表痛惋之意的同時，已初萌「農圃」、「丘園」的退隱之念；〈贈從弟司庫員外綵〉詩云「既寡遂性歡，恐遭負時累」，則表達出置身李林甫專權的官場中的怵惕不安心情；〈早秋山中作〉詩云「不厭尚平婚嫁早，卻嫌陶令去官遲」，又明確表露對陶潛棄官歸田的崇仰與追慕。但在實際上，王維並未退出宦途，而是一直任職終身，其〈偶然作六首〉之三云「日夕見太行，沈吟未能去。問君何以然，世網嬰我故。小妹日成長，兄弟未有娶。家貧祿既薄，儲蓄非有素。幾回欲奮飛，踟躕復相顧」，即表明了進退兩難的複雜的心理矛盾，可見其身在朝列，心理卻鬱結難釋。天寶十五載（七五六），安祿山叛軍陷長安，玄宗奔蜀，王維扈從不及爲叛軍所獲，迫授僞職，一年後唐軍收復兩京，凡授僞職者皆按六等治罪，王維亦因之入獄險遭不測，後雖因其在賊中時曾作「萬戶傷心生野煙，百僚何日更朝天。秋槐葉落空宮裏，凝碧池頭奏管絃」㉘詩表達對朝廷的眷念，加之其弟王縉平叛有功並請削官職爲其贖罪而幸得恕宥，但這一堪稱王維整個政治生涯與人生經歷中的最重大事件，仍對其心靈造成更爲深重的刺痛與壓抑，如其在〈謝除太子中允表〉中云「當逆胡干紀，上皇出宮，臣進不得從行，退不能自殺，情雖可察，罪不容誅」，實爲披肝瀝膽之詞，直至暮年，仍有「僕年且六十，足力不強，上不能原本理體，裨補國朝，下不能殖貨聚穀，博施窮窘，偷祿苟活，誠罪人也，然才不出眾，德在人下，存亡去就，如九牛一毛耳」㉙之感。正是這種非乞靈於宗教而不能解脫的心理鬱結，促使王維少年時代即深受感染的佛學思想不斷濃郁滲化，佛學終於成爲其思想中的支配因素，史載王維「兄弟俱奉佛，居常蔬食，不茹葷血，晚年長齋，不衣文彩」，「在京師，日飯十數名僧，以玄談爲樂，齋中無所有，唯茶鐺、藥臼、經案、繩床而已，退朝之後，焚香獨坐，以禪誦爲事，妻亡，不再娶，三十年孤居一室，屏絕塵累」[30]，可見其崇佛信念之深篤。固然，王維信佛自有家庭影響淵源，其母「博陵縣君崔氏，師事大照禪師三十餘歲，褐衣蔬食，持戒安禪，樂住山林，志求寂靜」[31]，然而，少年王維更以匡世濟民爲己任，早期作品中表現的也多爲積極進取的入世精神，只是隨著人生歷程的波折才出現「中歲頗好道，晚家南山陲」[32]的心理趨向。王維與佛教關係中的一件大事是其與神會相遇於南陽，「語經數日」領悟佛教南宗禪旨[33]，並撰寫著名的〈能禪師碑〉，而此事恰恰發生於張九齡失勢不久的王維中歲之時。因此，結合王維的人生經歷看，其佛禪思想傾向的明朗化，與其說是與神會偶然相遇的頓悟，倒不如說是其本人主觀心理之需求與選擇。當其因授僞職事坐罪獲免之際，更是明確表示「臣得奉佛報恩，自寬不死之痛」[34]；垂暮之年，在發出「宿昔朱顏成暮齒，須臾白髮變垂髫」的慨歎的同時，亦不忘表明「一生幾許傷心事，不向空門何處銷」[35]的心跡，而將一生之事皆納入空門，已經顯然帶有對人生歸宿與思想認識的總結意味了。可以說，正是這樣的崇佛思想傾向與由貶逐詩傳統誘發的發抒個性情懷、感受自然世界乃至萌生歸隱趣味的創作心理特徵的結合，促使成熟於王維中歲以後的大量山水田園詩中的獨特境界的生成。

不過，在王維思想的整體構成中，並非僅止佛學一宗，而是與開放型的唐代文化一樣，本身就是儒、釋、道三教並盛匯融的產物。即使在其山水田園詩中，也體現出這樣的特點。比如〈新晴野望〉：

新晴原野曠，極目無氛垢。郭門臨渡頭，村樹連谿口。白水明田外，碧峰出山後。農月無閑人，傾家事南畝。

此詩寫野望之景，特別是「無氛垢」的感受自顯清靜本心。然而尾聯卻突然寫到「農月無閑人，傾家事南畝」的農耕生活情形，表面看來似有不協調之感，但實際上正是植根其思想深處的農業文化意識的顯露。早在《詩經．周頌》中，就有〈載芟〉一篇專寫傾家墾荒、耕種的情形，且爲周王「秋報」祀神樂章，從某種意義上看，中國儒學實質就是古代農業文化的社會化、倫理化結晶。王維此詩不僅表達出對農耕生活的關注之情，而且詩句本身亦顯然由〈載芟〉「載芟載柞，其耕澤澤……俶載南畝，播厥百穀」脫化綜括而成。〈載芟〉一篇，影響深遠，歷朝〈郊祀歌〉皆由此一脈承傳，宋代曾子固作〈享祀軍山廟歌〉倣此敘一年農事，即被王安石讚爲有雅、頌之意。由此看來，這種儒學意義上的雅、頌之意，顯然也是王維山水田園詩構成的因素之一。再看其〈積雨輞川莊作〉：

積雨空林煙火遲，蒸藜炊黍餉東菑。漠漠水田飛白鷺，陰陰夏木囀黃鸝。山中習靜觀朝槿，松下清齋折露葵。野老與人爭席罷，海鷗何事更相疑。

此詩以「淡雅幽寂」㊱的特點曾被奉爲唐人七律壓卷之作，特別是「漠漠」、「陰陰」一聯「極盡寫物之工」㊲。然而，其隱居田園的「習靜」、「清齋」生活卻並不完全等同於佛門之空寂，而是在末聯運用《莊子．寓言》所載陽子居從老子學得道後客人與之「爭席」以及《列子．黃帝》所載鷗鳥與一海邊人由相親到疑忌的典事，以表達自身與人世無隔、與自然忘機的願望，帶有濃厚的老莊哲學意味。這種任運自然的態度，在王維的山水田園詩中不僅表現爲一種基本的情調，而且常有明確的自覺追求，如〈偶然作六首〉之四即對「陶潛任天真」、「酣歌歸五柳」的生活態度極表讚美與崇慕，在〈田園樂七首〉中更是以「桃花源裏人家」、「五柳先生對門」自況，其〈贈裴十迪〉詩云「風景日夕佳，與君賦新詩。淡然望遠空，如意方支頤。春風動百草，蘭蕙生我籬。曖曖日暖閨，田家來致詞。欣欣春還皐，淡淡水生陂。桃李雖未開，荑萼滿芳枝。請君理還策，敢告將農時」，則顯然是對陶潛的〈移居二首〉之二「春秋多佳日，登高賦新詩」、〈飲酒二十首〉之五「山氣日夕佳，飛鳥相與還」等詩的直接效倣。當然，王維「晚年唯好靜，萬事不關心。自顧無長策，空知返舊林。松風吹解帶，山月照彈琴。君問窮通理，漁歌入浦深」㊳，更多地受到禪悅境界的啟示，但在其思想的整體構成中，卻顯然包含著道家任運自然的人生態度與儒家獨善其身的處世觀念。

　　正是由於王維思想整體構成的豐富性，造成他並不盲從一宗的觀念與態度。比如他嘲笑作爲隱士之祖的高士許由「耳非駐聲之地，聲無染耳之跡，惡外者垢內，病物者自我，此尚不能至於曠士，豈入道之門歟」㊴，認爲洗耳去垢乃昧道之舉，批評狂逸避世的嵇康「頓纓狂顧，豈與俯受維縶有異乎，長林豐草，豈與官署門闌有異乎，異見起而正性隱，色事礙而慧用微，豈等同虛空，無所不遍，光明遍照，知見獨存之旨耶」㊵，認爲佯狂避世乃礙於表象不悟正性的怪異行爲，甚至不滿向以高節爲人稱頌的陶潛「不肯把板屈腰見督郵，解印綬棄官去，後貧乞食詩云『叩門拙言辭』，是屢乞而多慚也，嘗一見督郵，安食公田數頃，一慚之不忍，而終身慚乎，此亦人我攻中，忘大守小」㊶，認爲不爲五斗米折腰實乃造成其前後言行矛盾的一時意氣之舉，也是一種忘大守小的局狹觀念。由此看來，王維主要表現於山水田園詩中的隱逸趣尚，與唐代之前的隱士文化傳統內涵實有重要區別，而是明顯帶有體現開天時代精神的闊大胸懷與通達觀念，他在〈與魏居士書〉中進而正面闡明自己的人生哲學與處世觀念：

> 孔宣父云：我則異於是，無可無不可。可者適意，不可者不適意也。君子以佈仁施義，活國濟人為適意，縱其道不行，亦無意為不適意也。苟身心相離，理事俱如，則何往而不適？

在這裡，既包含「無可無不可」的任運自然的態度，又可見兼濟與獨善的修身治國的思想，更重要的顯然是創造性地提出「身心相離，理事俱如」之說，這一方面體現了「盡諸有結，心得自在」[42]的佛家心性學說的影響，同時也顯示出王維對風行當時的佛家南宗禪旨的修正。禪宗至慧能以後，特別強調「本性是佛，離性無別佛」[43]、「心生則種種法生，心滅則種種法滅」[44]，對於客觀世界的真實性以及人的正常思維程序與認識作用一概否定，在認識方式上更表現爲「直指人心，見性成佛」的頓悟特點，這種認識與修行的方式與特點，雖然具有極度普及的便利性，但同時也造成極度隨意的虛幻性。王維則以「身」、「心」並列，「理」、「事」齊觀，這就承認了感性世界與理性世界的並存，同時，他提出以「身心相離」的認識方式以達到「理事俱如」的理想境界，也就避免了那種純主觀的虛幻性。王維中歲以後，長期過著亦官亦隱、亦朝亦野的生活，朝中的庸俗應酬與山林的超脫情味這兩種截然不同的環境與氛圍，在王維身上卻得到較爲自如的處理，基本上達到了隨所適意的境地，顯然可以在這種「身心相離」的思維認識方式上找到根源。

從王維山水田園詩的意境構成看，也可以發現這種思維認識方式的影響與滲透。當然作爲詩歌意境創造的本身，王維詩突出體現了佛學境界向藝術境界的轉化，特別是注重於山水自然中直覺悟道並將禪悟引向意境體驗的禪宗思維方式與禪悅境界的直接啟示與借用[45]，比如〈辛夷塢〉「木末芙蓉花，山中發紅萼。澗戶寂無人，紛紛開且落」、〈鹿柴〉「空山不見人，但聞人語響。返景入深林，復照青苔上」、〈木蘭柴〉「秋山斂餘照，飛鳥逐前侶。彩翠時分明，夕嵐無所處」以及〈酬張少府〉「君問窮通理，漁歌入浦深」、〈送別〉「但去莫復問，白雲無盡時」等等，不僅皆充滿禪趣機鋒，甚至與禪宗「從上相承以來，不曾教人求知解」[46]的以個體的直觀式感悟與凝練含蓄、雙關暗示的語言爲特徵的表達手段與傳道方式幾無差別。但是，王維詩的意境又不僅僅在此，而是顯示出更爲豐富的包容量，比如其詩中多有「關門」意象，從〈山居即事〉云「寂寞掩柴扉，蒼茫對落暉」、〈歸輞川作〉云「東皐春草色，惆悵掩柴扉」、〈歸嵩山作〉云「迢遞嵩高下，歸來且閉關」、〈淇上田園即事〉云「靜者亦何事，荊扉乘晝關」、〈濟州過趙叟家宴〉云「雖與人境接，閉門成隱居」等詩看，其「閉門」不僅多在「歸來」、「落日」的傍晚時分，而且也有白晝之時，可見「閉門」意在避世，聯繫其「空山不見人」、「獨坐幽篁裏」的退居山林的孤獨處境，則很難說這種避世不帶有「窮則獨善其身」的儒家道德觀念；與此截然不同的，王維詩中幾乎往往同時又呈現另一種境界，從〈終南別業〉「偶然值林叟，談笑無還期」、〈山居秋暝〉「隨意春芳歇，王孫自可留」、〈歸嵩山作〉「流水如有意，暮禽相與還」、〈戲贈張五弟諲〉「入鳥不相亂，見獸皆相親」等句看，其不僅在與王孫或林叟的相處中隨意自如，而且在賦予流水、鳥獸人格化的同時與之忘機相待，這又顯然表徵著返樸歸真的道家自然哲學。可見，無論是投身大化，還是閉門獨處，王維都處在一種適意自如的境界，這似乎是參透了天地間大道、透析了人世間紛擾的境界，其詩中「夜靜春山空」㊼、「澗戶寂無人」㊽之類的獨處之「靜」以及「空居法雲外」㊾、「遙知空病空」㊿之類的涵納萬有之「空」的大量運用，正是這種境界的真切展示。然而，在這「靜」、「空」之中又並非真空無物，試看〈鹿柴〉之「空山不見人」的背後卻傳來「人語」之「響」，〈山居秋暝〉的「空山新雨後」的空間實際上包蘊著一個「明月松間照，清泉石上流。竹喧歸浣女，蓮動下漁舟」的有聲有色的自然、人世；同樣，〈鳥鳴澗〉的夜之空寂環境實際上充滿月出、鳥鳴、花落、人影的聲響動態，〈辛夷塢〉的無人之靜謐氛圍中亦深藏著一個生機勃動、熱烈鮮明的自然世界。這種複合狀境界的呈現，乃是詩人生性修養與造化精神相互體現的結果，是心靈與自然在澄映融接之際對「人的真我、萬物的本來面目和互相依存」(51)的領悟。就王維的現實處境而言，這種認知境界的昇華，無疑有賴於心靈的容涵與情思的淨化，正如其〈登河北城樓作〉詩云「寂寥天地暮，心與廣川閑」、〈青谿〉詩云「我心素已閑，清川淡如此」，如清川之淡，才有可能澈照本心真性，如廣川之闊，也才可能映納乾坤萬有。同時，由心已固閑、清川似心看，心已具有超自然的力量。將其與同時詩人相較，這一特點則尤爲清晰，如孟浩然〈萬山潭作〉「垂釣坐盤石，水清心亦閑」，是心閑有賴於水清，儲光羲〈獻王威儀〉「肅肅長自閑，門靜無人開」，是在靜境中始能自閑，與王維相比，心境高下自見。因此，就王維詩境創造的主體因素而言，無論是借助於禪宗的境界轉換，還是儒家獨善自守的道德觀念，抑或道家返樸歸真的自然哲學，歸根到底，顯然都是其「身心相離」的人生哲學與思維方式這一中軸線上的主要構成內容與諸種表現側面，並體現爲一種複雜的交織、滲透與融合的關係。

如果說，王維詩歌境界的豐厚內涵，體現爲傳統文化精神的深層積淀以及其「身心相離」的思維方式的藝術轉化，那麼，其藝術表現主要特徵的形成，則正是在由這種獨特的思維方式所造成的適意自如心態條件下對自然物象的靜心觀察、敏銳感受、準確把握的過程與結果。這種對自然的藝術化把握與觀照的特點，從時代風尚的角度看，固然可以由開天時期濃郁的藝術氛圍中找到其生成的條件與背景，但是從主體創造的角度看，顯然更直接地根源於王維自身的多方面藝術修養與成就。《舊唐書．王維傳》稱其「尤長五言詩，書畫特臻其妙，筆蹤措思，參於造化，而創意經圖，即有所缺，如山水平遠，雲峰石色，絕跡天機，非繪者之所及也」，《新唐書．王維傳》亦稱其「工草隸，善畫，名盛於開元、天寶間」，皆著眼於其詩、畫並長的藝術造詣。對於這一點，王維本人已曾說過「宿世謬詞客，前身應畫師」[52]，可見其對這兩種藝術形式掌握的嫻熟與自信。後世或尊其爲南宗畫之祖，或稱慕其文章冠世，便造成王維作爲著名詩人與傑出畫家二重身份的確立。因此，對王維藝術成就的評價，也就逐漸形成一種詩、畫藝術特點相互交融滲透的觀照角度與價值標準，如反複爲人引用的蘇軾的一段名言就是「味摩詰之詩，詩中有畫；觀摩詰之畫，畫中有詩」[53]，《詩話總龜》云「顧長康善畫而不能詩，杜子美善作詩而不能畫，從容二子之間者，王右丞也」[54]，則將其兼具的兩種藝術才能與顧愷之、杜甫相比，可見其造詣已達極高境地。客觀地看，王維在歷代詩壇、畫苑皆具極高聲譽，但從文學史的立足點看，其詩畫兼長的意義顯然主要在於通過繪畫的表現方式與技巧的移用以造成詩歌意境的獨特內涵與審美意味。如黃庭堅〈題摩詰畫〉詩云「丹青王右轄，詩句妙九州。物外嘗獨往，人間無所求。袖手南山雨，輞川桑柘秋。胸中有佳處，涇渭看同流」，此詩雖爲題畫之作，內容卻由畫之工轉向對詩之妙的感悟，並深入到其「胸中佳處」的藝術生成的根源之地；趙殿成《王右丞集箋註》輯存劉子鏻《文致》云「晁補之云：右丞妙於詩，故畫意有餘。余謂右丞精於畫，故詩態轉工」，則更明確表達出由運詩意於畫到運畫意於詩的認識的著重點的轉移。

然而，王維的多方面藝術修養及其對詩歌藝術滲透影響的因素顯然並非僅有繪畫一端，而是熟精繪畫、書法、音樂、聲律、舞蹈等多種技藝，特別是音樂表現特點對詩境中富含的音聲特徵構成的作用。趙殿成《王右丞集箋註》引《太平廣記》一條記云「王維右丞，年未弱冠，文章得名，性閑音律，妙能琵琶，遊歷諸貴之間，尤爲歧王之所眷重」，可見王維少時名揚都城的一個重要原因就是對樂理的精熟，《國史補》載云「人有畫秦樂圖，維熟視而笑，或問其故，曰：此是霓裳羽衣曲第三疊第一拍。好事者集樂工驗之，無一差謬」，新、舊《唐書》皆採入傳中，《畫圖見聞志》亦錄其事。就王維詩的意境構成看，以準確的語言技巧表現敏銳的音聲感受，正是與繪畫美同樣鮮明的兩大特徵之一。對於這一點，其實早在殷璠《河嶽英靈集》中即已作出「在泉爲珠，著壁成繪」的概括，就音響效果而言，這裏的「珠」實即白居易《琵琶行》中「大珠小珠落玉盤」之「珠」，它不是「三軍大呼陰山動」或「半灑雲天裏」那樣的雄壯之響，而是「幽咽流泉水下灘」似的清遠之音。如其著名的輞川詩〈鹿柴〉中的「空山不見人，但聞人語響」、〈鳥鳴澗〉中的「月出驚山鳥，時鳴春澗中」等，皆以敏銳的感官於靜境中捕捉一種清遠悠忽的的音響，而處在「萬籟此俱寂」的環境中，這種音響顯然進一步增強了靜境的感受效果。這種以響增靜的構思方式，固然受到王籍〈入若耶谿〉「蟬噪林逾靜，鳥鳴山更幽」的影響與啟示，但在王維詩中則已進而形成一種普遍的詩歌境象與常用的語意組構。其中既有類同王籍詩那樣對靜響關係的明確說明，如〈贈與東嶽焦煉師〉「山靜泉逾響」、〈奉和聖制玉真公主山莊〉「谷靜泉逾響」；又有在兩類境象的並舉中自顯意趣的，如〈過感化寺〉「谷靜唯松響」、〈過感化寺曇興上人山院〉「谷鳥一聲幽」、〈秋夜獨坐懷內弟崔興宗〉「夜靜群動息，蟪蛄聲悠悠」；更有以音響與動靜、色彩構成生動完整的境象整體，如〈過香積寺〉「泉聲咽危石，日色冷青松」、〈輞川閑居〉「青菰臨水映，白鳥向山翻」等。正是在這樣的音聲與環境的巧妙構合中，進一步渲染出幽深靜謐的意境與氛圍，也正是其間包含的聽覺與視覺的細密敏銳的感受，促使讀者自然進入這一詩美之境，造成不斷增殖的接受效應。

與音聲之美相比，繪畫之美顯然是體現於王維詩境美中更突出的特點。就繪畫形式而言，所謂「以形寫形，以色貌色」[55]、「應物像形」、「隨類賦彩」[56]，色彩與形象是最基本的構成因素，而「哲學家用三段論法，詩人則用形象與圖畫說話」[57]，詩歌與繪畫之間實具天然的親緣關係，這就造成詩歌史上以形象與色彩爲標誌的繪畫美的體現源遠流長的藝術現象。早在《詩經》中，就已多有山川風雲、草木鳥獸及人倫生活的圖景與畫面。魏晉以降，詩人大多工於寫景圖貌，「巧構形似之言」[58]，已經給人以逼真的感受，特別是陶潛描寫田園幽居的如「方宅十餘畝，草屋八九間。榆柳蔭後檐，桃李羅堂前」[59]、「採菊東籬下，悠然見南山。山氣日夕佳，飛鳥相與還」[60]，謝靈運描寫山水景致的如「巖峭嶺稠疊，洲縈渚連緜。白雲抱幽石，綠篠媚清漣」[61]、「初篁苞綠籜，新蒲含紫茸。海鷗戲春岸，天雞弄和風」[62]，皆不啻一幅幅展示眼前的或悠淡平遠或精密工緻的田園山水畫卷。由此看來，身兼傑出詩人與優秀畫家的王維，將這種藝術史上源遠流長的詩畫交融現象加以全面推進與發展，並且形成一種自覺的藝術探索與理想追求，也就是情理之中的事了。然而，由於王維在詩與畫兩方面皆具有的醇厚素養與獨特成就及其對這種藝術技巧與經驗的自覺融通互用，又造成其詩歌藝術中的繪畫之美顯示出對前人的大規模超越。概括地看，約有三端。

一是由工筆色彩到水墨渲染的技法轉變。作爲畫家，王維初工青綠山水，後創文人水墨山水，被後人尊爲南宗之祖，相傳爲王維所作《山水訣》開篇即云「夫畫道之中，水墨最爲上」，《容臺集》亦指出「南宗則王摩詰始用渲染」，可見南宗文人山水畫的最主要特點就是渲染法的運用。這體現在王維詩歌的景境描寫中，便形成一種色彩由濃而淡、物象由明晰而空濛的變化。如其前期所作多有「畫閣朱樓盡相望，紅桃綠柳垂檐向」[63]、「桃紅復含宿雨，柳綠更帶春煙」[64]之類色彩明麗的春光，如同濃筆重彩繪就的錦簇明艷的山水畫卷，後期則多有「寂寞掩柴扉，蒼茫對落暉」[65]、「斜光照墟落，窮巷牛羊歸」[66]之類運色素淡的夕陽秋色，已近乎水墨繪就的線條簡潔的田園寫意。色彩由明麗到素淡，季節由春光到秋色，實際上也是詩人創作心態及其審美趣味衍移過程的詩化形態與形象表徵。從王維寫景詩的總體看，即使一些色彩較爲明麗的描寫，亦多偏於冷色，如〈過香積寺〉「日色冷青松」、〈青谿〉「色靜深松裏」、〈紅牡丹〉「綠艷閑且靜」，皆以特定的景物色調促成主觀心境與客觀物境的諧調統一，至若〈華嶽〉詩中「西嶽出浮雲，積翠在太清。連天凝黛色，百里遙青冥」的描寫，運色範圍則進而超越了物象的本身，由「浮雲」「百里」的流動構成一片青黛之色的「連天」擴展與滲透，這種色彩範圍與物象輪廓的不確定性，顯然正是山水畫中「渲染」技法的藝術效果。蘇軾在〈書摩詰藍田煙雨圖〉中盛讚王維「詩中有畫」的同時，特別拈出其〈山中〉詩「藍谿白石出，玉川紅葉稀。山路元無雨，空翠濕人衣」，此詩前兩句以白石突現、紅葉稀落，顯出一種素淡的色彩基調，後兩句徑以空翠之色大筆染過，使之在整個空間瀰漫擴展開來，形成一種迷蒙之色、無雨之雨，對詩境產生一種淋漓盡致的繪畫般渲染效果。又如其〈書事〉詩「輕陰閣小雨，深院晝慵開。坐看蒼苔色，欲上人衣來」，如果說，〈山中〉詩側重於大面積的擴散式渲染，那麼，這首〈書事〉詩則是側重於小範圍的定向式渲染。這首詩的妙處一方面在於對「朝向草地一邊的衣褶受反射線而露染草地的顏色」[67]這樣的光學現象的敏銳感受，另一方面又在於賦予經小雨滋潤後的蒼苔之色以「欲上人衣」的傳神化動態。這樣一來，實際上表現了一種「繪畫所描繪不出的畫境」[68]，色彩渲染的本身倒反而並不那麼重要了，也就是「含不盡之意，子由所謂不帶聲色者也」[69]。至如〈漢江臨眺〉「江流天地外，山色有無中」、〈終南山〉「白雲回望合，青靄入看無」，則更是褪盡彩艷之色，儼如典型的水墨山水，不僅在整個畫面上以水暈墨章的特點表現出極力渲染的繪畫技法，而且在縹緲空靈、氣韻生動的境界中以有無相生的哲思聯想表現出自然本性與主體心性的滲融一體，所謂「以淳古淡泊之音，寫山林閑適之趣，如輞川諸詩，真一片水墨不著色畫」[70]的評價，顯然可以推擴至於輞川詩之外的王維的許多重要作品，體現著其山水田園詩的本質精神。

二是由形貌線條的組構進而到透視空間的展示。就繪畫特別是中國畫的形式要素而言，「形天地萬物者也，捨筆墨其何以形之哉」[71]，由筆墨勾勒的形貌線條可謂最基本的構造依據，蘇軾〈書吳道子畫後〉即以「傍見側出，橫斜平直，各相乘除，得自然之數，不差毫末」對繪畫線條運用的準確性與線條種類的配合關係作出審美表現角度的探索與概括。在王維的寫景之作中，也明顯可以見出優美、簡練、和諧的線條組合，如其早期著名詩篇〈使至塞上〉「大漠孤煙直，長河落日圓」，向爲人廣泛傳誦，究其實質，正是「畫之爲理，猶之天地古今，一橫一豎而已」[72]的繪畫原理的生動體現，如果說，廣袤的「大漠」與延展的「長河」在人的視覺中呈現爲橫線，那麼，「孤煙直」與「落日圓」則正是這橫線之上的豎線與圓弧，這首詩構圖的逼真感，可以說也正是這種構線形式的美學效果。他如〈崔濮陽兄季重前山興〉「千里橫黛色，數峰出雲間」、〈青龍寺曇壁上人兄院集〉「渺渺孤煙起，芊芊遠樹齊」，是典型的橫豎線條組合方式；〈冬日游覽〉「青山橫蒼林，赤日團平陸」、〈輞川閑居贈裴秀才迪〉「渡頭餘落日，墟裏上孤煙」，則以橫豎與圓形的配置構成較爲複雜的畫面；〈送崔五太守〉「霧中遠樹刀州出，天際澄江巴字回」、〈青谿〉「隨山將萬轉，趣途無百里」，更是以曲折的線條勾勒出一種迂回曲折的景境，表現出一種雋遠幽深的情趣。適應著對自然景物觀察角度的千變萬化，王維詩中固然以多種類型的線條呈顯不同的構圖方式，但對於豐富生動的自然世界而言，這種方式當然還局限在平面化的層次，因此，作爲對生動景境的層深的立體的展示，透視空間的發現與把握無疑是尤爲重要的。對此，王維亦具自覺的意識，他在〈山水論〉中即云「丈山尺樹，寸馬分人，遠人無目，遠樹無枝，遠山無石，隱隱如眉，遠水無波，高與雲齊」，其詩中大量的景境描寫，實際上正是這種繪畫視點的運用。如〈送崔興宗〉「塞闊山河淨，天長雲樹微」，在廣闊的視野之中，將遠方雲樹著一「微」字，便使景物的空間深度推展開來；又如〈北垞〉「北垞湖水北，雜樹映朱欄。透迤南川水，明滅青林端」，近景「雜樹朱欄」歷歷在目，中景「青林」依稀可見，遠景「南川水」則明滅幻忽，清晰地展現出隨「人眼的遠近距離所產生的差異」[73]的透視作用下的空間層次；再如〈送梓州李使君〉「萬壑樹參天，千山響杜鵑。山中一夜雨，樹杪百重泉」，這一畫面雄峻軒昂，特別是

「樹杪百重泉」，使高遠之處的崖巔懸瀑與低近之處的密林茂樹在人的視線中疊合起來，成爲「壓縮了三度空間的整體」[74]構圖，清人王士禎《漁洋詩話》評「山田高於屋，牛在屋上耕」爲「善寫難狀之景」，其實正與王維此詩一樣體現爲透視空間的成功把握。宋人郭熙在《林泉高致》中云「自山下而仰山巔，謂之高遠，自山前而窺山後，謂之深遠，自近山而望遠山，謂之平遠」、「高遠之勢突兀，深遠之意重疊，平遠之意沖融而縹縹緲緲」，這一著名的「三遠」法，就是中國山水畫中的最基本的三種透視法，對照王維詩中空間的層次、深度與廣度，顯然正是繪畫透視法的成功的詩化實踐。

　　三是由具體景物的刻劃到全景構圖的經營。在王維大多寫景詩中，由於繪畫色彩、線條以及透視方法的運用，固然表現爲對具體景物環境的生動逼真的描摹與刻劃，但是他又並不滿足於某一具體範圍與事物的局限，而是常常以多種景物與豐富內涵構成全景式的畫面。如〈終南山〉「太乙近天都，連山到海隅。白雲回望合，青靄入看無。分野中峰變，陰晴眾壑殊。欲投人處宿，隔水問樵夫」，詩的首聯寫終南山之雄峻氣勢，頷聯寫其混同雲靄之青黛山色，頸聯則深入其內部之殊景變態，運用了摹形、繪色、渲染、透視等多種繪畫技法，使筆下之山成爲一種立體的模態，而尾聯一出，「則山之遼廓荒遠可知，與上六句初無異致，且得賓主分明，非獨頭意識懸相描摹也」[75]，「翫其語意，見山遠而人寡也，非尋常寫景可比」[76]，由「點景人物」的出現，不僅進一步渲染出物境的闊大深沉，而且在「與山水有顧盼，人似看山，山亦似俯而看人」[77]的呼應之勢中構成一種心物交流的關係，所謂「工苦安排備盡」[78]的完整縝密的藝術特點，實際上正是對動態的全景式構圖的慘淡經營的自覺追求的結果。又如〈輞川閑居贈裴秀才迪〉「寒山轉蒼翠，秋水日潺湲。倚杖柴門外，臨風聽暮蟬。渡頭餘落日，墟裏上孤煙。復值接輿醉，狂歌五柳前」，與前詩相比，此詩雖然沒有那種「連山到海隅」的闊大景境，但其本身的構圖卻尤顯豐富，從物象看，有寒山、秋水、落日、炊煙以及醉酒高歌的裴迪、倚杖柴門的詩人自身，從色彩看，有蒼翠的山色、殷紅的落日以及青白的炊煙，從音響看，有流水的潺湲、暮蟬的鳴叫以及裴迪的歌吟，正是對如此豐富的同時並存於某一特定空間的諸多成份的全般把握與展示，才呈示出一幅生動完整、和諧統一的村居秋晚圖畫，並由此生成一種整體的藝術境界。再如〈田園樂七首〉之三「採菱渡頭風急，策杖村西日斜。杏樹壇邊漁父，桃花源裏人家」，全詩四句四景，每一景都有人有物，既各自獨立，又相互關聯，這樣，在整幅構圖的意義上，整體的意境的涵量也就大大超過了個別畫面所表現的意義的總和。這種全景式的構圖方式，說到底，實際上仍然是中國繪畫散點透視方法的運用，它可以不受特定時空結構邏輯關係的限制，具有強烈的寫意性，體現出中國藝術精神的最本質特徵。

當然，借助於音聲效果與繪畫技法的詩語化處理，最終目的在於詩歌審美境界的融造。因此，王維詩中的音聲畫面就往往帶有一種象徵性意味。比如其所提出的「丈山尺樹，寸馬分人」的構圖原則，就體現了從「人大於山」[79]到山水大於人的自然審美認識的躍遷，甚至創造出許多諸如「空山不見人」、「澗戶寂無人」般的或無人無事或無聲無息的「無我之境」，使自然山水真正成爲一種獨立自足的審美對象。這一方面固然顯示了王維「晚知清靜理，日與人群疏」[80]所包含的隱逸趣尚、禪悟方式乃至獨善思想的折光及其綜合體現，但另一方面從其詩歌境界兼具寫實性與表意性特點看，應當說更直接地體現爲「身心相離」的思維方式與多類藝術的綜合運用相結合的呈顯形態與衍進過程。

第二節　孟浩然的心態及其詩歌疏淡結構

在開天時期的詩人中，孟浩然屬於年長的一輩。其於開元二十八年去世，可見除早年隱居故鄉外，主要活動皆在開元年間，並未接觸到政治漸趨腐敗的天寶時代。因此，與其他詩人相比，按理說孟浩然一生感受的是一種更爲純粹的雄強的國力與積極進取的時代精神。然而，由於長期生活於遠離京城的襄陽，孟浩然一生並未獲取任何功名與官職，這在當時追求功業的時代風氣中又體現爲一個最爲突出的負面形象。正是在這樣的時代精神感召與實際生活經歷的雙重作用下，造成孟浩然一生中貫穿始終的矛盾的仕隱心態；也正是這樣的特定的生活環境及其蘊含的文化內涵，鑄就孟浩然獨具個性的樸野的文化性格乃至於疏淡的詩歌表現風貌與藝術結構。

孟浩然終生不仕，且詩歌創作多爲山水田園的優美風光與恬淡情趣，自己又曾反復表白「予意在山水」[81]、「歸賞故園間」[82]，因此在當時以至於後世，孟浩然都被描繪爲典型的避世隱逸的詩人形象。傳爲王維所畫孟浩然像，就是「頎而長，峭而瘦，衣白袍，靴帽重戴，乘款段馬，一童總角，提書笈負琴而從，風儀落落，凜然如生」[83]，王士源在〈孟浩然詩集序〉中亦謂其「骨貌淑清，風神散朗」、「文不爲仕，佇興而作」，可見其蕭灑脫俗的神采狀貌；另外，如果說，從王維〈送孟六歸襄陽〉「杜門不欲出，久與世情疏。以此爲長策，勸君歸舊廬。醉歌田舍酒，笑讀古人書。好是一生事，無勞獻子虛」詩尚可見到孟浩然「歸舊廬」的過程，那麼，從李白〈贈孟浩然〉「吾愛孟夫子，風流天下聞。紅顏棄軒冕，白首臥松雲。醉月頻中聖，迷花不事君。高山安可仰，徒此揖清芬」所描寫的看，則全然是一位避世高人了。後人將孟浩然與王維並稱，也就往往著眼於這一方面，如明人胡應麟《詩藪》內編卷二云「王、孟閑淡自得」，清人田雯《古歡堂集雜著》卷二更明言「王維、孟浩然……取神於陶、謝之間」。這樣的思維定勢與批評模式，固然涵蓋了孟浩然創作生涯及詩歌作品的重要時段與大部內容，也一定程度地接觸到孟浩然內在的藝術創造精神的實質，但是，這一定勢與模式的形成及其長時間積淀，卻給人們造成一種較爲片面的近乎簡單化的認識途徑與經驗視角，而在這樣的途徑與視角中，實際上恰恰忽略了在時代氛圍與詩人心理的交互作用中所造成的複雜而豐富的精神性內蘊，從而也就難以全面切實地把握孟浩然創作心理的律動走向，動態準確地揭示孟浩然詩歌藝術的審美性態。

從思想淵源看，孟浩然與開天時期廣大文人一樣，受到並極興盛的儒、道思想的深刻浸染。由於開明的政治局面與富庶的社會環境的形成，士人既追求功名勳業的理想，又嚮往任性自然的高趣，於是，入仕與歸隱這兩種長期處於悖向狀態的人生道路在開天詩人身上得到了奇妙的統一，身在江湖而心懷魏闕，身在魏闕卻又情繫江湖，幾乎成爲一種普遍的人生經歷與雙重人格的體現，從張九齡「避世辭軒冕，逢時解薜蘿」[84]到王維「濟人然後拂衣去」[85]、孟浩然「朱紱恩雖重，滄洲趣每懷」[86]乃至李白的「雖登洛陽殿，不屈巢由身」[87]，顯然正是一脈相承。就人生經歷的階段性而言，則早年儒家入世思想較深，晚年道家隱逸趣尚較濃，也是一種帶有普遍性的現象與規律。孟浩然的心態，可以說，正是在這一思想文化氛圍中鑄就的典型，他早年深受儒家入世思想的影響，如其〈書懷貽京邑同好〉詩云：

> 維先自鄒魯，家世重儒風。詩禮襲遺訓，趨庭霑末躬，晝夜常自強，詞翰頗亦工。三十既成立，嗟吁命不通。

這裏將「重儒」的家世、「詩禮」的修養與「常自強」的精神、「命不通」的歎息聯繫在一起，實際上正是其入世心理的明晰表露。像〈洗然弟竹亭〉「吾與二三子，平生結交深。俱懷鴻鵠志，共有鶺鴒心」、〈田園作〉「衝天羨鴻鵠，爭食羞雞鶩。望斷金馬門，勞歌採樵路」之類作品，更是以一種浩大的氣勢、雄強的骨力直接表現建功立業的願望與襟抱。因此，他對朝廷表現「魏闕心恒在，金門詔不忘」[88]、「寄語朝廷當世人，何時重見長安道」[89]的眷戀之情，盼望得到召見任用；對當道故人流露「欲濟無舟楫，端居恥聖明」[90]、「故人今在位，歧路莫遲回」[91]的內心情感，希望得到引薦提攜；與友人登臨覽眺之時，亦往往發抒「人事有代謝，往來成古今。江山留勝跡，我輩復登臨。水落魚梁淺，天寒夢澤深。羊公碑尚在，讀罷淚霑襟」[92]的懷古情思，通過對功業長存的羊祜遺跡的感觸，借以抒發自身功名未遂的失落情懷，且聯繫人事之代謝、古今之變遷，表現出內在的雄邁氣勢與深沉的歷史意識，這種將懷古與抒懷緊密結合的方式及其慷慨激昂的情緒特徵，實在已與陳子昂薊丘懷古之類作品極相接近。同時，適應著由邊功求進身的時代風氣，孟浩然也同樣嚮往軍戎生活，他本人雖然未曾從軍，卻在多篇送人從軍詩中表達出這種願望，如〈送陳七赴西軍〉：

> 吾觀非常者，碌碌在目前，君負鴻鵠志，蹉跎書劍年。一聞邊烽動，萬里忽爭先。余亦赴京國，何當獻凱還。

在這首詩中，不僅表現了「非常者」由蹉跎書劍到鴻鵠奮舉的心志轉化，並以「一聞邊烽動，萬里忽爭先」的動態語言極爲生動地展示了一代士人爭赴疆場的壯烈場面，而且「余亦赴京國」，分明有意識地使自身的心理、行爲與浩蕩的時代洪流實現了匯融。他如〈送告八從軍〉「男兒一片氣，何必五車書。好勇方過我，多才便起予。運籌將入幕，養拙就閑居。正待功名遂，從君繼兩疏」、〈送蘇六從軍〉「才有幕中士，寧無塞上勳。漢兵將滅虜，王粲始從軍。旌旆邊庭去，山川地脈分。平生一匕首，感激贈夫君」以及〈涼州詞〉「異方之樂令人悲，羌笛胡笳不用吹。坐看今夜關山月，思殺邊城游俠兒」等作，無論是雄豪情緒的抒發還是軍戎生活的描寫，都已類似高適、岑參等人的邊塞之作了。從孟浩然的這一方面的心態與詩風看，如果仍一味地稱之爲隱逸、閑淡，顯然於其人、其作都是極不適當的。正是基於這一觀察角度，皮日休在〈郢州孟亭記〉中云「明皇世，章句之風大得建安體，論者推李翰林、杜工部爲尤，介其間能不愧者，惟吾鄉之孟先生也」，甚至以「建安風骨」作爲孟浩然詩風的概括與標舉。

然而，從實際經歷看，孟浩然一生布衣，除在張九齡荊州幕中一度當過清客外，從無一官半職，終身或隱居田園，或優游山水，對自己心中蘊蓄的功業理想並未付諸實施性的追求。當然，由於追求人格的完善與個性的自由，任運自然的隱居方式也是盛行於開天文人生活中的一種普遍的傾向，但在大多文人身上，隱居主要是一種理想化模式，在付諸實施時最多只是失意的補償或精神的調濟，他們之中幾乎沒有一個不曾在功名場上競爭逐鹿，所以開天文人的隱居方式共同形成一種帶有鮮明時代性特徵的半仕半隱狀態。孟浩心中固亦難以忘懷功名仕進，但若排除其心理因素，就生平經歷的真正的布衣化、隱士化而言，在孟浩然身上實在已成爲一個完整的形象與事實，也就是說，孟浩然在開天詩人中追求任性自然的隱逸生活方式方面無疑是一個最突出的代表。因此，他在表達功業慾望的同時，往往亦不禁流露隱逸趣尚，而且與其他詩人相比，其隱逸趣尚似亦更顯純粹。如〈尋香山湛上人〉詩云：

> 朝遊訪名山，山遠在空翠。氛氳亙百里，日入行始至。杖策尋故人，解鞭暫停騎。石門殊谿險，篁逕轉深邃。法侶欣相逢，清談曉不寐。平生慕真隱，累日探靈異。野老朝入田，山僧暮歸寺。松泉多逸響，苔壁饒古意。谷口聞鐘聲，林端識香氣。願言投此山，身世兩相棄。

這是一首尋游山寺高僧之作，由於創作環境的改變，頓然消解了那種豪壯之氣，並且，隨著詩人步履在山徑中的漸趨幽邃，催使蘊藏於胸中的「平生慕真隱」的本性逐漸復甦、瀰漫開來，於是一方面指向「願言投此山，身世兩相棄」的理想化生活模式，另一方面又表現出「願言解纓紱，從此去煩惱」[93]的反思性志趣轉移。再如與自詡「家世重儒風」、表現「晝夜常自強」的〈書懷貽京邑同好〉作於同時的〈仲夏歸漢南園寄京邑耆舊〉：

> 嘗讀高士傳，最嘉陶徵君。日耽田園趣，自謂羲皇人。予復何為者，棲棲徒問津。中年廢丘壑，上國旅風塵。忠欲事明主，孝思侍老親。歸來當炎夏，耕稼不及春。扇枕北窗下，採芝南澗濱。因聲謝同列，吾慕潁陽真。

詩中固亦回顧了自身曾經「上國」、「問津」的願望與心理，但最終嘉慕陶潛之趣、潁陽之真的志趣著重點的轉移實在是極爲明晰的。值得注意的是，孟浩然將不同的心態表現歸結於同樣的思想淵源，如〈題終南翠微寺空上人房〉詩云「翠微終南裏，雨後宜返照。閉關久沈冥，杖策一登眺。遂造幽人室，始知靜者妙。儒道雖異門，雲林頗同調」，就明確地將儒、道思想在雲林環境中協調同一起來，這樣一來，「晝夜常自強」與「日耽田園趣」實際上也就在同一的思想淵源的層面上得到諧調與統一。正是因爲這種「吾道貴閑寂」94的思想內質形成較爲寬廣的涵蓋面，使得孟浩然在各種環境中都能處於「水清心亦閑」95、「彌清塵外心」96的狀態，基本上保持了心理的穩定與平衡，這顯然也正是其之所以終身不仕、從而構成一個隱士化的完整形象的重要原因。

將孟浩然生平經歷與其他開天詩人相比，其隱逸趣尚形成的獨特性更能明顯地呈示出來。一般地看，文人對仕隱關係的態度與實際處理，總是與仕途狀況密切相關，也就是說，在其積極尋求進取之路時，對仕的追求顯然高漲，反之，在仕途屢遭挫折時，對隱的嚮往則逐步升溫。由此看來，士人隱逸趣尚的形成，大多情況下是以外部壓力爲主動力誘觸內在心性的結果。這在孟浩然身上顯然並非如此，他一生未入仕途，也可以說始終處在對仕進之路的尋求過程之中，但在實際行動上卻並不熱衷仕進，由此，也就自然更談不上仕途的挫折，相反，他甚至有多次被引薦的機會。據《唐摭言》卷二載，玄宗「以張說之薦召浩然，令誦所作，乃誦『北闕休上書，南山歸敝廬。不才明主棄，多病故人疏。白髮催年老，青陽逼歲除。永懷愁不寐，松月夜窗虛』。帝曰：卿不求朕，豈朕棄卿，何不云『氣蒸雲夢澤，波撼岳陽城』。因是故棄」，此說爲史書及詩話所採，流傳甚廣，雖經近人考證有不可信處，但卻甚爲接近孟浩然生平、性格特點。王士源〈孟浩然詩集序〉云「韓朝宗謂浩然閎深詩律，置諸周行，必詠穆如之頌，因入奏與偕行，先揚於朝，約日引謁，後期，浩然叱曰：業已飲矣，身行樂耳，遑恤其他。遂畢飲不赴，由是聞罷，浩然不之悔也」，王士源與孟浩然同時，所記當屬可信。因飲酒適意而有意識地放棄被引薦入朝的大事，可見其生性之一斑。由此也正可以說明，孟浩然隱逸趣尚的形成，主要體現爲其自身的內在理想排斥外在的功名誘惑的過程與結果。當然，如前所述，處在那種積極進取的時代精神氛圍中，孟浩然亦屢屢受到感染，表露出躍躍欲試的神情，但由於其內在心性蘊蓄著一個隱逸的「浪漫的理想」[97]的堅實與強固，不僅這入仕的情緒從來就沒有佔據支配地位，而且隨著時光的推移使得那趨隱的意味倒是愈益濃化了起來。不過，這種表面平靜的趨隱意味實際上已經包含了長期的人生經歷、複雜的思想活動、矛盾的仕隱關係這樣一些豐富的內容，從而形成一種富有動態感與人情味的精神現象凝結體。

此外，孟浩然的隱逸趣尚，還表現出鮮明的地域文化色彩。孟浩然大半輩子歲月在襄陽度過，大多詩篇也寫於襄陽，張祜在〈題浩然宅〉詩中寫道「高才何必貴，下位不妨賢。孟簡雖持節，襄陽屬浩然」，即將襄陽之地與孟浩然其人其詩緊密聯繫起來。從孟浩然山水田園詩的創作實際看，顯然帶有濃郁的襄陽地域色彩，這就與王維山水田園詩主要以秦中山水風光爲依據體現出明顯的差異，比如其〈登望楚山最高頂〉詩寫道：

山水觀形勝，襄陽美會稽。最高唯望楚，曾未一攀躋。石壁疑削成，眾山比全低。晴明試登陟，目極無端倪。雲夢掌中小，武陵花處迷。暝還歸騎下，蘿月映深谿。

孟浩然晚年嘗漫遊南北，但在其詩中卻並未留下多少痕跡，到頭來仍感到「山水」最爲「形勝」之處非「襄陽」莫屬，這首詩即明確表白了這一感受。於是，他一方面優游於「窈窕夕陽佳，丰茸春色好」[98]的襄陽山水，另一方面又「我愛陶家趣，園林無俗情」[99]，沉湎於「武陵川路狹」[100]、「隱者自怡悅」[101]的桃花源似的田園情趣，因此寫下大量的以襄陽爲創作環境與背景的詩篇。如果說，襄陽的自然地理條件，表現爲孟浩然山水田園詩中感官愉悅的觸發契機，那麼，襄陽的歷史文化特點，則進而構成孟浩然山水田園詩中心理導向的深層基因。在襄陽歷史上，從漢陰丈人特別是龐德公長期隱居其地的蹤影，更爲這一山水形勝之地增添風流靈異的色彩，這在「日耽田園趣，自謂羲皇人」的孟浩然的心理，無疑較純粹的山水形勝具有更爲深沉有力的影響。如其〈題張野人園廬〉詩云：

與君園廬並，微尚頗亦同。耕釣方自逸，壺觴趣不空。門無俗士駕，人有上皇風。何處先賢傳，惟稱龐德公。

此詩雖爲題張野人園廬之作，但開篇即表明自身與之相鄰「並」置，因此其所標舉「龐德公」爲「先賢」典範，顯然也正是其自身心理導向之揭示。再看其〈夜歸鹿門山歌〉：

山寺鐘鳴晝已昏，漁梁渡頭爭渡喧。人隨沙路向江村，余亦乘舟歸鹿門。鹿門月照開煙樹，忽到龐公棲隱處。巖扉松徑長寂寥，惟有幽人夜來去。

與前詩相比，此詩已是對自身隱居生活情趣的直接記述，詩中不僅營造了一種幽寂縹緲的境界氛圍，而且逕以「龐公棲隱處」自況，同時結句以「幽人」的模糊義指進而將現實的自身與心目中的先賢整合同化起來，從而使得深植心性之中的以隱居方式爲標誌的「浪漫的理想」和盤托現出來。由這種以自身匯入襄陽歷史文化的思維方式，正可見出孟浩然仕隱觀念的轉化及其最終矛盾消解，也顯示出其之所以能夠自覺地排拒外在功利誘引的深層原因。

正是這種終身不仕的人生經歷及其長期生活的地域環境，造成孟浩然與開天時代大多詩人並不一致的文化性格與藝術個性。這在其詩歌創作中的表現，就主要在於與作爲當時詩壇核心的都城詩人群體中形成的精密雅致的藝術氛圍及美學標準的疏離與隔膜。從體式看，孟詩多擅古體而不擅近體（近體亦多帶古調），多擅五言而不擅七言，多擅短篇而不擅長篇；從詩風看，孟詩多採一氣直貫的句法、平暢疏朗的節奏與樸素直露的語調，少有凝練的句法、曲折的結構與精麗的詞彩，因而以一種僻遠樸淡的總體風貌顯出與喧鬧繁華、精密高雅的都市時調的差異。如〈遊精思觀回王白雲在後〉：

出谷未亭午，到家日已曛。回瞻下山路，但見牛羊群。樵子暗相失，草蟲寒不聞。衡門猶未掩，佇立望夫君。

這類作品，在孟浩然集中幾佔大半，如〈夏日辨玉法師茅齋〉、〈尋梅道士〉、〈題張野人園廬〉、〈來闍黎新亭作〉、〈西山尋辛諤〉、〈尋菊花潭主人不遇〉等等，皆以平易樸拙之語寫出僻鄉山野之趣，甚至雜以「靜中何所得，吟詠也徒哉」[102]、「回也一瓢飲，賢哉常晏如」[103]、「主人登高去，雞犬空在家」[104]之類散文化語言，直如家常口語，平白道來。這種返樸歸真的趣味，又往往造成孟浩然的一些作品成爲一種純粹的抒發懷抱之作，如〈自洛之越〉「皇皇三十載，書劍兩無成」、〈秦中苦雨思歸贈袁左丞賀侍郎〉「苦學三十載，閉門江漢陰」、〈歲暮歸南山〉「不才明主棄，多病故人疏」之類，就是通篇描寫自我，直抒懷抱，這也就在一定程度上脫出當時最爲普遍的借景抒情、力求情景融合的表現範式與藝術構撰，明顯開出李白豪蕩不羈的表達方式之先途，從李白對孟浩然「高山安可仰，徒此揖清芬」的極度崇慕看，應該說也包含了這方面因素。王士源在〈孟浩然詩集序〉中云「浩然文不爲仕，佇興而作，故或遲；行不爲飾，動以求真，故似誕；游不爲利，期以放性，故常貧」，其著重點固然在於對孟浩然人生狀貌的描畫，但其中所謂「文不爲仕」、「行不爲飾」、「期以放性」、「動以求真」的主要特點，恰恰可以視爲孟浩然獨特的樸野的文化性格與藝術個性的生動揭示與核心把握。通觀孟浩然詩集，平易舒暢的語言風格與樸野素淡的生活情趣不僅體現在其大部份作品中，而且構成其最優秀代表作的顯著特點，如〈過故人莊〉：

故人具雞黍，邀我至田家。綠樹村邊合，青山郭外斜。開筵面場圃，把酒話桑麻。待到重陽日，還來就菊花。

詩人長期生活於鄉村田園，對農家生活與田園風物尤感親切，此詩即寫出相與飲酒閑話、融洽無間的情形與心態，所謂「句句自然，無刻畫之迹」105，就是對詩中表現的與這種樸淡情趣相符稱的平暢自然的語言風格的把握。又如〈春曉〉：

春眠不覺曉，處處聞啼鳥。夜來風雨聲，花落知多少。

這是一篇膾炙人口的名作，以短短二十字寫出聽覺中的春之聲響與心理中的惜春之情，且於朦朧情思氛圍中表現出意識與無意識的交織替轉，宋人劉辰翁即評其爲「風流閑美，正不在多」106，但從其藝術構式與語言特色看，又顯然是一種舒暢流展、平易自然的整體風貌的典型體現。可以說，正是這種「通是清境」107的高度藝術造就與口語化的通俗語言運用的結合，才得以產生如此廣被人口的接受效果。

這種游離於英雄氣魄與都城雅式兩種藝術氛圍之外的樸野的鄉村牧歌情調，作爲孟浩然詩歌整體風貌中的最主要的構成部份，也就是其藝術個性的最突出體現。當然，生活於以詩歌爲重要社交工具的開天時代，孟浩然在與眾多都城詩人的交遊之中亦不可能完全不受時風之影響，這在其創作生涯中留有明顯的痕跡。比如與張九齡交遊之作〈臨洞庭湖贈張丞相〉「八月湖水平，涵虛混太清。氣蒸雲夢澤，波撼岳陽城。欲濟無舟楫，端居恥聖明。坐看垂釣者，徒有羨漁情」，就寫得氣勢宏闊，並且直與「張曲江五言以興寄爲主」[108]、「雅正沖淡，體合風騷」[109]的特點相似，所以明人胡震亨就以孟浩然詩爲「本曲江之清淡而益以風神者也」[110]。又如與王維交遊之作〈留別王侍御維〉「寂寂竟何待，朝朝空自歸。欲尋芳草去，惜與故人違。當路誰相假，知音世所稀。只應守寂寞，還掩故園扉」，其含蘊雅致的表現、芳草寂寞的環境，特別是「掩扉」閉門的意象，顯然都逼肖王維詩的表現風格與心態特徵；其〈歲除夜有懷〉詩中「漸與骨肉遠，轉於奴僕親」的精巧構思也是對王維〈宿鄭州〉「他鄉絕儔侶，孤客親僮僕」的直接倣效。孟浩然雖年長王維十餘歲，但當其入長安之時，王維已是名噪一時的都城詩人群中核心人物，同時從兩人交遊之作與各自一貫風格的比較中所顯示的王同孟異的特點，正可看出孟浩然對王維詩的有意倣習。再如由孟浩然詩中「湖平津濟闊，風止客帆收」[111]、「風鳴兩岸葉，月照一孤舟」[112]之類境界開闊、煉語警飭的寫景佳句看，也顯然可見由張說題於政事堂「每示能文，令爲楷式」[113]的王灣〈次北固山下〉「潮平兩岸闊，風正一帆懸」的句式的直接影響。然而，從孟浩然詩歌的精神特質看，這類作品顯然並非屬於其獨有的環境氛圍與藝術個性，僅僅可以視爲在共時性的時代藝術氛圍滲融之中造成每一作家藝術世界整體構成的豐富性與複雜性的證明。真正體現爲孟浩然自身的個性化表現特徵的，則必待「山水尋吳越，風塵厭洛京。扁舟泛湖海，長揖謝公卿」[114]亦即擺脫都城社交文化圈之時，在這種擺脫社會人際及審美時尚的拘束的環境之中，孟浩然頓時感到「躍馬非吾事，狎鷗宜我心。寄言當路者，去矣北山岑」[115]，在慶幸「去詐人無諂，除邪吏息奸。欲知清與潔，明月照澄灣」116的同時，進而體味出「物情多貴遠，賢俊豈無今。遲爾長江暮，澄清一洗心」117的天地自然之道與心理澄清之境。正是在這樣的創作環境與創作心理的交互作用之中，促使孟浩然以任運自然的態度形成率性而出的詩風特點與個性。

固然，孟浩然詩過於追求率性平暢的表達方式，在益見精密凝練的開天詩壇藝術走向中具有一定的負面效應，如有的表意過於直露，用語過於濫俗，如同「衝口而出」、「無縹緲幽深思致」118，就被人譏爲「未免淺俗」119、「有寒儉之態」120，有的詩意貧弱，「衍作五言排律，轉覺易盡」121，大多則篇制短小，又「局於狹隘」122，甚至在許多作品中語意乃至句式皆往往重複雷同，暴露出「如造內法酒手而無材料」那樣的「韻高才短」123，缺乏醇厚藝術修養的先天不足。然而，值得翫味的是，孟浩然詩之所以在開天詩壇得以形成自具的特色與個性，卻恰恰是在包括這先天不足等諸多因素在內的特定主客觀條件下生成的結果，也就是說，正是由於孟浩然對都城文化氛圍的一定程度的疏隔，造成其在創作實踐中幾乎消盡了攜帶著宮廷文化因子的都城詩的修飾特性，在以率性自然爲主要表達方式的同時，促使內在情思達到高度淨化的程度。試看〈夏日南亭懷辛大〉：

山光忽西落，池月漸東上。散髮乘夕涼，開軒臥閑敞。荷風送香氣，竹露滴清響。欲取鳴琴彈，恨無知音賞。感此懷故人，中宵勞夢想。

這是詩人在夏夜納涼的閑適情境中油然而生懷念友人之情的作品，前六句寫景，後四句抒懷，全詩語言平易，構思自然，境界清幽，頗能代表孟浩然詩「遇景入詠，不拘奇抉異」124的風格特徵。從具體的景物描寫與情懷抒發看，此詩極爲簡略，描寫夏夜景色，並未觸及物象本身，而是僅以「荷香」、「竹露」在嗅聽器官中的聲味感受展現一片朦朧清靜的環境氛圍，抒發懷人意緒，亦僅在「欲彈琴」與「無知音」的無奈情思中逗出虛無「夢想」而已。然而，正是這樣的簡省筆觸，刪汰了皮相的蕪雜，使得一種不可自已的思友之情瀰漫於澄澈的境界之中，造成情思與詩境的淨化與純化。又如〈耶谿泛舟〉：

落景餘清輝，輕橈弄谿渚。澄明愛水物，臨泛何容與。白首垂釣翁，新妝浣紗女。相看似相識，脈脈不得語。

與前詩相比，此詩正面描寫了泛舟即目所見，但在詩人任性自然的閑適心態中，景象一片澄明容與，人物則似曾相識，寫景略無刻劃，抒情亦略無矯飾，全詩既明如口語，又真純至極。再如〈宿建德江〉：

移舟泊煙渚，日暮客愁新。野曠天低樹，江清月近人。

羈旅行役本爲傳統題材，歷代詩人所作對鄉思愁情莫不大加渲染，但孟浩然此詩卻刪汰了具體的環境描寫與複雜的情思內容，僅以暮煙籠罩中的一抹樹影、江水倒映中的一輪月魄，在極簡淨的景境中托出一縷濾淨的鄉思，從而使傳統的羈旅愁情衍化爲一種澄澈的意境與傳神的韻味。

就創作主體與自然外物的關係而言，淨化的情思往往造成一種靜觀的心態，因此，孟浩然最爲擅長的山水寫景詩也就常常表現出一種過程性的觀察方式。如其〈早發漁浦潭〉詩：

東旭早光芒，渚禽已驚聒。臥聞漁浦口，橈聲暗相撥。日出氣象分，始知江湖闊。美人常晏起，照影弄流沫。飲水畏驚猿，祭魚時見獺。舟行自無悶，況值晴景豁。

詩人在舟行早發途中，隨著時間的推移，由「早光」到「日出」再到「晴景豁」的過程，漸次展現出由靜而動的生態景象與由朦朧而開豁的自然景觀。與此詩相似，〈彭蠡湖中望廬山〉寫道「太虛生月暈，舟子知天風。掛席候明發，眇漫平湖中。中流見匡廬，勢壓九江雄。黤黕凝黛色，崢嶸當曉空。香爐初上日，瀑布噴成虹」，也是寫日出過程中的環境景態的變化，但其重點似乎有所不同。如果說，前者著重在於對時間過程中的景物境界的漸次拓展，那麼，後者則著重在於對時間過程中的光色變化的敏銳感受。再看〈宿業師山房期丁大不至〉：

夕陽度西嶺，群壑倏已暝。松月生夜涼，風泉滿清聽。樵人歸欲盡，煙鳥棲初定。之子期宿來，孤琴候蘿徑。

與前引兩詩寫日出過程相反，此詩寫日落過程中的景境變化，雖然由喧鬧的白日生活到寂靜的夜晚環境的渲染描繪，中心意旨在於襯托期人不至的心理感受，然而，詩的本身由夕陽西下到群壑暝晦、松月生涼、樵人歸盡、棲鳥初定的描寫，則顯然成爲對入夜過程中景象、光色、生態的運動變化狀況與層次的敏銳的感受與完整的把握。

客觀地看，這種對景境過程的把握，特別是光色聲響的運用，實際上正是王維詩中繪畫音聲之美的基本特色與表現方式，但是，孟浩然因其內在的樸野真率的文化性格與藝術個性，所以對具體景境的感受過程雖敏銳卻不細密，語言表達雖逼真卻不修飾，藝術結構雖渾成卻不凝練。從孟浩然現存大部作品看，他似乎是在有意識地將一種瞬間的精彩把握乃至已近形成的精警凝練的藝術構體加以沖淡，並平均地勻化於整個構思過程及詩化形式之中，而造成一種獨具特色的疏淡的藝術結構。作爲這一特色的證明，除前引詩篇外，比如〈晚泊潯陽望廬山〉就似乎更爲突出：

掛席幾千里，名山都未逢。泊舟潯陽郭，始見香爐峰。嘗讀遠公傳，永懷塵外蹤。東林精舍近，日暮但聞鐘。

詩寫在久遊各地未見名山的情況下「始見香爐峰」的心情，按照常理自應著意欣賞名山風貌，但孟浩然在此僅以口語化方式輕描而過，接著生發出一種虛浮的塵外之想，且在頸聯運用流水對句式，使全篇結構更爲疏淡，王士禎稱爲「色相俱空，正如羚羊掛角，無跡可求，畫家所謂逸品」125，正揭示出由淡極而傳神的妙境。再看〈萬山潭作〉：

垂釣坐盤石，水清心亦閑。魚行潭樹下，猿掛島藤間。游女昔解珮，傳聞於此山。求之不可得，沿月棹歌還。

如果說，前一首詩尚具有使人激情興奮的環境與基因，那麼，此詩則連這種可能性也已消解殆盡，詩人將「心」浸化於「清水」之中，便造成情感、語言乃至詩篇結構都處於淨化之中的稀釋狀態。聞一多即認爲，在此詩中，「孟浩然幾曾作過詩？他只是談話而已。甚至要緊的還不是那些話，而是談話人的那副『風神散朗』的姿態」126。

對於孟浩然詩的這一特色，其實當時人就已有所覺察，如王士源〈孟浩然詩集序〉記其「閑遊秘省，秋月新霽，諸英聯詩，次當浩然，句曰『微雲淡河漢，疏雨滴梧桐』，舉座嗟其清絕」，幸存於此的「微雲淡河漢，疏雨滴梧桐」一聯本身，恰恰可以視爲「疏淡」藝術結構特徵的準確提挈與最好闡釋。殷璠《河嶽英靈集》評其「半遵雅調，全削凡體」，杜甫〈解悶十二首〉之六稱其「清詩句句盡堪傳」，著眼點皆大致相同。總之，孟浩然正是因其與都城文化環境與精雅時調的一定程度的疏離，才造就了獨有的疏淡清樸的詩歌風格與藝術結構，而其疏淡的精神氣質本身，又恰恰反過來成爲開天詩壇追求自然天真的審美祈向的一種典型表現與理想範式。也正因此，使得藝術修養與構思技巧並不那麼深厚精熟的孟浩然，竟然在群星璀璨的開天詩壇上發出獨特的顯目的閃光。

第三節 王孟詩之異同

既追求功名勳業又嚮往任性自然，是開天詩人普遍心態的表現，由此形成矛盾的行爲與雙重的人格。從某種意義上看，正是這一矛盾的夾纏交戰，爲文學創作提供了一個重要題材，進而成爲唐詩走向藝術高峰狀態的一個重要推進力量。在這一心理進程與詩史走向中，王維、孟浩然顯然是突出的代表人物，這不僅表現爲他們對這一矛盾進程的親身感受與實際經歷，更重要的在於他們最終由矛盾中走出從而達到行爲的歸宿與心理的平衡。從二人的具體經歷看，前期傾重於出仕願望，後期傾重於隱逸趣尚，都表現出完全的一致，特別是後期處於澄淡閑靜的心理狀態下創作出大量山水田園之作，不僅成爲開天詩歌藝術世界中具有核心意味的重要的構成成份，而且表現爲整個唐代詩史乃至文學史進程中的一個重要的審美範式。正是在這樣的意義上，王維、孟浩然往往被後人合而論之。宋人許顗《許彥周詩話》云「孟浩然、王摩詰詩，自李、杜而下，當爲第一」，可見其同等的地位；明人胡應麟《詩藪》內編卷二云「王、孟閑淡自得」，可見其相似的詩風；清人田雯《古歡堂集雜著》卷二云「王維、孟浩然……取神於陶、謝之間」，則又可見其同樣淵源於陶潛、謝靈運的田園、山水詩的兩種藝術傳統及其合爲一宗的藝術創新精神與實績。可以說，正是這種以匯融陶、謝詩學淵源的觀照方式爲表現特徵，以透現任運自然的隱逸趣尚爲精神內質的山水田園題材的詩歌創作實踐，決定了王、孟作爲開天詩壇的核心之一的價值與地位，也正因此，儘管王、孟二人年齡相差較大且各自長期生活於有著一定程度疏隔的具體的文化環境與藝術氛圍之中，卻仍然在文學史構成中發生著最爲緊密的總體性聯繫與組合性效應。

當然，總體的聯繫並不意味著消融淹沒二人各自的獨具個性，通過對王維、孟浩然山水田園詩的細緻分析與比較，兩者在具體的文化性格、藝術個性乃至構思方式、表現體貌等方面的差異，是顯而易見的。對此，前人其實已有覺察，如王士禎《師友詩傳續錄》云「王是佛語，孟是菩薩語」，賀貽孫《詩筏》云「王如一輪秋月，碧天如洗，而孟則江月一色，蕩漾空明，雖同此月，而孟所得者特其光與影耳」，皆以形象的喻比試圖畫出王、孟詩總體特徵的異點。如果說這樣的喻比尚覺含糊且帶有比較優劣的意味，那麼，喬億《劍谿說詩》卷上云「王、孟齊名，李西涯謂王不及孟，竟陵及新城先生謂孟不及王，愚謂以疏古論，孟爲勝，以澄汰論，王爲勝，二家未易軒輊」，則一方面擺脫那種評判優劣高下的簡單化做法，另一方面又明確拈出「疏古」、「澄汰」作爲王、孟詩風的概括。如果進一步加以究析，王、孟詩的基本異點及其環境的心理的生成因素與背景，大體可以從以下幾個方面加以把握。

其一是創作環境與文化性格的差異。王維長期生活於都城文化圈中，不僅大多作品都寫於這一環境，而且本人已成爲集聚都城詩人群中的實際核心，正是這一特定的創作環境，鑄就了王維高雅脫俗的文化性格，如其「九天閶闔開宮殿，萬國衣冠拜冕旒」[127]之句，與其說是對早朝實況的描繪，倒不如視爲其雍容的心態與華貴的趣味的表露，前人謂爲「可以一洗寒陋」[128]、「不謂之『詩中天子』不可也」[129]，亦正著眼於對內在心性的體味。即使處身荒漠的塞外，「大漠孤煙直，長河落日圓」的景象在王維眼中也顯然帶有壯偉絢麗的色彩。孟浩然則與此不同，他雖然曾數度入京，與都城詩人有著廣泛的交遊，且曾有意識地倣習都城時調，但是這畢竟不屬於他自身的生活範圍，遠離京城的偏僻鄉村是他一生主要的活動場所與創作環境，這不僅決定了孟浩然一生創作的主要題材與內容，而且鑄就了孟浩然樸野近俗的文化性格。如其〈同張將薊門觀燈〉詩云「異俗非鄉俗，新年改故年。薊門看火樹，疑是燭龍燃」，寫薊門觀燈，著重由異俗引起鄉俗之聯想，顯見近俗心理。即使在處身都城文化環境之時，其「珠彈繁華子，金羈遊俠人。酒酣白日暮，走馬入紅塵」[130]的描寫，也全然表現出一種略無修飾的樸野行態。文化性格的差異導致審美祈向的分流，王、孟詩中在觀察角度、構思方式乃至風格體貌諸方面的不同，正因此而造成。王維詩除了早年那種高華秀雅的體貌外，晚年的大量山水田園之作也無不於閑淡心態中體現出精雅的構思與風貌，如〈北垞〉「北垞湖水北，雜樹映朱欄。逶迤南川水，明滅青林端」，由北垞到南川之間的通道，有意識地用雜樹、青林明滅其間，造成情思感受與表達的曲折迴環、含蘊精密的特點；孟浩然詩除了早年倣習都城時調的少數作品外，大量的山水田園之作皆無不體現出樸素平暢的構思與風貌，試看與王維〈北垞〉題材幾乎完全相同的〈北澗泛舟〉「北澗流恒滿，浮舟觸處通。沿洄自有趣，何必五湖中」，不僅因流滿而舟行觸處皆通，而且直接說明自身情趣與舟行目及完全同步狀態，顯示出情思感受與表達如同口語般的直抒暢達的特點。

其二是藝術修養與才思技巧的差異。王維不僅是當時都城詩人群中的核心人物，而且極擅繪畫，又精樂理，幾乎成爲開天時代高度發達的都城文化與濃郁醇厚的藝術氛圍的集中凝聚，再加上傑出的才思與表現技巧，所以王維詩歌創作就體現出通過音聲繪畫的視聽感受與技法移用來構造詩美的鮮明特色，既達到「在泉爲珠，著壁成繪」的美學效果，又形成清遠閑淡的整體氛圍與精雅工致的構思技巧渾融聚合的表現特徵。孟浩然生長於偏遠的鄉村，四十歲時才初入長安，以後又長期生活於襄陽故里直至終老，這種帶有鄉土氣息的環境與性格的本身便決定了其對都城各種精雅藝術的一定程度的心理隔膜，因此，孟浩然一生除詩而外，對於其他藝術形式幾乎一無所長，這也就顯露了其詩歌創作形成樸野直露的個性與單純疏淡的結構的一個重要原因。對此，王世貞《藝苑卮言》卷四即云「摩詰才勝襄陽，由工入微，不犯痕跡，所以爲佳」。相對而言，可以說，王詩才高、藝精、思巧，孟詩才拙、藝淺、思直，正顯出截然的不同。不僅如此，王維的才思技巧在詩歌創作中往往體現爲對一種境界氛圍的創造，並且在以幽響音聲、完整圖象與植根於多種思想文化淵源的主體精神渾融交合之中，形成一種以情景交融爲標誌的意境化審美範式；孟浩然的樸野表現方式，則往往造成一種描寫特定環境中自我內心活動、純粹的抒寫情愫的主觀化特點，即使對自然風光的直接描繪，也常常闌入「睹茲懷舊業」[131]、「求之不可得」[132]之類的說明意圖的話語，使物與我、情與景截然分爲兩橛，體現出孟浩然對個性感受的平暢自由的表達願望而並不過份著意於物我渾融、情景合一的意境追求的藝術觀念與實踐法則。

其三是思想淵源與身心狀態的差異。王維不僅深受傳統儒、道思想影響，而且精通佛學，特別是南宗禪理，正是在這樣深厚的多樣思想文化淵源的積聚基礎之上，形成其具有自身思想特色的「身心相離」的人生哲學與思維方式。因此，王維身雖長期居京任職，心卻達到「無我」般的寧靜恬淡，這在其詩中最典型的表現就是〈竹裏館〉「深林人不知」、〈鹿柴〉「空山不見人」那樣寂靜澄澈的既無人又脫俗的境界。與此不同，孟浩然除「家世重儒風」之外，似乎只有「我愛陶家趣」而已，可以說，孟浩然作爲一個純粹的詩人，既沒有王維那樣的多種藝術才能，也缺少王維那樣的邃密思想深度。因此，孟浩然長期生活於遠離京城的鄉村田園，是身心一致的，他雖然終身未入仕途，心卻反而未能達到王維那樣避世脫俗狀態，這在其詩中最典型的表現就是對自然與人世的熱情與親近，如〈宿建德江〉「江清月近人」、〈春曉〉「處處聞啼鳥」，可見其與自然景物的親近，如〈過故人莊〉「把酒話桑麻」、〈夜歸鹿門山歌〉「渡頭爭渡喧」，又可見其對世俗生活的熱情。這樣的身心狀態的不同，也就造成王、孟自然寫景詩中意象的顯著差別。比如，適應著寧靜的心境，王維詩中多有寂靜的冷色調的夕照、夜景，像〈鹿柴〉「返影入深林」、〈木蘭柴〉「夕嵐無處所」、〈鳥鳴澗〉「夜靜春山空」之類，顯然屬於這一類型；適應著隨俗的心態，孟浩然詩中則多有明朗的亮色調的朝陽、晴空，像〈早發漁浦潭〉「東旭早光芒」、〈渡揚子江〉「京江兩畔明」、〈送謝錄事之越〉「清旦江天迥」之類，就是這一類型的代表。僅此即可看出，王維詩表現的主要是自然景境中的幽寂靜態之美，孟浩然詩表現的則主要是自然景境中的明朗動態之美。

王、孟詩藝術個性及其審美性態的差異，不僅造成後人對其異點的致力探詢，而且形成兩種不同的觀察角度與評價標準。從一個角度看，孟浩然「輕飄短味，不得與高、岑、王、儲齒」[133]，在精雅的構思體制上顯然與王維不可同日而語；從另一個角度看，孟浩然「專心古淡而悠遠深厚」[134]，在樸淡的藝術結構上則又遠勝王維。不過，客觀地看，說孟浩然「秀潤不及王右丞」，但其「閑淡疏豁，翛翛然自得之趣，亦有獨長」[135]，則庶幾符合王、孟詩價值評估之實際情況。

注釋

❶許顗《許彥周詩話》。
❷殷最〈王右丞集箋註序〉。
❸魏慶之《詩人玉屑》引《臞翁詩評》。
❹王維〈濟州過趙叟家宴〉。
❺王維〈送綦毋潛落第還鄉〉。
❻方東樹《昭昧詹言》卷十六。
❼姚鼐《今體詩鈔》卷十一。
❽王勃〈秋江送別二首〉之一。
❾沈德潛《唐詩別裁集》卷十九。
❿李東陽《麓堂詩話》。
⓫王維〈輞川別業〉。
⓬虞世南〈發營逢雨應詔〉。
⓭杜甫〈絕句二首〉之二。
⓮沈德潛《唐詩別裁集》卷九。
⓯王士禎《師友詩傳錄》。

⑯方東樹《昭昧詹言》卷十六。
⑰殷璠〈河嶽英靈集集論〉。
⑱王昌齡《詩格》。
⑲高適〈答侯少府〉。
⑳李白〈陪侍御叔華登樓歌〉。
㉑李白〈古風五十九首〉之一。
㉒翁方綱《石洲詩話》。
㉓何良俊《四友齋叢説》。
㉔王維〈不遇詠〉。
㉕王維〈獻始興公〉。
㉖楊慎《升庵詩話》。按，崔塗詩題爲〈巴山道中除夜書懷〉。
㉗《資治通鑑》卷二百一十四。
㉘王維〈菩提寺禁裴迪來相看説逆賊等凝碧池作音樂供奉人等舉聲便一時淚下私成口號誦示裴迪〉。
㉙王維〈與魏居士書〉。
㉚《舊唐書》卷一百九十〈王維傳〉。
㉛王維〈請施莊爲寺表〉。
㉜王維〈終南別業〉。
㉝詳見《神會語錄》，胡適校敦煌寫本《神會和尚遺集》卷一。

㉞王維〈謝除太子中允表〉。
㉟王維〈歎白髮〉。
㊱趙殿成《王右丞集箋註》卷十。
㊲同前。
㊳王維〈酬張少府〉。
㊴王維〈與魏居士書〉。
㊵同前。
㊶同前。
㊷《法華經・序總》。
㊸《壇經・般若品》。
㊹《古尊宿語錄》卷三。
㊺詳見本書第七章第五節。
㊻《古尊宿語錄》卷二。
㊼王維〈鳥鳴澗〉。
㊽王維〈辛夷塢〉。
㊾王維〈登辨覺寺〉。
㊿王維〈夏日過青龍寺謁操禪師〉。
51 阿部正雄《禪與西方文化》中譯本序，上海譯文出版社一九八九年版。

52王維〈偶然作六首〉之六。
53蘇軾〈書摩詰藍田煙雨圖〉。
54趙殿成《王右丞集箋註》引。
55宗炳《畫山水序》。
56謝赫《古畫品錄》。
57《別林斯基選集》中譯本第二卷第四二九頁，時代出版社一九五二年版。
58鍾嶸《詩品》卷上。
59陶潛〈歸田園居〉之一。
60陶潛〈飲酒〉之五。
61謝靈運〈過始寧墅〉。
62謝靈運〈於南山往北山經湖中瞻眺〉。
63王維〈洛陽女兒行〉。
64王維〈田園樂七首〉之六。
65王維〈山居即事〉。
66王維〈渭川田家〉。
67《芬奇論繪畫》中譯本第一三二頁，人民美術出版社一九七九年版。
68萊辛《拉奧孔》中譯本第一七八頁，人民文學出版社一九七九年版。
69楊慎《升庵詩話》引《天廚禁臠》。

⑳胡震亨《唐音癸籤》引《震澤長語》。
㉑石濤《畫語錄》。
㉒郭因《中國繪畫美學史稿》第三六八頁引王述縉語，人民美術出版社一九八一版。
㉓黑格爾《美學》中譯本第三卷上册第二七八頁，商務印書館一九七九年版。
㉔同前第二二九頁。
㉕王夫之《薑齋詩話》卷下。
㉖沈德潛《唐詩別裁集》卷九。
㉗《芥子園畫傳》。
㉘王夫之《唐詩評選》卷三。
㉙張彥遠《歷代名畫記》。
㉚王維〈飯覆釜山僧〉。
㉛孟浩然〈聽鄭五愔彈琴〉。
㉜孟浩然〈秋登張明府海亭〉。
㉝葛立方《韻語陽秋》卷十四。
㉞張九齡〈商洛山行懷古〉。
㉟王維〈不遇詠〉。
㊱孟浩然〈奉先張明府休沐還鄉海亭宴集〉。
㊲李白〈送岑徵君歸鳴皋山〉。

88 孟浩然〈自潯陽泛舟經明海〉。
89 孟浩然〈和盧明府送鄭十三還京兼寄之什〉。
90 孟浩然〈臨洞庭湖贈張丞相〉。
91 孟浩然〈送丁大鳳進士赴舉呈張九齡〉。
92 孟浩然〈與諸子登峴山〉。
93 孟浩然〈宿天臺桐柏觀〉。
94 孟浩然〈山中逢道士雲公〉。
95 孟浩然〈萬山潭作〉。
96 孟浩然〈武陵泛舟〉。
97 聞一多〈唐詩雜論．孟浩然〉，〈聞一多全集〉第三卷，三聯書店一九八二年版。
98 孟浩然〈襄陽公宅飲〉。
99 孟浩然〈李氏園林臥疾〉。
100 孟浩然〈武陵泛舟〉。
101 孟浩然〈秋登蘭山寄張五〉。
102 孟浩然〈來闍黎新亭作〉。
103 孟浩然〈西山尋辛諤〉。
104 孟浩然〈尋菊花潭主人不遇〉。
105 方回《瀛奎律髓》卷二十三。

106 高棅《唐詩品彙》卷三十九引。
107 鍾惺《唐詩歸》卷十一。
108 胡震亨《唐音癸籤》卷五。
109 高棅《唐詩品彙》敘目。
110 胡震亨《唐音癸籤》卷五。
111 孟浩然〈夜泊宣城界〉。
112 孟浩然〈宿洞廬江寄廣陵舊遊〉。
113 殷璠《河嶽英靈集》。
114 孟浩然〈自洛之越〉。
115 孟浩然〈秦中古雨思歸贈袁左丞賀侍郎〉。
116 孟浩然〈贈蕭少府〉。
117 孟浩然〈和張判官登萬山亭因贈洪府都督韓公〉。
118 葉燮《原詩》。
119 朱庭珍《筱園詩話》卷一。
120 王士禎《師友詩傳續錄》。
121 施閏章《蠖齋詩話》。
122 黃子雲《野鴻詩的》。
123 陳師道《後山詩話》引蘇軾語。

124 皮日休《郢州孟亭記》。
125 王士禎《帶經堂詩話》卷三。
126 聞一多《唐詩雜論·孟浩然》。
127 王維〈和賈至舍人早朝大明宮之作〉。
128 楊載《詩法家數》。
129 王壽昌《小清華園詩談》卷上。
130 孟浩然〈同儲十二洛陽道中作〉。
131 孟浩然〈尋白鶴巖張子容隱居〉。
132 孟浩然〈萬山潭作〉。
133 王夫之《薑齋詩話》。
134 李東陽《麓堂詩話》。
135 胡震亨《唐音癸籤》卷五引徐獻忠《唐詩品》。

第十章　元結與《篋中集》詩人

玄宗後期的政治腐敗及安史之亂的爆發，造成唐代歷史由盛而衰的巨變，士人心理亦由昂揚高朗變爲憂患低沉。這期間，元結及其所編選的《篋中集》中詩人作品，顯然構成這一時代變動中的群體趨向與突出代表。《篋中集》收入沈千運、王季友、于逖、孟雲卿、張彪、趙微明、元季川等七人詩二十四首。七人詩作，除《篋中集》所收，只有沈千運另有一首，王季友另有九首，孟雲卿另有十二首，七人存詩總共僅四十六首。這些作品內容大體皆爲人生貧困經歷之紀實、社會黑暗現象之揭露，表現出哀傷低沉的情感基調，與元結詩極相類似。可以說，元結編選《篋中集》，正是以自身文學思想與價值觀念爲擇取範式與批評標準的。因此，元結及《篋中集》詩人在當時雖皆算不上重要詩人，存留作品亦僅一百餘篇[1]，但由於同樣的文學觀念與創作法則的汲引凝聚，表現出完全一致的創作傾向與風格特徵，客觀上已形同一個旗幟鮮明的文學流派。

第一節　詩歌創作的紀實性

《篋中集》詩人生平事跡材料存留極少，他們大體都是處於社會下層的一批失意文人，正如元結在〈篋中集序〉中所云「自沈公及二三子，皆以正直而無祿位，皆以忠信而久貧賤，皆以仁讓而至喪亡」。七人中，僅孟雲卿永泰二年（七六六）爲校書郎，年已四十餘，王季友晚年曾爲華陰尉、虢州錄事參軍，廣德二年（七六四）後，豫章太守李勉引爲賓客，其餘諸人，皆終身窮困不遇。七人中，沈千運年輩稍長，元結於乾元三年（七六〇）編成《篋中集》，稱沈千運「窮老不惑五十餘年」，是其當生於中宗景龍年間。元結在《篋中集》中以沈千運居首，並推崇備至，稱其「凡所爲文，皆與時異，故朋友後生，稍見師效，能侶類者，有五六人」，顯見對其他諸人的影響。其後，高仲武即明言孟雲卿等人「祖述沈千運」❷。其餘諸人，則皆與元結年齡相倣或稍小，如元結〈送孟校書往南海序〉云「平昌孟雲卿，與元次山同州里，以詞學相友，幾二十年……雲卿少次山六七歲」，是孟雲卿當生於開元十三年（七二五）前後。另，張彪與孟雲卿爲中表親，元季川爲元結從弟，年齡當皆小於元結。

正因這一群詩人或終身布衣，或沉淪下僚，長期生活於貧窮困頓與仕途失意的境況之中，所以他們雖然也曾經歷過開天盛世，但他們眼中的人生卻與開天詩壇表現出的那種豪邁縱逸、昂揚奮發的人生理想與時代精神截然不同，他們面對的是一種脫盡理想主義光暈的慘淡的現實的人生。從自身的生活地位出發，他們感受到的就首先是生活的悽慘悲愴與前途的渺茫黑暗。基於這樣的切身感受，也就造成其詩歌創作呈現出與開天詩壇高朗氣象截然相反的社會景觀的另一面。如沈千運〈濮中言懷〉：

聖朝優賢良，草澤無遺匿。人生各有志，在余胡不激。一生但區區，五十無寸祿。衰退當棄捐，貧賤招毀讟。棲棲去人世，迍躓日窮迫。不如守田園，歲晏望豐熟。壯年失宜盡，老大無筋力。始覺前計非，將貽後生福。童兒斯學稼，少女未能織。顧此忘知己，終日求衣食。

不僅「五十無寸祿」，而且「終日求衣食」，可見其「迍邅日窮迫」的困窘程度，而在終老之時對一生貧窮經歷的回顧卻以「言懷」出之，則尤能體察到其消沉黯淡的人生態度。這樣的貧窮經歷與人生態度，在《篋中集》詩人中是甚爲普遍的，如孟雲卿〈悲哉行〉詩云「朝亦常苦饑，暮亦常苦饑。飄飄萬餘里，貧賤多是非」、〈傷懷贈故人〉詩云「稍稍晨鳥翔，淅淅草上霜。人生早艱苦，壽命恐不長。二十學已成，三十名不彰」，在這裏，孟雲卿自敘朝暮苦饑、功名不彰的遭遇，與沈千運詩中「終日求衣食」、「五十無寸祿」的自述恰相一致，而將人生比作草霜，憂歎生活既艱苦，壽命又不長，則更增一層悲戚意緒。再看于逖〈憶兄弟〉：

> 衰門少兄弟，兄弟惟兩人。饑寒各流浪，感念傷我神。夏期秋未來，安知無他因。不怨別天長，但願見爾身。茫茫天地間，萬類各有親。安知汝與我，乖隔同胡秦。何時對形影，憤懣當共陳。

可見，在詩人生活中惟有兄弟情親可資慰藉，這本是人之常情，然而值得注意的是，詩人預想聚首之時，卻一改常人那樣的對天倫之樂趣的企盼之情，而是表現爲對互陳憤懣以發洩內心憂鬱的等待，這實際上已是在經歷超常負荷的貧困生活磨難之後所形成的一定程度的心理變態。沈千運亦有一首〈感懷弟妹〉詩：

> 今日春風暖，東風杏花折。筋力又不如，卻羨澗中石。神僊杳難準，中壽稀滿百。近世多夭傷，喜見鬢髮白。杖藜竹樹間，宛宛行舊蹟。豈知園林主，卻是林園客。兄弟可為伴，空為亡者惜。冥冥無再期，哀哀望松柏。骨肉能幾人，年大自疏隔。性情誰免此，與我不相

易。惟念得爾輩，時看慰朝夕。平生茲已矣，此外盡非適。

詩中固亦抒寫了骨肉慰藉之情懷，但更多的卻是由「近世多夭傷」、「空爲亡者惜」引發出的「冥冥無再期，哀哀望松柏」的惶懼心態。即使在唱和寄贈等應酬性場合，他們也同樣表現出憂傷沉重的心理，如張彪在〈北遊還酬孟雲卿〉詩中寫道：

忽忽望前事，志願能相乖。衣馬久羸弊，誰信文與才。善道居貧賤，潔服蒙塵埃。行行無定心，壈坎難歸來。慈母憂疢疹，至家念棲棲。與居宿姻親，深見中外懷。俟余惜時節，悵望臨高臺。

詩人除「與君宿姻親」一句點明所贈對象以及二人之間關係外，全爲「志乖」、「羸弊」、「貧賤」、「壈坎」之類的自傷之詞。他如沈千運〈贈史修文〉「曩遊盡騫翥，與君仍布衣。豈曰無其才，命理應有時。別路漸欲少，不覺生涕洟」、王季友〈寄韋子春〉「雀鼠晝夜無，知我廚廩貧。依依北舍松，不厭吾南鄰。有情盡棄捐，土石爲同身」等酬贈之作，亦皆褪盡了應酬題材的閑言陳式，全然與抒寫窮困生活與哀傷心境的自述題材等無差異，而這種具有特定表現範圍的自述內容與應酬題材的轉適與重合，恰恰表明了這一詩人群在生活經歷與人生態度上的完全的一致性。從這一角度看，李白在〈留別于十一兄逖裴十三遊塞垣〉詩中寫于逖「于公白首大梁野，使人悵望何可論」、殷璠在《河嶽英靈集》中寫王季友「白首短褐，良可悲夫」，實際上正可視爲這一詩人群的共同造像。

與沈千運等七人相比，元結最終任職官位固然頗高，但由於其天寶六載應試時受李林甫排擠而落第，特別是在安史亂中舉家逃難的經歷，使他一方面自身飽經艱難與困厄，一方面切身感受到廣大範圍內的時代性的民生疾苦，因而在其詩歌創作中同樣表現出對窮困生活的紀實傾向。如其在逃難途中所見「今天下殘破，蒼生危急，受賦役者多寡弱貧窮，流亡生死，悲憂道路」❸，在上元二年（七六一）赴九江任時所見其先前逃難經過的瀼谿一帶民生更是「日轉窮困」❹。自己亦常「修耕釣以自資」❺，過著貧寒的農耕生活，如〈喻舊部曲〉詩云：

> 兵興向十年，所見堪歎哭。相逢是遺人，當合識榮辱。勸汝學全生，隨我畬退谷。

可見憂亂退耕的心態。此外，〈將牛何處去〉詩云「將牛何處去，耕彼西陽城。叔閑修農具，直者伴我耕」、〈將船何處去〉詩云「將船何處去，釣彼大回中。叔靜能鼓橈，正者隨弱翁」，皆真實地記下了與爲官期間完全不同的另一種生活情態。

正是這樣的貧寒困頓的生活經歷，遭受遺棄的尷尬處境，以及與世俗相齟齬的心理狀態，促使這一詩人群的創作視界徹底地走向人生與社會，創作方法也完全遵循著寫實的原則。就其紀實性創作所包容的範圍看，除自身生活之外，還涉及到廣泛的社會現實，如王季友〈代賀若令譽贈沈千運〉：

> 相逢問姓名亦存，別時無子今有孫。山上雙松長不改，百家唯有三家村。村南村西車馬道，一宿通舟水浩浩。澗中磊磊十里石，河上淤泥種桑麥。平坡塚墓皆我親，滿田主人是舊客。舉聲酸鼻問同年，十人六七歸下泉。分手如何更此地，回頭不語淚潸然。

詩寫安史亂後衰敗景象，隱以滄海桑田爲喻，固可見對盛衰巨變的極力渲染誇張，然「百家唯有三家村」、「十人六七歸下泉」的景象，恰與杜甫〈白帝〉詩中「千家今有百家存」的記敘完全一致，顯然是當時人煙寥落的實況。在這方面，元結詩中表現得最爲突出。早在安史亂前的天寶十載，元結就作有〈繫樂府十二首〉，除反映其政治主張與創作傾向外，已有多篇作品如〈賤士吟〉、〈貧婦詞〉、〈去鄉悲〉、〈農臣怨〉等透過繁盛的表面敏銳地體察到深蘊的社會矛盾，如實地記錄了民間的疾苦。如〈去鄉悲〉：

> 踟躕古塞關，悲歌為誰長。日行見孤老，羸弱相提將。聞其呼怨聲，聞聲問其方。乃言無患苦，豈棄父母鄉。非不見其心，仁惠誠所望。念之何可說，獨立為悽傷。

此詩寫因土地兼併而失去生活憑依的大量流民的悽慘境遇，而時當天寶十載，更不難使人體會到元結那種超越常人的敏銳眼力。再看〈農臣怨〉：

> 農臣何所怨，乃欲干人主。不識天地心，徒然怨風雨。將論草木患，欲說昆蟲苦。巡回宮闕傍，其意無由吐。一朝哭都市，淚盡歸田畝。謠頌若採之，此言當可取。

如果說，前一首詩表現了詩人在自身的人生失意與社會的隱伏危機的契合中形成面向社會現實問題的觀察角度與方式，那麼，這一首詩則進而在對社會現實問題的揭示基礎上作進一步的深刻思考，表達出對這一寫實化創作本身所具有的政治功用的自我肯定與積極期待。在安史亂起之後，元結詩中所反映的現實狀況也就更爲慘烈，如〈酬孟武昌苦雪〉：

> 兵興向九歲，稼穡誰能憂。何時不發卒，何日不殺牛。耕者日已少，耕牛日已稀。皇天復何忍，更又恐斃之。自經危亂來，觸物堪傷歎。見君問我意，只益胸中亂。

這裏描寫兵興九歲後的民間疾苦，顯然已非隱伏的危機或局部的現象，而是「自經危亂來，觸物堪傷歎」，無處不是一片田地荒蕪、瘡痍滿目的慘景，詩人正是以這種「只益胸中亂」的憂傷情懷「出門望天地，天地皆昏昏」，構成對安史亂後社會面貌的大範圍紀實。如〈與瀼谿鄰里〉記敘了「瀼谿之人日轉窮困」❻的情形，構成大亂前後的鮮明對比；著名詩篇〈春陵行〉、〈賊退示官吏〉則既寫「道州舊四萬餘戶，經賊已來，不滿四千，大半不勝賦稅」❼，又寫「西原賊」因「傷憐」道州「城小人貧」而「不犯此州邊鄙而退」❽，更是揭示得入木三分。

確立了這種對社會現實的特定的觀察角度，也就不僅決定了元結等人詩歌作品中有關愁苦人生與悽慘現實的內容選擇，而且促使其藝術表現的低沉落寞的情調形成。比如于逖的〈野外行〉「老病無樂事，歲秋悲更長。窮郊日蕭索，生意已蒼黃。小弟髮亦白，兩男俱不強。有才且未達，況我非賢良。幸以朽鈍姿，野外老風霜」、張彪的〈雜詩〉「儒生未遇時，衣食不自如。久與故交別，他榮我窮居。到門懶入門，何況千里餘。君子有褊性，矧乃尋常徒。行行任天地，無爲強親疏」，詩中所寫，固然都是對自身不遇、生活貧苦的紀實，但給人感受最深的，顯然是其中充溢著的悲愴意緒與低沉情調。因此，他們對於人生前途，也一反開天詩人的積極進取而爲消極無爲，如元結在〈漫酬賈沔州〉詩中自敘其心境云：

> 自家樊水上，性情尤荒慢。雲山與水木，似不憎吾漫。以茲忘時世，日益無畏憚。漫醉人不嗔，漫眠人不喚。漫遊無遠近，漫樂無早晏。漫中漫亦忘，名利誰能算。

這種以荒漫心態表現出對時世的疏離，其實並非看穿世事、淡泊名利的釋道思想，而是一種在飽經世事滄桑後面對「他榮我窮居」而形成的被社會遺棄的失望感受與心理反映。這種消極的心理感受，甚至發展到對人生存在本身的懷疑，如沈千運〈古歌〉：

> 北邙不種田，但種松與柏。松柏未生處，留待市朝客。

在這裏，人生的一切顯然都已毫無價值與意義，只是等待著進入那最後的歸宿而已。他如趙微明

〈輓歌詩〉「原下荊棘叢，叢邊有新墓。人間痛傷別，此是常別處。曠野多蕭條，青松白楊樹」、孟雲卿〈古樂府輓歌〉「房帷即靈帳，庭宇爲哀次。薤露歌若斯，人生盡如寄」之類，皆無不充滿人生無常的陰暗情調。固然，對人生暫促的哀歎，早在四傑詩中即已大量出現，並一直延展到開天時代，形成唐前期詩歌史上一個重要的主題統系，然而，這一主題統系的表現，乃是以積極進取的人生態度與時代精神爲基點，在由時空無限、人生暫促的強烈對比引發的深沉的哲學思考中，發出時不我待的慨歎，其實質乃在於表達乘時而起的強烈願望。因此，將元結等人對這一主題表現的心理內涵與情感基調與之相比，表面上同樣是人生暫促的憂思，實質上卻已構成對自四傑、劉希夷、張若虛、陳子昂直至張九齡、李白等人所形成的這一傳統主題的內涵的徹底翻造了。就兩者的情調特點而言，積極與消極、樂觀與悲觀、高朗與陰暗，恰恰形成兩大歷史階段時代精神的鮮明對比與典型體現。

第二節　批判現實的傾向性

作爲一批深受儒家思想浸染的下層文人，元結及《篋中集》詩人作品透現的人生失意感，所揭示的現實內容恰恰針對著社會的陰暗面，從而在特定的社會史與文學史的轉折時期形成一種最足以體現時代性特徵的文學主題、風格、情調。這種映帶著社會陰暗面的人生失意情調，也就同時體現爲批判現實精神。如孟雲卿〈傷時二首〉之一云：

徘徊宋郊上，不睹平生親。獨立正傷心，悲風來孟津。大方載群物，生死有常倫。虎豹

> 不相食，哀哉人食人。豈伊逢世運，天道亮云云。

獨立徘徊，舉目無親，固見詩人悲戚心態，但真正觸動其「傷心」的卻並非自身貧寒不遇的命運，而是不公平的社會力量對「生死常倫」的自然規律與秩序的破壞與強制。「虎豹不相食，哀哉人食人」兩句，把社會對人性的壓抑、對人生的戕折以及人世間互相爭鬥殘殺的歷史與現狀，揭示得真是觸目驚心。再如趙微明的〈回軍跛者〉：

> 既老又不全，始得離邊城。一枝假枯木，步步向南行。去時日一百，來時一月程。常恐道路傍，掩棄狐兔塋。所願死鄉里，到日不願生。聞此哀怨詞，念念不忍聽。惜無異人術，倏忽具爾形。

如果說，孟雲卿的〈傷時〉是對殘酷陰暗的社會現象作廣泛性的批判，那麼，趙微明的〈回軍跛者〉則是針對具體的社會問題作深刻的揭露。詩中塑造了一個從軍征戰傷殘歸來的兵士形象，通過對其因哀苦之極而求死不願生的悽慘遭遇的充分展示，既表達出對這一社會現象的嚴重關注與深切同情，更顯示出對戰爭罪惡的強烈控訴。這種對戰爭帶來的社會問題的思考與揭露，當然以杜甫詩中表現得最爲廣泛而突出，像趙微明的這首〈回軍跛者〉，無論從選材還是從表意方面看，顯然都包容在杜甫〈前出塞〉、〈後出塞〉、〈兵車行〉、〈三吏〉、〈三別〉等衆多作品構成的一個大範圍之內。但是，細較起來，杜甫詩在對戰爭給人民造成的苦難生活寄予深切的同情的同時，還多有「送行勿泣血，僕射如父兄」、「射人先射馬，擒賊先擒王」、「雄劍四五動，彼軍爲我奔」等勸勉將士爲國立功之意，而趙微明詩中則全然集中於對苦難情狀的渲染，對戰爭負面意義的揭示，充滿消極黯淡的情調。因而，就創作主體與現實的關係而言，趙微明詩比之杜甫詩顯然表現爲一種更爲純粹的批判性。

如果說，《篋中集》諸詩人對現實的不滿與批判，主要是基於自身的貧寒失意的感受向社會陰暗面的投射與引發，從創作整體看，其直接譏諷時事之作也大大少於紀錄自身遭際之作，那麼，元結對現實的不滿與批判，則已形成其詩歌創作中的主要著眼點，從其全部詩作看，無論生活於何種境況，選擇何種題材，這種批判精神都始終體現爲一條貫串如一的思想主線與根本特徵。早在天寶五載，元結「浮隋河至淮陰」，因「其年水壞河防」而作有〈閔荒詩一首〉，詩雖借「隋人寃歌五篇」起興，但又明言「考其歌義，似寃怨時主，故廣其意，採其歌爲閔荒詩一篇」❾，詩的結尾寫道「吾聞古賢君，其道常靜柔。慈惠恐不足，端和忘所求。嗟嗟有隋氏，惛惛誰與儔」，顯然寓含譏刺時君荒淫逸樂而不察民間疾苦之旨意。天寶六載，元結在長安應試因權臣李林甫有意排斥而落第，使他對當時弊政有了切身的感受與清醒的認識，所作〈喻友〉一篇，就是其時心態的表白，其先敘自己應試落第，繼言有友擬附權貴，因喻之云「昔世以來，共尚丘園潔白之士，蓋爲其能外獨自全，不和不就，饑寒切之，不爲勞苦，自守窮賤，甘心不辭……君能忘此，而欲隨逐駑駘，入棧櫪中，食下廄藖麮，爲人後騎，負皂隸，受鞭策耶？人生不方正忠信以顯榮，則介潔靜如以終老。鄉人於是與元子偕歸」，這種對自身高潔情操的自持，實質上正是對黑暗政治及奸佞當道的激憤與抨擊。基於對弊政的清醒認識，元結進而明確提出政治改革的願望與主張，他在落第的當年，寫下〈皇謨〉三篇、〈二風詩〉十篇，描畫出理想中的聖人治國之道，揭示出國家治亂興亡的根源所在，特別是〈二風詩〉十篇中五篇〈治風〉、五篇〈亂風〉，詩人臧否傾向極爲分明。大約在天寶十載，元結作〈繫樂府十二首〉，更成爲一組譏諷時事的有計劃創作，如

〈隴上歎〉「父子忍猜害，君臣敢欺詐。所適今若斯，悠悠欲安舍」，直指統治集團内部的虞詐傾軋，〈賤士吟〉「諂競實多路，苟邪皆共求。嘗聞古君子，指以爲深羞。正方終莫可，江海有滄洲」，譏嘲諂附權奸的卑下世風，他如〈貧婦詞〉、〈去鄉悲〉、〈農臣怨〉等等，皆從各個角度揭露了弊政造成的諸多社會問題。安史亂起之後，目睹生民在戰亂中的悲慘命運，官府爲應付戰爭所需，進而加重對百姓的徵斂壓榨，元結寫下了許多反映這類題材的詩篇，對現實的批判、對民瘼的同情更趨深沉而激烈。如〈喻常吾直〉詩云：

山澤多饑人，閭里多壞屋。戰爭且未息，徵斂何時足。不能救人患，不合食天粟。何況假一官，而苟求其祿。

又如〈忝宮引〉詩云：

請取寃者辭，為吾忝官引。寃辭何者苦，萬邑餘灰燼。寃辭何者悲，生人盡鋒刃。寃辭何者甚，力役遇勞困。寃辭何者深，孤弱亦哀恨。無謀救寃者，祿位安可近。而可愛軒裳，其心又干進。此言非所戒，此言敢貽訓。實欲辭無能，歸耕守吾分。

前詩以對「山澤饑人」既遭戰爭蹂躪、更受徵斂之苦情狀的描寫構成政治陰暗面的直接揭露，後詩則以借「寃者辭」發出一連串設問的形式構成傾向性情緒的強烈抒發，兩詩表達方式雖有不同，但其中因不能救民於水火而形成難以消解的憂鬱心態的詩旨核心卻是完全一致的，由此也正體現出元結爲民請命、爲民立言的民胞精神的閃光。

可以說，以朝廷命官的身份進行批判現實傾向的詩歌創作活動，正是元結與《篋中集》詩人最大的異點所在，因此，相對而言，元結較少對自身貧寒生活經歷的紀實之作，而更多的是對自身站在官吏的立足點上，大膽地提出自己的政治主張，反抗弊政，盡力減輕人民苦難的思想與行爲的表白與記述。這方面當以其最著名的詩篇〈舂陵行〉與〈賊退示官吏〉爲傑出代表。〈舂陵行〉是元結於廣德二年赴道州刺史任後不久所作，詩云：

軍國多所需，切責在有司。有司臨郡縣，刑法竟欲施。供給豈不憂，徵斂又可悲。州小經亂亡，遺人實困疲。大鄉無十家，大族命單羸。朝餐是草根，暮食仍木皮。出言氣欲絕，意速行步遲。追呼尚不忍，況乃鞭撲之。郵亭傳急符，來往跡相追。更無寬大恩，但有迫促期。欲令鬻兒女，言發恐亂隨。悉使索其家，而又無生資。聽彼道路言，怨傷誰復知。去冬山賊來，殺奪幾無遺。所願見王官，撫養以惠慈。奈何重驅逐，不使存活為。安人天子命，符節我所持。州縣忽亂亡，得罪復是誰。逋緩違詔令，蒙責固其宜。前賢重守分，惡以禍福移。亦云貴守官，不愛能適時。顧惟孱弱者，正直當不虧。何人採國風，吾欲獻此辭。

此詩前有序云「道州舊四萬餘戶，經賊已來，不滿四千，大半不勝賦稅。到官未五十日，承諸使徵求符牒二百餘封，皆曰：失其限者，罪至貶削。於戲，若悉應其命，則州縣破亂，刺史欲焉逃罪。若不應命，又即獲罪戾，必不免也，吾將守官，靜以安人，待罪而已」，由此可見，在危及自身利益的處境與極度矛盾痛苦的心境之中，元結毅然選擇了抗命安民的立場。詩中充分展示了饑民困疲孱弱的悲慘情狀，渲染出官府層層催逼租庸的緊迫氣氛，並寫出自己內心的痛苦矛盾，結尾則表明違令待罪的決心。詩、序皆充溢詩人內心的強烈憂憤，對民生凋敝的深切同情，實即對苛酷政治的有力抨擊。《新唐書》卷一百四十三〈元結傳〉記云：「初西原蠻掠居人數萬去，遺戶裁四千，諸使調發符牒二百函，結以人困甚，不忍加賦，即上言：臣州爲賊焚破，糧儲屋宅，男女牛馬幾盡，今百姓十不一在，耄孺騷離，未有所安，嶺南諸州，寇盜不盡得，守捉候望，四十餘屯，一有不靖，湖南且亂，請免百姓所負租稅及租庸使和市雜物十三萬緡。帝許之。明年，租庸使索上供十萬緡，結又奏歲正租庸外，所率宜以時增減。詔可。結爲民營舍給田，免徭役，流亡歸者萬餘。」可見元結在道州任上爲民請命並盡力撫恤災民的實際政績，這顯然與當時日趨酷烈的苛政形成強烈的對比。在寫作〈春陵行〉後不久，「西原蠻」又亂，「攻永破邵，不犯此州邊鄙而退」⑩，元結感其事而作〈賊退示官吏〉：

昔歲逢太平，山林二十年。泉源在庭戶，洞壑當門前。井稅有常期，日晏猶得眠。忽然遭世變，數歲親戎旃，今來典斯郡，山夷又紛然。城小賊不屠，人貧傷可憐。是以陷鄰境，此州獨見全。使臣將王命，豈不如賊焉。今彼徵斂者，迫之如火煎。誰能絕人命，以作時世賢。思欲委符節，引竿自刺船。將家就魚麥，歸老江湖邊。

此詩通過「賊」尚憐「城小」、「人貧」，不犯邊境而退，而朝廷使臣卻橫徵暴斂更甚，提出官不如「賊」的驚世駭俗之論。全詩以今昔對比與官「賊」對比的手法，揭示官吏「絕人命」的殘暴本質，表明思欲棄官歸隱的心態，這就在自身與時吏之間劃出了一條明晰的界限。杜甫晚年在夔州時期讀到元結的這兩首詩，感而作〈同元使君春陵行〉，極加稱賞道「觀乎春陵作，欻見俊哲情。復覽賊退篇，結也實國楨。賈誼昔流慟，匡衡常引經。道州憂黎庶，詞氣浩縱橫。兩章對秋月，一字偕華星」，以其爲皓月經天、華星朗照，根本在於「道州憂黎庶」的精神感召。通觀杜甫寫民生疾苦的創作實踐，正與元結創作主張一致，而杜甫晚年批判現實精神的愈趨激烈，也顯然與元結的創作主調同一走向。

第三節 極端復古思想與實踐

從元結及《篋中集》詩人的文學思想及其創作實踐看，可以說皆不外以固窮心態寫布衣不遇之悲，窮困守節之志，以寫實原則揭示社會陰暗面並諷諭時事、譏刺弊政。基於這樣的自覺的創作追求，他們一方面反復倡揚風雅，以風雅相標榜，另一方面表達出對「近世作者……喪於雅正」⑪、「繫之風雅，誰道是耶」⑫的強烈不滿。他們所反對的不僅僅是「宋齊梁陳，蕩而不返」，而且包括「騷人怨靡，揚馬詭麗，班張崔蔡曹王潘陸揚波扇飆，大變風雅」⑬的廣大範圍。這也就意味著其所倡導的風雅觀念與由陳子昂初倡、開天文人大力推助的具有新的內涵的通達的風雅觀念形成重要的歧異，在對開天時代文學思想與創作傾向的全面反撥之中，表明其向傳統的純正的儒家風雅觀念回歸的極端的復古主義思想傾向。元結〈繫樂府十二首〉開篇第一章就是〈思太古〉，其中慨歎「吾行遍九州，此風皆已無。吁嗟聖賢教，不覺久踟躕」，明確表達了不滿現實社會狀況、推揚太古純樸之風的心理祈向。顏真卿在〈元君表墓碑銘〉中稱爲「其心古，其行苦，其言古」，拈出貫串其一生的「古」的特徵，杜甫在〈同元使君春陵行〉中讚爲「粲粲元道州，前聖畏後生」，則著重闡發其堪比前聖的儒家思想精神。顯然，這種純正的儒家思想精神與極端的復古主義傾向，正可視爲由元結及《篋中集》詩人構成的這一文人集團文學思想與創作風貌的最顯著標誌。

就其文學思想及創作目標而言，元結等人的復古傾向首先表現爲儒家政教文學觀的重新確立與大力倡揚。積極提倡詩歌諷諭時事的作用與補益政治的功能，是元結文學思想的核心，如其在〈劉侍御月夜宴會序〉中云：

> 於戲，文章道喪，蓋久矣。時之作者，煩雜過多，歌兒舞女，且相喜愛，繫之風雅，誰道是耶。諸公嘗欲變時俗之淫靡，為後生之規範，今夕豈不能道達性情，成一時之美乎。

明確反對「歌兒舞女，且相喜愛」的「煩雜」、「淫靡」文風，主張文學應當達性情、垂規範，恢復「風雅」精神，實際上正是對文學有益教化的要求。他在〈繫樂府十二首序〉中又云：

> 古人詠歌不盡其情聲者，化金石以盡之，其歡怨甚邪盡歡怨之聲者，可以上感於上，下化於下，故元子繫之。

可見其〈繫樂府十二首〉，正是有計劃的美刺諷諭之作，這種以社會問題爲素材的理念化創作方式，顯然成爲元結政教文學思想的最集中體現。他在〈二風詩論〉中主張文學應當「極帝王理亂之道，繫古人規諷之流」，更是對這種文學思想與創作觀念的極爲明晰的理論概括與說明。元結的全部創作實踐，固然遵循著寫實的原則，但就其特定的觀察角度與集中反映面而言，恰恰體現了高度自覺的理念化實踐方式，他在寫完一篇作品時，往往直接點明其中心意旨所在，如〈農臣怨〉結句「謠頌若採之，此言當可取」、〈春陵行〉結句「何人採國風，吾欲獻此辭」、〈登殊亭作〉結句「請君誦此意，令彼惑者聽」、〈題孟中丞茅閣〉結句「請達謠頌聲，願公且踟躕」等，無不表明了對其發揮政治教化功能的急切希冀。杜甫讚其爲「不意復見比興體制，微婉頓挫之詞」[14]，也正是著眼於對傳統儒家政教文學觀的大力復振的價值意義。與元結相比，《篋中集》諸詩人在理論上並無對文學政教功能要求的明確表述，但其爲人「皆以正直而無祿位，皆以忠信而久貧賤，皆以仁讓而至喪亡」⓯，故而「凡所爲文，皆與時異」、「獨挺於流俗之中，強攘於已溺之後」⓰，實際上正是一個政教文學觀的實踐群體。他們之間，大抵以沈千運爲師，互爲效習，氣味相投，形成完全一致的思想傾向與高古體貌，這正是元結得以編成《篋中集》的基本依據。由此，也就表明了其與元結文學思想及價值取向恰相匯融的主要途徑與根本特徵。

就詩歌創作的表現方式而言，元結等人的復古傾向則表現爲對愈趨精密的唐詩藝術進程的反撥，追求一種質實古樸的詩歌體格與風調。元結對「風雅」、「雅正」的反復倡揚，就明確包含著主張「極帝王理亂之道，繫古人規諷之流」⓱的政教文學觀念與反對「拘限聲病，喜尚形似」⓲的質樸化表現方式這兩大方面。從《篋中集》所錄作品看，並皆「淳古淡泊，絕去雕飾，與當時作者，門徑迥殊」⓳，顯然與以追求天真自然之美、興象玲瓏之境爲標誌的開天詩歌體貌形成最爲鮮明的對比。七人中，除王季友詩以「愛奇務險，遠出常情」⓴的特點一定程度地表現出開天時代尚奇風氣的影響之外，其餘諸人作品無不表現出對極端古樸風格的追求，他們絕少近體詩，大部皆爲五言古詩，且有意識地多用介詞、虛詞，進一步造成一種疏淡的結構與古奧的意味。在這方面，當以孟雲卿爲突出代表，張爲《詩人主客圖》即將其列爲「高古奧逸」之首位；韋應物〈廣陵遇孟九雲卿〉稱其「高文激頹波」，借用李白〈古風〉中「揚馬激頹波」之語，正見出對其異時古調特徵的感受與認識；高仲武則選其詩四首入《中興間氣集》，並評爲「祖述沈千運，漁獵陳拾遺……當今古調，無出其右」。孟雲卿的創作實踐，正與復古潮流一脈相承，試看〈傷時〉二首之二：

太空流素月，三五何明明。光耀侵白日，賢愚迷至精。四時更變化，天道有虧盈。常恐今夜沒，須臾還復生。

若將此詩與陳子昂〈感遇詩三十八首〉開篇第一首「微月生西海，幽陽始代昇。圓光正東滿，陰魄已朝凝。太極生天地，三元更廢興。至精諒斯在，三五誰能徵」相較，無論是立意抑或用語，顯然都如出一轍。其實，孟雲卿並不僅以「漁獵陳拾遺」爲滿足，他的多數作品還有更古老的範式，如〈古別離〉、〈悲哉行〉、〈行行且遊獵篇〉、〈古輓歌〉、〈傷懷贈故人〉、〈傷情〉等，皆顯見漢代五言詩傳統，試以〈悲哉行〉爲例：

孤兒去慈親，遠客喪主人。莫吟苦辛曲，此曲誰忍聞。可聞不可說，去去無期別。行人念前程，不待參辰沒。朝亦常苦饑，暮亦常苦饑。飄飄萬餘里，貧賤多是非。少年莫遠遊，遠遊多不歸。

以散化語言、反復詠歎的形式、構成古樸風調，幾可與〈古詩十九首〉混同莫辨。杜甫在〈解悶十二首〉之五中云「李陵蘇武是吾師，孟子論文更不疑。一飯未曾留俗客，數篇今見古人詩」，正揭示了孟雲卿詩與漢代五言詩的緊密的淵源聯繫。與《篋中集》詩人相較，元結存留作品較多，復古意識亦尤爲自覺，如〈二風詩〉十首、〈補樂歌十首〉、〈繫樂府十二首〉、〈引極三首〉、〈演興四首〉等組詩，都是有計劃的直接倣古之作，古奧樸質的表現特徵亦更爲突出。唐人皇甫湜〈題浯谿石〉詩云「次山有文章，可惋只在碎。然長於指敘，約潔有餘態。心語適相應，出句多分外。於諸作者間，拔戟成一隊」，即準確指出元結詩作「心語相應」、「指敘約潔」的表現特徵與過於散碎樸實的缺點以及其在當時詩壇上「拔戟成一隊」的獨具地位與影響。其後，金人元好問讚其「浪翁水樂無宮徵，自是雲山韶濩音」[21]，清人翁方綱則指出其「樸質處過甚」[22]，基於不同的觀察角度固有不同的評價，但對元結詩基本特徵的認識與把握卻是全然一致的。

以儒家政教文學觀爲內涵的極端復古主義思潮的出現，並非一種偶然的現象，而是有著深刻的歷史文化背景。儒家政教文學思想確立於「罷黜百家，獨尊儒術」的漢代，漢儒說詩，即自美刺諷諭著眼，魏晉以降，隨著儒學的衰退，文學自覺時代的到來，由「詩賦欲麗」思想的影響，詩論逐漸傾重於「緣情綺靡」的文學自身審美體性方面，對文學思想內涵與功用的忽視終致詩歌創作走入梁陳宮體之末路。入唐之始，隨著大一統政治局面與社會秩序的穩定，儒家政教文學觀在魏徵、王珪等政治家文人群中重新確立，成爲貞觀之治的重要的文化建設輔力。自武后至開天時代，由於庶族政治力量的興起，士人思想觀念的通達活躍，在政治格局與文化體制的新舊嬗遞中，文學創作亦隨之衝破舊有的規範模式，出現群星璀璨的繁榮局面。到安史亂興，在社會秩序的空前動亂中，文學固已表現出新的時代性特徵，但儒家道德規範亦隨之更遭嚴重創損。正是在這樣的歷史文化進程背景上，當動亂稍趨平息，社會秩序與文化格局亟需重整之時，作爲王朝統治中文化建設根柢的儒學思想成爲一種傾向性思潮重新興起，也就勢所必然了。就文學方面而言，天寶末至貞元年間，儒家政教文學觀就在文壇上盛爲流行，以顏真卿、蕭穎士、賈至、李華、梁肅、柳冕、呂溫等人構成的一個人數眾多的儒士集團，就反復強調「大雅作則王道盛」、「變風變雅作而王道衰」的道理㉓。以元結及《篋中集》詩人爲代表的極端復古主義創作流派的形成，正是與這一儒士集團同一風會的產物，如蕭穎士〈江有歸舟三章序〉云「文也者，非云尚形似，牽比類，以局夫儷偶，放於奇靡，其於言也，必淺而乖矣，所務乎激揚雅訓，彰宜事實而已」，所云「非云尚形似，牽比類」與元結〈篋中集序〉「拘限聲病，喜尚形似，且以流易爲詞，不知喪於雅正」之論如出一揆，其所提出「激揚雅訓，彰宜事實」的要求亦正完全是元結等人創作實踐所遵循的寫實原則與政教宗旨。從詩人交往聯繫的角度看，一方面，元結十七歲即從其從兄元德秀學，而元德秀正是顏真卿、蕭穎士儒士集團的重要人物，另一方面，元結又與《篋中集》詩人交遊友善，氣味相投，正是以這種聯繫爲中介，元結承受著儒家政教文學觀並由此凝聚成爲一個主旨明晰的創作流派。從唐代文學總體流程看，這一流派所呈示的寫實原則與政教傳統，不僅在表象上體現爲元和時代以元稹、白居易爲代表的寫實主張、諷時精神的直接先導，而且在深層上影響了韓愈道統思想以及以其爲核心的古文運動，章學誠〈元次山集書後〉云「人謂六朝綺靡，昌黎始回八代之衰，不知五十年間，早有河南元氏爲古學於舉世不爲之日也。嗚呼，元氏亦豪傑也哉」，正揭示了這一詩人群的精神核心及其歷史地位。

注釋

❶據《全唐詩》，元結存詩二卷九十五首，沈千運存詩五首，王季友存詩十一首，于逖存詩二首，孟雲卿存詩十七首，張彪存詩四首，趙微明存詩三首，元季川存詩四首，共計一百四十一首。

❷高仲武《中興間氣集》卷下。

❸元結〈時議中〉。

❹元結〈與瀼谿鄰里序〉。

❺元結〈漫歌八首序〉。

❻元結〈與瀼谿鄰里序〉。
❼元結〈春陵行序〉。
❽元結〈賊退示官吏序〉。
❾元結〈閔荒詩一首序〉。
❿元結〈賊退示官吏序〉。
⓫元結〈篋中集序〉。
⓬元結〈劉侍御月夜宴會序〉。
⓭賈至〈工部侍郎李公集序〉。
⓮杜甫〈同元使君春陵行序〉。
⓯元結〈篋中集序〉。
⓰同前。
⓱元結〈二風詩論〉。
⓲元結〈篋中集序〉。
⓳《四庫全書總目提要》卷一百八十六。
⓴殷璠《河嶽英靈集》。
㉑元好問〈論詩三十首〉之十七。
㉒翁方綱《石洲詩話》卷一。
㉓詳見顏真卿〈孫逖文公集序〉、李華〈質文論〉、蕭穎士〈贈韋公業書〉、柳冕〈謝杜相公論房杜二相書〉

等等。

第十一章　大曆體

自廣德元年（七六三）安史之亂平息後，時局雖稍趨穩定，但由於連年用兵，「因之饑癘，徵求運輸，百役並作，人口凋敝，版圖空虛」❶，加之河北叛將已成藩鎮，西北數十州漸爲吐蕃蠶食，回紇又不斷恃功擄掠兩京，整個社會仍然呈現爲動蕩衰敝的氛圍。作爲這一時代性特徵在文學領域的最初的最激烈的體現，杜甫與元結分別帶著「戰血流依舊，軍聲動至今」❷的哀吟與「且以流易爲詞，不知喪於雅正」❸的遺恨於大曆五年（七七〇）、七年（七七二）相繼辭世，這種在劇烈動蕩時代中應運而生的激烈的表現方式與鮮明的創作傾向固已暫時偃息，但其精神實質在大曆後期仍然得到深層的延續。當然，大曆年間，危及社稷存亡的劇亂畢竟已經平息，且「值連歲豐穰，邊境無寇，自是倉庫蓄積始充」❹，到大曆末年，甚至「天下以爲太平之治，庶幾可望焉」❺，形成由動亂衰敝的時代氛圍與漸趨安定的社會現實合鑄的複雜的時態，由此作用於親歷其間的具體詩人身上，也就表現出多樣化的心態反映。從這一時期詩歌的主要創作傾向與藝術表現方式的角度看，則呈顯在時代性特徵的強力扭變之後的曲折回旋的態勢。正是在這樣的時代精神、創作傾向以及藝術範式等多方面的複雜因素的作用與制約之中，大曆詩壇猶如一道洶湧波峰強力衝激之後的落潮般的回蕩與內漩，雖然未能出現湧立波峰的一流大家巨手，但整個詩壇卻並不沉寂，活躍於這一時期的詩人不僅爲數甚多，而且不乏獨具個性，甚至在某些方面表現出對唐詩藝術進程的一定程度的推進與深化，形成頗具時代性特徵的「大曆體」。

第一節　大曆體詩人構成與基本特徵

進入大曆時代的詩人，實皆經歷開天時代而來，除開天時代主要詩人已經辭世之外，杜甫、元結及《篋中集》詩人都是大曆前期詩壇的重要人物。然而，據有關史料看，杜甫及元結等人在當時並不爲人所重，如在現存十種唐人所編唐詩選本中，杜甫詩僅被選入唐末韋莊所編《又玄集》，《篋中集》詩人亦僅因與元結氣味相投而自成一集。在當時詩壇上影響較大、普遍爲人推重的乃是一批匯聚都城吟詠酬唱的才子與遊歷江南徜徉風月的逸士，亦即以長安、洛陽爲創作中心的大曆十才子與以江南吳越爲創作中心的劉長卿、李嘉祐等人這樣兩大詩人群體。如專選肅、代兩朝詩歌並自稱「朝野通取，格律兼收」的《中興間氣集》，所選就主要是這兩大群體詩人作品；另據《唐才子傳》引劉長卿語謂當時人即以「錢、郎、劉、李」（錢起、郎士元、劉長卿、李嘉祐）並稱作爲詩壇代表。具體地看，十才子主要活動於京洛地區，並多依附權門，詩多投贈酬唱之作；江南詩人主要活動於吳越地區，並多流連山水，詩多描摹風月之作。但從總體上看，兩者皆處動亂漸趨平息的轉折時期，詩作多寫沉淪下僚、懷才不遇之感歎，透現出一種共同的暗淡凄清的心緒氛圍。也正因此，十才子在感傷人生、冷漠功名的同時，亦多描寫自然景物之作，由此更直接與江南詩人群融成一致，胡應麟所謂「詩至錢、劉，遂露中唐面目」❻，正是在一個整體的意義上將這兩大詩人群視爲大曆詩風的主要代表。

「十才子」之名，最早見於姚合編選《極玄集》中，其於卷上「李端」名下註云：「與盧綸、吉中孚、韓翃、錢起、司空曙、苗發、崔峒、耿湋、夏侯審唱和，號十才子。」《新唐書》卷二百零三〈盧綸傳〉中亦云「綸與吉中孚、韓翃、錢起、司空曙、苗發、崔峒、耿湋、夏侯審、李端皆能詩齊名，號大曆十才子」，全採姚合之說。然自宋代以後，有關十才子的記載頗見歧異，論者大抵慮及才華高下及存詩多寡而對其中人物加以進退。如北宋江休復《嘉祐雜志》退崔峒、夏侯審、韓翃，進李益、郎士元、李嘉祐、皇甫曾，清人王士禛《分甘餘話》卷三非之。南宋嚴羽《滄浪詩話．詩體》以冷朝陽爲十才子之一，不知何據。清人管世銘《讀雪山房唐詩鈔》又以盧綸、韓翃、劉長卿、錢起、郎士元、皇甫冉，李嘉祐、李益、李端、司空曙爲十才子，進退尤多，更不足憑。後世這種主觀進退方式，實際上違背了當時詩人群組合的背景與依據。若僅以才華高下而言，據辛文房《唐才子傳》載，大曆間可稱才子者不下三四十人；若僅以存詩多寡而言，則與十才子之名向無關涉的韋應物、顧況、戴叔倫等人顯然超過十才子中大多詩人存詩量。十才子的聚合依據，只能是當日的實際交遊與審美趣味。正如胡應麟所云「一時並稱者，多以遊從習熟、倡和頻仍，好事者因之以成標目。中間或品格差肩，以蹤跡離而不能合，或才情迥絕，以聲氣合而不得離，難概論之」❼，大曆十才子之名實乃大曆年間諸子群聚都下由氣味相投並交遊酬唱而得。按之姚合《極玄集》所載十人，皆完全符合這一條件，而後人增益之劉長卿、李嘉祐等人，則顯然是江南詩人群中重要人物了。且姚合生於大曆十年，接跡大曆時代，所記當屬可信。十才子中，大抵錢起，韓翃年歲較長，錢起在當時詩名甚大，不僅爲十才子之冠，且被高仲武《中興間氣集》列爲整個肅、代時期詩人之首。盧綸等八人年歲較輕，從盧綸〈綸與吉侍郎中孚司空郎中曙苗員外發崔補闕峒耿拾遺湋李校書端風塵追遊向三十載數公皆負當時盛稱榮耀未幾俱沉下泉暢博士當感懷前蹤有五十韻見寄輒有所酬以申悲舊兼寄夏侯侍御審侯倉曹釗〉這一長近百字的詩題所述交遊關係看，這年歲相仿的八人交往顯然尤爲親密。

與十才子南北相對、聲氣互應的是江南詩人群。當時詩僧皎然在《詩式》卷四中記云「大曆中，詞人多在江外，皇甫冉、嚴維、張繼、劉長卿、李嘉祐、朱放，竊佔青山白雲，春風芳草，以爲己有」，就已標示了與十才子分峙的另一詩人群體。今人傅璇琮在其《唐代詩人叢考·李嘉祐考》中進而明確指出：「我們如果對肅、代時期的詩歌作一個綜合的研究，將會發現，在當時眾多的詩人中，除了李白、杜甫、高適、岑參、元結少數傑出的以外，大致可以分爲兩大群，一是以長安和洛陽爲中心，那就是錢起、盧綸、韓翃等大曆十才子詩人，他們的作品較多地呈獻當時的達官貴人。一是以江東吳越爲中心，那就是上文所舉的劉長卿、李嘉祐等人，他們的作品較多地描寫風景山水。」這裏雖然混淆了李白、高適、岑參與杜甫、元結及大曆詩人之間的時代性特徵界限，但將「以江東吳越爲中心」的詩人群的形成溯至肅、代之始，則是符合歷史事實的。顧況〈送宣歙李衙推八郎使東都序〉云「天寶末，安祿山反，天子去蜀，多士奔吳爲人海」，穆員〈鮑防傳〉云「自中原多故，賢士大夫以三江五湖爲家，登會稽者如鱗介之集淵藪」，《新唐書》卷一百九十四〈權皋傳〉亦載「自中原亂，士人率渡江」，可見文人薈集江南的現象，乃是安史之亂直接造成。到大曆年間，安史之亂雖已平息，但中原一帶遭到嚴重創損，「函陝凋殘，東周尤甚」[8]，而江南地區則優逸富庶得多，且朝廷因以江南經濟爲命脈，多次派出大臣安撫江南士民，並注意徵辟才俊，使得文士在此不僅找到最好的避難所，而且還有出仕機會，正如皇甫冉所云「夫越地稱山水之鄉，轅門當節鉞之重，進可以自薦求試，退可以閑居保和」❾。這樣的環境所具有的獨特的吸引力，造成了大量文士在江南地區長期居留的事實。而這些文人的頻繁交往及創作活動，也就促使這一地區出現文學繁榮的局面。就江南地區詩壇實際情況看，皎然所記六人正是主要代表，同時，活動於這一地區的眾多詩人，相互之間亦有密切的交往與深厚的友誼。如李嘉祐「與嚴維、劉長卿友善」❿，僧靈一「與皇甫昆季、嚴少府、朱山人等爲詩友，酬贈甚多」⓫，劉長卿與秦系相酬唱的詩篇，當時即編成《秦徵君校書與劉隨州唱和集》⓬。由這樣的交遊酬唱造成的相互影響，顯然更直接促使相近的詩歌體格風貌的形成。

其實，在大曆詩壇上取得一定成就的詩人尚不止此數，處於這兩大核心的周圍，還活躍著一些不失爲重要的人物。如郎士元、冷朝陽、戎昱、暢當等與十才子交往密切，郎、冷二人甚至被後人加入十才子之列，顯然皆屬十才子這一文人群範圍。與都城文人相比，南渡文士更多，其中有古文家蕭穎士、獨孤及、李華，著名文人權皋、劉緒、柳鎮等，僅就詩人而言，除皎然所列六人外，至少皇甫冉之弟皇甫曾、長期隱居越州的秦系以及包何、包佶兄弟可以算作大曆江南詩人群中的重要人物。由此看來，作爲大曆詩壇的主導，這兩個詩人群體的各自陣營都是甚爲龐大的，其大量的詩歌創作活動，實際上表徵了大亂之後文化復興高潮出現的前奏。當然，這兩群詩人各以南北爲創作中心，題材選擇重心亦有所差異，但「這期間也有交錯，如盧綸、司空曙等也寫過南方景色，皇甫冉、嚴維等也曾在洛陽做官」⓭，兩群詩人多有交往酬唱，在詩人動態行蹤中創作地域亦呈交互與滲透狀態，因此在創作傾向、審美情趣上往往顯出共同性的特徵，客觀上也正是那一時代詩潮構成的不可分割的整體。如高仲武在《中興間氣集》序中自稱選詩「起自至德元首，終於大曆暮年，述者數千，選者二十六人，詩總一百三十二首」，其中就主要是由這兩群詩人作品所構成，並對這些詩人皆予高度評價。如評十才子中錢起「體格新奇，理致清淡，越從登第，挺冠詞林」，韓翃「匠意近於史，興致繁富，一篇一詠，朝士珍之」，崔峒「文彩炳然，意思方雅」；評江南詩人中李嘉祐「自振藻天朝，大收芳譽」，皇甫冉「往以世遭艱虞，避地江外，每文章一到朝廷，而作者變色」，張繼「爲士林所尚，宜哉」。高仲武大約與大曆詩人同時，選詩倣殷璠《河嶽英靈集》專錄開天詩人之例，實際上成爲大曆詩壇最早的客觀記錄與選粹，從其所選詩人及評語看，十才子與江南詩人正以相似的藝術體貌構成大曆詩風的主要傾向，並且共同佔據了當時最廣泛的影響面。特別是那一特定時代對士人遭際與心態的共同性的深刻影響與模鑄，更使這兩大群體、眾多詩人共同構成一種具有鮮明時代性特徵的大曆風範。宋人嚴羽《滄浪詩話·詩體》就已明標「大曆體」之名目。明人胡震亨《唐音癸籤》卷七云「詳大曆諸家風尚，大抵厭薄開天舊藻，矯入省淨一途」，許學夷《詩源辯體》卷二十一亦稱爲「體盡流暢，語半清空，其氣象風格，至此而頓衰耳」，可見其風格省淨、氣象稍衰的基本特徵。

第二節　大曆詩人的人生與心態

大曆詩人大多生長於開天盛世後期，經歷過長達八年的安史之亂，主要活動於劇亂平息、社會趨向相對穩定的大曆年間。這樣，就使得他們既留下了開天詩人那樣的奮發於盛世精神的回味，又包容了杜甫、元結那樣的集注於亂世氛圍的視點，更增添了獨屬於他們自身的由亂而治的企願。就大曆時代的本質特徵而言，既不同於開天盛世，又不同於戰亂期間，而是一方面由動亂漸平而初顯中興氣象，另一方面則是國力空虛、權奸當道、政治黑暗，正是在這樣的特殊的時代經歷中，造成衆多大曆詩人大體相似的暗淡的人生道路與複雜的矛盾的人格、心態。

首先，大曆詩人都經歷過開天盛世，因而皆曾有過開天詩人那樣的功業理想與人生意氣。如十才子中的韓翃〈寄哥舒僕射〉詩云「萬里長城家，一生唯報國」，李端〈贈故將軍〉詩云「誰道廉頗老，猶能報遠讐」，正是表達功業理想與報國之志的豪情與壯語；江南詩人中的嚴維〈余姚祇役奉簡鮑參軍〉詩云「童年獻賦在皇州，方寸思量君與侯」，皇甫冉〈曾東遊以詩寄之〉云「滄洲未可行，須售金門策」，也顯然流露出以輔弼爲己任、取公卿於朝夕的宏願與雄心。他如戎昱〈上湖南崔中丞〉詩寫道「千金未必能移性，一諾從來許殺身。莫道書生無感激，寸心還是報恩人」，其飛揚的神采與豪俠的氣勢，全然表現出如同開天詩人「布衣一言相爲死」[14]、「三杯吐然諾，五嶽倒爲輕」[15]那樣的精神境界。對此，大曆詩人並未完全停留於精神的與願望的層次，而是進行了實地的追求與進取的嘗試，他們幾乎無一沒有應試、出仕的經歷，就清楚表明了這種付諸實踐的心理。其中韓翃、盧綸、司空曙等人甚至還曾親歷邊塞，從戎幕府，以求由邊功進身之路，這在他們的詩歌創作中也有所反映。如司空曙〈送盧徹之太原謁馬尚書〉：

榆落鵰飛關塞秋，黃雲畫角見并州。翩翩羽騎雙旌後，上客親隨郭細侯。

意氣飛揚，境界壯闊，置之高、岑邊塞詩中，幾可亂真。這類作品，當以盧綸〈和張僕射塞下曲六首〉爲傑出代表，如二、三兩首：

林暗草驚風，將軍夜引弓。平明尋白羽，沒在石稜中。

月黑雁飛高，單于夜遁逃。欲將輕騎逐，大雪滿弓刀。

前者以漢代名將李廣射石之故事，寫出將軍神武之偉力，後者則在對邊塞戰鬥生活與艱苦環境的紀實中表現出衆將士不畏艱險、勇往直前的豪邁氣概。另如第一首寫操練軍隊時「千營共一呼」的壯闊場面，第四首寫戰勝慶功時「醉和金甲舞，雷鼓動山川」的熱烈景象，構成邊塞生活場景的多側面的生動的展示。這類作品雖篇制短小，但多選取某一特定鏡頭加以巧妙剪輯，語言凝練，極富表現力。從其精神內蘊看，不僅明確表達出對建立邊功的崇揚，而且創造出壯偉的詩境與昂揚的情調。固然，這類作品，在大曆詩人全部創作中僅如吉光片羽，但僅此已足以表明開天盛世精神的深層積淀與延續，正如明人王世懋所云「至於大曆十才子，其間豈無盛唐之句，蓋聲氣猶未相隔也」，「由盛而中，極是盛衰之介」⑯，從宏觀上對文學發展漸進性規律的把握，也就清楚地劃出了由開天到大曆詩史進程的轉折遞介的蹤影與行跡。

然而，大曆詩人感受開天精神之時畢竟人生尚在稚嫩階段，他們大多在天寶年間或安史亂後登第，到他們成爲成熟的社會角色的大曆時代，社會秩序與政治局面實際上已與開天時代形成本質的不同。一方面朝廷不思振作，僅能於內憂外患中苟求太平，遠無開天盛世那樣的廣開賢路搜求經世之才的魄力，另一方面自戰亂以來，朝政一直把持在李林甫、楊國忠、元載、王縉等權臣奸相手中，他們有意排斥賢良方正之士，這就必然造就了一種趨炎附勢、急功近利的士風。大曆詩人正是在這樣的時代氛圍中，逐漸暴露出依附權勢以求干進的委瑣人格。如司空曙附於元載之門，盧綸先後爲元載、王縉推薦入仕，劉長卿、張繼則附劉晏幕府，嚴維亦因崔渙而得職，韓翃甚至爲李希烈草擬篡奪帥位的表奏。在權貴面前，崔峒獻詩「豈能裨棟宇，且貴出門闌」⑰，表示不求爲國家棟梁，但求附權相之門；錢起則自云「鶺鴒無羽翼，願假憲烏翔」[18]，全然一副奴顏婢膝式口吻。誠然，干謁求進乃歷代文士所不免，但問題在於，大曆文人干進之時既沒有杜甫「麻鞋見天子，衣袖露兩肘」[19]那樣的激烈忠貞之心志，又缺乏李白「安能摧眉折腰事權貴，使我不得開心顏」[20]那樣的蔑視權貴之傲骨，他們甚至把自己比作一灘「柔而成性」、「濁而徐清」的「潢汙」，以「其明若昧，其進若退」[21]的處世方式而自得，這顯然與開天詩人普遍崇尚冰清玉潔的人格與宏大高遠的理想形成最鮮明的對照。但是，即便如此，大曆詩人處在動亂的社會、艱難的時日與黑暗的政治條件下，並未能滿足他們幻圖的對利祿的追求與希望，除個別特殊情況外，大曆詩人大多或出身孤貧、或仕途坎壈，或屢遭貶謫，在時代的陰影造成的暗淡的人生道路上，希望失落，理想沉淪，由此滋生出一種濃重的空虛感與幻滅感。一方面，面對由盛而衰的急劇變亂，他們感到彷彿「銀杯乍滅心中火，金鑷唯多鬢上絲」[22]、「前事成金石，淒然淚欲垂」[23]，希望失落後的哀怨，理想幻滅後的悲傷，時時浸染著他們的心靈，如在寫邊塞詩時曾充滿豪情的盧綸，其〈春江夕望〉詩卻成爲大曆時代悲涼意緒的典型體現：

> 洞庭芳草遍，楚客莫思歸。經難人空老，逢春雁自飛。東西兄弟遠，存沒友朋稀。獨立還垂淚，天南一布衣。

天涯孤旅，又值夕陽西下，已充滿感傷情調，而骨肉分離、親朋隔世，眼前僅有極富象徵意味的飛雁飄蓬，顯然更增一層淒涼色彩。值得注意的是，借旅雁抒情，在大曆詩人筆下甚爲普遍，如錢起〈寇中送馬歸洛〉「旅思蓬飄陌，驚魂雁怯弦」，韓翃〈酬程延秋夜即事見贈〉「星河秋一雁，砧杵夜千家」，耿湋〈賦得沙上雁〉「還塞知何日，驚弦亂此心。夜陰前似遠，秋冷後湖深」，更是「尤有寄託」，「讀之令人淒然」㉔。這樣的時代巨變，對於大曆詩人心理來說，顯然不僅僅是淒涼傷感，而是一種無法理解、難以接受的困惑與迷惘，這在張繼〈重經巴丘〉詩中典型地表現出來：

> 昔年高接李膺歡，日泛仙舟醉碧瀾。詩句亂隨青草落，酒腸俱逐洞庭寬。浮生聚散雲相似，往事冥微夢一般。今日片帆城下去，秋風回首淚闌干。

詩人有意將昔年縱酒歡歌的豪情與當時秋風淚落的悲慨聚合一起，形成強烈的反差，從而劃出視人生如聚散之雲，觀世事如冥微之夢的心理感受歷程。另一方面，面對自身的艱難生活與流離處境，大曆詩人大多「貧病期相惜，艱難又憶歸」㉕、「貧困催年齒，風塵掩姓名」㉖，普遍感到一種「生涯難自料」㉗的生活的艱難與苦悶。在羈旅途中，他們感到「流蕩飄颻此何極」㉘、「江漢路長身不定」㉙的飄流不定，在端居悵坐時，他們又感到「獨坐不堪朝與夕，高風蕭瑟亂蟬悲」㉚、「愁人待曉雞，秋雨暗淒淒」㉛的孤寂淒涼。從大曆詩人的實際經歷看，他們的物質生活實際上並未陷入難以爲計的窘境，因此，其詩中籠罩著的濃厚的淒苦情調，從本質上看主要是歷經戰亂、謫貶、離散之後所形成的心理的孤獨與精神的苦悶的體現。正是在這樣的時代的與個人的條件下，大曆詩人對人生與世事雖亦有過「家國身猶負」㉜的責任感與「誰念爲僧逢世難，獨將衰鬢客秦關」㉝的不平之鳴，但更多的卻表現出對社會人生的厭倦，對功名事業的淡漠，逐漸呈顯一種由對現實世界的疏離轉而進入內心世界的體驗的趨勢。如果說，皇甫冉的〈張芬見訪郊居作〉「愁心自惜江籬晚，世事方看木槿榮」，深刻揭示了其個人的內心感受，那麼，嚴維等人〈一至九字詩聯句〉「靜聽林下潺潺足湍瀨，厭問城中喧喧多鼓鼙」，則顯然代表了這一詩人群體的意識傾向。即使是在已入仕途的情況下，大曆詩人亦往往表現出對政治漠不關心的態度，如錢起〈縣中池竹言懷〉很能代表這種心態：

> 官小志已足，時清免負薪。卑棲且得地，榮耀不關身。自愛賞心處，叢篁流水濱。荷香度高枕，山色滿南鄰。道在即為樂，機忘寧厭貧。卻愁丹鳳詔，來訪漆園人。

至於耿湋〈春日遊慈恩寺寄暢當〉詩云「死生俱是夢，哀樂詎關身」，更以一種消極虛無的思想表露灰暗冷漠的人生觀與世界觀。盧綸在屢試不第之時，竟然寫出「才大不應成滯客，時危且喜是閑人」㉞的詩句，面對危難時局，爲自身逍遙閑在，無須負擔社會責任而慶幸，這與杜甫「臨危莫愛身」㉟的無畏精神相比，何啻天壤之隔。

其次，大曆詩人都經歷過安史之亂，有過動蕩飄流的生活遭遇，目睹了瘡痍滿目的社會現實，因而其詩歌作品中也顯然帶有戰亂的時代烙印與紀實的創作傾向。試看耿湋〈宋中〉：

> 日暮黃雲合，年深白骨厚。舊村喬木在，秋草遠人歸。廢井莓苔厚，荒田路逕微。唯餘近山色，相對似依依。

如實反映了安史戰亂在宋中一帶造成的嚴重破壞。又如盧綸〈早春歸盩厔舊居寄耿拾遺湋李校書端〉：

> 野日初晴麥隴分，竹園相接鹿成群。幾家廢井生青草，一樹繁花傍古墳。引水忽驚冰滿澗，向田空見石和雲。可憐荒歲青山下，惟有松枝好寄君。

也形象地再現出戰後農村一片荒涼破落景象。他如李端〈過宋州〉「欲爲將軍哭，東流水不回」，爲睢陽守城將士血染城池之事而作，錢起〈別張起居〉寫於至德元年六月，所記正是安史叛軍陷長安、玄宗奔蜀之事，詩中「風濤初振海，鵷鷺各辭林」喻百官鼠竄無所依歸，「舊國關河絕，新秋草露深」則與杜甫〈春望〉「國破山河在，城春草木深」的悲慨同一脣吻。與中原相比，江南地區雖未直接遭受安史兵禍，但也受到嚴重波及與影響，如永王之亂、劉展之叛，因戰爭負擔加重賦稅而造成廣大農民的破產與逃亡，以及朝廷爲平復各種叛亂而進行的多次戰爭等，這些情形在其時逃亡江南的詩人筆下也都有所反映，如李嘉祐〈自蘇臺至望亭驛人家盡空春物增思悵然有作因寄從弟紓〉：

> 南浦菰蔣覆白萍，東吳黎庶逐黃巾。野棠自發空臨水，江燕初歸不見人。遠岫依依如送客，平田渺渺獨傷春。那堪回首長洲苑，烽火年年報虜塵。

此詩所寫是上元、寶應年間唐王朝鎮壓袁晁起義的戰爭對蘇州一帶造成嚴重破壞的景象，詩中通過江南春光依舊如畫的自然描寫，更深刻地反襯出「人家盡空」的慘痛的社會現實。又如劉長卿〈送朱山人放越州賊退後歸山陰別業〉：

> 越州初罷戰，江上送歸橈。南渡無來客，西陵自落潮。空城垂故柳，舊業廢春苗。閭里相逢少，鶯花共寂寥。

這雖然是一首送別之作，但透過這一特定的視角，展現的卻全然是一片「罷戰」後的殘破城池與寂寥氛圍。他如皇甫冉〈使往壽州淮路寄劉長卿〉、張繼〈閶門即事〉、朱放〈亂後經淮陰岸〉等詩，所寫皆爲江淮一帶戰亂之後的荒涼景象。由於親歷戰亂生活與自身低下的社會地位，使得大曆詩人對戰亂造成的民生疾苦亦有較爲深入的體察，如錢起在〈觀山人牧山田〉詩中，以客觀寫實的手法，記敘了當時貧苦農民爲了交納租稅不得不辛苦開墾貧瘠山地的情形，表達出「顧慚不耕者，微祿同衞鶴」的憂民情懷，成爲其後韋應物「身多疾病思田里，邑有流亡愧俸錢」㊱、白居易「自慚祿仕者，曾不事農作。飽食無所勞，何殊流人鶴」㊲那樣自慚性憂民方式的直接先導。又如其〈秋霖曲〉在描寫了一幅秋雨成災、生靈陷溺的陰慘畫面之後，以「公卿紅粒爨丹桂，黔首白骨封青苔」的強烈對比，揭示了一面貂裘玉食、炮炙薰天，一面饑殍遍地、白骨蔽野的社會現實，在鮮明愛憎中構成對貧富不均現象的有力鞭刺，與杜甫大約寫於同時的名句「朱門酒肉臭，路有凍死骨」㊳實有異曲同工之妙，由此也正顯示了興起於那一特定時代的寫實思潮甚至在稟性完全不同的詩人身上所體現出的共時性的滲融效應。他如盧綸〈逢病軍人〉、〈村南逢病叟〉，李端〈代村中老人答〉、〈宿石澗店聞婦人哭〉，耿湋〈路傍老人〉、〈贈山老人〉等，皆通過對萬里歸鄉的傷兵、在戰爭中失去親人的寡婦、流離失所的孤老的悽慘遭遇的描寫，揭示了戰亂帶來的嚴峻的社會問題與深重的民間苦難。

然而，大曆詩人畢竟與以杜甫、元結乃至其後的白居易等人爲代表的在寫實思潮中佔據主流地位的詩人顯有不同，他們觸及現實的作品，不僅爲數甚少，而且大多未能正面剖視重大政治問題與社會現象，較多地體現出一種側面著筆、引起個人身世之歎或注目於亂後殘跡下的風雲月露的構思特點與表現方式。比如司空曙〈賊平後送人北歸〉：

> 世亂同南去，時清獨北還。他鄉生白髮，舊國見青山。曉月過殘壘，繁星宿故關。寒禽與衰草，處處伴愁顏。

對於戰亂留下的創傷，詩人並未直接去描寫、再現，而是通過個人身世之感歎以及「舊國故關」、「寒禽衰草」的畫面構成一種低沉暗淡的情調氛圍來加以曲折的反映。又如盧綸的〈送萬巨〉：

> 把酒留君聽琴，難堪歲暮離心。霜葉無風自落，秋雲不雨空陰。人愁荒村路細，馬怯寒谿水深。望斷青山獨立，更知何處相尋。

在荒蕪破落的鄉村環境背景下抒寫悲秋離別之情，固可見戰爭之創損與民生之寥落，但整首詩卻構造出一幅把酒彈琴、霜風落葉、馬涉寒谿、青山隱映的生動圖景，在這樣的詩境中，社會現實問題顯然僅僅表現爲詩人主觀感受中的一縷暗淡的情思而已。錢起在逃難途中，甚至僅注目於「日昃石門裏，松聲山寺寒」、「清鐘揚虛谷，微月深重巒」[39]的空靈景致。即使是面對歷經戰亂後的故壘廢墟，大曆詩人也往往以旁觀的角度與冷靜的態度將之作爲自然景象來加以描寫，如盧綸〈過華清宮〉「見說只今生草處，禁泉荒石已相和」、耿湋〈晚次昭應〉「藤草蔓古渠，牛羊下荒塚」、李端〈蕪城〉「風吹城上樹，草沒城邊路」、劉長卿〈秋日登吳公臺上寺遠眺〉「夕陽依舊壘，寒磬滿空林」、李嘉祐〈晚發江寧道中呈嚴維〉「蟬鳴獨樹急，鴉向古城多」等等，無論是草生荒塚的京畿故跡、精靈出沒的破敗城池，還是蕭條冷落的江南村野，在這裏實質上都作爲一種藝術表現的觀照對象，被塗抹上一層唯美的色彩，成爲大曆詩人清雅理致與疏淡風調構成中的重要的物象因素。這些皆如前引耿湋的〈宋中〉詩一樣，客觀上雖然反映出戰後農村一片荒蕪破敗的形貌，但從詩人心理深層及其觀照方式看，顯然只有「唯餘近山色，相對似依依」那樣的富有詩意的荒冷感受才是其真正的興味所在。

正是由於這樣的觀照方式，以及其「不能自遠權勢」[40]的委瑣心態的形成、經邦濟世的雄心大志的喪失，使得大曆詩人面對山河破損、滿目瘡痍的社會，雖然不得不裹挾於寫實的創作潮流之中，但現實本身卻並未引發他們積極進取的入世熱情，最多只是勾起他們低回感傷的身世之歎，從而在嚴酷的現實面前反而極力走向避世之途，使隱逸成爲其詩歌創作中的一個基本主題。如李端曾居終南山草堂寺，後移家衡山，自號「衡嶽幽人」，其〈送皎然上人歸山〉詩云「適來世上豈緣名，適去人間豈爲情。古寺山中幾日到，高松月下一僧行。雲陰鳥道苔方合，雪映龍潭水更清。法主欲歸須有說，門人流涙厭浮生」，實際上正道出了十才子的共同心緒。他們即使在爲官期間，也往往「爲郎頭已白，跡向市朝稀。移病居荒宅，安貧著敗衣」[41]，過著稍離市朝，跡近郊野的以官爲隱的生活方式。江南詩人更是遠離動亂的中原，「風景隨搖筆，山川入運籌」[42]，沉溺於自然山水之中，有關山水寫景題材佔其全部詩作大半，對此，皎然即稱爲「竊佔青山白雲、春風芳草，以爲己有」[43]，劉長卿在〈首夏乾越亭餞奉韋卿使君赴婺州序〉中自云「白雲芳草，盡入詩興」，表明了這樣的創作心理與興味所在；顧況〈右拾遺吳郡朱君集序〉亦稱朱放「能以煙霞風景，補綴藻繡，符於自然」，則概括出這樣的創作傾向與特徵；甚至在直面戰亂中原的傷感之作中，他們仍然採取「獨向西山聊一笑，白雲芳草自知心」[44]的態度，更清晰表明了其有意識地逃避現實世界、借自然性相體悟內省世界的心態。

這種避世內省的心態，與佛教借助對象化力量摒棄外在形相、凝心體悟、忘我忘物以求心理超脫的思維方式恰相契合，因此，「天寶後，詩人多寄興於江湖僧寺」[45]，士大夫間形成一種與僧道交遊的普遍風氣，這也正是佛教特別是以馬祖道一爲代表的禪宗與以湛然爲代表的天台宗在大曆、貞元間興盛一時的重要原因與社會基礎。當時，湛然門下「受業身通者三十九人，縉紳先生位高名崇、屈體承教者又數十人」[46]，馬祖門庭更是「四方學者，雲集座下」[47]，形成一股強大的佛學思潮，大曆詩人正是在這一時代思潮之中受到佛學理論及其思維方式的深刻浸染。如司空曙「素有棲禪意」[48]，雖一生浮沉於仕隱之間，最終仍是「心歸塵俗外」[49]；錢起在逃難途中，也正是通過「噫我朝露世，翻浮與波瀾。行運遘憂患，何緣親盤桓。庶將鏡中象，盡作無生觀」[50]那樣的塵外之想而於磨難之中達到心靈超脫之境。江南詩人與僧道交遊更爲頻繁，如劉長卿〈送楊三山人往天台尋智者禪師隱居〉「仍空世諦法，遠接天台緣」、〈送薛據宰涉縣〉「既將慕幽絕，兼欲看定慧」顯見對天台教義的皈依，朱放亦「精好涅槃維摩經」[51]，嚴維自稱「無生久已學」[52]，此外，皇甫冉有〈福先寺尋湛然寺主不見〉、皇甫曾有〈題贈雲門邕上人〉等詩，皆與湛然師徒多有酬唱。固然，天台、禪宗自有宗派之別，但在認識方式上，兩宗卻多有相通。如天台止觀學說最終結論就是萬法唯心，智顗《摩訶止觀》卷一云「三界無別法，唯是一心作，心如工畫師造種種色」；禪宗同樣主張自心是佛，以自心爲萬物之中心，如馬祖道一承慧能學說，在「三界唯心，森羅萬象，一法之所印」的基礎上提出「凡所見色，皆是見心，心不自心，因色故有心」[53]，在心物關係的認識上恰與天台宗「唯於萬境觀一心」[54]之義暗合。大曆詩人「病中貪好景，強步出幽居」[55]，徜徉山林，嚮往隱逸，正體現了這樣的以主觀心靈的體驗與自然物象的形貌相疊印溝通的思維特點，如劉長卿〈尋南谿常道士〉「谿花與禪意，相對亦忘言」、李嘉祐〈題道虔上人竹房〉「詩思禪心共竹閑，任他流水向人間」、皇甫冉〈題高雲客舍〉「世事徒紛亂，吾心方浩蕩。唯將山與水，處處諧真賞」等，自然景物顯然都在心靈化的觀照中形成內省體驗的媒體，創作主體也正憑藉這種「一片清機」[56]、「空色俱了」[57]的藝術境界獲得心靈的解放與精神的超脫。當然，由於大曆詩人自身的因素，他們的隱逸趣尚與開天詩人並不相同，開天時代的王維、孟浩然固亦不免仕隱進退的矛盾纏織，但卻始終堅持獨善的原則與高潔的品格，大曆詩人則既無獨善之志，亦無隱逸之實，他們所稱道的隱逸實質上是以不拋棄利祿追求爲前提的「跡向塵中隱」㊽式的生活，充其量也只是逃避災禍的一種方式。從大曆詩人既無不應試出仕甚至依附權貴以求進身，又幾乎無不曾有隱逸之想與避世之舉的事實看，可以說，他們的隱逸本身正是其暗淡人生與矛盾心態的產物與表徵。

具體而言，眾多的大曆詩人雖然或經歷各異，或「品格差肩」㊾，但其處在特定時代條件下而形成的委瑣多重的人格與複雜矛盾的心態，則是完全一致的，這也是他們得以在「風塵追遊向三十載」的密切交遊中形成氣味相投、詩風相似的文人群體的根本基礎。而通過對其複雜心態的剖視，在作爲其賴以植根的時代性特徵得以曲折呈顯的同時，作爲其心靈創造結晶的詩歌藝術體貌及審美性態亦已隨之朦朧映現出來。

第三節　大曆詩風的回溯特性

亂極思治，本爲人類的普遍心理，而親歷過開天盛世與安史之亂的強烈反差的唐代詩人，也就更易引起對逝去的盛世的回味。像王維、岑參、杜甫、賈至在肅宗剛剛收復兩京之時就已寫出早朝大明宮那樣的富麗堂皇的頌聖之作，正可見出這種心理表達的急切性；憂患意識空前深重的杜甫，愈到貧病交迫的晚年所作回憶往昔盛世的作品愈多，也顯然是這種心理的深刻化、持久化的體現。大曆詩人的主要活動時期，雖然國家內憂外患仍然持續不斷，但從總體上看，時局畢竟已經由亂趨治，其間劉晏掌管鹽鐵轉運，兼天下財賦，頗有政績，韓滉又改革賦斂出入之法，使軍國之需有所倚賴，到大曆六、七年間，「值連歲豐穰，邊境無寇，自是倉庫蓄積始充」[60]。就大曆詩人本身來看，他們既沒有開天詩人那樣經邦濟世的雄心大志，又缺乏杜甫、元結那樣深刻濃重的憂患意識，既熱衷諂附求進，又不敢面對現實，所以在這一特定時代條件下，他們就更容易做起中興的好夢，唱起昇平的頌歌。這方面作品的大量出現，便構成大曆詩壇的重要內容與大曆詩風的顯著標誌。

自入唐之始迄開天時代，天下一統的清平之治與盛世氛圍對士人心理與社會風尚的影響，一方面是盛明的政治展示出國家的光明前景，爲士人確立了堅定的信念，另一方面則是富庶的生活促進了文化的高度發展，造成文人之間的頻繁交往。由此向唐詩發展階段及表現特徵的折射，便形成以華美詞藻爲體貌以頌聖讚美爲主旨的宮廷詩中心時代與以精美雅致爲體貌以酬贈交往爲目的的都城詩中心時代。當然，在唐前期詩史進程中，藝術精神的時代性表徵與審美表現的精密化發展取得了空前的成就，但就其昇平氣象的最直接體現而言，頌美與應酬顯然是最根本的特性。大曆詩人也正是在這一根本特性上將對盛世的回味體運於對現實的企盼。大曆詩人面對的社會現實，正如耿湋〈奉和第五相公登鄱陽郡城西樓〉詩中所云「封內群甿復，兵間百賦存。童牛耕廢畝，壕木繞新村。野步漁聲溢，荒祠鼓舞喧」，這種戰後生產恢復伊始的情形，自然是一片荒涼、百廢待舉的景象，但體現在大曆詩人筆下，則形成「官曹雖檢率，國步日夷平」的感受，並急不可待地盼望「共賦瑤臺雪，同觀金谷箏」[61]的優裕生活的到來。在這樣的心理支配下，十才子匯聚都城，或遊宴唱酬，或同題共賦，寫出大量的太平盛世的頌歌，試看錢起〈和王員外雪晴早朝〉：

紫微晴雪帶恩光，繞仗偏隨鴛鷺行。長信月留寧避曉，宜春花滿不飛香。獨看積素凝清禁，已覺輕寒讓太陽。題柱盛名兼絕唱，風流誰繼漢田郎。

盧綸〈元日早朝呈故省諸公〉：

萬戟淩霜佈，森森瑞氣間。垂衣當曉日，上壽對南山。濟濟延多士，蹮蹮舞百蠻。小臣無事諫，空愧伴鳴環。

在這類作品中，華貴的詞藻與堂皇的讚頌掩蓋了社會的危機與政治的陰暗，雖爲文士之間的唱酬，卻幾與唐初應制之作無異。這種頌美性的應酬，在十才子詩中突出地體現在送別場合，當時四方多事，官場上送往迎來甚爲頻繁，而餞送賦詩則已形成官場文壇的一時風氣，如李肇《國史補》就載明錢起、韓翃以作送宰相出鎮詩擅場，高仲武《中興間氣集》亦云郎士元「右丞以往，與錢更長，自丞相以下，更出作牧，二公無詩祖餞，時論鄙之」，可見其時以詩應酬的功能之廣與風氣之盛。這類作品作爲餞送達官貴人酒宴的助興劑，不外讚美、頌揚或祝賀之詞。如韓翃〈奉送王相公縉赴幽州巡邊〉云「黃閣開帷幄，丹墀侍冕旒。位高湯左相，權總漢諸侯。不改周南化，仍分趙北憂。雙旌過易水，千騎入幽州」，讚頌了王縉出使幽州氣勢與功績，而實際上其時朱希烈擁兵自立，「縉度終不可制，勞軍，旬餘日而還」[62]，未能完成使命；又如錢起〈送元中丞江淮轉運〉云「薄稅爲天府，輕徭賴使臣。歡霑賜帛老，恩及捲綃人。去問殊官俗，來經幾劫春。東南御亭上，莫問有風塵」，也是極力頌揚元載的功績，而實際上元載貪賂擅權，使江淮轉運時亦極盡敲榨勒索之能事，「甚者十取八九，謂之白著，有不服者，嚴刑以威之」[63]，可見錢起稱頌元載「薄稅」、「輕傜」之功德，與實際相去甚遠。可以認爲，這類頌美之詞，實質上正是在安史亂前太平盛世中積淀於應酬社交題材中的慣例在亂後思治的文人心理的回響與復現。與十才子相比，江南詩人雖然遠離京城，但其留連於江南山水，以華美詞藻描月露風雲，風調也正與都城遊宴應制詩傳統一脈相承，所以皎然在稱其「竊佔青山白雲、春風芳草，以爲己有」之後緊接著説「吾知詩道初喪，正在於此，何得推過齊梁作者，迄今餘波尚浸，後生相效，沒溺者多」[64]，正是對這種脫離現實、華外虛內的詩風的指責。此外，江南地區詩人在大曆年間的唱和應酬活動尤爲頻繁，劉長卿與秦系酬唱的詩篇，當時就編成《秦徵君校書與劉隨州唱和集》，權德輿在序文中云「若珩珮之清越相激，若組繡之玄黃相發，奇彩逸響，爭爲前驅」，正概括出以詞彩藻繡爲爭勝目標的應酬詩體貌特徵。另據今人賈晉華考證，以嚴維、鮑防爲中心的聯唱集團更是規模空前，結集的《大曆年浙東聯唱集》作者多達五十七人[65]，作爲應酬的一種形式，其內容也不外沉迷風月、遊宴聚會之類，或由此引起對開天盛世的回憶，嚴維〈余姚祇役奉簡鮑參軍〉云「歌詩盛賦文星動，簫鼓新亭晦日遊」，就一方面描寫出當時文人聚會賦詩的實況，另一方面透露出陶醉於盛世舊夢的回味之中的眷戀與擬附心理。

實際上，入唐以來集中體現於宮廷詩中心時代與都城詩中心時代的應酬性詩歌創作，明顯承攜著以華美詞藻外形、淫靡生活內容爲標誌的南朝宮廷文學傳統。大曆詩人在大亂初定的時代條件與亂極思治的心理狀態的作用下形成的具有回味往昔昇平氣象的深層意緒的應酬詩創作潮流，也就在相當程度上造成唐初乃至齊梁文風在大曆詩壇復興、流行的特殊現象。如錢起〈和王員外雪晴早朝〉「長信月留寧避曉，宜春花滿不飛香」一聯，王世懋評云「於晴雪妙極形容，膾炙人口，其源得之初唐，然從初唐竟落中唐，了不與盛唐相關，何者，愈巧則愈遠」[66]，詩本寫晴雪，卻從側面著筆，渲染出晴雪的逼真情形，正與唐初宮廷詠物詩的巧思刻琢如出一轍，王世懋指出其脫略「盛唐」直接「初唐」，準確把握了其根本特徵及淵源所自。又如韓翃長期為人幕僚，詩雖「興致繁富」[67]，卻往往缺少實在的經歷與充盈的情感，胡應麟嘗評其詩云「韓翃七言絕，如『青樓不閉葳蕤鎖，綠水回通婉轉橋』、『玉勒乍回初噴沫，金鞭欲下不成嘶』、『急管晝催平樂酒，春衣夜宿杜陵花』、『曉月暫飛千樹裏，秋河隔在數峰西』，皆全首高華明秀，而古意內含，非初非盛，直是梁陳妙語，行以唐調耳」[68]，已將其與梁陳緊密聯結起來。盧綸更是以描寫女色香艷而著稱，韋渠牟就說他「才名常帶粉闈香」[69]。這種傾向，不僅表現在十才子的創作之中，江南詩人也同樣如此，如李嘉祐詩「往往涉於齊梁，綺靡婉麗，蓋吳均、何遜之敵也」[70]，皇甫冉詩則是「自晉、宋、齊、梁、陳以來，採掇者無數，而補闕獨獲驪珠」[71]，可見崇尚齊梁，在大曆詩壇實已形成包容南北的普遍現象。在南朝詩人中，大曆詩人似乎尤其鍾情於謝朓，如錢起〈晚出青門望終南別業〉「能清謝朓思，暫下承明廬」，自比謝朓，李嘉祐〈和都官苗員外秋夜直省對雨簡諸知己〉「蕭條吏人散，小謝有新詩」，則比苗發於謝朓，他如盧綸〈題李沅林園〉「願同詞賦客，得興謝家深」、耿湋〈賀李觀察禱河神降雨〉「若出敬亭山下作，何人敢和謝玄暉」、司空曙〈早夏寄元校書〉「蓬蓽永無車馬到，更當齋夜憶玄暉」等，以謝朓為其心理追摹的重要藝術範型皆隨處可見。大曆詩人崇尚謝朓「江山飛麗藻」[72]、「宣城傳逸韻」[73]，固然有著與其自身應酬詩華美體制建構的需要正相適應的深層因素，但這一心理指向又恰與開天文人為追求清新自然之美而崇尚「中間小謝又清發」[74]的審美祈向疊合同一，實際上也就帶有了大曆詩人對開天盛世昇平氣象及其表徵於文學領域的都城清麗精雅詩風追摹回味的蘊義與內涵。

在開天盛世，以都城為中心的開放式詩壇固然呈現群星璀璨的景象，但在當時影響最大、成為詩壇核心人物的只有王維足以當之。王維不僅在開天時代以其長期出入王府等詩人聚會場所的影響以及其符合都城美學規範的工秀精雅的詩歌創作被奉為一代文宗，而且其清淡超逸的藝術風範對作為後輩的大曆詩人尤有重要的影響。文變染乎世情，大曆詩人的審美趣味的形成，根本在於其所經歷的特殊時代所造成的心理狀態，他們既留有開天盛世的美好回憶，又經歷了空前慘烈的社會動亂，由此造成個人進取熱情的消退，進而形成逃避現實、嚮往隱逸的普遍風氣，因此，大曆詩人對王維詩風的崇仰倣習，實際上正是心理深層的溝通共鳴與必然選擇。在這一點上，大曆詩人幾乎概莫能外。十才子中的錢起年輩較長，天寶中就與王維過從甚密，其詩「清氣中時露工秀」❼❺，自然深受王維詩風影響，其他諸人同樣以吟詠山月、稱道隱逸構成詩歌創作中的重要主題，也都「大率衍王、孟之餘」❼❻。江南詩人創作中心雖然遠離都城，但一方面他們大多曾涉足京洛，另一方面又與十才子等都城文人頻繁交往，因此，他們雖移集江南，卻恰恰成為都城文化再次大規模南移的載體與媒介。在詩歌創作方面，江南詩人對精密秀雅的王維詩風的崇尚與倣習，也就與十才子並無二致，如劉長卿「浥右丞餘波」❼❼，皇甫曾「出王維之門」❼❽，皇甫冉更被獨孤及稱為「沈、宋既歿，而崔司勳顥、王右丞維復崛起於開元、天寶之間，得其門而入者，當代不過數人，補闕其人也」❼❾。作為大曆時期受王維詩風影響的集中展現，可以姚合編選《極玄集》為最突出的代表，該書選詩二十一家九十九首，以王維、祖詠冠首，以下皆為活躍於大曆時期的十才子及江南詩人，十九人依次為李端、耿湋、盧綸、司空曙、錢起、郎士元、暢當、韓翃、皇甫曾、李喜祐、皇甫冉、朱放、嚴維、劉長卿、靈一、法振、皎然、清江、戴叔倫，姚合自序云「此皆詩家射鵰手也，合於眾集中更選其極玄者」，所選大部爲五言律詩，多清雋之作，顯見其選錄標準。其後韋莊〈又玄集序〉即稱其「已盡精微」，《四庫全書總目提要》亦稱其「特有鑒裁」。姚合生於大曆十年，對大曆時期詩壇較爲熟悉，其獨特的編選體例與明確的選錄標準，正展示了大曆詩壇的主要創作風貌及其藝術淵源。試看所選李端〈雲際中峰〉：

自得中峰住，深林亦閉關。經秋無客到，入夜有僧還。暗澗泉聲小，荒岡樹影閑。高亭不可望，星月滿空山。

皇甫冉〈九日寄鄭愕〉：

重陽秋已晚，千里信仍稀。何處登高望，知君正憶歸。還當採時菊，應未授寒衣。欲識離居恨，郊園晝掩扉。

朱放〈送著公歸越〉：

誰能愁此別，到越會相逢。長憶雲門寺，門前千萬峰。石床埋積雪，山路倒枯松。莫學白道士，無人知去蹤。

他如劉長卿〈登思禪寺上方〉「晚磬秋山裏，清猿古木中」、嚴維〈題一公院新泉〉「唯當清夜月，觀此啟禪門」、皇甫曾〈尋劉處士〉「幾年人不見，林下掩柴關」、韓翃〈題薦福衡嶽禪師房〉「晚送門人去，鐘聲杳靄間」、郎士元〈贈張南史〉「雨餘深巷靜，獨酌送殘春」、錢起〈裴迪書齋望月〉「影閉重門靜，寒生獨樹秋」等等，不僅全篇構思方式，甚至篇中具體意象，都多有直接沿承王維之跡。即使在《極玄集》之外，大曆詩人對王維詩風的摹習也是隨處可見，如以王維《輞川集》爲範本的創作就有錢起的〈藍田谿雜詠二十二首〉、皇甫冉的〈山中五詠〉等組詩，其中錢起的〈石上苔〉「淨與谿色連，幽宜松雨滴。誰知古石上，不染世人蹟」、皇甫冉的〈山館〉「山館長寂寂，閑雲朝夕來。空庭復何有，落日照青苔」之類，置之王維集中，顯然已經難以分辨。

大曆詩人對以王維爲代表的開天都城詩風的追摹倣習，其結果一方面造成由安史戰亂帶來的詩人情感的激烈表現「漸趨淡靜」⑧⓪，在審美趣味上「皆尚清雅」⑧①，另一方面促使詩歌體制及表現方式愈趨精工細密，將入唐以來的詩歌藝術精密化進程推進到一個新的階段，前引獨孤及在評皇甫冉詩時，將其淵源由王維、崔顥進而聯繫到律體精密化最初標誌的沈、宋，正顯示了對大曆詩歌作爲唐詩史上一個精密化階段的認識。就詩體而言，近體長於古體，五言長於七言，短制長於長篇，是大曆詩人創作的顯著特點與普遍傾向，這就改變了開天詩人古近體兼長的局面而將律體進一步推向專精，在「五、七律清空流暢，時有可觀」⑧②之中尤工五言。劉長卿嘗自詡爲「五言長城」，秦系五律也被人稱爲「五言今日爲君休」⑧③，權德輿在〈秦徵君校書與劉隨州唱和集序〉中云「彼漢東守嘗自以爲五言長城，而公緒用偏伍奇師，攻堅擊眾，雖老益壯，未嘗頓鋒」，這雖然針對劉長卿、秦系二人詩而言，但實際上也正可作整個大曆詩體的概括。與五律相比，七律雖然成熟較遲，但在大曆詩人手中也得到進一步精密化發展，他們創作七律不僅數量遽增，而且恰如清人毛張健所云「此體雖倡於初盛諸公，然篇什無多，如古詩之漢魏，其氣混然，未可遽以法論也，至大曆諸子興而優柔敷愉，綿密麗切，窮鍛煉之力而一歸自然，極穿插之工而視若無有，蓋七律之準則必以是爲歸」⑧④，正是在大曆詩人手中，繼杜甫之後七律體制準則得到進一步的完密與定型。就藝術表現而言，「大曆諸家風尚，大抵厭薄開天舊藻，矯入省淨一途，自劉、郎、皇甫以及司空、崔、耿，一時數賢，竅籟即殊，于喁非遠，命旨貴沈宛有含，寫致取淡泠自送，玄水一歃，群醴覆杯，是其調之同」[85]，往往體現出比開天詩人的構思、表達更爲刻削省淨的特點。如錢起〈題玉山村叟屋壁〉中的「牛羊下山小，煙火隔雲深」，兩句實即孟浩然〈遊精思觀回王白雲在後〉全詩境象的提煉，〈裴迪南門秋夜對月〉中的「鵲驚隨葉散」一句也完全概括了李白〈三五七言〉「落葉聚還散，寒鴉棲復驚」兩句詩意。在大曆詩人作品中，往往僅用短短一、二句，便勾劃出一幅生動的圖景或境象，如劉長卿〈秋杪江亭有作〉「寒渚一孤雁，夕陽千萬山」、錢起〈獨上覆釜山寄郎士元〉「古壁苔入雲，陰溪樹穿浪」、韓翃〈酬程延秋夜即事見贈〉「星河秋一雁，砧杵夜千家」、司空曙〈和王卿立秋即事〉「暗入蟬鳴樹，微侵蝶繞蘭」、皇甫曾〈烏程水樓留別〉「客散高樓上，帆飛細雨中」、盧綸〈至德中途中書事卻寄李僩〉「路繞寒山人獨去，月臨秋水雁空驚」、耿湋〈九日〉「橫空過雨千峰出，大野新霜萬葉枯」等等，不僅韻調諧和，對仗工切，而且「甚能煉飾」、「巧於文字」[86]，詩語極見緜密精緻之特點。在這樣的精緻化詩歌表現中，大曆詩人似更注重對作爲詩眼的動詞的提煉，如錢起〈送沈少府還江寧〉「斜陽背鄉樹」、〈送崑山孫少府〉「遠帆背歸鳥」、韓翃〈送李明府赴滑州〉「烏帽背斜暉」、崔峒〈登蔣山開善寺〉「僧背夕陽歸」，皆通過「背」字的逆光效果造成景境的層次感。再如錢起的〈太子李舍人城東別業與二三文友逃暑〉「鳥道掛疏雨，人家殘夕陽」，則通過「殘」字造成的昏靄背景氛圍使「人家」的輪廓趨向淡漠模糊，曲折傳達出詩人心理的深層意緒，在精緻的語言表達中又加深了詩意的蘊含。

然而，以開天時期都城詩爲範式的大曆詩歌的清雅風格與精密體貌，並不能真正消除自身時代氛圍投向詩人心態的暗影。比如，大曆詩人對開天盛世昇平氣象的回味，實際上恰恰與自身時代環境形成一種對照，表面的頌歌蘊含著深層的空虛落寞之感，因此，盛世的回味之實質也就往往演化爲一種懷戀與傷悼之情。如錢起〈過故洛城〉：

故城門外春日斜，故城門裏無人家。市朝欲認不知處，漠漠野田空草花。

耿湋〈晚次昭應〉：

落日向林路，東風吹麥隴。藤草蔓古渠，牛羊下荒塚。驪宮戶久閉，溫谷泉長湧。為問全盛日，何人最榮寵。

立足於眼前情景向歷史時空回溯，則形成視覺與心象的異相交疊，從而流露出盛世不長、時光流駛的惋歎。正是這一盛衰對照的心理因素的作用，使得同樣的精雅形貌的深層意緒，已顯然由開天時代的高朗明快改變爲大曆時代的清冷寂寞。如劉長卿〈登余干古縣城〉：

孤城上與白雲齊，萬古荒涼楚水西。山舍已空秋草綠，女牆猶在夜烏啼。平江渺渺來人遠，落日亭亭向客低。沙鳥不知陵谷變，朝飛暮去弋陽溪。

詩寫舊時城池今已蕪沒的景象，直抒滄海桑田的深沉喟歎。這種滄桑變易的主題，其實自四傑、陳子昂到開天詩人都有大量的表現，但那是一種對人生哲理的體悟，基於亟欲乘時而起的心理面對時不我待的客觀規律而生的一種急迫之感，體現爲一種少年式的盛氣與信心。與此形成鮮明對照的，大曆詩人的意緒表達恰恰是一種理想破滅後的悲涼情調，體現爲一種遲暮式的衰氣與愁懷。如耿湋〈常州留別〉「萬里南天外，求書禹穴間。往來成白首，旦暮見青山。夜浦涼雲過，秋塘好月閑。慇懃陽羨桂，別此幾時攀」，一種人生無常之感，借白首形象表達出來，他如李端

〈將之澤潞留別王郎中〉「貧病期相惜，艱難又憶歸」、盧綸〈郊居對雨寄趙涓給事包佶郎中〉「龍鍾拾野蔬，石泉空自咽」等，也都在生計之艱難中加入濃重的遲暮之感。大曆詩人筆下頻繁出現的衰老形象，可以說正是其遲暮心理的表徵。他們對自身的前程，不再像開天詩人那樣以駿馬、大鵬自喻，而僅把自己比作山鷓鴣「青雲杳杳無力飛，白露蒼蒼抱枝宿」[87]；在送別友人的場合，也多寫「掩淚空相向，風塵何處期」[88]那樣的前途渺茫之感，與開天文人送別時「莫愁前路無知己，天下何人不識君」[89]那樣的自信與豪曠襟懷更不啻天壤之別。對此，胡震亨在《唐音癸籤》卷七中已指出「劉、郎、皇甫以及司空、崔、耿」等人「工於浣濯，自艱於振舉，風幹衰，邊幅狹」，胡應麟《詩藪》內編卷三亦云「降而錢、劉，神情未遠，氣骨頓衰」，已注意到大曆詩人因缺乏人生理想而造成的「艱於振舉」、「氣骨頓衰」；許學夷《詩源辯體》卷二十一云「盛唐諸公五七言律，多融化無跡而入於聖，中唐諸子，造詣興趣所到，化機自在，然體盡流暢，語半清空，其氣象風格，至此而頓衰矣」，則進而揭示出大曆詩歌在體貌形制上雖與開天詩歌「聲氣猶未相隔」[90]，但在精神實質上卻已大不相同的關要所在。這樣的差別，甚至在具體的幾乎相同的意象比照中也明顯地體現出來，如楊慎舉例云「張子容詩『海氣朝成雨，江天晚作霞』，李嘉祐詩『朝霞晴作雨，濕氣晚生寒』，二詩語極相似，然盛唐、中唐分焉，試辨之」[91]，胡應麟亦云「盛唐句如『海日生殘夜，江春入舊年』，中唐句如『風兼殘雪起，河帶斷冰流』，晚唐句如『雞聲茅店月，人跡板橋霜』，皆形容景物，妙絕千古，而盛、中、晚界限斬然，故知文章關氣運，非人力」[92]，這樣的具體的比較說明，實際上正是在宏觀上劃出了唐詩史各階段所形成的自具面目、斬然分明的時代性特徵。

第四節　大曆詩境的深化態勢

從詩歌內蘊的基本情調及其時代性特徵看，與開天時代相比，大曆詩風固已氣骨頓衰、艱於振舉，但由其所承受的亂世氛圍與複雜的心理狀態的疊印而形成淒清傷感的情懷意緒的本身，實際上正是「意在遺情」[93]，精密化的詩歌體制，也正體現出「情彩音格，居然妙品」[94]的特點。即使在逃避現實、遁入山林期間，大曆詩人也更多地由自然物象引起身世之感，「以山水來就我之性情」[95]，構成充實的情志性內涵。同時，由於逃避世事的心理祈向及其對開天以來詩史進程中豐富的藝術經驗的承受，客觀上無疑促使大曆詩人集更多注意力於藝術構思與詩境構造方式方面，從而在質文統一與心物對應關係上形成一種自覺意識與深化態勢。

在亂世氛圍的經歷與感受中，大曆詩人固已消泯了建功立業的雄心壯志，甚至表露出「如何守儒行，寂寞過年華」[96]那樣對儒家教義的困惑與懷疑，然而，他們對盛世氣象的回味與顧戀，就其思想實質而言，正是對舊有社會秩序與儒家道德規範的重整與復興的企盼，他們或通過詠懷古跡來借古傷時，或採擷自然物象以寄託身世之感，構成大曆詩歌在竊佔青山白雲或著意唱酬贈答的選材表面背後透現出以托物寓義爲標誌的興寄傳統內涵的另一面。高仲武《中興間氣集》選錄肅、代兩朝傑出詩人二十六家一百三十餘篇作品，素以代表大曆詩風主要傾向而著稱，高氏認爲「詩人之作，本諸於心，心有所感，而形於言，言合典謨，則列於風雅」[97]，全然是儒家政教文學觀的體現，而其所選是集，也就是一方面意在糾「英華失於浮游，玉臺陷於淫靡，珠英但紀朝士，丹陽止錄吳人」[98]之偏，一方面適應安史亂定後「國風雅頌，蔚然復興」而「不揆菲陋，輒罄謏聞，博訪詞林，採察謠俗」[99]而成，明晰顯示了倡揚以風雅興寄爲標誌的儒家政教文學觀的思想傾向。以此爲選錄標準與批評導向，《中興間氣集》實際上也就在一定程度上成爲大曆詩壇興寄一面的集中展示。如其評錢起「挺冠詞林」、「爲後楷式」，具體理由則是「芟齊宋之浮游，削梁陳之靡嫚」、「特出意表，標雅古今」、「禮義克全，忠孝兼著」，評韓翃「匠意近於史」，「其比興深於劉員外，筋節成於皇甫冉也」，評張繼「其於爲文，不雕自飾」、「詩體清迥，有道者風，如女停襄邑杼，農廢汶陽畊，可謂事理雙切，又火燎原猶熱，風搖海未平，比興深矣」，評劉長卿「其得罪風霜苦，全生天地仁，可謂傷而不怨，亦足以發揮風雅矣」，他如評崔峒「文彩炳然，意思方雅」、姚倫「屬辭比事，不失文流」、張南史「物理俱美，情致兼深」等等，反復強調風雅興寄之旨、情理兼具之義，正是其適應著大曆詩壇這一實際存在著的創作傾向的主要選擇度與著眼點。試看錢起〈片玉篇〉：

至寶未為代所奇，韞靈示璞荊山陲。獨使虹光天子識，不將清韻世人知。世人所貴惟燕石，美玉對之成瓦礫。空山埋照凡幾年，古色蒼痕宛自然。重谿冪冪暗雲樹，一片熒熒光石泉。美人之鑒明且徹，玉指提攜歎奇絕。試勞香袖拂莓苔，不覺清心皎冰雪。連城美價幸逢時，命代良工豈見遺。試作珪璋禮天地，何如瓀瑊在階墀。

以詠物喻人生遇合之深意，在錢起詩中爲數甚多，如〈瑪瑙杯歌〉、〈鋤藥詠〉、〈病鶴篇〉、〈畫鶴篇〉、〈白石枕〉等皆屬此類，顯然與駱賓王〈浮槎篇〉、陳子昂〈修竹篇〉託物寓義之旨一脈相承。與錢起相比，劉長卿的身世之感更深一層，在「剛而犯上，兩遭遷謫」[100]的遭遇中，既時時不斷

「魏闕心常在，隨君亦向秦」[101]的眷念朝廷之思，又反復表呈「獨醒空取笑，直道不容身」[102]、「地遠心難達，天高謗易成」[103]的銜冤憂憤之慨，所以皇甫湜在批評「近風教偷薄」之時云「詩未有劉長卿一句，已呼阮籍爲老兵矣」[104]，正可見劉詩與阮籍詠懷的聯繫。他如張繼、盧綸、司空曙、崔峒、耿湋等人皆由流年似水，知音漸稀的感觸，在詩中融入身世之感與亂離之歎，如盧綸〈至德中途中書事〉通過荒碑古城、寒山秋水、孤雁月影的境象託寓著亂中生還的複雜心態，薛雪《一瓢詩話》云「盧允言『顏衰重喜歸鄉國』，是自幸語，『身賤多慚問姓名』，是世共語」，足見作爲人類共通心理的涵蓋廣度與深度，崔峒〈江上書懷〉「淚流襟上血，髮變鏡中絲」涵括杜甫「拭淚霑襟血，梳頭滿面絲」句意，更被胡應麟《詩藪》稱爲「婉切可觀」。

然而值得注意的是，文學史上所謂比興、寄託的思想表達方式的生成與發展，總是表現爲儒家政教觀念與復古主義傳統相疊合的文學形態。自先秦比德、漢魏興寄直至入唐以後的陳子昂、李白的倡揚風雅，極爲明顯地形成一條以古樸形式與典則內涵爲標誌的古典化藝術傳統，到以元結及《篋中集》詩人爲代表的極端復古主義思潮出現，詩歌體制及語言表現更走入徹底摒棄雕飾、「樸質處過甚」[105]之境地。這樣，在唐前期詩史上，儘管有過南北文化的數度融合，出現過聲律風骨兼備的詩壇盛觀，但從文學觀念及其實踐歷程看，在比興寄託內容與古樸表現方式的對應、藝術精密化追求與浮靡表現特徵的遷合之間，實際上一直存在著深層的對峙與分裂。而對這一狀態的明確改變，正是大曆詩歌不易爲人察覺的深層特質。如劉長卿〈秋日登吳公山上寺遠眺〉：

古臺搖落後，秋入望鄉心。野寺來人少，雲峰隔水深。夕陽依舊壘，寒磬滿空林。惆悵南朝事，長江獨至今。

從表面上看，這是一首懷古之作，但從詩人心態及其寫作時間看，其所惆悵傷懷的，顯然並非南朝興廢往事，而是通過蕭瑟的秋景，寄託著現實的盛衰之感及個人的身世之歎。對於這一傳統的興寄方式，劉長卿並未選擇那種樸質的說教或阮籍詠懷式的表現，而是採用偶對精工、聲律穩帖的五律，在構思緜密、境象悠遠的精密化藝術體制中寓含其深沉的思索。他的〈雜詠八首上禮部李侍郎〉通過幽琴、晚桃、瘦馬、春鏡、古劍、舊井、白鷺、寒燈等八物託寓「向君投此曲，所貴知音難」、「豈能無汲引，長訝君恩絕」、「如有長風吹，青雲在俄頃」的身世之感與人生哲思，是一種典型的興寄形態，但八詩皆寫得含蓄婉轉、清麗流暢，將興寄內涵全然融化於精密的體制之中。又如韓翃〈寒食〉：

> 春城無處不飛花，寒食東風御柳斜。日暮漢宮傳蠟燭，輕煙散入五侯家。

詩以寒食賜火之事，譏諷皇帝對宦官外戚輩之寵私，然而，這種以儒家正統道德觀念直刺君王貴戚的嚴肅內容，卻表現於委婉含蓄、輕盈流宕的七言絕句之中，特別是「春城無處不飛花」語出天然而情景畢現，使人在精美的詩體與雋永的韻味中感受那種深蘊的興寄內涵。再如李端的〈巫山高〉：

> 巫山十二峰，皆在清虛中。回合雲藏月，霏微雨帶風。猿聲寒過澗，樹色暮連空。愁向高唐望，清秋見楚宮。

此詩取高唐神女故事，卻著重渲染巫山清虛迷濛景色，其於嚴整的五律體式中運淡墨染出滿紙煙雲的山水景致，恰恰體現了與王、孟山水詩獨特成就的一脈相承。但是在大量的巫山題材中，此詩為何在唐代就被譽為「古今之絕唱」[106]，我以為從詩的結尾看，顯然寓託著諷時之旨，也就是說，正是這種精緻化的藝術體格與深刻化的興寄內蘊的結合，才是此詩的真正生命力所在。儘管這類作品，在大曆詩人集中並不太多，但卻代表著一種重要的詩歌藝術表現方式內在的衍化軌跡與走向，獨孤及在稱讚皇甫冉時有云「以古之比興，就今之聲律」[107]，正可視爲整個大曆詩壇這一方面的總概括。也正是通過這樣的實踐，文學的精緻化追求不再與倡揚道德規範的復古思潮相對立，而是表現爲一種文明的整體性進程，從而使得大曆詩人最終在質文統一這一古老命題的衍展途中留下了一個永恒的跡印，並且爲以後的哲理詩歌審美化提供了有益的借鑑。

由於避世隱逸的心態與「竊佔青山白雲」的經歷，大曆詩人多有描寫山水自然之作，其興寄內涵也就自然包容在物象的擇取與觀照之中，由此進而向「意在遺情」、「以山水來就我之性情」的泛情化擴展，從藝術構思與意境創造的角度看，實際上也就體現爲心物、情景的結構方式。善於借景抒情、融情於景，使心物對應、情景交融，正是大曆詩人創作的普遍特點，如司空曙〈喜外弟盧綸見宿〉：

> 靜夜四無鄰，荒居舊業貧。雨中黃葉樹，燈下白頭人。以我獨沉久，愧君相見頻。平生自有分，況是蔡家親。

詩人將雨中枯萎黃葉與燈下白頭之人加以翦影般的拼合，在明顯具有象徵意味的境象中表露出濃郁的情思，對此，明人謝榛嘗言「韋蘇州曰『窗裏人將老，門前樹已秋』，白樂天曰『樹初黃葉日，人欲白頭時』，司空曙曰『雨中黃葉樹，燈下白頭人』，三詩同一機杼，司空爲優，善狀目前之景，無限淒感，見乎言表」[108]，正見此詩寓情於景之妙。又如錢起的名篇〈省試湘靈鼓瑟〉：

> 善鼓雲和瑟，常聞弟子靈。馮夷空自舞，楚客不堪聽。苦調淒金石，清音入杳冥。蒼梧

來怨慕，白芷動芳馨。流水傳瀟浦，悲風過洞庭。曲終人不見，江上數峰青。

此詩雖然是錢起省試之作，卻顯出獨特的構思之妙，詩借神話寫音樂，並通過一系列生動逼真的境象表達出來，特別是以結尾二句與全詩構成一種由淒暗到清朗的變化，實際上表徵著詩人既怨於「獻賦十年猶未遇」[109]又渴求「金馬招賢會有時」[110]的真切情感，從這樣的角度看，明人王世貞將此詩推爲整個唐代省試詩中「億不得一」[111]的冠冕地位，實在是並非虛譽的。再如劉長卿〈尋南谿常道士〉：

一路經行處，莓苔見履痕。白雲依靜渚，芳草閉閑門。過雨看松色，隨山到水源。谿花與禪意，相對亦忘言。

在一路景象的動態推展中，詩人感受「山川真目」的情趣亦愈見濃厚，同時又以山水精神與禪機玄理構成「一片清機」、「空色俱了」的境界。這就進一步透露出在意境構造的傳統的情、景二維空間中加入佛禪思維的取境方式與特點。

本來，「意境融徹」[112]作爲中國古典詩歌的審美理想，在開天時代已達到其實踐進程的高峰狀態，心物對應、情景交融正是開天詩歌玲瓏境象得以構成的基本依據與審美範式。然而，開天詩人處在光明的憧憬與積極的追求的心態氛圍之中，心與物、情與景的關係基本上處在「興於自然」、「應物便是」[113]的觸物起情的隨機性狀態，有時由於情志的高揚，自然物象僅作爲「供文章之用」[114]的意志支配對象，或者「以舟檝垂釣鈎鎖合題，卻自全無干涉」[115]，詩旨與詩境甚至呈現分離狀態。大曆詩人則與此不同，由於置身於倉黃多故的時代氛圍，使其無論處在何種環境，都無法消去時代與人生的暗影，心緒與情感實際上形成一種定點流向，因此，其情感的表達便由隨機性轉變爲意識性，除直敘情事者外，多採取預設情境的方式，這樣，在心理感受與藝術表現的距離之中，大曆詩人普遍表現出對一種思維轉換過程——「取境」的著意追求。這在主要活動於大曆末、貞元中的詩僧皎然的《詩式》中有明確的表述：「取境之時，須至難至險，始見奇句。成篇之後，觀其氣貌，有似等閑不思而得，此高手也。有時意靜神王，佳句縱橫，若不可遏，宛如神助。不然，蓋由先積精思，因神王而得乎。」[116]從其所謂的取境須「至難至險」並「先積精思」的要求看，顯然絕非眼前景物的隨所觸發，而是圍繞一定的意向的精心預設擬構。當然，由佛學境界向藝術境界的轉換而構成心物對應、情景交融的詩歌意境，在開天時代達到成熟，特別是在熟精佛理的王維詩中更呈現爲一種玲瓏剔透的整體，但是，開天時代像王維那樣熟精佛理的詩人尚屬鳳毛麟角，大多詩人顯然是以一種浪漫化的審美理想在藝術進程的整體衍進中取得感受與表現的統一的，並非對「取境」的有意識的精心構造。這種情形到大曆時代則已發生根本的變化，佛學思想特別是禪宗、天台宗的思維方式對大曆詩人有著極爲普遍而深刻的影響，於是在「心造萬物」的佛學理論與「意中之象」的藝術特性的恰相應合的感受之中，佛境思維向藝境思維的轉換，作爲一種藝術思維方式，在大曆詩人創作中得到極爲廣泛的運用，而直接取自佛典的「取境」[117]規則，在大曆詩人創作中顯然也得到自覺的取法與認同。

正是這樣的對詩境構造及其組合方式的自覺意識與追求，造成大曆詩人往往體現出「專主情景」[118]的創作傾向。而由於以主觀心志爲基點的精心佈景取境方式，實際上伴隨著「神會於物，因心而得」[119]的由感受尋求表現形態的思維轉換過程，因而其情景交融之境實爲體現心理定點流向之境，也就是一種由主觀移情作用構造的心象。近代西方美學移情論認爲「這種把每一種對象都加以人化的作法，可以採取極其多樣的方式來進行，它因對象的不同而不同，有的對象屬於自然界無意識的生命，有的對象屬於人類的範圍，有的對象則又屬於無生命的或有生命的自然。借助於經常提到的親切的象徵主義，人把自己投射到自然界之中」[120]。縱觀大曆詩人情景交遘的普遍運用及其多樣表現，恰恰暗合了移情作用的對象化方式。比如劉長卿〈湖南使還留辭辛大夫〉「鶯識春深恨，猿知去日愁」、李端〈送郭補闕歸江陰〉「雁影愁斜日，鶯聲怨故林」、司空曙〈題江陵臨沙驛樓〉「雁惜楚山晚，蟬知秦樹秋」、盧綸〈和太常王卿立秋日即事〉「鴻雁悲天遠，龜魚覺水清」等，諸如鶯、猿、雁、蟬、龜、魚之類，皆爲無意識的生命，卻都具有了愁、怨、惜、悲等人類特有的情感意識，正是詩人自身情感的外射的結果，這樣，創作主體與對象之間便形成了一種由情感的流動而融協的關係。又如錢起〈山下別杜少府〉「高雲愁出岫，去水咽分谿」、李嘉祐〈送裴宣城上元所居〉「草思晴發後，花怨雨聲中」、劉長卿〈宿懷仁縣南湖寄東海荀處士〉「離人正惆悵，新月愁嬋娟」、耿湋〈贈韋山人〉「流水知行藥，孤雲伴採薇」等，詩人擷取的物象，或爲花草之類自然之物，或爲雲水星月等無生命的天象地貌，也同樣「皆著我之色彩」[121]，具有了人格化的情感理致，正是因此，創作構思過程中感受與表達的關係達到了「知覺與感情的渾然一體」[122]。當然，詩人情感與對象之間的對應關係，早自《詩經》的「比興」、《楚辭》「美人香草」之喻已經形成，但所謂「善鳥香草，以配忠貞，惡禽臭物，以比讒佞」[123]，實爲一種概念化的固定義指；開天詩歌的情景交融的實踐已達成熟之境，但「浮雲遊子意，落日故人情」[124]的景、情關係基本上表現爲隨機引發、信手拈來的感受性組合方式。大曆詩歌的情景關係，則既非固定比類，又非隨機引發，而是在「於境觀心」、「心造萬物」的感受——表達思維過程中表現爲以心爲本的內省化方式，從而使其情景關係的組合尤具自覺性。如戎昱〈秋月〉詩云「江干入夜杵聲秋，百尺疏桐掛斗牛。思苦自看明月苦，人愁不是月華愁」，極爲清晰地剖析了這種創作構思過程，詩人明知是「人愁」而非「月華愁」，但由此構現的心象最終仍然在客體上投射了全部的主觀情緒，使明月隨「思苦」而「苦」，這樣一來，在主觀情感對象化的同時，對象化了的客體又反作用於主體，從而形成心物、情景的自覺的構造方式。

在情景交遘過程中，精心構造的心象從本質及功能上看，也可以說是一種渲染情緒氛圍或表達深層思理的象徵體。任何對象化了的自然物象，在文學創作的構思環節及特定場合，實際上都具有重要的表現功能與象徵意味，而經過長期實踐運用的積淀流衍，某些物象便形成一種包蘊著複合象徵意義的原型，在某些特定場合發揮出大大超越個體意象本身的多重意義的作用。比如，送別場合的柳，羈旅途中的雁，象徵飄泊無定的浮雲，引發旅人愁思的猿啼，其實大多並非詩人創作時的實景，而是作爲一種原型意象在特定場合的複合象徵。在大曆詩人創作中，這類帶有複合意味的原型意象顯然爲其著意尋求、頻繁運用，如李端〈送郭補闕歸江陰〉「東門春尚淺，楊柳未成陰」、皇甫冉〈送竇十九叔向赴京〉「冰結楊柳津，從吳去入秦」、朱放〈江上送別〉「浦邊新見柳搖時，北客相逢只自悲」等，這些在送別場合的「楊柳」意象，所發揮的作用無疑是自《詩經》「昔我往矣，楊柳依依」以來形成的依依惜別之情的象徵與渲染；又如錢起〈秋夜梁七兵曹同宿二首〉之二「星影低驚鵲，蟲聲傍旅衣」、皇甫冉〈途中送權三兄弟〉「同悲鵲繞樹，獨作雁隨陽」、戎昱〈桂州歲暮〉「重誼人愁別，驚棲鵲戀枝」等，這些在抒懷場合的「驚鵲」意象，多與人對舉，顯見虛擬而非寫實，其所象徵的意義，從表層看取自曹操〈短歌行〉「月明星稀，烏鵲南飛，繞樹三匝，無枝可棲」所衍發的「喻客子無所依托」[125]，而從深層看則又顯然帶有飄泊流離的人生感傷，折射出暗淡的時代氛圍與陰影。前人嘗評劉長卿詩「多興在象外，專以此求之，則成句皆有餘味不盡之妙矣」[126]，正可視爲在超越物象本身的象徵意義上對大曆詩歌的一個深蘊特性的揭示。從上舉原型意象所表徵的深廣內蘊看，其「興在象外」實際上正表現爲「立象於前，後以人事喻之」[127]那樣的包容人生、時代意義的巨大含量，而以這一含量本身爲中介，也就促成了其精心構象的情景遘合方式與追求質文統一的興寄內涵溝通聯結起來。

客觀地看，無論是興寄傳統、情景遘合，還是象徵性表現，皆非大曆詩人之獨創，但他們在特定的文學史階段，卻將傳統的詩境組合過程中的隨機性變爲自覺性，在著意的追求中，使得詩境組合的諸種方式都得到大量的純熟化的運用，由此形成大曆詩壇的顯著特徵與普遍現象。當然，由於大曆詩人自身胸襟抱負、才學素養方面的限制，這樣的大量運用也就難以成爲藝術創新的內驅力，而更多的形同一個個趨向工藝化的固定模式，正如高仲武評劉長卿「大抵十首以上，語意稍同，於落句尤甚，思銳才窄也」[128]，這實際上也正是衰敝的時代氛圍對士人精神品格及藝術風範的模鑄的最終結果與具體體現。然而，也正因此，大曆詩人又得以在消褪了昂揚的激情與深切的憂患之後沉入藝術肌理的層次，以一種淡靜清雅的審美心理構成詩歌意境具體組合方式中的自覺性意識與一定程度的深密化衍進。

注釋

❶《舊唐書》卷一百一十八〈楊炎傳〉。
❷杜甫〈風疾舟中伏枕書懷三十六韻奉呈湖南親友〉。
❸元結〈篋中集序〉。
❹《資治通鑑》卷二百二十四。
❺同前卷二百二十五。
❻胡應麟《詩藪》內編卷五。
❼同前外編卷三。
❽《舊唐書》卷一百二十三〈劉晏傳〉。
❾皇甫冉〈送陸鴻漸赴越序〉。
❿《唐詩紀事》卷二十一。
⓫辛文房《唐才子傳》卷三。
⓬據權德輿〈秦徵君校書與劉隨州唱和集序〉。
⓭傅璇琮《唐代詩人叢考》第二三二頁，中華書局一九八〇年版。
⓮王維〈送李睢陽〉。
⓯李白〈俠客行〉。

⑯王世懋《藝圃擷餘》。
⑰崔峒〈詠門下畫小松上元王杜三相公〉。
⑱錢起〈清泥驛迎憲五侍御〉。
⑲杜甫〈述懷〉。
⑳李白〈夢遊天姥吟留別〉。
㉑錢起〈潢汙賦〉。
㉒耿沐〈許下書情寄張韓二舍人〉。
㉓崔峒〈宿江西竇主簿廳〉。
㉔賀裳《載酒園詩話又編》。
㉕李端〈將之澤潞留別王郎中〉。
㉖耿湋〈華州客舍曉望〉。
㉗崔峒〈客舍書情寄趙中丞〉。
㉘皇甫冉〈臨平道贈同舟人〉。
㉙張繼〈九日巴丘楊公臺上宴集〉。
㉚耿湋〈寄雍丘竇明府〉。
㉛錢起〈宿新里館〉。
㉜耿湋〈雨中宿義興寺〉。
㉝盧綸〈長安春望〉。

❸❹盧綸〈無題〉。
❸❺杜甫〈奉送嚴公入朝十韻〉。
❸❻韋應物〈寄李儋元錫〉。
❸❼白居易〈觀稼〉。
❸❽杜甫〈自京赴奉先縣詠懷五百字〉。
❸❾錢起〈東城初陷與薛員外王補闕暝投南山佛寺〉。
❹⓿胡震亨《唐音癸籤》。
❹❶司空曙〈過錢員外〉。
❹❷劉長卿〈湖南使還留辭辛大夫〉。
❹❸皎然《詩式》卷四。
❹❹李嘉祐〈傷關中〉。
❹❺《新唐書》卷三十四〈五行志〉。
❹❻湯用彤《隋唐佛教史稿》第一三九頁，中華書局一九八二年版。
❹❼《五燈會元》卷三〈道一傳〉。
❹❽李端〈憶故山贈司空曙〉。
❹❾司空曙〈深上人見訪憶李端〉。
❺⓿錢起〈東城初陷與薛員外王補闕暝投南山佛寺〉。
❺❶顧況〈右拾遺吳郡朱君集序〉。

52 嚴維〈宿法華寺〉。
53《祖堂集》卷十四。
54 湛然《止觀義例》卷上。
55 李端〈臥病寄閻寀〉。
56 喬億《大曆詩略》。
57 周珽《唐詩選脈會通評林》引周敬語。
58 李端〈得山中道友書寄苗錢二員外〉。
59 胡應麟《詩藪》。
60《資治通鑑》卷二百二十四。
61 盧綸〈綸與吉侍郎中孚司空郎中曙苗員外發崔補闕峒耿拾遺湋李校書端風塵追遊向三十載數公皆負當時盛稱榮耀未幾俱沉下泉暢博士當感懷前蹤有五十韻見寄輒有所酬以申悲舊兼寄夏侯侍御審侯倉曹釗〉。
62《資治通鑑》卷二百二十四。
63 同前卷二百二十二。
64 皎然《詩式》卷四。
65 賈晉華〈《大曆年浙東聯唱集》考述〉，載《文學遺產增刊》第一八輯。
66 王世懋《藝圃擷餘》。
67 高仲武《中興間氣集》。

68胡應麟《詩藪》。
69韋渠牟〈覽外生盧綸詩因以示此〉。
70高仲武《中興間氣集》。
71同前。
72錢起〈奉和宣城張太守南亭秋夕懷友〉。
73錢起〈奉和張荊州巡農晚望〉。
74李白〈陪侍御叔華登樓歌〉。
75施補華《峴傭説詩》。
76劉熙載《藝概》卷二〈詩概〉。
77翁方綱《石洲詩話》卷二。
78辛文房《唐才子傳》卷三。
79獨狐及〈唐故左補闕安定皇甫公集序〉。
80胡應麟《詩藪》內編卷四。
81劉熙載《藝概》卷二〈詩概〉。
82胡應麟《詩藪》內編卷四。
83韋應物〈答秦十四校書〉。
84毛張健〈唐體膚詮序〉。
85胡震亨《唐音癸籤》卷七。

86 高仲武《中興間氣集》。
87 劉長卿〈山鸜鴿歌〉。
88 盧綸〈送李端〉。
89 高適〈別董大〉。
90 王世懋《藝圃擷餘》。
91 楊慎《升庵詩話》卷十。
92 胡應麟《詩藪》內編卷四。
93 周珽《唐詩選脈會通評林》引徐獻忠語。
94 喬億《大曆詩略》。
95 錢鍾書《談藝錄》（補訂本），中華書局一九八四年版。
96 耿湋〈題楊著別業〉。
97 高仲武《中興間氣集》。
98 同前。
99 同前。
100 同前。
101 劉長卿〈送王員外歸朝〉。
102 劉長卿〈負謫後登干越亭作〉。
103 劉長卿〈按覆後歸睦州贈曲侍御〉。

104 皇甫湜〈答李生第二書〉。
105 翁方綱《石洲詩話》卷一。
106 范攄《雲谿友議》。
107 獨孤及〈唐故左補闕安定皇甫公集序〉。
108 謝榛《四溟詩話》。卷一
109 錢起〈贈闕下裴舍人〉。
110 錢起〈送鄔三落第還鄉〉。
111 王世貞《藝苑卮言》。
112 朱存爵《存餘堂詩話》。
113 《文鏡秘府論》南卷引王昌齡《詩格》。
114 李白〈早夏於將軍叔宅與諸昆季送傅八之江南序〉。
115 王夫之《夕堂永日緒論》內編。
116 皎然《詩式》卷一。
117 《大乘義章》卷三：「六識相望，取境各別」。
118 胡震亨《唐音癸籤》卷七引陳繹曾《詩譜》。
119 《文鏡秘府論》南卷引王昌齡《詩格》。
120 李斯托威爾《近代美學史評述》第四〇頁，蔣孔陽譯，上海譯文出版社一九八〇年版。
121 王國維《人間詞話》。

122 李斯托威爾《近代美學史評述》第六三頁。
123 王逸〈離騷經序〉。
124 李白〈送友人〉。
125 李善《文選註》。
126 方東樹《昭昧詹言》卷十八。
127 《文鏡秘府論》地卷。
128 高仲武《中興間氣集》。

第十二章　元和體

經過大曆、貞元年間詩壇所呈現的相對處於低谷的徘徊與過渡狀態之後，在多種社會因素的刺激與詩史自律進程的「合力」作用之中，元和時代誕育了一代堪與開天時代比肩的文豪，元和詩壇也就形成足與開天詩壇媲美的唐代詩歌史上的又一高峰。正如明人胡震亨所云「唐至開元而海內稱盛，盛而亂，至元和又盛。前有青蓮、少陵，後有昌黎、香山，皆當時鳴盛者也」❶，近人陳衍進而推衍其說云「余謂詩莫盛於三元，上元開元，中元元和，下元元祐也」❷，將元和時代視爲整個中國詩史上最繁盛階段之一。當然，就傳統的文學史階段意義而言，元和時代顯然並非僅僅局限於元和年間，而應包括自貞元末、永貞、元和、長慶直至文宗大和年間的三十餘年，若從文學思潮與審美流向的角度看，我以爲這一階段還應延及宣宗大中末。近人胡適即認爲「八世紀下半到九世紀上半（七五五—八五〇）的文學遂成爲中國文學史上一個最光華燦爛的時期」❸，在這裏，胡氏因著眼於「由浪漫而回到平實」的總趨向而斷自安史亂起，固有混淆不同文學史階段時代精神與獨具特徵之嫌，但其將「發揚光大了這一時代趨勢」的下限定在大中年間，則是極具識見的。從這一段詩史的實際情況看，不僅載譽詩壇的詩人之多，流傳至今的作品之眾，甚至超越開天時代，而且在詩體運用、詩美建構方面顯出空前強烈的創新精神，形成一種時代性的「元和詩變」景觀。

第一節　時代風會變遷與元和體的確立

依倚著政治圖變氛圍，貫串著文學革新精神，可以說是元和詩歌內涵的最重要的兩大構因和最根本的表現特徵。正是因此，透過作爲唐代文學史上繼開天盛世之後的再度繁榮的表面，元和文學顯然以一種最爲突出的變革性顯示出自身的特質及其與開天文學的差異。清人馮班云「詩至貞元、元和，古今一大變」❹，葉燮云「貞元、元和之際，後人稱詩，謂之『中唐』，不知此『中』也者，乃古今百代之『中』，而非唐之所獨，後千百年無不從是而斷」❺，皆著眼於元和詩壇作爲整個文學發展史上的一個重要階段所具有的變遷風會的作用與意義。近人陳寅恪認爲「唐代之史可分前後兩期，前期結束南北朝相承之舊局面，後期開啟趙宋以降之新局面，關於社會經濟者如此，關於文化學術者亦莫不如此」❻，則進而揭示出隨著社會經濟與政治時勢的起伏變遷，在整個社會價值觀念與文人心理狀態的複雜變化之中，元和時期的文學所蘊聚的深刻的思想內涵與廣闊的文化進程。

在唐代文化史上，貞元、元和之際雖然沒有開天時代那樣的激動人心，更沒有安史之亂那樣的驚天動地，但在文化特徵上卻表現出超越前者的深刻的變革與轉型。作爲大亂之後的整頓與自救，貞元年間一系列政治改革措施對文化型態的影響，最重要的表現在土地關係的變化，「兩稅法可說是分界點，以前屬力役地租形態，此後爲實物地租形態。等級的劃分也由此而發生變化，由自耕農分化出來的庶族地主，由於九品中正制的廢除和科舉制度的建立和發展，躋身於封建統治的上層」❼，儘管打破士庶界限早自武后時代，另一方面科舉取士在有唐一代並未形成選官的最主要渠道，但是兩稅法的施行顯然成爲庶族地主政治地位真正確立的一個文化標誌。自此，進士科舉才普遍爲人所重，所謂「草澤望之起家」❽，甚至皇帝也流露愛羨之情❾，唐後期於是進入「士族亂而庶人僭矣」❿的士庶混一時代。元和時期突然湧現人數眾多的一代文豪，在某種意義上看正是這一文化轉型的成果。他們早年雖都經歷了建中以來的戰亂連緜、民生凋敝以及貞元年間的社會動蕩與政治風波，但是文人政治地位的提高，社會在相對安定中形成的中興氣象，以及士大夫傳統的憂患意識與個人擺脫生活困境的希望，皆極大地刺激了元和文人求仕的熱望與激情。如韓愈憶及早年求取功名時情景云「我年十八九，壯氣起胸中。作書獻雲闕，辭家逐秋蓬」⓫，「少小尚奇偉，平生足悲吒。猶嫌子夏儒，肯學樊遲稼。事業窺皐稷，文章蔑曹謝」⓬，表達出不甘埋沒草萊，「銳意鑽仰，欲自振於一代」⓭的雄心大志。白居易進士及第後所作〈箴言〉云「我聞古君子，人疾沒世名不稱，恥邦有道貧且賤」，元稹早年家貧，更是「常誓效死君前，揚名後代，歿有以謝先人於地下耳」⓮，汲汲於功名仕進。他如劉禹錫、柳宗元在自述少年遠志時也是「弱冠同懷長者憂，臨岐回想盡悠悠」⓯、「曩昔齒少心銳，徑行高步」⓰。由此可見，企求功名、積極入世的人生態度，實爲元和時代士人的普遍風尚。然而，元和時代文人面對的經濟凋敝、宦官專權、藩鎮驕橫的現實，顯然與開天盛世已如天壤之別，當他們漸次登上仕途，便已清醒地認識到這一點，他們幾乎本能地表現出新興庶族政治集團那樣的改革時弊的思想方法，因此，元和時代主要文人如韓愈、柳宗元、劉禹錫、白居易、元稹等雖然並不屬於同一個具體的政治集團，但當其進入仕途後皆不遺餘力地投入政治革新鬥爭，則是完全一致的。由此觀之，元和時代文人的入世精神也就顯然不同於開天時代文人的入世精神更多地帶有理想化與情感性色彩，而完全地表現爲現實的政治性與行爲的實在性特點。

正是這種政治家與文學家的二重身份，使得元和文人既不同於專意詞章的雅士，也不同於一心從政的政客，而是一方面以文人的特有視角看政治，於是提出復古道，以三代之道作爲政治改革的理想模式，另一方面又以政治家的立場要求文學，提出以先秦兩漢盛行的文學體式作爲文學的範式，以古文載古道。如韓愈〈題歐陽生哀辭後〉云「愈之爲古文，豈取其句讀不類於今者邪，思古人而不得見，學古道則欲兼通其辭，通其辭者，本志乎古道者也」，柳宗元〈答韋中立論師道書〉云「始吾幼且少，爲文章以辭爲工，及長，乃知文者以明道，是固不苟爲炳炳烺烺，務彩色，誇聲音而以爲能也，凡吾能陳，皆自謂近道」，白居易更是主張「講《詩》者以六義風賦爲宗」，「讀《書》者以五代典謨爲旨」[17]，要求詩人發揚美刺傳統，「上以紉王教，繫國風，下以存炯戒，通諷諫」[18]，這樣，以儒家政教文學觀爲內核的有著鮮明理論主張的文學復古運動便在元和年間蓬勃興起。

當然，就儒家思想的興衰演進史本身而言，貞元、元和之際正是儒學全面復興的時代。一方面，士大夫鑒於安史之亂後的沉痛反思，認爲朝政之紊亂乃「儒道之不舉」[19]，因而韓愈在〈原道〉中清理出由堯、舜、禹、湯、文、武、周公、孔子、孟軻構成的正宗儒家道統以對抗破壞了與封建政治相適應的封建倫常關係的佛老宗教法統，顯示了強烈的儒家思想與統系的歸位意識；另一方面，以韓愈「文起八代之衰，而道濟天下之溺」[20]爲標誌的元和儒學復興，又有鮮明的時代特色，大體說來，傳統儒學偏重於章句、訓詁、釋義諸端，而至「韓子原道首揭仁義」[21]，將個人的道德修養與治國平天下的原理緊密結合起來，正如清人翁方綱所說「自漢以後至於唐初學者多騖廣而不究其本，是以仁義道德之實往往失之」㉒、「韓子作原道者，唐承魏晉六朝後群言蔽惑，不得不原也」㉓，顯示了傳統儒學從「騖廣」到「究本」的重要轉折。正是這樣的時代性要求，促使韓愈對儒家之「道」作出新的闡釋，他認爲「博愛之謂仁，行而宜之之謂義」，「道」即「合仁與義言之也」㉔，「是故聖人一視而同仁，篤近而舉遠」㉕。由此，針對承認社會不平等的佛性說，提出性三品說，指出「君子與小人，不繫父母且。不見公與相，起身自犁鋤。不見三公後，寒饑出毛驢」㉖，針對「位卑則足羞，官盛則近諛」的社會風氣，提出「無貴無賤無長無少，道之所存，師之所存」㉗，韓愈不僅認爲「布衣之士」與「王公大人」在道德人格上應當一律平等，而且主張由科舉出身的德才兼備者來擔任廊廟之具以治國平天下。可見，韓愈的道統學說不僅改變了傳統儒學訓詁釋義的內容與方法，而且恰恰爲廣大庶族文人要求憑道德修養與才能學問躋身卿相的政治願望提供了理論根據，正是因此，韓愈才在眾多儒學之士中脫穎而出，「其言大行，學者仰之，如泰山北斗云」㉘，成爲儒學復興的思想領袖與一代文壇宗主。由此可見，元和年間的儒學復興，就其時代性實質而言，正是爲適應新興庶族政治集團現實鬥爭需要而建立的思想體系，而適當其時的文學復古運動，顯然也就是這一思想體系的直接反映與生動體現。

如果換一個角度，從文學發展自身情況看，儒家政教文學觀當然並非是一朝突現的，僅在入唐以來，就顯示出厚積的醞釀與漫長的承傳過程。梁肅在〈補闕李君前集序〉中云「唐有天下幾二百載，而文章三變：初則廣漢陳子昂以風雅革浮侈，次則燕國張公說以宏茂廣波瀾，天寶以還，則李員外、蕭功曹、賈常侍、獨孤常州比肩而出，故其道益熾」，已簡略地描劃出宗儒文學思潮幾度盛熾的大體線索。而以韓愈代表的元和文學復古思潮，實際上也正體現了這一線索的歷時性延伸與張揚。對此，清人趙懷玉指出「退之起衰，卓越八代，泰山北斗，學者仰之，不知昌黎固出安定之門，安定實受洛陽之業，公則懸然天得，蔚爲文宗，大江千里，始濫觴於巴岷，黃河九曲，肇發源於星宿」㉙，就準確把握了韓愈與活躍於天寶至大曆末近四十年間的以李華、蕭穎士、獨孤及爲代表的儒士集團及其繼承者梁肅之間的承傳關係。活動於天寶、大曆亂世的李、蕭集團，在社會秩序與倫理綱常空前崩壞的時代氛圍之中，其文學思想已經表現出「欲極帝王理亂之道」㉚那樣的明確的目的性與強烈的實用性。如李華「以爲將求致理，始於學習經史，左氏、國語、爾雅、荀、孟等家，輔佐五經者也，及藥石之方，行於天下，考試仕進者宜用之」㉛，宗經旨在致用；獨孤及亦反復強調，文章「本乎王道」，應發揮「託諷」、「美教化」、「獻箴諫」㉜的功能。大曆以後，柳冕、梁肅進一步倡揚「文章本於教化」㉝、「文之作，上所以發揚道德，正性命之紀，次所以財成典禮，厚人倫之義，又其次所以昭顯義類，立天下之中」㉞，將文學功能與政治教化完全等同起來。特別是梁肅作爲當時文壇盟主，其以政教文學觀爲取士、授業的標準與原則，元和時代著名文人多出其門下，「韓愈、柳宗元洎李翶、李觀、皇甫湜數君子之文，凌轢荀孟，粃糠顏謝，所仰宗者惟梁肅補闕而已」㉟，可見其影響之巨。因此，元和時代的儒學復興，在文學思想史上，恰與梁肅乃至李、蕭集團構成一個聯繫緊密的完整統系。然而，儘管元和之前力倡儒學的思想已益趨盛熾，仍唯有到元和時代才真正「大顯於時」㊱，在一代文人的普遍認同之中成爲一種群體意識，並在理論與實踐上具有了雙重的自覺性，究其原因則不能不歸結爲產生於那一特定時代的以士庶混一爲標誌的文化轉型以及爲適應庶族政治集團現實鬥爭需要而對儒家之「道」作出新的詮釋的思想成果。這樣，映帶著士庶鬥爭的政治背景的儒學復興，便構成了元和文學最根本的思想內核，而其表現特徵的多樣化，也正是建基於這一最基始的起點之上的。

然而，元和時代表面的中興蘊藏著更爲深刻的社會矛盾。一方面，危機感的暫時消退，使人們從緊張的精神狀態中鬆弛下來，社會凝聚力的減弱造成政治改革進程的阻滯，憲宗本人更是以爲天下無事，求方士、迎佛骨，統治集團日趨腐敗；另一方面，由於國力虛耗，一度被削平的藩鎮勢力重新強固起來，朝中宦官勢力更趨膨脹，朋黨之爭愈演愈烈。這樣的社會環境對於一代胸懷大志的文人的影響，不外乎理想的破滅與仕途的坎壈，元和文人幾乎無一沒有失意的悲哀，積極進取的精神與社會使命感在接踵而至的打擊中消磨殆盡，憂患意識卻益趨濃烈。柳宗元、劉禹錫被遠放蠻荒，長期過著囚徒般的生活，元稹、白居易因直諫觸犯權貴，於元和年間分別被貶出京，韓愈一生更是不僅謗毀叢集，且因諫迎佛骨事險遭不測。正是由於文人心理承受著如此巨大的壓抑感與幻滅感，使得元和文學在「明道」、「諷諭」之外，進而衍生兩大流向。一是偏重奇險崛奧的表現特徵，這樣的創作實踐固然表現了對奇誕怪異的審美傾向的推闡與發展，但就時代性特徵而言，其實質正是失意寒士的不平之鳴，他們在儒學復興的大纛下聚合起來，終日抱持「大雅」、「古道」，胸懷兼濟之志，但眼中所見卻多爲醜惡污穢，於是憤世嫉俗、褊狹狷介的共同個性便推助了向奇險怪異的審美趣味的追求。二是偏重感傷閒適的表現特徵，這樣的創作實踐固然體現了文學通俗化進程的軌迹，但就特定的作家而言，實際上又無不是其人生失意、抱負難伸情愫的曲折反映，或徜徉山水，或寄情文辭，其深層的涵蘊乃是內心苦悶的解脫方式。固然，這一儒學精神的衍化過程，客觀上淡化了文學的政治因素，作家也逐漸回歸「翫而忘之以文辭」[37]的文人本色，文人之間的交往日趨頻繁，聯句體、次韻詩風行一時，然而，文風的再度變移，卻並未回復到如同宮廷文學那樣對聲色格律的一味講求，而是變得更加心靈化，在作爲「苦悶的象徵」的意義上成爲個性情感的載體與外化形式。由此看來，元和文學的總體特徵，也就是映帶著特定時代政治鬥爭背景的儒學思想內核在變遷著的主客觀條件下發揮、碰撞、壓抑以至變態過程中所形成的多樣化表現形態。這一狀況沉積爲一種文學趨勢與流程，實際上一直延續到寶曆、大中年間，以李商隱、杜牧、溫庭筠等人著重展示幽約淒婉的情思世界爲標誌，文學的主觀化、心靈化表現達到高潮，「元和詩變」過程中由重外在客觀寫實到重內在主觀表現、由文以明道的功利性到以意爲主的抒情性的轉化於是乎完成。

對於元和時代的文風變遷，最早感受到的是元和詩人自身。白居易〈餘思未盡加爲六韻重寄微之〉詩云「制從長慶辭高古，詩到元和體變新」，前句指出文風變遷深入到官方公式化文字，後句則直接點明詩風新變的「元和體」。其句下有註云「眾稱元、白爲千字律詩，或號元和格」，主要著眼於元和後期元、白之間長篇酬唱詩而言。元稹〈白氏長慶集序〉云「予始與樂天同校秘書之名，多以詩章相贈答，會予譴掾江陵，樂天猶在翰林，寄予百韻律詩及雜體，前後數十章，是後各佐江、通，復相酬寄，巴蜀江楚間洎長安中少年，遞相倣效，競作新詞，自謂爲元和詩」，這裏對「元和體」的敘說，正與白居易之言相同。然而，由於「元和體」實由後學「遞相倣效」蔚爲風氣所致，而元、白在當時詩名甚大，作品流佈極廣，因而由元、白詩爲主體構成的

「元和體」，其內容實非僅有長篇酬唱之一端，元稹早在元和十四年所作〈上令狐相公詩啟〉中已有較詳細的說明：

> 稹自御史府謫官，於今十餘年矣。閒誕無事，遂專力於詩章，日益月滋，有詩向千餘首。其間感物寓意，可備矇瞽之諷者有之，詞直氣粗，罪尤是懼，固不敢陳露於人。唯杯酒光景間，屢為小碎篇章，以自吟暢，然以為律體卑下，格力不揚，苟無姿態，則陷流俗。常欲得思深語近，韻律調新，屬對無差，而風情宛然，而病未能也。江湖間多新進小生，不知天下文有宗主，妄相倣效，而又從而失之，遂至於支離褊淺之辭，皆目為元和詩體。稹與同門生白居易友善，居易雅能為詩，就中愛驅駕文字，窮極聲韻，或為千言，或為五百言律詩，以相投寄。小生自審不能以過之，往往戲排舊韻，別創新詞，名為次韻相酬，蓋欲以難相挑耳。江湖間為詩者，復相倣效，力或不足，則至於顛倒語言，重復首尾，韻同意等，不異前篇，亦自謂元和詩體。

由此可見，所謂「元和體」不僅是指「次韻相酬」的「千言」或「五百言律詩」，而且包括「杯酒光景間」的「小碎篇章」，甚至還有「感物寓意」、「詞直氣粗」的諷諭之作。元稹將「元和體」形成定在元和後期元、白諷諭詩創作高潮之後，並自云諷諭之作「不敢陳露於人」，實乃元、白等人在政治環境變化之後曲折表達的一種對現實的不滿情緒，而實際上，元、白諷諭之作在當時影響甚大，如元稹〈酬樂天餘思不盡加爲六韻之作〉自註云「樂天先有〈秦中吟〉及〈百節判〉，皆爲書肆市賈題其卷云『白才子文章』」，白居易〈與元九書〉亦記云「昨過漢南日，適遇主人集眾樂娛他賓，諸妓見僕來，指而相顧曰『此是〈秦中吟〉、〈長恨歌〉主耳』」，可見政教色彩極濃的諷諭詩代表之作〈秦中吟〉流傳之廣。文宗開成年間宰相李玨曾云「當時輕薄之徒，摛章繪句，聱牙崛奇，譏諷時事，爾後鼓扇名聲，謂之元和體」㊳，李玨此言是針對當時欲置「詩學士」而發，其菲薄元和固然含有朋黨意氣之爭，但將「譏諷時事」的諷諭之作明確納入「元和體」中，倒是符合實際的。而只有包含了元和早年詩人基於儒家政教思想而致力於復歸古道、諷諭時事的創作實踐，才體現了「元和詩變」的最重要的文學革新精神及其遞嬗變移的全過程。

事實上，元和時代詩歌體派空前紛繁，詩壇呈現多宗多元局面，趙璘《因話錄》卷三〈商部下〉記云：

> 韓文公與孟東野友善，韓公文至高，孟長於五言，時號孟詩韓筆。元和中，後進師匠韓公，文體大變。又柳柳州宗元、李尚書翱、皇甫郎中湜、馮詹事定、祭酒楊公、余座主李公，皆以高文為諸生所宗……又元和以來，詞翰兼奇者，有柳柳州宗元、劉尚書禹錫及楊公。劉、楊二人，詞翰之外，別精篇什。又張司業籍善歌行，李賀能為新樂府，當時言歌篇者，宗此二人。李相國程、王僕射起、白少傅居易兄弟、張舍人仲素為場中詞賦之最，言程式者，宗此五人。

即此已可概見，詩壇構成中的主要詩人群體之多，後進追隨的宗主之眾，實爲前古所罕見。如果說，開天詩歌的繁榮，表現爲共同的理想化精神風貌中的詩人個性的發展與詩歌風格的多樣，那麼，元和詩歌的繁榮，則表現爲多向的異態性精神風貌中的詩人個性的發展與詩歌體派的多宗。比較而言，後者顯然是一種更深沉的繁榮與更實在的多樣。活動於長慶年間的李肇在《唐國史補》卷下〈敘時文所尚〉中已曾指出「元和以後，爲文筆則學奇詭於韓愈，學苦澀於樊宗師，歌行則學流蕩於張籍，詩章則學矯激於孟郊，學淺切於白居易，學淫靡於元稹，俱名爲元和體」，五代時人張洎在〈張司業詩集序〉中亦云「元和中，公及元丞相、白樂天、孟東野歌詞，天下宗匠，謂之元和體」，較之元、白所述，「元和體」內涵顯見重要的拓展，而李肇與元、白是同時代人，既與元、白友善，又是元、白文學集團的局外之人，所述當較元、白自身更爲客觀。明人許學夷《詩源辯體》則直接點明韓愈、孟郊、賈島、姚合、周賀、李賀、盧仝、劉叉、馬異、張籍、王建、白居易、元稹等「十三子爲元和體」㊴。以此與前引李玨所述聯繫起來，則可見「元和體」實已包含了那一時代所有重要的文人群體與創作體派。因此，以一種宏通的文學史眼光看，所謂「元和體」實際上正是對那一體派紛呈、繁榮而複雜的詩壇以及創作傾向、審美情趣空前多樣且殊異的詩歌藝術表現的概括與表徵。

第二節　文體革新及其功能轉向

走出大曆時代委瑣靡頓的精神氛圍與回旋過渡的文學性態，以政治圖變爲刺激機因的元和詩壇，變革性也就構成其最根本的表現特徵。明人許學夷嘗言「大曆以後，五七言古、律之詩，流於委靡，元和間，韓愈、孟郊、賈島、李賀、盧仝、劉叉、張籍、王建、白居易、元稹諸公群起而力振之，惡同喜異，其派各出，而唐人古、律之詩至此爲大變矣」㊵，而這種以時代精神爲外在激素的文學「大變」一旦形成，在詩人創作積累與心理積淀中成熟爲一種獨特的審美意識，也就不因產生它的母體——特定的時代特徵的改變而改變，因而當元和後期政治圖變衰歇之後，文學革新卻一直延續至開成、大中年間共達五十年之久。就唐詩發展階段性比較而言，許學夷進而指出，「權德輿、李益，正而非變，元和、開成諸子，變而非正」[41]，將元和、開成文壇以變爲主與大曆、貞元文壇以正爲主形成鮮明對照。當然，元和以降五十年文壇創作極豐，並非一端所可概納，但就其根本特徵而言，「元和諸公所長，正在於變，或欲於元和諸公錄其正而遺其變，此在選詩則可，辯體，終不識諸家面目矣」[42]，也說是說，對於古典詩歌的傳統而言，元和詩人在「變」之外自有「正」的成份，但究其真「面目」亦即「本體」無疑在「變」，而「變」之根本則又最突出地表現於「體」。白居易所謂「制從長慶辭高古，詩到元和體變新」[43]，正是以自身的親歷感受，對那一時代文體革新的全面概括。

就中國文學發展史的實際歷程看，「上下三千餘年間，詩之質文、體裁、格律、聲調、辭句，遞嬗昇降不同，而要之詩有源必有流，有本必達末，又有因流而溯源，循末以返本，其學無窮，其理日出，乃知詩之爲道，未有一日不相繼相禪而或息者也」[44]，文風的變革遞遷，最主要地體現於文體方面，宋人嚴羽在《滄浪詩話．詩體》中云「《風》、《雅》、《頌》既亡，一變而爲《離騷》，再變而爲西漢五言，三變而爲歌行雜體，四變而爲沈、宋律詩」，語雖簡略，但將唐之前的文風四變與體式革新緊密聯繫起來，卻極見概括力。當然，具體的文學體式的確立具有較長的生命力，如五言、歌行、律體等的消長存亡就不宜以時間界劃，因此，認識文體的變革，應當主要著眼於總體特徵的意義，表現於文章方面是駢體與散體的替興，表現於詩歌方面則是聲律與古調的衰振。文體變遷，先秦時已露端倪，而有意識的倡導，則大抵始自魏晉南北朝時期。其間駢散體式的發展線索甚爲複雜，但概略言之，散體的發展主要適應著記事、明理、論辯諸端表達的需要，在儒家政教思想的深層支配中表現出強烈的功利性與實用性原則，駢體的發展則主要適應著士族文人文化素養與生活情趣表達的需要，在文學自覺意識的深層支配中表現出強烈的技巧性與形式性原則。文學在自身發展過程中，對區別於其他學科的獨具特性的發現，使自身從與經學合一的狀態中分離出來，詩、文兩體實際上是同步並行的，沈約在《宋書．謝靈運傳論》中所謂「若前有浮聲，則後須切響，一簡之內，音韻盡殊，兩句之內，輕重悉異，妙達此旨，始可言文」，正是並詩、文而言的，其趨勢亦即散文的駢化與詩歌的律化。然而，這一趨勢的發展中由於過份地著眼於技巧形制的追求與非功利主義的目的，最終導致華外虛內的創作程式化窮途，因而又爲自身的被否定準備了條件。自西魏的宇文泰、蘇綽到隋代的李諤直至入唐以後，歷次文學革新思潮，實質上都是立足於政教得失的基點，對以散代駢、以古樸替華靡的文體改革的大力倡導。入唐以來，文學革新思潮遞興不絕，獨孤及〈檢校尚書吏部員外郎趙郡李公中集序〉云「帝唐以文德敷祐天下，民被其風，俗稍丕變，至則天太后時，陳子昂以雅易鄭，學者浸而向方，天寶中，公與蘭陵蕭茂挺、長樂賈幼之勃焉復起，振中古之風，以宏文德」，《新唐書．文藝傳序》亦云「玄宗好經術，群臣稍厭雕琢，索理致，崇雅黜浮，氣益雄渾，則燕、許擅其宗，是時，唐興已百年，諸儒爭自名家，大曆、貞元間，美才輩出，擩嚌道真，涵泳聖涯，於是韓愈倡之，柳宗元、李翺、皇甫湜等和之，排逐百家，法度森嚴，抵轢晉、魏，上軋漢、周，唐之文完然爲一王法，此其極也」，由此可見，元和文體文風「大變」之前，文學革新思想實已經歷了漫長的積聚過程。

然而，另一方面，入唐以來的文學革新思潮固然有著維護大一統局面的政治背景，在創作實踐中所謂「故其諫諍之辭，則爲政之先也」[45]，正以政教爲根本，以風雅爲方向，特別是天寶、大曆以後，理論上本儒學之道、重政教之用、倡宗經復古的主張益趨強烈，在一定程度上成爲整個社會自救革弊思潮的一部份，但是，就文學史實際流程看，這一階段文學革新思潮並未產生重要的成效，大曆至貞元前期文壇恰恰處於回旋過渡的低潮。究其原因，大體有二：一是此期文學改革的實踐雖然意在匡救時弊，但其理論本身卻並未加入當時的現實內容，缺少鮮明的現實性品格，創作實踐大多空言明道，因而缺少激勵人心的鼓動性效果；二是不善於吸收多種藝術經驗，缺乏創造精神，所謂改革大抵只是革齊梁而復漢魏，在發展的文學進程中反而呈顯一種簡單回復的逆向運動，因而從內容到形式都缺乏一種蓬勃興盛的生命力。對此，清人趙翼曾云「是愈之先，早有以古文名家者，今獨孤及文集尚行於世，已變駢體爲散文，其勝處，有先秦兩漢之遺風，但未自開生面耳。又如陸宣公奏議，雖亦不脫駢偶之習，而指切事情，纖微畢到，其氣又渾灝流轉，行乎其所不得不行，此豈可以駢偶少之。此皆在愈之前，固已有早開風氣者矣」[46]，一方面，韓愈之前「已有早開風氣者」，另一方面，卻又顯然未能「自開生面」，對元和之前文體文風變革思潮與實績的二重性特徵的把握，可謂恰如其分。

元和文學革新思潮，在文學自身發展範圍內固然體現爲歷時性的延伸與推展，但至此而「大顯於時」，成爲「唐代文化學術史上承先啟後轉舊爲新關捩點」[47]的重要表現，無疑更有元和文人自身的因素。首先，在政治改革的大潮中，元和文人大多兼具政治家與文學家二重身份，其文學創作在很大程度上體現爲政治活動的一部份，因而顯示出強烈的實踐性品格。其次，元和文人強調以古文載古道，表現出強烈的復古傾向，但在實際創作生涯中，卻並不熱衷於對儒家學說本旨的闡釋，而是根據現實社會的需要對儒學加以新的詮解，如韓愈云「所貴乎道者，不以其便於人而得於己乎」[48]、「夏之政尚忠，殷之政尚敬，周之政尚文……原其所以爲心，皆非故立殊而求異也，各適於時救其弊而已矣」[49]，這種對儒家之「道」及政教本旨的實用化理解，真可謂直道心源。因此，其時文學名爲復古，實爲創新，所謂「爲君、爲臣、爲民、爲物、爲事而作，不爲文而作也」[50]，在古詩、古文等古老文體形式中，實已充溢著活生生的時代氣息。再者，元和文人並未一味主張道德說教式文學，而是充分注意到文學的自身特性，如白居易認爲「詩者，根情、苗言、華聲、實義」[51]，韓愈認爲「人之於言亦然，有不得已者而後言，其歌也有思，其哭也有懷，凡出乎口而爲聲者，其皆有弗平者乎」[52]，顯然可見「緣情」論的基點。因此，在險惡的政治環境與失意的人生遭際中，元和文學進而呈現出或由感傷而頹放、或由壓抑而怪異的變態，形成一種由極端實用化向極端心靈化轉遞的巨大回環，從而爲文體文風革新的空前多向發展打開了宏闊的表現舞臺與廣遠的持續程途。

元和文學革新的最突出表現無疑是古文運動及古風樂府詩創作高潮，由此形成對「眩耀爲文，瑣碎排偶」[53]的駢儷時文與「搜春摘花卉，沿襲傷剽盜」[54]的華靡詩風的空前規模的強烈衝擊，固然標示了唐代文學史上一次規模最大、程度最高的文體變革，但是，就元和文人獨特的時代—文化環境及其文學變革本身的複雜性、多向性而言，元和文學其實並未僅僅局限於體格形制方面的變革或復古，而是在以散代駢、以古樸替華靡的文體變革的深層引動文學功能的深刻變移。就詩歌方面的大體而言，約有如下三端。

首先是與現實政治緊密相聯的實用化表現趨向。韓愈的儒家「道統」思想以及文學「明道」

觀念，實際上都是圍繞維護王權這一中心，進而與藩鎮割據勢力與佛老思想危害所進行的現實鬥爭的反映，完全改變了其前復古思潮空言明道的性質。柳宗元亦明確主張「文之用，辭令褒貶，導揚諷諭而已」55。在詩歌方面，韓孟詩派總體上固然體現了重主觀尚怪奇的特點，但是韓愈作爲文壇盟主地位的確立，恰恰根源於「文起八代之衰，道濟天下之溺」56的巨大號召力，因此，這一陣容龐大的詩派的最初聚合，也正是儒學復興思潮所推致。孟郊不僅明確提出「章句作雅正」57的創作準則，自云「一生自組織，千首大雅言」58，而且「嘗讀古人書，謂言古猶今」59，將傳統儒學與現實政治聯繫起來，寫出「聞君碩鼠詩，吟之淚空滴」、「眾人尚肥鮮，志士多饑羸，願君保此節，天意當察微」60那樣的諷諭時政之作。在這方面，韓愈不僅用詩歌表達自己的政治主張，而且在〈歸彭城〉詩中寫道「我欲進短策，無由至彤墀。刳肝以爲紙，瀝血以書辭。上言陳堯舜，下言引龍夔。言辭多感激，文字少葳蕤」，這種欲以詩爲諫章的自覺意識幾乎已不減元、白。即如擅長描繪虛擬世界奇異景觀的李賀，亦有命意深切的諷諫時政之作，「所賦〈銅人〉、〈銅臺〉、〈銅駝〉〈梁臺〉，慟興亡，歎滄海，如與今人語今事」61，被後人認爲「其命辭、命意、命題，皆深刺當世之弊，切中當世之隱」62。至如將儒家政教文學觀推向極致的元白詩派，其對美刺原則、雅正標準與現實政治的聯結與倡揚，則顯然構成其詩歌創作的主流傾向了。元稹既以教化觀作爲前代詩歌的評判標準，更強調詩歌「干預教化」63的實用價值，白居易自云「聞僕〈哭孔戡〉詩，眾面脈脈，盡不悅矣，聞〈秦中吟〉，則權豪貴近者相目而變色矣，聞〈樂遊園〉寄足下詩，則執政柄者扼腕矣，聞〈宿紫閣村〉詩，則握軍要者切齒矣」64，可見其批判時弊的程度之尖銳激烈。元稹、白居易等人早年所作的大量諷諭之作，就是其實用化的政教文學觀念的自覺實踐與集中體現，所謂「篇篇無空文，句句必盡規。功高虞人箴，痛甚騷人辭。非求宮律高，不務文字奇。惟歌生民病，願得天子知」65，幾乎都可視爲韻文形式的奏摺或諫書。這類作品固然由於功利目的過於強烈，說教氣甚重，且「首句標其目，卒章顯其志」66的程式正是一種唯理化的產物，但亦正是這種文學實用化的極端表現，使人得以由此窺見元和文壇文體文風變革的深刻性與徹底性之一斑。

其二是適應實用功能的通俗化、散文化表現趨向。詩歌表現的通俗化追求，當以張籍、王建爲開風氣之先者，明人胡震亨《唐音癸籤》卷七引高棅語云「大曆以還，樂府不作，獨張籍、王建二家體制相近，稍復古意，或舊曲新聲，或新題古義，詞旨通暢，悲歡窮泰，慨然有古歌謠之遺，亦唐世流風之變」，可見其本於「古意」，而出以「通暢」，在精神上作爲「古歌謠之遺」，在體制上則是「唐世流風之變」，正是元和文學革新體用關係的典型體現，而其以「俗言俗事入詩」67，旨在「略去葩藻，求取情實」68，也正體現了這種通俗化表現中的實用性精神內核。這一傾向，經李紳、元稹至白居易而發展達於極致，白居易自述其新樂府創作原則云「其辭質而徑，欲見之者易諭也，其言直而切，欲聞之者深誡也，其事核而實，使採之者傳信也，其體順而肆，可以播於樂章歌曲也」69，其實不獨新樂府，白居易的大多作品都務求淺切通俗，當時就在社會上廣泛流傳，其〈與元九書〉嘗自敘「自長安抵江西三四千里，凡鄉校、佛寺、逆旅、行舟之中，往往有題僕詩者，士庶、僧徒、孀婦、處女之口，每每有詠僕詩者」，元稹在〈白氏長慶集序〉中亦云「二十年間，禁省、觀寺、郵候、牆壁之上無不書，王公、妾婦、馬走之口無不道，至於繕寫模勒衒賣於市井，或持之以交酒茗者，處處皆是」，如此廣泛的流傳，無疑正是所謂「世間俗言語，已被樂天道盡」[70]那樣的極端通俗化結果。這種以適應思想表達爲起點的通俗化，其「篇無定句，句無定字」[71]的特點，實際上已經顯示了散文化方式對傳統詩歌體格的衝擊與變革。如果說，這一創作傾向，對元白詩派而言，體現爲局部的無意識的顯露，那麼，對於韓孟詩派而言，則已形成一種大規模的自覺的追求。韓愈的「以文爲詩」，固然有其作爲古文大家移用散文手法而成「韻散同體，詩文合一」[72]的因素，但更重要的顯然是源於適應政治主張的表達而「全以議論作詩」[73]的實用性選擇，至如〈謝自然詩〉、〈豐陵行〉、〈符讀書城南〉等詩，皆被後人評爲「敘論直致，乃有韻之文」[74]、「直與〈原道〉中一樣說話」[75]、「是塾訓體，不是詩體」[76]，乃至其「資談笑，助諧謔，敘人情，狀物態，一寓於詩，而曲盡其妙」[77]的各種表現，也都可視爲詩歌實用功能的多向推擴與泛化。他如孟郊、李賀、賈島、盧仝等人，著意打破詩的整飾結構而形成的散化句式體格，亦皆比比可見。韓孟詩派「以議論爲詩」的詩歌散化現象，一方面與理念性的元、白新樂府創作實有深層的溝通，體現了共同的時代風尚，另一方面對後世詩歌特別是「以文字爲詩，以才學爲詩，以議論爲詩」[78]的宋詩產生重要影響，又體現了頑強的藝術生命，因此，儘管其創作實踐多有「不詩之爲詩」[79]處，然作爲「古今之變盡矣」[80]、「唐詩之一大變」[81]的標誌，恰恰構成文體文風革新的最高程度的表現。

其三是隨著政治環境的變遷，屢遭挫折的文人以發抒內心情志與不平之鳴爲標誌的心靈化表現傾向。在元和詩人中，元稹、白居易仕途固然最爲通達，但在元和後期亦相繼遭貶，嚴酷的政治現實促使詩人參政熱情趨於冷漠，在對文學功能的認識上，也就發現了兼濟時「上以裨教化，舒之濟萬民」[82]的另一面——獨善時的「下可理性情，捲之善一身」[83]，基於文學的緣情特性而強調其「洩導人情」[84]的作用。白居易貶居江州時曾作〈讀謝靈運詩〉「吾聞達士道，窮通順冥數。通乃朝廷來，窮即江湖去。謝公才廓落，與世不相遇。壯志鬱不用，須有所洩處。洩爲山水詩，逸韻諧奇趣。大必籠天海，細不遺草樹。豈唯翫景物，亦欲攄心素。往往即事中，未能忘興諭。因知康樂作，不獨在章句」，將謝靈運山水之作歸結爲「壯志」、「心素」的「攄洩」，既是對謝詩精神內蘊的深刻把握與揭示，更是自身文學觀念由諷諫實用向宣洩情志轉化的顯露。因此，元、白後期創作大量感傷詩、閒適詩乃至一些雜有自己身世的不平之鳴與憂讒畏譏的恐懼情緒的諷諭詩，實際上都可視爲其抑鬱變態心理的各種表現方式。與元、白集團相比，韓、孟集團顯然算得上一群潦倒困厄的失意文人，在對嚴酷打擊的不斷承受中，他們由以文學「鳴國家之盛」的熱望轉而「自鳴其不幸」[85]，較之元、白，更爲迅速地實現了由諷諭時政到自抒心靈的轉向。作爲這一創作傾向的理論標誌，是韓愈首倡的「物不得其平則鳴」[86]的「不平則鳴」說，他認爲「人之於言亦然，有不得已者而後言，其歌也有思，其哭也有懷，凡出乎口而爲聲者，其皆有弗平者乎」[87]，在這裏，文學的本原與功能皆被歸結爲心中不平的宣洩了。孟郊也認爲「文章者，賢者之心氣也」[88]，可見主心靈、重主觀的文學思想，並非韓愈之獨倡，而是那一詩人群體之共識。在創作實踐中，韓愈即多借士不遇之題以表抒內心憤懣與不平，柳宗元在漫長的貶謫生涯中亦多寄情山水以排遣內心苦悶，孟郊、賈島的「寒」、「瘦」詩風正是其身世與心理的表徵，他如劉禹錫、盧仝、馬異等人詩作，也無不表現出自己的心靈歷程。在這方面，李賀詩表現得尤爲突出，所謂「長吉師心，故爾作怪」[89]，其怪異幽約的藝術空間展現，實際上正是主體心靈在重壓下畸變的折射。這種進而深入到隱微的心靈世界的主觀化傾向，就藝術表現方式而言，顯然已是李商隱詩的直接先聲。自寶曆初直至大中年間，活躍於詩壇的主要詩人是李商隱、杜牧、溫庭筠、許渾等人，杜牧「文以意爲主」[90]、李商隱「以自然爲祖」[91]的反功利實用、倡自然真情的理論主張，杜牧、許渾等人包含著對人生哲理體認的詠史懷古創作以及李商隱、溫庭筠具有深刻寓意的愛情閨閣題材，共同構成主觀化、心靈化文學思想與創作傾向的全般推展。

在這一特定的文學史時段，詩歌的實用化、通俗化、心靈化諸種完全不同性質的表現傾向，既同時並存，又各臻極致，體現了政治環境、文化構型發生劇烈變遷的歷史過程中文人心態的複雜化。於是，文學進程在自身的反復與回環、自我的否定與發現的交織遞嬗中顯現出空前多向乃至變態的發展。在這一時期中，具體地看，每一詩人幾乎都兼具多種創作傾向，總體地看，各種創作傾向既無所不在又自有偏重，由此而形成詩人自立程度的空前增強與詩壇體派數量的空前繁多。嚴羽《滄浪詩話．詩體》在「以人而論」中列述自漢代「蘇李體」直至南宋「楊誠齋體」共三十六體，其中唐代二十四體，而自元和至大中的五十年間竟佔有十二體，計有「韓昌黎體」、「柳子厚體」、「韋柳體」、「李長吉體」、「李商隱體」、「盧仝體」、「白樂天體」、「元白體」、「杜牧之體」、「張籍王建體」、「賈浪仙體」、「孟東野體」，就體派而言，僅此已可概見這一階段在唐詩史乃整個文學史上的重要地位。創作傾向的殊異與兼容，體現了創作主體審美心理的完善化與創作實踐的自覺化，由此對詩歌審美領域的有意識的多向追求與深層拓展，也就促使詩歌創作達到一種更深層次與更趨多元的繁榮與興盛。而就「元和詩變」的實際歷程看，這一繁盛局面的形成恰以文體革新爲契機與起點，排除外在的政治背景與深層的思想內涵的因素，由文體革新到文學功能、創作傾向的多元化，以及由創作主體審美心理的成熟完善到詩歌審美領域的多向拓展，便構成這一時期詩史進程中一隱一顯的兩條發展線索與軌迹。

第三節　詩美變態及其延展過程

就詩歌審美建構而言，至開天時代，以聲律風骨兼備、情景交融、清新自然爲主要標誌的理想美已臻極致，表現爲古典詩歌藝術進程順向發展與詩人審美心理常態體驗的高峰狀態，文學史上所謂的「盛唐之盛」[92]的表述以及「子建以至太白，詩家能事都盡」[93]的觀念，實際上都是基於這一角度的觀照結果與理論概括。迨安史亂後的大曆以降詩壇，開天時代形成的風神遠韻固然在相當範圍內得以承續回響，在某些表現方式如情景關係的滲融程度等方面甚至表現出一定程度的細密與深化，但是，就唐詩藝術進程的總體流向而言，隨著時代歷史的巨變，映帶著強盛富庶的時代氛圍、凝聚著高朗開放的文化精神、透現著積極昂揚的士人心態的理想化的詩歌審美形態已呈顯極盛難繼之勢，而在諸多因素構成的合力之中發生著強力扭轉與明顯變異。由李白到杜甫，由理想到寫實，美的自然狀態由失衡而畸變，便標示了這一扭變過程的最初起點與深刻界劃。不過，杜甫詩歌作爲唐詩藝術進程的一大扭變，是建立於「包源流，綜正變，自甫以前，如漢魏之渾樸古雅，六朝之藻麗穠纖、淡遠韶秀，甫詩無一不備」[94]的集前代藝術之大成的基礎之上，因而對後世詩歌藝術的發展與新變具有全方位的多面影響，不僅「在唐如韓愈、李賀之奇奡，劉禹錫、杜牧之雄傑，劉長卿之流利，溫庭筠、李商隱之輕艷」，而且「以至宋、金、元、明之詩家，稱巨擘者，無慮數十百人，各自炫奇翻異」，「甫無一不爲之開先」[95]。但是，就唐中期以後詩壇創作傾向演變的主流而言，杜甫的影響最重要的無疑在於兩大方面：一是「詩史」精神——寫實原則下描述的詳盡化導致語言的通俗化傾向；二是「情聖」標誌——憂國憂民情懷中情感的濃烈化導致詩風的奇壯化傾向。比如元、白等人崇揚杜甫，「憐渠直道當時語，不著心源傍古人」96，很重要的一方面就是其適應紀實需要的通俗詳盡化語言表達方式；韓、孟等人「心摹力追者惟李、杜二公，顧李、杜之前，未有李、杜，故二公才氣橫恣，各開生面，遂獨有千古，至昌黎時，李、杜已在前，縱極力變化，終不能再闢一徑，惟少陵奇險處尚有可推擴，故一眼覷定，欲從此闢山開道，自成一家」97，關要處正在杜詩中爲適應濃烈情感表達需要而形成的豪壯奇險的語言風格特徵。由此可見，「元和詩變」現象中最重要的兩大詩派——追求俗盡的元白派與追求奇險的韓孟派的創作實踐，在某意義上皆是以杜詩的創新精神爲承接中介與新變契機的。

以杜甫爲標誌的唐詩藝術進程的扭變，固然在審美形態上改變了開天詩歌情景交融、清新鮮麗的平衡、自然狀態，但就其創作心態而言，根源乃在於社會環境劇烈變化的衝擊，震蕩，主要表現爲外在因素刺激作用的結果。而以之爲中介與契機的「元和詩變」進而將其變革性態推向極端，就其創作心態而言，固亦不能排除諸如政治圖變精神刺激之類外在因素的作用，但主要的似乎更多地表現出詩人審美意識的自覺，從而在美的發現與創造的意義上使唐詩主調扭變進程在經歷一段回旋之後再次全面推展，與開天詩歌相比，截然相反地形成一種詩美創造的變態表現的峰巔狀態。就其大體而言，也正體現爲務俗盡與求奇險兩大傾向的延承與發展。

打破精雅含蘊的都城詩美學規範，追求語言的通俗化傾向，早自杜甫、顧況已露端倪。如宋人吳可曾稱杜甫某些作品「與〈竹枝詞〉相似，蓋即俗爲雅」[98]，就是以俗語爲雅制的內容；顧況更是寫通俗詩的高手，許多作品充滿江南民歌色彩與氣息。但結合其創作題材與表現方式的關係看，杜、顧的通俗化主要源於社會環境變遷中紀實題材表達的需要，並未形成通俗化審美的自覺追求。這一審美追求的自覺化，可以張籍、王建爲開端，張、王詩歌創作既「賦來詩句無閒語」[99]，遵循徵實的原則，又有意以「俗言俗事入詩」[100]，形成通俗化傾向，因此，最足以代表張、王詩風的樂府詩就一方面詳盡揭示了民生疾苦，發揮諷諭時政的功能，另一方面又以略無雕飾的白描手法，構成一幅幅細密的民俗畫卷。從張籍〈再上韓昌黎書〉明確反對「多尚駁雜無實之說」，可以窺見其尚實、俗的自覺意識。後人王安石稱爲「看似尋常最奇崛，成如容易卻艱辛」[101]、胡震亨稱其「矯而用俗……俗言俗事入詩，較用古更難」[102]，正顯示了對張、王樂府有意識用俗變新的認識與把握。元稹、白居易詩的通俗化傾向，顯有進一步發展。元稹〈上令狐相公詩啟〉自稱「常欲得思深語近，韻律調新」，以新變爲目標，以語近爲途徑，正是元、白詩歌創作中最根本的藝術追求，托名白居易的《金針詩格》云「命題率意，遂成一章，歸於容易」，《文苑詩格》云「文體直敘意語成文，影帶回合，三象四通，悉爲流美」，就是對這種語言淺近而「流美」的創作傾向與審美追求的理論概括。儘管《金針詩格》、《文苑詩格》實非白居易所撰，但從當時主要文人在通俗化方面的共通表現以及衆多「新進小生」「學淺切於白居易，學淫靡於元稹」[103]的趨尚看，詩歌的通俗化實爲一時風氣，而元、白詩在詩壇的影響，最主要的也並非諷諭，甚至亦非徵實，而是在於「淺切」與「輕俗」，蘇軾所謂「元輕白俗」[104]，正是對元、白詩藝主流的概括與提挈。

元和詩壇通俗化審美祈向的高度發展，除由文體革新帶來文學功能演變的文學自律因素之外，在時代性意義上，更是士庶文化轉型的生動體現。隨著庶族階層政治力量的日益強大，科舉逐漸成爲封建政權選用人材的重要渠道，所謂「五尺童子恥不言文墨」[105]的社會化重文風尚，正是因科舉促進而成。廣大庶族文人通過科舉的吸引而舞文弄墨並躋身社會上層，對文學史進程的影響，最直接的就是將社會下層的世俗之氣帶入高雅的文壇，使原有的士族文化亦隨之俗化起來。唐中期以後，通俗文學形式如講經、變文、話本等空前興盛，「街東街西講佛經，撞鐘吹螺鬧宮廷」[106]，不僅吸引了大批世俗男女，而且引起皇帝、公主的極大興趣。這種俗化文學不僅活躍於民間市井，而且通過「行卷」之風，由士人帶入朱門深禁，據孫光憲《北夢瑣言》卷七載，陳詠自云其行卷卷首之俗句「隔岸水牛浮鼻渡，傍谿沙鳥點頭行」是因「爲朝貴見賞，所以刻於首章」，同卷又記盧延讓登第亦因俗句「狐衝官道過，狗觸店門開」爲租庸張濬賞識的結果。文人之間，更以俗趣相尚，如元稹〈酬翰林白學士代書一百韻〉詩云「翰墨題名盡，光陰聽話移」，句下註云「樂天每與予遊，從無不書名屋壁，又嘗於新昌宅聽說〈一枝花〉話，自寅至巳猶未畢詞也」。這種尚俗心態，當時甚至超越了迎合「朝貴見賞」以求進身的純功利目的，如白行簡貞元末登進士第，而其傳奇作品〈李娃傳〉作於大中年間，遠遲於應試求仕之時。因此，元和年間俗文學形式的盛行，實際上正體現了士庶文化轉型通過文人心理積淀而成的一種社會性的文化現象與審美趣味。

尚俗審美趣味對雅文學形式的衝擊、影響、滲透，進而造成詩歌創作中形成紀俗事與繪艷色的兩大走向。本來，詩學思潮由理想轉向寫實，早自天寶末已肇其端，但那是對催動時代發生驚心動魄般變遷的重大事件的客觀反映，並未著意於瑣細情事本身的鋪敘。而元和時代的詩壇則恰恰顯示出由寫實原則到敘事筆調的演化，不用說元、白〈新樂府〉、〈秦中吟〉等標明敘事之作，即連〈長恨歌〉、〈琵琶行〉、〈連昌宮詞〉等感傷詩的具體內容亦不外事件本身情節的推展，甚至長篇排律形式的酬唱詩，也都是以繁縟之詞敷衍情事，表現出敘事化的筆法與趣味。宋人蘇轍曾批評白居易詩「拙於紀事，寸步不遺，猶恐失之」[107]，實際上正標示了元和新型敘事詩的特徵所在。當然，世俗流風所被，詩人敘事的著眼點往往在於「就世俗俚淺事做題目」[108]，所敘多爲日常生活中俗事瑣事，像王建〈新嫁孃詞〉、張籍〈江南曲〉、劉禹錫〈竹枝詞〉以及白居易晚年所作閒適詩，都是這一趨向的典型表現。劉禹錫〈酬湖州崔郎中見寄〉詩云「昔年與兄游，文似馬長卿。今來寄新詩，乃類陶淵明。磨礱老益智，吟詠閒彌精」，這種由「昔年」到「今來」審美趣味的演變，在時代進程的廣闊視域展現中，恰與社會秩序由革弊中興復歸衰敗紊亂、庶族文人由功業意氣轉向自身生活形成一種大體同步的軌迹。另一方面，對俗事著意鋪敘的興趣，並不止於淺切詳盡，而是往往呈現出「子父女母，交口教授，淫言媟語，冬寒夏熱，入人肌骨，不可除去」[109]那樣對俗艷聲色的醉心迷戀，形成一種重感官彩繪的創作傾向。據唐末人孫棨〈北里志序〉載，宣宗朝「進士自此尤盛，曠古無儔，然率多膏粱子弟，平進歲不及三數人，由是僕馬豪華，宴遊崇侈，以同年俊少者爲兩街探花，使鼓扇輕浮，仍歲滋甚」，可見一時「鼓扇輕浮」之風，正由進士之盛而起，顯示了躋身上層社會的庶族寒士帶來的世俗風氣對奉行傳統禮教的士族文化的衝擊。元稹所謂的「新進小生」對其與白居易詩中輕俗一面的「妄相倣效」，實際上也就是俗艷時風向詩壇滲透的表現，所以，元和以後，詩壇在「學淺切於白居易」的同時，又有「學淫靡於元積」的一面，儘管這種現象並非元、白之初衷，但卻正是俗文化浪潮日益發展、高漲的表徵。從時代進程的角度看，這種追求俗艷的現象，同樣可以歸結到士大夫隨著中興夢的破滅、失落感的增強而沉溺於聲色犬馬之中的心態，因此，這樣的審美趣味在那一特定時代中的表現也就既普遍又綿長。如韓孟集團的孟郊「春芳役雙眼，春色柔四支」[110]一類作品，就被人稱爲「開始了晚唐感官的彩繪的筆觸」[111]。而李賀、李商隱、段成式乃至稍後的溫庭筠等人的大量作品，則更可視爲這一俗艷美態的延承與發展。對此，明人許學夷曾云「李賀樂府七言，聲調婉媚，亦詩餘之漸」[112]、「商隱七言古，聲調婉媚，大半入詩餘矣」、「庭筠七言古，聲調婉媚，盡入詩餘」[113]，用專門「助嬌嬈之態」[114]的詞體表現功能爲參照，以「聲調婉媚」的特徵爲標誌，描劃出自李賀到李商隱再到溫庭筠詩歌與詞體日趨密切的關係，同時也就展示出映帶著俗文化背景的詩歌俗艷審美形態的延展軌迹來。

與通俗化審美祈向相較，對奇險怪異之美的追求顯然在更高程度上表現出理想美、自然美範型的變態與突破。本來，奇險豪壯之美，早在李白、杜甫詩中已露端倪，但其實質主要尚在詩人闊大襟懷的折射以及親歷奇壯山川的紀實的層次，就其詩歌藝術豐富而博大的整體而言，李白詩的主流顯然是理想美常態表現的峰巔，杜甫更是兼重「鯨魚掣海」與「翡翠蘭苕」。而到元和時代，情況則發生了根本性的變化，韓、孟等人對奇險美的追求，固然正是承自李、杜，但其實質則是以自身的審美理想對李、杜詩中所具有的豪壯奇逸因素的極力推擴與片面發展，形成一種具有自覺意識的變態的審美追求。如韓愈推崇李、杜，著眼點在於「想當施手時，巨刃磨天揚。垠崖劃崩豁，乾坤擺雷硠」[115]的奇險之處，並由此產生「精誠忽交通，百怪入我腸」[116]的獨特感受，孟郊亦云「天地入胸臆，吁嗟生風雷。文章得其微，物象由我裁。宋玉逞大句，李白飛狂才」117，同樣表現出對「大句」、「狂才」的傾慕以及任意裁汰擇取客觀物象的主觀化傾向。這種審美理想的確立，在對同期詩人作品的評論中，更顯出強烈的主觀化色彩，如韓愈評張籍「文章自娛戲，金石日擊撞。龍文百斛鼎，筆力可獨扛」118，評賈島詩「狂詞肆滂葩，低首見舒慘。奸窮怪變得，往往造平淡」119，評孟郊詩「冥觀洞古今，象外逐幽好。橫空盤硬語，妥帖力排奡」120，如果就各家詩的整體看，顯然並非全然如此，正如清人翁方綱認爲稱孟郊詩「至謂『橫空盤硬語，妥帖力排夏』，亦太不相類，此真不可解也」121，但這種批評與實際的錯位，恰恰反證了韓愈以自身審美理想爲本位的批評原則與方式。

韓、孟等人創作實踐的整體固然是豐富多樣的，但作爲一個詩歌流派聚合的最關要之處，卻無疑是追求奇險怪異之美這一共同的創作傾向。明人謝榛曾云「予夜觀李長吉、孟東野詩集，皆爲造語奇古，正偏相半，豁然有得。並奪搜奇想頭，去其二偏：險怪如夜壑風生，暝巖月墮，時時山精鬼火出焉；苦澀如枯林朔吹，陰崖凍雪，見者靡不慘然」122，謝榛作爲明七子之一，論詩主「盛唐之音」，自欲去李賀、孟郊偏異之趣，殊不知正是這種所謂的偏異的變態的審美趣味，構成了韓孟詩派最顯要的藝術特徵。比如，傳統的山水愉悅自然之美，在他們的筆下變得或瘁索枯槁，或恐怖陰魆；常人以爲醜惡污濁之物，在他們筆下卻津津樂道；開天以來形成的基於親身經歷的環境化、場合化構思方式，在他們手中往往改變爲虛擬的想像，或偎境，或鬼域，表現出一種常人不可確解的詩境。就其描寫對象而言，自然是一種觀察角度與題材選擇的轉向，但其「以醜爲美」123的本身，卻清晰地表明了審美價值觀念的深刻變異。適應著怪異之美的表現，韓孟派詩人在用辭構體上更是著意於非尋常的甚至非詩化的尋求，如韓愈說盧仝詩「往年弄筆嘲同異，怪辭驚衆謗不已。近來自說尋坦途，猶上虛空跨綠駬」[124]，可見其對「怪辭」的追求，即使在自認爲已走向「坦途」之時，仍然具有非同尋常的顯著特點。韓愈自己更是「惟陳言之務去」[125]，一方面通過「尋摘奇字，詰曲其詞，務爲不可讀，以駭人耳目」[126]，在篇中充滿奇辭異字，另一方面又通過散化的方式，進而在整體上造成「是塾訓體，不是詩體」、「是議體，非詩體」[127]那樣的非詩化特徵。作爲由韓愈詩風「爲之發其端」而達「極盛」[128]的代表人物蘇軾，對韓詩曾如此評價「詩之美者莫如韓文公，然詩格之變自韓始」[129]，正是對韓愈的非詩之詩、變態之美的深刻體悟。

追求怪異的審美祈向，其實並不獨獨體現於詩的領域，而是表現爲一種普遍的社會思潮。如白居易〈時世妝〉詩中寫道「時世妝，時世妝，出自城中傳四方。時世流行無遠近，顋不施朱面無粉。烏膏注脣脣似泥，雙眉畫作八字低。妍蚩黑白失本態，妝成盡似含悲啼。圓鬟在鬢椎髻樣，斜紅不暈赭面狀。昔聞披髮伊川中，辛有見之知有戎。元和時妝君記取，髻椎面赭非華風」，其〈江南喜逢蕭九徹因話長安舊遊〉詩亦云「時世高梳髻，風流淡作妝。戴花紅石竹，帔暈紫檳榔。鬢動懸蟬翼，釵垂小鳳行」，真實記錄了元和時代流行四方的婦女妝飾的怪異狀態。近人沈從文在《中國服飾研究》中引用郭慕熙〈宮樂圖〉映證了白居易詩中所述，將元和時代婦女服飾概括爲「蠻鬟椎髻，烏膏注脣，赭黃塗臉，眉作細細的八字式低顰」，「後來衣袖竟大過四尺，衣長拖地四五寸」，並從唐代前後期婦女服飾的比較角度，認爲「前期表現健康而活潑，後期則相反，完全近於一種病態」，所謂「病態」，顯然正是美的變態表現特徵。又如韓愈〈誰氏子〉詩記一士人棄絕老母新婦而熱衷入道的情形云「白頭老母遮門啼，挽斷衫袖留不止。翠眉新婦年二十，載送還家哭穿市」，這一違背常理人情的行爲，所透現的實際上更是一種深刻的心理變態。這種重怪異的時風的形成，同時還有科場選士好尚的導引，由於大批庶族士子湧向科舉入仕之途，吏部銓選即往往鑒於「選人猥多，案牘淺近不足爲難，乃採經籍古義，假設甲乙，令其判斷，既而來者益眾，而通經正籍又不足以爲問，乃徵僻書曲學隱伏之義問之，惟懼人之能知也」[130]，由此便促使士人形成「又云時俗輕尋常，力求險怪取貴仕」[131]的行爲趨尚與心理狀態。因此，所謂以「險韻奇字古句方言矜其餖飣之巧」[132]的詩風恰在元和時代得到極度發展，可以說正是那一特定時代的世俗風尚與科場競爭的直接結果。也正是在這樣的意義上看，對奇險怪異之美的追求，即使在詩的範圍內也並非僅僅局限於韓孟派這一文人圈內，像白居易這樣的以追求平易淺俗而著稱的詩人，亦有「艱澀類諸家者，豈習俗不能自免耶」[133]。直至開成以後，李商隱「用事詭僻，多出於元和」[134]，杜牧也是「奇僻處多出於元和，五、七言古恣意奇僻……援引議論處益多以文爲詩矣」[135]。當然，白居易、李商隱、杜牧等人的奇僻表現並不構成其創作生涯的主流，但僅從「習俗不能自免」的意義上，即已足見這一審美趣尚對文人心理浸染程度之廣泛而深遠。

就詩歌藝術表現形態而言，追求通俗與奇險的審美祈向分別構成元白與韓孟兩大詩派之核心與主流，而就文人審美心理特徵而言，兩大祈向實際上又表現爲社會思潮的集中體現與深層溝通，因此，通俗化與奇險化創作傾向在與元白、韓孟兩大集團體現爲分畛、對應關係的同時，在全般的意義上又呈現一種交叉互滲與超越延展的態勢。這種審美心理的完善化與審美領域的新開拓，一方面以其詩美變態表現的豐富內容與多樣形式與開天時代詩歌自然美形成鮮明對照，另一方面又映帶著貞元、元和時代士庶文化轉型的廣闊背景。寒族士人大量躋身社會上層，既將世俗化趣味帶入文壇，形成通俗化創作傾向，又在科場形成激烈競爭，形成以險怪取勝的心理。正是這樣的統於一體的對立兩端，構築了士人心理的完整結構，以及元和以降五十年詩壇的衍展軌迹與邏輯基點。

注釋

❶胡震亨《唐音癸籤》卷二十七。
❷陳衍《石遺室詩話》卷一。
❸胡適《白話文學史》第一四章，新月書店一九二八年版。
❹馮班《鈍吟雜錄》卷七。
❺葉燮《唐百家詩序》。
❻陳寅恪〈論韓愈〉，載《歷史研究》一九五四年第二期。
❼韓國磐《隋唐五代史論集》第一八三頁，三聯書店一九七九年版。
❽《唐摭言》卷九。
❾《唐語林》卷四載唐宣宗嘗於禁中自題「鄉貢進士李道龍」。
❿《新唐書》卷一百九十九〈柳沖傳〉引柳芳語。
⓫韓愈〈贈族侄〉。

⑫韓愈〈縣齋有懷〉。
⑬《舊唐書》卷一百六十〈韓愈傳〉。
⑭元稹〈誨侄等書〉。
⑮劉禹錫〈重答柳柳州〉。
⑯柳宗元〈從上門下李夷簡相公陳情書〉。
⑰白居易〈救學者之失〉。
⑱白居易〈議文章碑碣詞賦〉。
⑲賈至〈議楊綰條奏貢舉疏〉。
⑳蘇軾〈潮州韓文公廟碑〉。
㉑方東樹《漢學商兌》卷上。
㉒翁方綱《復初齋文集・書原道後》。
㉓同前。
㉔韓愈〈原道〉。
㉕韓愈〈原人〉。
㉖韓愈〈符讀書城南〉。
㉗韓愈〈師說〉。
㉘《新唐書》卷一百七十六〈韓愈傳讚〉。
㉙趙懷玉〈獨孤憲公毗陵集序〉。

❸⓿元結〈二南風論〉。
❸❶李華〈質文論〉。
❸❷獨孤及〈檢校尚書吏部員外郎趙郡李公中集序〉。
❸❸柳冕〈與徐給事論文書〉。
❸❹梁肅〈補闕李君集序〉。
❸❺明蔣之翹本《柳河東集》卷首〈讀柳集序說〉引。
❸❻《新唐書》卷一百七十六〈韓愈傳讚〉。
❸❼韓愈〈韋侍講盛山十二詩序〉。
❸❽《唐語林》卷二引。
❸❾許學夷《詩源辯體》卷首〈世次〉。
❹⓿同前卷二十四。
❹❶同前卷二十。
❹❷同前卷二十四。
❹❸白居易〈餘思未盡加爲六韻重寄微之〉。
❹❹葉燮《原詩》內篇上。
❹❺盧藏用〈右拾遺陳子昂文集序〉。
❹❻趙翼《二十二史箚記》卷二十。
❹❼陳寅恪〈論韓愈〉，載《歷史研究》一九五四年第二期。

48 韓愈〈進士策問〉第五首。
49 同前第二首。
50 白居易〈新樂府序〉。
51 白居易〈與元九書〉。
52 韓愈〈送孟東野序〉。
53 柳宗元〈乞巧文〉。
54 韓愈〈薦士〉。
55 柳宗元〈楊評事文集後序〉。
56 蘇軾〈潮州韓文公廟碑〉。
57 孟郊〈贈蘇州韋郎中使君〉。
58 孟郊〈出東門〉。
59 韓愈〈孟生詩〉。
60 孟郊〈贈韓郎中愈二首〉。
61 李世熊〈昌谷詩解序〉。
62 姚文燮〈昌谷集註序〉。
63 元稹〈唐故工部員外郎杜君墓誌銘〉。
64 白居易〈與元九書〉。
65 白居易〈寄唐生〉。

66白居易〈新樂府序〉。
67胡震亨《唐音癸籤》卷七。
68胡應麟《詩藪》內編卷五。
69白居易〈新樂府序〉。
70胡仔《苕谿漁隱叢話》前集卷十四。
71白居易〈新樂府序〉。
72陳寅恪〈論韓愈〉，載《歷史研究》一九五四年第二期。
73顧嗣立《昌黎先生詩集註》。
74程學恂《韓詩臆說》。
75同前。
76同前。
77歐陽修《六一詩話》。
78嚴羽《滄浪詩話·詩辨》。
79趙秉文〈與李天英書〉。
80同前。
81葉燮《原詩》內篇上。
82白居易〈讀張籍古樂府〉。
83同前。

84白居易〈與元九書〉。
85韓愈〈送孟東野序〉。
86同前。
87同前。
88孟郊〈送任齊二秀才自洞庭遊宣城序〉。
89王世貞《藝苑卮言》卷四。
90杜牧〈答莊充書〉。
91李商隱〈容州經略使元結文集後序〉。
92高棅《唐詩品彙》總敘。
93胡應麟《詩藪》內編卷五。
94葉燮《原詩》內篇上。
95同前。
96元稹〈酬孝甫見贈十首〉之二。
97趙翼《甌北詩話》卷三。
98吳可《藏海詩話》。
99張籍〈贈王秘書〉。
100胡震亨《唐音癸籤》卷七。
101王安石〈題張司業詩〉。

102 胡震亨《唐音癸籤》卷七。
103 李肇《唐國史補》卷下。
104 蘇軾〈祭柳子玉文〉。
105 沈既濟《詞科論》。
106 韓愈〈華山女〉。
107 胡仔《苕谿漁隱叢話》前集卷十三引。
108 胡震亨《唐音癸籤》卷九。
109 杜牧〈唐故平盧軍節度巡官隴西李府君墓誌銘〉。
110 孟郊〈古別離〉。
111 林庚《中國文學簡史》上卷第一四章。
112 許學夷《詩源辯體》卷二十六。
113 同前卷三十。
114 歐陽炯〈花間集敘〉。
115 韓愈〈調張籍〉。
116 同前。
117 孟郊〈贈鄭夫子魴〉。
118 韓愈〈病中贈張十八〉。
119 韓愈〈送無本師歸范陽〉。

120 韓愈〈薦士〉。
121 翁方綱《石洲詩話》卷二。
122 謝榛《四溟詩話》卷四。
123 劉熙載《藝概》卷二〈詩概〉。
124 韓愈〈寄盧仝〉。
125 韓愈〈答李翊書〉。
126 趙翼《甌北詩話》卷三。
127 程學恂《韓詩臆説》。
128 葉燮《原詩》内編上。
129 魏慶之《詩人玉屑》卷十五引。
130 《通典·選舉典》。
131 韓愈〈誰氏子〉。
132 王夫之《薑齋詩話》。
133 許學夷《詩源辯體》卷二十八。
134 同前卷三十。
135 同前。

第十三章 韓孟詩派

在「元和詩變」的詩史進程中，元白、韓孟兩大詩派顯然是其間最重要的核心構成與極端化的表現實體。然而，值得注意的是，同樣基於時代性文學革新精神的動力，這兩大詩派的創作走向與理想追求卻並不一致，而是恰恰表現爲截然背峙的兩個極端，這也正是元和時代詩歌體派紛呈競現與審美趣尚異態衍化的最高程度的體現。當然，同樣的時代氛圍與文化環境，使得某些創作主張與藝術現象在兩大詩派具體詩人的創作實踐中時有交融與互滲，但就總體趨向而言，元白詩派偏重詩歌的政教功能與通俗表現，著眼點多在文學外部因素的承受，韓孟詩派偏重詩歌的審美功能與奇險表現，著眼點多在文學內部因素的體悟。因此，在藝術創造精神及其對詩史新徑的推展與開拓的意義上，韓孟詩派所具有的濃烈的新變色彩與鮮明的個性特徵，也就較元白詩派的作用與影響更爲重要而深遠。

第一節 詩人群體的組合條件

韓愈、孟郊等人作爲一個詩派在元和年間的組合與崛起，自有多方面因素的推聚作用。就政治圖變與文化轉型的時代大趨勢而言，以韓愈爲核心的文人集團形成的根本原因，乃在於適應著庶族寒士登上政治舞臺後尋求一種思想體系以鞏固其政治鬥爭成果的需要，韓愈以孔孟道統爲武器，以恢復古道相號召，並對傳統的儒家之「道」作出極端現實功利化的全新闡釋，因而「其言大行，學者仰之，如泰山北斗云」❶，成爲一代文壇領袖，其身邊也就自然會聚著眾多志同道合者流。然而，作爲一代文壇宗主，韓愈的影響與作用實際上具有雙重意義，既是古文運動之領袖，又是韓孟詩派之核心，在歷史演進的意義上，這兩大文學潮流固然都是士庶文化轉型中的生動體現，具有相同的邏輯指向，但在審美形態的意義上，古文運動以復興儒學爲根本，強調「文以明道」，表現爲以古文載古道的復古趨向，韓孟詩派的聚合則基於失意的人生與壓抑的心態，詩歌創作主要表現爲奇險怪異的創新趨向，兩者又顯示出截然不同的創作原則與藝術追求。因此，基於同樣的歷史邏輯與文化背景，也同樣以韓愈爲核心人物，古文運動與韓孟詩派卻分別構成兩個不同的文人集團。於是，就文人群體組合的具體條件與基礎而言，這兩個既同又異的集團便顯出各自不同的組合方式來。對於兩者差異的本身，這裏未遑詳論，僅就韓孟詩派組合的獨具條件與特點作一簡略概述。不過，正因韓愈作爲當時文壇領袖的雙重意義，造成文人群體組合的交叉性，使得詩派的本身範圍亦甚爲模糊，如從交遊與師承的角度看，張籍、柳宗元、賈島、姚合等人皆與韓愈關係密切，但從主導詩風的角度看，不僅張籍、柳宗元與其差異甚遠，即使是大體相類的賈島、姚合實亦另闢一徑，因此，以交遊師承與主導詩風的結合把握爲評判標準與依據，這裏將以韓愈、孟郊、李賀、盧仝、馬異、劉叉爲此一詩派討論之核心。

韓孟詩派的組合首先有著與大曆、貞元年間江南詩人文學思想與創作趨向的直接師承關係。這一詩人群體的活動固然以韓愈爲核心，但開派人物卻是年輩最長的孟郊。孟郊年輕時師從江南詩僧皎然，並曾參加皎然組織的「湖州詩會」，其於元和年間尚憶及當時情形，在〈送陸暢歸湖州因憑題故人皎然塔陸羽墳〉詩中寫道「昔遊詩會滿，今遊詩會空」、「杼山磚塔禪，竟陵廣宵翁」。在詩歌創作思想方面，皎然針對大曆以來「詩道初喪」❷而倡揚詩教，曾借答韋應物詩表達「詩教殆淪缺，庸音互相傾。忽觀風騷韻，會我夙昔情」❸的願望與主張，最早響應這一主張的正是孟郊，孟郊也同樣借讚賞韋應物詩以表達「章句作雅正，江山亦鮮明」❹的思想傾向，而韓愈之推尊風雅、倡言詩教，則又顯然受到孟郊的直接影響，其〈孟生詩〉云「孟生江海士，古貌又古心。嘗讀古人書，謂言古猶今。作詩三百首，窅默咸池音」，表明了通過孟郊而溯源「周詩三百篇，雅麗理訓誥」❺的心理線索。在詩歌藝術體式方面，皎然針對詩壇「惟復不變」、「復多而變少」，明確倡導「變若造微，不忌太過」❻的新變精神，由此進而崇尚詩歌體格的「變態」❼，而韓孟詩派最重要的藝術特徵也正是「頓挫奇特，曲盡變態」❽、「變態百出」❾，從詩歌體式變革所包蘊的內容與信息看，這種變態的最高程度的體現，顯然與皎然詩學思想密切相關。除皎然之外，「湖州詩會」成員多有參加顏真卿主持《韻海鏡源》的編纂工作，在韓愈與顏真卿、蕭穎士、柳冕等儒士的聯繫線索中亦有影響滲入其間，特別是蕭穎士之子蕭存曾直接爲韓愈之師，史載「韓愈少爲存所知，自袁州還過存廬山故居，而諸子前死，唯一女在，爲經贍其家」❿，皎然、蕭穎士文學思想通過蕭存對韓愈的影響，顯然形成又一條直接的線索。如果說，皎然作爲大曆、貞元時期詩歌創作經驗理論總結的標誌，那麼，顧況則是那一時期詩歌創作實踐變新趨向的代表。在顧況的全部作品中，固然不乏〈上古之什補亡訓傳十三章〉之類力主教化的體現，但更多的卻是所謂「若穿天心，出月脅，意外驚人語，非尋常所能及」⓫那樣的對怪誕趣味的著意追求。從顧況在當時名聲不顯，到元和、長慶年間卻被韓愈集團文人皇甫湜尊爲「李白、杜甫已死，非君將誰與哉」⑫的現象，正可見出韓孟詩派對顧況詩風的審美發現與直接繼承。綜此諸端，可以認爲，借助倡揚雅正復古的號召力，把握追求審美新變的內驅力，既是韓孟詩派自身組合的條件與契機，又是其作爲大曆、貞元詩壇直接承續的核心與關鍵。

其次，韓孟詩派的組合有著相似的人生經歷、胸懷志趣以及壓抑心態的現實基礎。從這一詩派主要成員的生平經歷看，除韓愈曾得到較高職位外，餘皆沉淪潦倒，甚至終生求仕無門。即如韓愈也是「生三歲而孤」、「家貧不足以自活」，蹭蹬科場二十年，且屢遭外貶蠻荒之困厄。於是，一方面，當韓愈歷任四門博士、國子博士，大量接觸應考舉子之時，就特別同情那些懷抱利器而遭際偃蹇的落魄文人；另一方面，當胸懷大志的寒族士子認識了韓愈明道學說所具有的針對現實政治的功利性內涵，便自然將韓愈視爲其精神上的領袖。正是這樣的雙向同構，使得韓孟詩派成員之間在一種具有深厚情誼的師友關係網絡中保持密切的人生交往與頻繁的詩歌酬贈，而相似的身世遭際，又同時造成他們在備受壓抑的心態中，形成一種「鬱於中而洩於外」、「自鳴其不平」⑬的共同的創作傾向。

從那一特定時代詩壇體派空前繁盛眾多的角度看，傾向鮮明、凝聚緊密的韓孟詩派的形成，除歷史的和時代的乃至大體相同的人生經歷等具有普泛意義的因素之外，具體詩人個性稟賦及氣質趣味的相似相投這一具有特指意義的主體的內在的因素，顯然是更爲根本的關鍵所在。固然，「負質不同，所處時勢又不同」⑭，文人性格趣味、處世態度的大體取向與其所處時代環境特點密切相關，但「天之所賦，氣之所稟」⑮，文人個性稟賦的基點與內質仍然帶有鮮明的個體化特性，而韓孟詩派成員恰恰是在這一意義上構成一種相似與共通的體現。僅據《唐才子傳》所載，孟郊「性介不諧合」，「未嘗俯眉爲可憐之色」，劉叉「俯仰不能與世合」，盧仝「性亦古介僻」，馬異「賦性亦疏」，已可略見一斑。其實，通檢上述諸家詩集，以「狂」、「顛」、「癡」、「戇」、「疏」、「僻」等語自述其狂放怪異、與時不合的精神狀態處比比可見，以之比照其具體行爲，則孟郊在任溧陽尉時，終日行吟瀨上，政務多廢，劉叉當衆搶走韓愈的「諛墓」錢，盧仝與馬異在相互結交詩中極盡嘲謔之能事，這種變態行爲與狂癡心態顯然是完全吻合的。由此可見，正是這種相同的狂放怪異的個性造成對事物認識的趣味相投，從而使得韓孟詩派成員通過心理上的溝通而構成一種相互吸引終致聚合的狀態。這種狂放生性對詩歌創作的影響是明顯的，如韓愈〈詠雪贈張籍〉詩云「狂教詩硉矹，興與酒陪鰓」，就是對其詩歌中那種「驅駕氣勢，若掀雷揭電，奔騰於天地之間，物狀奇變，不得不鼓舞而徇其呼吸」⑯的怪異風貌的形成與狂放生性之間的密切關聯的明確表述。孟郊是韓孟詩派中最早表現出追求新異的詩人，早年即自云「初識漆鬢髮，爭爲新文章」⑰，晚年仍在「感衰悲舊改，工異逞新貌。誰言擯朋老，猶自將心學」⑱，可見其一生對「狂筆自通天」⑲的傾慕與追求，正源自始終不渝的的狂怪心理氛圍，韓愈評其詩「橫空盤硬語，妥帖力排奡」⑳、「劌鉥目心，刃迎縷解，鉤章棘句，掐擢胃腎，神施鬼設，間見層出」㉑，就全然從此著眼。他如盧仝自云「近來愛作詩，新奇頗煩委」㉒，詩作亦「峭絕天邊格，力與文星色相射，長河拔作數條絲，太華磨成一拳石」㉓，馬異其人就怪如「千歲萬歲枯松枝，半折半殘壓山谷，盤根蹙節成蛟螭。忽雷霹靂卒風暴雨撼不動，欲動不動千變萬化總是鱗皴皮」㉔，其詩雖流傳至今者甚少，但在當時卻與盧仝一樣以「怪辭驚衆」而著稱，直至宋代蘇軾仍明確認爲「作詩狂怪至盧仝、馬異極矣」[25]。至於劉叉、李賀，更是直接敞露自身「詩膽大於天」[26]、「少年心事當拏雲」[27]的精神世界。從他們在創作實踐中以「光奪眼目，使人不敢熟視」[28]的主體風貌造成「以怪名家」[29]的確立，正顯現出個體的心靈世界向藝術世界的衍射擴散以及群體的由氣味相投而凝聚構合爲一整體的過程與軌跡。

綜此可見，以創新意識爲導向，以險怪表現爲內容，既是韓孟詩派成員得以聚合的前提與契機，又是這一詩派總體藝術風貌確立的關鍵與核心。當然，在其聚合過程之中，自有師承交遊、人生遇合等多方面具體條件、因素可尋，但當其與特定個體的生性稟賦、心理特徵諧調觸合之時，這種由個體的承受到群體的凝聚所表徵的時代條件與心理基礎的構合，也就顯然超越了單純的文學傳統及孤立的文人群體的意義，而具有了一種融文學傳統與時代精神於一體的新的意義與新的價值。

第二節　審美時尚與詩史進程的聯結

就歷史地位而言，韓孟詩派以奇險爲創新的藝術精神與總體風貌，固然如葉燮所云「唐詩爲八代以來一大變，韓愈爲唐詩之一大變，其力大，其思雄，崛起特爲鼻祖」[30]，構成唐詩史上一個獨異現象，甚至表現爲整個「唐代文化學術史上承先啟後轉舊爲新」的「關捩點」[31]，然而，亦正因其所含具的廣泛的文化意義，實際上正是那一時代文化現象的集中生動的體現，呈顯與文化史進程同步狀態，同時，「韓文起八代之衰，實集八代之成」[32]，其所表現出的大變本身，無疑又是詩史進程的自然推展。因此，對韓孟詩派創新意識與歷史地位的認識，首先應當建築於對文化審美時尚及詩史自身進程的交匯點的把握這一基礎之上。

審美時尚作爲某一特定歷史時期帶有傾向性的文化心理與價值取向在藝術領域的體現，自然折射著強烈的時代精神特徵，沉淀著濃重的歷史文化氛圍。因此，文學藝術領域審美時尚的演化，正表徵著隨著歷史進程的流走而形成的時代精神的變異。這種演化與變異的內在聯繫與同構關係，在唐詩史上當以開天與元和兩期表現得最爲突出而典型。如「開元、天寶之間，承平日久，世尚輕肥」[33]，以豐腴肥潤爲美，正是強盛時代的泱泱之風及其造就的樂觀通達的精神風貌的寫照，當然，適應著士人積極向上、意氣風發的心態，開天時期亦有崇尚昂揚健舉、飛揚跋扈之美的一面，但就總體而言，被稱爲傾國之色的楊貴妃的豐腴體態，韓幹繪畫中肥壯的御馬，顏真卿書法中雄渾敦厚的楷書，乃至都城詩壇含蘊精雅的藝術規範，顯然是更具時代傾向性的審美價值取向的具體體現。自天寶末年安史亂起，在社會秩序的劇烈動蕩與時代精神的巨大轉變之中，昂揚高朗變成悲苦哀吟，士人的審美情趣自亦發生著深刻的變移，而這也恰恰在隨著這一巨大扭變時代應運而生的大詩人杜甫身上首先表露出來。其著名題畫詩〈丹青引贈曹將軍霸〉云「幹惟畫肉不畫骨，忍使驊騮氣凋喪」，表面上是對韓幹繪畫技法的批評，實則透露出以尚骨與尚肥相對照的一種新的審美價值觀念。在繪畫方面，杜甫稱讚「將軍善畫蓋有神」[34]，在書法方面，杜甫則倡導「書貴瘦硬方通神」[35]，重神、重骨，正是其審美價值取向建構的基點。當然，對風神氣骨的傾重，也是所謂「盛唐氣象」表現特徵的重要側面，然而，在基點的意義上以尚瘦尚骨替代尚肥尚大，恰恰表現爲對開天審美時尚的改造與否定。又如，顏真卿歷開天盛世，早期書作固以體式敦厚而著名，但其大曆以後作品卻出現重要的轉變，《宣和書譜》卷三云「蓋自有早年書〈千佛寺碑〉，已與歐、虞、徐、沈暮年之筆相上下，及〈中興〉以後，筆力迥與前異，亦其所得者愈老也」，朱長文《續書斷上》云「其太露筋骨者，蓋欲不踵前述，自成一家」，皆指出其晚年書法以「太露筋骨」而「迥與前異」的創變事實。對此，米芾則稱之爲「大抵顏、柳挑踢，爲後世醜怪惡札之祖，從此古法蕩無遺矣」[36]，雖爲貶詞，卻正昭示了「顏體」內含的險怪傾向。在較廣的歷史時段視界中，這種「書變」恰恰構成韓孟「詩變」的前奏，蘇軾嘗言「書之美著，莫如顏魯公，然書法之壞，自魯公始；詩之美者，莫如韓退之，然詩格之變，自退之始」[37]，從杜甫的重瘦骨、顏真卿的尚險怪，到韓孟詩派的奇險怪異的審美祈向，顯然正是一脈相承。

如果說，天寶、大曆年間，這種審美趣味的轉變尚處於一種過渡狀態，那麼自大曆以後至元和年間，則顯然已成爲一種普遍的時尚。據段成式《酉陽雜俎》載，大曆末，「張璪嘗畫古松於齋壁，符載讚之，衛象詩之，亦一時三絕」，可見張璪畫松在當時風行之盛，從符載〈江陵府陟屺寺雲上人院壁張員外畫雙松讚〉「根如蹲虯，枝若交戟，離披慘淡，寒起素壁」以及朱景玄《唐朝名畫錄》「氣傲煙霞，勢淩風雨，槎枒之形，鱗皴之狀」的描述看，張璪畫松正以槎枒瘦硬的骨力體態爲主要特點。值得注意的是，這種審美評判並未局限於畫壇範圍，而與詩壇有著緊密的溝連，如元稹〈畫松〉詩：

張璪畫古松，往往得神骨。翠帚掃春風，枯龍戛寒月。流行畫師輩，奇態盡埋沒。纖枝無瀟灑，頑幹空突兀。

所謂「枯龍戛寒月」的「神骨」特徵，正與畫讚畫錄中所記相同。又如白居易〈畫竹歌〉云：

> 植物之中竹難寫，古今雖畫無似者。蕭郎下筆獨通真，丹青以來唯一人。人畫竹身肥臃腫，蕭畫莖瘦節節竦。人畫竹梢死羸垂，蕭畫枝活葉葉動。不根而生從意生，不筍而成由筆成。

由「人畫」之「竹身肥臃腫」與「蕭畫」之「莖瘦節節竦」的對比，恰恰表現出由豐腴肥潤到勁健寒瘦的審美時尚的轉變，同時，對所謂「從意生」的主觀情思創造作用的傾重與肯定，亦透露出由杜甫「意匠慘淡經營中」[38]到張璪「外師造化，中得心源」[39]的重心性美學思想的延展。而這種重心性的理論主張與構思方式，在韓孟詩派的創作實踐中，顯然已成爲其主導性的表現特徵與藝術風貌了。如孟郊〈贈鄭夫子魴〉詩云「天地入胸臆」、「物象由我裁」，李賀〈高軒過〉詩云「筆補造化天無功」，實爲韓孟詩派由主觀心性裁熔客觀物象而造極險怪之境的理論與實踐的淋漓盡致的剖白。由此可見，韓孟詩派重心性、尚險怪的主導傾向的形成，既顯出審美時尚由豐腴肥大到寒瘦勁健的變移過程中的同步共構現象，又構成時代氛圍由昂揚高朗到衰亂寒苦的文化折射中的最爲生動的體現。

重神尚骨的審美趣味與價值取向，在韓孟詩派諸人筆下實在是比比可見。如韓愈寫雁「風霜酸苦稻粱微，毛羽摧落身不肥」[40]，寫荷花、李花則「遺我明珠九十六，寒光映骨睡驪目」[41]、「清寒瑩骨肝膽醒，一生思慮無由邪」[42]，映入眼簾的自然物象亦多爲「遂登天台望，眾壑皆嶙峋」[43]、「秋霜喜刻轢，磔卓立癯瘦」[44]，對「瘦」、「骨」的偏好，顯而易見，因此，劉禹錫稱賞韓詩「浩爾神骨清，如觀混元始」[45]，正是對韓愈主導性審美追求的準確把握。在孟郊詩中，清寒瘦硬的物象更是大量堆積，如〈秋懷十五首〉之一「孤骨夜難臥，吟蟲相唧唧」、之七

「秋草瘦如髮、貞芳綴疏金」、之九「冷露多瘁索，枯風饒吹噓」、〈寒溪九首〉之一「霜洗水色淨，寒溪見纖鱗」，不僅人如「孤骨」，而且草瘦如髮、風枯露索、溪寒鱗纖。除以寒瘦描人狀物之外，孟郊還在品詩時以之爲標舉，如〈戲贈無本〉之一云：

> 長安秋聲乾，木葉相號悲。瘦僧臥冰凌，嘲詠含金痍。金痍非戰痕，峭病方在茲。詩骨聳東野，詩濤湧退之。有時踉蹌行，人驚鶴阿師。可惜李杜死，不見此狂癡。

所謂「瘦僧臥冰淩」，表面上固然是對賈島身形的描繪，但從下文以「詩骨」自負看，實質上也是用以評判賈島詩風的標準，其〈秋懷〉詩中「詩老失古心，至今寒皚皚，古骨無濁肉，古衣如蘚苔」，也同樣表明了重骨輕肉的詩歌審美觀念。劉叉在〈答孟郊〉詩中云「酸寒孟夫子，苦愛老叉詩，生澀有百篇，謂是瓊瑤辭」，作爲同一群體中的成員，以「生澀」爲「瓊瑤」，正顯示了其共同的價值取向。如果說，孟郊的重骨常常帶有一種寒氣，那麼，盧仝的重骨則更多表現爲一種瘦態，如其著名的〈與馬異結交詩〉先寫自己：

> 天地日月如等閑，盧仝四十無往還。唯有一片心脾骨，巉巖崒硉兀鬱律。

接著又寫馬異：

> 憶君眼前如見君，此骨縱橫奇又奇。千歲萬歲枯松枝，半折半殘壓山谷，盤根蹙節成蛟螭。忽雷霹靂卒風暴雨撼不動，欲動不動千變萬化總是鱗皴皮。

自己已如「巉巖崒硉」，馬異更是如「盤根蹙節」、「總是鱗皴皮」的「枯松枝」，以物態狀人相，唐以前詩中已甚普遍，但如此專尚瘦骨之形，顯然可以獨標一格。如果說，這裏的審美取向，還是通過人物品評體現出來，那麼，其〈贈金鵝山人沈師魯〉詩云「示我插血不死方，賞我風格不肥膩。肉眼不識天上書，小儒安敢窺奧秘」，則通過從沈師魯學道之情形的描繪，以一種神秘化方式，不僅構成完全的精神活動世界，而且直接點明對「不肥膩」的詩歌藝術風格的肯定，在詩學本體的意義上展示出由肥大到寒瘦的時代性審美價值觀念的轉向。

韓孟詩派尚瘦硬險怪的審美觀念與創作傾向，就整個唐代文化史進程的角度看，顯然標示著隨著時代巨變而生的社會心理、審美時尚的重大轉折、深刻變異的集中體現，以一種創造性精神與全新的態勢表現出對傳統的變革與背離。然而，在唐代詩史自身演進的範圍內，韓孟詩派又顯然是並非一朝突現的，而是通過對前代範式的自覺容受與發展，表現爲詩史流程中緊相聯結與環環相扣的自身邏輯與必然走向。這大體可以從以下三方面加以考察。

首先是對作爲唐詩藝術高峰及集大成表現的李、杜範式的自覺接受與推展。如韓愈的〈調張籍〉詩云「我願生兩翅，捕逐出八荒。精誠忽交通，百怪入我腸。刺手拔鯨牙，舉瓢酌天漿。騰身跨汗漫，不著織女襄。顧語地上友，經營無太忙。乞君飛霞珮，與我高頡頏」，固然集中展示了這一詩派共同以險怪爲追求的審美理想，但他又清楚地說明了這一理想是承自李白、杜甫「想當施手時，巨刃磨天揚，垠崖劃崩豁，乾坤擺雷硠」，並當「群兒謗傷」之際首次以「李杜文章在，光焰萬丈長」對李白、杜甫作出極高評價。當然，李、杜本身自有多方面藝術造就與風格表現，不同的接受主體亦自有其不同的著眼點，韓孟詩派正是在自身審美理想的基點上集中於對李、杜詩中「嶽力雷車轟，大句斡玄造」[46]的詼詭拗折一面的承接與推擴，「蓋以想象出詼詭，以單馳見奔迸，其源自李，而以生劖爲刻畫，以排奡臻妥帖，則得之杜也」，由此而「融裁以別開一派」[47]。對此，清人趙翼說得相當精闢：「韓昌黎生平所心摹力追者，惟李、杜二公。顧李、杜之前，未有李、杜，故二公才氣橫恣，各開生面，遂獨有千古。至昌黎時，李、杜已在前，縱極力變化，終不能再闢一徑，惟少陵奇險處尚有可推擴，故一眼覷定，欲從此闢山開道，自成一家。」[48]也就是說，面對極盛難繼的藝術高峰，力圖新變的韓孟詩派通過對李、杜詩中所蘊含的奇險因素的掘發與推展而構成自身主導性特徵，正是一種順乎自然的心理指向與藝術規律的體現。

其次是隨著險怪意向逐漸定型而構成對韓孟詩派的直接影響，亦即大曆、貞元年間以皎然、顧況爲代表的江南詩人的理論導向與創作示範。對此，在前節論述韓孟詩派師承關係時已曾述及，如孟郊早年從皎然學詩，參加過「湖州詩會」，直到晚年還念念不忘「江調難再得，京塵徒滿躬」[49]，以皎然爲首的江南詩人群正是博採「怪以怒」的吳越民歌風調而形成「高情放浪出常格」的創作特徵，而皎然在《詩式》中提出「取境之時須至難至險」、在《詩議》中提出「狀飛動之趣，寫真奧之思」等主張，顯然也直接啟發了韓孟詩派「高意合天制，自然狀無窮」、「橫空盤硬語，妥帖力排奡」的創作思想。此外，以文風險怪著稱的韓門弟子皇甫湜特別推重顧況詩，稱其「往往若穿天心，出月脅，意外驚人語，非尋常所能及，李白、杜甫已死，非君將誰與歟」[50]，如果視其爲韓孟詩派審美取向的標誌之一，則進而在險怪的意義上使李、杜至顧況再到自身形成一條緊密聯繫的索鏈。

再者是隨著時代環境與社會心理的急劇變化，處在佛教思想深刻浸染中的大曆、貞元詩壇對韓孟詩派「重心性」思想與實踐的深刻影響。大曆、貞元詩人特別是江南詩人，與佛教特別是天台宗聯繫緊密，其根本原因乃在於天台宗「心造萬物」的思維方式恰恰適應著士人厭倦亂世的心理，促使其將企求建功立業的社會熱情轉移到對自然景物的沉迷，並託寓情性以求心靈的超脫。於是，直接取自佛典的「取境」規則造成詩歌創作在「神會於物，因心而得」[51]那樣的由感受尋求表現形態的思維轉換過程中，使得所謂「專主情景」[52]實際上表現爲心理定點流向之境界與主觀移情構造之心象。這種滲融著佛學義理的重主觀心性的詩歌創作思維方式，作爲對開天時期形成的心物、情景交融平衡狀態以及安史亂後形成的貼近動亂時代的寫實原則的打破，固然時遭譏評，但其客觀影響卻不應低估，李觀〈與左司趙員外書〉云「今之人學文一變訛俗，始於宋員外，而下及嚴秘書、皇甫拾遺，世人不以爲經，呀呷盛稱，可歎乎」，其後皇甫湜〈答李生第二書〉又云「近世風教偷薄，進士尤甚」，「詩未有劉長卿一句，已呼阮籍爲老兵矣」，雖爲批評不滿之詞，但客觀上恰恰說明了始自大曆、貞元年間的詩風潛變已經形成影響廣泛的新趨勢這一事實。韓孟詩派的革新精神，正是在這裏獲得重要的靈示與啟迪，如孟郊〈送淡公〉之六云「師得天文字，所以相知懷」，韓愈〈送僧澄觀〉亦云「又言澄觀乃詩人，一座競吟詩句新」，極爲明顯，這種佛學與藝術滲融構合的思維方式給人以耳目一新的感受，適應著韓、孟等人的創新慾求，使得他們既屢屢稱讚以皎然爲代表的禪聲江調，又直接剖示出「徒有舊舊言，慚無默默新，始驚儒教誤，漸與佛乘親」[53]的心理軌跡。如果說這些僅能表明其與佛教的親近心理，那麼，盧仝〈寄贈含曦上人〉「化物自一心，三教齊發起，隨鐘嚼宮商，滿口文字美」則道出了關鍵，以「一心」爲本而形諸「宮商」、「文字」之美，顯見重心性文學思想與佛學義理的聯結。由此可見，雖「形拘在風塵」，卻「心放出天地」[54]的韓孟詩派，在將險怪的審美時尚表達得淋漓盡致的過程中，重心性的思維方式是至關重要的。正是在這一點上，總體上創變激烈的韓孟詩派與總體上迴蕩徘徊的大曆詩壇產生了緊密的聯繫，表現形態上巨大反差的兩極之間，實際上伴隨著心理深層的步步推衍。

總之，韓孟詩派作爲一個詩人群體的形成，決定於多方面時代條件與具體成員經歷、個性、志趣的恰相投合，而其鮮明的審美取向的確立，又恰恰體現著審美時尚與詩史進程的聯結與交匯。因此，作爲「元和詩變」的極端化表現之一，韓孟詩派的創新精神與獨具風貌，就既是詩人藝術個性的發揮，又是時代性文化精神的體現，更是文學史自身演進的結果。只有在這樣的觀照層面，才能把握韓孟詩派在中國文學史乃至文化史上的獨特價值與多重意義。

第三節　儒釋思想轉換與詩文觀念分流

以韓愈爲核心的文人集團，從時代因素上看固然是適應著反對割據分裂、要求加強中央集權的政治改革而生的新興政治力量的聚集與體現，因此其思想內涵的本質與核心，也就是與封建國家治統構成表裏關係的儒家道統學說，韓愈曾明言「己之道，乃夫子、孟軻、揚雄所傳之道也」[55]，以重建儒家道統爲己任，所謂「修其辭以明其道」[56]，其畢生致力的文以明道顯然正是儒家之道。宋代以倡揚儒家道統而著稱的姚鉉在〈唐文粹序〉中云「韓吏部超卓群流，獨高遂古，以二帝三王爲根本，以六根四教爲宗師，憑陵轥轢，首唱古文，遏橫流於昏墊，闢正道於夷坦，於是柳子厚、李元賓、李翺、皇甫湜又從而和之」，清楚地描畫出韓愈集團以儒家道統在文壇撐持的崇高地位所包含的「以二帝三王爲根本」的治統背景。

然而，正因這一文人集團的形成與現實政治的緊密聯繫以及其成員作爲新起庶族政治力量而處激烈政治鬥爭前沿的現實境況，他們的心理、行爲乃至思想傾向顯然都極易受到政治現實的影響，隨政治情勢的變化而變化。自安史亂後直至大曆、貞元年間，唐代政治由盛轉衰，強藩割據、宦官專權，大一統的政治體制受到嚴重創損，這就促發了新興政治力量的改革要求，儒家道統學說的創立與昌隆，正是這一現實政治需要驅使而然。然而，衰敗的國勢難以復振，在重重險阻中施行的一系列政治改革措施雖然到元和初年達到高潮而初現成果，但「元和中興」本身最終僅如曇花一現，國勢衰落遂一發不可逆轉，戰禍連綿、民不聊生、仕路阻塞的嚴酷現實，終使士人喪失對自己力量的信心，普遍萌生一種幻滅感與逃避慾，這就形成了趨向宗教以尋求精神解脫與心理憩息港灣的契機。

同時，與士人心理恰相契適，佛教本身在唐中期也正處於一個進一步發展的時期。胡應麟《雙樹幻鈔》云「世知詩律盛於開元，而不知禪教之盛，實自南嶽、青原兆基。考之二大士，正與李、杜二公並世，嗣是列爲五宗，千枝萬萎，莫不由之。韓、柳二公，亦與大寂、石頭同時，大顛即石頭高足也。世但知文章盛於元和，而不知此時江西、湖南二教，周遍環宇」[57]，指出「禪教之盛」雖於開元年間已兆初基，但直至元和年間方呈「周遍環宇」之勢，並將其時禪教之盛與文學之盛加以聯繫考察，實具深刻的啟示意義。近人羅香林在論述韓愈等人受佛學深刻浸染時，進而指出那一時期「聰明之士，多轉而投身佛門，或以儒生而兼習釋學。其以儒家立場而排斥佛教者，雖代有其人，然大率皆僅能有政治上社會上之作用，非能以學說折之也。而鬥爭之結果，則不特儒者不能舉釋門而『人其人，火其書，廬其居，明先王之道以道之』，甚且反爲釋門學者所乘，而使之竟以心性問題爲中堅思想。雖其外表不能不維持儒家之傳統局面，然其內容之盛攙釋門理解，已爲不容或掩之事實」58，儒士習染佛學，在當時實已成爲一種甚爲普遍的文化現象。特別是新興的禪宗，在綜合佛教各宗派基本思想的基礎上，把繁瑣的教義與玄奧的理致大加簡化，並不重苦修，講求「即心即佛」，爲人們「頓悟」成佛指出一條便捷之途，這種最大程度地迎合廣泛人群的心理意趣的世俗化傾向，也是佛教禪風熾盛一時的重要原因。

再進一層，就文學本身看，在以韓愈爲核心的文人集團所具雙重意義造成的兩大文人組合群與兩個文體創作圈——古文運動與韓孟詩派——的各自範圍內，對儒、釋思想因素承受、轉化的輕重多寡又顯有不同。一方面，以韓、柳爲核心的古文運動，「文以明道」是其基本的理論綱領，其所謂「道」，「非向所謂老與佛之道也」59，而是由堯、舜、禹、湯、文、武、周公、孔子、孟子、揚雄所傳之傳統儒家之道，因此古文運動及其創作實踐始終與儒家道統聯繫在一起，另一方面，以韓、孟爲核心的詩人群體，其最初的聚合固然有著趨同雅正教化詩學思想的因素，如孟郊從倡揚詩教的皎然學詩，又對韓愈有直接影響，這一承自傳統的線索就清晰地表明了韓孟詩派早期思想傾向。然而，在這一傳承線索本身之中即已寓含了其他的思想成份，皎然作爲一個沉溺詩學的僧人，在其詩學思想中實際上更多地摻和著佛學思維方式，這就已經爲以之爲詩學師承的韓、孟諸人種下了最初的崇佛機因。其次，當時文人分別詩、文的文體觀念，也導致了詩、文各自不同的思想傾向側重點的形成。古文運動意在「文以明道」，而儒家道統的重建映帶著強烈的治統色調，因此貫徹儒家道統的古文創作實際上是適應現實政治需要的功利性、實用性產物；韓孟詩派則是一群仕途阻塞、時命偃蹇的寒士，作品主要表抒了壓抑心態的「不平之鳴」，因而其追求險怪趣尚的詩歌創作實際上是適應情感宣洩需要的主觀化、心靈化產物。對於詩、文文體不同特性的認識，柳宗元有一段明晰的闡述：

> 文有二道，辭令褒貶，本乎著述者也，導揚諷諭，本乎比興者也。著述者流，蓋出於《書》之謨、訓，《易》之象、繫，《春秋》之筆、削，其要在於高壯廣厚，詞正而理備，謂宜藏於簡冊也。比興者流，蓋出於虞、夏之詠歌，殷、周之風、雅，其要在於麗則清越，言暢而義美，謂宜流於謠誦也。茲二者，考其旨義，乖離不合，故秉筆之士，恒偏勝獨得，而罕有兼者焉。[60]

在這裏，柳宗元將「文」分爲「本乎著述」與「本乎比興」兩大類，實際上正是源自《書》、《易》、《春秋》之古文與源自古詠、風、雅之詩歌，並明確指出兩者「乖離不合」的重要差異，古文之道在於「辭令褒貶」，顯然可見「意欲施之事實，以輔時及物爲道」[61]的實用化特性，詩歌之道在於「導揚諷諭」，固然亦含有政教功利性內涵，但其本身已具「洩導人情」的一面，而「其要在於麗則清越，言暢而義美」，則更明顯可見「詩緣情而綺靡」[62]的情感化原則與特徵了。就不同特性的詩、文文體所體現的思想傾向而言，儒、釋、道三家固然互有交融與滲透，尤其在三教並盛的唐代更是如此，然而，具體化到唐中期以後這一特定時期以及圍繞韓愈爲中心的特定文人群體，情況則有了重要的變化。在古文方面，正如前引羅香林所云，因其「有政治上社會上之作用」的實用性目的，表現爲「以儒家立場而排斥佛教」；而在詩歌方面，則因其「不平之鳴」主要基於「發憤以抒情」的構思方式，從而表現出與大扇其時的禪宗「心性」思想的一拍即合。因而，隨著政治情勢的變遷、士人心理的轉替而形成的儒、釋思想傾向著重點的移位現象，就在韓孟詩派的詩歌思想與創作實踐中最爲突出地表現出來。

韓孟詩派中人崇儒排佛者，無過於韓愈，但其反復強調「志在古道」[63]並力主對佛老之道「人其人，火其書，廬其居，明先王之道以道之」[64]，根本原因在於「佛法入中國，爾來六百年。齊民逃賦役，高士著幽禪。官吏不之制，紛紛聽其然。耕桑日失隸，朝署時遺賢」[65]，顯而易見，其著眼點全然集中在佛教對社會現實政治經濟的危害這一點上。也就是說，站在政治實用的角度上，韓愈力排擾亂正常政治秩序之佛，而在發抒情懷的角度上，韓愈其實並不排斥倡揚心性之佛。值得翫味的恰恰是韓愈在因論佛骨事貶潮州後與大顛和尚交往甚密，並稱其「實能外形骸，以理自勝，不爲外物侵亂」[66]。其在遭際坎壈時，更時常受到佛家人生觀的影響，如〈遣興〉詩云：

斷送一生唯有酒，尋思百計不如閑。莫憂世事與身事，須著人間比夢間。

對於此詩，黃叔粲《唐詩箋註》即稱之爲「禪悟後語」，並由此指出「乃知退之闢佛，只是爲朝廷大局，正本塞流，維持風教，惟恐陷溺者多」，可謂抓住了問題的關鍵所在。其實，韓愈一生與僧徒交遊甚廣，如澄觀、廣宣、靈師、惠師、大顛、高閑、文暢等，嘗自云「空愧高僧數往來」[67]，在有關作品中不僅表露出對佛徒人生態度的讚賞，而且受佛典及其喻意的深刻影響。對此，朱翌《猗覺寮雜記》云「退之雖闢佛，然亦觀其書」，雖末深刻地把握韓愈儒、佛思想傾重點內在轉換機制及其不同的表現領域，但卻實實在在地揭示出其思想的內涵的兩面性。與韓愈相比，孟郊受佛教思想的影響尤爲明顯，如其〈夏日謁智遠禪師〉詩云：

吾師當幾祖，說法雲無空。禪心三界外，宴坐天地中。院靜鬼神去，身與草木同。因知護王國，滿鉢盛毒龍。抖擻塵埃衣，謁師見真宗。何必千萬劫，瞬息去樊籠。盛夏火為日，一堂十月風。不得為弟子，名姓掛儒宮。

可見，其「名姓」雖在「儒宮」，心神卻已嚮往佛門。當然，孟郊早年頗有入世之志，思想傾向亦以儒學爲主，但其一生屢歷磨難，仕途蹭蹬，終致「始驚儒教誤，漸與佛乘親」[68]，在深重的人生挫折與精神創傷中由對「儒教」的疏離到對「佛乘」的親近，明晰昭示了思想傾向著重點的移轉。其於〈讀經〉詩中曾自敘晚年生活情狀：

垂老抱佛腳，教妻讀黃經。經黃名小品，一紙千明星。曾讀大般若，細感肸蠁聽。當時把齋中，方寸抱萬靈。忽復入長安，蹴踏日月寧。老方卻歸來，收拾可丁丁。

可見其浸染佛典之深。他如長年隱居的盧仝、受阻於科場門外的李賀，更是「敲骨得佛髓」[69]、「楞伽堆案前」[70]，佛典禪理已成爲其日常生活特別是精神世界中不可或缺的重要內容了。

作爲一個致力於拓展詩歌創作藝術新徑的文人群，韓孟詩派成員浸染佛學之本旨，除「我心塵外心，愛此塵外物」[71]那樣的避世人生態度與尋求精神慰藉的心理因素之外，顯然更多地體現出借助佛教義理玄妙的精神境界及其新奇的表現方式以啟發詩思、融造詩境的作用與特徵。如盧仝〈寄贈含曦上人〉詩云「近來愛作詩，新奇頗煩委。忽忽造古格，削盡俗綺靡」、孟郊〈忽不貧喜盧仝書船歸洛〉詩云「不願空岩嶢，但願實工夫。實空二理微，分別相起予」，皆明確道出通過佛理的推研領悟以轉換思維方式、創造藝術新徑的心態與追求。正是在這樣的客觀影響與主觀祈向的聯結與溝通之中，韓孟詩派在總體風貌上顯示出背離傳統的表現方式與審美取向，就兩者聯繫的角度而言，最突出的體現大體有佛教狂禪風尚的習染與佛教藝術形象的參用兩大方面。

先看狂禪風尚的習染。興起於大曆、熾盛於元和的洪州禪，在繼承發展了慧能、神會禪宗一系簡化修行方式的世俗化傾向的同時，進而改變了《壇經》所云「一念惡，報卻千年善亡，一念善，報卻千年惡滅」那樣的排除貪嗔煩惱、一切惡行的原則，以「認虛妄爲真性」[72]的法則爲自身突出特點。洪州宗創始人馬祖道一曾云「著衣吃飯，言談祇對，六根一切施爲，盡是法性」[73]，其弟子慧海、懷海則進而直截了當地加以闡釋云「曰：云何即得解脫？師曰：本自無縛，不用求解，直用直行，事無等等」[74]、「一切法都不必拘泥，這就叫解脫無礙」[75]，這種「解脫無礙」、放任言行的主張，顯然與傳統佛學差異甚大，在佛教本身範圍內顯出強烈的反傳統色彩。正是由於這種肯定人生慾望的世俗化傾向，導致元和年間狂禪之風「周遍環宇」，禪宗遂進一步走向狂蕩，諸僧不僅任情放縱，甚至呵祖罵佛，形成一種「爲人縱逸，全非彼教所宜」、「學於佛而不從其教」[76]的奇特現象。當然，狂禪風行之時，即遭正統佛徒乃至正統文人的極力抵制，如百丈懷海重立《百丈清規》，一反狂禪「好壞都無須思量」之旨，力主「各慕祖風，嚴持戒律」，以恢復正統佛教爲己任；柳宗元一生篤信佛學且主張「統合儒釋」，但正因其內含以儒統釋的正統思想，所以對於佛教本身即力斥「誕則離乎真」的狂禪，而以正統佛教爲取向。與此相反，韓孟詩派文人則恰恰對狂禪採取肯定與讚賞的態度，如韓愈〈送靈師〉詩云：

> 逸志不拘教，軒騰斷牽攣。圍棋鬥黑白，生死隨機權。六博在一擲，梟盧叱回旋。戰詩誰與敵，浩汗橫戈鋋。飲酒盡百盞，嘲諧思逾鮮。有時醉花月，高唱清且緜。四座咸寂默，杳如奏湘絃。

由「不拘教」到終日圍棋、飲酒，顯爲佛教戒律所禁忌，韓愈卻以讚賞的態度大加渲染描繪。其

〈送惠師〉詩云「惠師浮屠者，乃是不羈人」、「吾非西方教，憐子狂且醇」，更直接表明對「浮屠者」作爲「不羈人」而表現出的「狂」態的由衷傾慕與讚賞。從韓愈闢佛的角度看，其推重背離正統佛教的狂禪固然含有「其所以稱浮屠者，皆彼教法所戒，良以不拘彼教，乃始近於吾徒」[77]的用意，但若深入韓、孟諸人由長期的貧寒生活與蹭蹬仕途而形成的壓抑不平的心態，其推重狂禪顯然還有主觀的受容與感契的因素，孟郊〈自歎〉詩云「泰山聳巍峨，是天產不平。黃河奔濁浪，是天生不清」，正是這種不平心理向自然狀態的的反思，盧仝〈冬行三首〉之三云「上不事天子，下不識王侯」，更進而引向對社會秩序的否定與反抗。因此，狂禪背離傳統佛教的精神，恰恰適應著韓、孟等人對現實社會的批判心理，同時也爲其「不平之鳴」提供了一種極好的宣洩途徑與表達方式。

再看佛教藝術形象的參用。佛教的盛行造成佛教藝術的高度繁榮，除當時講經、唱經、變文之類文字藝術以「出其囊中文，滿聽實清越」[78]的新奇性特點爲詩壇帶入清新氣息之外，佛教寺廟壁畫的詭異形象對韓孟詩派的險怪追求實有重要影響。如韓愈特別喜愛寺廟壁畫，不僅屢屢寫及「粉牆丹柱動光彩，鬼物圖畫填青紅」[79]、「僧言古壁佛畫好，以火來照所見稀」[80]的情形，而且在直接描繪壁畫的作品之外，形成一種以表現光怪陸離的形象色調爲標誌的創作傾向，其名篇〈陸渾山火和皇甫湜用其韻〉先寫風威火勢中「天跳地踔顛乾坤，赫赫上照窮崖垠，截然高周燒四垣，神焦鬼爛無逃門，三光弛隳不復暾」，一派天翻地覆、鬼哭神嚎的景象，其後又寫出「彤幢絳旃紫纛旛，炎官熱屬朱冠褌，髹其肉皮通髀臀，頹胸垤腹車掀轅，提顏䩮股豹兩鞬，霞車虹靷日轂轓，丹蕤縓蓋緋繙𦁓」、「雷公擘山海水翻，齒牙嚼齧舌腭反，電光䃶磹頳目暖，項冥收威避玄根，斥棄輿馬背厥孫，縮身潛喘拳肩跟」那樣離奇幻誕的火神、水神形象及其相戰場面，這種將傳說中神話具象化的方法，顯然是由佛教壁畫啟發而動的想象馳騁，清人沈曾植就認爲此詩可「作一幀西藏曼荼羅畫觀」[81]，可謂洞見其微。又如李賀向以描寫鬼、神世界而著稱，試看其〈夢天〉詩：

老兔寒蟾泣天色，雲樓半開壁斜白。玉輪軋露濕團光，鸞珮相逢桂香陌。黃塵清水三山下，更變千年如走馬。遙望齊州九點煙，一泓海水杯中瀉。

此詩主旨固然在於借夢遊太空俯視人寰的感受表現浩茫的宇宙意識與深沉的歷史慨歎，但是其夢遊天宮的本身卻描繪得形神畢現，詩境雖空靈超俗，物象卻清晰可觸，具有強烈的繪畫效果。其著名的寫鬼詩〈秋來〉亦云：

桐風驚心壯士苦，衰燈絡緯啼寒素。誰看青簡一編書，不遣花蟲粉空蠹。思牽今夜腸應直，雨冷香魂弔書客。秋墳鬼唱鮑家詩，恨血千年土中碧。

此詩由自身懷才不遇而抒發盛年難再之惶懼與痛苦壓抑之心態，但其藝術表現卻採取「以幻象寫真情」的方式，造成詩中桐風驚心、絡緯哀鳴、香魂來弔、鬼唱鮑詩、恨血化碧等離奇詭異的幻象接踵呈現，構成充滿既淒清幽冷而又瑰麗奇譎的圖景與形象的詩境特色。他如盧仝〈寄蕭二十三慶中〉「猩猩鸚鵡皆人言，山魈吹火蟲入碗，鴆鳥咒詛鮫吐涎」以及〈月蝕詩〉中參用地獄鬼形來描寫天上鬼神，同樣也是以佛寺壁畫鬼神圖象爲構思原型的。由此可見，由佛寺壁畫原型化生詩歌險怪意象，已非韓孟詩派中的個別現象，而是體現爲一種較爲普遍的共有特徵。沈曾植在《海日樓叢鈔》卷七中云「吾嘗論詩人興象，與畫家景物，感觸相通。密宗神秘於中唐，吳、盧畫皆依爲藍本。讀昌黎、昌谷詩，皆當以此意會之」，已經初步把握了兩者之間的整體性聯繫。當然，韓孟詩派以積極的態度接受佛教藝術的陶染，自有自身的原因，由於具備了生性的怪異癖好、詩歌思想偏重主觀心性以及人生遭遇的壓抑不平諸方面因素，因之一遇詭奇神異的佛教藝術形式，便立即與其主觀表現慾一拍即合。韓孟詩派在總體上表現出背離傳統與常態的審美取向與藝術風貌，亦正可於此窺見一個重要來源。他們的創新意識與實踐，往往就是常態與傳統的背道而馳。如韓愈〈病中贈張十八〉「中虛得暴下，避冷臥北窗」，以洩痢入詩，李賀〈南山田中行〉「石脈水流泉滴沙，鬼燈如漆點松花」，將鬼境寫得充滿幽清韻味；反之，如孟郊的〈京山行〉「眾虻聚病馬，流血不得行。後路起夜色，前山聞虎聲。此時遊子心，百尺風中旌」，將傳統的山水自然美感受寫成一種恐怖氛圍中的惶懼戰慄之感，韓愈的〈晝月〉「玉碗不磨著泥土，青天孔出白石補。兔入臼藏蛙縮肚，桂樹枯株女閉戶」，更是將傳統的明淨澄澈的明月形象寫成「碗著泥」、「蛙縮肚」、「桂枯株」。以傳統的常態的審美標準來衡量，韓孟詩派險怪追求的大量實踐，恰恰體現了審美觀念及其價值取向的強烈錯位甚至完全的顛倒，這就是所謂的「以醜爲美」。從現代美學的角度看，醜「與美不同，在藝術和自然中感知到醜，所引起的是一種不安甚至痛苦的感情」，作爲一種「混合的感情」，它「帶有苦味的愉快」、「染上了痛苦色彩的快樂」，「這種醜的對象，經常表現出奇特、怪異、缺陷和任性，這些都是個性的明確無訛的標誌」[82]，醜既是美的對應態，其本身又具有美的潛在因素與表現力量，並在感情界域的模糊混合之中構成個性人格的明晰體現。由此對韓孟詩派作重新觀照，不僅可以清晰地窺見其變態的審美價值取向形成的心理機制，而且進一步表明其自覺的藝術創新精神作爲傳統藝術流程中的顯著變異所具有的重要的美學意義。

與以韓愈爲核心的兩大文體創作集團所承受的儒、佛思想傾向側重點的不同這一現象幾乎完全同步，古文運動與韓孟詩派對於文學自身的觀念亦呈現顯著的差異。帶有強化治統背景的古文運動，始終強調「宗經明道」、政治教化的實用性功能，顯示出鮮明的向儒家雅正傳統的歸位意識，在文學傳統範式的選擇取向的意義上，也就導致了對發抒個人幽憤情懷方式的否定。比如古文運動的先驅蕭穎士認爲「屈原、宋玉，文甚壯麗，而不能經」[83]，李華亦云「屈平、宋玉，哀而傷，靡而不返，六經之道遯矣」[84]，顯見揚《詩》抑《騷》的伸正詘變觀，柳冕進而概括道「王澤竭而詩不作，騷人起而淫麗興，文與教分爲二」[85]，更是「變風變雅作則王澤竭」[86]的正統儒家文學觀的翻版。以韓愈爲核心的古文運動的極盛，正表現爲這一基本文學觀念的進一步發展，在其創作實踐的早期，實際上也同時深刻浸染著他們的詩歌創作觀念，如孟郊早年倡揚「雅正」，就與古文家宗經思想全然一致，韓愈在推重孟郊的〈薦士〉詩中寫道「周詩三百篇，雅麗理訓誥。曾經聖人手，議論安敢到。五言出漢時，蘇李首更號。東都漸瀰漫，派別百川導。建安能者七，卓犖變風操。逶迤抵晉宋，氣象日凋耗。中間數鮑謝，比近最清奧。齊梁及陳隋，眾作等蟬噪。搜春摘花卉，沿襲傷剽盜。國朝盛文章，子昂始高蹈。勃興得李杜，萬類困陵暴。後來相繼生，亦各臻閫奧」，歷敘詩學源流，「自三百篇後，漢魏止取蘇李、建安七子，六朝止取鮑謝，餘子一筆抹倒」[87]，其中折射出儒家正統雅正文學觀的狹隘取捨標準，幾乎比得上白居易〈與元九書〉的嚴厲態度。然而，隨著文人對社會認識的加深與人生態度的演變，集中體現於韓、孟等人詩歌創作領域的儒、釋思想傾向著重點的偏移，本身就表明了對正統觀念的背離。如孟郊〈送淡公〉詩云「詩人苦爲詩，不如脫空飛。一生空鷕氣，非諫復非譏。脫枯掛寒枝，棄如一唾微。一步一步乞，半片半片衣。倚詩爲活計，從古多無肥。詩饑老不怨，勞師淚霏霏」，這首詩作爲與僧人交往之作，明顯帶有佛教禪理的色彩，但值得注意的是，詩中發表對詩的態度，明確否定「美刺諷諭」的詩教功能，顯然是對儒家正統文學觀的背異。再看韓愈〈石鼓歌〉中有云「陋儒編詩不收入，二雅偏迫無委蛇。孔子西行不到秦，掎摭星宿遺羲娥」，更直接發出對孔子編定《詩經》之不足的譏嘲。

韓、孟諸人在詩歌領域對儒家正統文學觀的大膽懷疑甚至背離，通過其偏嗜怪異的生性與佛教重心性思想的影響等多重因素的互相作用與綜融，最終促使他們對詩歌的緣起及功能產生了一種新的認識。如孟郊〈送任載齊古二秀才自洞庭遊宣城序〉云「文章者，賢人之心氣也，心氣樂，則文章正；心氣非，則文章不正。當正而不正者，心氣之僞也」，這裏除提出以「心氣」爲文學發生之源的認識概念，還明確反對「心氣」之「僞」，這實際上就是在重心性的基礎上對文學抒發真情的強調。這種認識與主張，到韓愈手中則更爲明晰，其〈送孟東野序〉云「大凡物不得其平則鳴。草木之無聲，風撓之鳴；水之無聲，風蕩之鳴。其躍也或激之，其趨也或梗之，其沸也或炙之。金石之無聲，或擊之鳴。人之於言亦然，有不得已者而後言，其歌也有思，其哭也有懷。凡出乎口而爲聲音，其皆有弗平者乎」，其〈荊潭唱和詩序〉又云「夫和平之音淡薄，而愁思之聲要妙；歡愉之辭難工，而窮苦之言易好也。易故文章之作，恒發於羈旅草野。至若王公貴人，氣滿志得，非性能而好之，則不暇以爲」，這種「不平則鳴」說的提出，其意義不僅在於對「詩緣情」觀念的重大發展，而且表現出對「治世之音安以樂，其政和，亂世之音怨以怒，其政乖，亡國之音哀以思，甚民困」[88]的儒家傳統文學價值觀的改變，聯繫韓孟詩派的創作傾向看，其實質更在於對被正統詩論斥爲「變風變雅」的《楚辭》「發憤以抒情」[89]思想與實踐的繼承與光大。他們以大量的詩作抒寫激憤不平的心態，形成追求奇崛險怪的傾向，顯然與作爲儒家詩教重要內容的「發乎情，止乎禮義」、「怨而不怒」、「哀而不傷」的原則及「溫柔敦厚」的要求相距甚遠，而以其與《楚辭》抒憤特質的一致性構成背離儒家詩教傳統的重情詩學精神的一脈伸延。

縱觀韓孟詩派創作傾向，不僅以其大量實踐表明與《楚辭》精神的客觀聯繫，而且在創作思想上體現出對楚騷表現範式的自覺追求。如韓愈〈寒食日出遊夜歸張十一院長見示病中憶花九篇因此投贈〉「屈原〈離騷〉二十五，不肯餔啜糟與醨」、〈潭州泊船呈諸公〉「主人看史範，客子讀〈離騷〉」、〈陪杜侍御遊湘西兩寺獨宿有題一首因獻楊常侍〉「靜思屈原沉，遠憶賈誼貶」，對屈原可謂一往情深。對此，陳沆即曾指出「昌黎不特約六經以成文，亦直約《風》、《騷》以成詩」[90]。孟郊對屈騷的讚美亦不亞於韓愈，其〈桐廬山中贈李明府〉云「欲識楚章句，袖中藝芷薰」、〈張徐州席送岑秀才〉云「楚淚滴章句，京塵染衣裳」，至如〈商州客舍〉「淚流瀟湘絃，調苦屈宋彈」，則借屈、宋以自況。李賀稱賞並模倣屈、宋之作更是比比可見，由〈昌谷北園新筍四首〉之二「斲取青光寫《楚辭》，膩香春粉黑離離」，可見其逕將自己的作品稱爲《楚辭》，由〈贈陳商〉「《楞伽》堆案前，《楚辭》繫肘後」，可見《楚辭》爲其生活中須臾不離之物，同時，從其將《楚辭》與佛典並列，又恰恰透露出儒、釋思想傾向的移位與詩、騷價值取向的改變這兩大線索在韓孟詩派思想傾向轉換與詩文觀念分流的過程中形成同構狀態與互激機制的明確無誤的信息。

韓孟詩派的崇騷傾向的生成，自有多方面因素的複雜作用，但僅就文學範圍內而言，「騷文炫貞亮，體物情崎嶇」❾❶，屈騷著重於洩憤抒情的特性顯然爲韓、孟諸人主心性、重抒情的詩學理想提供了最合適的範型。因此，韓孟詩派將自身的審美取向與楚騷精神的主動聯結，將「發憤以抒情」的自然表現發展成爲「不平則鳴」的自覺追求，其意義與作用就不僅僅在於對一種心靈宣洩最佳途徑的擇取，更重要的乃在於對作爲唐詩藝術史上創闢新徑的大膽實踐的一個文學本體意義上的堅實理論基礎的提供。

第四節　心性擴張與詩體變異

韓孟詩派背離傳統常態的審美取向的形成，除了在歷史的文化的聚焦點上清晰可見諸多背景因素之外，就其內在的生成機制而言，固然只能歸結爲具有普遍原理意義的創作主體心靈與區感受質與宣洩慾的積聚與噴發，但就其外在的表現形態而言，則突出標示著一種完全不同於一般的有著獨具意義的心靈表達與外化的媒體——通過文學語彙構成的藝術意象與通過文本結構構成的詩歌體格的重大變異——的出現。而正是這一點，才構成文學形態的最根本的表徵，也才是韓孟詩派在文本意義上得以確立的最基本的依據。

客觀世界通過主體心靈的感知再以一定的語言文字結構爲載體表達出來，從而構成藝術意象與文本形態，固然是文學構思活動與文本形成過程中帶普遍原理意義的方式與法則，但是，統一於文本形式與藝術意象之中的主、客觀因素的任何不同與側重，特定心靈個體的本身特性及感知方式的各具特點與差異，卻恰恰是詩歌藝術個性品格建構的關鍵所在。韓孟詩派的詩歌創作實踐，正是在重主觀心性的基點之上，以壓抑心態的「不平之鳴」構成主體精神的空前強烈的噴發，從而打破了自開天直至大曆時代詩歌在情與景、心與物、主觀與客觀諸因素的關係上總體處於融和諧協的平衡狀態，造成主體感受凸現於藝術表現系統，心靈世界駕馭並驅動意象世界的獨特現象。試看孟郊的〈送草書獻上人歸廬山〉詩云：

> 狂僧不為酒，狂筆自通天。將書雲霞片，直至清明巔。手中飛黑電，象外瀉玄泉。萬物隨指顧，三光為回旋。驟書雲霮䨴，洗硯山晴鮮。忽怒畫蛇虺，噴然生風煙。江人願停筆，驚浪恐傾船。

此詩雖爲獻上人草書藝術而作，但其得到如此驚心動魄的意象感受，正可見孟郊的欣賞方式與藝僧的表現方式的一脈溝通，這就是以「心性」爲藝術構思之本源的作用所在。孟郊的詩歌創作，也正通過「搜心思有致」[92]的慘淡經營，才達到韓孟詩派「高意合天制，自然狀無窮」、「文章得其微，物象由我裁」那樣的超越自然，以意馭象的強烈效果。如其〈下第東南行〉詩中寫道「江蘺伴我泣，海月投人驚……時聞喪侶猿，一叫千愁生」，此詩係詩人落第時之作，因而「江蘺」伴泣，「海月」心驚，實爲主觀心境的典型外化形態，而猿啼悲苦，雖爲一傳統寫法，但孟郊卻臆定其爲「喪侶」之猿，啼聲更爲淒慘，形影亦更見孤寂，這就超出了常人的構象力。與之形成鮮明對照的是〈同年春宴〉「視聽改舊趣，物象含新姿」，此詩作於詩人登第之時，但其「春風得意馬蹄疾，一日看盡長安花」[93]的心情表達出來時，卻是客觀「物象」以一種全新的面貌展現於「視聽」界域之中。孟郊詩中以心構象的具體類型與特徵固然多樣，但這一特徵本身卻實在是隨處可見，像〈感懷〉、〈離思〉、〈夜〉、〈老恨〉、〈寒溪〉、〈石淙〉、〈答盧仝〉等篇，顯然都屬此類。即使是寫社會問題，關注民間疾苦之作，孟郊也往往通過由心靈深處的感觸構成的奇特意象表達出來，如〈寒地百姓吟〉以「高堂搥鐘飲，到曉聞烹炮。寒者願爲蛾，燒死彼華膏」的鮮明對比深刻暴露出貧富不均的社會矛盾，而以主動撲火之「蛾」作爲「寒者」之喻象，則與韓愈「不如彈射死，卻得親炮燖」[94]、「倒身甘寢百疾愈，卻願天日恒炎曦」[95]的構思方式一樣，以一種悖離常理的性質使喻象所帶有的心理色彩更爲強烈。韓愈所稱「冥觀洞古今，象外逐幽好」[96]，唐末詩僧貫休所稱「清刳霜雪髓，吟動鬼神司」[97]，正是對這種意象構造原理與特徵的概括。就韓愈本人來說，其對孟郊詩的概括與推重，實亦自己創作的經驗之談，由其〈酬盧四兄雲夫院長望秋作〉詩云「若使乘酣騁雄快，造化何以當鐫刻」，可見欲以意氣「鐫刻造化」的豪情，而由其在〈城南聯句〉中與孟郊各云「精神驅五兵，蜀雄李杜拔」、「恣韻激天鯨，腸胃繞萬象」，則更可視爲倡導這種「放心」、「任意」的創作原則的共同宣言。試看韓愈的〈盧郎中雲夫寄示送盤谷子詩兩章歌以和之〉「誰把長劍倚太行，衝風吹破落天外，飛雨白日灑洛陽」，詩寫天井關之水竟能飛灑洛陽，純係想像之詞；〈和虞部盧四汀酬翰林錢七徽赤藤杖歌〉「共傳滇神出水獻，赤龍拔鬚血淋漓。又云羲和操火鞭，暝到西極睡所遺」，一根靜止的赤藤杖，在詩人眼中竟然幻化出如同赤龍拔鬚、羲和操鞭那樣的奇景異象；〈辛卯年雪〉「崩騰相排拶，龍鳳交橫飛。波濤何飄揚，天風吹旛旗。白帝盛羽衞，鬖髿振裳衣」，輕盈紛揚的雪花，到韓愈筆下竟也成爲怒張震蕩的強力摩戛與爭鬥場景。再看其〈岳陽樓別竇司直〉詩云：

自古澄不清，環混無歸向。炎風日搜攪，幽怪多冗長。軒然大波起，宇宙隘而妨。巍峨拔嵩華，騰踔較健壯。聲音一何宏，轟輵車萬輛。猶疑帝軒轅，張樂就空曠。蛟螭露笱簴，縞練吹組帳。鬼神非人世，節奏頗跌踼。

洞庭景色，向爲詩人所注目，就韓愈之前的唐代著名詩人而言，李白、杜甫、孟浩然都曾留下傳世名篇，但從主體感受的角度看，皆與韓愈詩旨趣大異，李白描寫的洞庭湖明靜之美，與韓詩差距明顯，即如杜甫「吳楚東南坼，乾坤日夜浮」、孟浩然「氣蒸雲夢澤，波撼岳陽城」那樣的壯大氣勢，仍然著重於實境的再現。韓愈詩從本質上看，也是著力渲染洞庭湖的壯大氣勢，但在具體描述中卻運用一系列出人意表的喻象，不僅寫大，而且寫聲、寫動、寫力，從而造成一種「語則誕而情則奇」[98]的特殊效果。從這種同一題材不同寫法的比較中，韓愈詩意象特徵也就更爲明顯地凸現出來。他如其著名的〈南山詩〉、〈陸渾山火和皇甫湜用其韻〉、〈八月十五夜贈張功曹〉、〈赴江陵道中〉、〈永貞行〉、〈答張徹〉、〈石鼓歌〉、〈調張籍〉等等，其中以離奇的狂想、躍動的思緒生發出的怪誕的比附、駭異的物象對自然造化及人間事物的大膽誇張或重新模鑄，都顯示了其重心性的構思方式與創作原則的大膽實踐。司空圖嘗評云「韓吏部詩數百首，其驅駕氣勢，若掀雷挾電，撐抉於天地之間，物狀奇怪，不得不鼓舞而徇其呼吸也」[99]，顯然已將這一角度的觀察與把握作爲對韓詩總體藝術風貌的概括了。

這種由任心放意造成對自然物象的驅動、剪裁乃至重鑄的特點，到李賀手中得到進一步的發展。如其〈高軒過〉詩云：

二十八宿羅心胸，元精耿耿貫當中。殿前作賦聲摩空，筆補造化天無功。

此詩雖爲稱頌韓愈、皇甫湜之作，但聯繫李賀本身著意於「詩篇超物象」[100]的創作傾向看，顯然正可視爲其本人心聲的剖露以及對韓、孟諸人「放意機衡外，收身矢石間」[101]、「心放出天地，形拘在風塵」[102]的共同主張的進一步推展。如〈李憑箜篌引〉狀箜篌之聲爲「芙蓉泣露香蘭笑」，以物象喻音樂的表現方式，當時固已多見，如白居易〈琵琶行〉「大珠小珠落玉盤」、韓愈〈聽穎師彈琴〉「浮雲柳絮無根蒂」，但仍多以常態物象構成視、聽知覺的通感轉換，而李賀詩的獨特之處則是連喻象本身也發生了離奇的變形，這顯然是詩人主觀情感世界強烈外射的移情作用所致。詩人遵循的不是客觀本相與自然邏輯，而是一切隨主觀意旨與情感意緒的需要而變移，如處於矛盾交織心境之中，眼前所見是「細綠及團紅，當路雜啼笑」[103]，沉淪荒野山林，則感到「苦篁對客吟歌筒」[104]。如果細細探析李賀此類詩作，透過其表面的奇異物象，表現的實際上正是詩人自身的心路歷程。在更多的情況下，李賀筆下描繪的完全是一個虛擬的世界，如〈天上謠〉：

天河夜轉漂回星，銀浦流雲學水聲。玉宮桂樹花未落，仙妾採香垂珮纓。秦妃捲簾北窗曉，窗前植桐青鳳小。王子吹笙鵝管長，呼龍耕煙種瑤草。粉霞紅綬藕絲裙，青洲步拾蘭苕春。東指羲和能走馬，海塵新生石山下。

全詩充滿想像，先由天河想像星雲如水，再由星雲如水想像其必有聲。緊接其後更如置身天上，眼前展開「玉宮桂樹」、「仙妾採香」的景象，由此進而跨越時空，將弄玉、蕭史置於月宮之內，這種虛擬的理想化圖景的展現，實際上正是處於逆境之中的詩人對美好生活的嚮往的心理表徵。因此，結尾點明人生無常之主題，就更明確地劃出了其激烈衝突著的心路歷程。再看與此相似的〈夢天〉：

老兔寒蟾泣天色，雲樓半開壁斜白。玉輪軋露濕團光，鸞珮相逢桂香陌。黃塵清水三山下，更變千年如走馬。遙望齊州九點煙，一泓海水杯中瀉。

由人間所見月色到天上所見人間，在瞬息萬變的視界中構成幻象與實境的交織，飽含滄海桑田的歷史意識與時光飛逝的人生慨歎。李賀是一個才華橫溢的詩人，其青春的年華使筆下充滿繽紛的色彩，而困厄的遭遇又使其善感的心靈深霾著牢落與悲涼。這樣，熱烈的青春情懷與消沉的遲暮之感的糾結，通過虛幻的密集的意象的表徵，便構成李賀心靈與藝術表現的獨具特色。其〈老夫採玉歌〉、〈金銅仙人辭漢歌〉、〈雁門太守行〉、〈秦王飲酒〉等代表作，顯然都是這一類意象密集的典例。

韓孟詩派中其他成員如盧仝、馬異、劉叉等人的作品，以「化物自一心」的構思方式造成「探索通鬼神」[105]的藝術效果，皆可見作爲同一詩人群體的一致追求。其中當以盧仝〈月蝕詩〉表現得最爲突出。該詩雖然含有影射政治之隱義，但詩筆下的月蝕奇觀，卻是大自然中絕無之景，從「東方蒼龍」、「南方火鳥」、「西方攫虎」、「北方寒龜」直至環天二十八宿，其變速之快、躍幅之大、構象之奇，所謂「依天拔地，句句欲活，讀之如赤手捕長蛇，不施控騎生馬，急不得暇，莫可捉搦」[106]，顯然皆爲詩人心靈在廣闊時空中驅動並創補造化之產物。對此，稍後的杜牧在〈李長吉歌詩敘〉中云：

> 雲煙綿聯，不足為其態也；水之迢迢，不足為其情也；春之盎盎，不足為其和也；秋之明潔，不足為其格也；風檣陣馬，不足為其勇也；瓦棺篆鼎，不足為其古也；時花美女，不足為其色也；荒國陊殿，梗莽邱壟，不足為其怨恨悲愁也；鯨呿鼇擲，牛鬼蛇神，不足為其虛荒誕幻也。

雖爲針對李賀詩而發，實亦可以視爲對整個韓孟詩派作者意象構造的共同特徵的提挈與凸現。明人王世貞所云「長吉師心，故爾作怪」[107]，則進而道破這一藝術現象成因的奧秘之所在。當然，這種對「心性」的過份重視，一味希企通過「心性」作用達到「筆補造化」的效果，卻不免帶有明顯的雕刻痕跡，正如宋人沈作喆評韓愈〈陸渾山火〉詩所云「極於詭怪，讀之便如行火所焮，鬱攸衝噴，其色絳天，阿房欲灰，而回祿扇之，然不見造化之理，未可與語性空真火之妙也」[108]。這種根據主觀意念熔裁意象的結果，顯然違背了自然造化的固有本相；就藝術效果而言，固亦在與「才思所到，偶然得之」的對照中顯出「專以此求勝，故時見斧鑿痕跡」[109]之弊。但正因此，才使得韓孟詩派將通過主觀心性擴張而形成的構思方式與藝術特徵極度地膨脹起來，並使之達到唐詩藝術史上最高程度的體現。

就韓孟詩派而言，如果說，背離傳統的審美傾向的形成有賴於奇異變態的意象構造方式，那麼，奇異意象的構造則又依托於作爲表達媒體的語言鍛造的刻意出新。清人葉燮曾云：

> 開、寶之詩，一時非不盛，遞至大曆、貞元、元和之間，沿其影響字句者且百年，此百餘年之詩，其傳者已少殊尤出類之作，不傳者更可知矣。必待有人焉起而撥正之，則不得不改絃而更張之。愈嘗自謂「陳言之務去」，想其時陳言之為禍，必有出於目不忍見，耳不堪聞者，使天下人之心思智慧，日腐爛埋沒於陳言中，排之者比於救焚拯溺，可不力乎。[110]

從唐詩語言變革的實際過程看，應當說，葉燮的觀察是敏銳而深刻的。作爲唐前期詩歌發展的藝術高峰，開天詩歌對後人的影響至大，在構思方式、意境組合及其表達載體的體式、語言諸方面也顯然形成爲後人所崇奉的各種範式。然而，肯定與認同的長期積累，便不可避免地堆積爲模擬因襲，這就是「遞至大曆、貞元、元和之間，沿其影響字句者且百年」現象產生的根源。因此，韓孟詩派認識到這一點，著重在語言方面針對「陳言之爲禍」而「起而撥正之」，有意識地在對前此詩壇過多的肯定加以大膽的否定之中而「改絃而更張之」，形成「陳言之務去」的全新面貌，也就並不僅僅在於在語言運用上別立一宗，而是具有推進詩史進程的積極意義。

韓孟詩派成員在語言變革上的努力是多方面的。就其大端而言，首先是適應險怪追求的生新狠重詞語的選用。如韓愈極少寫香軟艷題，偶一爲之卻迥異常人，其〈感春三首〉之三「妖姬踏筵席，清眸刺劍戟」，一「踏」、一「刺」，即化嫵媚妖嬈爲鋒芒畢露了；〈南山詩〉寫鳥銜葉情形「枝間有脫葉，飛鳥驚相救。爭銜彎環飛，投棄急捕彀」，既「驚」又「急」，這一悠閑情景於是變得緊張激烈。又如孟郊〈秋懷十五首〉之三「一尺月透戶，仡栗如劍飛」、之六「老骨懼秋月，秋月刀劍棱」，以「刀劍棱」、「如劍飛」寫月，並用「透」、「懼」表現人、月關係，使得澄澈之景變爲險厲之境。再如李賀〈李憑箜篌引〉「崑山玉碎鳳凰叫」、「老魚跳波瘦蛟舞」，以「碎」、「叫」、「老」、「瘦」寫箜篌之聲，〈金銅僊人辭漢歌〉「憶君清淚如鉛水」、「東關酸風射眸子」，以「鉛水」寫銅人「清淚」，以「射」寫寒風之厲與銅人感受之切，皆以精心鍛就的奇異詞語構成出人意表的奇特喻象。韓愈所謂「規模背時利，文字覷天巧」[111]、「橫空盤硬語，妥帖力排奡」[112]，強調「文字」之「巧」與「硬語」之「力」，正可見對這種語言取向的倡導。其次是體現心態特點與主觀色彩的詞語的擇取。如韓愈崇尚力度，即常用「春天」、「撐空」、「搜攪」、「轟輵」、「排拶」、「撐拔」、「摩窣」等語，以加重那種流動美與怒張力的表現程度；又加孟郊基於淒寒暗淡心境，則多用「黑草」、「古駭」、「酸嘶」、「老蟲」、「瘁索」等語，特別是「寒」字在詩中竟多達五十餘處，無怪宋人蘇軾以「郊寒」[113]評孟郊詩，明人鍾惺更稱爲「高則寒，深則寒，勿作貧寒一例看」[114]，視其爲一種涵蓋面甚廣的現象；再看李賀爲了表達他那豐富複雜的內心世界，呈露筆下的「濃笑」、「紅淚」、「古香」、「冷紅」、「老紅」、「古春」、「古水」、「黑雲」、「霜重」、「鼓寒」等濃烈深重的詞語隨處可見，這就顯然加重了意象所表徵的心靈衝突的激烈程度。再者是重疊與連綿詞語的大量增加。據《全唐詩》統計，孟郊存詩五百零二首，用疊字約三百四十處，盧仝存詩一百零七首，用疊字約八十二處，劉叉存詩二十七首，用疊字約二十處，就連僅存詩四首的馬異，用疊字竟多達七處，可見這已形成這一詩派詩人創作中的一個共同好尚。在具體運用中，像孟郊的「颯颯微雨收，翻翻橡葉鳴」、「幽苦日日甚，老力步步微」、「且無生生力，自有死死顏」等，韓愈的「秋氣日惻惻，秋空日凌凌」、「歷歷余所經，悠悠子當返」、「青天高寥寥，兩蝶飛翻翻」等，盧仝的「豪猾不豪猾，鰥孤不鰥孤」、「千樹萬樹飛春光，酒店買酒不肯賒」等，或細微狀物，或刻露心態，且構成形式多樣，不僅體現了他們對詩歌語言的著意經營，而且增強了詩意表達的力度與形象刻劃的深度。正是這種對語言表達的新異化的多樣追求，造成韓孟詩派在總體上呈現出「雕刻文刀利，搜求智網恢」[115]、「研文較幽玄，呼博騁雄快」[116]那樣的雄強之力與怪異之美來，而同時也就表現爲與開天詩壇以「清水出芙蓉，天然去雕飾」爲追求的自然美語言形成截然反向的語言形態。

在刻意鍛造詞語的同時，著意造成詩歌句式乃至篇章體格的散化，更是韓孟詩派背離傳統常態的新異化追求的最突出體現。這方面具體的表現主要是打破五七言詩歌基本句式的音頓、節奏，改變對稱的結構、整飾的韻律，乃至尋求一種非詩化的體式與章法。就韓孟詩派的全部作品看，這種體式的變革在數量上似雖不及語言的鍛煉更爲普遍，但其所標示的創新意義及影響卻無疑尤爲重要而深遠。其中極端化表現則又當以盧仝與韓愈爲最。比較而言，盧仝散化作品的比例最大，其現存一百餘首詩中，打破傳統句式體格者幾乎比比皆是。如〈寄男抱孫〉「殷十七老儒，是汝父師友。傳讀有疑誤，輒告諮問取」、〈與馬異結交詩〉「忽聞空中喚馬異，馬異若不是祥瑞，空中敢道不容易」，全爲散化句式；〈掩關銘〉「蛇毒毒有形，藥毒毒有名，人毒毒在心，對面如弟兄」全爲激切議論。〈月蝕詩〉則更足以作爲語詞奇險、全篇散化之標本，原詩篇幅過長，達一千六百餘字，這裏無法全文引錄，茲略選數節爲例。如寫月蝕時間：

> 新天子即位五年，歲次庚寅，斗柄插子，律調黃鐘。

寫向上天禱告情狀：

> 玉川子又涕泗下，心禱再拜額榻砂土中，地上蟣蝨臣仝告訴帝天皇，臣心有鐵一寸，可刳妖蟇癡腸。上天不為臣立梯磴，臣血肉身，無由飛上天。

又如結尾寫作詩本旨：

> 孔子父母魯，諱魯不諱周。書外書大惡，故月蝕不見收。予命唐天，口食唐土，唐禮過三，唐樂過五，小猶不說，大不可數。災沴無有小大愈，安得引衰周，研核其可否？日分晝，月分夜，辨寒暑。一主刑，二主德，政乃舉。孰為人面上，一目偏可去？願天完兩目，照下萬方土，萬古更不瞽。萬萬古，更不瞽，照萬古。

僅就形式而言，全詩三言、四言、五言、六言、七言、九言、十一言甚至十四言雜見，混樂府、歌行、古歌、散文諸體特徵而一，實在體現出驚人的創變膽量。這種類型的體式，在韓愈詩中亦不少見，其〈月蝕詩效玉川子作〉即標明倣效盧仝之作，詩亦如同盧仝〈月蝕詩〉之節縮。再看其〈符讀書城南〉詩云：

> 木之就規矩，在梓匠輿輪。人之能為人，由腹有詩書。詩書勤乃有，不勤腹復虛。欲知學之力，賢愚同一初。由其不能學，所入遂異閭。兩家各生子，提孩巧相如。少長聚嬉戲，不殊同隊魚。年至十二三，頭角稍相疏。二十漸乖張，清溝映汙渠。三十骨骼成，乃一龍一豬。飛黃騰踏去，不能顧蟾蜍。一為馬前卒，鞭背生蟲蛆。一為公與相，潭潭府中居。問之何因爾？學與不學歟！

就全篇看，雖不似盧仝〈月蝕詩〉那樣參差錯落，但就句式本身看，其大量運用的一四節奏完全改變了五言詩二三節奏的定式，且全篇皆爲說道理、發議論，確如一篇押韻之散文，無怪後人驚呼其「不是詩體」[117]了。聯繫韓愈的全部作品看，充實著議論、說理的內容，實際上正是韓愈「以文爲詩」的最主要特徵，這也就由外在形式的變革進一步深入到內在功能的轉換，從而確立了作爲這一創作方法對後世的最重要影響源的地位。此外，完全按事件發展順序的敘述化方式，如韓愈的〈宴河南府秀才〉「吾皇紹祖烈，天下再太平，詔下諸郡國，歲貢鄉曲英。元和五年冬，房公尹東京，功曹上言公，是月當登名」、〈辛卯年雪〉「元和六年春，寒氣不肯歸，河南二月末，雪花一尺圍」之類；多種形式的排比章法，如韓愈〈南山詩〉連用五十一個「或」字句排比，盧仝〈石答竹〉「我非蛺蝶兒，我非桃李枝；不要兒女撲，不要春風吹」，連用兩組排比，劉叉〈雪車〉「刀兵殘喪後，滿野誰爲載白骨；遠戍久乏糧，太倉誰爲運紅粟；戎夫尚逆命，扁箱鹿角誰爲敵；士夫困征討，買花載酒誰爲適」，連用四組排比，孟郊〈寒溪〉之三「凍血莫作春，作春生不齊；湅血莫作花，作花發孀啼」、〈旅次湘沅有懷靈均〉「且聞善稱君，一何善自殊；且聞過稱己，一何過不渝」，則以兩兩交叉排比。正是如此多樣的表現方式，共同構成韓孟詩派「以文爲詩」的具體內容與總體趨向。

客觀地看，在詩中雜以散文化句式以及用詩體作文體功能的替代的現象，開天時代已露端倪，像李白的長篇古風歌行，任華的雜言詩，都具有明顯的散體特徵。特別是杜甫詩更多地「受散文化與歷史化」[118]影響，在創作實踐中已形成一定的規模[119]。但是，其在總體上顯然並未改變「詩之爲詩」[120]的傳統體格，既缺少理論上的自覺，又未產生重要的影響。這種情形到韓孟詩派手中則發生了根本性的變化，「以文爲詩」的創作方法已經具有了尚險怪、求新異的文學思想基礎，在「不詩之爲詩」[121]的自覺追求中造成傳統詩歌體式的傾向性變異，正是在這樣的意義上，「以文爲詩」才歷來被認爲「自昌黎始」[122]。而在更廣的時空視域中，那一特定時代所展現的文化型態、審美時尚乃至文學觀念的全般變異的浩大背景與濃重氛圍，則又使得這一詩歌體格變異的色彩尤爲強烈，也正因此，在後世的接受過程中，對韓孟詩派的評價截分兩橛，魏慶之《詩人玉屑》卷十五引魏泰《臨漢隱居詩話》云：

沈括存中、呂惠卿吉甫、王存正仲、李常公擇，治平中同在館下談詩。存中曰：「韓退之之詩乃押韻之文耳，雖健美富贍，而格不近詩。」吉甫曰：「詩正當如是，我謂詩人以來，未有如退之者。」正仲是存中，公擇是吉甫，四人交相詰難，久而不決。

可見這樣針鋒相對的意見，關鍵正在對「格」的標準的認識上。比如，「詩學退之」[123]並開創宋代詩風的歐陽修，讚韓詩「資談笑，助諧謔，敘人情，狀物態，一寓於詩，而曲盡其妙」[124]，而力倡「以漢、魏、晉、盛唐爲師，不作開元、天寶以下人物」125的嚴羽，則明确認爲「以文字爲詩，以才學爲詩，以議論爲詩」的現象「終非古人之詩也」126，顯然可見所持準尺、所站立場之分野。儘管在韓孟詩派的評價問題上所體現出來的文學復變觀念的分歧與爭論也許永遠無法定於一端，但就唐中期以後詩歌發展的實際進程而言，「韓愈爲唐詩之一大變，其力大，其思雄，崛起特爲鼻祖，宋之蘇、梅、歐、蘇、王、黃，皆愈爲之發其端，可謂極盛」127，則是文學史上留下的實實在在的軌跡與印痕。

注釋

1 《新唐書》卷一百七十六〈韓愈傳讚〉。
2 皎然《詩式》卷四。
3 皎然〈五言答蘇州韋應物郎中〉。
4 孟郊〈贈蘇州韋郎中使君〉。
5 韓愈〈薦士〉。
6 皎然《詩式》卷五。
7 參看皎然《詩式》卷一〈明勢〉、卷五〈立意總評〉以及〈張伯英草歌〉、〈讀張曲江集〉、〈奉和裴使君〉等詩。
8 葉燮然《龍性堂詩話》。

❾張戒《歲寒堂詩話》。
❿《新唐書》卷二百零二〈蕭穎士傳〉附〈蕭存傳〉。
⓫皇甫湜〈顧況詩集序〉。
⓬同前。
⓭韓愈〈送孟東野序〉。
⓮陳廷焯《白雨齋詞話》卷二。
⓯薛雪《一瓢詩話》。
⓰司空圖〈題柳柳州集後序〉。
⓱孟郊〈弔盧殷〉之七。
⓲孟郊〈納涼聯句〉。
⓳孟郊〈送草書獻上人歸廬山〉。
⓴韓愈〈薦士〉。
㉑韓愈〈貞曜先生墓誌銘〉。
㉒盧仝〈寄贈含曦上人〉。
㉓馬異〈答盧仝結交詩〉。
㉔盧仝〈與馬異結交詩〉。
㉕《仇池筆記》卷上「三豪詩」條。
㉖劉叉〈自問〉。

㉗李賀〈致酒行〉。
㉘范晞文《對床夜語》。
㉙劉克莊《後村詩話續集》卷二。
㉚葉燮《原詩》內篇上。
㉛陳寅恪〈論韓愈〉，載《歷史研究》一九五四年第二期。
㉜劉熙載《藝概》卷二〈詩概〉。
㉝郭若虛《圖畫見聞誌》。
㉞杜甫〈丹青引贈曹將軍霸〉。
㉟杜甫〈李潮八分小篆歌〉。
㊱轉引自《中國書法簡史》，河北美術出版社一九八三年版。
㊲胡仔《苕溪漁隱叢話》前集卷十七引。
㊳杜甫〈丹青引贈曹將軍霸〉。
㊴張彥遠《歷代名畫記》卷十。
㊵韓愈〈鳴雁〉。
㊶韓愈〈奉酬盧給事雲夫曲江荷花行見寄〉。
㊷韓愈〈李花二首〉。
㊸韓愈〈送惠師〉。
㊹韓愈〈南山詩〉。

45 劉禹錫〈韓十八侍御見示〉。

46 韓愈、孟郊〈城南聯句〉。

47 錢基博《韓愈誌·韓籀集錄第六》，商務印書館一九五八年增訂本。

48 趙翼《甌北詩話》卷三。

49 孟郊〈送陸暢歸湖州因憑題故人皎然塔陸羽墳〉。

50 皇甫湜〈顧況詩集序〉。

51 《文鏡秘府論》南卷引王昌齡《詩格》。

52 胡震亨《唐音癸籤》卷七引陳繹曾《詩譜》。

53 孟郊〈自惜〉。

54 孟郊〈奉報翰林張舍人見遺之詩〉。

55 韓愈〈重答張籍書〉。

56 韓愈〈爭臣論〉。

57 胡應麟《少室山房筆叢》卷四十八。

58 羅香林《唐代文化史研究·唐釋大顛考》。

59 韓愈〈原道〉。

60 柳宗元〈楊評事文集後序〉。

61 柳宗元〈答吳武陵論非國語書〉。

62 陸機〈文賦〉。

63韓愈〈答李生書〉。
64韓愈〈原道〉。
65韓愈〈送靈師〉。
66韓愈〈與孟尚書書〉。
67韓愈〈廣宣上人頻見過〉。
68孟郊〈自惜〉。
69盧仝〈寄贈含曦上人〉。
70李賀〈贈陳商〉。
71盧仝〈將歸山招冰僧〉。
72宗密《中華傳心地禪門師資承襲圖》。
73《古尊宿語錄．道一》。
74《大珠禪師語錄》。
75《歷代通載》卷二十。
76方世舉《韓昌黎詩註》。
77愛新覺羅．弘曆《唐宋詩醇》。
78韓愈〈送僧澄觀〉。
79韓愈〈謁衡嶽廟遂宿嶽寺題門樓〉。
80韓愈〈山石〉。

81沈曾植《海日樓叢箚》卷七。
82李斯托威爾《近代美學史評述》中譯本，上海譯文出版社一九八〇版。
83李華〈蕭穎士文集序〉引。
84李華〈崔沔集序〉。
85柳冕《答荊南裴尚書論文書》。
86王通《中說》。
87顧嗣立《昌黎先生詩集註》卷二。
88〈毛詩序〉。
89屈原《九章．惜誦》。
90陳沆《詩比興箋》。
91孟郊〈旅次湘沅有懷靈均〉。
92孟郊〈秋雨聯句〉。
93韓愈〈登科後〉。
94韓愈〈苦寒〉。
95韓愈〈鄭群贈簟〉。
96韓愈〈薦士〉。
97貫休〈讀孟郊集〉。
98曾國藩《求闕齋讀書錄》卷八。

99 司空圖〈題柳柳州集後〉。
100 張耒〈歲暮福昌懷古四首〉之三〈李賀宅〉。
101 韓愈〈和僕射相公朝回見寄〉。
102 孟郊〈奉報翰林張舍人見遺之詩〉。
103 李賀〈春歸昌谷〉。
104 李賀〈溪晚涼〉。
105 盧仝〈寄贈含曦上人〉。
106 孫樵〈與王霖秀才書〉。
107 王世貞《藝苑巵言》卷四。
108 沈作喆《寓簡》卷四。
109 趙翼《甌北詩話》卷三。
110 葉燮《原詩》內篇上。
111 韓愈〈答孟郊〉。
112 韓愈〈薦士〉。
113 蘇軾〈祭柳子玉文〉。
114 鍾惺、譚元春《唐詩歸》。
115 韓愈〈詠雪贈張籍〉。
116 韓愈〈雨中寄孟刑部幾道聯句〉。

117 程學恂《韓詩臆説》。

118 胡小石〈李杜詩之比較〉，載《國學叢刊》第二卷第三期，一九二四年九月。

119 詳見拙文〈杜甫以文爲詩論〉，載《學術月刊》一九八三年第一一期。

120 趙秉文〈與李天瑛書〉：「杜陵知詩之爲詩，而未知不詩之爲詩。而韓愈又以古文之渾浩溢而爲詩，然後古今之變盡矣。」

121 同前。

122 趙翼《甌北詩話》卷五。

123 張戒《歲寒堂詩話》卷上。

124 歐陽修《六一詩話》。

125 嚴羽《滄浪詩話．詩辨》。

126 同前。

127 葉燮《原詩》內篇上。

第十四章 元白詩派

就藝術體性的審美取向而言，以元稹、白居易爲核心的詩歌體派顯然表現爲與韓孟詩派截然對峙的另一極端，蘇軾在〈祭柳子玉文〉中以「元輕白俗」與「郊寒島瘦」對舉，正是這兩大詩歌體派的高度概括與形象表徵。然而，由於處在同一個歷史時段與時代趨勢之中，這兩大詩歌體派的殊異的表現特徵與審美取向，在文化轉型的背景與文人心理的深層，實際上又體現出社會思潮總體流向中的溝通與聯結。此外，就具體詩人的行年事跡看，這兩大詩派中的詩人亦往往互有交往，在文學革新精神的多向衍展之中構成一種交叉關係與互滲狀態。不過，儘管如此，兩大詩派側重點的不同，即足以造成截然不同的藝術體貌，這種基於同樣思維起點的殊異表現形態的展現，正是藝術創新精神的最成功實現。再者，就詩人群體構成特點看，兩大詩派也存在相當程度的差異。韓孟詩派的形成，表現爲以韓愈爲核心的人數眾多的詩人群體的自覺聚合，其以險怪爲標誌的詩歌創作傾向也就是整個詩人群共同的自覺的追求結果；元白詩派的形成，則除元稹、白居易二人以外，表現出同一創作傾向者固然尚有張籍、王建、李紳、張祜等多人，但他們在人事上的聯繫並不能構成一個嚴格意義上的詩人群，其中有些詩人如張籍就同時與韓孟派交往密切，因此，這一以功利思想與通俗追求爲主要標誌的詩歌體派，實際上更多地表現爲個體詩人文學理想與創作傾向的相似以及其自然延續與聯結。而正是由於這樣的鬆散關係，也就使得元白詩派範圍內具體詩人具有了相對的獨立性並顯露出一定的差異來。

第一節　元白詩派之前驅

在唐詩發展進程中，由理想到寫實的思潮轉向，自安史亂興即呈驟變之勢，杜甫、元結、顧況是其間重要環節，直至元和時代而蔚爲大觀。元稹、白居易不僅表現爲這一趨勢的最突出代表，而且使寫實思潮具有了新的內涵意蘊。如果說，杜甫的寫實偏重於客觀現實的反映，元結的寫實著眼於古樸形式中體現政教功能，顧況的寫實更多地映帶著江南民歌的風調，那麼，元、白的寫實則是在自覺的功利文學觀念中有意識地將社會現實、政教功能與通俗表現三者融合起來，形成一種寫實性與理念性相統一的全新的表現方式。就這樣一種寫實思潮及其表現方式的演進過程看，在元、白之前的張籍、王建的創作實踐中，實已初具了以上內質特徵。白居易作有〈讀張籍古樂府〉詩，稱頌張籍「爲詩意如何，六義互鋪陳。風雅比興外，未嘗著空文」，並具體寫道「讀君〈學僊〉詩，可諷放佚者；讀君〈董公詩〉，可誨貪暴臣；讀君〈商女〉詩，可感悍婦仁；讀君〈勤齊〉詩，可勸薄夫淳。上可裨教化，舒之濟萬民；下可理情性，捲之善一身」，可見張籍對白居易文學思想及詩作內容的直接影響。當然，元、白文學思想及其創作實踐，作爲儒家政教文學觀在唐詩發展史上的最高程度體現，自有多方面促成因素，但從直接的聯繫與相似的特點比較而言，張籍、王建的詩歌創作特別是樂府詩顯然是爲其導夫先路的成功實踐。

張籍、王建二人生平頗相似，家境皆甚貧寒，終身沈淪下僚，孟郊有〈贈張籍〉詩稱其爲「窮瞎張太祝」，張籍有〈贈王建〉詩云「自君去後交遊少，東野亡來箧笥貧。賴有白頭王建在，眼前猶見詠詩人」，寫出二人晚年貧寒生活情狀。張、王二人交遊頗廣，當時朝野名士皆與之遊並多所贈答，特別是與韓孟詩派中人交誼甚密，張籍就曾從學於韓愈，且得其稱揚，世稱韓門弟子。但是，就詩歌創作傾向看，張、王在總體上顯然屬於元白一派範圍，白居易稱譽張籍「張君何爲者，業文三十春。尤工古樂府，舉代少其倫」❶，可見對其古樂府的極度推崇，而張、王樂府「心思之巧，辭句之雋，最易啟人聰穎」❷的特點，對當時樂府詩創作興盛一時無疑具有重要影響力。宋人嚴羽《滄浪詩話．詩體》在「以人而論」中即單立「張籍王建體」，並註云「謂樂府之體同也」，許顗《彥周詩話》亦云「張籍、王建樂府、宮辭皆傑出」，明人胡應麟則將二人樂府詩並稱「張王樂府」❸，清人王士禎在以「元、白、張、王諸作，不襲前人樂府之貌而能得其神者，乃真樂府也」❹的評價將其與元、白樂府融爲一體的同時，又指出「草堂樂府擅驚奇，杜老衰時託興微。元白張王皆古意，不曾辛苦學妃豨」❺，進而在自杜甫到元、白的發展進程與環節上把握張、王樂府的價值地位以及樂府詩創作的總體流向。

張籍、王建早在貞元初即已相識定交，曾同隱漳溪一帶，又因處境同樣貧寒，一生多奔走南北，所以兩人作詩亦同樣多取材於田家、蠶婦、織女、水夫等現實內容，對下層平民的生活疾苦有多方面的反映，並寄予深切的同情。僅從詩題看，如張籍的〈樵客吟〉、〈江村行〉、〈野老歌〉、〈賈客樂〉、〈山頭鹿〉、〈牧童詞〉，王建的〈田家行〉、〈當窗織〉、〈田家留客〉、〈水夫謠〉、〈海人謠〉等，皆爲這類題材的代表作。試看張籍〈野老歌〉：

老農家貧在山住，耕種山田三四畝。苗疏稅多不得食，輸入官倉化為土。歲暮鋤犁傍空室，呼兒登山收橡實。西江賈客珠百斛，船中養犬長食肉。

這是張籍的樂府名篇，通過山農之貧苦與豪賈之奢侈的對比，如實揭示了當時都市畸型發展致使農民愈益困苦的社會現實，在簡短的篇制與平淡的描述中蘊含著重大的主題，足見詩人敏銳的感受能力與獨特的表達技藝。用語似平淡無奇，讀來卻動人心魄，可以說正是張籍詩歌創作的最主要成就與特徵，也正因此，張籍樂府甚至被後人稱為唐人樂府第一❻。再看其〈山頭鹿〉：

山頭鹿，雙角芟芟尾促促。貧兒多租輸不足，夫死未葬兒在獄。早日熬熬蒸野岡，禾黍不收無獄糧。縣家唯憂少軍食，誰能令爾無死傷。

如果說，前詩側重於白描與對比中揭示深刻的社會問題，那麼，此詩則著重於對重稅盤剝下農民困苦生活本身的縱深剖露，從而表達出對民生疾苦的深切同情，對如虎苛政的激憤抨擊。這種相對激切的表現方式，在張籍詩中固屬少數，但正是因此而更明晰地顯露出與杜甫「草堂樂府擅驚奇」之間淵源關係的蹤跡。又如王建的〈水夫謠〉：

苦哉生長當驛邊，官家使我牽驛船。辛苦日多樂日少，水宿沙行如海鳥。逆風上水萬斛重，前驛迢迢後淼淼。半夜緣堤雪和雨，受他驅遣還復去。夜寒衣濕披短蓑，肌穿足裂忍痛何。到明辛苦無處說，齊聲騰踏牽船歌。一間茅屋何所值，父母之鄉去不得。我願此水作平田，長使水夫不怨天。

此詩以濃酣之筆墨，寫出縴夫生活之苦痛。頂風逆水，忍饑受凍，如此生涯遙無盡期，卻仍因眷戀故土而不願亡走他鄉，可見內心矛盾；而明明受人驅來遣往，卻只說怨天而不敢尤人，則實際上怨憤之意尤深。再看其〈當窗織〉：

歎息復歎息，園中有棗行人食。貧家女為富家織，翁母隔牆不得力。水寒手澀絲脆斷，續來續去心腸爛。草蟲促織機下啼，兩日催成一匹半。輸官上頭有零落，姑未得衣身不著。當窗卻羨青樓娼，十指不動衣盈箱。

貧女爲輸稅而日夜苦織，極盡辛勞仍貧苦異常，由此反而羨慕淪落青樓的娼妓，通過這種變態的心理，無疑更深刻地反襯出民生疾苦，觸及深固的社會問題。這類著重對主人公心態的刻劃方式，顯然增強了張、王樂府的思想內涵與寫實力度。

張籍、王建詩中對民間現實生活的廣泛包容，其實質正是詩人對社會政治問題的強烈關注，這在當時的政治背景上，表現爲政治改革與圖變氛圍中寒族士人的積極參與意識，在文學思潮的演進歷程中，則表現爲儒家政教文學觀極度發展的前奏。張、王大量寫作樂府，正是對便於託諷寓義的傳統文學範式的選擇，王建在〈送張籍歸江東〉詩中云「君詩發大雅，正氣回我腸」，在〈寄李益少監兼送張實遊幽州〉詩中又云「大雅廢已久，人倫失其常。天若不生君，誰復爲文綱」，張籍在〈贈王秘書〉詩中亦云「賦來詩句無閑語」，可見，在寫實的基礎上，以振興「大雅」爲指歸，以重整「倫常」爲作用，期望通過詩的作用來託寓諷諫、針砭時弊，實爲張籍、王建二人的共同主張，這也就是白居易所說的「風雅比興外，未嘗著空文」❼之實質內容。如王建〈溫泉宮行〉在描繪昔日繁華之後寫道「武皇得僊王母去，山雞晝鳴空中樹。溫泉決決出宮流，宮使年年修玉樓。禁兵去盡無射獵，日西麋鹿登城頭。梨園弟子偷曲譜，頭白人間教歌舞」，雖然是一懷古題材，但卻在今昔鮮明對比中寓義甚深，與杜甫「梨園弟子散如煙，女樂餘姿映寒日」❽、「此曲只應天上有，人間能得幾回聞」❾作意顯然一脈相承。又如其〈羽林行〉詩云「長安惡少出名字，樓下劫商樓上醉。天明下直明光宮，散入五陵松柏中。百回殺人身合死，赦書尚有收城功。九衢一日消息定，鄉吏籍中重改姓。出來依舊屬羽林，立在殿前射飛禽」，揭露當時禁兵之驕暴、軍紀之敗壞，駭人耳目，顯然已是白居易〈宿紫閣山北村〉、〈賣炭翁〉等詩之先導。再看張籍〈學僊〉詩云「求道慕靈異，不如守尋常。先王知其非，戒之在國章」、〈求僊行〉詩云「漢皇欲作飛僊子，年年採藥東海裏。蓬萊無路海無邊，方士舟中相枕死。招搖在天回白日，甘泉玉樹無僊實。九皇真人終不下，空向離宮祠太乙」、〈宮詞〉云「新鷹初放兔猶肥，白日君王在內稀。薄暮千門臨欲鎖，紅妝飛騎向前歸」，所寫皆帝王求僊畋獵、放佚失政之情形，〈董公詩〉云「東方有艱難，公乃出臨戎。單車入危城，慈惠安群兇……公衣無文彩，公食少肥濃。所憂在萬人，人實我寧空。輕刑寬其政，薄賦弛租庸。四郡三十城，不知歲饑兇」，又正面刻劃出一個既勇武安邦又廉潔愛民的良臣形象，其目的無疑正如白居易所云「讀君〈學僊〉詩，可諷放佚君。讀君〈董公詩〉，可誨貪暴臣」[10]，在於針砭時政，諷諭君臣。

然而，值得注意的是，張、王詩中處處可見的諷諭意旨，並未出之以說教的口吻，而是通過具體的實在的人物形象的描劃、事件過程的記敘，將諷諭之旨不著痕跡地融透其中。如張籍的〈白鼉吟〉「天欲雨，有東風，南溪白鼉鳴窟中。六月人家井無水，夜聞鼉聲人盡起」，寫久旱農人盼雨的急切心情，卻通過夜聞鼉聲而不寐這一具體場景，以純粹客觀的描述方式，把久旱將雨時的興奮心情生動地傳導出來。再深一層，其義尚不止此，透過將雨時的興奮，背後乃是久旱之苦辛，因此，詩人憂民情懷以及以詩「舒之濟萬民」的意旨實已不言而自明。再看其名篇〈節婦吟寄東平李司空師道〉：

君知妾有夫，贈妾雙明珠。感君纏綿意，繫在紅羅襦。妾家高樓連苑起，良人執戟明光裏。知君用心如日月，事夫誓擬同生死。還君明珠雙淚垂，恨不相逢未嫁時。

元和時期，各地藩鎮喜羅致文人，以增聲望與朝廷抗衡，此詩即是張籍婉拒平盧淄青節度使李師道以書幣致聘之作，因此，此詩不僅是詩人借男女情事以自明忠於朝廷之志，而且具有針對這類甚爲普遍現象的諷諭意義。但其具體表現方式，卻略無說教痕跡，全以節婦口吻自述，既以忠貞不二表明政治態度之堅決，又以「恨不相逢未嫁時」的情語作結，顯出濃郁而真實的人情味。正是因此，嚴守儒家道德規範者就不免對此略有微詞，賀貽孫云「此詩情辭婉戀，可泣可歌，然既垂淚以還珠矣，而又恨不相逢於未嫁之時，柔情相牽，展轉不絕，節婦之節危矣哉」⑪，沈德潛更直言「翫辭意恐失節婦之旨，故不錄」⑫，可見一斑。然亦正是因此，才顯示出張籍借真實情事以表諷諭之旨的構思特點與表現方式。又如王建的〈簇蠶辭〉：

蠶欲老，箔頭作繭絲皓皓。場寬地高風日多，不向中庭曬蒿草。神蠶急作莫悠揚，年來為爾祭神桑。但得青天不下雨，上無蒼蠅下無鼠。新婦拜簇願繭稠，女灑桃漿男打鼓。三日開箔雪團團，先將新繭送縣官。已聞鄉里催織作，去與誰人身上著。

詩寫蠶婦辛苦勞作，最後既將新繭送官，又替他人織作，顯然寓有「唯歌生民病，願得天子知」⑬之意，並成爲後世「遍身羅綺者，不是養蠶人」⑭那樣的激烈批判方式之先導，但就其本身而言，卻著重描寫蠶婦養蠶的實際過程及其誠摯心境，充滿濃郁的生活情味，所以沈德潛稱爲「意亦他人同有，然此覺入情」⑮，真是一語中的。王建還有著名的〈宮詞一百首〉，寫唐朝宮禁中事，內容十分廣泛，或寫皇帝早朝，或寫諸王打球，或寫宮廷樂舞，或寫宮女寂寞，或寫樂師辛酸等等，於皇室之奢靡淫佚，時有揭露，委婉曲折，寓義甚豐，正如翁方綱所稱「其詞之妙，則自在委曲深摯中別有頓挫，如僅以就事直寫觀之，淺矣」⑯。然就此組詩寫作背景看，王建當時在長安官太府丞或太常丞，其與宦官王守澄同宗，宮禁內情或即由是而得，加之詩語平易清新，事件人物更覺真實生動，所寫顯然並非虛擬臆測，而是有著真實依據。因此，這一組詩不僅具有補史傳闕略之價值，而且成為以實事寓諷諭的有計劃的大規模的創作實踐。

這種以生活為素材、以實事為依據的創作原則與表現方式，使得張、王樂府成為寫實化進程中的一個重要環節，將這一創作傾向推進到更為具體化、生活化的境地。比如，張籍、王建都作有數量可觀的古樂府，但卻往往能打破依舊題敷衍陳詞的樂府套式，在舊題中出以寫實的新內容。試看張籍的〈採蓮曲〉：

> 秋江岸邊蓮子多，採蓮女兒憑船歌。青房圓實齊戢戢，爭前競折漾微波。試牽綠莖不尋藕，斷處絲多刺傷手。白練束腰袖半捲，不插玉釵妝梳淺。船中未滿渡前洲，借問阿誰家住遠。歸時共待暮潮上，自弄芙蓉還蕩槳。

〈採蓮曲〉本樂府舊題，南朝、唐初時，多以之寫艷情，到開天時，李白、王昌齡曾以之實寫江南水鄉婦女採蓮時的美好形象，如王昌齡〈採蓮曲二首〉之二「荷葉羅裙一色裁，芙蓉向臉兩邊開。亂入池中看不見，聞歌始覺有人來」，即為一時佳構。儘管如此，張籍的〈採蓮曲〉仍有其獨到之處。與王昌齡之作相比，同是繪出一幅江南水鄉美麗的民俗畫卷，但王作似尚屬泛寫，張作則尤見細緻具體，連牽折蓮莖被刺傷手以及相互間詢問誰家住得更遠之類細事瑣節都一一再現，顯然使人感到這是一個具體的場景的攝照，因而也就更具有真實感。與舊題樂府相比，張、王的新題樂府數量似乎略少，但由於新樂府即事名篇的特點，徹底擺脫了古題的限制，尤便於寫實，因之張、王新樂府幾乎篇篇精彩。如張籍〈樵客吟〉：

上山採樵選枯樹，深處樵多出辛苦。秋來野火燒櫟林，枝柯已枯堪採取。斧聲坎坎在幽谷，採得齊梢青葛束。日西待伴同下山，竹擔彎彎向身曲。共知路傍多虎穴，未出深林不敢歇。村西地暗狐兔行，稚子叫時相應聲。採樵客，莫採松與柏，松柏生枝直且堅，與君作屋成家宅。

詩寫樵夫採樵生活之苦辛，身入深山，虎豹林莽，固是艱難險峻，而近村之途，也是狐兔橫行，僅此已襯出一片荒涼氛圍，而此時一聲稚子呼應，又露出多少辛酸之情。在這樣使人動情的場景中，詩人情感自然也加入其間，但他卻並無絲毫的說教或議論，而是通過一種雖作用甚微卻極爲現實的勸慰，表達出那一特定條件下的具體的可行的希望，因而也就更具有環境與情感的真實性。又如〈江村行〉也是如此，先寫「南塘水深蘆笋齊，下田種稻不作畦。耕場磷磷在水底，短衣半染蘆中泥。田頭刈莎結爲屋，歸來繫牛還獨宿。水淹手足盡爲瘡，山虻繞身飛撲撲。桑林椹黑蠶再眠，婦姑採桑不向田。江南熱旱天氣毒，雨中移秧顏色鮮」，以具體實在的人物情態感受的描寫，表現出田夫一年的辛苦生活，後寫「一年耕種長苦辛，田熟家家將賽神」，並未以感慨或不平作結，而是寫出對辛苦之後的賽神娛樂活動的期待，以此燃起田家生活中僅有的心靈慰藉之光，這就既表現出田家真實的心理狀態與思想境界，又更深一層地寓含著詩人對民生疾苦的深切同情，作爲詩歌的藝術表現方式，也就顯得尤爲樸厚而自然。再看王建的〈田家行〉：

男聲欣欣女顏悅，人家不怨言語別。五月雖熱麥風清，檐頭索索繰車鳴。野蠶作繭人不取，葉間撲撲秋蛾生。麥收上場絹在軸，的知輸得官家足。不望入口復上身，且免向城賣黃犢。田家衣食無厚薄，不見縣門身即樂。

一年辛苦盡輸官稅，本爲悽慘情事，但本詩卻擷取大量的田家日常生活場景及其慶幸免遭拘繫的心態，表現出一種因長期貧困而習以爲常的淡漠感以及常度以下的滿足感，這種處境與心理的強烈反差，無疑在相當廣泛的意義上代表著中國農民的實際情形，當然從詩人選取表現視角的意義來看，則又顯然可見其對這一農民日趨貧困的社會問題的更深的理解與憂慮，從而也就使得詩的主題更趨深化。他如〈送衣曲〉「去秋送衣渡黃河，今秋送衣上隴坂。婦人不知道徑處，但聞新移軍近遠。半年著道經雨濕，開籠見風衣領急。舊來十月初點衣，與郎著向營中集。絮時厚厚綿纂纂，貴欲征人身上暖。願身莫著裹屍歸，願妾不死長送衣」、〈織錦曲〉「窗中夜久睡髻偏，橫釵欲墮垂著肩。合衣臥時參沒後，停燈起在雞鳴前。一匹千金亦不賣，限日未成宮裏怪。錦江水涸貢轉多，宮中盡著單絲羅。莫言山積無盡日，百尺高樓一曲歌」之類，主題皆爲揭示民間疾苦，但亦皆能選取獨特的觀照角度，以下層民眾真實生活情態爲刻劃著重點，在對那一特定社會層面及其心態特徵的敏銳感悟之中，形成自身寓義明確而深刻、表現樸實而自然的詩風。

廣泛的下層社會題材，濃郁的民間生活氣息，構成張、王詩歌表現的主要內容，而作爲與此相適應的表達媒體，最重要的顯然是對通俗化語言形式的著力追求。這種傾向實際上並未僅僅局限於其樂府詩中，而是貫穿張、王整個創作生涯的普遍現象，比如王建早在貞元初年所作〈揚州尋張籍不見〉「別後知君在楚城，揚州寺裏覓君名。西江水闊吳山遠，卻打船頭向北行」，全詩平易流暢，明顯帶有江南民歌的明快格調，稍後所作〈雨中寄東溪韋處士〉「雨中溪破無乾地，浸著床頭濕著書。一個月來山水隔，不知茅屋若爲居」，更是純係口語。王建一生沈淪不遇，將近五十歲時才得一昭應令職，所作詩固然多有寓義寄託，但終其一生對詩歌表現形式的通俗平易的追求卻是極爲明顯的，試舉幾首小詩，如〈荒園〉：

朝日滿園霜，牛衝籬落壞。掃掠黃葉中，時時一窠薤。

又如〈新嫁孃詞三首〉之三：

三日入廚下，洗手作羹湯。未諳姑食性，先遣小姑嘗。

再如〈故行宮〉：

寥落古行宮，宮花寂寞紅。白頭宮女在，閑坐說玄宗。

這類作品在王建集中尚有不少，皆寫日常生活中的細小事件或具體情態，不僅純用白描手法，樸實自然，而且帶有一股清新的鄉土氣息。特別是〈新嫁孃詞〉以短短二十字，寫出新嫁孃在初入新環境時表現出的聰明、細心而又熟諳人情的複雜內容，實已窮形盡相，淋漓盡致，達到「詩到真處，一字不可易」⓱之境地。如果說，王建詩的通俗化主要表現在平暢口語的選擇，那麼，張籍詩的通俗化則側重表現在俗言俗事的運用。如〈江南曲〉：

江南人家多橘樹，吳姬舟上織白苧。土地卑濕饒蟲蛇，連木為牌入江住。江村亥日長為市，落帆度橋來浦裏。清莎覆城竹為屋，無井家家飲潮水。長干午日沽春酒，高高酒旗懸江口。娼樓兩岸懸水柵，夜唱〈竹枝〉留北客。江南風土歡樂多，悠悠處處盡經過。

詩寫水鄉小鎮景觀，充滿江南民歌情調，不僅寫出當地人居住條件、生活習慣以及下層妓女賣唱生涯，而且細至江干沽酒、娼樓留連都一一採入詩中，構成一幅充滿民間俚俗情事的風土畫面。

他如〈崑崙兒〉「金環欲落曾穿耳，螺髻長捲不裹頭。自愛肌膚黑如漆，行時半脫木綿裘」，寫馬來婦人奇異裝束，〈贈賈島〉「拄杖傍田尋野菜，封書乞米趁時炊」，寫賈島的落寞生活，〈贈任道人〉「長安多病無生計，藥鋪醫人亂索錢」，寫庸醫趁人之危勒索錢財，以及〈江村行〉、〈野老歌〉、〈牧童詞〉、〈採蓮曲〉、〈樵客吟〉、〈賈客樂〉等衆多作品，皆以通俗語言從各方面活畫出下層社會的衆生相。特別是對下層農村婦女的遭遇，張籍關注尤多，他在這方面的作品有〈妾薄命〉、〈別離曲〉、〈征婦怨〉、〈古釵歎〉、〈吳宮怨〉、〈白頭吟〉、〈離婦〉等，形成其以俗言俗事入詩中的重要內容，無怪姚合〈贈張籍〉詩在稱讚其「妙絕江南曲」的民間情調的同時，著重拈出「淒涼怨女詩」這一重要方面的鮮明特色。

這種尚實、俗的創作傾向，與韓孟詩派尚奇險恰成鮮明對比，因此，張籍雖曾從韓愈學，創作思想卻有相當的區別，其於〈上韓昌黎書〉中直接反對韓愈的「多尚駁雜無實之説」，在〈再上韓昌黎書〉中又云「君子發言舉足，不遠於理，未嘗聞以駁雜無實之説爲戲也」，可見貫串張、王創作生涯的通俗化實踐，顯然是基於明確的理論主張的自覺追求。後人論張、王詩，亦多著眼於其「就世俗俚淺事做題目」[18]、「略去葩藻，求取情實」[19]的實、俗統一的表現特徵，並以其語言的「專事平淨，固亦樂天之流也」[20]，明確地將之劃歸元白詩派範疇之內。然而，客觀地看，張、王既表現爲元、白詩風之先導，又與韓孟派關係密切，其詩歌的通俗化程度顯然不及元、白，在著意將寫實、寓義與通俗融合起來的創作實踐中，實際上包涵著相當程度的經營構煉之功，有些詩篇甚至含蘊雋永、耐人尋味。宋人王安石評爲「看似尋常最奇崛，成如容易卻艱辛」[21]，正是對張、王「樂府皆言妙入神」[22]的根本特徵的精彩提挈。而從其中「尋常」與「奇崛」兩種藝術風範的兼具及其辯證關係看，似又一定程度地體現出介乎韓孟詩派的奇險化與元白詩派的通俗化之間的過渡與兼容狀態。

第二節　元白的功利性文學思想

通俗化創作傾向與功利性文學思想，到元稹、白居易手中得到進一步推擴與發展，從而成爲承沿儒家傳統政教文學觀念並出之以寫實內容與通俗形式的詩歌體派的極端化體現。

元稹、白居易二人具體經歷自有不同，但是，元稹家境貧寒，白居易出身於小官吏之家，同樣屬於新興的下層庶族政治力量範圍，在積極地投身仕途與政治改革的過程中屢遭打擊與挫折，也幾乎全然一致。白居易嘗自述早年經歷云「時難年荒世業空，弟兄羈旅各西東。田園寥落干戈後，骨肉流離道路中。弔影分爲千里雁，辭根散作九秋蓬。共看明月應垂淚，一夜鄉心五處同」[23]，元稹也說「臣九歲學詩，少經貧賤，十年謫宦，備極悽惶，凡所爲文，多因感激，故自風詩至古今樂府，稍有寄興，頗近謳謠，雖無作者之風，粗中遒人之采」[24]，可見，正是由於貧賤的出身、荒亂的世業以及謫宦的生涯，促使元、白將內心的「感激」託付於「寄興」、「謳謠」的舒洩方式，從而形成向以「風詩至古今樂府」爲標誌的儒家詩教傳統歸位的自覺意識。同時，另一方面，作爲眾多庶族文人中的傑出代表，元、白的參政意識與仕宦熱情尤爲積極而強烈，政治目標也更爲具體而現實，在經歷政治挫折與人生磨難之後最終仕途通達、位居顯要，作爲元和時代文人中地位最爲顯達者，元稹、白居易無疑又是庶族階層成功實現自身政治理想的代表人物，因此，他們在積極的政治熱情中尤以務實爲本。如元、白在準備制科考試期間，一起移居永崇坊華陽觀，「閉戶累月，揣摩當代之事，構成策目七十五門」㉕，其中多有主張裁減冗官、降低賦稅、廢除肉刑等改革時弊的重要內容。又如白居易在〈爲人上宰相書〉中激切希望宰相韋執誼秉「有其才，有其位，有其時」而「圖將來之安，補既往之敗」，顯然皆爲著眼於現實政治革新任務而提出的具體的實在的施行措施。這種政治務實精神的滲透浸染，其結果直接導致「美刺之詩不稽政，則補察之義廢矣」㉖思想的形成，白居易敘元和初年情形云「是時皇帝初即位，宰府有正人，屢降璽書，訪人急病，僕當此日，擢在翰林，身是諫官，月請諫紙，啟奏之外，有可以救濟人病，裨補時闕，而難於指言者，輒詠歌之」㉗，可見在元、白看來，文學幾乎完全被政治同化，詩歌作品甚至等同於一種特殊形式的奏章。正是因此，傳統的儒家政教文學觀與現實的政治需要緊密結合起來，其內含的功利性因素也就得到極度的擴展與膨脹。當然，儒學傳統的現實功利性，在元和時代政治圖變的背景上實已形成一種社會思潮，有著廣泛而多樣的表現。不過就文學範圍而言，這一思潮在不同的文人群與文體圈中的表現卻有著顯著的差異。比如，在以韓愈爲核心的分別以詩、文爲重點的兩個詩人群與創作圈中，由於儒釋思想轉換與詩文觀念分流之間的微妙對應關係，古文創作集中體現「文以明道」的實用精神，詩歌創作則更多地在於「不平則鳴」的心志抒發，這實際上正是在積極進取的仕途上終遭挫折失敗的寒士兩面性心態的典型表現。與之相比，元、白作爲仕途較爲順暢並終致顯達的寒門士子，顯然更多地關注現實政治問題，適應政治實用的儒家功利文學思想便不僅全面影響支配著元、白的詩文創作，而且在詩歌方面表現得尤爲突出，這實際上就是元、白詩歌思想及其創作實踐的精魂所在，也是其在元和詩壇獨立一宗的最根本特徵與關鍵。

就元、白功利性文學思想的淵源而言，固然聯結著儒家政教文學觀的古老傳統，然而在政治圖變的時代背景之上，其又顯然指歸於士庶文化轉型期的社會現實。因此，作爲躋身政治權力上層的新興庶族政治力量的代表人物，元、白的文學主張實際上乃是其政治主張中不可分割的組成部份。與韓孟詩派相比，元、白在詩歌領域中政治意識的表現無疑更爲強烈。韓、孟諸人雖亦倡揚「大雅」，但因名位不高、仕途困頓，又因其所持詩、文觀念的分流，在詩中著重抒發情感心志，保持了詩的緣情品格與特性。元、白的出發點則在如何輔君濟民、實行政治主張的前提下，意在將採詩觀風制作爲政治建設的重要內容，詩歌創作實際上成爲政治實踐中的一項重要活動，其文學思想的形成、發展、演變也就與現實政治情勢息息相關。而正是由於這種實用性品格，使得作爲承沿儒家傳統的元、白文學思想的本身，同時又具有了強烈的新變內質與性態。在這一意義上歸納其具體表現，大略有如下數端。

首先是等同於政治主張的詩歌認識觀念與價值取向。元、白的政治主張，在今存白居易《策林》中表達得甚爲明晰，他們希望君主「夙興以憂人，夕惕而修己」，「思酌下言，樂聞上失，弊無不革，利無不興」[28]，目的在於恢復貞觀治世皇帝虛懷納諫的清明政治，革除德宗「貞元以來，抗疏而諫者，留而不行，投書於匭者，寢而不報，待制之官，經時而不見於一問，登聞之鼓，終歲不聞於一聲」[29]那樣的昏腐積弊，以使「諫諍諷議之官」能夠「補察遺闕，輔助聰明」，進而至於「工商得以流議，士庶得以傳言，然後過日聞而德日新矣」[30]。爲了實現這一以重建諫議制度爲核心的政治主張，元、白將恢復儒家政治奠基期的周代採詩觀風制視爲其重要內容與理想途徑，白居易在《策林》第六十九〈採詩以補察時政〉中云「聖王酌人之言，補己之過，所以立理本，導化源也。將在乎選觀風之使，建採詩之官，俾乎歌詠之聲，諷刺之興，日採於下，歲獻於上者也。所謂言之者無罪，聞之者足以自誡」，儘管白居易同時指出「大凡人之感於事，則必動於情，然後興於嗟歎，而形於歌詩」，認識到詩歌的緣情特性，但是在詩歌的根本作用方面，仍然歸結爲「王政之得矣，由斯而聞也，人情之哀樂，由斯而知也，然後君臣親覽而斟酌焉。政之廢者修之，闕者補之，人之憂者樂之，勞者逸之。所謂善防川者，決之使導，善理人者，宣之使言」，詩歌完全成爲裨補政治、有益教化的實用工具。這種思想，在白居易的〈議文章碑碣詞賦〉、〈新樂府序〉、〈與元九書〉以及元稹的〈敘詩寄樂天〉、〈樂府古題序〉、〈進詩狀〉等文中有著反復的論述與大量的表現。

其次是隨著國家政局變動與詩人仕途進退而衍化的表現特性。由於元、白對政治的實際參與並將詩歌作爲政治改革主張的重要內容，因而其功利性文學思想的本身也就與政治實踐主體的環境、遭遇、感受構成直接的聯繫。這種密切聯繫著人生經歷的文學思想的變化，在元、白身上大體可以分爲三個階段。一是自元和元年四月元稹、白居易同時參加「才識兼茂明於體用科」考試受到裴垍集團獎拔始，二人因得到「非次拔擢，欲以生平所貯，仰酬恩造」[31]，積極跟隨裴垍、李絳等人參與抑制宦官、反對藩鎮的政治鬥爭，對個人前途亦充滿信心。白居易高倡「丈夫貴兼濟，豈獨善一身」[32]，大量創作「爲時而著」、「爲事而作」的諷諭詩，以期「上以廣宸聰，副憂勤，次以酬恩獎，塞言責，下以復吾平生之志」[33]，將詩歌創作直接作用於現實政治；元稹則認爲只有「三代之盛」，才能「士議而庶謗」，而當時既「遭理世而君盛聖」，就正是重建諷諫政治的最好時機，於是對李紳所作二十首新題樂府「取其病時尤急者，列而和之」[34]成十二首，白居易繼而又擴充爲五十首，皆予弊政以尖利批判，對新政寄熱切希望。這一階段，可以說是元、白功利性文學思想的積極擴張期。二是自元和五年起，隨著裴垍集團逐漸失勢，元、白亦屢遭仕途挫折。就他們的心態而言，一方面，政治熱情受到沈重打擊，另一方面仍對憲宗抱有幻想與希望，因此，他們在諷諭詩創作中繼續遵循「篇篇無空文，句句必盡規。功高虞人箴，痛甚騷人辭。非求宮律高，不務文字奇。惟歌生民病，願得天子知」[35]的原則的同時，已明確認識到「豈圖志未就而悔已生，言未聞而謗已成矣」[36]的不適時宜的負面效果，便逐漸收斂其詩中的批判鋒芒。正是在這樣的情況下，元、白終日對自身的諷諭詩創作實踐加以反省與回顧，「粗論歌詩大端，並自述爲文之意」[37]，以白居易寫於元和十年的〈與元九書〉爲標誌，形成功利性文學思想及其實踐的理論概括。這一時期，可以說是元、白功利性文學思想在創作上的和緩期與在理論上的總結期。三是元和十年以後，元、白固然仍時時表露出功利性創作主張，但其諷諭詩的批判精神卻已顯然愈趨淡薄，伴隨著自身的坎壈遭遇而帶上了感傷的色彩與情調。如元稹在通州時「見進士劉猛、李餘各賦古樂府詩數十首，其中一二十章，咸有新意」，因「選而和之」[38]成十九首，其〈冬白紵〉、〈捉捕歌〉、〈董逃行〉、〈夫遠征〉、〈古築城曲五解〉等固然表達了對時局的看法，但卻借古諷時，寓義深婉；在〈夢上天〉、〈將進酒〉、〈君莫非〉、〈田野狐兔行〉、〈當來日大難行〉等詩中，更流露出濃重的憂讒畏譏心理。白居易元和十年以後所作諷諭詩如〈放魚〉、〈文柏林〉、〈贈友五首〉、〈潯陽三題〉、〈歎魯二首〉等，亦皆或隱曲借喻，或自傷自歎，與前期諷諭詩的激烈鋒芒形成鮮明對照。這一時期，可以說是元、白功利思想的淡漠消退期。至若長慶以後，元、白二人雖然脫離了仕途偃蹇的困厄之境，終致仕途通達，位居顯要，但是，朝廷對政局已全然失控，宦官竊據帝王廢立大權，藩鎮日甚驕橫，朝中黨爭熾烈，新進文人集團的銳氣已耗磨幾盡，喪失了與宦官、藩鎮的戰鬥力，元、白也從力圖改革政治轉變爲對政治的淡漠與逃避，無可奈何地發出「人生處一世，其道難兩全。賤即苦凍餒，貴即多憂患。惟有中隱士，致身吉且安」㊴的感歎，在「權出復似處，非忙亦非閑」㊵的吏隱生活中消磨歲月，形成晚年「知足保和」㊶的閑適心態。

再次是向儒家詩教傳統復歸中的新變性質與內涵。以元、白爲代表的功利性文學思想作爲儒家政教文學觀的極端化發展，淵源顯然直接承自漢儒，因而也就表現出強烈的宗經復古傾向。白居易在《策林》中極力崇尚《禮》、《樂》、《詩》、《書》，「講《詩》者以六義風賦爲宗」、「讀《書》者以五代典謨爲旨」㊷，要求詩歌創作「上以紉王教，繫國風，下以存炯戒，通諷諭」㊸，就是明確以「美刺」傳統爲指歸。但是，這種復古傾向顯然集中體現於思想淵源的聯繫方面，而就其作爲元和時代的文學思潮本身而言，則不僅在功用方面表現出極端的現實針對性，而且在表現方式著眼點上顯示出強烈的通變意識。這一通變思想的集中表達，莫過於白居易的〈復樂古器古曲〉文中所論述，如云「夫器者所以發聲，聲之邪正，不繫於器之今古也；曲者所以名樂，樂之哀樂，不繫於曲之今古也」，可見其並不主張全用古器古曲，而是完全可以運用今器今曲表現聲音之「正」。由此，他進而闡述「若君政驕而荒，人心動而怨，捨今器用古器，而哀淫之聲不散矣；若君政善而美，人心平而和，則雖奏今曲，廢古曲，而安樂之音不流矣。是故和平之代，雖聞桑間、濮上之音，人情不淫也，不傷也；亂亡之代，雖聞咸、護、韶、武之音，人情不和也，不樂也。故臣以爲銷鄭衞之聲，復正始之音者，在乎善其政，和其情，不在乎改其器，易其曲也」，這就詳盡表明了其對文學體用關係的辯證思想，不僅以「在乎善其政」將文學與現實政治緊密聯繫起來，顯示出元和文學的實用性品格，而且以「不在乎改其器，易其曲」的大膽思想打破以古辭寫古義的拘限，實際上成爲改變傳統詩歌語言體式的「元和詩變」生動活力大規模拓展的理論基點。

不過，細究起來，元、白文學思想在總體同趨的主幹之外，在功利思想的強弱程度以及對待文學構成諸因素的態度上實有不同的偏重與細微的差別。〈與元九書〉是白居易詩歌理論的系統化標誌，他首先説明「感人心者，莫先乎情，莫始乎言，莫切乎聲，莫深乎義。詩者，根情，苗言，華聲，實義。上至聖賢，下至愚騃，微及豚魚，幽及鬼神，群分而氣同，形異而情一，未有聲入而不應，情交而不感者」，固亦認識到詩歌的「根情」特質，但是，其著重點卻在由「情」通過「言」、「聲」的中介最終歸結於「義」，於是詩的根本特性實際上僅僅被當作一根功利思路的導火索，「聖人知其然，因其言，經之以六義，緣其聲，緯之以五音。音有韻，義有類。韻協則言順，言順則聲易入；類舉則情易見，情見則感易交。於是乎孕大含深，貫微洞密，上下通而一氣泰，憂樂合而百志熙。五帝三皇所以直道而行，垂拱而理者，揭此以爲大柄，決此以爲大寶也」，他本人在元和初年正是「自登朝來，年齒漸長，閱事漸多，每與人言，多詢時務，每讀書史，多求道理，始知文章合爲時而著，歌詩合爲事而作」，創作實踐亦全然成爲「救濟人病，裨補時闕」的另一種形式的諫書。可見，發生於情感，指歸於義理，服務於現實，構成白居易詩論的三大支點，而其著重點顯然在於以儒家義理對現實政治的作用，由此形成一種甚爲狹隘的創作觀與批評觀。其自身創作「惟歌生民病」、「先向歌詩求諷刺」，對「宮律」、「文字」的表現形式則採取「非求」、「不務」的態度；對入唐以來的詩人僅取陳子昂〈感遇詩〉及杜甫「〈新安吏〉、〈石壕吏〉、〈潼關吏〉、〈塞蘆子〉、〈留花門〉之章，『朱門酒肉臭，路有凍死骨』之句」，甚至斥責李白詩「索其風雅比興，十無一焉」[44]。元稹在對詩歌的價值與功能的認識上，固然與白居易極相類似，認爲「自風雅至於樂流，莫非諷興當時之事」[45]，正是對儒家政教文學觀的功利視角的發揮與觀照，因此，元稹崇尚風騷、漢魏，貶斥宋齊梁陳，稱宋、齊「教失根本，士以簡慢歙習舒徐相尚，文章以風容色澤放曠精清爲高，蓋吟寫性靈流連光景之文也，意氣格力無取焉。陵遲至於梁、陳，淫艷刻飾，佻巧小碎之詞劇，又宋、齊之所不取也」[46]，就全然以「根本」之「教」爲評價取向與標準。但是，通觀元稹詩論，卻又並不全然如此狹隘，比如，元稹最崇拜的詩人是杜甫，而究其原因則是杜甫詩兼眾家之長的容量，「蓋所謂上薄風、騷，下該沈、宋，言奪蘇、李，氣吞曹、劉，掩顏、謝之孤高，雜徐、庾之流麗，盡得古今之體勢，而兼人人之所獨專矣」[47]，在比較李、杜優劣時，進而認爲杜詩的「鋪陳終始，排比聲韻，大或千言，次猶數百，詞氣豪邁，而風調清深，屬對律切，而脫棄凡近，則李尚不能歷其藩翰，況堂奧乎」[48]，甚至以「聲韻」、「屬對」相推尚，顯然著眼於詩歌的藝術技巧與審美特性。在〈敘詩寄樂天書〉中，元稹自述少年時見朝政腐敗，心中鬱積而「思欲發之」，適讀陳子昂〈感遇詩〉，心有感契而作〈寄思玄子詩〉，後讀杜甫詩，「愛其浩蕩津涯，處處臻到，始病沈、宋之不存寄興，而訝子昂之未暇傍備矣」，以杜詩爲楷範，一方面不滿沈、宋不存「寄興」，另一方面又指出陳子昂未能「傍備」，可見在元稹心目中，杜詩的「處處臻到」正是既存「寄興」且又「傍備」技藝。與白居易相比，這種兼顧寄興與技藝的批評觀，顯然較爲通達。元稹自述詩歌創作緣由時則云「每公私感憤，道義激揚，朋友切磨，古今成敗，日月遷逝，光景慘舒，山川勝勢，風雲景色，當花對酒，樂罷哀餘，通滯屈伸，悲歡合散，至於疾恙窮身，悼懷惜逝，凡所對遇異於常者，則欲賦詩」[49]，這裏的選材範圍幾乎涉及日常生活所有方面，至少在主觀上比白居易的「惟歌生民病」廣闊得多。元、白在創作上最終形成「淫靡」與「淺切」[50]的區分，兩人在文學觀念上的最初之微異或許正是其分道之始源。

儘管如此，元、白在以諷諭詩爲標誌的功利思想表現的範圍內，創作實踐的特徵與走向顯然是相當一致的。首先是以樂府詩爲主體的諷諭詩的自覺創作。元稹〈和李校書新題樂府十二首序〉稱「余友李公垂貺余〈樂府新題〉二十首，雅有所謂，不虛爲文，余取其病時之尤急者，列而和之，蓋十二而已」，清人汪立名據此序中「語未嘗及白」斷定李紳之作新樂府在先，元稹繼之，白居易「當是因李作而推廣者」[51]。其實，對此，明人胡應麟已曾明言「元和中，李紳作新樂府二十章，元稹取其尤切者十五章和之，如〈華原磬〉、〈西涼伎〉之類，皆諷刺時事，蓋倣杜陵爲之者，今共載郭氏《樂府》，語句亦多倣工部，如〈陰山道〉、〈縛戎人〉等，音節時有逼近。第得其沈著，而不得其縱橫，得其渾樸，而不得其悲壯。樂天又取演之爲五十章，其詩純用己調，出元下，世所傳白氏〈諷諫〉是也」[52]，不僅清理出李紳、元稹、白居易相繼創作新樂府的線索，而且明確將之與杜甫聯繫起來。本來，新題樂府並不創自杜甫，但以「即事名篇」、「諷刺時事」爲內涵及作用的創作，則是自杜甫始，元、白新樂府與杜甫的聯繫，更直接表明了其在政教思想表現上的一脈淵源與共通特性。

元稹的新樂府十二首為〈上陽白髮人〉、〈華原磬〉、〈五絃彈〉、〈西涼伎〉、〈法曲〉、〈馴犀〉、〈立部伎〉、〈驃國樂〉、〈胡旋女〉、〈蠻子朝〉、〈縛戎人〉、〈陰山道〉，每首舉一事加以議論，意在達到諷諭之目的。如〈上陽白髮人〉寫道：

天寶年中花鳥使，撩花狎鳥含春思。滿懷墨詔求嬪御，走上高樓半酣醉。醉酣直入卿士家，閨闈不得偷迴避。良人顧妾心死別，小女呼爺血垂淚。十中有一得更衣，永醉深宮作宮婢。御馬南奔胡馬蹙，宮女三千合宮棄。宮門一閉不復開，上陽花草青苔地。

以安史亂前皇室搜求宮女的奢侈生活與亂後淒涼景象的對比，引發出結尾「何如決壅順眾流，女遣從夫男作吏」的主旨。又如〈華原磬〉「華原軟石易追琢，高下隨人無雅鄭。棄舊美新由樂胥，自此黃鐘不能競。玄宗愛樂愛新樂，梨園弟子承恩橫。霓裳才徹胡騎來，雲門未得蒙親定」，借古樂不興慨歎世亂，刺時之旨顯然可見。這些詩篇所述之事，或屬前朝或為當世，無不是曾經發生的真實之事，但卻並非詩人的親身經歷與眼前所見，因而自杜甫以來的寫實內涵已顯見變異，所謂「即事名篇」固然是承杜而來，但在注重「事」實的同時淡化了「時」性，因而與杜甫乃至張籍、王建樂府相比，情境的真實感明顯減弱，而使得理念化色彩強化起來。即使在這十二首新樂府之外，元稹的其他樂府詩也顯見這一特點，像〈連昌宮詞〉開篇「連昌宮中滿宮竹，歲久無人森似束。又有牆頭千葉桃，風動落花紅蔌蔌」，結尾「年年耕種宮前道，今年不遣子孫耕。老翁此意深望幸，努力廟謨休用兵」，與白居易〈新樂府序〉中所提出的「首句標其目」、「卒章顯其志」的創作原則完全相符。

與元稹相比，白居易的新樂府五十首所表現出的諷諭時事的動機與程度無疑更為鮮明而強烈。這五十首詩，雖非一時所作，但從其所涉及的廣泛內容看，實際上表達了詩人對當時一系列政治經濟問題的較爲全面的認識，顯然是集中表現白居易政治思想的有計劃之作。如〈海漫漫〉「戒求仙」、〈上陽白髮人〉「愍怨曠」、〈新豐折臂翁〉「戒邊功」、〈道州民〉「美賢臣遇明主」、〈八駿圖〉「戒奇物懲佚遊」、〈澗底松〉「念寒雋」、〈紅線毯〉「憂蠶桑之費」、〈杜陵叟〉「傷農夫之困」、〈繚綾〉「念女工之勞」、〈賣炭翁〉「苦宮市」、〈母別子〉「刺新間舊」、〈鹽商婦〉「惡倖人」、〈官牛〉「諷執政」、〈黑潭龍〉「疾貪吏」等，或美聖賢，或刺貪暴，或愍貧困，就其選材的本身而言，固然正如白居易所自言「其事覈而實，使採之者傳信也」[53]，皆爲當時社會現象中的尖銳問題與真實事件，具有強烈的寫實傾向，但是，這些事件本身卻並不一定是詩人親目所見與親身所歷，他寫作這些詩的目的亦並非觸物以起情，而是「爲君，爲臣，爲民，爲物，爲事而作，不爲文而作也」[54]，完全是一種藉以發表政治見解的實用性功利行爲。因此，在這種寫實表象的深層，實際上更多的是主觀理念的成份。這其中有少量作品對事件本身描述得較爲生動詳細，一定程度地表現出情境真實感，如〈賣炭翁〉：

> 賣炭翁，伐薪燒炭南山中。滿面塵灰煙火色，兩鬢蒼蒼十指黑。賣炭得錢何所營，身上衣裳口中食。可憐身上衣正單，心憂炭賤願天寒。夜來城外一尺雪，曉駕炭車輾冰轍。牛困人饑日已高，市南門外泥中歇。翩翩兩騎來是誰，黃衣使者白衫兒。手把文書口稱敕，迴車叱牛牽向北。一車炭，千餘斤，宮使驅將惜不得。半匹紅紗一丈綾，繫向牛頭充炭直。

此詩通過賣炭老翁之遭遇，以極形象化之手法反映百姓被欺壓之苦，同時描繪人物複雜矛盾心理，尤見細膩真切，所謂「直書其事，而其意自見，更不用著一斷語」[55]，從不置議論而感染力極強的角度看，實可謂五十首中上乘之作。但即便如此，其既定的揭露「宮市」弊政之主觀意旨以及「欲見之者易諭」、「欲聞之者深戒」的諷諭目的仍然是極爲明晰的。寫作年代較〈新樂府〉稍後的〈秦中吟〉十首，在選材上全爲「聞見之間，有足悲者，因直歌其事」[56]，比〈新樂府〉更集中於現實之事，但其「欲開壅蔽達人情，先向歌詩求諷刺」[57]的諷諭之旨仍然是完全一致的。如〈重賦〉先寫「織絹未成匹，繅絲未盈斤。里胥迫我納，不許暫逡巡」，後寫「進入瓊林庫，歲久化爲塵」，既抨擊苛賦之酷，又暴露官府之腐靡；〈輕肥〉寫達官貴人「意氣驕滿路，鞍馬光照塵。食飽心自若，酒酣氣益振」，結句卻是「是歲江南旱，衢州人食人」，形成強烈對比；〈買花〉寫牡丹之華貴價昂「貴賤無常價，酬直看花數。灼灼百朵紅，戔戔五束素」，結句卻是「一叢深色花，十戶中人賦」之慨歎，其對比之強烈、思緒之深刻，可謂動人心魄。他如〈傷宅〉、〈歌舞〉等篇，寫法皆大致相類。這種以貧富懸殊對比構成的激烈的批判意識，顯然是由杜甫的「朱門酒肉臭，路有凍死骨」之類表現方式發展而來，白居易本人後來在回憶〈秦中吟〉寫作情形時云「憶昨元和初，忝備諫官位。是時兵革後，生民正憔悴。但傷民病痛，不識時忌諱。遂作〈秦中吟〉，一吟悲一事。貴人皆怪怒，閑人亦非訾。天高未及聞，荊棘生滿地。惟有唐衢見，知我平生志。一讀興歎嗟，再吟垂涕泗。因和三十韻，手題遠緘寄。致我陳杜間，賞愛非常意」[58]，於社會事件的紀實之中表達詩人「興寄」之旨，與陳子昂、杜甫一脈相承，正顯露出唐代文壇上批判現實思想的發展軌跡與最重要的環節所在。除這兩組有計劃創作的組詩之外，白居易的諷諭詩爲數尚夥，如〈宿紫閣山北村〉：

晨遊紫閣峰，暮宿山下村。村老見予喜，為予開一樽。舉杯未及飲，暴卒來入門。紫衣挾刀斧，草草十餘人。奪我席上酒，掣我盤中飧。主人退後立，斂手反如賓。中庭有奇樹，種來三十春。主人惜不得，持斧斷其根。口稱採造家，身屬神策軍。主人愼勿語，中尉正承恩。

揭露軍卒、官府之橫暴苛酷，與〈秦中吟〉中〈重賦〉等篇意旨同一，而此詩出之以自身親歷的感受，就表現特點看，顯然更爲真切生動。又如〈凶宅〉通過對「風水」不適當而造成「凶宅」的虛妄之說的批駁，揭示出「寄語家與國，人凶非宅凶」這一發人深省的道理，〈哭孔戡〉通過哀賢才之不用，進而發出對上天的懷疑「謂天不愛人，胡爲生其賢。謂天果愛民，胡爲奪其年。茫茫元化中，誰執如此權」，隱然表露出對人世間荒暴之君的抨擊之意。對於此類作品，白居易在〈與元九書〉中曾憶及流傳情形云「凡聞僕〈賀雨〉詩，而衆口籍籍，已謂非宜矣。聞僕〈哭孔戡〉詩，衆面脈脈，盡不悅矣。聞〈秦中吟〉，則權豪貴近者相目而變色矣。聞樂遊園寄足下詩，則執政柄者扼腕矣。聞〈宿紫閣村〉詩，則握軍要者切齒矣」，可見其所產生的社會效果之強烈。

元、白諷諭詩作爲其功利性文學思想的最主要的實踐形態，根本目的固然指歸於現實政治，在「經夫婦，成孝敬，厚人倫，美教化，移風俗」[59]的理想模式中重整封建社會綱常秩序，具有極端實用化傾向，但是，就其選材本身看，顯然大多集中於對民生疾苦的揭示、關注與同情上，由此可見元、白強烈的政治意識實以「民胞物與」的積極文化精神爲基礎，體現出濃厚的民本思想。這在文化淵源上，遠紹於以「仁」爲根本的民族精神傳統，在文學範圍內，則直接聯結著杜甫的憂民情懷。白居易的許多詩作，幾乎是杜詩「三吏」、「三別」的翻版，其實並非簡單的文學性模倣，而是恰恰植根於這樣的深層文化基因。這方面的表現，在元、白諷諭詩中，不僅是精神上最值得珍視的，而且是藝術上最爲成熟、生動的部份。如元稹的〈田家詞〉：

牛吒吒，田確確，旱塊敲牛蹄趵趵，種得官倉珠顆穀。六十年來兵簇簇，月月食糧車轆轆。一日官軍收海服，驅牛駕車食牛肉。歸來收得牛兩角，重鑄鋤犁作斤劚。姑舂婦擔去輸官，輸官不足歸賣屋，願官早勝讎早復。農死有兒牛有犢，誓不遣官軍糧不足。

詩寫農民耕牛爲官軍殺食，影響耕作，被迫賣屋以交賦稅之悲慘遭遇，具體描述則極見意匠之經營，近人陳寅恪評爲「詞極精妙，而意至沈痛」[60]，可謂切中肯綮。白居易的〈觀刈麥〉尤爲生動：

田家少閑月，五月人倍忙。夜來南風起，小麥覆隴黃。婦姑荷簞食，童稚攜壺漿。相隨餉田去，丁壯在南岡。足蒸暑土氣，背灼炎天光。力盡不知熱，借惜夏日長。復有貧婦人，抱子在其旁。右手秉遺穗，左臂懸弊筐。聽其相顧言，聞者為悲傷。家田輸稅盡，拾此充饑腸。今我何功德，曾不事農桑。吏祿三百石，歲晏有餘糧。念此私自愧，盡日不能忘。

詩寫地租剝削的嚴重程度與農民生活的困苦情狀，通過暑熱中割麥的場景及婦人的自訴，構成一種生動逼真的表現。其時白居易正在盩厔尉任，較多接觸社會下層，此詩顯然以真實所見爲基礎，因而詩中所見與所感、場景描寫與思想表達，以及由此念及自身、油然而生自愧之情，都在詩中形成一種自然的整體的藝術統一。這種由人及己或由己及人的思維方式，在白居易詩中表現甚多，如〈新製布裘〉「安得萬里裘，蓋裹周四垠。穩暖皆如我，天下無寒人」、〈新製綾襖成感而有詠〉「心中爲念農桑苦，耳裏如聞饑凍聲。爭得大裘長萬丈，與君都蓋洛陽城」，就其表現方式本身而言，固然是對杜甫「安得廣廈千萬間，大庇天下寒士俱歡顏，風雨不動安如山」[61]句意的沿用，但就創作環境而言，杜甫身處貧寒之中，憂民實由憂己而發，白居易身處飽暖之境，由自愧而憂民，則其作爲一種思想意識顯然尤爲自覺。正是因此，當白居易得到一定範圍的政治權力時，便努力爲緩解民生疾苦而多施善政，其在離杭州時作〈別州民〉詩云「耆老遮歸路，壺漿滿別筵。甘棠無一樹，那得淚潸然。稅重多貧戶，農饑足旱田。唯留一湖水，與汝救凶年」，在蘇州任時作〈答劉禹錫白太守行〉亦云「爲郡已周歲，半歲罹旱饑……下慚蘇人淚，上愧劉君辭」，可見其情懷所繫。當時元稹就寫有〈代杭民作使君一朝去〉「自此一州民，生男盡名白」，劉禹錫也寫有〈白太守行〉「蘇州十萬戶，盡作嬰兒啼」，從民心所向即可窺見其善政之一斑。儘管元、白生逢唐代政治趨向衰敗之際，平生抱負及具體政治主張並未得到完全實現，但他們畢竟最終仕途顯達，在一定範圍內施行善政，表現爲其政治思想的一定程度的實踐，同時也就可以視爲其功利性文學主張及早期大量諷諭詩創作的思想內核的補償性證明與映照。

第三節　元白詩歌的通俗化形式

作爲儒家政教文學觀的極端化表現形態，元、白諷諭詩的思想內涵明顯承接著由陳子昂到杜甫而形成的「風雅比興」傳統，而作爲隨著唐代中期士庶文化轉型背景上的俗文化精神深刻浸染中的文學現象，元、白的通俗化傾向又顯然與張籍、王建樂府詩構成一種共態。然而，比較而言，陳、杜「風雅比興」的思想表達通過託物以寄意，由描述到寄意之間的中介轉折往往造成喻象之中的含渾化與多義性；張、王樂府的通俗追求基於下層社會生活的真實感受，而出之以江南民歌情味，亦往往體現出豐富的含蘊與悠長的韻味。元、白的諷諭詩由於強烈的實用性目的與理念化色彩，則顯然有意識地在直表政治主張中務淺求盡，不作含蓄之態，不留餘韻之味，使人一目了然，略無歧義。白居易所謂「其辭質而徑，欲見之者易諭也；其言直而切，欲聞之者深誡也；其事覈而實，使採之者傳信也；其體順而肆，可以播於樂章歌曲也」[62]，正是這種爲使意盡而務求言辭淺直曉暢的創作心態的自我表白，也正因此，白居易的諷諭詩才產生使權貴「變色」、「扼腕」、「切齒」那樣的震撼性社會效果。與張、王樂府相比，元、白似缺少那樣一種濃郁的生活氣息與民歌情味，往往表現出具有說教意味的士大夫口吻，但是，從詩人思想表達及詩歌語言形式的暢達通俗程度看，僅就元、白諷諭詩的範圍而論，也無疑顯示出對這一傾向的進一步推擴與發展。

如果說，諷諭詩中的通俗化語言運用，本之於明旨暢義的實用性目的，那麼，貫串於元、白整個創作生涯中的通俗詩風，則顯然是俗文化興盛背景之中的一種普遍的社會心理與審美取向的集中體現。從杜甫、顧況到張籍、王建而形成的一條與寫實化文學思潮相表裏的通俗化創作傾向的線索，以及元和時代眾多「新進小生」競相「學淺切於白居易」的現象，明顯可見一種時代性的趣尚風會。因此，就元、白本身而言，在詩歌創作中對通俗淺切的語言的著意追求也就並不自元和初年的諷諭詩創作始。比如早在貞元年間，元稹十六、七歲時所作〈春餘遺興〉詩云：

春去日漸遲，庭空草偏長。餘英間初實，雪絮縈蛛網。好鳥多息陰，新篁已成響。簾開斜照入，樹裊游絲上。絕蹟念物閑，良時契心賞。單衣頗新綽，虛室復清敞。置酒奉親賓，樹萱自怡養。

再看白居易在貞元十六年中進士第前後所作〈春村〉詩云：

> 二月村園暖，桑間戴勝飛。農夫春舊穀，蠶妾禱新衣。牛馬因風遠，雞豚過社稀。黃昏林下路，鼓笛賽神歸。

兩詩皆取材春日田園生活及民間情事，語言通俗明暢，詩風質樸清新，與當時已經成熟的張籍、王建詩風甚爲相似。這種以通俗語言寫民間情事的特點，在元稹貶江陵之時表現得較爲突出，如〈賽神〉詩寫道：

> 楚俗不事事，巫風事妖神。事妖結妖社，不問疏與親。年年十月暮，珠稻欲垂新。家家不斂穫，賽妖無富貧。殺牛貰官酒，椎鼓集頑民。喧闐里閭隘，兇酗日夜頻。歲暮雪霜至，稻珠隨壟湮。吏來官稅迫，求質倍稱緡。貧者日消鑠，富亦無倉囷。不謂事神苦，自言誠不真。

詩寫楚俗巫風之盛，固然表達了詩人對這種愚昧行爲的擔憂與批判，但對於這一風俗的本身，卻在白描般語言中使其真切地展現出來。元稹同時所作的〈競舟〉「楚俗不愛力，費力爲競舟。買舟俟一競，競斂貧者賕」、〈茅舍〉「楚俗不理居，居人盡茅舍。茅苦竹梁棟，茅疏竹仍罅」、〈後湖〉「荊有泥濘水，在荊之邑郛。郛前水在後，謂之爲後湖」等，從各方面寫出楚地殊異的民情風俗，皆可見出受杜甫晚年在夔州湖湘時期所作大量民俗詩影響之跡象。這類貼近日常生活的通俗詩，同是以語言的明白曉暢爲追求，但與以諷諭時政爲主旨的通俗詩的表現特點顯然有別，它沒有諷諭詩那樣激烈的思想表達，而是表現出恬淡閑靜的心境特徵。如白居易在貞元末初入仕途任秘書省校書郎時作〈常樂里閑居偶題十六韻〉「茅屋四五間，一馬二僕夫。俸錢萬六千，月給亦有餘。既無衣食牽，亦少人情拘。遂使少年心，日日常晏如」、〈早春獨遊曲江〉「散職無羈束，羸驂少送迎……酒狂憐性逸，藥效喜身輕。慵慢疏人事，幽棲遂野情」等詩，就是既用淺俗之語，又顯閑適之情。由此進而可見，白居易大量創作閑適詩，就數量而言，固然集中於晚年，但就其追求閑適慵淡的心態而言，實際上是作爲其整幅人生的重要構成方面而貫穿始終的。

其實，即使是在元和初年至元和十二年這一段元、白諷諭詩創作集中的時期，這種閑適的生活情趣與平淡的表現方式也是時時可見的。如白居易在元和三年所作〈夏日獨直寄蕭侍御〉詩云「澹然無他念，虛靜是吾師」，在元和五年又作〈初除戶曹喜而言志〉云「我有平生志，醉後爲君陳。人生百年期，七十有幾人。浮榮及虛位，皆是身之賓。惟有衣與食，此事粗關身。苟免饑寒外，餘物盡浮雲」，這一時期，正是他寫作〈新樂府〉與〈秦中吟〉前後，由此可見，在白居易的思想深處，強烈的政治意識、積極的入世精神其實是與這樣的平淡虛無甚至唯求衣食的庸俗化心理同時並存的。這種平庸思想的發展，進而導致其看穿世事的避世心理逐漸滋生，如其〈隱幾〉詩云：

> 身適忘四支，心適忘是非。既適又忘適，不知我是誰。百體如槁木，兀然無所知。方寸如死灰，寂然無所思。今日復明日，身心忽兩遺。行年三十九，歲暮日斜時。四十心不動，吾今其庶幾。

對世事「身心兩遺」、「寂然無思」的消極態度，實際上體現了佛老無爲思想的深刻影響。在元和六年所作〈白髮〉「除卻無生念，人間無藥治」、〈自覺二首〉「我聞浮圖教，中有解脫門。置心爲止水，視身如浮雲。斗藪垢穢衣，度脫生死輪。胡爲戀此苦，不去猶逡巡……誓以智惠水，永洗煩惱塵」等詩中，這種思想傾向更見明確的發展。正是這種內在的思想意識的不斷積聚發展，決定著元、白晚年閑適詩生活內容與表現特徵的選擇與導向。如白居易在元和十四年作〈江州赴忠州至江陵已來舟中示舍弟五十韻〉詩云「昏昏隨世俗，蠢蠢學黎甿」，就是其晚年人生態度的基調。長慶以後，隨著仕途的通達，這種心態日益發展，甚至達到庸俗滿足的地步，如〈新昌新居書事四十韻寄元郎中張博士〉「囊中貯餘俸，郭外買閑田」、〈嘗黃醅新酎憶微之〉「世間好物黃醅酒，天下閑人白侍郎」、〈從同州刺史改換太子少傅分司〉「月俸百千官二品，朝廷雇我作閑人」等，皆沈湎厚俸清閑的生活之中，惟逸樂是尋，與其前期諷諭詩中的關注現實政治精神簡直判若兩人。與前期諷諭詩相比，晚期閑適詩固然同樣是生活現象的寫實，同樣出之以通俗曉暢的語言，但其寫實的內涵卻已截然不同，由現實政治、生民疾苦轉入身邊瑣事、閑適情趣。白居易在〈序洛詩〉中自述「在洛凡五周歲，作詩四百三十二首，除喪朋哭子十數篇外，其他皆寄懷於酒，或取意於琴，閑適有餘，酣樂不暇，苦詞無一字，憂歎無一聲」，正是其晚年創作情狀的明晰寫照。

由上可見，在諷諭詩中，語言的通俗是務求盡意，在閑適詩中，語言的通俗則是對平淡無爲的生活情趣的適應，出發點不同，歸結處則一。清人趙翼曾云「中唐詩以韓、孟、元、白爲最。韓、孟尚奇警，務言人所不敢言；元、白尚坦易，務言人所共欲言」[63]，可以說，這種語言載體的通俗化特徵，正是元白詩派得以存在確立並廣被後人的最重要因素之一。因此，實際上，在元、白詩集中，無論何種題材的作品，都盡量寫得通俗明暢，甚至如同白話一般，如白居易〈採地黃者〉寫道「麥死春不雨，禾損秋早霜。歲晏無口食，田中採地黃」，直實說來，略無餘意，又如〈詠懷〉「盡日松下坐，有時池畔行」、〈夜琴〉「自弄還自罷，亦不要人聽」等，皆用日常口語。白居易將自己的詩作分爲諷諭、感傷、閑適、雜律四類，元稹雖細分十類，但內容亦與白居易大體相彷彿。除諷諭、閑適（感傷詩下節詳述）兩類外，元、白詩數量最多的是雜律詩，「或誘於一時一物，發於一笑一吟，率然成章」[64]。僅就白居易而言，在他寫〈與元九書〉的元和十年，就自云作雜律詩四百餘首，今存共有近二千首，可見，這種「率然成章」的創作，實際上正是其通俗化創作傾向的大規模實踐。由此可見，元、白詩歌語言的通俗化，既有自覺追求的一面，更有率口而出的一面，由此也就既突出了其獨特風貌，又暴露了其粗率之弊，白居易晚年曾作〈自吟拙什因有所懷〉詩云「未能拋筆硯，時作一篇詩。詩成淡無味，多被眾人嗤。上怪落聲韻，下嫌拙言詞」，不僅被眾人嗤點，連本人也已認識到其言詞之拙了。客觀地看，雜律詩在元、白集中雖然爲數最多，卻無疑是最爲平庸的部份，白居易本人即曾說過「他時有爲我編集斯文者，略之可也」[65]，可見輕視態度。比較而言，「謂之諷諭詩，兼濟之志也，謂之閑適詩，獨善之義也」[66]，「諷諭之詩長於激，閑適之詩長於遣」[67]，而雜律詩「但以親朋合歡之際，取其釋恨佐歡」，且多「率然成章，非平生所尚者」[68]，在詩歌的思想價值與藝術造就方面，雜律詩亦與諷諭詩甚至閑適詩相距甚遠。然而，在當時俗文化興盛的背景上，促使元、白詩歌在社會上產生重大影響乃至於確立其在詩壇重要地位的，卻恰恰是這些質量平庸、爲數眾多的雜律詩。對於這一現象，白居易自云「今僕之詩，人所愛者，悉不過雜律詩與〈長恨歌〉以下耳」，並發出「時之所重，僕之所輕」[69]的慨歎。這類作品在當時的流傳面之廣，已達到驚人的地步，白居易〈與元九書〉嘗記云「自長安抵江西，三四千里，凡鄉校、佛寺、逆旅、行舟之中往往有題僕詩者，士庶、僧徒、孀婦、處女之口每每有詠僕詩者」，元稹〈白氏長慶集序〉亦云「二十年間，禁省、觀寺、郵候、牆壁之上無不書，王公、妾婦、牛童、馬走之口無不道，至於繕寫模勒，炫賣於市井，或持之以交酒茗者，處處皆是」。甚至「姓名過海流入雞林、日南有文字國」⑳，「契丹主親以本國字譯出，詔番臣讀之」㉑。這種「自篇章以來，未有如是流傳之廣者」㉒的現象，最主要的顯然是因其極端通俗化所造成，而從接受學角度看，當時就產生如此廣泛的社會影響，實際上又反過來成為不斷激活、推展元、白通俗詩創作生命的一個重要動力源。

集中表現於元、白詩中的通俗化語言的大面積運用，對於元、白詩歌本身乃至後代詩歌的構思方式與表現形態有著多方面的影響。茲擇其要，略述三端如下。

一是詩歌與俗文學形式的直接聯結。最典型的表現莫過於元稹，元稹作有通俗小說〈會真記〉，又有〈夢遊春七十韻〉、〈會真詩三十韻〉、〈夢昔時〉、〈贈雙文〉等詩，內容多有互通處。〈會真記〉又名〈鶯鶯傳〉與此傳同時寫成的還有李紳〈鶯鶯歌〉，更直接形成詩、傳相偶而行的獨特形式。元稹另有樂府詩〈連昌宮詞〉亦「實深受白樂天、陳鴻〈長恨歌〉及〈傳〉之影響，合併融化唐代小說之史才詩筆議論為一體而成」㉓。白居易的〈長恨歌〉也是與陳鴻〈長恨歌傳〉相偶而行的作品，陳鴻〈長恨歌傳〉記敘寫作緣起云「元和元年冬十二月，太原白樂天自校書郎尉於盩厔，鴻與瑯琊王質夫家於是邑，暇日相攜遊僊遊寺，話及此事，相與感歎，質夫舉酒於樂天前曰：夫希代之事，非遇出世之才潤色之，則與時消沒，不聞於世，樂天深於詩，多於情者也，試為歌之，如何？樂天因為〈長恨歌〉」，就內容看，〈歌〉、〈傳〉皆記敘了已在民間廣泛流傳的李、楊愛情故事，具有鮮明的俗文學特性。推而廣之，「貞元末至元和間，在白居易兄弟、元稹、李紳、李公佐、陳鴻以及其他青年的文士們之間，我們顯然看到有一種新的文體在那裏流行起來」[74]，可見已蔚爲一時之風會。從文學史發展流程的宏觀角度看，這類作品的影響亦恰恰主要在於俗文學領域，如金代董解元〈西廂記諸宮調〉及著名的元代王實甫〈西廂記〉雜劇，即直接以元稹〈會真記〉爲原型；著名元雜劇如關漢卿〈唐明皇哭香囊〉（殘本）、白樸〈唐明皇秋夜梧桐雨〉以及明代屠隆〈彩毫記〉、清代洪昇〈長生殿〉傳奇，俱由白居易的〈長恨歌〉演變而成，元代馬致遠的〈青衫淚〉則是以白居易〈琵琶行〉爲藍本的。除元、白外，當時其他詩人這類作品影響後世小說、戲劇者尚多，茲不一一遍舉。

二是詩歌韻味與情感的淡化。由於語言運用的極度求實務盡，元、白詩歌的審美體態便與開天以來詩中的語言凝練化形成截然的不同，那種含蘊無窮的韻味被大大稀釋，那種濃烈深厚的情感被大大淡化。比如白居易〈江樓夜吟元九律詩成三十韻〉「昨夜江樓上，吟君數十篇。詞飄朱檻底，韻墮綠江前。清楚音諧律，精微思入玄。收將白雪麗，奪盡碧雲妍。寸截金爲句，雙雕玉作聯。八風凄間發，五彩爛相宣。冰扣聲聲冷，珠排字字圓。文頭交比繡，筋骨軟於綿」，全詩只寫讀元稹詩的感受，雖堆砌了許多繁縟的詞藻，但卻用筆拖沓，了無韻味。又如白居易〈初與元九別後忽夢見之及寤而書適至兼寄桐花詩悵然感懷因以此寄〉寫夢元稹情形云「昨夜雲四散，千里同月色。曉來夢見君，應是君相憶。夢中握君手，問君意何如。君言苦相憶，無人可寄書」，接著寫「覺來未及說，叩門聲咚咚。言是商州使，送君書一封。枕上忽驚起，顛倒著衣裳。開緘見手札，一紙十三行」，然後全爲復述元稹信中的內容，詩意寫得詳盡明白，詩中本應表現的友人相思的深厚感情也隨之趨於平淡，略無餘蘊。在唐代詩人中，元稹與白居易的感情可謂至深至厚，甚至超過李白與杜甫，但是若將白居易這首以夢境寄情思的作品與杜甫夢李白之作相較，內中情感表現的方式與特點卻不啻天壤之別。甚至在哀傷之作中，其情感表現程度也在詳盡的敘述中趨於淡化，如元稹的哀女詩寫喪女之悲，往往多有「暗窗風報曉，秋幌雨聞更。敗槿蕭疏館，衰楊破壞城」75的環境描寫與「浮生未到無生地，暫到人間又一生」76的冷靜思索，這樣一來，悲極之情顯然被大大沖淡。宋人多以樂觀寫哀情，其主要原因固然是由理性精神替代情感衝突77，但在具體描寫中，往往表現爲對事件過程的詳盡記敘，這種淡化哀傷的方式，不能不說與在宋代影響廣泛的元、白詩特別是白居易詩有著一定的淵源關係。

三是詩歌應酬化的高度繁榮與嚴格規範。在元、白之前，唐代的應酬詩的繁榮大抵有兩大階段：一是唐初宮廷詩時期，詩歌以應酬爲主要功能，其表現特點是詞語事類的慣例化與程式化；一是開天迄大曆的都城詩時期，在都城審美文化圈中詩歌發揮著社交的重要作用，其表現特點是語言體格的精雅化。與前兩期相比，元和時期在俗文化興盛的背景上，詩歌語言的不斷通俗平易，無疑進一步促進了應酬詩的發展，並顯出與前不同的獨特標誌，這其中又無疑當以元、白爲最突出代表。以元、白爲代表的元和時代應酬詩的高度繁榮，自有其時代風尚與文學史進程交匯中的多重因素的促進，此不贅論，僅就其不同於前期應酬詩的表徵而言，則大體可見兩端。一是應酬詩的長篇化，這由元、白皆各有多篇以百韻排律相互贈答之作，可見一斑，本來，百韻排律創自杜甫，但杜甫僅用以自抒懷抱，元、白則用這種構體宏鉅的形制以相互酬贈，不僅略無艱澀，反而多似口語，這顯然既是其表現特徵之所在，又是其成於容易之關鍵。二是應酬詩的規範化，這主要表現爲依韻酬唱形式的確立，嚴羽《滄浪詩話．詩評》已曾指出「古人酬唱不次韻，此風始盛於元、白、皮、陸」，這一酬唱形式，到宋代時，則「以此而鬥工，遂至往復有八、九和者」78，次韻便以酬唱的一種規範化形式，構成宋以後泱泱詩域中的一種爲數極巨的內容與至今未能移易的固定化體類。

第四節 元白的感傷情懷及其詩美表現

以儒家政教文學觀爲其詩學建構基點的元稹、白居易，在人生態度上也正典型地表現出傳統儒家入世精神與人格建構所含具的兩面性特點。白居易多次明確表示「僕志在兼濟，行在獨善，奉而始終之則爲道，言而發明之則爲詩」79，「上可裨教化，舒之濟萬民。下可理情性，捲之善一身」80，幾乎就是「窮則獨善其身，達則兼濟天下」81、「經夫婦，成孝敬，厚人倫，美教化，移風俗」82的復述。在人生實踐中，元、白出處進退的思想與經歷正可謂爲這種處世哲學的完整遵循；同時，由於將人生態度與詩歌創作融爲一體，元、白的創作歷程亦與人生經歷、思想變化呈同步狀態。大體說來，早期多諷諭詩，晚期多閑適詩，正是這一轉換的典型表徵。

然而，透過這一現象的表面，由對世事的關注到淡漠的轉變其實並不是一個平靜自然的過程，而是深含著詩人內心的複雜的矛盾交織。元、白功利主義文學思想及其創作實踐，究其根本乃是寄望於用詩歌的諷諭功能去感動皇帝，以實現自己的政治主張，改革弊政。正是因爲站在這樣一廂情願式的立足點上，所以當其對朝政及皇帝的認識趨於深化，文學主張與創作走向也就極易隨之改變。如果說，永貞革新的失敗，在某種意義上反而激發了元、白的參與政治的慾望，從而積極進入仕途並開始其諷諭時事的創作，那麼，到元和五年以後，由於受到權貴的打擊，屢遭貶謫，則顯然使他們逐漸意識到寄望於皇帝納諫以改革弊政的理想無法實現，所謂「志未就而悔已生，言未聞而謗已成矣」[83]，正是其切身感受的自道。在這樣的處境中，元、白雖多次流露退隱山林之想，但最終又並不能拋棄個人的功名利祿，因此，即使是元、白晚年的吏隱生活與閑適創作，其心理深層其實也並不像表面那樣的平靜閑淡。白居易寫於元和十四年的〈江州赴忠州至江陵已來舟中示舍弟五十韻〉詩云「險路應須避，迷途莫共爭。此心知止足，何物要經營」，明晰可見因「避險」而「知足」的心理歷程，作於元和十五年的〈不二門〉又云「亦曾登玉陛，舉錯多紕繆。至今金闕籍，名姓獨遺漏。亦曾燒大藥，消息乖火候。至今殘丹砂，燒乾不成就。行藏事兩失，憂惱心交鬥。化作憔悴翁，拋身在荒陋」，更敞示了「行藏事兩失」的人生失落之感與「憂惱心交鬥」的心理矛盾交織。因此，在作爲元、白詩歌鮮明標誌的諷諭精神與閑適趣味兩極之外，實際上感傷意緒始終充溢其間，幾乎涵蓋其創作生涯的大半。當然，作爲一種體格的感傷詩，固然有其特定的題材範圍，但卻無疑可以視爲其人生歷程中感傷意緒的集中體現。就元、白在文學史上獨特地位得以確立的作用而言，感傷詩比不上諷諭詩的深刻性，就打破傳統審美範式的創新精神而言，感傷詩甚至比不上閑適詩、雜律詩的通俗化，但是就表情藝術自身長期形成的審美要求而言，感傷詩顯然是元、白詩中造就最爲出色的部份。

關於感傷詩的產生，元、白皆有自敘。白居易在〈與元九書〉中云「有事物牽於外，情理動於內，隨感遇而形成歎詠者一百首，謂之感傷詩」，包羅內容似甚廣泛，元稹在〈敘詩寄樂天書〉中云「不幸少有伉儷之悲，撫存感往，成數十詩，取潘子〈悼亡〉爲題」，則明確單立悼亡一體。所謂因「事」而動「情」，「隨感遇而形於歎詠」，固然是緣情詩論的基點與藝術創造的普遍規律，但就元、白詩的具體情況看，感傷詩顯然集中於謫官經歷與傷悼悲懷之中。不過，由於伴隨時代而生的濃重的感傷意緒，元、白感傷詩的範圍實際上難以明確劃定，在具體感傷題材之外的部份作品中，也往往通過借題發揮的方式將自身感傷意緒貫溢其間。

元、白感傷詩創作較集中的時期正在元和年間屢遭貶謫之時，因此仕途挫折之悲慨與懷才不遇之傷感也就自然成爲其感傷詩中的重要內容。如白居易貶江州途經郢州作〈登郢州白雪樓〉：

白雪樓中一望鄉，青山簇簇水茫茫。朝來渡口逢京使，說道煙塵近洛陽。

此詩末句下原有註云「時淮西寇未平」，可見寓有憂國之意，但這一「煙塵近洛陽」的消息是在詩人遠謫他鄉偶與京使相逢時而得知，則顯然更多地表現了自身報國無門之怨憤憂傷。將到江州時作〈望江州〉云：

江迴望見雙華表，知是潯陽西郭門。猶去孤舟三四里，水煙沙雨欲黃昏。

如果說，前詩的感傷情懷通過報國無門的憂憤抒發這樣較爲激烈的方式表達出來，那麼，此詩的感傷情懷則是通過孤舟飄泊、煙雨黃昏的環境氛圍的渲染這樣較爲沈重的方式表達出來。就藝術表現方式而言，這類作品大多在境象的融造中爲詩意的表達留下含蘊曲折的回旋餘地，與直表理念的諷諭詩、語淡意淺的閑適詩皆顯然有別。元稹與白居易友情深篤，而遭受政治打擊亦幾乎同時，因此，他們的感傷詩又往往出之以寄懷酬答的形式。如白居易〈舟中讀元九詩〉寫道：

把君詩卷燈前讀，詩盡燈殘天未明。眼痛滅燈猶暗坐，逆風吹浪打船聲。

元稹和作〈酬樂天舟泊夜讀微之詩〉云：

知君暗泊西江岸，讀我閑詩欲到明。今夜通州還不睡，滿山風雨杜鵑聲。

兩詩依韻酬唱，不僅表達著同樣的情感，而且詩境詩風亦皆幾無可辨。這種感情，在元稹〈聞樂天授江州司馬〉詩中表現得更爲痛切：

殘燈無焰影幢幢，此夕聞君謫九江。垂死病中驚起坐，暗風吹雨入寒窗。

正因元、白二人因得罪權貴而被貶的遭遇之相同，又因以詩爲媒介而建立的個人友情之深厚，才使其相當一部份酬唱詩成爲既深沈含蘊又靈犀相通的情感世界的表達載體，從而朦朧展現出與其尚俗務盡的主流傾向悖異的另一片饒有情韻的審美天地。

元和四年七月，元稹妻韋叢卒於長安，五年春，元稹貶江陵士曹參軍，仕途挫折與家庭悲劇的並發，顯然進一步深化了其感傷意緒。如其在謫貶途中傷悼亡妻的〈感夢〉詩云：

行吟坐歎知何極，影絕魂銷動隔年。今夜商山館中夢，分明同在後堂前。

訣別經年仍時時入夢，可見生前情感之深篤，此時之夢在貶謫途中，倍增悲感，更易引起往昔之回憶，末句以「分明」寫夢境，極具匠心，既復現無限的往昔世界與生活情味，又構成一種虛實相生的藝術境界。在更多的情況下，元稹悼亡詩著重表現的是一種驟承悲哀的撩亂心境。如〈夜間〉「感極都無夢，銷魂轉易驚。風簾半鈎落，秋月滿床明。悵望臨階坐，沈吟繞樹行。孤琴在幽匣，時迸斷絃聲」，〈除夜〉「憶昔歲除夜，見君花燭前。今宵祝文上，重疊敘新年。閑處低聲哭，空堂背月眠。傷心小兒女，撩亂火堆邊」，〈江陵三夢〉之三「君骨久爲土，我心長似灰。百年何處盡，三夜夢中來。逝水良已矣，行雲安在哉。坐看朝日出，衆鳥雙徘徊」，分別從不同的角度寫出不同環境中痛極之情的各種表達方式與感受特點，雖然語言樸素，但其發自肺腑之真情卻感人至深。元稹悼念亡妻之作自元和四年至六年間，多達數十首，僅此即可看出喪妻對詩人打擊之大、創痛之深。其中最傑出的代表作當爲〈遣悲懷三首〉：

謝公最小偏憐女，自嫁黔婁百事乖。顧我無衣搜藎篋，泥他沽酒拔金釵。野蔬充膳甘長藿，落葉添薪仰古槐。今日俸錢過十萬，與君營奠復營齋。

昔日戲言身後事，今朝都到眼前來。衣裳已施行看盡，針線猶存未忍開。尚想舊情憐婢僕，也曾因夢送錢財。誠知此恨人人有，貧賤夫妻百事哀。

閑坐悲君亦自悲，百年都是幾多時。鄧攸無子尋知命，潘岳悼亡猶費詞。同穴窅冥何所望，他生緣會更難期。惟將終夜長開眼，報答平生未展眉。

三詩成於一時，故見縝密思緒與章法。第一首追憶韋氏之賢德，婚後安於貧賤，治家勤儉，並以東晉才女謝道韞相比，爲引起超越常人的刻骨思念提供充厚的條件；第二首著重直抒喪妻之痛，以「誠知此恨人人有」與「貧賤夫妻百事哀」對舉，強調夫妻死別之痛更甚常人；第三首進而以現實反襯，自悲無子喪妻，在死生永訣之中構成一種情懷無從訴說的痛極之痛。三詩所寫，固屬尋常生活情景，且皆用語平實，但卻被稱爲「古今悼亡詩充棟，終無能出此三首範圍者，勿以淺近忽之」[84]，可見其獨特的藝術造就。

白居易在藝術上造就最高的感傷詩是〈長恨歌〉與〈琵琶行〉。〈長恨歌〉作於元和元年，時白居易在盩厔尉任，與友人陳鴻、王質夫同遊仙遊寺，道古論今，言及唐玄宗因溺於聲色終於釀成馬嵬之變，不勝感歎而作是詩，陳鴻乃作〈長恨歌傳〉，詩、傳並行，相得益彰。關於詩之主旨，據陳鴻〈長恨歌傳〉云「意者不但感其事，亦欲懲尤物，窒亂階，垂於將來者也」，顯有諷諭之意，

《唐宋詩醇》卷二十二稱「情景相生，沈鬱頓挫，哀艷之中，具有諷刺」，亦對此而言。然而，通觀全詩，哀傷之情顯然佔據詩旨之主流，白居易本人就將其編入感傷詩中，且曾自云「一篇長恨有風情」[85]，以風情多於諷刺，從詩的表現方式看，開篇言「漢皇重色」，結尾歸於「此恨綿綿」，與「首句標其目，卒章顯其志」的諷諭詩亦顯然有別。詩的開篇寫「漢皇重色思傾國，御宇多年求不得。楊家有女初長成，養在深閨人未識。天生麗質難自棄，一朝選在君王側」，以「漢皇重色」喻玄宗，自見微詞，但視「天生麗質難自棄」爲玄宗與貴妃關係之基礎，則已使詩旨偏向愛情一端。接著在極盡寵倖之情的描繪之後，寫出樂極生悲之重大轉折：

漁陽鞞鼓動地來，驚破霓裳羽衣曲。九重城闕煙塵生，千乘萬騎西南行。翠華搖搖行復止，西出都門百餘里。六軍不發無奈何，宛轉蛾眉馬前死。花鈿委地無人收，翠翹金雀玉搔頭。君王掩面救不得，回看血淚相和流。

在這段描寫中，充分表現出享國四十餘年的玄宗在倉皇事變中無從自保的悲慘情狀，由失去貴妃的深切悲哀進而襯託出其對楊貴妃的深摯情感。以下便集中描寫玄宗的無盡哀思：

天旋地轉回龍馭，到此躊躇不能去。馬嵬坡下泥土中，不見玉顏空死處。君臣相顧盡霑衣，東望都門信馬歸。歸來池苑皆依舊，太液芙蓉未央柳。芙蓉如面柳如眉，對此如何不淚垂。春風桃李花開日，秋雨梧桐葉落時。西宮南內多秋草，落葉滿階紅不掃。梨園弟子白髮新，椒房阿監青娥老。夕殿螢飛思悄然，孤燈挑盡未成眠。遲遲鐘鼓初長夜，耿耿星河欲曙天。鴛鴦瓦冷霜華重，翡翠衾寒誰與共。悠悠生死別經年，魂魄不曾來入夢。

在這種刻骨銘心的哀思之中，只有通過方士「上窮碧落下黃泉」的尋覓，借助神奇的馳想，虛構出已成僊子的楊妃，並以楊妃的堅貞表白作結：

回頭下望人寰處，不見長安見塵霧。唯將舊物表深情，鈿合金釵寄將去。釵留一股合一扇，釵擘黃金合分鈿。但教心似金鈿堅，天上人間會相見。臨別殷懃重寄詞，詞中有誓兩心知。七月七日長生殿，夜半無人私語時。在天願作比翼鳥，在地願為連理枝。天長地久有時盡，此恨綿綿無絕期。

昔日山盟海誓，而終於天人相隔，唯有永寄相思而已，可見恨之長正由愛之深而造成。本來，由李、楊悲劇所折射的安史之亂的時代背景，具有強烈的政治色彩，但是，經由馬嵬兵變，肅宗自立，楊妃縊死，玄宗哀情，李、楊悲劇在民間的廣泛流傳，便逐漸淡褪了政治色彩，完全衍化爲一個生動感人的愛情悲劇。從〈長恨歌〉的寫作緣起與實際內容看，正是在民間傳說故事基礎上加工而成，而〈長恨歌〉一旦寫成，其本身又在社會上產生廣泛影響，白居易當時就被稱爲「長恨歌主」[86]。從藝術上看，無論是在敘述故事、描寫環境以及對人物內心刻劃方面，還是在宛轉頓宕的句勢篇章以及流暢自如的歌行體式方面，都標誌著敘事詩藝術的高度成熟。

與〈長恨歌〉相比，〈琵琶行〉在藝術上更爲傑出，並顯出聯繫自身遭際以抒發感傷情懷的特點。元和十年，白居易貶江州司馬，〈琵琶行〉乃次年秋寫於其地，詩前小序云「元和十年，予左遷九江郡司馬，明年秋，送客湓浦口，聞舟中夜彈琵琶者，聽其音，錚錚然有京都聲，問其人，本長安倡女，嘗學琵琶於穆、曹二善才，年長色衰，委身爲賈人婦。遂命酒，使快彈數曲，曲罷憫默，自敘少小時歡樂事，今漂淪憔悴，轉徙於江湖間。予出官二年，恬然自安，感斯人言，是夕始覺有遷謫意」，其中心意旨，顯然歸結於自身遷謫，詩中的場景渲染與情感基調，即全然由此生發而來。此詩重點在於描寫人生淪落的具體經歷與感傷意緒，如寫琵琶女：

自言本是京城女，家在蝦蟆陵下住。十三學得琵琶成，名屬教坊第一部。曲罷曾教善才伏，妝成每被秋孃妒。五陵年少爭纏頭，一曲紅綃不知數。鈿頭雲篦擊節碎，血色羅裙翻酒汙。今年歡笑復明年，秋月春風等閑度。弟走從軍阿姨死，暮去朝來顏色故。門前冷落車馬稀，老大嫁作商人婦。商人重利輕別離，前月浮梁買茶去。去來江口守空船，繞船月明江水寒。夜深忽夢少年事，夢啼妝淚紅闌干。

以今昔對比的手法，寫出琵琶女的坎坷命運與悲愴遭遇。又如寫自身：

我聞琵琶已歎息，又聞此語重唧唧。同是天涯淪落人，相逢何必曾相識。我從去年辭帝京，謫居臥病潯陽城。潯陽地僻無音樂，終歲不聞絲竹聲。住近湓江地低濕，黃蘆苦竹繞宅生。其間旦暮聞何物，杜鵑啼血猿哀鳴。春江花朝秋月夜，往往取酒還獨傾。豈無山歌與村笛，嘔啞嘲哳難為聽。今夜聞君琵琶語，如聽僊樂耳暫明。莫辭更坐彈一曲，為君翻作琵琶行。

這一段自敘，從時間跨度上看，僅謫居二年，遠不及敘琵琶女的半生經歷，但正因這關鍵的二年遷謫遭遇，才使其與琵琶女的身世產生「同是天涯淪落人」的心理共鳴，這兩條各自獨立且時間跨度相差甚大的人生遭遇的線索也才在「我聞琵琶」的偶然遇合之中緊密聯結起來。從這一角度看，對琵琶之聲及琵琶女身世的大段描述全爲自傷身世的鋪墊，琵琶女這一人物甚至可以視爲作者自況並以之「直欲抒寫天涯淪落之恨」[87]的虛擬喻象。在作〈琵琶行〉之前，白居易由長安至九江途經鄂州時曾作有〈夜聞歌者〉詩：

夜泊鸚鵡洲，秋江月澄澈。鄰船有歌者，發調堪愁絕。歌罷繼以泣，泣聲通復咽。尋聲見其人，有婦顏如雪。獨倚帆檣立，娉婷十七八。夜淚似真珠，雙雙墮明月。借問誰家婦，歌泣何凄切。一問一霑襟，低眉終不說。

兩相比照，此詩中歌者與前詩中琵琶女處境相似，而從一不說、一詳述的具體情節看，則鄂州所遇近實，江州所遇近虛，因此，〈琵琶行〉大約就是在〈夜聞歌者〉的基礎上加工虛擬而成，由此也就進而表明了〈琵琶行〉的自傷性內涵與特點。此外，〈琵琶行〉在音樂描寫上亦有獨具的藝術成就：

轉軸撥絃三兩聲，未成曲調先有情。絃絃掩抑聲聲思，似訴平生不得志。低眉信手續續彈，說盡心中無限事。輕攏慢撚抹復挑，初為霓裳後六幺。大絃嘈嘈如急雨，小絃切切如私語。嘈嘈切切錯雜彈，大珠小珠落玉盤。間關鶯語花底滑，幽咽泉流水下灘。冰泉冷澀絃凝絕，凝絕不通聲漸歇。別有幽愁暗恨生，此時無聲勝有聲。銀瓶乍破水漿迸，鐵騎突出刀槍鳴。曲終收撥當心畫，四絃一聲如裂帛。東船西舫悄無言，唯見江心秋月白。

唐代音樂藝術空前發達，詩歌以描寫音樂而著名的就有李頎〈琴歌〉、〈聽安萬善吹觱篥歌〉，顧況〈李供奉彈箜篌歌〉，韓愈〈聽穎師彈琴〉，李賀〈李憑箜篌引〉等，但這些作品或借音樂渲染環境氛圍，或描寫聽音樂的種種感受、聯想甚至幻覺，即使針對音樂本身的生動描述也僅能抓住某種片斷性特徵。白居易的〈琵琶行〉則主要是針對音樂的本身，構成整個演奏過程旋律變化的完美表現，並且細密深透地理悟到音聲旋律的心理內涵，既達到音樂審美的高超境界，又表現出對音樂本身的寫實傾向。這種對藝術審美的共通理悟，無疑是作爲詩的形式的〈琵琶行〉濃郁審美意味的重要致因。〈琵琶行〉在當時就爲人傳誦，唐宣宗李忱〈弔白居易〉詩云「童子解吟長恨曲，胡兒能唱琵琶篇」，已將之與〈長恨歌〉並舉，後世更與〈長恨歌〉一起被譽爲「古今長歌第一」[88]，根本原因顯然也正是由其本身多方面藝術成就所造成。

從文學發展進程的宏觀角度看，元、白的文學史地位無疑首先由其文學創作的功利性特點與通俗化傾向所奠定，但從具體作品的微觀角度看，元、白的感情詩中的傑出代表作無論在當時還是在後世的影響都並不遜色，表徵著其詩學天地中較多沿承傳統美學標準的另一個側面。

第五節　通俗詩風的廣泛影響

元和時代樂府詩創作的興盛，其實在張、王到元、白之間，還有李紳、劉猛、李餘等人的共同努力與承啟效應。元稹的〈和李校書新題樂府十二首〉、白居易的〈新樂府〉五十首就是直接對李紳〈樂府新題〉二十首賡和、推演而成，元稹又有古樂府十九首也是分別和劉猛、李餘之作。惜李紳、劉猛、李餘原作皆已散佚。劉猛、李餘今存詩僅二、三首，只有李紳尚存《追昔遊詩》三卷、雜詩一卷傳世。因此，他們的樂府詩創作原貌雖已無從尋覓，但從李紳現存詩中似尚可窺見其詩風之大略。元稹稱李紳新樂府「雅有所謂，不虛爲文」，多有「病時」之作[89]，白居易亦曾推崇「張十八古樂府，李十二新歌行」[90]，將李紳與張籍並列，實際上正是對李紳詩的內容與風格對元、白的重要影響以及其處於張、王到元、白之間的顯著地位的說明。李紳今存詩中最爲人廣泛傳誦的是〈憫農二首〉：

春種一粒粟，秋收萬顆子。四海無閑田，農夫猶餓死。
鋤禾日當午，汗滴禾下土。誰知盤中餐，粒粒皆辛苦。

詩題一作〈古風〉，范攄《雲溪友議》卷上「江都事」條載「初，李公赴薦，常以〈古風〉求知，呂化光溫謂齊員外煦及弟恭曰：『吾觀李十二秀才之文，斯人必爲卿相。』果如其言」，尤袤《全唐詩話》卷三所記略同。然據清人席啟宇編《唐詩百名家全集》所收《追昔遊集》校註：「姚鉉《唐文粹》作〈憫農〉。」南宋計有功《唐詩紀事》卷三十九亦載李紳以此詩求知呂溫事，但所記具體詩名卻與《雲溪友議》小異：「紳初以〈古風〉求知於呂溫，溫見齊煦，誦其〈憫農〉詩曰……又曰：此人必爲卿相。果如其言。」可見，呂溫直接引誦的詩篇應爲〈憫農〉。對照比勘，〈古風〉大抵爲一總題，下有詩篇若干，皆各有其名，猶如今存元、白〈新樂府〉題下諸篇各有其名一般，而此「春種」、「鋤禾」二詩當爲〈憫農〉無疑，只是〈古風〉中其他詩篇皆已散佚，致使詩題混同莫辨。同時，李紳首創「新題樂府」之名目，又多「病時尤急」之作，可見其對「因事立題」[91]、「即事名篇」[92]的新樂府創作原則，顯然已具與元、白同樣的自覺意識。因此，根據這兩詩的實際內容，以詩意命題的〈憫農〉亦顯然較之以詩類命題的〈古風〉更符合這類諷諭時事之作的根本原則與創作精神。兩詩極寫憫農之意，實即對當時貧富差距日益擴大的社會問題的深刻批判。第一首前三句極力渲染秋獲之豐，末句卻言農夫餓死，一跌千丈，予人驚心動魄之感；第二首以盤中遙應田間，以汗滴映照飯粒，在藝術空間跳躍與內心視象移轉中構成強烈反差，以入木三分之筆力直指不公現象之根源。就表意之激烈、語句之警策程度而言，甚至超邁元、白〈新樂府〉之上，而就平實通俗、近於口語的語言形式而言，則顯然是元、白通俗詩風之同流。李紳在穆宗時「與李德裕、元積同在禁署，時稱三俊」93，白居易亦極賞李紳詩，嘗言「笑勸迂辛酒，閑吟短李詩」94，可見其與元、白趣味之相投。元、白詩中皆多次提及李紳，白居易還有多篇酬贈李紳之作，惜李紳原詩大部無存，唯有〈奉酬樂天於立秋夕有懷見寄〉一篇傳世，結句云「今君白雪唱，慚愧巴人腸」，與「淡無味」的白居易唱酬詩風神逼肖。此外，李紳與元、白詩的互爲影響還有多方面跡象可尋，如與元稹〈鶯鶯傳〉同時寫成〈鶯鶯歌〉，就是唐代詩、傳並傳的著名作品；大約作於大和二年（八二八）滁州刺史任上的〈悲善才〉詩，寫在西京與滁州兩地聽曹善才師徒彈琵琶的感受，特別是「心悲不覺淚闌干，更爲調絃反復彈。秋吹動搖神女佩，月珠敲擊水晶盤」等對琵琶之聲的細膩描繪，顯然受到白居易作於元和十一年（八一六）的〈琵琶行〉的影響；李紳另有五言排律多篇，篇幅雖不及元、白所作之長，但除少數篇章外，語言風格皆大體相類。與元、白一樣，李紳詩當時即「諷誦多在人口」95，其通俗化傾向無疑正是最重要的原因，後人評其「紀遊蹤俯仰感慨，一洗唐人小賦柔靡風氣」96、「無雕琢細碎之習，其格究在晚唐人刻劃之上」97，也正表現出主要針對其語言風格方面的著眼點。

如果說，廣義的元白詩派是由圍繞張籍、王建到元稹、白居易爲軸線而形成的一個鬆散的詩人群，那麼，這一軸線的兩端則是顯有差異的。李紳作爲聯結張、王與元、白的中間人物，固然在一定程度上體現出兼具的特點，但其對「新題樂府」之名的首創以及激烈的批判現實精神，則又顯然更多地類同元、白一端。與此相比，當時其他爲數甚多的詩人在創作中固多諷時之旨，顯見元、白詩風之影響，但具體表現卻並不那麼激烈，往往託意於含蘊委婉之中，因此也就似乎較多地體現爲與張、王詩風的相類。這其中較爲引人注目的詩人，大體有張祜、王涯、朱慶餘、項斯、薛濤等。

張祜今存四百餘首詩中，樂府詩甚多，涉及題材亦甚廣，如〈雁門太守行〉、〈塞下曲〉寫邊塞風光，〈公子行〉寫貴族公子豪奢生活，〈南宮歎〉、〈孟才人歎〉追傷往事等。〈車遙遙〉寫閨情尤見動人：

> 君心若車千萬轉，妾身如轍遺漸遠。碧川迢迢山宛宛，馬蹄在耳輪在眼。桑間女兒情不淺，莫道野蠶能作繭。

末句以野蠶喻新歡，實具深婉諷諭之旨，正如陸龜蒙稱其「及老大稍窺建安風格，誦樂府錄，知作者本意，短章大篇，往往間出，講諷怨譎，時與六義相左右」[98]。張祜詩中有多首寫玄宗舊事，如〈連昌宮〉「龍虎旌旗雨露飄，玉樓歌斷碧山遙。玄宗上馬太真死，紅樹滿園香自消」、〈華清宮四首〉之三「紅樓蕭蕭閣半開，上皇曾幸此宮來。至今風俗驪山下，村笛猶吹阿濫堆」、〈集靈臺二首〉之二「虢國夫人承主恩，平明騎馬入宮門。卻嫌脂粉汚顏色，淡掃蛾眉朝至尊」等，王堯衢《古唐詩合解》既云「極佳」，又謂「諷刺太甚」，其實，張祜正是借懷古之題寓諷諭之意。張祜最傑出的作品是直接承自王建的宮詞，如〈宮詞二首〉之一：

> 故國三千里，深宮二十年。一聲何滿子，雙淚落君前。

詩寫幽閉一生的宮女之怨情，首句從空間說，言離鄉之遠，次句從時間說，言幽閉之久；後二句借哀極之音「何滿子」曲，進一步刻劃怨極之情。短短二十字，在表露對宮闈制度以痛切批判的同時，尤顯出深厚含蘊的審美意味。杜牧讚之云「可憐故國三千里，虛唱歌辭滿六宮」[99]，可見此詩當時即廣爲流傳。張祜在江南遊蹤甚廣，多有題詠佳作，如〈題金陵渡〉「金陵津渡小山樓，一宿行人自可愁。潮落夜江斜月裏，兩三星火是瓜洲」，以「夜江斜月」與「兩三星火」對照，寫出拂曉前江天景致，以「小」、「斜」、「兩」、「三」等詞狀物，則進而渲染出「行人」飄轉零落之感，詩意含蘊宛轉，詩語清新明暢。又如〈江南雜題三十首〉從各方面展示江南風情，其中「僻巷雖通馬，深園不藉籬。青蘿薰柏葉，紅粉睡蓮枝」、「雀語嘉賓笑，蛩鳴懶婦愁。幸因重醞熱，聊作醉鄉遊」、「小小調茶鼎，銖銖定藥斤。空疏更誰問，賴與酒家鄰」之類，則以其濃郁的民間鄉土氣息，體現出與張籍、王建詩中俗言俗事及民歌情調幾無可辨的風致。

通過委婉的方式寫諷諭之旨，以宮中怨情爲題材在當時似已形成一種影響較廣的選擇定勢，自王建〈宮詞一百首〉的大規模創作以來，承其餘緒者除張祜外，王涯與朱慶餘受其影響似較爲顯著。王涯在元和至大和年間數度拜相，於大和九年「甘露之變」中被殺，白居易曾有「知君白首同歸日，是我青山獨往時」[100]詩悲其事。王涯的代表作是〈宮詞三十首〉[101]，如「五更初起覺風寒，香炷燒來夜已殘。欲捲珠簾驚雪滿，自將紅燭上樓看」、「永巷重門漸半開，宮官著鎖隔門回。誰知曾笑他人處，今日將身自入來」、「碧繡簷前柳散垂，守門宮女欲攀時。曾經玉輦從容處，不敢臨風折一枝」，與王建〈宮詞一百首〉廣泛描寫宮中多方面情狀相比，王涯〈宮詞三十首〉多集中於宮女怨情，選材似稍狹窄，但語淺意深之特色卻是極爲相似的。朱慶餘一生仕途頗不得意，與張籍等人交遊，詩風亦大體相近。其最著名作品是〈宮詞〉與〈閨意獻張水部〉二詩，當時即廣爲傳誦。與王建、王涯大量創作〈宮詞〉相比，朱慶餘僅存〈宮詞〉一首，但僅此一首即已顯出其在這一語、意多有雷同的領域別出機杼之藝術匠心，詩云：

寂寂花時閉院門，美人相並立瓊軒。含情欲說宮中事，鸚鵡前頭不敢言。

寫宮人幽怨，「花時」而言「寂寂」，更言「閉院門」，可見宮門深鎖，韶華虛度，就表現方式看，大體亦未出前範。值得注意的是後二句對「鸚鵡前頭不敢言」這一獨特角度的選取，極盡低徊吞吐之能事。近人劉永濟認爲「翫詩意似有所諷，恐鸚鵡洩人言語，鸚鵡當有所指」[102]，因而這種將怨情表現得深沈含蓄的方式，實際上也同時達到了使諷諭內涵隱曲深化的效果。再看其〈閨意獻張水部〉：

洞房昨夜停紅燭，待曉堂前拜舅姑。妝罷低聲問夫婿，畫眉深淺入時無。

詩題一作〈近試上張籍水部〉，作於寶曆二年（八二六）朱慶餘將應試之時，詩中新婦顯寓自比之意，然就此詩本身看，純寫閨意，妙造自然，其把握角度與王建〈新嫁孃〉實有異曲同工之妙，張籍賞酬之曰「越女新妝出鏡心，自知明艷更沈吟。齊紈未足人間貴，一曲菱歌敵萬金」，由是朱慶餘詩名流佈海內[103]。

當時詩人受張籍、王建影響較爲明顯的還有項斯、薛濤。項斯早年隱居杭州，後入幕於州郡，既受知於張籍，又爲國子祭酒楊敬賞識，楊有〈贈項斯〉詩云「平生不解藏人善，到處逢人說項斯」，甚至成爲揚人善處之範例。項斯今存詩一卷，如〈江村夜泊〉「日落江路黑，前村人語稀。幾家深樹裏，一火夜漁歸」、〈送越僧元瑞〉「靜中無伴侶，今亦獨隨緣。昨夜離空室，焚香淨去船」等，皆語淺情濃，充滿民間生活情味。薛濤本長安良家女，隨父宦流寓蜀中，遂入樂籍，工詩，通曉音律，出入幕府，自韋皋、武元衡至李德裕，歷事十一鎮，晚年居浣花溪，著女冠服，製松花小箋，時謂之薛濤箋。平生交遊甚廣，與元稹、白居易、王建、劉禹錫、杜牧等二十餘人皆有唱和，詩風亦明暢清新，如〈酬人雨後翫竹〉「南天春雨時，那鑒雪霜姿。眾類亦云茂，虛心能自持。多留晉賢醉，早伴舜妃悲。晚歲君能賞，蒼蒼勁節奇」、〈春望詞四首〉之一「花開不同賞，花落不同悲。欲問相思處，花開花落時」等，既多言情，亦含諷諭，明人楊慎稱爲「諷諭而不露，得詩人之妙」[104]，清人紀昀亦云「託意深遠」，「非尋常裙屐所及」[105]，可見評價之高。其實，薛濤當時即有詩名，王建有〈寄蜀中薛濤校書〉詩「萬里橋邊女校書，枇杷花裏閉門居。掃眉才子於今少，管領春風總不如」，從薛濤詩的構思特點與表現風格看，顯然也與張、王一路較爲接近。

在詩歌通俗化追求的時代總趨向中，張、王樂府詩中的俗言俗事與元、白閑適詩中的生活瑣事實際上體現爲一種同流與整合的關係，因此，當時大多詩人無論是著重寫實、諷諭，還是著重懷舊、言情，也都普遍具有一種閑情俗趣。如李紳除新樂府外，自云《追昔遊集》「或長句，或五言，或雜言，或歌或吟，或樂府齊梁，不一其詞，乃由牽思所屬耳」，可見其不拘體式，正由隨遇而成。這一特點，除上述諸人外，即如並不以詩著稱的崔玄亮、令狐楚等人亦多有閑適之詠，劉禹錫有贈崔玄亮詩云「昔年與兄遊，文似馬長卿。今來寄新詩，乃類陶淵明。磨礱老益智，吟詠閑彌精」[106]，又稱令狐楚「貴爲元老，以篇詠佐琴壺，取適乎閑宴，鏘然如朱絃玉磬，故名聞於世間」[107]，可見他們向閑適情趣傾移的共同特點以及由此名聞世間的客觀事實。劉禹錫本人更是既創作出如〈竹枝詞〉、〈楊柳枝詞〉那樣的明暢通俗的民歌體，又在與白居易、李德裕、令狐楚、崔玄亮等人的唱和中表現出閑適淡泊的情趣，明顯折射著屬於那一特定時代的一種普遍的文學思潮與審美取向。當然，作爲與元、白集團聯繫密切而又自立一體的重要詩人，劉禹錫詩總體成就顯非元白詩派所可範圍，實際上體現爲特立於以韓孟、元白詩派爲標誌的兩大時代性詩潮之外的卓異現象。

注釋

❶白居易〈讀張籍古樂府〉。
❷沈德潛《唐詩別裁集》卷八。
❸胡應麟《詩藪》內編卷三。
❹何世瑾《然燈記聞》引。
❺王士禎〈戲做元遺山論詩絕句三十二首〉之九。
❻周紫芝《竹坡詩話》：「唐人作樂府者甚多，當以張文昌為第一。」
❼白居易〈讀張籍古樂府〉。
❽杜甫〈觀公孫大孃弟子舞劍器行〉。
❾杜甫〈贈花卿〉。
❿白居易〈讀張籍古樂府〉。
⓫賀貽孫《詩筏》。
⓬沈德潛《唐詩別裁集》卷八。
⓭白居易〈寄唐生〉。
⓮張俞〈蠶婦〉。

⑮沈德潛《唐詩別裁集》卷八。

⑯翁方綱《石洲詩話》卷二。

⑰沈德潛《唐詩別裁集》卷二十。

⑱胡震亨《唐音癸籤》卷九。

⑲胡應麟《詩藪》內編卷五。

⑳徐獻忠《唐詩品》。

㉑王安石〈題張司業集〉。

㉒同前。

㉓白居易〈自河南經亂關內阻饑兄弟離散各在一處因望月有感聊書所懷寄上浮梁大兄於潛七兄烏江十五兄兼示符離及下邽弟妹〉。

㉔元稹〈進詩狀〉。

㉕白居易〈策林序〉。

㉖白居易〈策林〉六十八〈議文章碑碣詞賦〉。

㉗白居易〈與元九書〉。

㉘白居易〈美謙讓〉。

㉙白居易〈達聰明致理化〉。

㉚白居易〈納諫〉。

㉛《舊唐書》卷一百六十六〈白居易傳〉。

32白居易〈新製布裘〉。
33白居易〈與元九書〉。
34元稹〈和李校書新題樂府十二首序〉。
35白居易〈寄唐生〉。
36白居易〈與元九書〉。
37同前。
38元稹〈樂府古題序〉。
39白居易〈中隱〉。
40同前。
41白居易〈與元九書〉。
42白居易〈救學者之失〉。
43白居易〈議文章碑碣詞賦〉。
44白居易〈與元九書〉。
45元稹〈樂府古題序〉。
46元稹〈唐故工部員外郎杜君墓誌銘〉。
47同前。
48同前。
49元稹〈敘詩寄樂天書〉。

㊿見李肇《唐國史補》卷下〈敘時文所尚〉。
51汪立名編訂《白香山詩集》卷三。
52胡應麟《詩藪》內編卷三。
53白居易〈新樂府序〉。
54同前。
55愛新覺羅．弘曆《唐宋詩醇》卷二十。
56白居易〈秦中吟序〉。
57白居易〈採詩官〉。
58白居易〈傷唐衢二首〉之二。
59〈毛詩序〉。
60陳寅恪《元白詩箋證稿》第六章，古典文學出版社一九五八年版。
61杜甫〈茅屋爲秋風所破歌〉。
62白居易〈新樂府序〉。
63趙翼《甌北詩話》卷四。
64白居易〈與元九書〉。
65同前。
66同前。
67元稹〈白氏長慶集序〉。

68 白居易〈與元九書〉。

69 同前。

70 李商隱〈唐刑部尚書致仕贈尚書右僕射太原白公墓碑銘〉。

71 陳繼儒《太平清話》。

72 元稹〈白氏長慶集序〉。

73 陳寅恪《元白詩箋證稿》第五七頁，古典文學出版社一九五八年版。

74 《戴望舒小說戲曲論集·讀李娃傳》，作家出版社一九五八年版。

75 元稹〈哭女樊四十韻〉。

76 元稹〈哭小女降真〉。

77 參閱拙著《宋詩史》引論及第二編第一章，重慶出版社一九九二年版。

78 嚴羽《滄浪詩話·詩評》。

79 白居易〈與元九書〉。

80 白居易〈讀張籍古樂府〉。

81 《孟子·盡心上》。

82 〈詩大序〉。

83 白居易〈與元九書〉。

84 《唐詩三百首》卷六引孫洙評語。

85 白居易〈編集拙詩成一十五卷因題卷末戲贈元九李二十〉。

86 白居易〈與元九書〉。
87 洪邁《容齋五筆》卷七。
88 何良俊《四友齋叢說》卷二十五。
89 元稹〈和李校書新題樂府十二首序〉。
90 白居易〈與元九書〉。
91 同前。
92 元稹〈樂府古題序〉。
93 《舊唐書》卷一百七十三〈李紳傳〉。
94 見《四庫全書總目提要·追昔遊集》。
95 《舊唐書》卷一百七十三〈李紳傳〉。
96 毛晉〈追昔遊集跋〉。
97 《四庫全書總目提要·追昔遊集》。
98 陸龜蒙〈和過張祜處士丹陽故居〉。
99 杜牧〈酬張祜處士見寄長句四韻〉。
100 白居易〈九年十一月二十一日感事而作〉。
101 《全唐詩》卷三百四十七收王涯詩一卷，〈宮詞三十首〉存二十七首。
102 劉永濟《唐人絕句精華》，人民文學出版社一九八一年版。
103 范攄《雲溪友議》卷下。

104 楊慎《升庵詩話》卷十四。

105 紀昀《紀河間詩話》。

106 劉禹錫〈酬湖州崔郎中見寄〉。

107 劉禹錫〈彭陽唱和集引〉。

第十五章　賈姚體

就交遊關係與審美取向的大體範圍而言，賈島與姚合向來被歸屬於韓孟詩派之內。《新唐書．賈島傳》稱賈島「去浮屠，舉進士」，正是韓愈「憐之，教其爲文」❶的結果，〈盧仝傳〉則進而將賈島與劉叉等人一同目之爲「韓門弟子」❷。從現存作品看，賈島與韓愈、孟郊、盧仝等人皆有交往酬贈，對韓、孟尤覺情深意篤，如韓愈貶潮州，賈島感到「此心曾與木蘭舟，直到天南潮水頭」❸，對孟郊詩則「錄之孤燈前，猶恨百首終」❹。韓愈對賈島文才甚爲器重，嘗作〈贈賈島〉詩云「孟郊死葬北邙山，從此風雲得暫閑。天恐文章深斷絕，再生賈島著人間」，已將其與孟郊並提了。對賈島詩歌藝術特色，韓愈看重的是「狂詞肆滂葩，低首見舒慘」❺那樣的怪奇一面，與對孟郊詩「橫空盤硬語，妥帖力排奡」❻的評價幾乎一致；孟郊也是著眼其「詩骨聳東野，詩濤湧退之」❼，將之與韓、孟視爲一體。然而，就韓孟詩派整體而言，眾多獨具個性的詩人表現的是多樣的風格類型，明人胡應麟《詩藪》即認爲其中諸家「並自成趣，不相沿襲」。實際上，韓孟詩派固以追求怪奇爲主要傾向，但具體的偏重點卻既有雄奇豪宕、瑰麗怪異，又有瘦硬冷寂、細幽僻淡。就賈島的創作實際看，所謂「郊寒島瘦」，其與韓孟派的關係正表現在對其中寒瘦一面的集中承受與推展，而以此構成自身的主導詩風，則又與韓孟派在總體上顯出差異來。清人許印芳即已明確指出「島生李杜之後，避千門萬戶之廣衢，走羊腸鳥道之仄徑，志在獨開生面，遂成僻澀一體」[8]，而同時人姚合亦「得趣於浪僊之僻」[9]，遂形成一定的聲勢，在當時即被稱爲「姚賈」[10]。近人聞一多在闡論「元和、長慶間詩壇動態中的三個較有力的新趨勢」時說：「這邊老年的孟郊，正哼著他那沙澀而帶芒刺感的五古，惡毒的咒罵世道人心，夾在咒罵聲中的，是盧仝、劉叉的『插科打諢』和韓愈的宏亮的嗓音，向佛老挑釁。那邊元稹、張籍、王建等，在白居易的改良社會的大纛下，用律動的樂府調子，對社會泣訴著他們那各階層中病態的小悲劇。同時遠遠的，在古老的禪房或一個小縣的廨署裏，賈島、姚合領著一群青年人做詩，爲各人自己的出路，也爲著癖好，做一種陰黯情調的五言律詩。」[11]對元和、長慶間詩壇作如此三分法劃分，雖然並不完全恰當，但將賈島、姚合於韓孟詩派之外單立一體，則是頗具識見的。這從賈、姚詩歌交遊關係及頻度看，也可得到印證。以賈、姚今存詩計，賈島贈孟郊、韓愈各五首，贈盧仝一首，而贈姚合則多達十二首；姚合贈韓愈、劉叉各一首，而贈賈島亦多達十三首。由此可見，賈、姚與韓孟派中詩人固有較爲廣泛的聯繫，但他們二人之間的關係顯然尤爲親密，這也無疑正是其相似詩風、相投趣味形成的一個重要因素。

第一節　賈姚詩歌創作的人生背景

賈島生逢元和之際，又與韓愈、孟郊、張籍等人交遊甚密，因而不可能不受到那一特定時代形成的文人從政慾望與文學實用精神的影響，其早年返俗隨韓愈學文應舉以及專工「與五言八韻的試帖最近」[12]的五律體的事實，即爲明證。這在其詩作中也無可避免地時時表露出來，如早年所作〈劍客〉詩云：

十年磨一劍，霜刃未曾試。今日把試君，誰有不平事。

由這首詠懷述志之作看，賈島確實是具有俠氣宏願的，姚合〈哭賈島〉即曾稱其「曾聞有書劍，應是別人收」，可爲印證。詩中不僅託物言志，且以劍客自喻，聲情激烈，造語豪健，與其晚年詩定向於仄僻趣尚之一途不啻天壤之別。又如〈逢舊識〉：

幾歲阻干戈，今朝勸酒歌。羨君無白髮，走馬過黃河。舊宅兵燒盡，新宮日奏多。妖星還有角，數尺鐵重磨。

由逢舊識而激發內心情志，其豪情溢露，風骨凜然，大有乘時而起之勢。另如〈代舊將〉「舊事說如夢，誰當信老夫……猶希聖朝用，自鑷白髭鬚」、〈代邊將〉「三尺握中鐵，氣衝星斗牛。報國不拘貴，憤將平虜讎」、〈老將〉「膽壯亂鬚白，金瘡蠹百骸。旌旗猶入夢，歌舞不開懷」等詩，則借助舊將、老將的形象，宣洩出深藏心曲的報國激情，而這種激烈亢奮的表現方式，甚至已接近開天邊塞詩的情感基調了。然而，在賈島走向仕途之時，唐王朝政治腐敗、藩鎮跋扈、宦官肆虐愈演愈烈，衰朽之勢日趨明顯，積極進取的士子大多皆厄於一第，空負「麗句清詞，遍在人口」之文才，陷入「銜寃抱恨，竟爲冥路之塵」[13]之困境。賈島就是這樣的一個典型人物，他屢試不第並因吟詩刺時而迭遭遠貶，歷盡宦途上的坎坷挫折與生活上的貧病饑寒，在心靈深處投下濃重的陰霾。主觀願望與客觀現實的強烈反差，更造成痛苦壓抑、矛盾交織的心態，如〈下第〉詩云：

下第只空囊，如何住帝鄉。杏園啼百舌，誰醉在花旁。淚落故山遠，病來春草長。知音逢豈易，孤櫂負三湘。

詩寫落第後的感受，既悲哀落寞，又憂憤激切，正是失望壓抑心態的典型體現。同時作品如〈病鵲吟〉「不緣毛羽遭零落，焉肯雄心向爾低」、〈落第東歸逢僧伯陽〉「宇宙詩名小，山河客路新」、〈贈某翰林〉「應憐獨向名場苦，曾十餘年浪過春」等，皆無不交織著對自身遭際之哀傷與對世態炎涼之譏刺的複雜情感成份。隨著這樣的失意生涯的長期延續，賈島內心的憤世之志亦如同「古鏡重經幾度磨」⓮那樣逐漸銷磨淡褪，只剩下孤寂貧寒處境中的淒婉之音，如〈朝饑〉詩寫道：

市中有樵山，此舍朝無煙。井底有甘泉，釜中乃空然。我要見白日，雪來塞青天。坐聞西床琴，凍折兩三絃。饑莫詣他門，古人有拙言。

舍無煙，釜中空，雪塞青天，琴絃凍折，可見一貧如洗、饑寒難耐之景況，詩人無可奈何地自歎「常恐淚滴多，自損兩目輝，鬢邊雖有絲，不堪織寒衣」⓯，在寄贈友人之作中也有自訴「別後冬節至，離心北風吹，坐孤雪扉夕，泉落石橋時」⓰，其中透溢出的逼人寒氣，顯然是詩人親身經歷中刻骨感受的結果。同時詩人王建有贈賈島詩云「盡日吟詩坐忍饑，萬人中覓似君稀。僮眠冷榻朝猶臥，驢放秋田夜不歸」⓱，張籍也稱其「拄杖傍田尋野菜」⓲，正是賈島貧寒生活的生動寫照。

與賈島相比，姚合的人生遭際顯然平定得多，其從曾祖姚崇爲開元名相，父姚閈曾任相州臨河縣令，姚合本人宦途亦較爲通達，遠非賈島那樣終生沈淪。但儘管如此，處於衰敗的時代氛圍與深重的民間疾苦之中，姚合也同樣感受著貧寒的生活況味。如其〈莊居野行〉詩云：

客行野田間，比屋皆閉戶。借問屋中人，盡去作商賈。官家不稅商，稅農服作苦。居人盡東西，道路侵壟畝。採玉上山巔，探珠入水府。邊兵索衣食，此物同泥土。古來一人耕，三人食猶饑。如今千萬家，無一把鋤犁。我倉常空虛，我田生蒺藜。上天不雨粟，何由活烝黎。

此詩著重揭露的固然是棄農經商的社會問題，但在對田地荒蕪的客觀描述與對民生疾苦的深切憂慮之中，也明確可見其本人「我倉常空虛」的貧困生活處境。姚合雖自元和十一年進士及第後未離官職，但「多歷下邑，官況蕭條，山縣荒涼，風景凋弊之間，最工模寫」[19]，張籍〈寒食夜寄姚合〉詩即稱其「貧官多寂寞，不異野人居」，可見一斑。

正是因爲仕宦之途的失意與憤世之志的淡褪，使得賈島、姚合在長期的貧寒生活中逐漸形成恬淡自安的心態並將人生意趣集中到詩歌創作上來。如賈島〈早蟬〉詩云「早蟬孤抱芳槐葉，噪向殘陽意度秋。也任一聲催我老，堪憐兩耳畏吟休。得非下第無高韻，須是青山隱白頭。若問此心嗟歎否，天人不可怨而尤」，由蟬噪起興，引動身世之感，但詩人最終卻明確排除嗟歎怨尤，則顯露出安於現實的固窮志操與隨緣自適的超然心態。這種心態的形成，就賈島的人生志趣而言，其實在很大程度上正是詩歌藝術對情感的陶冶力與對心靈的慰藉力所致。賈島嘗自云「白鬚相並出，清淚兩行分，默默空朝夕，苦吟誰喜聞」[20]，可見其處在貧寒衰老境況中渾然不覺，唯有集全部心力於苦吟的情態，甚至達到「當其苦吟，雖逢值公卿貴人，皆不之覺也」[21]的地步。與賈島一樣，姚合也同樣是「永日廚煙絕，何曾暫廢吟」[22]。因此，賈、姚詩歌創作不僅在總體上表現爲「思致清苦」[23]的特徵與風貌，而且「謫宦自麻衣，銜寃至死時，山根三尺土，人口數聯詩」㉔、「身從謫宦方霑祿，才被槌埋更有聲」㉕，正是由清苦的人生處境促成了其獨特的藝術成就乃至「旋被世人傳」㉖的廣泛影響。

當然，就「苦吟」的創作態度而言，韓孟派中詩人大多如是，特別是孟郊、李賀，皆以「苦吟」著稱。然而，聯繫詩旨內蘊看，孟、李諸人苦吟的精神實質乃在於借助詩的形式表達內心的不平之鳴，從而構成以險怪爲主導的風格體貌。比較而言，賈島、姚合的「苦吟」顯然更多地集中於詩的本身，他們一方面「世界此心疏」㉗、「人間百事不思量」㉘，拋卻世間塵念，安於貧寒生活，另一方面則以「身大不及膽」、「勇往無不敢」㉙的精神從事詩歌創作，視詩歌創作爲人生理想與追求的最重要組成部份。如賈島〈戲贈友人〉詩云：

一日不作詩，心源如廢井。筆硯為轆轤，吟詠作縻綆。朝來重汲引，依舊得清冷。書贈同懷人，詞中多苦辛。

可見作詩已與其生命價值融爲一體，片刻不可分離。姚合〈寄賈島〉亦云：

狂發吟如哭，愁來似坐禪。新詩有幾首，旋被世人傳。

雖爲描繪賈島吟詩狀貌，但無疑也寓含著姚合自身的理想與追求。對於賈島詩，清人金聖歎曾云「先生作詩，不過仍是平常心思，平常格律，而讀之每每見其別出尖新者，只爲其煉字煉句，真如五伐毛，三洗髓，不肯一筆猶乎前人也」㉚，可見其在從不輟筆的同時，更值得重視的是一絲不苟的創作態度。賈島志在「文彩非尋常，志願期卓立」㉛、「心被通人見，文叨大匠稱」㉜，因此，其認真不苟、心竭神勞的苦吟方式實際上正是走向自身心目中詩歌藝術建構目標的實踐途徑。元人楊載曾云「古人苦心終身，日煉月鍛，不曰語不驚人死不休，則曰一生精力盡於詩」

㉝，於苦吟詩人舉出杜甫與陳師道爲代表，固然描劃出由杜甫開端的這一現象到宋代的承接與發展，但客觀地看，杜甫詩千彙萬狀，既有苦吟的一面，又有隨時敏捷的一面，陳師道固然「此生精力盡於詩，末歲心存力已疲」㉞，但他乃至江西派詩人主要是通過「以拙爲工」、「變俗爲雅」的方式構造生新瘦硬的藝術表現模式，就其創作的總體而言，苦吟並不能構成其中最顯著特徵與主導性趨向。在這一意義上看，賈島、姚合正是將杜詩中苦吟精神提取、淨化得最爲純粹的詩人，並由此啟開唐末五代詩壇的普遍風尚。近人胡適在《白話文學史》中云「這樣認真的態度，便是杜甫以後的新風氣。從此以後，做詩不是給貴人貴公主做翫物了，也不僅是應試應制的工具了，做詩成了詩人的第二生命」，即不僅明確揭示在創作態度上賈島等人與杜甫轉變詩風的淵源關係，而且更重要的是指出從此之後詩歌功能通過擺脫應酬附庸地位以實現自身價值並與詩人生命真正融爲一體的重大變化。

在唐前期詩史上，詩歌的功能與價值問題，實際上一直處在創作主體與表達載體的分裂狀態之中，也就是說，詩人的創作並不真正表現爲其生命的構成部份，作品形式總是某種特定需要所驅使的工具。這在宮廷詩時代自不必說，即使是詩壇中心走出宮廷之後，詩歌仍然主要發揮著社交應酬的作用，或者在適應士人進身途徑的規範中模鑄著自身的形態風貌。到杜甫手中，詩歌體格固已兼備，藝術造就亦達集大成之境，但在其主觀上，除晚年「爲人性僻耽佳句，語不驚人死不休」那樣著意於詩的本身之外，一生大多作品實乃「竊比稷與契」的心聲宣洩以及歷史、地理的忠實紀錄。元和時代，詩歌體派固見紛呈之勢，但卻又是文學實用化精神空前深入文人肌髓之時，高倡爲時爲事的元白詩派自不必言，韓孟詩派固然強調「不平則鳴」，以情性爲本，但他們始終不忘政治，其崇尚險怪的藝術趣味實即憤激變態的心理表徵。從這樣的視角來觀察，賈島、姚合由對世事的牽掛到淡漠再到最終的有意識拋卻，從而以「二句三年得，一吟雙淚流」[35]那樣極端苦吟姿態全身心地投入詩的王國，爲作詩而生活，作詩成爲生命中不可分割的組成部份，才真正使得創作主體與表達載體之間的分裂狀態彌合聯結起來，實現了詩人與詩作的統一。這種完全局限於詩的本身的創作視界固然狹小，但卻以其既超越應酬性又避免功利性的顯著特點，在歷時性與共時性的交匯點上標示出自身的價值與地位來。宋人王遠曾云「浪僊以詩名世，傑出於貞元、元和文章極盛之後，孟郊死，爲之哭不已，其詩與郊分鑣並馳，峭直刻深，羈情客思，春愁秋怨，讀之令人愛其工，憐其志，如聽燕趙之悲歌，蛾眉之曼聲，秦楚之哭，荊山之泣也」[36]，已經形象地指出賈島詩與孟郊「分鑣並馳」的獨具特色。而這種所謂「峭直刻深，羈情客思，春愁秋怨」似的僻冷詩風的形成，實際上正是賈島避開世俗功利，平亭心靈衝突，從而使得苦吟精神與寒苦處境在狹小視界中統一疊合起來的結果，這也就是其與韓孟派詩風分途的最根本原因與基點。

第二節　寒狹的視界與精密的意象

由於寒苦委頓的人生經歷以及最終對世俗有意識摒棄的心態，賈島、姚合的詩歌創作也就基本上局限在一個狹小的視界之中。正如聞一多所說的「古老的禪房」或「小縣的廨署」，從總體上看，他們的創作環境與素材選擇，在很大程度上正是其生活環境及心理感受的集中濃縮與典型體現。試看賈島的〈題長江廳〉：

> 言心俱好靜，廨署落暉空。歸吏封宵鑰，行蛇入古桐。長江頻雨後，明月眾星中。若任遷人去，西谿與剡通。

此詩是詩人貶長江主簿時所作，詩中所寫「長江廳」亦正是典型的「小縣的廨署」。通觀全詩，並不見通常遭貶後的憤怨之情，而是以「好靜」開篇，表現出安於寂寞的恬淡心態，在「落暉」、「古桐」的環境氛圍中，以「歸吏」與「行蛇」並舉，進而劃出自身冷寂的生活範圍與幽狹的視覺空間。又如〈南齋〉：

> 獨自南齋臥，神閑景亦空。南山來枕上，無事到心中。簾捲侵床月，屏遮入座風。望春春未至，應在海門東。

此詩固然寫出「獨臥神閑」並引發望春遐想的隱逸趣味，特別是「南山來枕上」一聯「淡然躡陶謝之蹤，片雲獨鶴，高步塵表」[37]，但就現實視界而言，則仍以「簾捲」、「屏遮」框定典型的狹小範圍。姚合詩選材與賈島大體相類，其代表作〈武功縣中作三十首〉就是對眼前瑣屑事物及荒僻環境的摹寫，如之一：

> 縣去帝城遠，為官與隱齊。馬隨山鹿放，雞雜野禽棲。繞舍惟藤架，侵階是藥畦。更師嵇叔夜，不擬作書題。

又如之四：

> 簿書多不會，薄俸亦難銷。醉臥慵開眼，閑行懶繫腰。移花兼蝶至，買石得雲饒。且自心中樂，從他笑寂寥。

詩寫遠邑荒寒景象及自身寂寥心態，既無野曠之開闊，又無馳想之悠遠，而全以生活瑣屑情事環繞視界，將自身局限於狹小空間之中。即使向來較易引起廣闊空間聯想的送別題材，在姚合筆下也只是「莊僻難尋路」㊳、「州圖管地少於山」㊴那樣的困狹景況與感受。

在唐詩藝術發展史上，隨著開天盛世的一去不返，詩人對社會危機認識的逐漸深入，對個人政治前程的日益失望，創作視界由弘闊轉向狹小，表現襟懷由壯偉轉向委瑣，早在大曆時期已顯見端倪。但就大曆詩壇實際狀況而言，其暗淡人生與矛盾心態主要表現於「竊佔青山白雲，春風芳草」那樣的避世生活環境與隱逸人生趣味之中，其創作視界的轉變，也主要體現在對現實政治的回避的意義上。因此，真正作爲這種藝術注意力轉變的極端化標誌，當以賈島、姚合詩爲最突出體現。在賈、姚現存作品中，描寫有關草、萍、葉、苔、蟲、螢、蛩、蟬等細事瑣物的篇章或詞句佔有相當大的比重，據統計，賈島寫蟬蟲類約四十五次，蘚苔類約二十二次，葉類約三十九次，鐘磬約四十七次㊵。如賈島〈酬姚少府〉「柴門掩寒雨，蟲響出秋蔬」、〈寄無可上人〉「穴蟻苔痕靜，藏蟬柏葉稠」、〈夕思〉「我憶山水坐，蟲當寂寞間」、〈酬慈恩寺文鬱上人〉「籬落罅間寒蟹過，莓苔石上晚蛩行」，姚合〈送裴中丞赴華州〉「徑草多生藥，庭花半落泉」、〈武功縣中作三十首〉之十九「夜犬因風吠，鄰雞帶雨鳴」、〈春日閑居〉「簷燕酬鶯語，鄰花雜絮飄」之類，實在是觸目可見，不勝枚數。就賈島、姚合詩歌創作的情感基調看，這種針對狹小事物的著眼點，歸根結柢正是其映帶著時代陰霾與人生暗影的委瑣寒狹心境的外化形態與意象表徵。因此，與狹小視界相表裏，賈、姚詩中通過夕陽、暮色、殘缺、枯瘦等景境意象的渲染刻畫，以表達一種孤寂淒寒的心理感受，幾乎已成爲其通貫始終的審美取向與創作特色。賈島詩中寫孤獨約八十二次，哭泣約三十七次，寒冷八十一次，靜寂二十五次，夕陽暮色六十六次，姚合甚至以死來形容生機勃勃之春光，所謂「春色如死灰」[41]，對自然環境的觀照與感受，所得到的完全是自然本相的反面，這實際上正是因其心理環境處於矛盾擠壓狀態而造成逆向變異的結果。試看賈島的〈泥陽館〉詩云：

客愁何並起，暮送故人回。廢館秋螢出，空城寒雨來。夕陽飄白露，樹影掃青苔。獨坐離容慘，孤燈照不開。

在這首詩中，詩人的著眼點不僅全然集中於「廢館」、「秋螢」、「白露」、「青苔」等細小事物，而且塗抹上「空城」、「寒雨」、「夕陽」、「樹影」等暗冷色調，使得「獨坐離容」在「孤燈」映照中體現出來的寒狹心境與外在物境恰成調適關係與疊合狀態。這種著意於心理特徵與物象特徵構合通融的表現方式，顯然正是賈姚詩歌藝術視點及其詩境構織方式的最鮮明而典型的體現。

正因賈島、姚合最終有意識地回避世俗以及全身心地投入詩藝，所以那種摒拒外界干擾的狹窄的視覺空間恰恰成爲啟動精密藝術思維與敏銳審美感悟的條件與契機。賈島〈酬慈恩寺文鬱上人〉有云「聞說又尋南嶽去，無端詩思忽然生」，姚合〈寄周十七起居〉「莫笑老人多獨出，晴山荒景覓詩題」、〈遊春十二首〉之九「酒醉鶯啼裏，詩成蝶舞前」等，就是對這種創作感受的明晰自白。對此，宋末江湖派詩人方岳曾云「賈浪僊島產寒苦地，立心亦苦，如不欲以才力氣勢，掩奪情性，特於事物理態，毫忽體認，深者寂入，峻者迥出。不但人口數聯，於劫灰上冷然獨存，尋咀餘篇，芊葱佳氣，瘦隱秀脈，其妙一一徐露，無可厭斁」[42]，所謂「特於事物理態，毫忽體認」，極其準確地概括出賈島著意於狹小視界、瑣屑事物中體悟生活情味的構思方式與創作特點。作爲與四靈共同構成「一時自謂之唐宗」[43]的宋末詩壇影響最大的流派，江湖詩人的藝術淵源也同樣是直接承自賈島、姚合而來，因此，其對賈島詩的認識與評析，顯然深得精義要旨。在賈、姚詩中，大量的寒狹物象顯然並非單純的對事物情態本身的描摹刻劃，而是在主觀情趣的充溢中造就獨特的審美意味，體現出明確的藝術價值取向。試看賈島名作〈題李凝幽居〉：

閑居少鄰並，草徑入荒園。鳥宿池邊樹，僧敲月下門。過橋分野色，移石動雲根。暫去還來此，幽期不負言。

詩寫李凝居處之荒僻、幽寂，由於與詩人主觀情趣正相投合，所以鳥宿、僧歸的常事變得謐妙異常，以致不僅於靜觀中徹夜流連忘返，且進而預定重來共隱之期約。此詩頷聯向爲人廣泛傳誦，並有「島赴舉至京，騎驢賦詩，得僧推月下門之句，欲改推作敲，引手作推敲之勢，未決，不覺衝撞大尹韓愈，乃具言。愈曰：敲字佳矣。遂並轡論詩久之」[44]的傳說，此一傳說本身固不可具信，但詩中對幽獨之境的偏嗜及其刻意融煉之功卻是顯而易見的。又如其〈送無可上人〉：

圭峰霽色新，送此草堂人。麈尾同離寺，蛩鳴暫別秦。獨行潭底影，數息樹邊身。終有煙霞約，天台作近鄰。

與前詩相比，此詩似乎未能構成一種境象的整體，但頸聯寫煢獨身影與孤寂感受卻十分出色，賈島在這兩句後曾題有一首五絕云「二句三年得，一吟雙淚流。知音如不賞，歸臥故山秋」，其對此聯的極度自負之情，實即表白了自身審美祈向之所在。與賈島著力於通過客觀物境本身表達主觀情趣所在的方式不同，姚合進而將寒狹物境與作詩嗜好直接聯繫起來，如〈閑居遺懷十首〉之九：

> 生計甘寥落，高名愧自由。慣無身外事，不信世間愁。好酒盈杯酌，閑詩任筆酬。涼風從入戶，雲水更宜秋。

又如〈武功縣中作三十首〉之十六：

> 朝朝眉不展，多病怕逢迎。引水遠通澗，壘山高過城。秋燈照樹色，寒雨落池聲。好是吟詩夜，披衣坐到明。

在前一首中，詩人正是在「寥落」處境中詩思呈「任筆」馳騁之勢，在後一首中，因懼怕世俗逢迎而「眉不展」，而一旦進入「秋燈照樹」、「寒雨落地」之環境，則頓時成爲徹夜吟詩的絕妙佳境。在姚合詩中，像此類直接提到由物境生出詩興的約有一百五十餘處之多，可見其詩境與物境關係之密切。

作爲賈島、姚合詩歌顯著特徵的寒狹情趣的形成，固然包蘊著多方面因素，就外在環境而言，有朝政敗壞、世事艱危的時代氛圍投影，就內在根源而言，顯見信念破滅、逃俗避世的心理狀態折射，就審美時尚而言，又表現爲韓孟詩派追求寒瘦趣味一面的集中體現與極度擴展。然而除此之外，就其作爲一種藝術表現範型與構思方式而言，則更有大曆詩風淵源所自與佛禪境界深刻浸染這兩大重要因素。

先看大曆詩風淵源方面。如果說，大曆詩人處在唐代歷史由極盛到大亂的轉折點上，面對戰禍頻仍、民不聊生的社會現實而逃避世事、遁入山林，形成委瑣的心態與狹窄的視野，那麼，賈島、姚合則是處在元和中興的希望破滅、朝政敗壞、唐王朝衰頽之勢日益明顯的歷史大趨勢中而哀歎人生、摒棄世俗，形成寒苦的心境與窄僻的視界。可見賈、姚與大曆詩人一樣，恰恰處在兩段極爲相似的政治史與文學史幾乎同步的衰變線索交匯點上，因此，作爲後輩，賈、姚對大曆詩風自然產生傾羨之情甚至倣習之舉。賈、姚詩中充滿著細事瑣物的描繪，寒狹情趣的表抒，以及專工五言律詩的形式，皆顯然是大曆詩壇重要特徵的進一步發展。具體地看，賈島的名作〈題李凝幽居〉實際上正是對劉長卿〈尋南溪常道人隱居〉「一路經行處，莓苔見屐痕。白雲依靜渚，芳草閉閑門。過雨看松色，隨山到水源。溪花與禪意，相對亦忘言」韻意的直接倣效，其他寄情於荒山野寺之作與大曆詩人作品相似者，實在不勝枚數，只是情味尤見寒僻而已。姚合與大曆詩風的聯繫，不僅表現在創作實踐風貌上，而且還表現在理論主張與批評標準選取上。姚合嘗編《極玄集》，選入二十一人詩，稱爲「此皆詩家射鵰手也」，其中除以王維、祖詠開篇外，餘皆大曆詩人，所選絕大多數爲五言律詩，多清雋省淨之作，明顯可見其取向所在。宋末以「獨喜賈島、姚合之詩」而被稱爲「唐宗」的永嘉四靈中的趙師秀，曾編賈、姚詩爲《二妙集》，又編選以大曆詩人爲主體構成的《眾妙集》，實際上已將賈、姚與大曆詩人等一視之了。正是由於這種緊密的關聯性，甚至造成賈島、姚合詩在整體藝術建構上所暴露出來的「誠有警句，觀其全篇，意思殊餒」[45]、「體似尖小，味亦微醨，故品局中駟爾」[46]之類仄僻之弊亦與大曆詩人「大抵十首以上，語意稍同，於落句尤甚，思銳才窄也」[47]的瑣沓表現幾乎同一途轍。

再看佛禪境界浸染方面。就時代風尚而言，在大曆時期已趨興盛的佛教禪宗，到元和時代更呈「周遍寰宇」之勢，因此，佛禪思想實已形成一種時代性文化風潮，對士大夫心靈具有普遍影響，元和詩壇主要詩人如韓愈、孟郊、白居易、柳宗元等皆概莫能外，但就實際人生經歷而言，上述諸人的主要表現僅爲與僧人的密切交往。而與此相比，賈島本來就是一個法號無本的僧人，因此其作爲詩人而言與佛禪關係的密切程度，常人也就顯然無法與之相比。正如聞一多所云「我們該記得賈島曾經一度是僧無本。我們若承認一個人前半輩子的蒲團生涯，不能因一旦返俗，便與他後半輩子完全無關，則現在的賈島，形貌上雖然是個儒生，骨子裏恐怕還有個釋子在。所以一切屬於人生背面的、消極的、與常情背道而馳的趣味，都可溯源到早年在禪房中的教育背景」[48]。賈島不僅在還俗之後時時不忘「三更兩鬢幾枝雪，一念雙峰四祖心」[49]、「欲別塵中苦，願師貽一言」[50]，而且極爲留戀禪院生涯，固然，這種「衲氣不除」的心理動因具有借助佛禪思維方式解脫現實困頓、尋求精神超昇的因素，但是「三境通禪寂，囂塵染著難」[51]的長期心理體驗畢竟造成情感趣味的定向化發展，「於是他愛靜，愛瘦，愛冷，也愛這些情調的象徵——鶴、石、冰雪。黃昏與秋是傳統詩人的時間與季候，但他愛深夜過於黃昏，愛冬過於秋。他甚至愛貧、病、醜和恐怖」[52]，從而構成其詩歌表現空間的基本範圍與審美境界的基本情調。與賈島相比，姚合雖然沒有直接爲僧的經歷，但其描寫禪院詩作之多，與僧人交遊之密，似乎更有過之，他不僅在與禪師交遊中常常「一住毘陵寺，師應祇信緣」[53]，進入「見說師知處，從來佛不言」[54]、「想師正法指，喻我獨迷津」[55]、「覺印果因深……了悟達雙林」[56]那樣的悟道境界，甚至「長食施來飯」[57]、「衣巾半僧施」[58]，賴以維持日常生活的衣食亦往往靠僧人施與。可以說，這類題材的大量創作，不僅構成賈、姚詩寒狹視界的主要組成部份，而且以其冥默的環境氛圍、靜悟的思維方式滲入詩人肌髓，構成賈、姚詩整體風貌的深層規範。

從總體上看，賈、姚詩歌固然顯得視界狹窄、趣尚寒僻，但由於苦吟琢煉的創作態度、佛禪思理的深刻浸染及其與大曆詩歌精密範式的淵源聯繫等方面因素的綜合作用，使得賈、姚詩歌狹小空間中的常情常景在巧妙的點染組合中以省淨的體格、精緻的境象、悠遠的情韻體現出獨具特色的審美意味。試看賈島的〈雪晴晚望〉：

倚杖望晴雪，溪雲幾萬重。樵人歸白屋，寒日下危峰。野火燒岡草，斷煙生石松。卻回山寺路，聞打暮天鐘。

詩寫雪晴景象，卻選取日暮之時，由這種冷暗的色調顯見詩人淒寒心境，但寫景本身之孤絕高遠，卻極爲出色，在「白屋」、「危峰」的靜景與「溪雲」、「斷煙」的動態以及「暮天鐘」聲之回響的一體融就之中，構成超拔冷峭之境象與清雋悠長之意韻。又如〈憶江上吳處士〉：

閩國揚帆去，蟾蜍虧復團。秋風生渭水，落葉滿長安。此地聚會夕，當時雷雨寒。蘭橈殊未返，消息海雲端。

詩寫吳處士乘舟遠去多時，而長安已經秋意滿目，憶念之情不能自已。「秋風」、「落葉」一聯，爲千古傳誦之名句，表面上看，似乎不過眼前常景，但細究起來，在「秋風」與「渭水」、「落葉」與「長安」之間以一「生」一「滿」加以聯結，即頓使自商意初萌到霜風蕭瑟的秋景生成的全過程生動可感地呈現出來。據傳賈島因苦思此聯而衝撞京兆尹劉棲楚，被繫一日方釋[59]，此事本身固然不甚可信，但此詩境中所包含的精心琢煉之功卻是顯而易見的。再如其最著名的短篇〈尋隱者不遇〉：

松下問童子，言師採藥去。只在此山中，雲深不知處。

全詩僅四句二十言，且爲問答形式，但卻通過簡潔巧妙的語言於直敘中寓深婉之致，不僅透達出天機自然之高致與超然物外之真趣，而且顯見在反復錘煉中形成的極度省淨凝練的情思與境象。他如〈宿孤館〉「寒山晴後綠，秋月夜來孤」、〈宿山寺〉「流星透疏木，走月逆行雲」、〈登江亭晚望〉「鳥歸沙有蹟，帆過浪無痕」、〈岐下送友人歸襄陽〉「山光分手暮，草色向家秋」等詩，於寒狹視界中構織的精密境象，在賈島集中實在是俯拾即見的。就藝術造就比較而言，「大抵姚少監詩不及浪僊，有氣格卑弱者」[60]，然「冷淡聞姚監，精奇見浪僊」[61]，就審美趣尚與詩境構織類型而言，顯然同一路數。如姚合〈閑居〉「過門無馬蹟，滿宅是蟬聲」、〈寄賈島〉「草色無窮處，蟲聲少盡時」、〈送韋瑤校書赴越〉「霜落橘滿地，潮來帆近山」、〈送馬戴下第客遊〉「鳥啼寒食雨，花落暮春風」、〈送杜立歸蜀〉「馬嘶山稍暖，人語店初明」、〈山中述懷〉「曉來山鳥散，雨過杏花稀」等等，無不語極精工，意極平淡，境極窄狹。當然，正如齊己詩中所言，以「冷淡」與「精奇」概括賈、姚二人詩風特徵，實已顯出其差異在。也就是說，比較而言，賈詩偏於精密，姚詩則偏於平淡，故而元人辛文房認爲島難吟而合易作[62]。然而，今存姚合詩不僅數量大大超過賈島詩，且取境尤爲集注於寒僻景象與狹小器物，因此，就寒狹意向的角度看，姚合詩似較賈島詩表現得更見純粹而集中。

第三節　亂世心理圖式的深遠影響

客觀地看，賈、姚詩固以窄僻一途在體派紛呈的元和詩壇自立一體，但究其根本而言，實乃由韓孟詩派寒瘦一面推擴而來，在元和詩壇顯然未能佔據主流地位，僅僅體現爲一種獨具一格的別調與異響。然而，與韓、孟、元、白等人相比，賈、姚活動期稍晚，對元和中興之後的時代衰相感受尤深，而其本身人生遭遇的多舛及政治地位的低卑，更是那一時代大多文人命運的典型代表。同時，賈、姚又與韓、孟、元、白諸人或始終關注政治、或發爲不平之鳴的人生態度不同，而是最終一方面採取摒拒現實社會的態度，形成一種逆反心態，另一方面又著意於寒狹空間尋求藝術天地與審美韻味，形成一種調適心態。正是在這樣的指向政治的逆反心態與指向藝術的調適心態的雙向構合之中，賈、姚詩歌創作本身實際上表現爲一種特定歷史條件下的心理——藝術範式，因此，作爲一種亂世社會心理與審美方式的預顯，當時並不爲人所重的賈、姚詩在其身後更爲衰敗的時代氛圍與歷史趨勢中卻引起士人普遍的心理共鳴，成爲文人廣泛崇拜與爭相倣效的典範。

賈島、姚合詩對後人的影響，首先在於那種寒狹詩境與孤寂情調引起唐末文人前途無望、抑鬱愁怨的共感，特別是賈島的下第詩作，往往成爲人們直接倣效的對象，明人胡震亨《唐音癸籤》即云「晚唐人集，多是未第前詩，其中非自敘無援之苦，即訾他人成事之由，名場中鑽營惡態，企冀俗情，一一無不寫盡」，可見已形成一時風氣。其次是賈、姚詩中大量的佛禪境界的描寫，使命運多舛的唐末文人視爲一種既可在塵俗環境中保持孤高節操，又可在險惡逆境中得到精神解脫的思想武器與宣洩途徑，唐末詩人不僅描寫禪院情景的詩篇空前增多，而且「禪難說到頭」[63]那樣的探究禪理的興趣愈益濃厚。再次是賈、姚「苦吟」的創作態度，在唐末文人中表現得尤爲普遍，如喻鳧自云「昏昏過朝夕，應念苦吟人」[64]，方干、盧延讓也是「才吟五字句，又白幾莖髭」[65]、「吟安一個字，撚斷數莖鬚」[66]，與賈島「二句三年得，一吟雙淚流」[67]、姚合「白鬚相並出，清淚兩行分，默默空朝夕，苦吟誰喜聞」[68]的情狀、感受顯然一脈相承。當然，狹小的視界、佛禪的意趣、苦吟的精神，在傳統詩史上特別是唐代開天、大曆時期曾多次出現，但如此同時的大量的集爲一體，則無疑當以賈、姚詩爲首例，由此，也就構成其區別於任何體派的鮮明標誌。而對於亂世文人來說，則不僅可以從中找到自己的影蹤與感受，借以宣洩在坎壈遭遇中的逆反心理，更重要的是在熱情與感傷激烈衝突的極度疲乏中可以由此得到一個撫慰心靈創損的休憩港灣，從而得到一種酣暢的滿足與有效的補償。

正是由於這樣深層的心理作用，使得唐末詩壇尊崇賈、姚特別是賈島的詩人之衆、歷時之久蔚爲大觀，形成文學史上的罕有現象。據統計，就唐末詩人懷念前輩詩人的作品數量而言，以李、杜、韓、孟爲例，杜甫最多，爲六首，而賈島卻多達三十八首[69]，僅此即完全可以說，崇慕賈島實已成爲一種相當普遍的時代風氣。試看杜荀鶴〈經賈島墓〉詩：

謫宦自麻衣，銜寃至死時。山根三尺土，人口數聯詩。倦桂終無分，皇天似有私。暗松風雨夜，空使老猿悲。

不僅對賈島「謫宦」、「銜寃」人生遭遇的深切同情溢於言表，而且將折桂無望與詩傳人口聯結起來，表明對賈島詩歌藝術範式的崇敬與仰慕。此外，「同時喻鳧、顧非熊，繼此張喬、張蠙、李頻、劉得仁，凡晚唐諸子皆於紙上北面，隨其所得淺深，皆足以終其身而名後世」[70]，可見賈島詩對不同類型的詩人所具有的廣泛而深刻的影響。在唐末及至五代時期，賈島甚至被人頂禮膜拜，事若神靈，如唐末人李洞「酷慕賈長江，遂銅寫賈島像，戴之巾中，常持數珠念賈島佛。人有喜賈島詩者，洞必手錄島詩贈之，叮嚀再四曰：此無異佛經，歸當焚香拜之」[71]，五代南唐孫晟更是「嘗畫賈島像，置於屋壁，晨夕事之」[72]。姚合爲人崇慕的程度雖不及賈島，但詩作亦成爲後世楷範，如方干〈上杭州姚郎中〉「身貴久離行藥伴，才高獨作後人師」、〈哭秘書姚少監〉「入室幾人成弟子，爲儒是處哭先生」，可見其身後爲人奉爲師表的情形。李懷民作《中晚唐詩主客圖》，即尊賈島爲「清真僻苦主」，列姚合以下二十餘人於其門下，可見在整個唐末五代詩壇，最廣泛流行的正是賈、姚匯融一體之風。宋代《蔡寬夫詩話》云「唐末五代俗流以詩自名者……大抵皆宗賈島輩，謂之賈島格」，所謂「賈島格」，正是對這種流行體格的概括。

如果說，賈、姚詩歌的影響在唐末五代主要表現爲文人的普遍崇慕，傾重於情感的作用，那麼，入宋以後，則進而表現爲詩歌流派的自覺建構，傾重於理性的選擇。嚴羽《滄浪詩話．詩辨》云「近世趙紫芝、翁靈舒輩，獨喜賈島、姚合之詩，稍稍復就清苦之風，江湖詩人多效其體，一時自謂之唐宗」，四靈及江湖派是宋末規模最大的詩歌流派，不僅著意復就賈、姚「清苦之風」，而且將「倡唐詩」[73]、「學晚唐詩」[74]與「學姚合、賈島」[75]直接等同起來，形成一種特指賈、姚詩風的狹義的「唐詩」[76]概念。由此可見，賈、姚詩風在宋末詩壇的支配性影響及其所具有的文學史意義。其實，在宋代，「詩學晚唐，不自四靈始」[77]，宋初就有「晚唐體」廣爲流行，其中「九僧最逼真，寇萊公、魯三交、林和靖、魏仲先父子、潘逍遙、趙清獻之徒，凡數十家，深涵茂育，氣極勢盛」[78]，這固然是盛行於唐末五代詩風在入宋之始「習尚難移」[79]的自然延伸，但聯繫宋末四靈、江湖派復歸晚唐的現象看，實際上進而顯示了賈、姚詩風在整個宋代詩史起點與終結的邏輯進程建構中的顯要地位。甚至在整個宋以後的中國文學史上，「幾乎每個朝代的末葉都有回向賈島的趨勢」，不僅「宋末的四靈」，而且「明末的鍾、譚，以至清末的同光體，都是如此」，「可見每個在動亂中滅毀的前夕都需要休息，也都要全部的接受賈島，而在平時，也未嘗不可以部份的接受他，作爲一種調濟，賈島畢竟不單是晚唐五代的賈島，而是唐以後各時代共同的賈島」80，這種借助賈島詩歌表現範式而得到「休息」、「調濟」的功能與需求，深刻地昭示了處於特殊政治環境中的中國知識分子普遍的生命歷程與心靈創痛。

注釋

1《新唐書》卷一百七十六〈賈島傳〉。
2同前〈盧仝傳〉。
3賈島〈寄韓潮州愈〉。
4賈島〈投孟郊〉。
5韓愈〈送無本師歸范陽〉。
6韓愈〈薦士〉。
7孟郊〈戲贈無本〉。
8許印芳《詩法萃編》卷六。
9胡震亨《唐音癸籤》卷八。
10辛文房《唐才子傳》卷六。
11聞一多《唐詩雜論·賈島》，見《聞一多全集》第三卷第三七頁，三聯書店一九八二年版。

⓬同前。
⓭韋莊〈乞追贈李賀等進士及第〉。
⓮賈島〈黎陽寄姚合〉。
⓯賈島〈客喜〉。
⓰賈島〈寄孟協律〉。
⓱王建〈寄賈島〉。
⓲張籍〈贈賈島〉。
⓳辛文房《唐才子傳》卷六。
⓴賈島〈秋暮〉。
㉑《新唐書》卷一百七十六〈賈島傳〉。
㉒姚合〈閑居遣懷十首〉之五。
㉓高棅《唐詩品彙．五言律之詩敘目》。
㉔杜荀鶴〈經賈島墓〉。
㉕崔塗〈過長江賈島主簿舊廳〉。
㉖姚合〈寄賈島〉。
㉗賈島〈孟融逸人〉。
㉘姚合〈賞春〉。
㉙韓愈〈送無本師歸范陽〉。

30 金聖歎《貫華堂選批唐才子詩》。
31 賈島〈送汲鵬〉。
32 賈島〈即事〉。
33 楊載《詩法家數》。
34 陳師道〈絕句〉。
35 賈島〈題詩後〉。
36 王遠〈長江集後序〉。
37 蘇絳〈賈司倉墓誌銘〉。
38 姚合〈送王建秘書往渭南莊〉。
39 姚合〈送林使君赴邵州〉。
40 參見馬承五〈中唐苦吟詩人綜論〉，載《文學遺產》一九八八年第二期。
41 姚合〈送張宗原〉。
42 胡震亨《唐音癸籤》卷七引。
43 嚴羽《滄浪詩話．詩辨》。
44 見何光遠《鑒戒錄》卷八、計有功《唐詩紀事》卷四十。
45 司空圖〈與李生論詩書〉。
46 胡震亨《唐音癸籤》卷七。
47 高仲武《中興間氣集》。

㊽聞一多《唐詩雜論・賈島》，見《聞一多全集》第三卷，三聯書店一九八二年版。
㊾賈島〈夜坐〉。
㊿賈島〈題竹谷上人院〉。
51李洞〈賈島墓〉。
52聞一多《唐詩雜論・賈島》，見《聞一多全集》第三卷，三聯書店一九八二年版。
53姚合〈贈常州院僧〉。
54姚合〈贈僧紹明〉。
55姚合〈贈少室山麻襦僧〉。
56姚合〈贈王山人〉。
57姚合〈寄不出院僧〉。
58姚合〈寄賈島浪僊〉。
59見王定保《唐摭言》卷十一、計有功《唐詩紀事》卷四十。
60方回《瀛奎律髓》卷二十四。
61齊己〈還黃平素秀才卷〉。
62見辛文房《唐才子傳》卷六。
63劉得仁〈題景玄禪師院〉。
64喻鳧〈獻知己〉。
65方干〈贈喻鳧〉。

66 盧延讓〈苦吟〉。

67 賈島〈題詩後〉。

68 姚合〈秋暮〉。

69 據李知文〈論賈島在唐詩發展史的地位〉文中統計，載《文學遺產》一九八九年第五期。

70 方岳〈深雪偶談〉。

71 辛文房《唐才子傳》卷九。

72 晁公武《郡齋讀書誌》卷十八。

73 范晞文《對床夜話》卷二。

74 方回《瀛奎律髓》卷四十八。

75 同前卷四十四。

76 黃宗羲〈張心友詩序〉。

77 方回〈送羅壽可詩序〉。

78 同前。

79 蘇頌〈小畜外集序〉。

80 聞一多《唐詩雜論．賈島》，見《聞一多全集》第三卷，三聯書店一九八二年版。

附錄

參考書目舉要

魏鄭公文集　唐　魏徵撰　畿輔叢書本
楊炯盧照鄰集　唐　楊炯　盧照鄰撰　中華書局一九八〇年排印本
王子安集　唐　王勃撰　四部叢刊本
宋之問集　唐　宋之問撰　四部叢刊續編本
張說之文集　唐　張說撰　四部叢刊本
孟浩然集　唐　孟浩然撰　同前
王右丞集箋註　唐　王維撰　清　趙殿成箋注　上海古籍出版社一九八四年排印本
李白集校註　唐　李白撰　瞿蛻園　朱金城校註　上海古籍出版社一九八〇年版
高常侍集　唐　高適撰　四部叢刊本
岑參集校註　唐　岑參撰　陳鐵民　侯忠義校註　上海古籍出版社一九八一年版
杜詩詳註　唐　杜甫撰　清　仇兆鰲註　中華書局一九七九年排印本

元次山集 唐 元結撰 中華書局上海編輯所一九六〇年排印本
毘陵集 唐 獨孤及撰 四部叢刊本
劉隋州集 唐 劉長卿撰 同前
錢考功集 唐 錢起撰 同前
李端詩集 唐 李端撰 唐人五十家小集本
耿湋詩集 唐 耿湋撰 同前
司空文明詩集 唐 司空曙撰 同前
戎昱詩集 唐 戎昱撰 同前
盧戶部詩集 唐 盧綸撰 唐詩百名家全集本
韓君平詩集 唐 韓翃撰 同前
顧逋翁詩集 唐 顧況撰 同前
權載之文集 唐 權德輿撰 四部叢刊本
韓昌黎全集 唐 韓愈撰 四部備要本
孟東野詩集 唐 孟郊撰 四部叢刊本
張司業詩集 唐 張籍撰 同前
王建詩集 唐 王建撰 唐詩百名家全集本
元稹集 唐 元稹撰 中華書局一九八二年排印本
白居易集 唐 白居易撰 中華書局一九七九年排印本

李賀詩歌集註　唐　李賀撰　清　王琦等註　上海古籍出版社一九七八年排印本
全唐文　清　董誥等編　中華書局一九八三年影印本
全唐詩　清　彭定求等編　中華書局一九六〇年排印本
全唐詩外編　王重民　孫望　童養年輯錄　中華書局一九八二年版
篋中集　唐　元結編　中華書局一九五八年唐人選唐詩排印本
河嶽英靈集　唐　殷璠編　同前
國秀集　唐　芮挺章編　同前
御覽詩　唐　令狐楚編　同前
中興間氣集　唐　高仲武編　同前
極玄集　唐　姚合編　同前
又玄集　唐　韋莊編　同前
才調集　五代　韋穀編　同前
唐文粹　宋　姚鉉輯　四部叢刊本
唐詩品彙　明　高棅編　上海古籍出版社一九八二年影印本
唐音　元　楊士弘編　四庫全書本
唐五十家詩集　上海古籍出版社一九八一年影印本
瀛奎律髓彙評　元　方回編　李慶甲集評　上海古籍出版社一九八六年版
唐詩別裁集　清　沈德潛編　中華書局一九七五年影印本

萬首唐人絕句 宋 洪邁編 書目文獻出版社一九八三年排印本
今體詩鈔 清 姚鼐編 上海古籍出版社一九八六年排印本
唐宋詩醇 清 愛新覺羅·弘曆編 清乾隆二十五年重刊本
樂府詩集 宋 郭茂倩編 中華書局一九七九年排印本
舊唐書 後晉 劉昫等撰 中華書局一九七五年排印本
新唐書 宋 歐陽修 宋祁撰 同前
貞觀政要 唐 吳兢撰 上海古籍出版社一九七八年排印本
唐大詔令集 宋 宋敏求輯 商務印書館一九五九年排印本
唐國史補 五代 李肇撰 古典文學出版社一九五六年排印本
唐語林 宋 王讜撰 古典文學出版社一九五七年排印本
唐會要 宋 王溥撰 武英殿聚珍本
元和郡縣誌 唐 李吉甫撰 四庫全書本
雲溪友議 唐 范攄撰 嘉業堂叢書本
登科記考 清 徐松撰 南菁書院叢書本
資治通鑑 宋 司馬光撰 中華書局一九五六年排印本
二十二史劄記 清 趙翼撰 四部備要本
郡齋讀書誌 宋 晁公武撰 續古逸叢書本
文史通義 清 章學誠撰 中華書局一九六一年排印本

直齋書錄解題　宋　陳振孫撰　武英殿聚珍本
四庫全書總目　清　永瑢等撰　中華書局一九六五年影印本
朱子語類　宋　黎靖德編　中華書局一九八六年排印本
猗覺寮雜記　宋　李翌撰　學海類編本
困學紀聞　宋　王應麟撰　四部叢刊本
宋高僧傳　宋　贊寧等撰　台灣中華佛教文化館大藏經委員會一九五五年影印大藏經本
景德傳燈錄　宋　道原撰　同前
大唐西域記　唐　玄奘等撰　同前
洛陽伽藍記　北魏　楊衒之撰　同前
弘明集　梁　僧祐撰　同前
廣弘明集　唐　道宣撰　同前
大珠禪師語錄　唐　慧海撰　金陵刻經處光緒十年刊本
五燈會元　宋　普濟撰　中華書局一九八四年排印本
能改齋漫錄　宋　吳曾撰　上海古籍出版社一九七九年排印本
冷齋夜話　宋　惠洪撰　中華書局一九八八年排印本
捫蝨新話　宋　陳善撰　儒學警悟本
五總誌　宋　吳坰撰　四庫全書本
避暑錄話　宋　葉夢得撰　同前

石林燕語　宋　葉夢得撰　中華書局一九八四年排印本
容齋隨筆　宋　洪邁撰　上海古籍出版社一九七八年排印本
朝野僉載　唐　張鷟撰　叢書集成初編本
酉陽雜俎　唐　段成式撰　同前
太平廣記　宋　李昉等撰　中華書局一九六一年排印本
太平御覽　宋　李昉等撰　中華書局一九六〇年影印本
林下偶談　宋　吳子良撰　叢書集成初編本
遊宦紀聞　宋　張世南撰　同前
野客叢書　宋　王楙撰　中華書局一九八七年排印本
池北偶談　清　王士禎撰　中華書局一九八二年排印本
援鶉堂筆記　清　姚範撰　清道光十五年刊本
十駕齋養新錄　清　錢大昕撰　上海古籍出版社一九八三年影印本
藝文類聚　唐　歐陽詢等撰　上海古籍出版社一九八二年排印本
北堂書鈔　唐　虞世南撰　四庫全書本
初學記　唐　徐堅等撰　中華書局一九六二年排印本
文館詞林　唐　許敬宗等撰　清光緒十九年適園叢書刊本
文苑英華　宋　李昉等編　中華書局一九六六年影印本
玉海　宋　王應麟撰　四庫全書本

文中子中說　隋　王通撰　四部叢刊本
毛詩注疏　漢　毛亨傳　鄭玄註　唐　孔穎達疏　中華書局一九八〇年十三經註疏影印本
論語註疏　魏　何晏註　宋　邢昺疏　同前
文賦集釋　晉　陸機撰　張少康集釋　上海古籍出版社一九八四版
文心雕龍註　梁　劉勰撰　范文瀾註　人民文學出版社一九五八年版
詩品註　梁　鍾嶸撰　陳延傑註　人民文學出版社一九六一年版
古畫品錄　南齊　謝赫撰　津逮秘書本
歷代名畫記　唐　張彥遠撰　同前
文鏡秘府論校註　日　空海撰　王利器校註　中國社會科學出版社一九八三年版
詩格　唐　王昌齡撰　詩學指南本
詩式校註　唐　皎然撰　李壯鷹校註　齊魯書社一九八六年版
詩人主客圖　唐　張爲撰　中華書局一九八三年歷代詩話續編排印本
本事詩　唐　孟棨撰　同前
唐詩紀事　宋　計有功撰　上海古籍出版社一九八七年排印本
文苑詩格　唐　白居易撰　詩學指南本
金針詩格　唐　白居易撰　同前
二南密旨　唐　賈島撰　同前
風騷旨格　唐　齊己撰　同前

流類手鑒 唐 虛中撰 同前
續金針詩格 宋 梅堯臣撰 同前
二十四詩品 唐 司空圖撰 中華書局一九八一年歷代詩話排印本
全唐詩話 宋 尤袤撰 同前
六一詩話 宋 歐陽修撰 同前
後山詩話 宋 陳師道撰 同前
彥周詩話 宋 許顗撰 同前
石林詩話 宋 葉夢得撰 同前
唐子西文錄 宋 強幼安編 同前
韻語陽秋 宋 葛立方撰 同前
白石詩說 宋 姜夔撰 同前
詩法家數 元 楊載撰 同前
木天禁語 元 范梈撰 同前
詩學禁臠 元 范梈撰 同前
藝圃擷餘 明 王世懋撰 同前
滄浪詩話校釋 宋 嚴羽撰 郭紹虞校釋 人民文學出版社一九六一年版
苕溪漁隱叢話 宋 胡仔撰 人民文學出版社一九六二年排印本
詩人玉屑 宋 魏慶之撰 上海古籍出版社一九七八年排印本

潛溪詩眼　宋　范溫撰　中華書局一九八〇年宋詩話輯佚排印本
蔡寬夫詩話　宋　蔡居厚撰　同前
童蒙詩訓　宋　呂本中撰　同前
誠齋詩話　宋　楊萬里撰　中華書局一九八三年歷代詩話續編排印本
庚谿詩話　宋　陳巖肖撰　同前
藏海詩話　宋　吳可撰　同前
歲寒堂詩話　宋　張戒撰　同前
滹南詩話　金　王若虛撰　同前
詩譜　元　陳繹曾撰　同前
升庵詩話　明　楊慎撰　同前
藝苑卮言　明　王世貞撰　同前
四溟詩話　明　謝榛撰　同前
麓堂詩話　明　李東陽撰　同前
詩鏡總論　明　陸時雍撰　同前
詩藪　明　胡應麟撰　上海古籍出版社一九七九年排印本
唐音癸籤　明　胡震亨撰　上海古籍出版社一九八一年排印本
詩源辯體　明　許學夷撰　人民文學出版社一九八七年排印本
唐才子傳校箋　元　辛文房撰　傅璇琮等校箋　中華書局一九九〇年版

薑齋詩話 清 王夫之撰 人民文學出版社一九六一年排印本
原詩 清 葉燮撰 人民文學出版社一九七九年排印本
甌北詩話 清 趙翼撰 人民文學出版社一九八一年排印本
北江詩話 清 洪亮吉撰 人民文學出版社一九八三年排印本
隨園詩話 清 袁枚撰 人民文學出版社一九六〇年排印本
藝概 清 劉熙載撰 上海古籍出版社一九七八年排印本
師友詩傳錄 清 王士禎等撰 上海古籍出版社一九七八年清詩話排印本
然鐙紀聞 清 何世瑾撰 同前
談龍錄 清 趙執信撰 同前
蠖齋詩話 清 施閏章撰 同前
漫堂說詩 清 宋犖撰 同前
詩學纂聞 清 汪師韓撰 同前
說詩晬語 清 沈德潛撰 同前
野鴻詩的 清 黃子雲撰 同前
貞一齋詩說 清 李重華撰 同前
峴傭說詩 清 施補華撰 同前
圍爐詩話 清 吳喬撰 上海古籍出版社一九八三年清詩話續編排印本
載酒園詩話 清 賀裳撰 同前

石洲詩話　清　翁方綱撰　同前
養一齋詩話　清　潘德輿撰　同前
帶經堂詩話　清　王士禎撰　張宗柟纂集　人民文學出版社一九六三年排印本
昭昧詹言　清　方東樹撰　人民文學出版社一九六一年排印本
宋金元文論選　陶秋英編選　人民文學出版社一九八四年版
中國歷代文論選　郭紹虞主編　上海古籍出版社一九八〇年版
中國美學史資料選編　北京大學哲學系美學教研室編　中華書局一九八一年版
萬首論詩絕句　郭紹虞　錢仲聯　王遽常編　人民文學出版社一九九一年版
中國中古思想史　胡適著　台灣遠流出版公司一九八六年版
白話文學史　胡適著　上海新月書店一九二八年版
唐詩雜論　聞一多著　聞一多全集第三卷　三聯書店一九八二年版
金明館叢稿二編　陳寅恪著　上海古籍出版社一九八〇年版
元白詩箋證稿　陳寅恪著　古典文學出版社一九五八年版
柳文指要　章士釗著　中華書局一九七一年版
海日樓札叢　沈曾植著　中華書局一九六二年版
湯用彤學術論文集　湯用彤著　中華書局一九八三年版
隋唐佛教史稿　湯用彤著　中華書局一九八二年版
四庫提要辯證　余嘉錫著　中華書局一九八〇年版

中國古典詩歌評論集 葉嘉瑩著 中華書局香港分局一九七七年版
士與中國文化 余英時著 上海人民出版社一九八七年版
中國服飾研究 沈從文著 商務印書館香港分館一九八一年版
美的歷程 李澤厚著 文物出版社一九八一年版
中國繪畫史 王伯敏著 上海人民美術出版社一九八二年版
談藝錄 錢鍾書著 中華書局一九八四年版
杜詩學發微 許總著 南京出版社一九八九年版
宋詩史 許總著 重慶出版社一九九二年版
禪學與唐宋詩學 杜松柏著 台灣黎明文化事業公司一九七六年版
宋詩之傳承與開拓 張高評著 台灣文史哲出版社一九九〇年版
唐詩學引論 陳伯海著 知識出版社一九八八年版
隋唐五代文學思想史 羅宗強著 上海古籍出版社一九八六年版
唐代詩人叢考 傅璇琮著 中華書局一九八〇年版
唐宋詩之爭概述 齊治平著 岳麓書社一九八四年版
中國詩史 陸侃如 馮沅君著 人民文學出版社一九五六年版
古詩考索 程千帆著 上海古籍出版社一九八四年版
冰繭庵叢稿 繆鉞著 上海古籍出版社一九八五年版
兩小山齋論文集 羅忼烈著 中華書局一九八二年版

中國中古文學史　劉師培著　人民文學出版社一九五九年版
插圖本中國文學史　鄭振鐸著　作家出版社一九五七年版
中國文學批評　方孝岳著　世界書局一九三四年版
中國文學批評史　郭紹虞著　上海古籍出版社一九七九年版
中國文學批評史大綱　朱東潤著　上海古籍出版社一九八三年版
中國文學批評史　羅根澤著　中華書局一九六一年版
中國思想通史　侯外廬等著　人民出版社一九五七年版
中國通史　范文瀾著　人民出版社一九七八年版
中國史綱要　翦伯贊主編　人民出版社一九七九年版
中國哲學史　任繼愈主編　人民出版社一九七九年版
隋唐五代史綱　韓國磐著　人民出版社一九七七年版
唐代佛教　范文瀾著　人民出版社一九七九年版
美學　德　黑格爾著　朱光潛譯　商務印書館一九七九年版
近代美學史評述　英　李斯托威爾著　蔣孔陽譯　上海譯文出版社一九八〇年版
中國詩學　美　劉若愚著　杜國清譯　台灣幼獅文化事業公司一九七九年版
古代中國人的美意識　日　笠原仲二著　魏常海譯　北京大學出版社一九八七年版
中國詩論史　日　鈴木虎雄著　許總譯　廣西人民出版社一九八九版
中國詩史　日　吉川幸次郎著　高橋和己編　章培恒等譯　安徽文藝出版社一九八六年版

中國文學思想史 日 青木正兒著 鄭梁生譯 台灣開明書店一九七七年版
中國詩歌原論 日 松浦友久著 日本大修館書店一九八六年版
唐詩概説 日 小川環樹著 日本巖波書店一九八七年版
唐詩的魅力 美 高友工 梅祖麟著 李世耀譯 武菲校 上海古籍出版社一九八九年版
初唐詩 美 斯蒂芬·歐文著 賈晉華譯 廣西人民出版社一九八七年版
中國詩歌的偉大時代——盛唐 美 斯蒂芬·歐文著 美國耶魯大學出版社一九八一年版

抱一軒詩存（選輯）

小序

古之詩人，有詩作而無詩論者有之；有詩論而無詩作者有之。綜此二者而細察之，善作詩者未嘗不善論詩，善論詩者未嘗不善作詩，二者本爲一體，初無二致也。

後之尋章摘句者，以模擬爲能事，自矜於一字之奇，一句之得，而忽於源流之探索；亦有鄙棄章句，放言高論，自以爲包舉萬有，文章之能事畢矣。斯二者皆各執一端，昧於大體，使詩學之道，流於偏宕，良可惜也。

有鑒於此，不揣譾陋，窮年兀兀，探詩學之理論，而自八歲習爲吟詠，亦至今未敢廢怠。因於《抱一軒詩存》中遴取若干附此，以期既可資人生歷程之回味，又差可見學詩道路之全貌也。

甲戌孟夏　許總自序於抱一軒中

古園晨望

霞光一線破熹微，啼鳥幾聲散縹緲。遠岫茫茫霧上浮，輕雲冉冉山尖裊。花草爭垂繁葉露，
衣襟每挹古園曉。欻然地軸轉紅輪，恰似銅鉦掛林表。

初渡長江

腳踏高輪一望開，波濤滾滾上游來。六朝煙景通南北，橫跨長江第一回。

登紫金山

駝峰仰視意先登，但惜雲縈紫氣凌。曉日乍開新徑上，大江遠抱古城昇。雙陵一塔回眸現，
二水三山夾腋騰。俯瞰何當天下小，聳身直欲駕飛鵬。

落　葉

舞蝶難尋侶，飛禽不識窩。脫枝邀火伴，釜下發高歌。

磨石治印

閑時無所作，磨石嵌金聲。蒼勁銀光繞，紛披玉屑輕。凝眸刀欲罷，脫手印先成。滿志躊躇立，雕蟲亦有情。

新晴閑步

積雨隨春去，新晴伴夏來。青山爭擁抱，綠野任徘徊。一鳥驚人起，萬花落水開。輕風天際過，爽氣日邊迴。

丁未詩人節

幾度詩人節，而今曆不收。但知蒸角黍，誰復憶龍舟。壯士身雖死，丹心日共留。汨羅憑弔客，應剩幾沙鷗。

納涼

赤日沈山盡，銀河望自遙。七星臨北戶，一月掛南霄。衆鳥棲深樹，群蟬唱弱條。晚風如有意，輕拂散瓊瑤。

秋夜獨步

群山風過瘦，天宇更清寬。重露侵衣白，高楓轉眼丹。冰輪收夏熱，玉兔搗秋寒。欲駕青雲上，新開一壯觀。

秋晴閑步

舉目晴雲薄，西風萬里過。天高秋氣爽，花盡葉聲多。平野添黃菊，寒山轉碧河。悠然隨所遇，一雁起蘆波。

初訪金陵鳳凰臺（並序）

一九六七年秋，予初訪鳳凰臺。臺上一片荒涼，阮籍衣冠塚被作為「四舊」砸壞，新建之中學亦已停課，且門窗破碎不堪。有感於斯，以詩紀之。

鳳凰臺勝蹟，荒土棘荊多。深惜步兵墓，偶吟太白歌。新黌驚破落，逝水逐蹉跎。欲上三山去，雲深可奈何。

小學畢業後閑居二年詠懷

無病偏療養，未衰暫退休。六年添兩載，一刻敵千秋。滿目炫毛著，狂歌笑孔丘。踢翻舊世界，平地起新樓。

落　日

萬里長空盡，憑欄極目初。浮雲烘暮靄，轉轂接平蕪。光焰凝今古，山川似有無。徘徊吟一曲，咳唾灑天衢。

雙七夕

牛女長迢迢，迢迢隔銀漢。今逢雙七夕，愁心應舒暢。秋風動地來，江山聲勢壯。大野何蒼茫，天衢多清曠。七星北戶旁，孤月青雲上。舉手欲牽牛，梭光似遙向。鵲橋總茫茫，千載徒相望。

秋暮閑眺

菊連霜露地，雁點荻蘆堤。商意雙儀動，秋風萬國齊。天寒荒野大，雲淡暮山低。五柳炊煙裊，依依百鳥棲。

十五歲生日有作

歲月若奔馳，無聲逝水隨。欲溫竹馬戲，頓覺稚年辭。三五嬋娟好，尋常事業奇。男兒應有志，莫悔白頭時。

春遊鍾山雜感六首

人道江南好，乾坤正一新。遊心融紫氣，漫步轉青蘋。雨滴千山翠，晴開萬國春。八朝遺物處，徒有鳥飛塵。

頹塌誌公墓，無人向此來。臥碑存絕藝，殘蹟賸孤堆。古木參天影，清泉夾岸苔。斯人何處去，惆悵獨徘徊。

大壑浮屠起，扶搖上九旋。雲飛搖地軸，鳥唱應心絃。古寺藏靈谷，危欄接峭巔。聳身塵世外，縱目海天邊。

獨創千秋業，新綱蓋世猷。驚心一轉瞬，浮海百重樓。石碣文全換，金身氣尚遒。映階空碧草，春色幾分愁。

冷落明陵久，蒼苔似碧瑤。雄圖應世運，歷代數英豪。古堞殘勳業，荒丘朽冕袍。紅梅猶自若，歲歲向誰嬌。

路轉松林盡，梅山映碧虛。萬花千樹鬧，新柳野蕪甦。影動輕風後，鳥歸落日餘。差欣春意滿，豪興接天衢。

早春

又是東風起，聲傳隔歲禽。早花才著樹，新柳未成陰。翠動輕波岸，嵐浮曉日林。細推行樂理，不教損春心。

憶母四首

誰使慈親永別離，十年恨淚幾橫披。花神廟冷荒丘月，岡子郵餘野草陂。深望駑材能致遠，敢教遺愛作空期。群芳不解人心意，一任春風物候移。

滿山春色喚人愁，往事崢嶸一轉眸。猶記慈容窗映影，空驚幻眼海浮樓。衞夫人筆堪揮灑，李易安詞失麗柔。難得遺留雙絕句，瑰奇詩種放詩喉。

追思喪母尚童孩，依父生涯劇可哀。北斗七星懷誕育，南郊一塚自塵埃。恢恢天網何曾見，鬱鬱愁雲幾度來。忍對鶉衣針線密，春暉寸草意徘徊。

狂飆未靖滿天沙，舉首長空望落霞。十載寒窗何所得，百年世事更無涯。每懷水澤銜恩獺，難效山林返哺鴉。極目海天真罔極，歡承左杖度年華。

長至

節氣萬里迴，晴雲黏天薄。繁英辭故枝，雜草塡虛壑。長日戀山川，神馬倦羈絡。狂飆撼九州，欻然驚燕雀。

登金陵青龍山

秦淮委宛野煙堤，六代浮雲入望迷。吳晉城池歸劫火，梁陳宮殿自塵泥。千秋古蹟孤松憶，萬點雲峰一掌齊。縱目長吟天地闊，青龍迴首夕陽西。

長兄攜謹侄將歸（並序）

庚戌冬，長兄自甘肅來書，將攜謹侄歸皖省親。時予全家下放安徽樅陽五谷邨，草屋築山坡上，與安慶大龍山遙遙相對，因名之為望龍岡。

佳音千里至，河廣一葦航。一代新生意，三年久別腸。秦關飛鳥道，樅水望龍岡。我若爲眞宰，江邊納陜涼。

對月

恍惚千山如浪湧，迷離萬影似煙生。何須斲卻月中桂，照得人間分外明。

題五谷草堂

草堂高覽半神州，何止元龍百尺樓。千嶂迴環皆北向，一江迢遞自東流。紛紛落葉飄寒氣，陣陣浮雲載旅愁。叢菊三開甘寂寞，英風荒谷九天秋。

遣懷

霜訊無情西吹急，秋鴻有信北飛還。三年足藹龜邨路，一枕松雲潁水干。紅葉幾行催玉露，黃花無數綴寒山。臨風何限蹉跎感，盡入蒼茫暮靄間。

贈家楠

忽報春申訊，如聞海上潮。壯懷含膽劍，逸興動詩毫。秋水千山渺，靈犀一點遙。憑欄渾不覺，風雨正蕭蕭。

西廂記題詠四絕

崔母

開口休誇宰相家，恰如封豕與長蛇。縱然禮教同囹圄，難禁飛牆一朵花。

鶯鶯

西廂待月弄閑愁，抱被宵奔膽氣遒。蕭寺重關封不住，一篇愛史說風流。

張生

婢膝奴顏乞愛情，沾沾胯下逐功名。休兵一紙英雄氣，都入花間滴露聲。

紅孃

奴身義骨俠心腸，成就鶯生戀愛狂。雲雨冰霜門內外，千秋巾幗一紅孃。

海涅詩歌集題詠四絕

少年的煩惱

少年煩惱縛生涯，總爲情人惹怨嗟。最是迷離夢影裏，薔薇浪漫放奇葩。

還鄉曲

奔赴前程又一州，難將幻影付寒流。明眸底事還依舊，一度還鄉一度愁。

哈爾茨遊記插曲

哈爾茨山橫北國，來因河水照西岑。浩茫造化元無主，萬里風雲入袖襟。

北　海

纏身情網久徘徊，一葉輕舟海上來。無限塵氛隨逝水，何心瑪麗與台萊。

揚州離詠四絕

二十四橋

遺址微茫廿四橋，當年太守愛吹簫。豈知一覺揚州夢，幾處青樓蝶影遙。

大運河

漣漪輕織往還船，魚米爭香沃野煙。太息從來說煬帝，卻將功罪謬千年。

平山堂

欲把三吳入目來，高堂臨眺獨徘徊。無端江岸排群岫，驚浪千年撲不開。

大明寺

大明寺主飽經綸，滄海扁舟見性真。六渡奈良終不遂，櫻花猶放廣陵春？

得日本僧智藏酬劉禹錫佚詩喜作

蓬壺幾度蜃樓開，錦浪千年海上來。不意智藏留妙句，偏教夢得望前埃。交流文化乾坤闊，共拒熊羆氣象恢。回首舊情新展望，東溟初日照靈台。

附劉禹錫、智藏酬唱詩：

贈日本僧智藏　　唐　劉禹錫

浮杯萬里過滄溟，遍禮名山適性靈。深夜降龍潭水黑，新秋放鶴野田青。身無彼我那懷土，心會真如不讀經。為問中華學道者，幾人雄猛得寧馨。

酬劉夢得　　日　僧智藏

杯浮碧海海浮天，飄向中華五嶽巔。佛法精微期妙悟，詩靈肸蠁總勾牽。流連勝境忘來處，契翕嘉賓結異緣。誰說個中多障礙，試開心鏡照飛煙。

飛越天山

銀光萬里擁天山，巨壑奇峰匝地蟠。多少彎弓辭漢月，幾回寒氣逼長安。風雲漫捲終年雪，砂石還堆百代關。恍惚浮槎覓牛女，無邊錦浪蹴天寬。

飛機中觀雲海

聳身奮翮上天衢，衝破陰霾日色殊。才覺乘風遊玉闕，翻疑飄海渡蓬壺。驚濤湧起千堆雪，錦浪鋪開萬里圖。造化無端作虛幻，神州不見卻踟躕。

登枇杷山觀重慶夜景

暮靄兩江分，枇杷送夕曛。星光連地極，燈火疊峰群。杜宇千秋怨，公孫一代君。驚心聽喧噪，本已隔塵氛。

唐圭璋先生賜書七絕感和原韻奉酬

詩思清新字態嬌，青光凝海靜無潮。靈椿大庇千桃李，出入門牆亦自豪。

附唐圭璋先生原詩：

書贈許總先生　唐圭璋

春花映日各爭嬌，萬馬奔騰似海潮。珍惜分陰承往哲，高歌青眼望英豪。

程千帆先生以八分體賜書湘綺樓絕句筆意飛動跋語尤見評詩灼見唯承過許實增愧恧成五律一首奉謝

湘綺多蒙垢，如今定是非。八分神激蕩，一紙論精微。大道寧無繼，斯文自有歸。徘徊詩徑裏，幾欲入堂闈。

初赴成都草堂參加杜甫研究會即席書賦一律

初識杜公堂，披襟挹遠芳。步開花徑闊，浪蹴錦江長。雲狗仍今昔，風騷自抑揚。撫松一遙想，故蹟豈微茫。

百代瞻詩聖，千家費琢磨。草堂迎盛會，杜學譜新歌。眾壑分流細，鴻荒鑿論多。何如合成璧，頓覺一爐和。

杜甫誕辰紀念會上逢馬家楠

舊夢春申浦，何期聖誕逢。雙纓濯錦水，並轡跨峨峰。杜學千家異，詩靈一點通。風騷連世誼，流韻大江東。

杜甫研究會上贈大平桂一先生

性僻猶詩癖，披襟寄一吟。蓬山思妙境，錦里識知音。詩國千秋業，滄溟萬里心。靈犀有如此，翰墨匯情深。

遊眉山三蘇祠即興題贈

往時最喜大江歌，勝蹟初遊興更多。一代風騷三巨擘，千秋辭史展新河。

遊樂山大佛寺即興題贈

萬里此來遊，三江錦浪浮。神功凌百丈，佛力峙千秋。靜對飛雲渡，遙看歸鳥悠。紛挐多少事，今古腹中收。

和大平桂一先生賜和原韻

猶記蓉城會，欣聞劍外吟。龍蛇騰大澤，風雨拂清音。迢遞逾千障，淵源匯一心。東溟初日好，西望蜀山深。

附大平桂一先生原作：

壬戌春予赴草堂參加紀念杜甫誕辰大會與許總先生談唐詩清詩之優劣有知音之感許先生贈予五律之章謹步原韻奉和　日　大平桂一

冷僻猶吾癖，試看遺老吟。少陵誠國手，貽上亦佳音。問學依求是，談詩用寸心。始知禹域士，千古本源深。

答廣西汪民全先生

翁亦本來童，童翁變化工。天心誠蕩潏，人事識窮通。翰墨融千古，菰萍聚一風。欣看梅嶺外，髣髴起雲龍。

過西湖岳王墓感賦

波光墓草自蒼蒼，西子湖邊弔鄂士。十載狂瀾也罹難，幾尊鐵鑄費思量。

題贈湯陰岳飛紀念館

久慕湯陰蹟，千秋史冊明。丹心藏社稷，汗馬踏功名。鞭指胡塵破，冠衝浩氣生。不教奸佞起，狂虜豈橫行。

大平桂一先生再疊前韻並云新春過金陵因步原韻寄意

六代興亡事，騷人幾度吟。鳳臺留故蹟，淮水送哀音。春訊傳千里，詩靈契兩心。文章一衣帶，江海碧波深。

附大平桂一先生原作：

壬戌夏遊濟南大明湖乃漁洋山人故地也予畢業碩士兩論文皆論漁洋之詩因頗有感觸並疊許總先生原韻　　日　大平桂一

才子功名地，猶傳秋柳吟（漁洋有秋柳詩）。浩然留鳥影，歷下匯泉音（大明湖有浩然、歷下亭）。萬綠迴湖面，一蟬摧客心。銷魂何處最，終古晚煙深（山人詩中多用煙字）。

繆鉞先生賜贈詩書並近著感賦長句奉酬

風騷接響草堂詩，巴蜀猶瞻一代師。心鏤龍蛇騰尺素，流分今古匯群支。登樓徒羨年華茂，開塞真教事業奇。萬里青光溢春水，幾聲杜宇起人思。

癸亥新年前夕明倫自沈陽惠寄賀年片頓覺春從關外而來喜作

小詩奉酬

一度冰封一度還，春風有信綠江山。詩人接蹟追蹤蹟，今見分明入海關。

和伯偉原韻

嘗疑墜緒狂瀾盡，卻喜春催淑氣頻。絕代風華融故蹟，千秋事業化奇珍。昌黎刃觸天猶破，貽上神來意自新。一座羨君最年少，更持翰墨作詩人。

賀江南詩詞學會成立

百代思無邪，猶看出水葩。宏猷融古意，新韻譜征笳。江動六朝月，楓開二月花。吟壇會嘉客，高閣起雲霞。

江南詩詞學會成立會上即興題贈

清江迴古閣，盛會集詩豪。尚憶千篇濕，何須一字敲。新風吹海岱，浩氣起龍蛟。不見滄洲客，浮槎八月潮。

清詩討論會上作

江左騁天驕，滇南漢祚消。皇猷臨末世，文運起新潮。溫厚流風遠，神靈逸韻遙。豈其說唐宋，詩國數英豪。

黃山皮篷題詠

雪莊今不見，遺蹟有皮篷。軒冕移禪定，松雲臥道窮。峰圍三面壁，壑透一方風。髣髴金爐上，空山聽晚鐘。

黃河臨眺

九曲接天浮，千秋起霸猷。宏聲留故蹟，高浪擁中州。鐵馬層冰破，關山冷月愁。今看河嶽外，萬派匯東流。

讀杜甫夔州詩

飄蓬下益州，夔峽聽猿愁。眼盡胡塵淚，心猶稷契憂。鯨魚翻肺腑，詩律合春秋。遙想兼天浪，風煙接地流。

自成都至夔州訪杜公舊蹟

白帝夔門列眼前，風煙何處覓先賢。通心今古山河契，異代榮枯翰墨緣。每恨孤舟淹三峽，猶看積慮化千篇。那堪舊蹟隨新蹟，錦水瞿塘一脈連。

鞏縣杜甫故里感懷

詩史猶瞻萬丈光，迴環河嶽共低昂。清狂裘馬蘭苕曳，澒洞風塵海浪揚。筆意兼融民意苦，心憂時寄國憂長。那堪遺恨襄陽路，不見孤舟向洛陽。

送加藤國安先生歸日本

昔年失交臂，今日遂心儀。杜學通靈曲，詩情溢海涯。扶桑新日好，華夏古風奇。聯轡跨瀛嶽，臨歧竊自期。

賀繆鉞先生九十壽辰暨從教七十周年

大椿桃李總相持，百代風騷一代師。巴蜀重瞻班史筆，靈谿猶見宋唐詞。東西學貫開新徑，南北流分匯盛時。十載心儀忘寵辱，門牆出入憶成癡。

癸酉初夏抱一軒中唐詩史成感賦一律因題卷首

宏衍唐詩史，紛挐論議長。宗風神翥鳳，變雅意相羊。音接六朝緒，流分兩宋疆。新圖重構起，抱一向微茫。

甲戌春偕文學史觀與文學史學研討會

諸公同遊福建東山塔嶼

塔嶼文峰聳，東山四望開。濤聲興海霧，岑影遠氛霾。徑轉松林蔽，潮生石岸埋。何欣會嘉客，萬里此同來。